Dietrich Bonhoeffer
Ethik

倫理

DBW版新訳

[著]ディートリヒ・ボンヘッファー
[訳]宮田光雄(監訳)、村松恵二、本田逸夫、小嶋大造、星野修

新教出版社

Dietrich Bonhoeffer Werke
Band 6
Ethik
2. Auflage, 1998

Herausgegeben von
Ilse Tödt, Heinz Eduard Tödt, Ernst Feil und Clifford Green

Japanische Übersetzung von
Mitsuo Miyata, Keiji Muramatsu, Itsuo Honda,
Daizo Kojima, Osamu Hoshino

2025
Shinkyo Shuppansha
Tokio, Japan

目次

装丁　ロゴスデザイン 長尾 優

凡例

・本書は、Dietrich Bonhoeffer, Ethik, hersg. v. Ilse Tödt, Heinz Eduar Tödt, Ernst Feil und Clifford Green [Dietrich Bonhoeffer Werke, Bd. 6], 2. Auflage, 1998 の Taschenbuchausgabe, 6. Auflage, 2020 の翻訳である

・傍点は原書ではイタリック。

・「」と《》は原書では引用符 „ “ である。

・（）と［］は原書どおり。ただし（）で掲出された原語は訳者による。

・〈〉は訳者の判断でひとまとまりの句を示す。

・〔〕は訳者による説明ないし補足である。

・［］で囲まれた欄外数字は原書頁を示す。ただしドイツ語と日本語の構造上の差異により、その区切りはおよその見当である。

・一字下げの改行は原書のもの。字下げのない改行は読みやすくするために訳者が施したもの。

・注番号が前後する箇所は、ドイツ語と日本語の構造上の差異による（例：五三九頁の注39と五四〇頁の注38）。

・カタカナのルビは原語を示すが、例外もわずかにある（例：「階」に付した「フロア」）。

・聖書名の略記および聖書からの引用は聖書協会共同訳に準拠した。ただし文脈によって必要な場合は原書から訳出した。

編集者まえがき

I

「私が、こうした方法で、再度、あなたに時間を割いていただくことをお許しください。それは、主として、私の事件を速やかに解明するために、実際にあらゆることをしておきたかったからなのです。……

それゆえ、深く尊敬する高等軍法会議法務官どの、あなたには、理解していただけるでしょう。私にとって――私の職業を考えても、私の親族を考えても、純然たる個人としても――ここでじっさい、過ちが犯されたのかどうか、もしそうなら、誰がその過ちを犯したのか、これを明らかにすることにすべてがかかっているということ、を。秘密警察は、〔一九〕四〇年九月に私に講演禁止と所在地申告義務を課していましたが、あなたの言葉に従えば、その秘密警察〔の手〕から私を遠ざけるために私の［兵役］が免除されたのではないか、という疑いがかけられました。……

［当時］私は、これ以上の軋轢の材料を増やさないように、重要な学術上の仕事をするために、バイ

エルン州の山に籠っていました。このことは国家警察にも義務として申告していましたが、じっさい、ここでは危惧すべきことは何もありませんでした。教会の側から、私に伝えてきていたのです。拙著『キリストに従う』に「具体的な福音主義的倫理」についての論述を追加することについて、彼らがある程度関心をもっている、と。また、〔私は〕以前から、主として神学の研究者として仕事をしてきていました。ですから、教会との関わりでも、当時の仕事に十分に満足することができていたのです」[*1]。

このように、テーゲル軍用刑務所において、被拘留者ディートリヒ・ボンヘッファーは、捜査リーダーである高等軍法会議法務官マンフレート・レーバー博士宛ての手紙に、表明していた。両者は、一九四三年四月から八月にかけて、ベルリン帝国《ライヒ》軍法会議における尋問で向かい合って座っていた。そこで、ボンヘッファーは、絶妙な努力によって、一九四三年四月五日に逮捕されたボンヘッファー家の三人全員、〔つまり〕彼自身と、彼の姉クリスティーネ、そしてとりわけ彼女の夫ハンス・フォン・ドナーニーが、ヒトラーにたいする陰謀〔＝クーデタ計画〕を熟知する共犯者であることを隠蔽しようとしたのである。その際、彼は、慎重にでっち上げられた説明のなかに、真実であり重みのある発言を付け加えた。彼は、じじつ、「具体的な福音主義的倫理」を彼の著書『キリストに従う』への追加として、執筆していたのだ〔から〕[*2]。

テーゲル刑務所から密かに運び出された、エーバーハルト・ベートゲ宛のボンヘッファーの最初の手紙（一九四三年一一月一八日付）には、「個人的には、僕は、倫理学を完成しておかなかったことで自分を責めている。（その一部は、おそらく押収されているのだが）」[*3]とあった。一二月には、彼は、「ときどき考えているのだが、今となれば、私の生涯は、実際には、多かれ少なかれ、過ぎ去ったようなものだろう。だからなおさら、僕の倫理学だけは完成させておかなければならなかったんだよ」[*4]と書いていた。拘留期間を通じて、彼は、『倫理』をめぐるさまざまなテーマに取り組んでいた。たとえば、一九四三年夏に、〈戯曲〉の断片を執筆する際には、《上位／下位》という問題について、さらに一九四四年はじめには、「ドイツにおける一九世紀」という問題に関わっていた。これについては、ディルタイについての彼の豊富な知識がぴったり役立った。[*5]父カール・ボンヘッファーは、エーバーハルト・ベートゲ宛の手紙のなかで、ディートリヒ・ボンヘッファーが、「今」〔つまり〕一九四四年夏には、ディルタイを「自分の倫理学のために勉強している」と記していた。[*6]一九四四年八月、ボンヘッファーは「百ページは越えない長さの」著作計画のために、「これまでのキリスト教の総括」を書いていたとき、エーバーハルト・ベートゲの問い合わせに説明していた。この小さな仕事

＊1　DBW 16, 408–410. 一九四三年夏。＊2　DBW 16, 410. さらにS.86 f を参照。＊3　DBW 8, 188.〔『獄中書簡集』〕一九四三年一一月一八日付。＊4　DBW 8, 237.〔『獄中書簡集』〕一九四三年一二月一五日付。＊5　DBW 8, 312.〔『獄中書簡集』〕一九四四年二月二日付を参照。ボンヘッファーがヴィルヘルム・ディルタイの著作をどのように読んでいたのかについて、クリスチャン・グレメルス（Gremmels, Mündigkeit を見よ）とエルンスト・ファイル（Feil, Die Theologie Dietrich Bonhoeffers, 355–368 u. ö.〔ファイル『ボンヘッファーの神学』〕を参照）が、同じ時期に研究していた。＊6　DBW 8, 312.〔『獄中書簡集』〕一九四四年七月三〇日付。当時、ディートリヒ・ボンヘッファーは、ディルタイの著書 Weltanshauung und Analyse des Menschen seit Renaissance und Reformation を読んでいた。これは、一九世紀の九〇年代に書かれた論文をまとめた論文集である。

は、「もっと大きな仕事」、〔すなわち〕彼の『倫理』の「いわばプロローグであり、部分的にはその先取りである」[*7]と。

ボンヘッファーの神学的・教会的人生《ビオグラフィー》においては、『倫理』は、獲得した知識と苦難の経験とを、〔社会の〕現状に即する神学的構想としてまとめ上げようとする試みであった。彼は、倫理学研究を《彼のライフワーク》とみなしていた。[*8]『倫理』のための草稿からは、新しい構想をめぐるさまざまな困難と格闘していたことが見て取れる。その構想は、神学をさらに先導し、同時に、ヒトラー以後のドイツとヨーロッパの生（Leben）にたいして、意義深い展望を切り開くはずであった。

ボンヘッファーは、一九四三年四月五日に、彼の『倫理』を執筆中に逮捕された。ベートゲがボンヘッファーの机上に発見した断片の覚書《ノート》（Zettel-Notizen für eine “Ethik”）〔以下『倫理-断片ノート』と略記〕や、一九四〇年から書き始められていた『倫理』〔のための〕手記、またボンヘッファーが〔逮捕〕直前まで執筆していた――一時的に国家秘密警察《ゲシュタポ》のもとにあった――草稿などが、秘匿されたおかげで、〈第三帝国〉の終末期の混乱とさらされていた危険とを乗り越えて生き残ったのである。ベートゲは、〔第二次大〕戦後初期に次のように報告している。「私を支えていたのは、心底からの焦燥感だった。ナチ時代という特別な条件の下で……ボンヘッファーが考え続けていたことを」、すなわち、彼がどれほど未知の領域へ突き進もうとしていたか！　を、「友人たちが、そして神学界が、すぐに、読むことができさえしていたならば……」[*9]と。すでに一九四五年八月には、ベートゲは、オットー・ディベーリウスに同伴して出かけたトライザでの教会会議の席上で、[*10]クリスチャン・カイザー出版社とコンタクトをとっていた。その後、社長となったフリッツ・ビッシンガーは、《ヒッチハイクで》この会議にきていた。彼は、公共交通機関がまだ再建されていなかったために、貨車の石炭の上に横たわって移動してきていた。

ベートゲが、出版の準備のために、草稿を分類し、判読していたとき、両親であるカール・ボンヘッファーとパウラ・ボンヘッファーが、「期待いっぱいのまなざしで」彼を見守っていた。「二人は、いったいどれほど進んでいるのかと、再三、私に尋ねてきた。彼らは、ディートリヒにとって、『倫理』がどれほど重要であったかを、よく知っていたのである」*11。ディートリヒ・ボンヘッファーの父親の友人、チチェスターのジョージ・ベル主教と、このイギリスの主教に力づけられたベルリンの監督オットー・ディベーリウスとが、関心を示してきた。ディベーリウスは、かつてベートゲを彼の〔専門分野〕調査担当者《レフェレント》にしていたのである。『倫理』関係書類の暫定的な整理とテキストの復元には、とりわけアンニ・リントナー夫人が助けてくれた。この本は一九四九年に公刊されたのだが、ベートゲの〈まえがき〉には、ボンヘッファー没後三周年を記念して、一九四八年四月九日という日付が入

*7 DBW 8, 577.〔『獄中書簡集』〕一九四四年八月二三日付。さらに、DBW 8, 556.〔『獄中書簡集』〕に、「ある書物の草案」〔がある〕。*8 E. Bethge, Dietrich Bonhoeffer (=DB), 804.〔ベートゲ『ボンヘッファー伝』〕*9 E. Bethge, In Zitz, 250 f. *10 E. Bethge, Otto Dibelius, 187を参照。*11 E. Bethge, In Zitz, 252.〈第三帝国〉において、医師としての父カール・ボンヘッファーを悩ませていた問題は、ディートリヒ・ボンヘッファーによって、とくに草稿「自然的生」において取り扱われていた。S. 209–211〈強制的断種〉参照。S. 293 f も見よ。『倫理』にたいする書評は、はじめは数少なかったが、そのうちの一つが、一九五〇年に、Heft 9 der Zeitschrift „Der Narvenarzt“ に発表された。

っていた。

『倫理』草稿の成立〔過程〕には、ベートゲは、継続的にではなく、ただ時折、〔散発的に〕立ち会ったにすぎなかった。〔つまり〕ボンヘッファーの『キリストに従う』が、一九三五年から一九三七年にかけて、フィンケンヴァルデの牧師研修所において出来あがっていったときとは違っていたのである。しかし、ベートゲは、『キリストに従う』〔の成立過程〕から、すでに知っていた。「ボンヘッファーのどの著作も、確固たる一貫した計画に従って章から章へと進捗していくのではなく、〔問題となる〕〈事柄《ザッヘ》〉について個別的に書かれた多くの研究成果が、徐々に一つの全体にまとまるように成長していったものだ」と。*12 草稿は、その相当数が終わりまで書かれていないし、いくつかは、計画されただけで、まだ書き始められてもいない状態だった。

印刷に回すには、これらの草稿を、確固とした根拠ある仕方で配列することが必要であった。ベートゲは、ボンヘッファーが『倫理』のためにメモしていた断片の一枚に、すでに出来上がっていた一連の草稿のタイトルが記されているのを見つけた。アンニ・リントナーは、未整理のまま発見された『倫理-断片ノート』に通し番号をつけていたが、この『倫理-断片ノート』にはNr. 38という番号が付けられていた。初版の印刷の際には、ベートゲは、草稿のタイトルが書きとめられていた『倫理-断片ノート』Nr. 38の順序に従っていた。しかし、それでは、手元にある草稿の一部のみが把握されるにすぎなかった。残りの部分については、ベートゲは、当時、彼が推測していた成立順序に従って前後を決めたのである。*13

彼は、注意深く警告している。すなわち、「この本は、ディートリヒ・ボンヘッファーが出版しようと思っていた倫理学ではない」。ただその一部にすぎない、と。「まだ未整理のまま〔ゲシュタポによる〕押収の前に安全な場所に移され、庭に隠されていたものから、ふたたび掘り起こすことができたものである」[14]と。しかし、一九四八年／四九年当時、ベートゲは、ボンヘッファーの倫理学についての著書を、〔完全な形ではなくとも〕手元にある〔草稿の〕一部だけでも著書として公刊されるべきものだ、と確信していた。

刊行後ベートゲが経験したのは、「まず最初は、ある種の幻滅であった。その本には、専門家の世界からも（ほとんど書評なし！）読者層からも、私が期待していたような注目はあたえられなかった」[15]。多くの人びとが、ボンヘッファーにたいして、大きな、いや、人生を決定するほどの関心をもつようになったのは、ようやく拘留中の彼の手紙や手記を通してであった。それは、『抵抗と信従』〔『獄中書簡集』〕というタイトルで一九五一年に、ベートゲとクリスチャン・カイザー出版社が公刊に踏み切ったものである。この書簡集は、世界のキリスト教界に、さらにはそれを超えて、おそらくドイツの神学者の本としてはまったく異例の拡がりをみせた[16]。いまや、『倫理』にたいする関心も、驚くほどに高くなっていった。

『倫理』〔『現代キリスト教倫理』〕の第六版が待たれていた頃、《獄中書簡にいたるまでのボンヘッフ

*12 E. Bethge, Vorwort vom 9. April 1948, abgedruckt in der neugeordneten Ausgabe E^6, 11 f.〔『現代キリスト教倫理』一頁以下〕 *13 一九四九年版（初版）の印刷配列および一九六三年版（第六版）で変更された印刷配列も、S. 470 にある配列対照表に示されている。 *14 E. Bethge, Vorwort vom 9. April 1948, E^6, 11.〔『現代キリスト教倫理』一頁〕 *15 E. Bethge, In Zitz, 253. *16 アンドレ・デュマの表現を参照。これは、エーバーハルト・ベート

ァーの神学思想の発展をめぐる議論》が、さかんに論じられるようになっていた。[*17] ボンヘッファー〔の思想〕が、ある特定の方向、すなわち《教会からこの世へ》[*18] という方向に発展していった、と推測する者もいた。ベートゲは、「ボンヘッファーが一九三九年から一九四三年までのあいだに『倫理』という著作を仕上げるために、何度か新しい〈切り口〉から書き進めようとしていたのではないか」という説に傾くようになっていた。ベートゲは、『倫理』草稿を編集し直すことによって、「ボンヘッファーの四つの、その都度、新しい切り口から書き始める試みを時間的順序に従って示そう」と企てた。[*19]〈まえがき〉で、ベートゲは、すべての草稿について正確な〔成立の〕日付を決定できるわけではないことを明らかにした。彼は、「神の愛とこの世の崩壊」という草稿を、冒頭に移動させた。この草稿〔の内容〕がボンヘッファーの一九三七年の著作『キリストに従う』に近い、ということを根拠にしていた。これには〔〈教会からこの世へ〉という〕ボンヘッファーの〔思想の〕発展についての推測が決定的に影響していた。この草稿は、〈教会〉について手厚く〔論じており〕、〈この世〉についてはそれほどではなかった。そのため、この草稿が『キリストに従う』に近いことが暗示されていると〔言えた〕からである。

この草稿が、本当に『倫理』という著作について、ボンヘッファーが最初に取り組んだ草稿であったかどうかについて、微《かす》かな疑問の跡がベートゲの〈まえがき〉からは感じとられる。ベートゲの意図とは逆に、何回かにわたって新たに書き始めようと試みたという〔仮定の〕理論は、次のような推論の余地を残したのであった。すなわち、それぞれの新しい書き始めの試みからは、『倫理』についての別の本が生まれていたのかもしれない、いや、後で書き始められたものが、それより以前に始められて中断されたものに代えられるはずだったのかもしれない、と。ボンヘッファーの『倫理』は、それ以後、一九六三年の第六版の配列のまま普及させられてきたのである。＊20

ようやく一九八〇年代になって、『倫理』のオリジナル草稿、とりわけその配列問題に関わる研究の新しい段階が始まった。クリフォード・グリーンが、一九八〇年にオクスフォードで開かれた国際ボンヘッファー研究会議のための寄稿論文で口火を切った。エルンスト・ファイルは、一九八一年末のハレ・アン・デア・ザーレで行なわれた講演で、ボンヘッファーの『倫理』に関する仕事が、一

ゲを記念して、エキュメニカルな書簡や論文を、H・E・テートたちが一九七九年に編集した書物に収録されている。„Wie eine Flaschenpost“ 127. デュマは言う。「夜と霧のなかから立ち上がってきた彼の手紙は、海に投げ込まれたボトルメールのように、浮かび上がり、とうとう受取人に届いたのである」と。＊17 E. Bethge, Vorwort vom Juli 1962 zu E^{6}. 14.〔『現代キリスト教倫理』〕＊18 このように、ハンフリート・ミュラーの学位論文のタイトルに定式化されていた。それは、一九六一年に著書として出版された。ハインリヒ・フォーゲルが、このタイトルを提案した。＊19 E. Bethge, Vorwort zu E^{6}. 14.〔『現代キリスト教倫理』〕＊20 クリスチャン・カイザー出版社（Chr. Kaiser Verlag）から、一九八八年に第一二版が出版されている。〔各国語への〕翻訳について。英語版は一九五五年。デンマーク語版は一九五九年。フランス語版は一九六五年、第三版が一九八九年。スペイン語版は一九六八年。イタリア語版は一九六九年、第三版が一九八三年。ポルトガル語版は一九八八年。一九六四年からは、『倫理』第六版の英語版がさまざまな出版社によって出版された。DBW全一六巻は、その英語版が“Dietrich Bonhoeffer Works”として、一九九六年以降、ミネアポリスにあるフォートレス出版社（Fortress Press）から出版されている。DBW 6〔本書〕のイタリア語版は、一九九五年にブレッシャのクェリニアナ出版社（Editrice Queriniana）から、アルベルト・ガラスの尽力による八巻本の著作集（DBW 1-8 “Opere di Dietrich Bonhoeffer”）のうちの一冊として刊行された。

九四〇年五月以前に始まっていたということはありえない、と明らかにした。ペーター・メーザーは、一九八二年に、『倫理』の新版のための考察を書き下ろし、グリーンが彼と書面で論争を交わした。グリーンは、とくに〔ボンヘッファーの〕オリジナルな〔手書き〕草稿に着目しながら自分の研究を継続していたのである。一九八五年には、『倫理』のための〔手書き〕全文書が、抹消部分も含めて、エーバーハルト・ベートゲも参加して、ヘルベルト・アンツィンガーと、とくにイルゼ・テートによって新しく判読された。[*21] その間に、ボンヘッファーの『倫理』のための全文書は、コブレンツ連邦文書館において、文書館の定めた条件のもとで、自由に利用できるようになっていた。そこでは、一九八五年末までに、遺稿がマイクロフィッシュで保存されていたのである。[*22]

こうしていまや、『倫理』草稿を、解釈理論によって操られるのではなく、できるだけ客観的に配列することが重要になった。この配列が、あるいはあの配列が、内容的にいっそう首尾一貫しているというような議論は、意識的に断念されることとなった。〔仮定的〕理論による迷走の危険性は、『倫理』第六版までは排除することができなかったが、〔いまや〕それを避けねばならなくなった。『倫理』のための全文書から、客観的に何を見て取ることができるかということこそ、決定的とするべきであろう。外面的な事柄や、形式的な事柄、さらにそのような事柄にたいして研ぎ澄まされた――ちょうど、探偵が犯罪者の足跡を追跡するような――洞察力が、いっそう重要なものになった。

『倫理』〔草稿〕のために残されていた百枚以上の〈覚書〉の断片〔『倫理-断片ノート』〕が、とりわけ有益なものであることがわかった。『倫理』草稿の初版を準備する過程で、これらの断片のそれぞれに、1から123までの番号がつけられていた。90から99までの数字は、必要とあれば補足するための番号として留保されていたのだが、〔結果的には〕利用されなかった。時間がたつにつれて、『倫理-断片ノート』の何枚かは『倫理』草稿のためのものではないことが明らかになった。一例は、Nr. 122 の番号を振られた二つ折り用紙（Doppelbogen）である。その上には、その後の仕事のための〈覚書《ノート》〉が記されていた。一九四三年末に、テーゲル〔軍用刑務所〕で書いた論文の断片、「真実を語るとは何を意味するか」[*23]がそれである。それとは逆に、一枚の《テーゲルの》『倫理-断片ノート』[*24]は、『倫理』草稿のためのものであった。すなわち、二五枚の『倫理-断片ノート』は、ベートゲが、一九四三年四月にボンヘッファーが逮捕された後で、机上からかき集め、《机》と記しておいたものであるが、それには、例外なく大きな数字がつけられていた。そのほかには、『倫理-断片ノ

＊21 要約を知るには、C. Green, The Text of Bonhoeffers *Ethics* を見よ。『倫理』のための手記に用いられた用紙の種類の正確な分類——クリフォード・グリーンが仕上げたものである——は、ニューヨークのユニオン神学校の図書館に保管されている。また、そこには、『倫理』草稿にある長い抹消部分を、イルゼ・テートが、一九八五年に手書きで転写したものもある。イルゼ・テートは、編集者のうちでただ一人、ボンヘッファーのオリジナルな手記を、いつでも自由に利用することができた。 **＊22** ディートリヒ・マイアーがエーバーハルト・ベートゲと共同で作り上げた目録“Nachlaß Dietrich Bonhoeffer”を参照。略号 NL は、遺稿用フォルダーを参照するよう指示する。NL A〔という略号〕は、ボンヘッファー自身が執筆したものであることを意味している。『倫理』のための手記は、NL A 71-75 のフォルダーに入っている。71と72〔のフォルダー〕には草稿が入っている。73から75には、『倫理-断片ノート』が入っている。 **＊23** DBW 8, 238〔『獄中書簡集』〕一九四三年一二月一五日付を参照。DBW 16, 619-629.

＊24 このフォルダーのなかの三番目の『倫理-断片ノート』。テーゲル刑務所で書かれた覚書とともに。NL A 86, 3.

ート』につけられた番号は、〈覚書《ノート》〉が記された断片の順番を示している以外に、ほとんど何の意味もない。一九八五年に新たに判読されて以後、『倫理-断片ノート』は、相互に、また『倫理』草稿や、ボンヘッファーの遺稿のなかの他の文書と、その内容と外観とに即して何度も比較された。それによって、それらの文章の成立順序が明らかになった。『倫理』草稿と『倫理-断片ノート』をまとめて一覧することが、草稿の執筆順序を復元するのに役立ったのである。*25

一九四〇年から〔一九〕四一年にかけての冬に書き記された草稿については、われわれは、その成立の正確な日付を知っている。当時、執筆作業の経過について、ボンヘッファーが手紙のなかで報告しているからである。*26 また、ボンヘッファーの逮捕直前に成立していたのが、どの草稿グループなのかも確かである。それらは、通し番号をつけられた用紙に記され、それらの最後の草稿が机上に置かれていたのだ〔から〕。残りの草稿については、イルゼ・テートが、草稿自身を『倫理-断片ノート』と比較して考察することから、どのような順序でそれらが引き続き執筆されていったかを明らかにした。

たとえば、〔草稿のために〕用いられた用紙が一つの手がかりとなった。エーバーハルト・ベートゲは、すでに最初の編集の際に、さまざまな用紙の種類――透かし模様や紙面の大きさなどによって確定することができる――を記録していた。ベートゲは、ボンヘッファーの『倫理-断片ノート』の上に、当該の種類の紙が、いつ、手紙用箋として利用されていたかを、書きとめていた。多くの日付は、――一見したところでは、その日付の指示はありえないように見えたとしても――それを考慮に入れることが役立ったのである。たとえば、草稿「教会とこの世Ⅰ」の成立が一九四二年秋の手紙と同じ種類の紙を用いていたことから判明したように。*27

補足的に観察していると、しばしば、ベートゲの記載がきわめて有益だったことが証明された。紙の種類以外に、紙質についても、注意することが必要であった。戦時中は、紙はますます品薄になり、新たに製造された紙は、平時のものより多孔質であり、黒ずんで、破れやすいものであった。草稿のなかに、こうした紙質の悪い用紙のものがあった場合、その草稿が早い時期に成立したという推定は、疑われねばならなかった。戦時調達の紙は、二つの草稿――「神の愛とこの世の崩壊」と「教会とこの世I」――との関連で浮かび上がってきた。ベートゲは、一九六二年の『倫理』新版を印刷するために配列し直した際に、これら二つの草稿を、一九三九年から〔一九〕四〇年にかけて〔執筆されたもの〕と判定したのである。〔しかし〕この早期の草稿成立という判定にたいしては、〔それが書かれた〕用紙を検討した際に疑念がもち上がった。紙の種類と紙質に加えて、字の特徴、インクの濃淡、万年筆のペン先の太さ、鉛筆や複写用鉛筆、色鉛筆の使い方、なども考慮に入れなければならなかった。それぞれの状況証拠は、それ自体は些細な特徴であっても、他の状況証拠と一致する場合には、説得力が増すことになった。

また、オリジナルな草稿と『倫理-断片ノート』とを、いつでも吟味し直さなければならなかった。さらに、日付を決める指標として、その他、多くのものが照合された。たとえば、特定の時点以後に

*25 事項配列（Sachreihenfolge）の計画についても、執筆順序とは区別されたものとして、『倫理-断片ノート』がいくつか情報をあたえてくれる。〈編集者あとがき〉では、それについて、一節（S. 447-455）があてられている。
*26 〈付録〉の年表には、この種の情報がまとめられている。 *27 S. 343の注4を見よ。

はじめて流通していた本とか、あるいはボンヘッファーが所有し〔え〕た本、さらに〔彼の〕手紙のなかに内容的な共鳴が見られる本、その他、数々のこと。重視されたのは、個別の観察からだけではなく、多くの観察結果が一致していることから結論を引き出すということであった。細かい作業を何年も続けた後に、多くの点で一致した状況証拠のモザイク〔＝寄せ集めた結果〕から、五つの時期が画定された。それぞれの時期に、互いに区別された五つの『倫理』草稿グループが成立していたのである。

ディートリヒ・ボンヘッファー全集の第六巻として、本書においては、『倫理』草稿が、成立した時間的順序に従って配列されている。時間的順序という規則の例外は、ボンヘッファーが第一期に書き始めた草稿グループの場合である。まず、この草稿のなかの一部は、厳密にいえば、第二期に書かれた草稿を、〔第一期の草稿のなかに〕書き写したものに違いないであろう。なぜなら、ボンヘッファーが、そのときにあらためて、その草稿にさらに加筆していたからである。じっさい、「キリスト・現実・善――キリスト・教会・この世」と「遺産と退廃」という〔二つの〕草稿のテキストのなかには、やや理解しにくい分裂があらわれていた。また、草稿「罪責・義認・新生」も、明らかに、第一期の草稿を補完する一連の〔補筆・加筆〕作業の一部であった。[*28] この例外を別にすれば、草稿の配列は、解明された執筆順序に一致している。

執筆順序の解明に導いていった〔さまざまな〕状況証拠とその組み合わせについて、ここでは、その全容を完全に描くことはできない。〔ここでは〕以下の、草稿の成立時期についての概要に関連して、状況証拠を――どうすれば草稿を特定の時期へと分類することができるかについて一つの印象を伝えるために――いくつか選んで示している〔だけである〕。〔各〕草稿につけられている編集者による〈脚注〉がいっそう正確な情報をあたえるものである。編集者による〈あとがき〉の最後〔VI節〕では、以下のような推測を導くいくつかの状況証拠について詳述している。すなわち、ボンヘッファーが、『倫理』〔の出版計画〕において、〔本書で明らかにした〕執筆順序とは別の、事項配列（Sachreihenfolge）による著作を選択していたのではないか、という推測についてである。

ディートリヒ・ボンヘッファーの『倫理』草稿、その成立時期の復元

第一期

一九四〇年夏から四〇年一一月一三日まで

「キリスト・現実・善――キリスト・教会・この世」（DBW 6, 31-51 und 60-61）

「形成としての倫理学」

九月から一〇月にかけて[*29]

「遺産と退廃」……

第二期

*28 S.51. S.116 und S.125 にある〈編集者注〉を参照。 *29 草稿のタイトルの最後にあるリーダー〔……〕が意味しているのは、草稿がその時点では（まだ）完結していなかったということである。

一九四〇年一一月一七日から一九四一年二月二二日まで

「究極的なものと究極以前のもの」

一二月九日から

「自然的生」……

中間期

一九四一年四月から年末まで

「国家と教会」*30

第一期に執筆され始めた左の草稿を完成するための加筆

……「遺産と退廃」（DBW 6, 116-124）

「罪責・義認・新生」

「キリスト・現実・善——キリスト・教会・この世」への挿入（DBW6, 51-60）

第三期

一九四二年初めから夏まで

「歴史と善」第一草稿……

「歴史と善」第二草稿

「《人格》エートスと《事柄》エートス」

一九四二年八月一〇日以降
「律法の第一用法についての理論」

第四期
一九四二年末まで
「神の愛とこの世の崩壊」
「教会とこの世Ⅰ」……
「この世に向けた教会の言葉の可能性について」……
一九四二年末ごろ
「一〇年後に」*31

*30 タイトルが右端揃え〔本訳書では下揃え〕になっている草稿は、時期的にもテーマとしても、『倫理』草稿と関連のある草稿である。そして〔下揃えのタイトルの草稿は〕、「一〇年後に」というタイトルの草稿まで、ボンヘッファー著『倫理』の従来の版では、〈付録〉として、印刷されていたが、今日では、DBW 16〔に収録されている〕。「国家と教会」のテキストのオリジナル〔草稿〕は、所在不明である。それは、一九五六年に、オリジナルの『倫理』草稿が、ハーバード大学でマイクロフィルムに撮影されたときには、すでに失われていた。『倫理』のためのオリジナル草稿を再現している本書には、草稿「国家と教会」は含まれていない。『倫理』初版の出版以降に発見されたテキストは、DBW 16に〔所収され〕印刷されている（DBW 16, 506-535）。*31 〔これは〕『抵抗と信従』〔『獄中書簡集』のなかでは〕ベートゲによって、拘留中の手紙や手記よりも優先され〔冒頭に置かれ〕ていた（WEN 11-27）。

第五期

一九四三年はじめから一九四三年四月五日まで

「主題としての《倫理的なもの》と《キリスト教的なもの》」

「具体的な戒めと神の委任」

一九四三年拘留期間中に

「真実を語るとは何を意味するか」

われわれが第一期のものとした四つの草稿は、いまやふたたび、ベートゲが〔編集した〕一九四九年版の最初の配列のままで並んでいる。完結した最初の草稿「キリスト・現実・善――キリスト・教会・この世」と〔草稿〕「形成としての倫理学」の初めの部分は、文字の特徴とブルーブラックのインク、そして執筆用紙が、正確に一致している。ここで用いられた紙の種類――簡素な紙質の罫線入りの用紙――は、他の『倫理』草稿では用いられていない。外面的には、非常によく似通っている二つの草稿から〔判断すると〕、全部がこの種類の用紙に書かれた草稿は、〈あの草稿〉――ボンヘッファーが、執筆中に、他の種類の、つまり方眼入りの用紙に交換して執筆し続けた草稿――より前に成立していたのであろう。そうであれば、草稿「キリスト・現実……」が、最初に執筆を開始した『倫理』草稿といえるのである。*32

ベートゲは、一九四九年に、「形成としての倫理学」を先頭に置いた。この草稿のタイトルが、最初のものとして、『倫理-断片ノート』("Ethik"-Zettel) Nr. 38 に記されていたからである。ベートゲは、草稿「キリスト・現実・善――キリスト・教会・この世」を、この『倫理-断片ノート』の上で、《教会とこの世》というキーワードが姿を現わす場所に続けて配列したのである。[*33] ボンヘッファーは一九四〇年一〇月の、クライン-クレッシンからの手紙において「……私は全体の構想を書く」[*34]と記していたが、〔この注釈を〕ベートゲは、『倫理-断片ノート』Nr. 38と結びつけたのである。その結果、ベートゲは、この『倫理-断片ノート』に記されていたキーワードが、計画されている『倫理』という著作にたいする一種の内容一覧であると考えるようになった。しかし、その手紙が書かれた時期には、すでにボンヘッファーは、『倫理-断片ノート』Nr. 38のような罫線入りの用紙ではなく、方眼入りの用紙を利用していた。その方眼入りの用紙を使って、「形成としての倫理学」を書き終わり、同じ用紙で、「遺産と退廃」を書き始めていたのである。一九四〇年一〇月九日付の手紙で、ボンヘッファーは、「全体の構想」についての仕事が、なお何日かかかるだろう、と報告していた。この手紙は、一連の『倫理-断片ノート』、なかでもエタール〔滞在中の〕草稿が準備されていた『倫理-断片ノート』と同様に、方眼入りの用紙に書かれていたのである。[*35]

*32 一九四二年に「歴史と善」を書いていたときには、ボンヘッファーは、その草稿〔「キリスト・現実・善――キリスト・教会・この世」〕を《第一章》と呼んでいた。当時の計画では、事項配列（Sachreihenfolge）が、そうなっていたのである。S. 222を見よ。*33 『倫理-断片ノート』Nr. 38におけるタイトルは、以下のように表現されている。「形成としての倫理学……、遺産と退廃……、罪責と義認……、教会とこの世（の形成）……」など。*34 DBW 16, 66 一九四〇年一〇月九日付。E. Bethge, Vorwort vom 9. April 1948, E^6, 12.〔『現代キリスト教倫理』〕*35 〔たとえば〕『倫理-断片ノート』Nr. 61（キーワードは、《究極以前のもの》）、『倫理-断片ノート』Nr. 50（〔キーワ

第二期に成立した草稿グループ、「究極的なものと究極以前のもの」と「自然的生」は、ボンヘッファーが手紙のなかでそれに言及していたことによって、はっきりと日付が確定される。この二つの草稿の文字の特徴は、他の『倫理』草稿とははっきり区別される。この文字の特徴が状況証拠となって、新しい出来事が、つまり――たぶんミュンヘンで――新しい万年筆と新しいインクを購入したことが、九分どおり証明されることになった。エタールの修道院では、ボンヘッファーは、ブルーブラックではなく、ブルーのインクを使って、そしてペン先の細い万年筆で書いていたのである。

ボンヘッファーが、二つの草稿、「遺産と退廃」と「罪責・義認・新生」を、一九四〇年一一月一七日以前に、つまり、エタールで滞在し始める前に完成できていたのではないかというのは、ほとんど考えられないことである。草稿「遺産と退廃」は、『倫理‐断片ノート』Nr. 38で名前が挙げられており、〔これまで〕第一期のものとされていたものである。〔しかし〕とくに草稿「遺産と退廃」のなかのキーワード「マキアヴェリズム」[*36]は、ボンヘッファーが、ゲールハルト・リッターの著書『権力国家とユートピア』を読んでいたことを推測させる。リッターがマキアヴェリとトマス・モアについて書いたこの本は、一九四〇年一一月になってようやく書店に並べられたのである。草稿「遺産と退廃」の最終部分、草稿「罪責・義認・新生」、そして草稿「キリスト・現実……」への挿入文などは、――ブルーブラックのインクで、はぎ取り式の用紙に書かれており――見たところ同じような外見をしている。それらの草稿は、エタール滞在以後の時期に成立したのであろう。〔文章が〕はっきり一致したことから、草稿「キリスト・現実……」への挿入文の一部や、〈委任〉論の断片などについては、「国家と教会」という論文のテキストがその底稿だったことが証明される。[*37]それゆえ、ボンヘッファーの『倫理』における〈委任〉論の展開は、第一期の一九四〇年にはまだ始まっておらず、一九四一年になって始まったのである。

第三期においては、「歴史と善」についての第一草稿と第二草稿が書き上げられた。どちらの草稿も、一枚目の草稿用紙には《15.》、二枚目の草稿用紙には《16.》等々、通し番号がつけられていた。ベートゲは、一九六二年に、『倫理』草稿を新たに時間的順序で配列するために、1から14までの数字をもつ草稿用紙を探し求めた。《15.》以前の草稿に該当すると思われたからである。ベートゲは、草稿「キリスト・現実……」を発見したとき、――その草稿の最後の用紙には、《14a》という数字が書かれていた――それが、《15.》以前に該当する草稿だと考えた。そのとき、ベートゲは、この草稿「キリスト・現実……」と草稿「歴史と善」とは、時間的に連続して書かれたのだろうと想定した。《15.》の草稿用紙を仲立ちにして結びつけることによって、草稿「キリスト・現実……」が、〔一九六三年版〕『倫理』の後ろから二番目の三分の一あたりに場所を占めることになったのである。〔しかしベートゲは、結合仮説について、完全に満足していたわけではない。彼は、〔第六版〕〈まえがき〉において、草稿「歴史と善」のためには、草稿「キリスト・現実……」とは異なった種類の草稿用紙が利用されていることを注記していたのだ〔から〕。*38 用紙の種類が違っていることで、執筆の時間的順序と《15.》という数字との関係について、疑念が

ードは〕《自然的生》、『倫理-断片ノート』Nr.62からNr.69まで《教養》《善》ないしは《悪》について）。***36** S.121を見よ。***37** たとえば、S.58 Anm.82を見よ。そこでは、〔論文〕「国家と教会」からの一文は、《委任》という概念で表現し直されている。***38** E. Bethge, Vorwort vom Juli 1962 zu E^6, 15.〔『現代キリスト教倫理』〕

浮かび上がってくる。この疑念は、別の奇妙な状況証拠によってさらに強められる。すなわち、『倫理-断片ノート』Nr. 31に、アンダーラインを引かれた《15.》という数字が大書されていたのである。この数字は、「キリスト・現実……」と「歴史と善」という草稿が、次々に成立し、通し番号がつけられたのであれば、わざわざメモする必要がなかったはずである。こうした時間的な結びつきの想定がなくなれば、草稿「キリスト・現実……」は、執筆の時間的順序通りに、用紙の種類と文字の特徴が示しているその場所、すなわち、『倫理』草稿を書き始めたばかりの時期にずらすことができる。

第三期における「歴史と善」についての二つの草稿〔第一と第二〕のどちらが先に書かれたのか。これは、すでに外見が、——正確に言えばインクの色の違いが——教えてくれる。「歴史と善」第一草稿は、まず、ブルーブラックのインクで書きはじめられているが、終わり近くになると、鮮やかなブルーのインクで書かれている。インクの濃淡は、それぞれはっきりと区別することができる。テキストの変更箇所では、濃淡が微妙に違う二つのインクが重なっているからである。[39] 第二草稿において繰り返された文章の言葉は、鮮やかなブルーのインクで線が引かれている。第二草稿および、本書〔DBW第六巻〕で第四期、第五期に分類されたすべての草稿が、鮮やかなブルーのインクで、また中太のペン先で書かれている。この、インクの濃淡という状況証拠は、他の状況証拠、たとえば、ある特徴をもった用紙に書かれた手紙の日付と一致する。それと同じ種類の用紙に、草稿「教会とこの世I」が、たぶん一九四二年の後半に執筆されたのであろう。[40]

第四期には、「神の愛とこの世の崩壊」と「教会とこの世I」という二つの草稿が、内容的な関連づけがないにもかかわらず、連続して配列されている。ベートゲも、二度の印刷——一九四九年と一九六三年——の際に、同じように連続して配列していた。草稿「神の愛とこの世の崩壊」の最後と草稿「教会とこの世I」の冒頭には、他の草稿には用いられていない種類の用紙、つまり《記録用箋》という透かしの入った二つ折り用紙が利用されている。文字の特徴が変わっていないということは、二つの草稿が、一連の仕事のなかで生まれたことを示している。[*41] 同じ紙質の——戦時中の黒ずんだ——紙が、「教会とこの世I」にたいする〈覚書《ノート》〉を記した『倫理-断片ノート』Nr. 20にも、「この世に向けた教会の言葉の可能性について」というスケッチのためにも利用されている。このスケッチは、〔倫理〕草稿のための原型の一つだが、付属の『倫理-断片ノート』——たとえば、《記録用箋》[*42]と透かしの入った用紙を用いている『倫理-断片ノート』Nr. 10——が示すように、第四期および第五期の草稿グループと密接に結びついているのである。[*43]

一九四二年は、第三期と第四期にまたがっているが、ボンヘッファーにとって、大部分が落ち着かない日々であった。具体的な倫理学の仕事に継続的に取り組むことはできず、補完的に草稿への加筆を行なった。ベートゲによってかつて特徴づけられた規定は正しかったことが明らかになった。すなわち、ボンヘッファーの『倫理』という著作は、すでに出来あがっていた草稿やそれに接続する文章、

＊**39**　S.240 Anm.82を見よ。＊**40**　S.343 Anm.4の後半部にある部分を参照。＊**41**　草稿「神の愛とこの世の崩壊」および「教会とこの世I」の用紙には、通し番号がつけられていない。二つの草稿のそれぞれに、他のどの草稿にもない独特の方法で、番号がつけられている。このことは、全体の配列計画においては、この二つの草稿が互いに切り離されていたということを暗示している。＊**42**　S.364 Anm.36を参照。＊**43**　このスケッチをDBW6〔本書〕に収めることについて、編集者のあいだには躊躇もあった。

さらに要約の文章などのもろもろの部分が、「一つの全体にまとまるように一緒に成長していったものだった」[44]と言えるだろう。第三期と第四期に書きとめられ、書き始められ、スケッチされた文章も、そこに含まれていた。第五期、つまり、一九四三年の初めから四月の逮捕までの時期にも、ボンヘッファーは、『倫理』全般について新たな観点から実験的な試みをしていたのではなく、すでに一九四一年に着手していた〈委任〉理論を、さらに彫琢する準備をしていたのである。

一九八八年六月、アムステルダムの国際ボンヘッファー委員会・全セクション合同会議において、新たに復元された『倫理』草稿の執筆順序が発表された。その会議において、ベートゲは、公式の歓迎の挨拶のなかで、以下のように強調した。すなわち、ボンヘッファーではしばしば生じていたことなのだが、〔『倫理』〕執筆の第一歩である草稿「キリスト・現実・善……」が、根本的には、〔『倫理』で〕展開される内容のすべてをすでに内包しているのである、と。つまり、〔ボンヘッファーの倫理学は〕あの一つの現実〔＝キリストにおける神の啓示の現実〕に目を向けた倫理学なのである、と。

Ⅱ

この、ディートリヒ・ボンヘッファー全集第六巻では、遺稿ファイルの、NLA〔ボンヘッファー自身が完成させた文書〕の71と72に収められている草稿を、印刷のための基礎として用いている。『倫理』草稿の一枚一枚は、DIN〔ドイツ工業規格〕A４判で統一されている。[45]「この世に向けた教会の言葉の可能性について」というスケッチを例外として、これらの草稿はインクで書かれている。すべてが、ボンヘッファーの、判読しにくいドイツ文字の筆記体で書かれている。この書体は、相手のある手紙には用いず、自分自身のために書くときにだけ用いていたものである。*46 そして最終的に完了するまで、何度も徹底して推敲を重ねている。ボンヘッファーは、拘留中に書いた自分の草稿について判定を下したことがあるが、それは、彼の『倫理』草稿にも同様に当てはまる。すなわち「……読みやすくはないだろう……（いやはや滑稽なことだけど、僕は創造的な仕事をするときは、いつもドイツ文字で書かずにはおれないし、おまけに、校訂が必要だ！）」。*47

草稿の判読は、一九八五年以来、イルゼ・テートによって、何回も吟味され正確にされてきた。ボンヘッファーが一つの言葉を、男性名詞として用いているのか、それとも中性名詞として用いているのか。複数形なのか単数形なのか。だから、《der》や《das》という言葉を前にすると、語尾は《m》なのか《n》なのか《e》なのか、《e》がついていないのか。こうしたことが、しばしば筆跡からは区別できず、前後関係から解明されなければならなかった。その結果、今回の判読の仕方が、以前に

＊44 E. Bethge, Vorwort vom 9. April 1948, E^6 12.〔『現代キリスト教倫理』〕 **＊45** 標準用紙規格である〈二一〇ミリ×二九七ミリ〉からの長短のずれは、せいぜいセンチ単位になるだけである――官庁用紙規格は〈二一〇ミリ×三三〇ミリ〉であり、ベートゲが《イタリア仕様》と特徴づけた特別規格は〈二一五ミリ×二八三ミリ〉である。たいていの場合、〔ずれは〕ミリ単位にすぎない。テキスト「《人格》エートスと《事柄》エートス」は、これとは異なり、ＤＩＮ（ドイツ工業規格）Ａ５判の用紙に書かれている。このことは、このテキストが『倫理』という著作とは別の目的のために書かれたことの一つの証拠である。 **＊46** DBW 8, 416.〔『獄中書簡集』〕一九四四年五月五日付のベートゲ宛の手紙。ボンヘッファーは手紙をラテン文字で書いていた。 **＊47** DBW 8, 576.〔『獄中書簡集』〕一九四四年八月二三日付。

印刷された版とは異なるということが、ときどき生じたのである。以前の判読よりもいっそう重大な誤読が、〔今回〕疑問の余地なく明らかになった。一九四九年の初版では、そのまま印刷されて、混乱を引き起こしたような誤読――たとえば《Nein》を《Sein》と読み間違えていた[*48]――は、年月のたつうちに改訂されてきた。一九六三年の第六版は、編集し直され組み替えられた版だったが、それには文成分の脱落による混乱に加えて、改訂したつもりの誤りさえ付け加わっていた。たとえば、〔本来は〕「善い原則あるいは悪い……原則」という意味にもかかわらず、大文字が使われて、「それ自体で存在している善あるいは悪」になっていたような例である[*49]。本書〔DBW第六巻〕に至るまで残り続けていた誤りのうち、「何の飾りもない自分を恥じる木」という意味不明の「メルヘン」だけを挙げておこう[*50]。

本書では、できる限り忠実にボンヘッファーの書き方に従っている。たとえ、それが〔当時〕すでに普及していたドゥーデンの指針に一致しない場合でも（たとえば《garnicht》と《social》）、また、彼独自の特異な句読法が用いられている場合でも。〔たとえば〕行を越えて言葉が挿入されている場合に限り、草稿では、その後には、いつも決まってコンマはないのだが、必要な場合にはコンマを追加した。単語や単語の一部に、明らかなミスによる脱落がある場合は、角形括弧［ ］で補足した。しばしば、挿入文のなかで、またページの最後と次ページの冒頭で、言葉が繰り返されているが、この繰り返しは、とくに断ることなく削除されている。短縮形や、たとえば、《教会》の代わりの《K》など、ボンヘッファーが利用している略語も、本来の形に戻されている。

例外は、彼が用いた聖書の章句の短縮形である。聖書の引用箇所を指示する際に、ボンヘッファーは、草稿においては、《Kol 1$_{16}$》《1Kor 13$_{2.3}$》という形をとっている。印刷の際には、節の数字は、低くは置かずに、コンマによって章と区別している。ボンヘッファーは、聖書の何章であるかを示した後をときどき空白のままにしている。どうやら後から節の数字を追記しようとしていたらしい。節がはっきりと確認できる場合には、テキストのなかに、節の数字を角形括弧にいれて挿入している。ボンヘッファーは、ギリシャ語の単語については、彼がもっていたギリシャ語新約聖書の欄外注と同様に、すべてアクセント符号をつけずに書いている。印刷〔された『倫理』〕においてもそうなっている。〈注〉については、ボンヘッファーは、草稿では、語の上部に置かれた、ピリオド付きの注番号とその後ろにつけた丸括弧で示している。そして、新しいページで、〔本訳書では、同じ段落の最後に〕再度、《1.》で指示し、〔注の本文を〕書き始めている。印刷の際には、丸括弧（ピリオドなし）を用い、それぞれの草稿ごとに通し番号がつけられている。

〈編集者注〉も、テキストのなかでは、語の上部〔本訳書では語の右側〕に置かれた丸括弧なしの数字〔本訳書では＊付きゴチ数字〕で示されている。それにも草稿ごとに通し番号がつけられ、しかも、ボンヘッファーの注も含めて、読む順序に沿って置かれている。本書では、〈編集者注〉の番号は、中太数字〔本訳書では＊付きゴチ数字〕で印刷され、注の本文は、そのつど、そのページの下辺に置かれている〔本訳書では見開きの傍注〕。

＊48 S. 262 Anm. 49を参照。この誤りは、エルンスト・ファイルが、一九七〇年ごろ他の誤りと合わせて出版社に伝えていた。**＊49** S. 267 und Anm. 66 **＊50** ボンヘッファーがどんな《メルヘン》のことを言っているのか、今では、S. 304 und Anm. 10を読んで確かめることができる。

草稿を観察して得た結果のいくつかは、〈編集者注〉において報告されている。〔ボンヘッファーが〕削除した箇所は非常に多いが、〔本書に〕残されているものは、そのうちほんのわずかである。たいてい、ボンヘッファー自身が、削除箇所を入念に再考し、しばしば、もっと詳細な新しい表現に代えている。最後に成立した草稿の終わり近くに、長い削除箇所があるが、それは全文が復元されている。[*51]改訂されたテキストと比較して、ボンヘッファーの削除の仕方がわかるようにするためである。

聖書の章句については、ボンヘッファーがもっていたギリシャ語・ルター訳ドイツ語新約聖書[*52]と、ルター訳聖書[*53]が参照されていた。章句に傍線が引かれている場合は、そのことが注記されている。草稿における引用箇所の誤りは、そのまま印刷し、〈編集者注〉のなかで訂正されている〔本訳書では、本文のなかで訂正し、その旨を注で表示している〕。はっきりとルターの訳文から離反している場合、注意を促している。

他の著作家の思想と対決している際に、ボンヘッファーは、自著『キリストに従う』の場合と同様に、たいてい名前を挙げていない。『倫理‐断片ノート』には、若干の著者があげられ、ときおりその著書のタイトルもあげられていることがある。しかし、草稿では、それはきわめて稀である。ボンヘッファーが、『倫理』のために、どんな本を研究していたのか、いつ、それを読むことができたのか。それを突き止めるために、編集者は、エーバーハルト・ベートゲの集めた情報[*54]をさらに追跡し、残されたボンヘッファーの蔵書[*55]を点検した。さらにそれ以上に、〔他の〕図書との関連も発見された。ボンヘッファーがそれらの書物のなかから、どのような考えを批判的に取り上げ、あるいは、それらをどのように評価したかについて知ることは、ボンヘッファーの立論を理解するのに役だっている。たとえば、ヨーゼフ・ピーパーの卓越した哲学的な論考と比較すれば、ボンヘッファーが到達したキリスト論の深さが明らかになる。〈編集者注〉は、当該の著書において発見した該当個所を紹介している。ボンヘッファーが、自分の所有していたその本の特定の箇所に傍線を引いたり、あるいは他の方法で強調している場合には、できる限りそのことが注記されている。

彼自身の著書の本文が『倫理』草稿の基礎になっている場合、〈編集者注〉のなかで、そのテキストがあげられている。『倫理』にまとめるための草稿の執筆は、彼の逮捕によって突然終了させられた。しかし、そのために思考する作業は、拘留中もさらに続けられていたのである。それゆえ、『倫理』のテーマについての、一九四三年四月五日以降における彼の発言についても、ときおり指摘されている。このように、ボンヘッファーの著書を広く参照できたことは、ボンヘッファー神学の全体像を描いたエルンスト・ファイルに負うところが多い。[*56] 本書〔DBW第六巻〕自身のなかで参照箇所を示す場合には、ページ数の前に《S.》をつけている。

いくつかの〈編集者注〉は、ボンヘッファーが『倫理』草稿を書いた当時の事情について情報を提供している。選び出された事例によって、同時代史の出来事との結びつきが明示されているのである。さらにまた、〈編集者注〉では、外国語の表現や短い文章が独訳され、さらに、いくつかの外来語についても、由来する元の言語を示しながら、若干の説明がされている。もし、ボンヘッファーの博士

＊51 Anm.57 auf S. 409 f を見よ。＊52 略号は《Nestle》＊53 略号は LB. ＊54 DB 803 f〔ベートゲ『ボンヘッファー伝』〕を見よ。＊55 今なお残されているボンヘッファーの蔵書については、専門分野ごとに分類されたリストが、目録“Nachlaß Dietrich Bonhoeffer”, 176–237 にある。略号 NL-Bibl を用いて引用されている。＊56 略号

論文や教授資格論文のように、純粋に学術的な著作を取り扱うのであれば、〔こうした〕説明の多くは不要だったであろう。しかし、『倫理』は、広範な読者層に向けて語りかけている。編集者一同が〔詳しい〕説明や注釈をつけようと努力したのは、異国の文化のもとで、また時代環境を異にして生きている人たちにも、ボンヘッファーをできるだけ正確に理解してもらうことを願っているためである。ボンヘッファーは、『倫理』を、ドイツだけでなく、キリスト教世界全体の、来たるべき世代に向けて書いたのである。

『倫理』の草稿「遺産と退廃」の最初の二ページには、ボンヘッファーの筆跡と作業の様子が目にみえるように、〔草稿の〕複写が添付されている。[*57] 年表は、『倫理』草稿に関する仕事をしていたときの出来事とボンヘッファーの発言について、概観をあたえるようになっている。草稿の配列対照表は、最初に印刷された版〔一九四九年版〕から現在の版〔本書〕まで、配列がどのように変更されたかを示している。

文献リストは、第一部では、ボンヘッファーが利用した図書を挙げているが、たとえば、購入の日付のように、〔草稿の書かれた〕日付を確定するために興味深い情報も含んでいる。第二部には、編集者一同が利用した文献が挙げられている。そのなかには、ディートリヒ・ボンヘッファー全集に収録されたボンヘッファーの著作も含まれている。第三部には、ボンヘッファーの『倫理』に関連するその他の〔研究〕文献が挙げられている。

略記表では、略号と省略形をできる限り完全な形に戻した。ドイツ語圏に定住していない読者にも分かりやすくなるようにしたのである。略記表の最後では、たとえば、縦線《|》のような記号につ

いて説明されている。縦線《|》は、一九六三年の『倫理』第六版ではその箇所でページが変わっていたことを示している。ノド寄りのノンブルが、この第六版のページ数を示している。第六版のページ数は、本書〔DBW第六巻〕が刊行されるまで変更はなかった。そして、草稿「歴史と善」第一草稿に該当するところでは、旧《ボンヘッファー全集〔選集〕》第三巻の、一九六〇年刷りのページ数が〔ノド寄りのノンブルで〕示されている〔ただし本訳書では省略〕。

索引――聖書の章句、人名、事項、場所などの索引――のうち、人名索引は、〔新〕ディートリヒ・ボンヘッファー全集第一巻から第五巻までとは違った仕方で作られている。人名索引は、『倫理』草稿の執筆作業にとって重要だった人物について、伝記的情報をいくつか選んで記している。一般的には知名でないが、ボンヘッファーにとって特別な同時代人については、いっそう詳細に紹介されている。一九四五年以降に出版された本の著者もふくめて、若い人物については、索引では、ただ名前だけが――それ以上の記載なしに――挙げられている。

編集者一同は、それぞれのやり方で本書〔DBW第六巻〕のために協力した。直接、オリジナル草稿をもとにテキスト化する仕事、〈編集者注〉のための調査、草稿の執筆順序と配列順序を復元すること、〈まえがき〉と〈あとがき〉の起草など、これらの仕事が別々の人に割り当てられた。〈まえがき〉と〈あとがき〉、そして〈編集者注〉も、部分的には、何人かの起草したものをつなぎ合わせて

ThDBは、このように、〔E・ファイルの〕著書“Die Theologie Diertich Bonhoeffers”〔ファイル『ボンヘッファーの神学』〕を、一つの総合索引として利用していることを示している。＊57 S.91 f を見よ。草稿「遺産と退廃」が始まる前にある。〔本訳書では四四－四五頁に掲出した。〕

いる。協議や文通によって、互いに情報を交換し批判することができた。もちろん、議論の余地のある点について、詳細に討論する機会はもてなかったし、また、ある編集者の仕事を別の編集者がやり直すこともできなかった。〔しかし〕配列と注釈については、かなり高い程度まで、意見を一致させることができた。〔本書〕ディートリヒ・ボンヘッファー全集第六巻という形で公刊することについては、一九八六年一二月一〇日に、エーバーハルト・ベートゲを交えて決定した。不明確なまま、意見の一致しないまま残されたのは、個々の注釈の問題を除けば、〔草稿の〕成立順序、取り上げられるべきテキストの数、ボンヘッファーの一九四三年の配列プランをめぐる仮説などであった。こうしたことは、『倫理』のような未完成の著作の場合、避けられないことであり、さらなる研究のため興味を起こさせるものであろう。オリジナルな手記に取り組む仕事が追体験され、再検討されることによって、ここに提出された結果の正しさが確証されればよいのだが。

ヴォルフガング・フーバーは、〔新〕ディートリヒ・ボンヘッファー全集の総編集者として、この〔第六〕巻のためにも、あらゆる援助を惜しまず、共同責任を引き受けてくれた。さらに、誠実な助力者たちが、この巻の刊行のためにいろいろ細部にわたって貢献してくれた。ここでは、彼らのお名前をあげないでいることを許していただきたい。われわれの感謝のほどは言うまでもない。この場で、エーバーハルト・ベートゲにたいするわれわれの深甚な謝意を表明したい。このような新しい形の『倫理』が出来あがったことは、彼の心をとりわけ強く揺り動かしたに違いない。変更した点については、違和感を覚えられたことだろうが、それより以上に強かったのは、自分の友人〔ボンヘッファー〕が本当に考えていた本文《テキスト》を〔世に〕出そうと願う彼の懸命の努力であった。とりわけ彼の誠実さは、終始、変わるところがなかったのである。

編集者一同に代わって、イルゼ・テート
ハノーファー、一九九一年　聖霊降臨祭

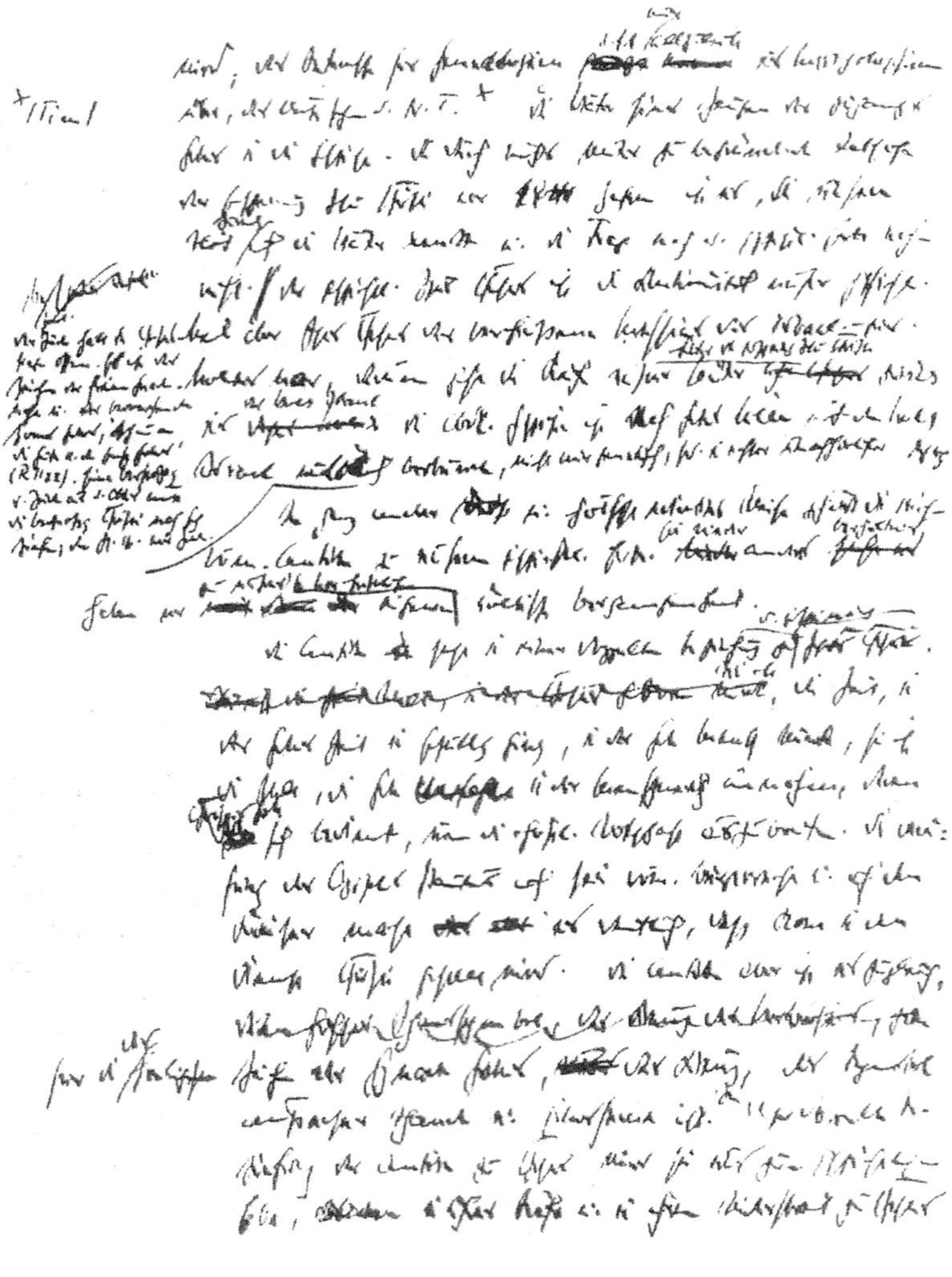

〔ボンヘッファーの草稿の一例〕

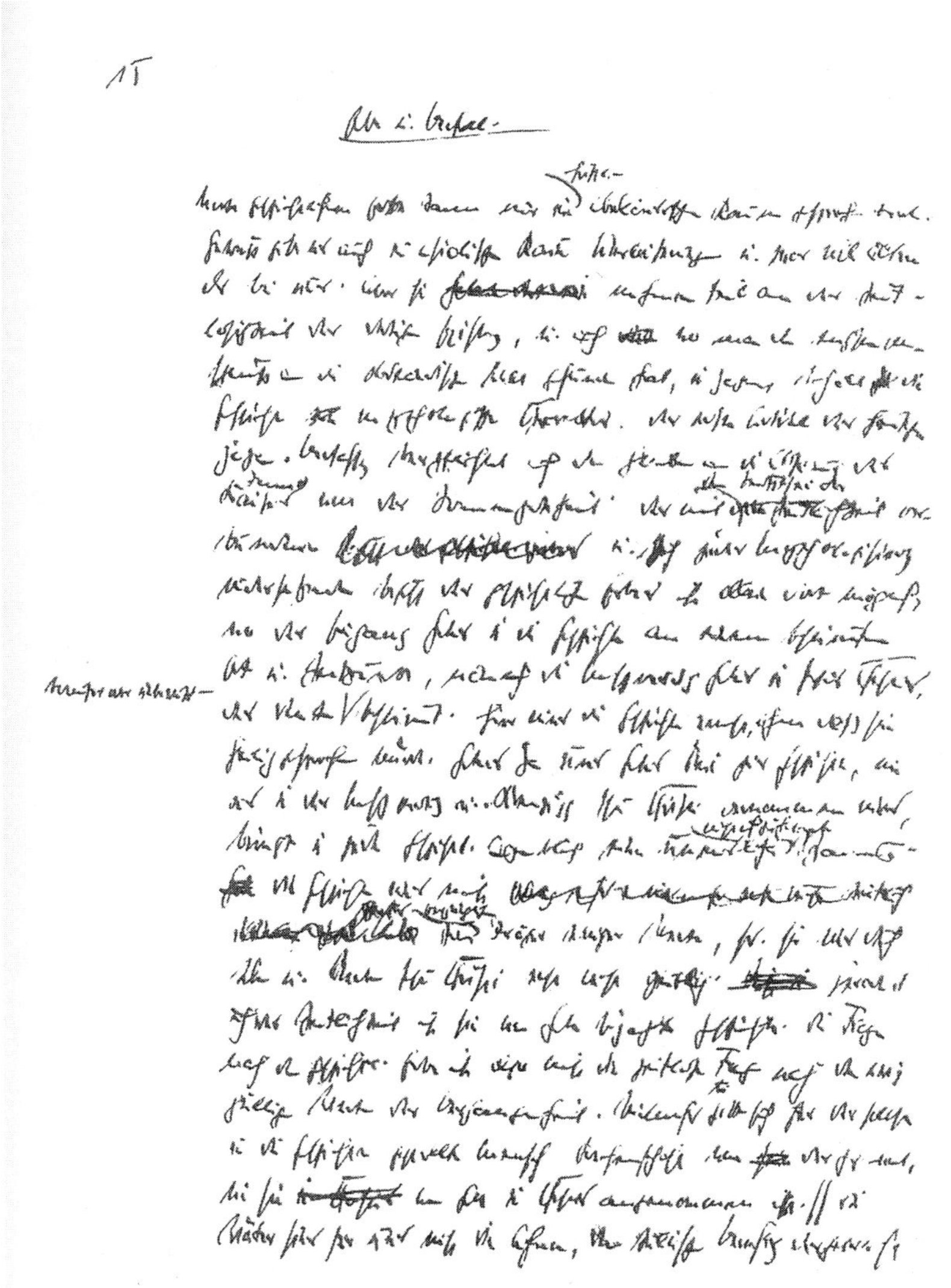

キリスト・現実・善——キリスト・教会・この世

〔現実という概念〕

キリスト教倫理の問題をとり上げようとする人は誰でも、他に例のない一つの〔過大な〕要求《ツームートゥング》を突きつけられざるをえない。その要求とは、倫理の問題にたずさわるときにいつでも出てくる二つの問い、すなわち、「どのようにして私は善くなるのか」、「どのようにして私は善いことをするのか」という問いを、初めからこの事柄《ザッヘ》に〈不適切なもの〉として廃棄すること、[*2]その代わりに、これら二つの問いとはまったく異なった、〈何が神の意志であるのか〉というまったく別の問いを立てること、である。[*3]この要求は、それゆえに決定的なものである。なぜなら、それは、究極の現実についての決断を、したがって信仰の決断を、前提としているからである。[*4]

倫理の問題が本質的に〈自分自身が善くなること〉と、また〈善い行ないをすること〉という問いで表わされるのなら、そこでは、私とこの世とを究極的な現実とする決断がすでに下されているのである。その場合には、すべての倫理的な省察は、私が善くあることとこの世が（——私の行為によって

——）善くなることとが、その目的である。しかし、〈私とこの世の現実自体が、まったく別の究極的な現実、すなわち、創造者・和解者・救済者である神の現実のうちに、なお包みこまれている〉という事実が示されるなら、[*5] そのときには直ちに、倫理的な問題は、まったく新しい観点の下に考えら

*1　この表題には、その他すべての『倫理』草稿の題名の場合と異なり、下線が引かれていない。おそらく後になってから本文の冒頭の上に付けられたものであろう。原稿は、すべての『倫理』草稿と同様に、インクによってドイツ字体で書かれている。後に書き加えられた部分（S.51-60）を除く最初の草稿は、並質の罫線入りの用紙に書かれている。*2　『倫理‐断片ノート』Nr.41「〈いかにして私は善く行動するか〉ではない」を参照。この『倫理‐断片ノート』には、「キリスト教倫理の基礎づけ」という表題があたえられており、さらに基礎づけの第一点として《感謝》を掲げている。ボンヘッファーの「キリスト者の感謝について」というテキストは、一九四〇年七月、ポンメルンの兄弟評議会から告白教会牧師に宛てた「月報」の一部として複写された（DBW 16, 490-493）。*3〔原草稿から以下の文章を〕削除〔以下においては同様に「削除」と表記〕「私を善くするもの、あるいは私が善いと認識していることが、神の御心であるのではない。そうではなく、神の御心のみが私を善いものとし、ある事柄を善いものとするのである。神の意志が善の唯一の源泉である」。*4　削除「究極的に現実的なものは、私の自我とこの世なのか、それとも神なのか？　すなわち、自分自身とこの世とが神の現実のなかに組み込まれているのを私が認識しない限り、私自身について、またこの世について、それゆえに、私が善くなることや私の善い行為について、私は、非現実的に語っているのではないだろうか」。K. Barth, Das Wort Gottes, 146：„Das Problem der Ethik in der Gegenwart“（K・バルトによる一九二二年の講演「現代における倫理の問題」）参照。*5　《創造者、和解者、救済者》という用語は、その選択と順序とにおいて、カール・バルトの『教会教義学』における構成に呼応している（KD I/1〔『教会教義学』第一巻「神の言葉」第一分冊〕, 404, 419, 470. §§ 10-12 の表題、〔すなわち〕《創造者としての神》、《和解者としての神》、《救済者としての神》）。予定されていた全体の構成によれば、KD IIIでは創造論

れることになる。〔そこでは〕私が善くなることやこの世の状態が私を通して改善されることが、究極的に重要なのではない。神の現実が究極的な現実としてあらゆるところで示されることこそが、最も重要なのである。それゆえ、神が究極的な現実として信じられるところでは、私にとって倫理的な努力の根源となるのは次のこと、すなわち、〈神は、御自身を善なる者として示したもう〉ということである——それとともに、私とこの世は善いものではなく徹底的に悪いものだ、という結論に導かれる危険が出てくるとしても。

すべての物事は、神において見られ認識されないところでは、歪められた姿で現われる。すべてのいわゆる所与の現実、[*6] すべての法則《おきて》や規範は、神が究極的な現実として信じられていない限り、抽象的なものである。[*7] しかし、神御自身が究極的な現実であるということは、所与の世界を崇高に仕立てる理念《イデー》ではなく、それゆえ、凡俗な世界像を宗教的に着色して飾り立てるものでもない。そうではなく、それは、神御自身の自己証明、〔つまり〕神の啓示にたいして信仰によって〈然《しか》り〉ということなのである。〈神〉ということでたんに宗教的理念が問題にされているだけなら、その《究極的《レッツト》》と称する現実の背後に、さらに〈神々の黄昏〉、〈神々の死〉という最後の最後《アラーレッツト》の現実が存立することを見抜きうるはずがないであろう。[*8]

究極的な現実が啓示、すなわち、生ける神の自己証明である場合にのみ、究極的な現実の要求は満たされる。[*9] しかし、そのときには、この究極的な現実〔＝啓示〕に関わることによって、生全体のあり方について決断することになる。その究極的な現実を認識することは、〈いっそう深い内面的な現実を発見するために、たんに段階を追って前進する〉ということではない。それは、およそあらゆる現実認識の決定的な転換点なのである。この究極的な現実は、ここでは、同時に第一の現実として自らの姿を示す。すなわち、〈最初にして最後の方〉、〈アルファにしてオメガ〉*10である神として。神を抜きにして事物や法則《おきて》を見たり認識したりすることは、すべて抽象となり、根源と目的とから引き離されることになる。

自分自身の善、あるいはこの世の善についてのすべての問いは、その前に、神が善であることについての問いが出されていなければ、提出することは不可能である。なぜなら、人間やこの世の善は、神なしには、いったい、どのような意味をもつのだろうか？　しかし、究極的な現実としての神は、〈御自身を告知し、証《あかし》し、啓示したもう方〉、それゆえ、イエス・キリストにおける神以外のいかなる

が、KD IVでは和解論が、KD Vでは救済論が取り扱われるはずであった。ルター主義的伝統と比較して特徴的なのは、《義認》ではなく、《和解》が中心的に用いられていること、さらに徹底的な終末論的《救済》観である。KD I／1 486f（上掲書）を参照。*6 〔原草稿から以下の用語を〕差替え〔以下においては同様に「差替え」と表記〕「外見上の事実（Realität）」。DBW 4 (N) 88, u. ö.〔『キリストに従う』〕を参照。*7 差替え「外見のみ、非現実的」。ボンヘッファーの《抽象》、《理念》にたいする批判に関しては、ThDB 90-99〔ファイル『ボンヘッファーの神学』〕を見よ。*8 リヒャルト・ワーグナーのオペラ『神々の黄昏《たそがれ》』は、よく知られているようにRagnarök（アイスランド語で《神々の運命》、北（方）ゲルマン神話の一つの概念）の（誤）訳である。F・ニーチェ（F. Nietzsche）のとりわけ、Zarathustra, [Teil] I, Werke IV, 115, [KGW VI, 1, 98]〔ニーチェ『ツァラトゥストラ』第I部、「あたえる美徳について」の章、3〕「すべての神々は死んだ。さあ、超人万歳と言おうではないか」を参照。*9 削除「啓示という事実を除けば、すべては、このことが信じられるか否認されるかにかかっている」。*10 黙二二・一三。同一・八を参照。

方でもないのだから、善についての問いは、ただキリストのうちにおいてのみ、その答えを見出すことができるのである。

キリスト教倫理の根源は、私自身の現実や世界の現実ではなく、また規範や価値の現実でもなく、イエス・キリストにおいて御自身を啓示したもう神の現実である。このことは、キリスト教的倫理の問題に関わろうとするすべての者にたいして、〔その者が〕誠実である限り、他の何よりも先に課された要求《ツームートゥング》である。この要求は、究極的な決定を迫る問いを提示する。すなわち、〈われわれは人生において、どのような現実によって立とうとしているのか〉という問いである。神の啓示の御言葉の現実か、それとも、いわゆる人生の現実性《レアリテート》か。神の恵みか、それとも地上的な不完全さか。復活か、それとも死か、と。

どの人も、みずから自分の選択で決定しようとすれば誤りを免れえないこの問い自体、すでにあたえられた答を予想している。すなわち、〈神は、われわれが自分でどのような決定をしようとも、すでにその啓示の御言葉を語りたもうた〉ということ、〈われわれは偽りの現実のなかでさえも、神の御言葉という真の現実以外のものによって生きることは決してできない〉ということである。究極的な現実について問うことは、それゆえ、われわれがすでにまったく振りほどきようもなく、その答えによって拘束されている状態におくのである。その問いは、——その問いが由来する——イエス・キリストにおける神の啓示という現実のただなかに、われわれ自身を連れ込むのである〔から〕。

キリスト教倫理の問題は、キリストにおける神の啓示という現実性が、神の被造物のなかで〈現実化すること〉(*Wirklichwerden*)である[*11]。〔それにたいして〕教義学の問題は、キリストにおける神の啓示という現実性の真理である。他のすべての倫理においては、当為と存在、理念と実現、動機と結果との対立ということが特徴的である。[*12] キリスト教倫理においては、まさにその対立が示されている地点で〔究極的な〕現実と現実化、過去と現在、歴史と（信仰という）出来事との関係——あるいは、さまざまの曖昧な概念の代わりに事柄《ザッヘ》自体の名前をはっきり言い現わすなら——イエス・キリストと聖霊との関係が登場するのである。[*13]

善についての問いは、キリストにおいて啓示された神の現実への参与について問うことになる。善と

＊11　削除「キリスト教倫理においては、それゆえ、現実の出来事が重要である。そのため、それは、他のあらゆる倫理が設定している境界を初めから打ち砕く」。『倫理-断片ノート』Nr.71で、ボンヘッファーは次のように記している。「われわれは今日、《キリスト教倫理》がキリスト教の教義から離れているのを目の当たりにしている。自分が〈キリスト教的であること〉（Christlichkeit）をもはやまったく意識しないキリスト教的な行動。やっと最近になって、人びとはふたたび自分自身の行動の根拠を問い直して、その結果、教義や教会に戻ってきている。重要なのは、両者〔キリスト教倫理と教義〕を統一すること、信仰に立ち返ることである。倫理的なストック〔蓄積されたもの〕（Bestand）は、教義的なそれよりも、いっそう一般に行きわたっている」。＊12「当為と存在」〔の区別〕については、デイヴィッド・ヒュームにおける《is》（ist）と《ought》（sollte）（これについては、Chr. Frey, Theologische Ethik, 72）を参照。《理念》の《現実化》（S.38を参照）については、たとえばG. W. Hegel, Religionsphilosophie, nach Lasson XIV, 156〔ヘーゲル『宗教哲学講義』〕、行動の理由（Beweggrund）という意味での「動機」について、次の段落の初めの「意志だけが……善い」という箇所を参照。Immanuel Kant, Grundlegung zur Metaphysik der Sitten, BA1（Werke IV, 18）〔カント『人倫の形而上学の基礎づけ』第一章〕、「世界のどこでも、それどころか世界の外においてさえも、無制限に善いとみなされうるものは、善い意志だけであり、それ以外には考えることができない」を見よ。＊13「現実」（Wirklichkeit）の「現実化」（Wirklichwerden）〔について〕DBW

は、もはや〈存在しているもの〉、それゆえ、たとえば私の本質・私の心情・私の行動、あるいはこの世のなかの或《あ》る状態についての評価ではない。善とは、もはや〈それ自身において存立し存在している何か或るもの〉にたいして付加される述語でもない。そうではなく、善とは現実それ自体である。*14すなわち、あの抽象的な、神の現実から切り離された〈現実的なもの〉ではなく、神においてのみ現実性をもつ〈現実的なもの〉である。善は、この〈現実的なもの〉を抜きにしてはありえず、それゆえ決して一般的な定式ではない。そして、この〈現実的なもの〉は善なしにはありえない。善きものであろうという願望は、ただ神におけるこの〈現実的なもの〉を追求することとしてのみ存在する。善きものになろうという願いそれ自体は、いわば自己目的として、〔また〕人生の使命感《ベルーフ》として、〈非現実的なもの〉の逆説《イロニー》の手のうちに落ちてしまう。〔すなわち〕善を求める正真正銘の努力が、ここでは道学者ぶった、がちがちの自己主張に変わってしまうのである。善それ自体は、決して人生の独立した主題ではない。そのようなものなら、最も愚かしいドン・キホーテ〔的な企て〕であろう。*15ただ、〔神の〕現実に参与することにおいてのみ、われわれは善にあずかるのである。

昔から次のような論争がくり返されてきた。すなわち、意志だけが、〔つまり〕精神的な行動だけが、あるいは人格だけが善いものでありうるのか。それとも、業績や業《わざ》や成果や状態もまた、善いものと呼ばれうるのか。この両者のうち、どちらが優先するのか、どちらがいっそう重要なのか、と。こうした論争は、神学〔の領域〕にも入りこみ、ここでも他の分野の場合と同じく、重大な誤りを引き起してきた。それは、基本的には本末転倒した問題の立て方に由来している。その論争は、もともと本質的に一つのもの、すなわち、善と現実、人間とその業《わざ》とのあいだを引き裂くものである。〔これにたいして〕イエスもまた、善い実を結ぶ善い木についての御言葉*16において、〈人格と業の区別を考えておられたのだ〉という反論は、そのイエスの御言葉の意味を正反対に歪めることになる。御言葉が意味するのは、〈まず人格が善であり、つづいて〔その〕業が善となる〉ということではない。〈ただ両者は、一緒にのみ善であるか悪であるかなのであり、それゆえ両者は、ただ一つのものとして理解すべきだ〉ということなのである。*17

同じことが、アメリカの宗教哲学者、ラインホルト・ニーバーが〈道徳的な人間〉と〈非道徳的な社

1(SC) 89〔『聖徒の交わり』〕、《現実》(Realität) の《実現》(Aktualisierung) を参照。この『倫理』草稿の最初の表題は、Joseph Pieper, Die Wirklichkeit und das Gute のタイトルを、その前に《キリスト》を置くことによって修正している。ピーパーの著書は、「すべての当為は現実に基づいている。現実は倫理的なものの基礎（Fundament）である。善は現実に即応したものである」(13) という文章で始まっている。この二番目と三番目の文章に、ボンヘッファーは、自分の所有した本〔上記のピーパーの著書〕のなかで下線を引いていた。*14 Thomas von Aquin, STh I [quaestio《問題》] 5 [articulus《項》] 3〔トマス『神学大全』〕: „Respondeo dicendum, quod omne ens, in quantum est ens, est bonum"（「答えは次の通りである。存在するものはすべて、存在する限り、善である」）を参照。G. W. Hegel, Rechtsphilosophie § 141 (in der Jubiläumsausgabe: S. 223)〔ヘーゲル『法の哲学』〕も参照。ボンヘッファーは彼の命題を、後には、すなわち一九四二年には、いっそう正確に述べている。S. 261「《現実》は中性名詞〔で表示されるようなもの〕ではなく《現実的な方》である」を見よ。*15 セルバンテスの小説『ドン・キホーテ』について、S. 66f を参照。そのタイトルになっている英雄は、まるで騎士物語の旅する騎士であるかのように、善に加勢するために駆けつけようと思い、空想のうちに現実を誤認して、槍と剣を持ち、とりわけ水車の羽根、二つの羊の群れ、そして赤ワインを入れた幾つかの皮袋にたいして戦うのである。*16 マタ七・一七。*17

会〉という二つの概念によって名づけた区別[18]にも当てはまる。ここで考えられている個人と社会との区別は、人格と業《わざ》との区別と同様に抽象的である。そこでは、分かちえないものが引き裂かれ、そうされて命を失ったそれぞれの部分が、それ自体として観察される。その結果として出てきたのが、今日、《社会倫理》という名で通っている、[19] あの完全な倫理的難問《アポリア》である。むろん、〈あるもの〉と〈あるべきもの〉とが同調していることが善とみられるところでは、〈あるべきもの〉に対立する〔現実の〕社会から、いっそう大きな抵抗が示されるので、その結果、社会にたいする個人の倫理的優位が導き出されるに違いない（逆に考えれば、まさにこうした結果からみて、〈倫理的なもの〉をめぐるこの概念は、それが個人主義の時代に由来するという社会学的な背景を推察させる）。[20]

善を問うことを、できあいの倫理的な尺度に当てはめてさまざまの行動をその動機もしくは結果から審査することだ、というように狭くとらえてはならない。志向〔=心情〕倫理（Gesinnungsethik）は結果の倫理（Erfolgsethik）とまったく同じく、表面的なものである。[21] というのは、われわれは、いかなる権利をもって、志向〔=心情〕を究極の倫理的な現象とする立場にとどまり続けることができるのだろうか。そして、《善き志向》が人間の意識および無意識の非常に暗い背景から生まれることもありうるし、また、しばしば《善き志向》から最悪の結果が起こるものだ、ということを認識しないでおくことができるのだろうか？ さらには、行為の動機を問題としても、結局、解きほぐしえない過去の事どものなかに迷い込んでしまうように、〔行為の〕結果を追求しても、最後には、もうろうとした未来の靄《もや》のなかに消え失《う》せてしまうのが常である。〔動機と結果という〕どちらの側面からも、明確な限界を定めることができないし、われわれのうちの誰であれ、勝手に決めた任意の点に立ちどまり、決定的な判断を下しうるような権利をもつ者はいない。*22 われわれは、実際には、そのような勝手な決定をくり返し行なっているのだが、それが起こる際には、

Christologievorlesung, 1933〈キリスト論講義〉（聴講者のノート）一九三三年〔『キリスト論』〕, DBW 12, 291を参照。

*18 ドイツ語では〔それぞれ〕„moralischer Mensch“ „unmoralische Gesellschaft“。ボンヘッファーは、一九三〇年から三一年にかけてニューヨークのユニオン神学校への留学中に、ラインホルト・ニーバーの三つの講義に参加した（DBW 10, 643の一覧表を参照）。一九三二年に刊行されたニーバーの著作『道徳的人間と非道徳的社会』を、ボンヘッファーは『キリストに従う』の執筆中に読んだ（一九三四年七月一三日〔付、ニーバー宛書簡〕DBW 13, 171）。 *19 その名称は、Alexander von Oettingen, Die Moralstatistik und die christliche Sittenlehre. Versuch einer Socialethik, 1886の副題のなかに姿を現わしている。エルンスト・トレルチは一九一二年に、キリスト教の歴史における《社会倫理》について取り上げた。個々人を共同社会から切り離そうとする、倫理の《アポリア》（ギリシャ語で《行き詰まり》、解決できない欠点）について、「歴史と善（第一草稿）」の初めの箇所、S.218fを参照。ラインホルト・ゼーベルク（Reinhold Seeberg）の著書、Christliche Ethikにたいする一九三六年の序文のなかで、彼の息子エーリッヒ・ゼーベルクは、父を「キリスト教社会倫理学の先駆者」（Seite VI）として賞賛し、「それは、民主主義的あるいは自由主義的に形づくられた生の秩序の土台よりも、国家社会主義的に形成された創造の秩序という基盤に立って、いっそう良く、いっそう正しく展開されている」（Seite V）としている。 *20 ボンヘッファーの草稿でこのように括弧を付けているのは、おそらく、〔括弧内の箇所を〕削除することを検討したことを意味する。 *21 《結果の倫理》（Erfolgsethik）――その表現をM. Scheler, Formalismus, 109［Gesammelten Werken (=GW)11, 131］〔シェーラー『倫理学における形式主義と実質的価値倫理学』〕が用いている――は、ある行動を予測される結果に従って判定するものであり、《動機の倫理》（Motivethik）（S.37を参照）は、動機（Beweggründen）に従って判定する。M. Weber, Politik als Beruf, 539 f〔ウェーバー『職業としての政治』〕では、《志向〔心情〕倫理的》（gesinnungsethisch）の反対概念は、《責任倫理的》（verantwortungsethisch）と呼ばれている。 *22 削除「ま

〈動機の倫理あるいは結果の倫理のどちらの線に沿っているのか〉ということは、時代の流れに依存する便宜上の問題なのである。根本的には、そのどちらかが他方に優っているのではない。なぜなら、どちらの立場でも、〈善とは何か〉という問いは抽象的に立てられており、現実からはかけ離れているのだから。善とは、われわれが――自然または〔神の〕恵みにより――意のままに使えるようにあたえられた尺度と、私が現実と呼ぶ〈存在するもの〉とが合致することではない。そうではなく、善とは現実であり、しかも神のうちに見られ認識された現実それ自身なのである。人間の動機と業《わざ》、仲間の人間たち、さらに人間を取り囲む被造物をふくむ人間、すなわち、神のなかに保持されている全体としての現実が、〈善とは何か〉というこの問いには包括されているのである。「見よ、それは極めて良かった」[*23]という神の御言葉は、創造の御業《みわざ》の全体を意味するものであった。善は全体を要求する。すなわち、たんに心情の全体だけではなく業の全体、そして人間にあたえられた仲間の人間たちとともに、人間全体を要求するのである。

もし、たんに一部分だけは善いと言われるなら、たとえば動機は善いが業《わざ》は悪いとか、あるいは、その逆のことが言われたりしたら、それには、どんな意味があるのだろうか？　人間とは、分かちえない全体である。それは、人格とその業とを含む個人としてのみならず、人間の共同体、さらに人間がそのなかにある被造物の肢体としてもである。この分かちえない全体、すなわち〈神において根拠をあたえられ、神において認識された現実〉に、〈善とは何か〉という問いは注目する。この分かちえない全体は、その起源からすれば《創造》と呼ばれ、その目的に従えば〈神の国〉と呼ばれる。この両者は、われわれにとっては、同じように遠く、同じように近い。神による創造と神の国とは、ただイエス・キリストにおける神の自己啓示においてのみ、われわれに現在的なのであるから。*24

この分かちえない（*unteilbar*）全体である神の現実に参与する（*teilbekommen*）ということこそ、〈善とは何か〉というキリスト教的な問いの意味である。ここで誤解を避けるために、〈現実〉（Wirklichkeit）という言葉で何が理解されているかということを、さらに説明しておく必要がある。

〈現実〉という概念による倫理の根拠づけについて、キリスト教的な観点とはまったく違った、実証主義的・経験主義的な根拠づけが存在する。それは、〈規範《ノルム》〉概念を倫理から完全に排除しようとする。なぜなら、そこでは、規範とは、たんに〈実際にそこで行なわれている生活目的に適合した行動様式を理想化したもの〉としか見ていないからである。つまり、〔そこでは〕善とは、根本的に言って、目的にかなっているもの、有益なもの、現実に役立つもの以外の何ものでもないのである。*25 その結果、普遍的に妥当する善は存在せず、たんに無限に多様な、〈その都度《つど》《現実》によって規定される〉善が存在するにすぎないというわけである。このような〈現実〉概念が理想主義的なそれ*26 よりも優位に立つ点は、それがいっそう《現実に近い》ことにあるのは疑いない。そこでは、善は、〈非

さに〈善とは何か〉という問いでは」。*23 創一・三一。*24 削除「現実についての問いとしての、善についての問いは、イエス・キリストについての問いである」。*25 ボンヘッファーが自分自身の一九三〇―三一年のニューヨーク留学について記した報告で、ウィリアム・ジェームズ、ジョン・デューイ等の人びと（「これらの急進的な経験主義的思想家たち」）についての、「……すべての思考の絶対的な規範としての真理〔という観念〕は、長期的に見ると役立つと実証されるものを通じて、その限界を知る」〔という一節〕（DBW 10, 269）を参照。*26 ここで念頭に置かれているのは、一八世紀の終わりから一九世紀にかけてのドイツ観念論の哲学、とりわけヘーゲルの哲

現実的なもの〉の不可能な《現実化》[27]や、倫理的な理念の実現にあるのではなく、現実それ自身が〈善とは何か〉を教えるのである〔から〕。

問題はただ、ここで考えられている現実が、このような要求を実現できるのかどうか、ということである。その際に明らかになるのは、実証主義的な倫理の根底にある〈現実〉概念は、経験的に確定可能なものという卑俗な概念であり、この概念は、その現実を、究極的な現実、〔つまり〕神において根拠づけることをことごとく否定するものだ、ということである。だが、この卑俗に理解された現実は、それゆえに善の根源とはなりえない。なぜなら、それは、〈その時限りのもの〉、〈所与のもの〉、〈偶然的なもの〉、〈一時的に目的にかなっているもの〉へ完全に落ち込むことに他ならないから。さらには、究極的な現実を認識せず、それゆえに善の一体性を破壊し、放棄するものだからである。

キリスト教倫理は、善の根源である現実について、それとは別のことを語る。そこでは、神の現実が、すべての〈存在するもの〉の外と内における究極的な現実であると考える。それとともに、存在する世界の現実は、ただ神の現実によってのみ現実性をもつと考える。神の現実がそれ自身、一つの理念のようなものではないという事実を、キリスト教信仰は、〈神の現実が、現実世界のただなかで自らを証《あかし》し、啓示した〉という事実から引き出すのである。イエス・キリストにおいて、神の現実がこの世の現実のなかへ入ってきた。〈神の現実とは何か〉という問いが、〈この世の現実とは何か〉という問いと同時に答をあたえられる場所は、イエス・キリストという、ただ一つの名前によってのみ示される。この御名《みな》のなかに神と世界とが包括されている。万物は、この方において成り立つのである（コロ一・一六）。そこでいまや、イエス・キリストについて語ることなしには、神についても世界についても正しく語ることはできない。この方を度外視する〈現実〉概念は、すべて抽象的なものである。

〈あるべきもの〉と〈存在するもの〉、あるいは〈存在するもの〉と〈あるべきもの〉とを対立させる善についての考え方は、すべて、善が現実となったところ、すなわち、イエス・キリストにおいて克服される。イエス・キリストは、理想や規範とも、また〈存在するもの〉とも同一視されてはならない。〈存在するもの〉にたいして理想が敵意をもつこと、刃向かう〈存在するもの〉にたいして或る理念を熱狂的に貫徹させることは、*28〈あるべきもの〉を〈目的に役立つもの〉のために犠牲にすることと同様に、善からは遠くかけ離れている。〈あるべきもの〉も〈目的に役立つもの〉も、キリストにおいてまったく新しい意味を受けとる。互いに和解不能だった当為と存在が、キリストにおいて、すなわち、究極的な現実において、その和解を見出す。この現実に参与するということこそ、〈善とは何か〉を問うことの正真正銘の意味なのである。

学である。 *27 『倫理-断片ノート』Nr.53。「この世における善の「現実化」という問題は、原則的には解決できない。それは〈福音によって〉起こりうるだけである」を参照。Alfred Dedo Müller, Ethik, 1937 は、《善を現実化するためのプロテスタントの道》という副題をもっている。ミュラーは、倫理とは、「善を現実化するためのプロテスタントの道についての学問的な理論である。われわれは、それによって、政治的な意志も含めて現代における現実化への意志のただなかに立つのである」と理解する〈a. a. O., 19〉。 *28 DBW 4(N),180〔『キリストに従う』〕「理念こそは、反抗を知らずまた気にもかけない狂信家を求める」を参照。ヒトラーと多くの彼の追随者たちは、自分たちの抱く狂信主義を熱狂的に表明した。

キリストにおいて、われわれは、神の現実とこの世の現実とに同時に参与するように招かれていることを知る。一方なくして他方もない。神の現実は、私をこの世の現実のただなかへ引き入れるという仕方でしか、明らかに示されない。しかし、この世の現実に出会うとき、私は、いつでも、それが神の現実によってすでに担われ、受け入れられ、和解されているのを見出す。これが、人間イエス・キリストにおける神の啓示の秘義である。[*29]

キリスト教倫理は、いまやキリストにおいてあたえられている神の現実とこの世の現実が、いかにしてわれわれの世界のなかで現実化するかということを問題にする。〔しかし〕このことは、《われわれの世界》が、まるでキリストにある神とこの世の現実の外側にある何ものかのようだ、というのではない――それがキリストにおいてすでに担われ、受け入れられ、和解された世界に属しているのではないかのように。それゆえに〔また〕何らかの《原則》を、われわれの状況やわれわれの時代に適用せねばならない、というかのように。[*30]

むしろ――われわれとわれわれの世界を、ずっと前から自らのうちに包み保っている――キリストにおける現実が、いまや生けるものとして、〈いかに働くのか〉、もしくは、その現実において〈いかに生きるべきか〉ということが問われているのである。それゆえ、神の現実とイエス・キリストにおけるこの世の現実に、今日[*31]、参与するということが問題なのである。それゆえに私は、この世の現実を抜きにして神の現実を経験することは決してないし、また神の現実を抜きにしてこの世の現実を経験することも決してないのである。

〔二つの領域という考え方〕

われわれがこの道をさらに進もうとするときに、伝統的なキリスト教倫理思想の大きな潮流が、巨像のように立ちはだかっている。〔すなわち〕新約聖書時代の後、キリスト教倫理の始まり以来、倫理的思考を支配し、——意識的にせよ無意識的にせよ——ことごとく規定してきたのは、〈二つの領域の衝突〉という基本的な考え方である。

その二つの領域とは、一方は、神的な、聖なる、超自然的で、キリスト教的な領域であり、他方は、この世的、世俗的、自然的で、非キリスト教な領域である。*32 このような考え方が最初の頂点に達したのは盛期中世においてであり、第二の頂点に達したのは宗教改革の時代以後の疑似宗教改革的な思想においてであった。現実の全体が二つの部分に分かれ、倫理的な努力は、これら二つの部分を互いに

*29 削除「彼は端的に、すべての現実認識の源泉である」。これに先行する文章には、ボンヘッファーのキリスト論的神学の基本的な形が定式化されている。すなわち、キリストにおいて神の現実とこの世の現実とが互いに関連しあうこと——《どちらか一方だけでは他はありえない》ものとして——出会うことである。 *30 《原則》を適用することの拒否について、ThDB 90-99〔ファイル『ボンヘッファーの神学』における「抽象化と理念」の章、とくに98 mit Anm. 47 und 108を参照。 *31 S. 87（《今日、ここで》）を参照。 *32 アウグスティヌスの著書 De civitate dei〔アウグスティヌス『神の国』〕を見よ。アウグスティヌスおよびそれ以降における二つの《国》(Reich)の対置については、U. Duchrow, Christenheit und Weltverantwortung〔ドゥフロウ『神の支配とこの世の権力の思想史』〕を参照。

正しく関係づけることだとされた。盛期スコラ哲学においては、自然の王国が恩寵の王国に従属させられ、[*33] 疑似ルター主義においては、キリストの律法にたいしてこの世的な諸秩序の固有法則性が宣言され、[*34] 熱狂主義においては、選ばれた者たちの群れが、敵対するこの世に対抗して、地上に神の国を建てるための戦いが登場する。[*35] それとともに、いたるところで、キリストの〈事柄《ザッヘ》〉は、現実全体のなかの一つの部分的で、局所的な関心事となる。キリストにおける現実の外部に、もろもろの現実が想定される。その結果、これらの現実に近づくためには、キリストによるのとは別に独自の通路があることになる。〔そこでは〕キリストにおける現実がどれほど重要なものと考えられても、それは、いつでも、その他のもろもろの現実と並んだ、一つの部分的な現実にとどまっている。

[42]

このように現実の全体が、聖なる領域と世俗的な領域、[*36] キリスト教的な領域と世俗的な領域とに分割されることによって、いまや、これらの領域のどちらか一方にのみ属するという可能性が生まれてきた。すなわち、この世的実存に関与することのない宗教的実存と、自らの固有法則性を要求し、それを聖なる領域に対抗して貫徹する、この世的実存とである。〔中世の〕修道士と一九世紀の文化的プロテスタントが、これら双方の可能性を代表する。[*37] 中世の歴史全体は、この世的領域にたいする宗教的な領域の支配、すなわち、〈自然の王国〉（regnum naturae）にたいする〈恩寵の王国〉（regnum

[43]

＊33 《盛期スコラ哲学》（一三世紀）のとりわけ重要な存在がトマス・アクィナスである。自然と恩寵の関係に関する彼の規定について、STh 1, 8 ad 2〔トマス『神学大全』〕を参照。＊34 ボンヘッファーは、〈ルター的〉と自称するが真正にルター的ではない教説を《疑似ルター主義》と呼んでいる。ルターの《弟子たち》による教説の歪曲について、DBW 4 (N), 36-40〔『キリストに従う』〕を見よ。ルター派の神学者のヴェルナー・エーレルトとパウル・

アルトハウスは、一九三四年五月三一日のバルメン神学宣言の思想に反対して行なわれた一九三四年六月一一日の『アンスバッハの勧告』を共同で起草し、それに署名した責任者である。その第三テーゼは次のように述べている（K. D. Schmidt, Bekenntnisse 1934, 103）。「律法、《すなわち、神の変えることのできない意志》［Formula Concordiae Epitome VI, 6, in: BSLK 795, 12f］〔ルター派教会による一五八〇年の『和協信条』〕は、……家族・民族・人種（すなわち、血のつながり）のような、われわれが従っている自然的な秩序への服従を義務づける」。たとえば、エマニュエル・ヒルシュとラインホルト・ゼーベルクは、国家社会主義の思想とキリスト教とを結びつけようと努めた。しかし、ボンヘッファーは、すでに一九三二年のDBW 11, 331〔「世界連盟の神学的基礎づけへの試み」〕で、「〈キリストの支配から除外された生の領域が神の欲したもう固有法則性をもっている〉という考えを拒否すること」に関心を寄せていた。固有法則性をもつ自然の秩序または創造の秩序への志向は、それら〔の秩序〕において――たとえば山上の説教で説かれているような――《キリストの法則《おきて》》がもつ決定的な重要性を否定するものである。ルター主義者であるボンヘッファーにとって、とくに現実の全体をこのように二つの領域に分割することは、彼の時代における疑似ルター主義の一つの特性《メルクマール》である。《固有法則性》については、W. Huber, „Eigengesetzlichkeit“ und „Lehre von der zwei Reichen“ および F. W. Graf, Kulturluthertum を参照。**＊35** 《熱狂主義者》、熱狂的宗教改革者（Schwarmgeister）（今日では、宗教改革の左翼とも呼ばれている）とは、宗教改革の運動から初期に分離したグループを指す。ボンヘッファーは、一九四〇年七月三日のゲールハルト・ライプホルツ宛の手紙 DBW 15, 299 で、彼らについて、「熱狂主義者は、愛の上に、山上の説教の上に、世界を築こうとする。ルターは、そのことの内に、危険な混乱した結果をもたらさざるをえない〈神の国とこの世の国との混同〉を見てとった」と記している。**＊36** 《聖なる》（sacral）（ラテン語の sacer、すなわち《神聖な》に由来）とは、「この世から分離された」との意味である。《世俗的な》（profan）（ラテン語に由来）とは、神聖な領域の《前に》存在するとの意味である。**＊37** 間違った意味での《修道士》について、たとえば DBW 4(N) 34（『キリストに従う』）を参照。ThDB 275 f を見よ。《文化的プロテスタンティズム》は、一九世紀以降のプロテスタンティズムで広く支配的であった、聖書的およびキリスト教的な伝統を近代文化の現状（Gegebenheiten）に適応させる傾向のことである。それは、二〇世紀の初め以降、弁証

gratiae）の支配[38]という主題をめぐって展開される。他方では、近代は、宗教的なものにたいして世俗的なものの自立が絶えず進行するという事実によって特徴づけられる。

キリストとこの世とが互いに対抗し、互いに反発し合う二つの領域と考えられている限り、人間にとっては、ただ次の可能性があるだけである。すなわち、全体としての現実を放棄して、二つの領域のどちらか一つに自分の身を置くということ、〔つまり〕この世なしにキリストをとるか、それとも、キリストなしにこの世をとるか。そのどちらをとるにしても、人間は、自分を欺くことになる。さもなければ、二つの領域に同時に立とうとして、果てしない軋轢《あつれき》に身を投ずることになる。そのように考える人間は、宗教改革後の時代に現われてきたし、またそれこそが現実に適合したキリスト教的な実存の唯一のかたちだ、とくり返し主張してきた[39]。

　これら〔二つ〕の領域という考え方の抗しがたい魅力から抜け出すのは、非常に難しいかもしれない。それにもかかわらず、このような考え方が聖書の考え方にも宗教改革の考え方にも深く反するものであり、それゆえ現実を無視しているということは確実である。〔というのは〕二つの現実があるのではなく、ただ一つの現実があるだけ〔なのだから〕である。すなわち、それは、この世の現実のただなかでキリストにおいて啓示された神の現実である。キリストに参与することによって、われわれは、同時に神の現実とこの世の現実のなかに立つ。キリストの現実は、そのなかにこの世の現実を包む。この世は、キリストにおける神の啓示と無関係な自分の固有な現実をもってはいない。《この世的》であることなしに《キリスト教的》であろうとすること[40]、あるいは、この世をキリストにおいて見ること、また認識することなしに〈この世的〉であろう〔とすること〕[41]は、イエス・キリストにおける神の啓示を否定することである。したがって、二つの領域があるのではない。そうではなく、神の現実とこの世の現実とが互いに一つとなっている、〈キリストの現実〉という一つの領域のみが存在するのである。

それゆえ、教会の歴史においてくり返し支配的になった二つの領域というテーマは、新約聖書とは無縁のものである。新約聖書において重要なのは、ただ一つ、キリストの現実によってすでに包まれ、所有され、保たれている現在のこの世界において、〈キリストの現実〉が現実化するということである。互いに競合する二つの領域が並び立ち、互いに境界線をめぐって争い、その結果、境界問題がく

法神学によって厳しく批判された（近代文化の生が、人間の生活全体にたいする福音の要求に反抗して、強力に自立している、と）。それについて、F. W. Graf, Kuluturprotestantismus 参照。一九三二年一一月一九日の講演「御国が来ますように」(Dein Reich komme)、DBW 12, 267 で、ボンヘッファーは、「同じことの両面――すなわち、神の国が信仰されていないこと」〔を示すもの〕として、《彼岸性》〔現実逃避〕(Hinterweltlertum) と《世俗主義》(Säkularismus) の語を選んだ。ThDB 307〔ファイル『ボンヘッファーの神学』〕を参照。＊38 ドイツ語では《恩寵の王国》、《自然の王国》。,regnum'（《王国》）は空間的な構成要素を含む。＊39 そのような軋轢の考え方を、ボンヘッファーは、とりわけフリードリヒ・ナウマンに見出した。S. 236 の注69を参照。こうした考え方をボンヘッファーが神学的に拒否したことについて、たとえば、DBW 4 (N), 62-63〔『キリストに従う』〕、また一九三九／一九四〇年の DBW 15, 532（詩一一九・一九について）を参照。＊40 「《この世的》であることなしに」は、「しかし、この世の現実を軽蔑して」を差替え。＊41 角括弧［ ］は草稿で抜け落ちた語または語の一部を補って〔示して〕いる。次の文の〈キリストの現実〉(Christuswirklichkeit) という語は、早い時期の異文 (Lesart) である〈キリストの現実化〉(Christusverwirklichung) を修正している。

りかえし歴史における決定的な問題となる、というのではない。そうではなく、現実全体がすでにキリストのうちに引き入れられ、キリストにおいて結び合わされ、歴史の運動は、ただこの〔キリストという〕中心から起こり、かつ、この中心に向かうのである。*42

その〔二つの〕領域という考え方は、この世的-キリスト教的、自然的-超自然的、世俗的-宗教的、理性的-啓示的といった一連の対概念を、究極的な静的・固定的な（statisch）対立を表わすものと理解している。それらの対立によって、互いに排斥し合う特定の所与の事実関係を説明しようとする。こうした考え方は、それらの対立がキリストの現実において根源的に一つのものであることを見誤っているのであり、その〔根源的一体性の〕代わりに、そのうちに対立をはらんだ宗教的な制度《システム》、あるいは世俗的な制度《システム》による一体性を、後から押しつけるのである。そこでは、動かしがたい対立が存続する。

キリストにおいて認識された〈神的-この世的現実〉（Gottes- und Weltwirklichkeit）という観点からみると、事態はまったく一変する。〔すなわち〕この世、自然的なもの、世俗的なもの、理性は、ここでは、すでに初めから、神のうちに取り入れられているのである。これらすべては、《それ自体として》（an und für sich）*43 存在するのではなく、その現実性は、キリストにおける〈神の現実〉のなか以外のところには、どこにも存在しない。〈この世的なもの〉という概念が真実に意味しているのは、それが、いつでも、すでにキリストにおいて神によって〈受け入れられているものであり〉、〈受け入れられるものとなる〉という運動のなかにあるものとして見られる、ということである。キリストにおいて〈神の現実〉がこの世の現実のただなかに入ってきたのと同じく、〈キリスト教的なもの〉は、他ならぬ〈この世的なもの〉においてのみ、《超自然的なもの》はただ〈自然的なもの〉においてのみ、〈聖なるもの〉はただ〈世俗的なもの〉においてのみ、〈啓示的なもの〉はただ〈理性的なもの〉においてのみ、存在するのである。キリストにおいて成しとげられた〈神の現実〉と〈この世の現実〉との一体性（Einheit）[44]は（くり返される――あるいは、いっそう正確に言えば）くり返し人間において実現される。

とはいえ、〈キリスト教的なもの〉が〈この世的なもの〉と同一なのではなく、〈自然的なもの〉が〈超自然的なもの〉と、また〈啓示的なもの〉が〈理性的なもの〉と同一なのではない。むしろ、それら両者のあいだには、〈キリストの現実〉においてのみ、すなわち、この究極的な現実を信じることにおいてのみあたえられる一体性が存在するのである。この一体性が守られるのは、〈この世的なもの〉と〈キリスト教的なもの〉などなどが互いに他方にたいして静的・固定的な自立化を主張するのを止め、互いに議論を戦わせ[45]、そして正にそうする中で共通の現実性を、〔つまり〕〈キリストの現実〉のうちにある一体性を証しすることによってである。

＊42　とりわけ、一九三三年の〈キリスト論講義〉DBW 12, 307-311、また ThDB 167-176〔ファイル『ボンヘッファーの神学』〕を参照。＊43　ヘーゲルにおいてくり返された決まり文句である。たとえば、Religionsphilosophie nach Lasson XII, 31（ボンヘッファーが精読したことは、IBF 8, 48 を見よ）を参照。＊44　草稿では《一体性》の下に波型の下線と、その語の後に一段と大きい疑問符があり、両者は自分自身の言い回しにたいするボンヘッファーの懸念を示している。後の一九四二年に、S. 265 で、その表現は《和解》（Versöhnung）に差替えられたことを参照。＊45　ボンヘッファーは、二つの競争者が〔相手の〕欠陥を暴くために争い合う関係を「議論を戦わせ」る

ルターが、ローマ教会の宗教化（Sakralsierung）に対抗して論争的に〈この世的なもの〉をもち出したのと同様に、〈この世的なもの〉が自己絶対化しようとする危険――宗教改革後にまもなく起こり、文化的プロテスタンティズムにおいて最高潮に達したような危険――に直面したときには、〈この世的なもの〉にたいして〈キリスト教的なもの〉、〈宗教的《ザクラール》なもの〉の側から論争的に異議を唱えねばならない。この両方の場合には、まさに同じ過程が、すなわち、キリストにおける〈神的‐この世的現実〉を指し示すことが重要なのである。

しかし、自己絶対化し、キリストにおける現実から離脱した、〈キリスト教的なもの〉にたいして、ルターが、〈いっそう良いキリスト教信仰〉（eine bessere Christlichkeit）という名において、〈この世的なもの〉の助けを借りて抗議《プロテスト》したように、〈この世的なもの〉に反対して、今日、〈キリスト教的なもの〉を論争的に用いることは、〈いっそう良いこの世性〉（eine bessere Weltlichkeit）という名において行なう必要がある。それは、自己目的としての静的・固定的な〈宗教的なるもの〉〔の主張〕へと、ふたたび舞い戻るものであってはならない。このような〈論争的な《ポレーミッシュ》〉一体性〔を追求する〕という意味においてのみ、ルターの〈二王国論〉の教説は受け入れることが許されるのである。そしてルターの教説がもともと意図していたのも、おそらくそのような意味においてだったのであろう。[*46]

〔二つの〕領域を静的・固定的にとらえる考え方は、――神学的にいえば――律法主義的な考え方である。そのことは容易に指摘することができる。この世的なものが、独立した領域として自分のために（für sich）存在することになると、キリストにおいてこの世が受け入れられている事実、それゆえ、この世の現実が啓示という現実において基礎づけられているということ、それとともに、この世の全体にたいして妥当する福音が否定されることになる。〔その場合には〕この世は、キリストにおいて神によって和解されたものとは認識されていない。この世は、依然としてまったく〈キリスト教的なもの〉の要求に従属しており、場合によっては、自己自身の法則《おきて》をもって、キリストの律法に対立する領域として現われる。

他方では、〈キリスト教的なもの〉が〔それ自身〕独立した領域として登場する場合には、神がイエス・キリストにおいてこの世にたいして開きたもうた交わりを拒絶することになる。ここでは、この

（polemisch）〈《戦争》または《争い》の意味のギリシャ語 πόλεμος に由来〉と呼んでいる。ボンヘッファーは、両方の側の相対的に正しい論点を互いに関連づけるために、そのつど、それぞれの相反する錯誤とともに、それらの極端さを互いに対立させるのを常とした（この方法論的な特色は、アルベルト・ガラスによる示唆）。S.46 f u. ö. を参照。

＊46 一九三三年の〈キリスト論講義〉、「キリストが地上におられた間は、まったく彼だけが神の国であった。彼が十字架につけられたので、彼の形姿《ゲシュタルト》は、神の右の王国と左の王国として分裂し」教会と国家になった。DBW 12, 310〔『キリスト論』〕を参照。《左手の王国》について、マルティン・ルター、Predigten 1532 Nr. 54. WA 36, 385〔『説教集』、待降節の第三日曜日〕〔一二月一五日〕「法〔《lex》〕はこう述べている。それもまた、われわれの主なる神の王国である。一時的な法律と支配とではあるが、神は人間がそれを保つことを欲したもう。そしてそれは左手の王国である」を参照。ルター以後、宗教改革主義の教会ではほとんどまったく姿を消した《二つの王国》の概念は、一九〇〇年以降の新ルター主義では、ときどき用いられた。それは、ドイツで一九三三年に教会闘争が始まってからは、まさに教派主義的な〈《ルター派的》〉特性《メルクマール》になった。そこで支配的だった二分法的・分断的な〔思考〕形式のゆえに、この〈二王国論〉は、政治的領域では、教会が不正にたいして共同責任を担うことを拒否するために用いられた。〈教会がこの世の政治的権威を妨害することは許されない〉という主張は、明白な国家的不正を抗議せずに受け入れたすべての人にとって、責任を回避して自己正当化する役割を果たした。

世の法則《おきて》を断罪するキリスト教的な律法が打ち立てられ、神が御自身と和解させたもうたこの世にたいして、和解しえないままに戦いを挑むにいたる。しかし、すべての律法主義が律法の喪失へ、規範主義が反規範主義へ、完全主義が自由放埓《ほうらつ》へと行きつくように、*47 ここでも同様のことが起こる。〔すなわち〕自分のために存立し、キリストの律法から離れた世界は、無拘束と勝手気ままに陥り、この世から離れたキリスト教は、自然や理性の否定に、そして高慢と勝手気ままに陥るのである。

それゆえ、〔二つの〕領域という倫理的な考え方は、イエス・キリストにおける究極的な現実の啓示にたいする信仰によって〔こそ〕克服される。それが意味しているのは、この世の現実の外に、真にキリスト者である可能性は存在しないこと、そして、イエス・キリストの現実の外に、真にこの世的である可能性も存在しないことである。キリスト者がこの世から後退できる場所は、外面的にも存在しないし、また内面性の領域においても存在しない。この世から逃避しようとするいかなる試みも、遅かれ早かれ、この世への罪深い堕落という代価を支払わねばならなくなる*48（たとえ性にまつわる卑しい罪が克服されても、——同じく卑しむべき、しかし、この世からは大目に見られがちな——貪欲の罪、金銭欲の罪*49が猛威を振るうのは、経験ずみの事実である）。この世に触れて汚されることのないキリスト教的な内面性を養うということは、この世の観察者の目からすれば、たいていの場合、いささか悲喜劇的なものに映るだろう。なぜなら、鋭い目をもつこの世は、キリスト教的内面性が自らを欺いて、この世の事柄からは最も遠くかけ離れていると錯覚しているところで、最も明瞭に、ふたたびこの世自身を発見するのだから。

イエス・キリストの現実を神の啓示として信じ告白する者は、その同じ息で、神の現実とこの世の現

＊47 《規範主義》とは規範尊重主義的《ゲゼッツリッヒ》な行動である。新約聖書のギリシャ語である《ノモス》（Nomos）は伝統的に《律法《ゲゼッツ》》と訳される。ルター派の伝統〔的理解〕によれば、〈律法を完全に（《完璧に《パーフェクト》》）行なう人間などいない〉という深い罪認識こそ、恵みに満ちた福音の言葉を信じて受け入れるための前提条件である。〈ただ恩寵のみが妥当する〉という意見は、しばしば《自由放埒主義的に《リベルテニスティッシュ》》、つまり勝手気ままな律法の拒否に通じている。このような〔《》で示した〕諸概念は、「恩寵の宗教的な経験と倫理的な生活」という〔英語で書かれた〕ボンヘッファーの文章に現われている（一九三〇／三一年）DBW 10, 416-423, bes. 417-420。〔ここで〕《律法《ゲゼッツ》》や《律法主義的《ゲゼッツリッヒ》》という語は、自然科学的または社会科学的な意味〔法則や法律として〕ではなく神学的な意味で用いられている。新ルター主義では、一九世紀末以後、使徒パウロと宗教改革者ルターの神学において最も重要な〈律法と福音とを区別すること〉が近代的な思考と結びついた。〔そこでは〕〈この世には無条件に従わねばならない法則《おきて》（Gesetz）があり、それは神の〔創造的〕律法《ゲゼッツ》にもとづくもので、この律法の要求に従うことに失敗した者は自分の救済者であるキリストのもとに行かざるをえなくなるであろう〉と説かれてきた。律法主義的な思考は、《キリスト教的なもの》の特質を、律法の要求（〔～せよ、という〕命令法（Imperativ））のうちに見出し、キリストによる和解（人間にたいする要求にとってまさに第一の根拠である〔〈あなたは和解を受けた〉という〕直説法（Indikativ））には見出さないのである。

＊48 「修道院生活におけるキリスト教の世俗化にたいする」ルターの抗議については、DBW 4 (N), 261〔『キリストに従う』〕を、またこの世の財貨〔への執着〕から逃れる《内面的な自由》については、70 f を参照。また、資本主義がカルヴィニズムにおける《世俗内的禁欲》に起源を発するとしたM. Weber, Die protestantishe Ethik und der Geist der Kapitalismus (in: Gesammelte Aufsätze zur Religionssoziologie I), z. B. 84-163: „Die religiösen Grundlagen der innerweltlichen Askese“〔ウェーバー『プロテスタンティズムの倫理と資本主義の精神』、「世俗内的禁欲の宗教的諸基盤」〕を参照。ボンヘッファーは、〔覚書〕„Das social gospel“〔『社会的福音』〕(1932) in: DBW 12, 206で、「この〔ウェーバーの〕起源論は疑わしい」と断定している。

＊49 新約聖書の悪徳のカタログにおける姦淫（πορνεία）と貪欲（πλεονεξία）の結びつきについて、DBW 4 (N), 281〔『キリストに従う』〕「欲望が飽くことを知らないものだということとは、両者に共通している」を参照。

実とを告白するのである。なぜなら、彼は、キリストにおいて、神とこの世とが和解しているのを見出すからである。しかし、まさにそれゆえに、キリスト者もまた、もはや永遠の軋轢の〔中にある〕人間ではなく、現実がキリストにおいて一つであるように、この〈キリストの現実〉に属する人間である彼自身も一つの全体〔として生きる者〕なのである。彼の〈この世性〉(Weltlichkeit)が彼をキリストから引き離すことはないし、彼の〈キリスト者であること〉(Christlichkeit)が彼をこの世から引き離すことはない。彼はまったくキリストに属しつつ、同時に、まったくこの世のなかに生きるのである。

しかし、われわれが〈キリストの現実〉から出発して、〔二つの〕領域という考え方を放棄しようとしても、なお、次のような重大な問いが立っている。すなわち、究極的な静的・固定的な対立は、それゆえまた、互いに決定的に分離された領域というようなものは、本当に存在しないのだろうか、という問いである。イエス・キリストの教会は、この世の領域とは区別される領域ではないのだろうか?[*50] そして最後に、悪魔の国は、キリストの国とは決して関わりのない領域なのではなかろうか?

たしかに、新約聖書のなかには、教会《キルヒエ》について一つの領域という観念に当てはまる記述がある。教会《キルヒエ》が宮として、建物として、家として、また体として表現されていることを考えていただきたい。その事実からは、教会《キルヒエ》が地上における目に見える、神の共同体《ゲマインデ》〔=信仰者の交わり〕として描かれねばならぬ場合には、領域という観念が避けがたいことが明らかになる。じじつ、教会は、この世のなかで、礼拝を行ない[(1)]、組織を定め、交わりの生活を送ることを通して規定される一定の領域〔=空間〕を占めている。そしてこの事実から、領域という考え方がそもそも生じてきたのである。その事実を見逃して、教会の可視性を否定し、教会を純粋に霊的な存在〔＝勢力〕（spirituellen Größe）にまで格下げしてしまうのは、非常に危険なことであろう。そのようなことをすれば、この世における神の啓示という事実は力を失くし、キリスト自身は〔霊的存在へ〕精神化させられることになるであろう。〔しかし〕教会がこの世のなかで領域を占めるということは、イエス・キリストにおける神の啓示にとって本質的なことなのである。

（1）Nachfolge〔＝『キリストに従う』〕参照。*51

しかし、その領域をたんに経験的なものと考えるのは、むろん、根本的な誤りであろう。神がイエス・キリストにおいて、この世のなかの領域を要求したもうときには、――「宿屋には彼らの泊まる所がなかった」*52ので、それが家畜小屋のなかでしかないとしても――神は、この狭い領域のなかに、同時に、この世の現実全体を包み、その現実の究極の根拠を啓示したもうのである。そのようにイエス・キリストの教会もまた、世界全体にたいするイエス・キリストの支配が、証言され、宣べ伝えられる、この世の場所――すなわち領域――である。それゆえ、この教会という領域は、自分自身のために〈存立するもの〉ではまったくないのであり、いつでも、すでに〔自分自身を〕はるかに〈越え

＊50　この草稿（S.31）の副題である《キリスト、教会、この世》を参照。＊51　DBW 4(N), 241 ff (bis 268) und 110-115（『キリストに従う』）（〈山上の説教〉の講解の部分）は、ともに「見える教会《ゲマインデ》」と題されている。＊52　ルカ二・七。〔ボンヘッファーの所持していた〕ネストレ版〔第一三版、一九二九年〕では、ボンヘッファーによって鉛筆で「〔どこにも〔泊まる〕〕所がなかった」という語句に下線が引かれている。

出て行くもの〉なのである。なぜなら、教会は、この世のなかで自分の〈存立〉のために闘っていかねばならないような祭儀団体（Kultverein）の領域ではなく、*53〈あらゆる現実の根拠がイエス・キリストに在る〉という証言が行なわれる場所なのだから。

教会は、神がこの世をキリストにおいて神御自身と和解させたもうたこと、*54神がその〔独り〕子をこの世のために捧げられるほどこの世を愛したもうたことが、証しされ、真剣に受けとめられる場所である。*55教会という領域は、この世とその縄張りを争うために存在するのではなく、この世がこの世であり続けること、すなわち、神に愛され神と和解させられた世界であることを、この世に証しするためにこそ存在するのである。それゆえ、教会は、その領域をこの世の領域の上に拡《ひろ》げようとしたり、またそうせねばならないと考えたりするようなことはない。教会は、イエス・キリストについての証しと、彼によってこの世が神と和解したことの証しを通じて、この世に奉仕するために必要な領域以上のものを望むことはない。教会は、自分自身のためにではなく、この世の救いのために戦うことによってのみ、自分自身の領域を守ることができる。*56そうでなければ、教会は、自分自身の事柄《ザッヘ》〔＝物件〕のために戦う《宗教団体》（Religionsgesellschaft）となり、それとともに、この世における神の教会であることを止めるのである。

したがって、神の教会に属する者の第一の任務は、自分自身のために存在する何ものかであること、たとえば宗教的な組織をつくり出すことでもなく、敬虔な生活を送ることでもなく、この世にたいしてイエス・キリストの証人であるということである。そのために、聖霊は、御自身をあたえてその人たちを武装したもう。世界にたいするこのような証しは、神の教会《ゲマインデ》における〈聖化された〉生活から出てくる[*57]ときにのみ正しく行われうることは、この場合、自明の前提である。とはいえ、神の教会《ゲマインデ》における本当に聖化された生活が、〔その他の〕どんな敬虔な生活の猿真似《まね》とも［区別］される[*58]のは、それが同時に人びとをこの世にたいする証しに導くものであるという事実によってである。この証しの声が沈黙するところでは、それは、教会《ゲマインデ》の内的な腐敗の徴《しるし》である。ちょうど、実のならないことは、木が枯れたことの徴であるように。

それゆえ、人が教会の領域について語ろうと思うなら、〈この領域は、どのようなときでも、イエス・キリストについての教会の証しによって、すでに突き破られ、廃棄され、乗り越えられている〉

＊53 宗教史的な概念である《祭儀団体》（Kultverein）とは、特定の神性や神聖な存在を崇拝する団体である。ナチスは、一九三九年のポーランド侵略によって獲得した《ヴァルテラント帝国《ライヒ》大管区》（Reichsgau Wartheland）では、地区を超えた教会からドイツ公法上の伝統的な地位を奪うために、一九三九年三月一四日の行政命令によってキリスト教会の地位を祭儀団体に制限した。その点に関するボンヘッファーの言及（一九四一年）として、DBW 16, 229を参照。＊54 二コリ五・一九を参照。＊55 ヨハ三・一六を参照。＊56 DBW 1(SC), 79 f（『聖徒の交わり』）（「《宗教団体》としての《経験的な現象である教会》」）を参照。ボンヘッファーは、人間の宗教的な欲求を満たすことで充足している集団には、〈全人類に向けて神が指示したもうた委託を顧みないままにとどまる〉欠陥があると見ていた。＊57 DBW 4 (N), 269–296（『キリストに従う』）の「聖徒たち」という章を参照。『倫理』最後の草稿の末尾、S. 412をも見よ。《聖化された》生活は、過失や罪から免れているというのではない。しかし、それは罪の赦しと〈その生活を聖化したもう方〉にたいして証しを行なおうとする意志とによって規定されており、その限りでは特別な仕方で形づけられている生である。＊58 草稿では〔unterscheidet ではなく〕誤って entscheidet〔「決定される」〕と記されている。

という自覚をもち続けねばならない。それによって、領域についてのすべての誤った考え方は、〔正しい〕教会理解のために有害なものとして排除されるのである。

さてこれまでは、この世について、いつでもそれがキリストにおいて神と和解させられた世界であるという意味において語ってきた。それは、現実を、いつでも〈神によって受け入れられ、神において存在し、和解させられた現実〉として語ってきたのであり、この意味において、〔二つの〕領域という考え方は否定されねばならなかった。しかしなお、次の疑問が答えられないまま残っている。すなわち、《この世界》は、それが悪魔の力の下にある限り、《悪い》世界と解されるのではなかろうか。〔つまり〕罪の現実は、教会に対立して、〔もしかしたら〕キリストの国に対立して打ち立てられた領域として理解されねばならないのではないのか。それゆえ、〔二つの〕領域という考え方を正当化する究極的な、静的・固定的な対立は、キリストの国と悪魔の国との対立ではないのかということである。

この問いは、一見したところ肯定的な答えを求めているようにみえる。しかし、さらに立ち入って吟味してみると、この問い自身は自明なものではない。〔たしかに〕キリストと彼に逆らう悪魔とは、互いに相いれない対立者ではある。しかし、悪魔もまた、その意志に反してキリストに仕えざるをえないのであり、悪を欲する者でありながら、くり返し善を行なうようにさせられている。その結果、悪魔の領域も、いつでも、ただイエス・キリストの足の下に置かれているのである。しかし、もし悪魔の国〔という言葉〕が、「悪い者のなかにあり」それゆえ悪魔の力の下に陥っている、例の〈この世〉として理解されねばならないとすれば、まさにここで、あの〔二つの〕領域という考え方には、やはり限界があることになる。なぜなら、《悪いこの世》とは、まさにキリストにおいて神と和解させられた世界であり、悪魔のなかにではなく、キリストのなかに、その究極の本来の現実をもっている世界なのだから。

この世は、キリストと悪魔とのあいだに分割されているのではなく、――この世が〔自ら〕知っているか否かにかかわらず――まるごとキリストの世界なのである。この世は、このキリストにある自らの現実に向かって呼びかけねばならない。こうして、この世が自分自身の手のうちに、あるいは悪魔の手のうちにあると考えている〈偽りの現実〉*63は打破されねばならない。邪悪で暗いこの世は、悪魔の思いのままにされてはならない。そうではなく、この世は、まさに受肉されてこの世に来たりたまい、そして死と甦りとによってこの世を獲得したもうた方のために要求され〔ねばならない〕。キリ

*59 主の祈りの講解、DBW 4(N),163〔『キリストに従う』〕における、マルティン・ルターの『大教理問答』BSLK 689における祈願の言葉、「われらを《悪い者》（Argen）より守りたまえ」を参照。*60 ルターに関して、O. Dittrich, Geschichte der Ethik IV,74「……キリスト者の救いが直接の問題となっている場合には、彼は《悪魔の国》と対立する《神の国》について語っている」を参照。アウグスティヌスのcivitas dei（《神の国》）とcivitas diaboli（《悪魔の国》）という区別をルターが継承したことについて、U. Duchrow, Christenheit und Weltverantwortung, 456-478〔ドゥフロウ『神の支配とこの世の権力の思想史』〕を参照。*61 J. W. von Goethe, Faust. Die Tragödie erster Teil, Verse 1335 f〔ゲーテ『ファウスト』第一部〕で、メフィストフェレスは「いつも悪を欲して、〔かえって〕いつも善を行なうあの力の一部です」と述べている。*62 一ヨハ五・一九b、「……全世界が悪い者の支配下にある」。〔ボンヘッファーの〕ルター訳聖書では、その句には複写用〔の消えない〕鉛筆で〔欄外に〕傍線が引かれている。*63 新しい用紙の冒頭（「ではなく」（sondern）〔という語〕がくり返されている）に書かれ

ストは、彼が獲得したものを何一つ放棄せず、それを御手のなかに確保したもう。したがって、キリストからみれば、悪魔に支配された世界とキリスト教的な世界というように分割することは禁じられる。悪魔に属する領域を、静的・固定的なものとしてキリストに属する領域から区別する、どのような線引きも、神がキリストにおいて全世界と和解したもうたという現実を否定することである。

神が、キリストにおいてこの世を愛したまい、御自身と和解させたもうたということは、新約聖書の中心的な告知である。新約聖書では、〈この世は、神との和解を必要としており、自分からはそれを成し遂げる力がない〉ということが前提されている。神がこの世を受け入れたもうたということは、神の憐れみの奇跡である。したがって、この世にたいする教会《ゲマインデ》の関係は、まったく、この世にたいする神の関係によって規定される。

〈神の敵となる〉ような（ヤコ四［・四］、［一］ヨハ二［・一五］）[*64]、この世への愛が存在する。なぜなら、その愛は、この世それ自身の本質に由来するものであり、この世にたいする神の愛から生じているのではないからである。この世《それ自身》は、世が自らを理解するままの世であり、この世に妥当しているイエス・キリストにおける神の愛の現実に反抗し、それをまさに拒絶さえする。この世は、キリストに敵するものすべてにたいする神の裁きの下にある。この世は、教会《ゲマインデ》とのあいだで生きるか死ぬかの闘争中なのである。にもかかわらず、まさにこの世にたいして、神との和解を語りかけ、この世がそれに目を閉ざして激しく反抗している神の愛の現実を、この世に明らかにすることこそが、教会《ゲマインデ》に託された使命であり、その本質である。このようにして、まさに失われ裁かれたこの世もまた、キリストの〔和解の〕出来事のなかへ絶え間なく引き入れられるのである。

われわれがこれまで思想や概念を整える上で慣れ親しんできた〔思考の〕〈かたち《ビルト》〉を捨て去るのは難しい。にもかかわらず、われわれは、二つの領域という〔思考の〕〈かたち《ビルト》〉から抜け出さねばならない。そこでいまや、それを同じように単純・明快な〔思考の〕〈かたち《ビルト》〉に置き換えうるかどうか、ということが問題になる。

とりわけわれわれは、人間となり、十字架にかかり、復活したもうた*65イエス・キリスト御自身の体（Leib）という〈かたち《ビルト》〉に注目せねばならないであろう。イエス・キリストの体において、神は

た、元来の続きは、削除。「そうではなく、それは、神によって愛され、和解された世界とみなされ、呼びかけられねばならない。それゆえにキリストからみれば、キリスト教的世界を悪魔化した世界から空間的に区別することは禁じられているのである。キリストは、世界全体を御自身で受け取り、担い、神と和解させたもうた」。この削除された箇所は、おそらく約一年後に行なわれた挿入、S.51から始まりS.60で終わる文章に差替えられた。この挿入文は――S.120から「罪、義認、新生」の原稿の最後のS.136までに使われた用紙と同じく――穴をあけた線（ミシン目）で切り離された《FSH》という透かし模様入りの切り取り式メモ用紙に書かれている。S.62からS.136までの原稿群は、ここ以降に印刷された挿入部よりも前に書かれた確率がきわめて高い。*64 草稿では「ヤコ四〔空白〕ヨハ二・一七」と記されている。ネストレ版では、ヤコ四・四が一ヨハ二・一五の関連記事として引照されている。草稿でボンヘッファーが後に節〔の番号〕を書き加えるために開けておいた空欄には、疑問の余地なく〔当該の〕節を確認できる限りは、〔本訳書では〕角括弧［ ］のなかでそれを記した。*65 『キリストに従う』の最終章「キリストの〈かたち〉」(Das Bild Christi)、DBW 4(N)297-304, bes. 301の「人となりたもうた方、十字架にかかりたもうた方、栄光に入れられたもうた方の形（Gestalt）」を参照。《かたち》(Bild)については、またJ. Pieper, Die Wirklichkeit und das Gute, 52〔ボンヘッファーの所有本では太いアンダーライン〔以下では下線と表記〕が引かれ、

人間と一つになりたまい、全人類は神に受け入れられ、[*66] この世は神と和解させられたのである。イエス・キリストの体において、神は、この世のすべての罪を御自身に引き受けられ、担いたもうた。イエス・キリストにおいて神から受け入れられず、神との和解を受けられないほど、失われた、神なき部分は、もはやこの世にはまったく存在しない。信仰においてイエス・キリストの体を見る者は、もはやこの世を、失われたものであるかのように、〔つまり〕キリストから分離されたものであるかのように語ることはできない。もはや教権主義的な高慢さ[*67]をもって、自分をこの世から分離することはできない。この世はキリストのものであり、そしてキリストにおいてのみ、この世は現にあるがままにこの世なのである。

それゆえ、この世は、キリスト御自身以外の何ものをも必要としてはいない。もしキリストを教会のためにとっておいて、その代わりに、この世には何らかの、——もしかしたらキリスト教的な——律法だけでも恵んでやるというようなことにでもなるのなら、いっさいは台無しになってしまうだろう。キリストはこの世のために死にたもうた。そして、この世のただなかにおいてのみ、キリストはキリストなのである。この世にたいして、キリストよりもいっそう小さなものをあたえようとするのは、——たしかに善意の教育的な動機からくるのだろうが、そこには、いつでも、いささか教権主義的な臭いがある——不信仰以外の何ものでもない。ここでは〔キリストの〕受肉、十字架の死、身体の復活についてては真剣に受けとめられないで、キリストの体は否定されているのである。

さて新約聖書からは、〈キリストの体〉という概念が教会《ゲマインデ》にたいして適用されているが、[*68] そのことによって、たとえば、まず第一に、教会《ゲマインデ》がこの世から隔離されているということを表現しているのでは決してない。キリストにおける神の受肉についての新約聖書の証言は、まさに次の事実を明示している。すなわち、〈キリストの体において、すべての人間が受け入れられ、包まれ、担われている〉ということ、そして、〈信ずる者たちの教会《ゲマインデ》は、まさにこのことを、言葉と生活とを通してこの世に告知せねばならない〉ということである。ここで考えられているのは、このキリストの体である教会《ゲマインデ》からこの世が隔離されていることではなく、――真実には、この世がすでにそれに属している――キリストの体へと、この世を呼び入れるということである。

この教会《ゲマインデ》の証しは、この世にとっては疎遠《フレムト》であり、その証しをたずさえる教会《ゲマインデ》自身は、自分たちがこの世にとって疎遠であることを経験している。この事実は、キリストの体〔であること〕においてあたえられたこの世と交わる際に、いつもくり返し起こることである。〔しかし〕教会《ゲマインデ》は、神に受け入れられているという現実――この世全体もそれにあずかっている現実――を信じつつ、そのことが自分自身にも力あるものとなり、まさにそのことがこの世全体にも力あるものとなるのを証しすることによってこそ、この世から区別される――そのこと以外に区別される点はない――のである。

とりわけ十字架においてわれわれの眼前に示されるキリストの体は、この世が罪のなかにありなが

欄外には二本の傍線が引かれている）の「現実的なものの《かたち》はその実現のためのすべての《計画》に先行し、かつその基礎を成す」を参照。＊**66** DBW 4(N), 227 f.301〔『キリストに従う』〕を参照。＊**67**〔本文のここで用いられている教権主義的な（klerikal）という言葉は〕《聖職務》という意味の教会ラテン語 clerus に由来する。＊**68** たとえば、ロマ一二・五と、それについて〔のボンヘッファーのコメント〕DBW 4(N), 231-235〔『キリストに従う』〕を参照。

ら神に愛された存在でもあること、その事実は自らの罪を認識して神の愛に自らを委ねた者の群れである教会《ゲマインデ》と同様であることを、信仰にたいして示しているのである。

キリストにおいて基礎づけられた、神とこの世とのこのような共属関係（Zusammengehörigkeit）のゆえに、静的・固定的に領域の境界を設定することは許されない。しかし、そのことによって教会《ゲマインデ》とこの世との区別が廃棄されるのではない。そこで出てくる問題は、〔二つの〕領域という考え方に逆戻りすることなしに、どのようにしてこの区別をすべきかということである。ここでわれわれは、聖書自身に助言を求めねばならない。その回答は、すでに聖書に用意されている。[69]

〔四つの委任〕

この世は、すべての被造物と同じく、キリストを通して、さらにキリストに向けて創造され、キリストにおいてのみ、その存立を保たれている（ヨハ一・一〇、コロ一・一六）。キリストを抜きにしてこの世について語ることは、空しい抽象化である。この世はキリストとの関わりのなかで存在している――そのことを自分で知っているか否かにかかわらず。キリストにたいするこの世の関わりは、具体的には、この世における特定の〈神の委任〉（*Mandaten Gottes*）において示される。聖書は、このような委任として四つのものを挙げている。すなわち労働、結婚、政治的権威（*Obrigkeit*）および教会である。[70] われわれは、神的な秩序（göttliche Ordnungen）の代わりに神の委任について語る。なぜなら、この〈委任〉という言葉の方が、存在〔論的な響きのする〕規定〔＝秩序〕に比べて、神によ

＊69　削除「互いに隔離された諸領域ではなく、神の〔もろもろの〕委任（Mandate）が問題なのである」。

＊70　当初、〔これらの委任の〕順序は、〔論文〕「国家と教会」第四節、《政治的権威とこの世における神的な秩序》（DBW 16, 523-527）におけるように、《結婚》が《労働》より前に置かれていた。ボンヘッファーは、ここ、すなわちS.54-60では、そこでの委任概念は修正された上で論じられている（DBW 16, 525を参照。〔そこでは〕「結婚と労働は……一定の神の委任の下にある」と述べており、したがって、それら自体は委任ではない）。「国家と教会」及びこの『倫理』草稿の委任に関する部分は、ボンヘッファーのエタール修道院滞在後に成立した。Mandatum（ラテン語、「委任」）について、たとえば、ヨハ一三・三四参照。この節における〔ギリシャ語〕ἐντολή（ルター訳聖書では《戒め》Gebot）は〔カトリックの〕ラテン語訳聖書では委任（mandatum）と訳されている。《神の委任》（mandata dei）の理論は、中世以来の法的伝統に属している。Chr. E. Luthardt, Kompendium der theologischen Ethik（ボンヘッファーがエタール修道院滞在中に参照した。S.192等を見よ）201「1. 倫理的な行動の規範は神の意志である。……2.〈神の委任〉（mandatum divinium）は、それゆえ、良き行ないの概念のなかに入る」を参照。G・クラウゼ（G. Krause）は、Theologhische Realenzyklopädie, VII, 64、「ボンヘッファー」の項目の注4で、その言葉がA. F. C. Vilmar, Dogmatik II, 271-282の《聖職について》という一節に登場することを指摘したが、ただし、そこでは《委任》（Mandat）は特に牧師職に関係づけられている。Vilmar, a. a. O., 275 f は、《キリストの委任》（mandatum Christi）を「アウクスブルク信仰告白の第八条（弁証論とともに）」から引用し、《神の委任》を「アウクスブルク信仰告白の第二八条」から引用した。Adolf Harleß（この著者名は、v・エッティンゲン、ディトリヒ、O・ピーパーとともに、『倫理-断片ノート』Nr. 75に書き留められている）, Christrichen Ethik, § 51「神的に秩序づけられた現世の共同社会の基本形式」のなかで、結婚（およびその結果として生ずる家族）、国家、教会を挙げ、これらは、互いに原型的な真理の三重の似姿として関係し合っているという（211f）。これら三つの共同体《ゲマインシャフト》形式は、たとえばOttmar Dittrich, Geschichte der Ethik IV, 65で引用されているように、ルターの《三つの秩序》（tres ordines）、すなわち、《教会、政治、両親の秩序（家計も含む）》（ordo ecclesiasticus, politicus, parentum (inclusive oeconomia)）と対応している。ボンヘッファーにおいて付け加えられた《労働》の委任に関して、O. Dittrich, a. a. O., 73「それゆ

ってあたえられた〈委託〉(Auftrag) という性格を際立《きわだ》たせるからである。

神は、この世において労働、結婚、政治的権威、さらに教会が存在することを望みたまい、これらがみな、それぞれの仕方でキリストを通して、キリストに向けて、さらにキリストにおいて、存在することを望みたもう。神は、これらすべての委任の下に、すべての人間を置きたもうた。すなわち、その委任のうちの一つをそれぞれ一人びとりの個人に課したもうというのではなく、すべての人間に、それら四つの委任のすべてを課したもうたのである。それゆえ、《この世的な》《領域》から《宗教的な》《領域》への後退は存在せず、神によるあの四つの委任の下で、キリスト者としてのただ一つの生の修練があるだけである。また、はじめの三つの委任を《この世的》なものとして、最後の委任に比べて価値が低いものと考えることも問題にはならない。労働、結婚、政治的権威、あるいは教会のどれであっても、まさに、この世のただなかにおける《神の》委任であることこそが重要なのである。それらの委任は、むろん、キリストとの根源的で究極的な関わりのゆえにのみ神聖な (göttlich) ものである。その〔=キリストとの〕関わりから離れて《それ自身》(an sich) となるなら、そのような委任は、この世《それ自身》が神聖ではないのと同様に、神聖なものではない。労働《それ自身》は神聖ではないが、イエス・キリストのゆえに、神による委託と目的とのゆえに、神聖なのである。神がキリストのゆえに人間にたいして労働することを命じ、その労働に約束をあたえたもうた、ただそのことのゆえにのみ、労働は神聖である。したがって、労働の神聖性は、その一般的な効用や価値の点にではなく、[*71] 労働の根源と存立と目標がイエス・キリストにもとづいている、という点にのみあるのである。

そのことは、〔労働以外の〕他の委任についても同様である。それらは、ただ神の委任であることにおいてのみ神聖なのであり、あれこれの具体的な形態のなかにすでに所与としてある事実上の存在のゆえに神聖なのではない。労働、結婚、政治的権威、教会は、〈存在している〉がゆえに神に〈命じられている〉のではない。そうではなく、それらは神によって〈命じられている〉ものであるゆえに〈存在する〉のである。それらの存在は、神からの委託――それが意識されていても、いなくても――に服従する限りにおいてのみ、神的な委任である。

労働、結婚、政治的権威、教会の具体的な形における委託が、しつこく勝手気ままに破られるなら、その具体的な場合には、神の委任は失われる。にもかかわらず、具体的に存在するものは、神の委任を通して相対的な正当性をもっている。神の委託にたいする過失がすべて、すでに原則的に、労働、結婚、政治的権威、教会の具体的な形態からその神的な委任を奪いとるというわけではない。現に存在している結婚、政治的権威などなどは、まだ存在していないものよりも、いつでも相対的に優位にある。*72 個別的な過失によって、現に存在しているものを排除し否定する権利があたえられるわけでは

え、ルターにとって、神の御心にかなう労働の源も結婚のうちに存する」を参照。すなわち、労働は、経済的な《家〔計〕》（οἶκος）の中心を成すのである。ボンヘッファーは、もろもろの委任を、〈秩序と身分〉（Ordnung und Stände）に関する伝統的なルター主義的教説から、この世における神の霊的統治と地上的統治のダイナミックな連関のなかへと導き入れた。したがって〔そこで〕決定的なのは、委任をあたえたもう神の御言葉であり、社会学的な実状（Bestand）のことではない。*71 削除「すなわち、この世に目を向けることによってではなく、ただ〔次のことに〕よってのみ」。*72 その後、一九四二年〔におけるボンヘッファーの記述〕DBW 16, 252「既に存立している

ない。[73] むしろ、ここで求められているのは、神の委任に真に従うように立ち帰ることであり、神の委託に応える正真正銘の責任を再建することである。この正真正銘の責任は、神の委任の具体的な形態を、イエス・キリストにおけるその根源、その存立、さらにその目標に向けて正しく整えることにある。

〈労働という委任〉は、聖書に従えば、すでに最初の人間においてわれわれに示されている。アダムは、エデンの園を「耕し、守る」ように命じられている（創二・一五）。堕罪後にも、労働は神の規律と恵みの委任であり続ける（創三・一七−一九）。顔に汗を流しながら、人間は耕した土地から食物を手に入れ、やがて人間の労働は、農業から経済をへて、[74] 科学さらに芸術にまで及ぶ、あらゆる領域へ拡大されていく（創四・一七以下）。楽園で始められた労働は、神の創造の業に人間が参加する働きであった。労働によって事物と価値の世界がつくり出され、それによって人間はイエス・キリストの御名を讃え、イエス・キリストに奉仕するように定められた。それは、神の創造のような〈無からの創造〉ではなく、最初の神の創造にもとづいて、新しいものをつくり出すことである。[75] いかなる人間も、この〔労働の〕委任を免れることはできない。なぜなら、人間がここで神の委託を受けて働くことによって、あの天上の世界の似像《にすがた》が成立し、その似像は、イエス・キリストを認識する人びとに、あの〔天上の〕世界を思い起させるのだから。

カインがはじめて作ったのは町であり、それは神の永遠なる都に地上で〈対応する形〉（Gegenbild）であった。[76] 次に、竪琴と笛とが発明されたが、それらは天上の音楽の先触れの感触を地上でわれわれにあたえてくれる。[77] それに続いて、地下に埋まっていた金属財の採掘と加工が行なわれた。それらは、天上の都も金や宝石で飾られるように[＊78]地上の家を飾るためでもあり、また、応報的正義を実行する剣を制作するためでもあった。[＊79] 労働という神の委任を通して、〈キリストを待ち望み、キリストに向けて整えられ、キリストにたいして開かれ、キリストに仕え、キリストを讃美する世界〉が――それを〔自ら〕知っているか、否かにかかわらず――成立することになる。〔しかし〕その委任を果たさねばならないのがカインの子孫である[＊80]という事実は、すでにすべての人間の労働にきわめて暗い影を投げかけている。

ものは、私が変化の必要性を確信をもって認識しているのでなければ、変化に優先する」を参照。＊73 「〔『まだ』という語を削除〕あたえられるわけではない」は、「神的権威を〔まだ取り〕除きはしない」を差替え。この洞察は、抵抗運動にたいして、〔政権〕転覆の計画がナチ政権の個別的な犯罪的行動によってではなく、この政権の〈札つき〉の継続的でまさに原理的な不法的性格によってのみ正当化される、ということを意味している。＊74 〔ここでボンヘッファーはAcker（農耕）とのみ記しているが〕「国家と教会」DBW 16, 526の対応する箇所では、「農業」（Ackerbau）と述べている。＊75 〈神に服従しつつ、しかしまったく自立して創造主なる神とともに創造を行なう〉という思想は、ルターにおいて、cooperatio hominis cum deo（《神と人間の協力》）として展開された。M. Luther, De servo arbitrio, 1525 (WA 18, 754,1-16)〔ルター『奴隷的意志について』〕を参照。ルターは、創造の主体はいつでも第一義的に神にあるということを尊重した。〈無からの創造〉については、DBW 3 (SF), 31-34〔『創造と堕落』〕を参照。＊76 ボンヘッファーは、ルター訳聖書の創四・一七の《神の都》の《都》(Stadt)にインクで下線を引いた。黙二一・二を参照。草稿では、この箇所の欄外に「遊牧民？」と記されている。創四・二〇では、祖先は、「家畜を飼って天幕に住む者」、それゆえ、遊牧民と呼ばれている。＊77 創四・二一。＊78 黙二一・一八－二一を参照。＊79 創四・二二（「青銅や鉄のあらゆる道具」）および創四・二三以下（復讐）を参照。＊80 創四・一七－二四は、自分の弟を殺害したカインを扱っている。

聖書によれば、労働の場合と同様に、〈結婚という委任〉にも、われわれは、すでに最初の人間において出会う。結婚において人間は、ちょうどキリストがその教会と一つになりたもうように、神の御前で一つになる。「この秘義は偉大です」（エフェ五・三二以下）。そのように一つとなることにたいして、神は豊かな実りの祝福、新しい生命の誕生という祝福をあたえたもう。人間は、創造の業《わざ》に共に参加しつつ創造者〔なる神〕の御心のなかに歩み入る。結婚によって、人間は子どもを生み、それを通してイエス・キリストへの讃美と奉仕、キリストの御国の拡大に仕える。そのことは、結婚がたんに子どもを生み出す場というだけではなく、イエス・キリストに服従することを子どもたちに教える場でもある、という意味である。両親は、神の委託に従って子どもを産み、教育する者として、子どもにとっては神を代理する者なのである。労働において新しい価値がつくり出される場合のように、結婚において新しい人間が創造されるのは、イエス・キリストに奉仕するためなのである。しかし、最初の人間の最初の子であるカインが楽園からはるかに離れた場所で生まれ、兄弟殺しになったゆえに、ここでもすでに、このわれわれの世界における結婚と家庭の上には暗い影が投げかけられている。

〈政治的権威という神の委任〉[*81]は、労働と結婚という神の委任をすでに前提している。政治的権威は、その支配する世界のなかに、〔すでに〕その二つの委任があり、創造者である神がそれらの委任を通して創造の御力を行使したもうこと、それゆえに政治的権威は、それらを頼りとせざるをえないことを見出す。[*82]政治的権威は、それ自身では生命や価値を生み出すことはできない。政治的権威は創造的ではなく、創造されたものを、――神の委託を通してそれらにあたえられている秩序のなかで

——守る。政治的権威は、神の委任を承認して法を定めることによって、また剣の力をもってこの法を効力あるものとすることによって、[＊83]創造されたものを守るのである。したがって、結婚は、たしかに政治的権威を通して結ばれるのではないが、政治的権威の〔承認の〕下に結ばれる。労働の広大な領域は、政治的権威自らが育成するのではないが、その管理の下に置かれ、一定の——後に説明する予定であるが[＊84]——限界内でその方向づけをあたえられる。政治的権威自身が決してこの労働の領域の主体になろうとしてはならない。そうなれば、その〔労働という〕神の

＊81　新約聖書の神学的な概念としての《政治的権威》について、DBW 16, 506 f の〔論文〕「国家と教会」冒頭の、「……〈政治的権威〉の概念では支配者だけが考えられている。……それは、〈上から〉のみ理解されるべきである」を参照。**＊82**　この文章は欄外に付け加えられている。《二つの委任》は、《二つの秩序》を差替え。〔論文〕「国家と教会」のテキストにおける文章は、《秩序》という言葉で定式化されている。（この草稿では、本文の上部に角括弧を付けて挿入された〔定冠詞〕die が、〔論文〕「国家と教会」でも欠落している。**＊83**　《剣》について、S.57 f（創四・二一、二三以下の注解）を参照。また、マタ五・三八については、DBW 4 (N), 134〔『キリストに従う』〕を見よ。そこでは〔神による〕《報復の保護》の下に置かれた正義について述べられている。それとともに、政治的権威、すなわち国家権力には、厳格な制約が加えられる。政治的権威は、全体主義的な要求にもとづいて、共に創造されたこの二つの委任〔労働と結婚〕のなかにおかれた生を自分の意志で〔勝手に〕作り変える権能をもっていない。その結果、ナチ政権が実際に行なったことは、根本的な神学的な批判にさらされているのである。**＊84**　「国家と教会」の対応する箇所では（DBW 16, 526）、「（ここでは、これ以上詳しく述べることができない）」とされている。ボンヘッファーは、その後、一九四三年に、もろもろの委任のあいだの「共存、依存、対抗」の関係について論じようと計画していた。後述、S.398 を見よ。

委任とともに政治的権威の委任をも、危うくせずにはすまないからである。政治的権威は、法の制定と剣の力とを通して、イエス・キリストの現実のために、この世を守る。すべての人は、この政治的権威に従うべきである*85――キリストのために。

以上に挙げた三つの委任と違って、〈教会という神の委任〉においては、宣教と教会秩序、さらにキリスト者の生き方を通して〈イエス・キリストの現実〉を現実化することが問題であり、それゆえ、全世界の永遠の救いが問題となる。教会という委任は、すべての人びとに及び、しかも他の三つの委任の内部にまで及ぶ。一人の人間が同時に労働者であり、結婚の配偶者であり、政治的権威に従う者であり、一人の人間のうちで一つの委任が他の委任と重なりあい、それらを同時に実行するように、教会という委任も、これらすべての委任のなかに入り込む。逆に言えば、キリスト者は、同時に、労働者、結婚の配偶者、政治的権威に従う者でもある。ここでは、〔それぞれの委任を〕別々の領域に分割することは、いっさい禁じられている。

〈全体としての人間〉が、その人のために神がイエス・キリストにおいて備えたもうた、〈地上的かつ永遠の現実の全体〉の前に立っているのである。人間は、〔神から〕〈提供されたもの〉と〔神から〕〈要求されたもの〉の全体にたいして全力をあげて応答することによってのみ、この現実にふさわしい者となりうる。〔教会以外の〕他のあらゆる委任は、人間を分割し分裂させるためにあるのではなく、創造者・和解者・救済者である神の御前における〈全体としての人間〉に関わるものであること、したがって、現実は、その非常な多様性にもかかわらず、究極的にはただ一つ――すなわち、受肉したもうた神であるイエス・キリストにおいて一つ――であり、まさにこのことを、教会は、この世にたいして証しせねばならない。この世における神の委任の目的は、人間を終わりのない軋轢のなかに追いやり疲れ果てさせることではなく、まさに、神の御前における現実のただなかに立つ〈全体としての人間〉を目指しているのである。

人間は、神のこれらの委任が、そこにおいて結びつきえないことを証明すべき場所なのではない。むしろ、そこにおいて初めて、かつそこにおいてのみ、——しかも具体的な生活と行動とのなかで——《それ自体》としては、すなわち、理論的には結びつき難いものの一体性がつくり出される場なのである。それは、むろん、人間がイエス・キリストを通して次のような現実——神の受肉、〔つまり〕イエス・キリストの飼葉桶、十字架、復活における神とこの世との和解の成就という現実——の前に立たされるということ以外の仕方では起こりようがないことである。

このように、〈神の委任〉という教説は、——《もろもろの身分》(Stände)という教説[*86]の形では人間と現実とを分裂させる危険があるのにたいして[*87]——人間を、イエス・キリストにおいてわれわれに啓示される〈一、つの全体としての現実〉の前に立たせるために貢献する。こうして、ここでもまた、す

＊85　ロマ一三・一を参照。＊86　『倫理-断片ノート』Nr.1では「身分」という言葉が削除され、ついで、その下に点線が引かれて削除が取り消されている。「委任」という言葉は、そのメモには現われない。ボンヘッファーは、「身分」と「秩序」について、この箇所（S.60）ほど否定的でない仕方で、自分自身の「委任」理解との関連において、S.393 f で述べている（S.54 f と比較せよ）。ボンヘッファーは、伝統的な身分の教説は、たんに固定的・静態的であってダイナミックではないというだけでなく、人間と現実との一体性を危険にするものでもある、とみなしていた。＊87　削除「人間のもろもろの責任（差替え：「もろもろの義務」）の分割を克服するために〔貢献する〕」。

べてのことは、神と人間とが一つになった〈イエス・キリストの体〉という現実へ流れ込むのである。*88

われわれは、最初に、自分自身がどのようにして〈善くなる〉のか、また、〈善いことをする〉のか、について問う代わりに、〈何が神の意志であるか〉を問わねばならない、ということを語った。しかし、神の意志は、われわれの身の上に、またわれわれの世界のなかに〈キリストの現実〉がリアルになるということ以外のものではない。それゆえ、神の意志は、なお実現されることを求めている理念のようなものではなく、むしろ、それ自身、すでにイエス・キリストにおける神の自己啓示のなかにある現実である。

しかし、神の意志は、〔すでに〕〈存在しているもの〉と単純に同一視されるのでもない――まるで、〈存在しているもの〉にそのまま服従することが神の意志を成就することであるかのように。そうではなく、神の意志は、むしろ、〈存在しているもの〉のなかで、また〈存在しているもの〉に対抗して、つねに新しくリアルなものになろうとする現実である。

神の意志は、神がキリストにおいて御自身をこの世と和解させたもうたことによって、すでに神御自身によって成就されている。その〔神による〕成就という現実を見ようとはしないで、その代わりに、自分〔の力〕で成就しようと考えることは、抽象的な考え方へ後退する、もっとも危険な道である。キリストがこの世に来られて以来、倫理において問題となることはただ一つしかありえない。それは、すなわち、神の意志が成就されている現実に参与するということである。しかし、この〈参与する〉ということも、すでにキリストにおける神の意志の成就のなかに、すでに私自身も取り込まれており、つまり、〈神と和解させられている〉という事実にもとづいてのみ可能である。神の意志を問うということは、隠されていること、まだ成就されていない何ごとかを問うことではなく、〔すでに〕啓示されたもの、〔つまり〕成就されたものを問うことである。しかし、この問いは、私自身が——私を取り囲むこの世界とともに、——啓示によって、〔つまり〕成就によって、この問いのなかにおかれているという事実においてこそ、正真正銘の問いであり続けるのである。

イエス・キリストにおいて啓示され成就された通り、神の意志は、現実全体を包んでいる。ただイエス・キリストにたいする信仰によってのみ、〔この世のなかの〕多様な物事によって引き裂かれることなく、この現実全体に近づくことができる。そのキリストは、「内には、満ち溢《あふ》れる神性がことごとく、見える形をとって宿っており」（コロ二・九、コロ一・一九）、「〔神は〕地にあるものも、天にあるものも、万物を御子によって、ご自分と和解させてくださり」（コロ一・二〇）、その体である教会《ゲマインデ》は、すべてにおいてすべてを満たしている方が満ちておられるところである（エフェ一・二三）[*89]。このイエス・キリストにたいする信仰が、すべての〈善いこと〉の唯一の源泉である。

*88　ここでS.51から始まる挿入部分は終わっている。

*89　DBW 4(N),234〔『キリストに従う』〕における、この聖句とコロ二・九への示唆を参照。

形成としての倫理学*1

〔理論的倫理学者と現実〕

われわれの世代のように、理論的・綱領的《プログラム》な倫理にたいして——それがどのようなものであれ——これほどにも関心をもたない世代は、まことに稀であろう。倫理的な体系について学究的に問題にすることは、あらゆる問いのなかで最も余計なもののようにみえる。それは、われわれの時代が倫理的に無関心であるからだ、ということでは決してない。かえってその逆に、これまで西洋の歴史でかつてなかったほど、具体的な倫理的問題の満ち溢れる現実に直面した苦境に立たされているからである。既存の生の秩序が確立していた時代には、せいぜいのところ、小さな——たいていは露見されない——罪が人間の弱さとして許容され、〔公然とした〕犯罪者は正常でない者として驚き憐れむ社会の目から遠ざけられていた。そのような時代には、倫理的なことが理論的な問題として〔世の人びとの〕関心事でありえただろう。*2〔しかし〕今日は、悪人と聖者とがふたたび存在し、しかも公の場に現われている。雨の日の重苦しい灰一色の光景は、黒雲に覆われ稲妻の光る雷雨へと変わった。輪郭が鮮やかに浮かび上がる。現実が顕《あら》わになる。*3 シェークスピアの〔創作劇に登場する〕人物たちが歩き回っている。しかし、悪人と聖人とは、倫理的綱領にとっては、ほとんど、あるいはまったく関係がない。彼らは、さまざまの根源（Urgründen）から出現する。彼らはその登場とともに、彼らが出てきた地獄の深淵と神の深淵とを引き裂くように開き、われわれがまったく予感さえもしなかった秘密を垣間《かいま》見させる。

悪い行為よりももっと悪いのは、〈悪の存在〉（Böse-sein）である。嘘つきが真実を語るときの方が、真実を愛する人が嘘をつくときよりも、もっと悪い。人間を憎悪する者が同胞愛を示すときの方が、人間愛のもち主が一時的に憎悪にとらわれるときよりも、もっと悪い。嘘つきが口にする真実よりも、まだ嘘の方がましである。人間を憎悪する者による同胞愛の行動よりも、憎悪の方がましである。*4 それゆえ、前者の罪は後者の罪と同じではない。それらの罪の重さは異なっている。いっそう重い罪と、

*1　この草稿は、冒頭からS.72まで、「キリスト、現実、善」の最初の（つまり、まだS.51-60の挿入部分によって拡張されていない）草稿と同じく、罫線入りの用紙に書かれており、この草稿とインクの色、ペン〔先〕の幅、書体も一致している。S.72からは、同じ筆跡で、方眼用紙が用いられている。S.62-90の本文は、主題的に完結した草稿である。*2　削除「《善それ自体》への問いは、これによって既存の生の秩序が微塵も危険にさらされることなく、論じられることができた」。*3　削除「、そしてこれまで想定されていたすべてのこと、じっさい、望まれていたすべてのことが、それ〔現実〕の前で無に帰した」。*4　『倫理-断片ノート』Nr.80では、こう記されている。「誠実な人が嘘をつくときの方が、嘘つきが真実を語るときよりも、ましである——逆説的に表現〔すれば〕！　隣人への奉仕についても、同じことが言える」。この考え方は、同じく『倫理-断片ノート』Nr.23に——そこに、「形成としての倫理学」の草稿のための〔この草稿とは〕異なる以前の定式化とともに——見出される。

いっそう軽い罪とが存在する。背叛すること（Abfall）は、堕落すること（Fall）より、はるかに〔罪が〕重い。[5] 背叛した者の最も輝かしい美徳は、忠実な者の最も暗い弱さにくらべて、さらに深い夜の闇である。[6]

悪が光・慈善・忠実・革新という衣を身に着けて、〔さらに〕歴史的必然、社会的正義という衣を身につけて現われるという事実は、[7] 物事を率直に（schlicht）見る目をもつ者にとっては、悪の底知れぬ邪悪さを、はっきり確証してくれる。〔しかし〕このことは、理論的な倫理学者の目を、かえって見えなくする。彼があらかじめ心に抱いた観念をもってしては、現実に生じていることをとらえることができない。まして、その本質と力とについて何も知らない者に向かって真剣に対処することなどは不可能であろう。ある倫理的綱領に従う〔だけの〕者は、そのエネルギーを無意味に消耗することにならざるをえない。〔その綱領に〕殉ずることさえも、自分の課題《ザッヘ》にとって何ら力の源泉とはならないし、悪の存在にたいして脅威となることもない。

しかし、次の事実は十分注目に値する。すなわち、倫理的な理論家や綱領の策定者がその敵をとらえ損なうというだけではなく、悪人自身の側も、ほとんどその敵対者を認識しえないということである。彼らは、互いに相手の罠に陥る。抜け目なく立ち回り、あらゆる策略に通ずることではなく、ただ神の真実のうちに素直に立つこと、その真実を見つめて単純かつ賢明になった眼をもつことだけが、倫理的な現実を経験し認識するのである。[8]

衝撃的なのは、理性的な人たちの失敗である。[9] 彼らは、悪の深淵も聖なるものの深淵も見ることができない。彼らは最善の意図を抱き、いくらかの理性をもってすれば亀裂の入った建物をふたた

＊5　ここでの《堕落すること》——S.65をも参照——とは、一コリ一〇・一二「……立っていると思う者は、倒れないように気をつけなさい」の〔《倒れる》という〕意味である。ボンヘッファーが述べている「今日」において、「背叛すること」とは、ナチ権力保持者との継続的に行なわれた協力、それゆえ、彼らの非キリスト教的世界観に実践上は賛同したことを指している。＊6　次から続く七つの段落——S.63-66——に依拠して、ボンヘッファーは、後の一九四二年末に、「一〇年後——一九四三年に向かう年末に書いた報告」DBW 8,21-23〔『獄中書簡集』〕の諸部分を執筆した。＊7　1941 DBW 16, 538 (W. Paton, The Church and the New Order について)「〔現在のドイツにおける〕倫理的混乱の最も深い理由は、むしろ、ナチ政権に体現されているような最高の不正が相対的な歴史的・社会的正義の装いをすることができたという事実にある。……いまや、まさしくここに〔ヒトラーのなかに〕光の天使の姿を装うサタンを認識する、ただ少数の人びとしか存在しえなかったのである」を参照。〔また〕二コリ一一・一四（ルター訳聖書）「彼、サタンでさえ、光の天使を装うのである」〔を見よ〕。＊8　DBW 4(N), 167 f〔『キリストに従う』〕——マタ六・二二「目が澄んで」(einfältig, ἁπλοῦς) について——また、a. a. O., 205——マタ一〇・一六「〔蛇のように〕賢く、〔鳩のように〕素直に」について——を参照。倫理的確信にもとづく〔ナチにたいする〕反対派をナチ指導部がいかに過小評価していたかということは、一九四四年七月二〇日〔ヒトラー暗殺未遂事件〕の後に、彼らが抵抗運動の計画がいかに広範囲に広がり、またいかに早期からのものであったかを発見した際に、激しく驚愕したことによって示されている。親衛隊保安部による「帝国の状況」についての報告書（H. Boberach, Berichte des SD を参照）は、一方では、たとえば教会側の反対活動を過大に評価し、他方では、実際に危険な反対者を見過ごしている。＊9　ボンヘッファーは、〔ここで〕日和見主義者たちではなく、重要な倫理的そして人文主義的な諸伝統の担い手たちを取り上げている。彼は、S.66まで、行動を導く六つの立場《オリエンティールング》を挙げている。そこでのキーワード〔理性、倫理的な熱狂主義、良心、義務、自由な責任、静かな徳行〕を参照。それは、倫理の諸伝統についての概観ではない。むしろ、彼は、次の疑問について、具体的なもろもろの観察を整理しているのである。すなわち、ナチ政権の明白な犯罪行為にたいして、非常に多くのドイツ人が〔その対応に〕失敗し、挫折したことは——こうした人びと自身が、にもかかわらず、自らを高尚な諸価値の代表者として理解しているのであれば——どのように

びつなぎ合わせうると信じている。彼らは不十分な眼力によって両方の側に公平に対処しようとするが、互いに衝突する力によって押しつぶされて、ほんのわずかなことさえ達成できない。彼らは、この世の不合理さにひどく落胆して、結局、努力が実らないのを見て、あきらめて脇へ退くか、あるいは、ふらふらといっそう強力な側の手に落ちる。

いっそう衝撃的なのは、あらゆる倫理的な熱狂主義の失敗である。熱狂主義者は、自分の意志と自分のもつ原則との純粋さによって悪の力に立ち向かうことができる、と信じている。しかし、悪の全体を見ることができず、〔闘牛の〕牡牛のように、赤い布きれをもつ者に向かう代わりに、その布きれに向かって突進する。それが熱狂主義の本質なので、結局、彼は疲れ果てて屈服せざるをえない。熱狂主義者は、その目標に達することがない。たとえ熱狂主義者が真理や正義という高尚な価値に仕えるとしても、遅かれ早かれ、彼は、非本質的な、つまらない事柄に巻きこまれて、いっそう抜け目のない敵の網に引っかかってしまう。

良心的な人たちは、決断を迫る緊急事態の圧倒的な力にたいして孤独のうちに身を守ろうとする。しかし、――自分の良心以外には何の助けも支えもないままに――選択をせねばならない葛藤の規模の大きさが、彼をずたずたに引き裂いてしまう。無数の上品で魅惑的な変装と仮面とを身に着けて近づいてくる悪が、彼の良心を不安で不確かなものにする。そのため、彼は、自分の〈疚《やま》しくない良心〉(ein gutes Gewissen)の代わりに、ついに言い逃れをする[*10]良心をもつことで満足するようになる。それゆえ、絶望しないために自分自身の良心を欺くにいたる。なぜなら、〈良心の疚しさ〉(ein böses Gewissen)は、欺かれた良心よりも、いっそう健全であり、いっそう強力でありうるからである。それは、唯一の支えが良心である人には、決して理解しえないことである。

途方にくれるような、おびただしい数の可能にみえる決断のなかから、いっそう確実な義務という道が導き出されるように思われる。ここでは、〈命じられていること〉(das Befohlene) が最も確実なものとしてとらえられ、命令にたいする責任は命じた者にあり、それを遂行する者にはない、と考えられている。〔しかし〕そのように、義務に従うという範囲のうちにとどまる限り、ほんとうに自分自身の責任にもとづいた自由な行為という冒険は、決して行なわれない。そうした行為だけが悪の中枢部に命中し、それに打ち勝ちうる〔のだけれども〕。義務の人は、ついには悪魔にたいしてまでも自分の義務を果たさねばならなくなる。

しかし、最も固有な自分の自由 (*eigenste Freiheit*)*11 によってこの世のなかで頑張り抜こうとする者、必要な行為を自分自身の良心と名声との汚れのなさよりも高く評価する者、〔また〕いっそう実り多い妥協のために実りのない原則を、あるいは実りある過激主義のためにいっそう実りの少ない中庸の知恵を、犠牲にする気でいる者——そうした人は、〔自分のもっていると〕思い込んでいるまさに彼の自由が、ついには自分を破滅させることにならないように用心すべきである。彼は、悪にたいして、

理解されるべきなのか、という問いである。 *10 《言い逃れをする》〔救われた〕(salviert) とは、ここでは、〔自分の容認しがたい観念や記憶を〕抑圧して自分を慰めいたわることを示唆している。"salvavi animam meam" (「私は私の霊を救えり」)〔ウルガタ聖書、創一九・一七〕を参照。 *11 差替え「自由な責任」。S.66 では、このように差替えられていない。この章における、ここやここ以外の小さな変更には、明るい青色のインクが用いられ、明らかに「一〇年後」の本文のために行なわれたものである。DBW 8,22〔『獄中書簡集』〕を参照。

――それが悪であることをよく知りながら――いっそうひどい悪を避けようとして、容易に同意するだろう。その場合、彼は、自分が避けようとしている、まさに〈いっそう悪いもの〉が、〔実は〕〈いっそう良いもの〉かもしれないということを、もはや認識できなくなる。ここには〈悲劇的なもの〉の材料が横たわっている。

公然とした対決を逃れて、あれこれの人は、私的〔＝個人的〕な徳行という避難所に逃げ込む。彼は盗みをせず、人を殺さず、不倫もせず、自分の力に応じた善を行なう。しかし、彼は、勝手に公共的な責任を放棄することによって、軋轢から自分を守るために許されている限界内にぴったりとどまる術《すべ》を知っている。このようにして、彼は、自分をとり巻く不正にたいして、その目と耳とを閉じていなければならない。彼は、ただ自己欺瞞という代価を支払うことによってのみ、――この世のなかで責任ある行動をして体面を傷つけるのを免れ――非の打ち所がない自分の私生活を清く保つことができる。〔しかし〕彼は、何をしようとするにしても自分が行動しないでいたことのため、心の安らぎを得られないだろう。彼は、その不安のゆえに破滅するか、それとも、あらゆるファリサイ主義者たち*12のなかで最大の偽善者になるか、どちらかであろう。

〔しかしながら〕だれが、以上のような失敗や挫折をけなすことができるだろうか？　自分がそれらのどれかに当てはまることを知らない者がいるだろうか？　理性、倫理的な熱狂主義、良心、義務、自由な責任、静かな徳行――これらは善であり、高貴な人間性の財宝である。それらがなしうること、またありうることのすべてとともに、そのように没落していくのは、最良の人びとである。そこでは、《憂愁の騎士》*13、ドン・キホーテの不滅の姿が現われる。彼は、兜《かぶと》の代わりに床屋の金《かな》だらいをかぶり、軍馬の代わりにあわれな老馬にまたがり、実在してもいない自分の選んだ心のなかの女主人のために、ひっきりなしに続く戦いに出で立つのである。古い世界が新しい世界にたいして、過去の現実が現在の現実にたいして、また高貴な夢想家が因襲的なものの圧倒的な力にたいして企てる冒険的な行動は〔みな〕そのように見える。この偉大な物語の第一部と第二部とのあいだにある深い裂け目もまた、特徴的である。すなわち、この物語の作者自身が第一部の何年もの後にようやく書いた第二部[*14]で、その英雄にたいして、嘲笑的で低俗な世間の仲間になっているからである。

われわれが父祖たちから受け継いだ〔理性、良心、などなどの〕武器をけなすのは、あまりにも安っぽいことだ。それらの武器を用いて父祖たちは偉大なことを成し遂げたのだが、現在の戦いのためには、もはや十分ではないのである。ただ低俗な精神をもつ者だけが、ドン・キホーテの運命を共感も感動もなしに読むことができる。

にもかかわらず、錆びついた武器はキラキラ光る抜き身の刃《やいば》に取り替えねばならない。ここでは、

＊12 「ファリサイ主義者」という表現によって、それが大いに尊敬すべきユダヤ人の敬虔な人びとの集団を言い表すものだったことは、一般には意識されてこなかった。この何世紀にもわたる慣用的な——しばしば、ルカ一八・九－一四に帰せられる——一面的で低く評価する仕方で、ボンヘッファーは、ここでは、その表現を用いている。ただし、S.311-320を参照。＊13 ミゲル・デ・セルバンテス・サアベドラの傑作の第一部において、《ドン・キホーテ》は、《憂愁の騎士》という異名をも持つ。S.35《ドン・キホーテ〔的な企て〕》を参照。ボンヘッファーは、スペイン語のセルバンテス全集を、一九二八年にバロセルナにおいて〔牧師補をしている時に〕プレゼントされた。DBW 10, 122を見よ。＊14 第Ⅰ部は一六〇五年に、第Ⅱ部は一六一五年に出版された。

〈単純さ〉（Einfalt）と〈賢さ〉（Klugheit）とを互いに結びつけうる者だけがもちこたえることができる。しかし、単純さとは何か？　賢さとは何か？　どのようにすれば、二つのものは一つになるのか？

単純であるとは、すべての概念が転倒し、混乱し、歪曲されている中で、[*15]端的に神の真理にのみ注目する者、――〔ギリシャ語の〕Dipsychos、つまり「二心《ふたごころ》のある人」（ヤコ一〔・八〕）ではなく、――分かたれない心のもち主のことである。[*16]なぜなら、彼は、神を知り神とともにあるゆえに、日々新たに神の口からあたえられる神の戒めや、裁き、さらに憐みに固着する。彼は、原則に束縛されるのではなく、神への愛に拘束されているので、倫理的な決断にともなう問題と葛藤から解放される。それらは、もはや彼を駆り立てたりはしない。彼は、まったく神と神の意志にのみ従属する。単純な者は、神に注目しながら、同時に、この世にも横目を使ったりはしない。それゆえ、自由に、かつ偏見なしに、この世の現実を見ることができる。このようにして単純さは賢さになる。

賢いとは、現実を、そのあるがままに見る者、物事の根底まで見る者のことである。それゆえ、ただ、神において現実を見る者だけが賢いのである。現実を認識するとは、外面的な出来事を知るということではなく、物事の本質を見通すことである。情報を最も豊富にもつ者が最も賢い者だ、というわけではない。まさに情報通のこの人は、その多様さに目を奪われて、本質的なものを見損なう危険がある。〔しかし〕他方では、一見取るに足らないように見える個別の事柄を知ることによって物事の奥底を見抜くということも、しばしばある。したがって、賢い者は、出来事についてできる限り最善の知識を手に入れることに努めるだろう――もっとも、その知識に頼ることはしないのだが。存在している事実のなかで〈特徴的なもの〉を認識することが賢さである。賢い者は、現実を原則によって理解することには限界があることを知っている。なぜなら、彼は、〈現実は原則の上に立てられているのではなく、生ける創造主なる神のうちに安らうものである〉ことを、知っているのだから。そのように彼は、〈現実の助けとなるのは、最も純粋な原則でも最善の願望でもなく、生ける神だけである〉ことも知っている。原則というものは、神の御手のなかにある、たんなる道具にすぎない。役に立たなければ、やがて投げ捨てられてしまうものである。解放された眼差しを、神と現実――ただ神のうちにのみ存立している現実――に向けることが、単純さと賢さとを一つに結びつける。賢さがなければ真の単純さはなく、単純さがなければ賢さもないのである。*17

*15 ナチのプロパガンダは、高度に卓越した技量によって言語を操作した。これについては、V. Klemperer, LTI [Lingua Tertii Imperii]〔クレムペラー『第三帝国の言語』〕を参照。*16 ボンヘッファーの〔所持していた〕ネストレ版において、ヤコ一・八の ἀνὴρ δίψυχος（「二心のある人」）とヤコ四・八の δίψυχοι（「二心のある者たち」）には、鉛筆で下線が引かれている。J. W. Goethe, Faust 1, Vers 1112〔ゲーテ『ファウスト』第一部〕「二つの魂が……おれの胸に〔住んでいる〕」を参照。ボンヘッファーは、アーダルベルト・シュティフターの小説 „Witiko"〔シュティフター『ヴィティコー』〕について、すでにフィンケンヴァルデ牧師研修所において――一九三六／三七年の新約聖書講義の〔受講者の〕筆記録〔NL B 9,6〕を参照、〔また〕DBW 4(N), 294 Anm. 82〔『キリストに従う』〕を見よ――そして次にまた一九四四年一月二九／三〇日の書簡 DBW 8, 303〔『獄中書簡集』〕において、δίψυχος と τέλειος（「完全な」、「欠けるところのない」）を区別した。ヤコ一・四（ネストレ版において、……τέλειον〔「……何一つ欠けたところのない、完全で申し分のない〔人に〕」の箇所〕に、同様に下線が引かれている）を参照。*17《単純》

以上に述べたことは、非常に理論的に響くかもしれない。〔じっさい〕また、以上に述べた態度が現実のなかに根拠をもち、現実的なものになりうるということが明確にならない限りは、その通りである。「蛇のように賢く、鳩のように無垢《むく》でありなさい」とはイエスの御言葉である（マタ一〇・一六）。それゆえに、すべての彼の御言葉と同じく、それは、ただ彼自身を通してのみ解釈されるのである。神とこの世のあいだが引き裂かれている限りは、神とこの世の現実を、分かたれていない眼差しで見ることは誰にもできない。たとえどんなに努力しても、一方から他方へ、たえず落ち着きなく目を移し続けることになる。しかし、神とこの世の現実が互いに和解され、神と人間が一つになる場所が存在するゆえに、また、それゆえにのみ、神とこの世を同一の眼差しでとらえることが可能になる。その場所は、どこか現実の彼方の理念の国のなかにあるのではない。そうではなく、神の奇跡として、この歴史のただなかに、この世との和解者であるイエス・キリストのうちに存在している。*18 理想として〔とらえるなら〕、単純さと賢さを統一するということは、現実を前にして、びくともせずに立とうとする他のすべての試みと同様に失敗に終わらざるをえないであろう。それは、不可能な、きわめて矛盾に満ちた理想である。しかし、イエス・キリストにおいて〈神と和解させられたこの世〉という現実に根拠を置くならば、イエスの戒めは、その意味*19と現実性とを獲得するのである。イエス・キリストに注目する者は、実際に、神とこの世を一つのものにおいて見る。そのときから後は、もはやこの世なしには神を見ることも、また、神なしにこの世を見ることもできなくなるのである。*20

〔この人を見よ〕

この人を見よ（Ecce homo）*21！　見よ、〈何という人か〉！　この人において、神とこの世の和解が生じた。破壊によってではなく、和解によってこの世は克服される。理想や綱領ではなく、また良心や義務や責任や徳行でもなく、まったく、ただ完全な神の愛だけが、〔この世の〕現実に直面してこれに打ち勝つことができる。くり返して言えば、それを成し遂げるのは、普遍的な愛の理念のようなものではなく、現実に生きて働くイエス・キリストにおける愛である。この世にたいするこの神の愛は、この世の現実から離れた高貴な魂のなかに逃避するのではなく、この世の現実を辛苦の極みまで経験し、甘受したもう。この世は、イエス・キリストの体にたいして激しく襲いかかる。しかし、こ

さ》と《賢さ》については、DBW 4(N), 204 f〔『キリストに従う』〕におけるマタ一〇・一六の注解を見よ。*18 DBW 4(N), 272 f〔『キリストに従う』〕において引用された二コリ五・一五「神はキリストにあって世を御自身と和解させ〔たもうた〕」を参照。*19 差替え「真理」。*20（次の〔原文で〕四語だけの）新しい段落を削除「イエス・キリストの形《ゲシュタルト》」。S. 80-90を参照。*21 ヨハ一九・五を参照。ボンヘッファーのルター訳聖書において、「見よ、この人だ！」に下線が引かれている。——S. Kerkegaard, Der Einzelne, 70「その人の人生がこの〈この人を見よ〉（ecce homo）を表わしていない者は、実際は、ほんとうのキリスト者では決してない」を参照。「この人を見よ」（Ecce homo）は、ニーチェの著作のタイトルの一つでもある。Werke Zweite Abteilung (Nachgelassene Werke) XV, 1-127 [KGW VI, 3, 253-372]〔ニーチェ『この人を見よ』〕。——削除「彼は、この世の現実において存在しうる唯一の人である。なぜなら、……において……」。

の責め苦を身に受けられた方が、この世の罪を赦したもう。このようにして和解が成し遂げられる。
この人を見よ！

和解者なる神の人、イエス・キリストの形姿《ゲシュタルト》は、神とこの世のあいだに立って、すべての出来事の中心となる[22]。彼において神の秘義が啓示されるように、この世界の秘義もまた彼においてあらわなものとなる。どのような悪の深淵も、この世を神と和解させたもうた方にたいして、隠れたままでいることはできない。しかし、この神の愛の深淵[23]は、この世の最も深い無神性の淵をも包み込む。われわれの理解を絶する仕方で、神は、正義と敬虔についての考え方をことごとく逆転させて、神御自身をこの世にたいして罪あるものとされ、それによって、この世の罪を取り除きたもう。神御自身が卑しい僕《しもべ》の姿をとって和解の道を歩まれ、この世を罪なきものとしたもう。神は、われわれの罪を身に負うことを望まれ、罪がわれわれの上にもたらした罰と苦難とを、御自身に引き受けたもう。神が〈神無きこと〉の側に、愛が憎しみの側に、聖なる方が罪人の側に立ちたもう。いまや、神御自身が引き受け、苦しみ、そして償いたまわないようないかなる無神性も、憎しみも、罪も、もはや存在しない。いまや、神との和解と平和をもたないようないかなる現実も、この世に存在しない[24]。このことを、神は、その愛する御子イエス・キリストにおいて成し遂げたもうた。この人を見よ[25]！

〔人間を軽蔑する者〕

この人を見よ！――人となりたもうた神、この世にたいする神の愛の、はかり知れぬ深い秘義を見よ！　神は人間を愛したもう。神はこの世を愛したもう。理想的な人間をではなく、あるがままの人間を。理想的な世界をではなく、現実のこの世を愛したもう。われわれにとって厭《いと》うべきものは、われわれを苦痛と敵意とに引き戻す〈神にたいする人間の反抗心〉である。〔しかし〕この現実の人間、この現実の世界、それこそが、神にとっては、その限りない愛の根拠であり、それゆえに神は、最も深く御自身をそれらと結びつけたもう。神は人間に、〔つまり〕現実の人間（wirklicher Mensch）に

＊22　〈堕落〉以前には、神は、中心に立ちたもう。DBW 3 (SF), 78 f〔『創造と堕落』〕を参照。蛇の約束を信じて、人間は、〈堕落〉以後、独りで中心に〔立って〕いることに気づく。DBW 3 (SF),107〔『創造と堕落』〕を参照。〔また〕DBW 4(N),47〔『キリストに従う』〕「神にして人なる仲保者だけが、服従へと招きうるのである」〔を参照〕。

＊23　削除「そこから、神が来たりたもうた」。**＊24**　DBW 4(N), 272 f〔『キリストに従う』〕における詳論を参照。

＊25　削除「この人を見よ（Ecce homo）――この世との和解者を見よ。彼は、われわれのような人間でありたもう。彼に、そして彼においてのみ、人間存在にたいする神の〈然《ヤー》り〉が置かれている。神は、人間になりたもうた」。差替え「この人を見よ（Ecce homo）――この人において人間になりたもうた神を見よ。神は、人類を引き受けたもう。〔削除「聖なる、全能なる、永遠なる方が深く御身をかがめるので、彼は」〕。然り、神は、御自ら、〔人間の〕存在（Wesen）、運命、困窮を受けとめたもう」。差替え「この人を見よ（Ecce homo）――われわれのような人間であり、貧しさのなかに生まれ、大工の職を身につけ、一人の男、闘う者、敗れ、死すべき者でありたもう、この人を正視せよ。この人のなかに、全人類を引き受けたもう神を認めよ。一人びとりの人間は、そして全人類は、この人のなかに、自分自身を、自分の本性を、自分の〈形《ビルト》〉を認めよ。イエス・キリストは、たんに一人の人間でありたもうだけではなく、彼のなかに、すべての人間の〈本性《ナトゥーア》〉、その本質、その運命、神の御前でのその〈存在《ザイン》〉が凝縮されている。彼の身の上に起こることは、われわれの身の上に、すべての人間の身の上に起こることなのである」。DBW 4(N),301〔『キリストに従う』〕（「キリストのかたち」の章）を参照。

なりたもう。

われわれが人間を置き去りにして、何とか人間であることから越え出ようと努めているときに、神は人間となりたもう。そこでわれわれは、〈神は、われわれもまた人間であること、現実の人間であることを望みたもう〉ということを認識せねばならない。われわれは、敬虔な者と不信仰な者、善人と悪人、高貴な者と卑賤な者とのあいだで差別するが、それにたいして、神は分け隔てなく、現実の人間を愛したもう。神は、われわれがこの世と人間とをわれわれの尺度に従って区分し、ずうずうしくその審判者の役を買って出ることを忍びたまわない。神は、御自身が現実の人間となり罪人の仲間となりたもうことによって、さらにまた、それとともにわれわれが神の審判者となるように仕向けたもうことによって、われわれを背理へと導くことを証明したもう。*26 神は、あらゆる告発者にたいして、*27 現実の人間と現実のこの世の側に立ちたもう。神は人間とともに、この世とともに、告発されたまい、そのようにして神を裁く者を〈告発される者〉としたもうのである。

しかし、〈神は人間を受け入れたもう〉と言うだけでは不十分［である］。その命題は、限りなく深くはかり知れない意味をもつ事柄にもとづいている。すなわち、〈神はイエス・キリストの受胎と誕生において、人間と同じ肉体をとりたもうた〉ということである。神は、人間として御自身から人間の生活のなかへ入り、人間の性質や本質、*28 その罪と苦難を、*29 御自身に受け入れ担いたもう。それによって神は、〈人間にたいする神の愛が真実なものではなく疑わしい不確かなものだ〉という非難を、ことごとく取り除きたもう。人間にたいする愛のゆえに、神は人間となりたもう。神は、御自身と結びつけるために、最も完全な人間を求めたもうのではなく、あるがままの人間の存《ヴェー》在《ゼン》をとりたもう。*30 イエス・キリストは、崇高な人間性を神々しく〈変容〉させたものではなく*31現実の人間にたいする神の《然り《ヤー》》であり、審判者の冷淡な《然り》ではなく共に苦しむ者の憐み深い《然り》である。この《然り》のなかに、この世界の生命と希望の全体が含まれている。人間イエス・キリストにおいて、人類全体にたいする裁きが下される。くり返して言えば、それは審判者の無関心な判決ではなく、人類全体の運命を御自身のものとして担い、その極みまで苦しみ通された方の憐れみ深い判決である。

イエスは一個の人間（*ein* Mensch）ではなく、人間そのもの（*der* Mensch）でありたもう。彼の身の上に起こることは人間の上に起こることであり、すべての人に、したがって、われわれの身の上にも起こることである。イエスという御名は、そのなかに人類の全体と神の全体とを含んでいる。〈神が人間となりたもう〉という使信は、悪人のあいだでも善人のあいだでも、〈人間を軽蔑すること〉か、それとも〈人間を偶像化すること〉か、のどちらかが知恵の極みと結論されているような時代に、その核心を突く〔神の〕攻撃である。*32

＊26「背理へと（Ad absurdum）導く」は、ラテン語 absurudus（不合理な）に由来。**＊27** ルター訳聖書の黙一二・九以下によれば、《悪魔とサタン》とその使いたちは、《われわれの兄弟たちを告発する者》である。**＊28** 差替え「運命」。**＊29** 差替え「罰」。**＊30** DBW 4(N),228〔『キリストに従う』〕を参照。**＊31** S.66 の「高貴な人間性」は、という表現をも参照。**＊32** この文とこれに続く（S.73 の「………なすがままに任せる」までの）文章は、〔脚注原文では〕八行と四語からなる次の文章を、削除して差替え、拡張したものである。「神が人間になりたもうということは、〈人間を軽蔑すること〉を不可能にする。このことは、〈人間を軽蔑すること〉がことさら剥《む》き出し

平穏な時代の静かな流れにおけるよりも、嵐の時代において、人間性の弱さが、いっそうはっきり示される。予期しない脅威や好機《チャンス》に直面して、不安・欲望・依存心・獣性が圧倒的多数の人間を行動に駆り立てる動機であることが示される。[*33]

このような時期には、専制的な人間蔑視者があらわれて、人間の心の低俗な部分を養い育て、それに別の名前をつけて利用することが、たやすくできる。すなわち、彼は、不安〔からの行為〕を責任感と呼び、欲望を勤勉と名づけ、[*34]依存心は連帯感になり、獣性は剛直さ（Herrentum）に変わる。[*35]このようにして人間の弱さと睦《むつ》みあって進む中で、低俗さがつねに新しくつくり出され増大していく。人間愛が最も神聖なものとして謳われる中で、最も低劣な〈人間の蔑視〉が陰険な力を振るい続ける。卑俗さがいっそう卑俗になればなるほど、それは、専制的な支配者の手のなかで、いっそう従順な御しやすい道具となる。毅然と立つ少数者には、悪罵が浴びせられる。[*36]彼らの勇気は反乱（Aufruhr）と呼ばれ、彼らの自己規律はファリサイ主義、彼らの独立心は勝手気まま、彼らの剛直さは傲慢と呼ばれる。[*37]

専制的な人間蔑視者にとっては、人気があるということが最高の人間愛のしるしであり、彼は、そのひそかに抱くすべての人間にたいする根深い不信感を、真実な〈人間の交わり《ゲマインシャフト》〉から盗みとった言葉〔＝民族共同体《ゲマインシャフト》〕の背後に隠している。彼は、群衆の前では自分をその一員だと公言しながら、嫌みたっぷりの虚栄心から自分自身を誇り、すべての個人のもつ権利を軽蔑するのである。彼は人間を愚かな者だとみなす。すると、〔じっさい〕人びとは愚かな者になる。[*38]彼は人間を弱い者だとみなす。すると、〔じっさい〕人びとは弱い者となる。彼は人間を犯罪を犯しやすい者だとみなす。すると、〔じっさい〕

人びとは犯罪を犯しやすい者となる。

彼の厳粛じみた真剣さも、いかがわしい遊びであり、彼が俗物的に請け合った〈思いやりの政策〉（Fürsorglichkeit）〔＝たとえば、歓喜力行団《クラフト・ドゥルヒ・フロイデ》による観光保養事業〕も、厚顔無恥なシニシズムである。彼がいよいよ深く人間を軽蔑しながら、しかも彼が軽蔑している当の群衆による人気を追求すればするほど、いよいよ確実に、彼は、群衆による自分の神格化を呼び覚ます。人間の蔑視と人間の神格化と

になっている時代において、この上なく重要な認識である。人間を軽蔑する者は、人間を、たいていは、その惰弱で、低劣で、卑俗な側面において見る。彼は、そこから二通りの結論を引き出すことができる。すなわち、人間の低劣な本能に訴えかけて人間を利用し、それによって人間をいっそう卑俗にするか、それとも、嫌気がさして人間から身を引き、彼らをなすがままに任せるか、のいずれかである」。〔原文において、「彼らをなすがまま任せる」という削除された最後の四語は、罫線入り用紙の裏側に書かれており、そこには表側のインクが色濃く滲んでいる。『倫理』草稿では、罫線入りの紙は、こののち用いられていない。罫線入りの紙に書かれたいくつかの『倫理-断片ノート』、たとえばNr.38やNr.1は、おそらく草稿のこの箇所よりも後に書かれたものである。この草稿の続きは、罫線入り用紙と同様の並質の紙だが、（二番目の線がすべて濃く引かれた）方眼紙に書かれている。**＊33** 差替え「虚栄心」。**＊34** 差替え「虚栄心を正当な自尊心と名づけ」。ゲーリングの見栄っ張りの挙動——豪華な制服〔に〕、勲章や栄誉章〔を飾った〕——は、ひそかにドイツ人たちのあいだで嘲笑されていた。**＊35** ヒトラー政権は、とりわけSS〔ナチ親衛隊〕において、残虐さによって特徴づけられる、いわゆる《剛直さ》（Herrentum）を育成した。**＊36** 差替え「自由」。**＊37** 差替え「思い上がり」。ボンヘッファーは、〈第三帝国〉における「毅然と立つ少数の人びと」に、〔第三帝国に〕反対する正真正銘の剛直さを認めていた。**＊38** 『倫理-断片ノート』Nr.23には、《罪ある愚かさ》〔と記してある〕。愚かさについては、「一〇年後」の〔報告〕本文DBW 8,26-28〔『獄中書簡集』〕を参照。

は、互いに深く結びついているのである。*39
しかし、これらすべてのことを見通している善い人間は、嫌気がさして人間から身を引き、彼らをなすがままに任せ、公共生活のなかで自分を卑しくするよりも、むしろ引きこもって、つつましく暮らそうとする。しかし、このように善い人間も、結果としては悪い人間と同じように人間蔑視という誘惑に陥ってしまう。その人間にたいする軽蔑は、たしかに、いっそう高尚であり、いっそう正当なものではあろう。しかし、それは、いっそう実りのないもの、いっそう行動のともなわない〔無力な〕ものである。神が人間となりたもうという出来事の前では、善い人間の人間蔑視も、専制的支配者による人間蔑視と同様に、立ちいくことができない。人間を軽蔑する者は、神が愛したもうものを軽蔑する。じっさい、彼は、人間となりたもうた神御自身〔の〕形を軽蔑することになるのである。*40

しかしまた、誠実に考えられながら、結局は人間蔑視と同じことになる人間愛というものも存在する。それは、人間をそのうちに潜んでいる価値によって、その奥深い健全さ・理性・美点によって判断することにもとづく愛である。このような人間愛は、多くの場合、平穏な時代であれば成長するであろう。しかし、重大な危機の時代においても、このような価値が折にふれて光り輝くならば、それは、困難に抗して獲得され、誠実に考えられた人間愛の基礎となるであろう。〔しかし、多くの場合には〕大目に見るように強制されることによって、悪は善であると解釈を変えられ、低俗なものは見逃され、非難すべきものは容赦されてしまう。*41 さまざまな理由から、人は《否《ナイン》》を明言するのを恐れて、結局、すべてのことを良しとする。人は自分で作り上げた人間像を愛するが、それは、現実の人間とはほとんど似ても似つかないものであり、それによって、結局、神が愛し、その存在《ヴェーゼン》をとりたもうた現実の人間をふたたび軽蔑することになるのである。

現実の人間を知り、かつそれを軽蔑しないということは、ただ、人間となりたもうた神を通してのみ可能なことである。現実の人間は、神の御前で生きることを許されており、われわれは、現実の人間を軽蔑することも神格化することもせず、彼らが神の御前でわれわれとともに生きることができるようにする。それは、あたかも現実の［人間］を、それ自身として価値あるもののようにみなすからではなく、ただ神が現実の人間を愛し、受け入れたもうたことによるのである。人間にたいする神の愛の根拠は、人間のうちにはなく、ただ神御自身のうちにのみある。われわれが現実の人間として生きることを許され、また現実の人間がわれわれとともに生きることを許されている根拠は、くり返し

＊39 ここまで、この――S.72からの――〔原文の〕段落では、〈第三帝国〉の《指導者《フューラー》》民主主義、〔すなわち〕歪曲された人民投票的なヒトラー支配が、その根本的特徴に即して略述されている。ヒトラーがドイツ国民のなかに大きな賛同を見出したことは、民衆の反乱によって政権が排除されるという期待にまったく余地を残さず、ヒトラー排除ののち直ちにヴァイマル流あるいは西欧流の民主主義を導入することを危険なもののように見せた。William Paton, The Church and the New Order, 1941について〔の記述〕DBW 16, 541と、ボンヘッファーの一九四一年九月二〇日のポール・レーマン宛て書簡 DBW 17, 137 f を参照。**＊40** 差替え「じっさい、神御自身がなりたもうたもの〔を〕」。**＊41** ナチ主義者たちにたいする見方には、そのような幻想にもとづく態度が、すでにヴァイマル時代以来しばしば示されてきた。英国首相ネヴィル・チェンバレンのヒトラーにたいする弱腰な態度〔《宥和《アピーズメント》政策》〕を参照。すなわち、ヒトラーの侵略政策――すでにオーストリアとチェコスロバキアに襲いかかっていた――にたいして、チェンバレンは、《明確な否》を言うかわりに、一九三八年九月二八日にミュンヘン協定を結び、そこに《われわれの時代のための平和》という誤った期待をかけたのである。

言うように、ただ、神が人間となりたもうたということ、すなわち、人間にたいする神のはかり知れないほど深い愛のうちにのみあるのである。

〔成功する者〕

この人を見よ——神によって裁かれた人〔＝十字架のイエス〕を見よ！　悲惨と苦痛の形姿《ゲシュタルト》を。*42 この世の和解者は、このような姿をとる。人類の罪が彼の上に落ちかかり、彼を神の裁きの下での辱《はずかし》めと死へと追いやる。神にとって、この世と*43の和解は、これほどにも高価なものとなる。ただ神が御自身にたいしてその裁きを成し遂げたもうことによってのみ、神とこの世とのあいだの、また人と人とのあいだの平和が可能になる。*44 この裁き、この苦難、この死の秘義は、この世と人間とにたいする神の愛である。キリストの身の上に起こったことは、彼においてすべての人の身の上に起こったことである。ただ神によって裁かれた者としてのみ、人間は神の御前で生きることができる。十字架につけられた人間のみが、神との平和のうちにある。十字架につけられた者の形《ゲシュタルト》において、人間は自分自身を知り、また見出す。神によって受け入れられ、十字架において裁かれ、和解させられた者——これが人類の現実なのである。

成功が万物の尺度であり正当化であるような世界においては、裁かれた者や十字架にかけられた者*45の姿《ゲシュタルト》は、いつまでも〔自分には〕疎遠なもの、せいぜい憐れみを覚える対象にすぎない。この世界は、成功がすべてに優越することを求めてやまない。理念や心情ではなく、行為が物事を決定する。成功のみがそこに生じた不正*46を正当化する。罪過は、成功において〔傷痕を残したままで〕その傷口が閉じられる。*47

成功し続ける者にたいして、そのやり方を非難するのは無意味である。そんなことをしても、人は過去にこだわり続けるだけで、そのあいだに成功者は、次から次へ行動をさらに押し進め、未来を獲得し、過去の出来事を変更のきかないものとする。成功者は、もはや決して元に戻しえない既成事実をつくり出す。彼が破壊したものは、もはや決して再建できないし、彼が打ち立てたものは、少なくとも次の世代において存続する権利をもつ。どのような告発をしても、成功者が犯してきた罪過を埋め合わせることはできない。告発は時の経過とともに沈黙し、成功はそのまま残り、歴史を決定する。歴史の審判者たちは、歴史を形づくる者のかたわらで惨めな役回りを演ずる。歴史は、その審判者たちを無視して進むのだ〔から〕。歴史は、いかなる地上の諸力もなしえない率直さと自明さとをもって、〈目的が手段を正当化する〉という命題をあえて要求する。

*42 削除「……十字架につけられた者を見よ」。*43「神が……成し遂げたもう」は、「神は〔削除「御自身が」〕人間になりたもうた者として、この世のすべての罪責と苦難とを引き受けたもう」を差替え。*44 削除「十字架においてはじめて平和がある。キリストは、私たちの平和である（エフェ二・一四）」。*45 削除「この世の和解者、この世の克服者としての」。*46 削除「暴力行為と虚言」。*47『倫理-断片ノート』Nr. 60 に、J. Maritan, Die Zukunft der Christenheit, 323 f から「……その存在において〔傷跡を残したままでも〕傷をふさがれる」の〔文章が〕抜き書きされている。すなわち、時効は、「悪の結果である事実上の状態を正当化する。もしも、人間の福祉とあまりにも絡みあうことになって、そのために〔悪が〕最終的にその存在において〔傷跡を残したままでも〕傷をふさがれるならばである」。S. 134 f を参照。

以上に述べてきたのは事実についてであり、その評価についてではない。[48] これらの事実にたいしては、人間と時代とによる三つの異なった態度決定のパターンがある。

成功者の姿《ゲシュタルト》がとくに注目を引くように出現するところでは、多くの人びとが成功の偶像化に陥る。彼らは、正と不正、真理と虚偽、誠実さと卑劣さとを識別しえなくなる。彼らは、ただ行為のみを、成功のみを見る。倫理的・知的な判断能力は、成功の輝き[49]の前では、またその成功に何とかして与《あずか》りたいという欲望の前では、鈍くなってしまう。もはや罪過はまったく認識されることもないのだから、成功することのなかで罪過は〔傷痕を残したまま〕その傷口が閉じられるのだ、という認識さえ欠如する。[50] 成功するということ、それが端的に善なのである。このような態度は、ただ陶酔状態においてのみ見せかけではなく《エヒト》、了解されうる《フェアツァイリッヒ》ことである。陶酔から醒めてしまえば、そのような態度は、深い内面的な虚偽、〔つまり〕意識的な自己欺瞞なしにはもちえないものである。そのあとには、ある種の内面的な退廃が生じ、それから回復するのは困難であろう。

〈成功することが善である〉という命題に対抗して、成功し続けるための諸条件を考慮に入れた別の命題が出てくる。すなわち、〈ただ善のみが成功に役立つ〉という命題である。ここでは、成功にたいして判断能力が保証される。ここでは正義は正義とされ、不正は不正とされている。ここでは、人は決定的な瞬間には目を閉ざして、行為がなされた後に、ようやくまた目を開くというのではない。ここではまた、〈長い目で見れば、正義・真理・秩序の方が暴力行為[51]・虚言・勝手気ままに勝《まさ》って長つづきする〉という、この世の法則《おきて》が——意識的にせよ無意識的にせよ——認識されている。

にもかかわらず、こうした楽観主義的な主張は人を誤りに導くものである。すなわち、〔次のどちらかの対応をせざるをえなくなるからである。〕悪が不成功に終わるということを証明するためには歴史的な事実が歪曲されねばならないし、その際、〈成功することが善である〉というあの反対命題をふたたび早急に受け入れることになるであろう。さもなければ、もろもろの事実を前にして彼の楽観論は破綻してしまい、歴史上におけるすべての成功を非難することで終わるのである。

それゆえに、〈すべての成功は悪の所産だ〉という歴史の告発者たちによる悲嘆の声（Lamento）*52は止むことがない。〔しかし〕過去の出来事にたいして実りなきファリサイ主義的な批判を加えてみても、現在への、行動への、また成功への道を見出すことは決してない。そして、まさにその事実において、成功する者の邪悪さの証拠を改めて確認することになる。自分ではそう望んでいないのに、ここでもまた成功が——否定的な意味ではあっても——万物の尺度とされている。そして、成功が万物の肯定的な尺度なのか、それとも否定的な尺度なのかということのあいだには、本質的な区別はな

＊48　S.77 f を参照。すなわち、《評価》の尺度は、十字架につけれた方の姿《ゲシュタルト》となるであろう。＊49　差替え「成功者の崇拝」。＊50　G. Ritter, Machtstaat und Utopie〔その改訂新版が、Dämonie als Macht. 1947 ＝リッター『権力思想史』〕、（マキャヴェリの国家論の叙述において）25「強者を裁く者はいないので、人びとは、いつでも、強者を成功によってのみ評価する」、32「……成功への意志の前では……道徳的な諸原則、もろもろの信念、声高に宣言されたもろもろの理想は、たいてい、あっという間に地に堕ちる——あるいは、それらは、《順応させ》られる」。リッターの著書は、〈第三帝国〉の状況への暗示的な言及を含んでいる。一九四〇年六月におけるフランスの降伏は、〔ドイツ国民のあいだでは〕ヒトラーの圧倒的な成功として体験された。DB 766-768〔ベートゲ『ボンヘッファー伝』〕を参照。＊51　差替え「不正」。＊52　本来は、古いイタリア・オペラにおいて哀歌を指すイタリア

いのである。

十字架につけられた方の姿《ゲシュタルト》は、成功を尺度として万事をはかる考え方を廃棄してしまう。なぜなら、そのような考え方は〈裁き〉ということの存在を否定しているからである。成功する者の勝利も、また成功する者にたいする敗北者の苦々しい憎悪も、究極的には、この世を思いのままにすることはできない。イエスは、たしかに、歴史における成功者を弁護する者ではないし、また成功者にたいする敗北者たちの反乱[*53]を指導したわけでもない。イエスにとっては、成功か失敗かということではなく、〈神の裁き〉を心から受け入れるかどうかということこそが問題であった。ただこの裁きにおいてのみ、神との和解、人と人とのあいだの和解が存在する。成功と不成功とを軸にして回転するすべての考え方とは対照的に、キリストは、〔すべての〕人間を——成功者か失敗者かを問わず——神の裁きの下に立つ人間とみなしたもう。神が人間を御自身の御前に立たせることを欲したもうのは、純粋な愛にもとづくのであり、それゆえに神は人間を裁きたもう。神がキリストにおいて人間にもたらしたもうのは、〈恵みの裁き〉である。

成功した者にたいしては、神は、キリストの十字架において、苦悩・卑賤・失敗・貧困・孤独・絶望が聖化されていることを示したもう。これらすべてのものが、それ自体として価値をもっているからではない。これらすべてのものを裁きとして御自身に引き受けたもう神の愛によって、聖化されているのである。十字架にたいする神の《然り》《ヤー》〔＝肯定〕は、成功した者にたいする神の裁きである。

しかし[*54]、成功していない者は、彼の不成功のゆえではなく、〈差別される民〉（Paria）としての彼の立場自体でもなく、ただ、神の愛の裁きを受け入れることによってだけ、自分が〈神の御前に立たせられる〉ということを知らねばならない。こうして、〈まさにキリストの十字架、それゆえ、この世における彼の失敗こそが、ふたたび歴史における成功に通じている〉という事実は、神の世界統治の秘義なのである。そこからは、いかなる〔一般的〕規則も引き出しえないが、しかし、そのことは、キリストの教会《ゲマインデ》が苦難を受けるたびに、あちこちでくり返されているのである。ただキリストの十字架においてのみ、すなわち、裁かれた者としてのみ、人類は、その真の形《ゲシュタルト》に到達するのである。*55

〔死の偶像化〕

この人を見よ——神によって受け入れられ、神によって裁かれ、神によって新しい生命へ呼び起こされた、この人を見よ。この復活した人を見よ！　人間にたいする神の〈然り〉は、裁きと死とを突き抜けて、その目標を見出した。人間にたいする神の愛は、死よりも強かった。新しい人間、新しい生命、新しい被造物が、神の奇跡によって創造された。「生命は勝利を得た。生命は死に打ち勝った」*56。

語。*53 F. Nietzsche, Zur Genealogie der Moral, Erste Abhandlung, 7, Werke VII, 313 [KGW VI, 2, 282]〔ニーチェ『道徳の系譜学』〕「……すなわち、ユダヤ人とともに、道徳上の奴隷の反乱が始まる」を参照。*54 英語に採り入れられたインド南部の言葉〔タミール語〕「差別される民」(Paria) とは、権力者たちによって抑圧され、軽蔑された人間集団を指す。*55 「十字架につけられた方の姿《ゲシュタルト》」(S.77) からここまでの本文は、草稿の削除されたページを清書し直したものである。*56 賛美歌「主は死につながれ」(EG. BP57, 4 ; EG 101,4「……〔死は〕死神の愛は、死の死となり、人間の生命となった。人となり、十字架につけられ、そして甦りたもうたイエス・キリストにおいて、人類は新しくなった。キリストに起こったことは、すべての人間において起こったことである。なぜなら、その方は、人間そのものでありたもうたのだから。新しい人間が創造されたのである。

キリスト復活の奇跡は、われわれを支配する〈死の偶像化〉を根底から覆《くつがえ》す。死が最後のものであるところでは、死にたいする恐怖は、死にたいする反抗心と結びついている。死が最後のものであるところでは、地上の生は、いっさいであるかそれとも無かである。地上的な永遠性にしがみつく強情さは、人生を軽率に戯れながら過ごすことと表裏一体である。引きつったような生の肯定は、投げやりな生の軽蔑と密接に結びついている。

ある時代が永遠のために建てられることを要求しながら、しかもそこでは生命がまったく重要とはみなされていないなら、[*57]また新しい人間、新しい世界、新しい社会の始まりだと大言壮語されながら、しかも、これら革新的なものがすべて、現存している生命を廃絶することにおいてのみ成り立つとされるなら、――それこそ、何ものにも優って死の偶像化を露呈している。地上の生にたいする、このようにラディカルな〈然り〉と〈否〉とは、死のみが何らかの価値をもっていることを明示している。いっさいのものを奪い取るか、あるいは放り出すかだ、というのは、死を熱狂的に信じている者のとる態度である。[*58]

しかし、死の力が打ち砕かれたことが[*59]認められるところ、復活と新しい生命という奇跡が死の世界のただなかで光り輝いているところでは、人は生命から永遠性を求めることをしない。そこでは、人は、生があたえるところのものを生から受けとる。――〈いっさいか無か〉というのではなく、――善いものと悪いもの、重要なものと重要でないもの、喜びと苦悩とを受けとる。そこでは、人は、引きつったように生にしがみつくことはないし、軽率に生を放り出したりもしない。そこでは、人は、割り当てられた時間に満足し、地上のものに永遠の名をあたえたりはしない。そこでは、人は、死がなお所有している限られた権利を死にあたえる。しかし人は、新しい人間と新しい世界とを、ただ死の彼方から、すなわち、死に打ち勝った力からのみ待ち望む。

復活したもうたキリストは、新しい人間性を御自身のうちに担いたもう。そのことは、新しい人間にたいする神の究極の主権的な〈然り〉である。たしかに、人類は、今なお古い時のなかに生きているが、すでに古い時を超えている。人類は、今なお死の世界のなかに生きているが、すでに死を超えている。今なお罪の世界のなかに生きているが、すでに罪を超えている。夜は今なお過ぎ去ってはいないが、しかし、すでに明け始めているのである*60。

神によって受け入れられ、裁かれ、新しい生命に目覚めさせられた人間――それは、イエス・キリ

をのみたり」）を参照。*57 ヒトラーは、時間的限界のない展望のなかで、千年至福説的な（千年を予想した）建築構想と政治構想において彼の《千年帝国》を計画した。同時に、《生きるに値しない生命》は抹殺されるべきものとみなされ、それは、一九四〇年から一九四一年にかけて《安楽死》殺害行動において実行された。これについてはS.184を参照。*58 そうした信仰の印は、たとえば親衛隊の黒い制服の髑髏《どくろ》（の帽章）や、死者の祭儀であった。この祭儀は、ナチ運動のなかで倒れた党員たちのために、《血の旗》を掲げ、ナチ党歌（ホルスト・ヴェッセルの歌「掲げよ旗を高く……」を参照）を歌いながら行なわれた。*59 差替え「死がその冠を奪われたこと」。*60

ストであり、彼における全人類であり、つまり、われわれである。この世に出会い、それに打ち勝つのは、ただ〈イエス・キリストの形《ゲシュタルト》〉〔＝御姿〕だけである。この形から、神と和解させられたこの世を形成する営みのすべてが出てくるのである。[*61]

〈同じ形に成ること〉

《形成》〔＝形づくること〕（Gestaltung）という言葉は、われわれの疑惑を引き起こす。われわれは、キリスト教的な綱領《プログラム》に飽き飽きしている。いわゆる〈教条主義的《ドグマーティシュ》キリスト教〉に代わって登場した、いわゆる〈実践的《プラクティシュ》キリスト教〉[*62]の無思想で皮相なスローガンにも飽き飽きしている。われわれは、この世界における形成する諸力がキリスト教とはまったく別の側から来ていること、また、いわゆる実践的キリスト教が、教条主義的キリスト教と同じく、この世界では少なくとも役に立たなかったことを見てきた。

それゆえ、《形成》という言葉を、われわれは、これまでなじんできた理解とはまったく違う意味で理解せねばならない。そして実際に、聖書は、まず第一に、われわれのまったく知らない意味で〈形成〉について語っているのである。聖書では計画やプログラムに従って世界を形成することが第一の問題なのではない。そうではなく、あらゆる形成のなかで、ただ一つの形――この世に打ち勝ったもうた[*63]〈イエス・キリストの形が成る〉ことだけが重要なのである。形が成ることは、ただ〈イエス・キリストの形〉からのみ出てくるのであり、くり返して言えば、〈キリストの教え、あるいはいわゆるキリスト教的原則を直接的にこの世にたいして適用し、それに従ってこの世を形成すべきだ〉というのではない。むしろ形成とは、ただ、〈イエス・キリストの形のなかに引き入れられること〉、すなわち〈人となり、十字架につけられ、甦りたもうた方の唯一の形と同じ形をとること〉＊64としてのみ存在する。

そのことは、われわれがいつも口にしがちなように「イエスに似た者になろうとする」努力によって起こるのではない。〈イエス・キリストの形〉それ自身が、われわれに働きかけて、われわれの形

アドベント〔待降節〕の賛美歌、ヨッヘン・クレッパー作「闇は深まり」〔一九三八年〕、EG 16を参照。＊61『倫理-断片ノート』Nr.1の表題《神と和解したこの世の土台と再建》を参照。＊62『倫理-断片ノート』Nr.23に《「実践的キリスト教」!?》とある。本文のこの箇所（S.80）の「実践的キリスト教」に最初に付されていた引用符は、削除されている。啓蒙主義もしくは敬虔主義以来、《実践的》キリスト教は、《教条主義的》な、〔つまり〕教理的に定式化された信仰箇条に即応するキリスト教に、対置させられている。一九二五年にストックホルムにおいて、最初の会合〔生活と実践のための世界キリスト教協議会〕を開いたエキュメニカルな《生活と実践》運動は、ドイツにおいては、《実践的キリスト教のための運動》と呼ばれている。＊63 ヨハ一六・三三を参照。＊64 草稿の欄外に、《聖書の引用》〔とある〕。DBW 4(N), 263〔『キリストに従う』〕（ロマ・一二・二「自分を造り変えていただき」（μεταμορφοῦσθε）について）、さらに297–301を参照。ボンヘッファーの所有していたFr. H. R. Frank, System der christlichen Sittlichkeit, Erste Hälfte, 416における《同じ形をとる》という言葉には、下線が引かれている。「しかし、今やキリスト者の生にとって特徴的なことは、キリストからもたらされたキリストの範型を身につけてその生と同じ形になることである」(a. a. O., 415 f)。ボンヘッファーは、一九二六年一一月一九日に、学生として〔ゼミナールの〕研究発表のために、フランク〔の著作〕に取り組んだ。DB 118 f〔ベートゲ『ボンヘッファー伝』〕を参照。

をキリスト御自身の形に従って形づくることによって起こるのである（ガラ四・一九）[65]。あくまでも、キリストが唯一の形成者でありたもう。キリスト教的人間が、その理念によって世界を形成するのではない。キリストが、人間をキリストと同じ形に形成したもうのである。しかし、キリストが本質的に、敬虔で善良な生活のための教師として理解されているところでは[66]、キリストの形は誤解される。それと同様に、キリストの形をたんに敬虔で善良な生活のための指針としてのみ見るところでは、人間の形成も誤って理解されるであろう。キリストは人となられ、十字架につけられ、そして甦りたもうた方である。キリスト教信仰は、そのような方としてキリストを告白する。キリストの形に変えられること[67]、それが聖書の語っている形成の意味である[68]。

人となりたもうた方と同じ形にされること——それは、真実の人間（wirklicher Mensch）となることである。人間は人間であるべきであり、人間であることを許されている。すべての超人主義（Übermenschentum）[69]、〔つまり〕自分が人間であることを超越しようとするすべての努力、すべての英雄主義、すべての半神的な存在は、〔真の〕人間から離れたものである。なぜなら、それは真実ではないのだから。真実の人間は、軽蔑や神格化の対象ではなく、神の愛の対象である。神の創造の富の多様な豊かさは、ここでは、誤った画一性によって、〔つまり〕人間をある理想、ある類型、ある特定の人間像にむりやり従わせることによって、強制的にねじ曲げられるのではない[70]。真実の人間は、自由のうちに創造者の被造物であることを許されている。人となりたもうた方と同じ形をとるということは、現に生きている人間であることを許されるということである。人間が現にあるのとは何か別の、いっそう良いもの、いっそう理想的な存在であろうとする見せかけ、偽善、引きつったような動作や強制――こうしたものは、ここ〔＝真実の人間〕においては放棄されている。神は現実の人間を愛したもう。神は現実の人間になりたもうた。

十字架につけられたもう方と同じ形をとること――それは、神によって裁かれた人間となることである。人間は、神による死の判決を身に負い、罪のために神の御前に、日々、死なねばならない。人間は、その生を通して、〈裁きと恵みとのうちにおいて立つ以外には、何ものをもってしても神の御前に立ちえない〉ということを、証しする。人間は、日々、罪人の死を死ぬ。*71 人間は、罪が彼に打ちつける傷跡を、へりくだってその肉体と魂とに担いとる。人間は、自分を、他の人の上に置いた

＊65 〔原文では、ガラ四・九と誤記〕。〈キリストのまねび〉（imitatio Christi）――〔つまり〕《模倣》――は、人間から出発する〈能動的活動〉として、拒絶されている。〈同じ形になること〉については、S.225 und 340 のキーワード〈受動性〉（Passivitat）を参照。 **＊66** イエス・キリストを《教師》としてとらえる《文化プロテスタンティズム的》な理解への拒否については、ThDB 96 Anm.41〔ファイル『ボンヘッファーの神学』〕を参照。 **＊67** 草稿の欄外に、《聖書の引用》〔とある〕。ベートゲは、〔『倫理』の〕校訂版〔Etik, 6. Aufl.〕で、それらの箇所を、二コリ三・一八、フィリ三・一〇、ロマ八・二九および一二・二であるとしている。 **＊68** これ以下については、DBW 4 (N), 301-302〔『キリストに従う』〕の《人間の姿〔形《ゲシュタルト》〕》、《死の姿〔形〕》、《栄光を受けたもう方・よみがえりたもうた方》の姿〔形〕を参照。 **＊69** F. Nietzsche, Zarathustra I, Vorrede 3 und 4, Werke VI,12-18 [KGW VI, 1,8-12], u. ö.〔ニーチェ『ツアラトゥストラ』第I部序説〕。S.70をも参照。 **＊70** 一九三五年のフィンケンヴァルデ牧師研修所の〔受講者〕の筆記「神の創造者としての栄光と豊かさは、類型を造らない」を参照。DBW 4 (N), 218 Anm.8〔『キリストに従う』〕を見よ。 **＊71** 一コリ一五・三一（「私は日々、死んでいます」）、また、M・ルター

り、他の人の模範としたりすることは決してできない。なぜなら、人間は、自分がすべての罪人の頭《かしら》であることを知っているからである。人間は、他の人の罪を赦すことはできるが、自分自身の罪を赦すことは決してできない。彼は、自分にあたえられたすべての苦難を身に担いとる。それが、〈わがままな意志を殺し、神の裁きに服するのに役立つ〉ことを知っているからである。人間は、自分について、また自分にたいして神〔の裁き〕が正しいことを認めることによってのみ、神の御前《みまえ》で義とされる。「苦難において、主は、〔われわれの〕心と魂に、万能の主の像を刻みつけたもう」[*72]。

復活したもうた方と同じ形にされること――それは、神の御前で新しい人間になることである。人間は死のただなかで生き、罪のただなかで義とされ、古いもののただなかで新しい。このような人間の秘義は、この世には隠されたままである。この人はキリストが生きたもうゆえに生き、ただキリストにおいてのみ生きる。「キリストは私の命である」[*73]。キリストの栄光が隠されている限り、この人の新しい命の栄光も「キリストとともに神の内に隠されている」（コロ三・三）[*74]。しかし、そのことを知る者は、すでにそこここで、来たるべきことの微《かす》かな光を見る。新しい人間[*75]は、他のどの人たちとも同様に、この世のなかで生きている。この人は、しばしば、他の人たちとほとんど区別されない。この人は、自分を目立たせようとはせず、その兄弟のためにキリストだけを目立たせようとする。この人は、復活したもうた方の形に変えられても、ここでは、ただ十字架と裁きの徴《しるし》を身に帯びるだけである。それを喜んで担うことによって、この人は、自らが聖霊を受けた者であり、比類なき愛と交わりとにおいて、イエス・キリストと結びつけられた者であることを示す。

〈イエス・キリストの形〉は、人間のなかに形をとる。人間は、自分自身の独立した形を得るのではない。人間に形をあたえ、その新しい形のままに保つのは、つねにただイエス・キリスト御自身の形だけである。それは、キリストの形を模倣したり反復したりすることではなく、人間のなかに形をとるキリスト御自身の形である。

くり返して言えば、人間は、自分にとって疎遠な形である神の形に変えられるのではない。自分自身の形に、〔つまり〕本質的に人間のものである形に変えられるのである。神が人となりたもうたゆえに、人間は人間となる。*76 しかし、人間が神になるのではない。人間は、その形を変えることができなかったし、また、できもしない。そうではなく、神御自身がその形を人間の形へ変えたもうのであり、それによって、人間は、神になるのではなく、神の御前における人間になるのである。

キリストにおいて、神の御前における人間の形が新しく創造された。人類が自分の像と希望とを知ったという事実は、場所・時間・風土・人種・個人・社会・宗教・嗜好などの問題では決してな

が『小教理問答書』BSLK 516において、洗礼について、日々「すべての罪とともに死ぬ」と述べていることを参照。これと類似する多数の箇所がDBW 4(N)〔『キリストに従う』〕に見られる。同書の聖句索引を見よ。*72 K・A・ハルトマンの賛美歌「ついに熱い坩堝《るつぼ》が砕ける」EG. BP 340（EGには含まれていない）より。*73 ＝フィリ一・二一。草稿では、引用箇所の指示がなく、欄外に「x」の印のみ。*74〔引用箇所は〕正しくは〔コロ三・〕三bである。草稿には、さらに確認するための目印として、欄外に「x」とある。*75『倫理-断片ノート』Nr. 38の「新しい人間（個人的そして集団的）、キリスト、〔内的〕動因、キリストの体における生」を参照。*76 受肉、〔すなわち〕イエス・キリストにおいて神が人間になりたもうということにもとづいて、人間が完全な意味での人間になるという〔ボンヘッファーの〕確信は、一九四〇年頃のプロテスタンティズムにおいて、他に類例を見ないものであった。

く、端的に人類の生命に関する問題であった。キリストに起こったことは、人類に起こったことである。ただ人類の一部の者だけが人類の救い主の形を認識している[77]ということは秘義であり、それについては何らの説明も存在しないのである。〈すべての人間のなかに形をとるように〉という、人となりたもうた方の願い[78]は、今日にいたるまで、まだ満たされていない。人間そのもの（*des* Menschen）の形をとりたもうたその方は、ただ小さな群れのなかにおいてのみ、その形をとりたもうだけである。すなわち、それが彼の教会《キルヒェ》である。

それゆえ、《形成》とは、第一にイエス・キリストが彼の教会において形をとりたもうということを意味する。そこで形をとるのは、イエス・キリスト御自身の形である。新約聖書は、この事柄《ザッヘ》自身をいっそう深く、いっそう明瞭に表わす意味で、〈キリストの体〉（Leib Christi）[79]と呼んでいる。体とは形《ゲシュタルト》である。したがって、教会は、キリストを崇拝する者たちの宗教団体ではなく、人びとのあいだで形をとりたもうたキリストのことである。しかし、イエス・キリストの体においては、現実に人間そのもの（*der* Mensch）が、またすべての人間が受け入れられている。それゆえに、教会は、〈キリストの体〉と呼ばれることを許されている。いまや教会は、実際に全人類に妥当する形をとる。教会がそれ〔キリストの体〕に従って形成される姿（Bild）は、人類という姿である。教会において起こることは、すべての人間のための模範となり、その代理となるのである。[80]

しかし、以下の事実は、いくら強調しても十分ということは決してないであろう。すなわち、教会もまた、〈イエス・キリストの形〉と並ぶ、自分に固有の独立した形ではないということ、それゆえ、教会は、イエス・キリストと並んで、自分に固有な独立した仕方で自分の権利・権威・尊厳を要求することは決してできない、ということである。教会は、そこにおいてキリストが現実に形をとりたもう際の、人類の一部以外のものではない。徹頭徹尾、ただ〈イエス・キリストの形〉だけが重要なのであり、キリストと並ぶ何か他の形が重要なのではない。

教会とは、キリストにおいて人となり、裁かれ、新しい生命に目覚めさせられた人間である。それゆえ、教会は、まず第一に、本質的に、人間のいわゆる宗教的機能とはまったく何の関わりもない。むしろ、あらゆる〔社会的〕関係のなかに立たされながら、この世に生きている人間としての存在全体と関わっている。教会においては、宗教が問題なのではなく、*81 キリストの形が問題であり、それが人間の或《あ》る群れのなかで形をとるようになることが問題である。もしわれわれがこの見方からごくわずかでも外れるならば、倫理的あるいは宗教的な世界形成という、われわれが出発してきた例の綱領《プログラム》に、避けがたく逆戻りすることになるのである。

以上によってわれわれが認識したのは、次のことである。すなわち、キリスト教的な倫理的省察に

＊77 人間が〔それを〕《認識》するかどうかは別としても、キリストの出来事がすべての人間に関わるという見解は、〔ボンヘッファーの〕〈意識されていない（unbewußt）キリスト教〉という思想に近い。S.162 Anm.95を参照。 **＊78** 差替え「この世との和解者」。 **＊79** たとえば、一コリ一二・二七、エフェ一・二二以下、一コリ一八・二四。DBW 1 (SC), 86 f, 255 f〔『聖徒の交わり』〕、またDBW 4(N), 227–239〔『キリストに従う』〕（「キリストのからだ」の章）を参照。草稿では欄外に、「イエス・キリストの体?.、聖餐?.」とある。DBW 4(N), 230, u. ö.〔『キリストに従う』〕を参照。 **＊80** 《模範》についてはDBW 4(N), 303 f〔『キリストに従う』〕を、《代理》についてはa. a. O., 84〔『キリストに従う』〕を、後者についてはDBW 1 (SC), 91 f, u. ö.〔『聖徒の交わり』〕も参照。 **＊81** DBW 1 (SC), 97〔『聖徒の交わり』〕、一九三二年の講義「教会の本質」（受講者の筆記録）DBW 11, 250「キリスト教も宗教〔そのも

おいては、〈形成〉について語ることは、いつでも〔イエス・キリストの〕形[*82]に注目することによってのみ可能だということである。形成は、この〔キリストの〕形から何らかの仕方で離れた、独立の過程あるいは状態ではない。このイエス・キリストの形から出発し、この形を目指す形成のみが存在する。キリスト教倫理の出発点は、〈キリストの体〉、つまり、教会の形[*83]におけるキリストの形であり、キリストの形に従って教会を形成することである。教会で起こることが実際に全人類[*84]に当てはまるということによってのみ、形成という概念は、――間接的に――すべての人間にとって有意義なものとなる。

しかし、くり返して言えば、あたかも教会がこの世のいわば模範として立てられているというのではない。この世の形成について述べうるのは、次のことだけである。〔つまり〕人類自身が属しているその真の形――すでに受けとってはいるが[*85]、まだ理解して受け入れてはいない真の形――すなわち、人類がそれに属し、呼びかけられているイエス・キリストの形に向かって、そしてそのようにして――いわば先取りされて――教会に引き入れられるという事実だけである。世界の形成について語られている場合でも[*86]、ただイエス・キリストの形のことのみが考えられていることに変わりはない。

〈キリストの形〉は、あらゆる時と場所とを通じて同一である。キリストの教会も、人間の全世代を越えて一つ[*87]である。にもかかわらず、キリストは、それによって全世界が形成されねばならないような一つの原則ではない。キリストは、今日、ここで、さらにすべての時を通じて善であるような一つの体系《システム》の宣伝者ではない。キリストは、どんな犠牲を払ってでも貫徹されねばならないような抽象的な倫理を教えたまわない。キリストは、本質的に、教師・立法者[*88]ではなく、人間であり、われわれと同じ現実の人間でありたもうた。それゆえに、また彼は、まず第一に、われわれがある特定の教説の生徒・代表者・主張者であることを求めたもうことなく、人間であることを、神の御前における現実の人間であることを求めたもう。

キリストは、倫理学者でもあるかのように善についての学説を愛したもうたのではなく、現実の人間を愛したもうた。彼は、哲学者でもあるかのように《普遍妥当的なもの》に関心をもちたもうたのではなく、具体的な現実の人間に仕えることに関心を示したもうた。「行動の格率が普遍的立法の原理に」*89なりうるかどうかではなく、〈私の行動が、今、隣人にとって神の御前における人間であるための助けとなりうるかどうか〉ということに、キリストは*90心を砕きたもうた。すなわち、神は、理念・原則・綱領《プログラム》・普遍妥当性・法則《おきて》になりたもうたのではなく、神は、まさに人間になりたもうたという

の」としては、［日常生活からの］例外という性格をもちうるが、神は、そうしたものではありたまわない」を参照。
*82 ここでは、草稿にはない《イエス・キリストの》を、おそらく補うべきである。*83 差替え「その教会の」。
*84 差替え「全世界」。*85 S.51「この世は、このキリストにある自らの現実に向かって呼びかけねばならない」を参照。*86『倫理-断片ノート』Nr.38「教会とこの世（の形成）――第一用法（primus usus）」を参照。《律法の第一用法（primus usus legis）に関する教説》について、ボンヘッファーは、一九四二年八月にはじめて開かれた、古プロイセン合同教会における告白教会の教会会議委員会のために、依頼論文を執筆した（DB 796〔ベートゲ『ボンヘッファー伝』〕）。DBW 16, 600–619を見よ。*87〔ルター派教会の〕使徒信条BSLK 556における「私は、聖霊を、一つの聖なる教会を信ず」を参照。*88 差替え「律法の説教者」。*89 I. Kant, Kritik der praktischen Vernunft A 54 (Werke IV, 140)〔カント『実践理性批判』〕「汝の意志の格率が、つねに、同時に、普遍的立法の原理として妥当しうるように行動せよ」を参照。*90 削除「倫理学者や哲学者でもなく」。

ことである。このことは、キリストの形が、――たしかに、同一であり、またあり続けるが、――現実の人間のなかに、すなわち、まったくさまざまの仕方で形をとることを求めているということを意味している。

キリストは、すべての現実的なものに反してでも実現されることを求める理念のために、人間の現実を廃棄するということはしたまわない。そうではなく、キリストは、現実にまさに力をあたえ、現実を肯定したもう。じっさい、キリスト御自身が現実の人間であり、このようにして、すべての人間的現実の根拠でありたもう。キリストの形による形成は、それゆえ、二つのことを意味している。すなわち、〔第一に〕キリストの形は、普遍的な理念としてではなく、ただ一回限りのもの、人となり十字架につけられ、甦りたもうた神として、同一であり続けるということ。そして〔第二に〕まさにキリストの形のゆえに、現実の人間の形は保たれ続け、そのようにして、現実の人間はキリストの形を受けとるということ、である。

〈具体的な場所〉

そこでわれわれは、すべての抽象的な倫理学のもとを立ち去って、具体的な倫理学[*91]へ向かうことになるであろう。語ることができ、また語られねばならないのは、次のことである。すなわち、〈何が最終決定的に（ein für allemal）善であるのか〉ではなく、〈キリストがいかにして、われわれのあいだで、今日、ここで[*92]、形をとりたもうのか〉ということが問題なのである。

何が最終決定的に善であるのかを述べようとする試みは、いつでも、おのずから失敗してきた。そのような発言は、あまりにも一般的で形式的なために、もはや意味[*93]のある内容を何一つもたないか、それとも、〈思いつきうるすべての個別的ケースにおいて何が善であるか〉を前もって言うために、思いつくすべての内容を取り上げて処理しようと企てることによって、果てしない決疑論（Kasuistik）に陥ってしまう。そのため、普遍妥当的なものも、具体的なものも、正当に扱えない結果になるのである。

具体的なキリスト教倫理は、形式主義と決疑論とを越えている。[*94] なぜなら、形式主義と決疑論とは善

＊91 一九四三年の夏に、ボンヘッファーは、手紙の下書きにおいて、「僕が、僕の著書『キリストに従う』をきっかけに、《具体的な福音主義的倫理》を叙述し始めたこと」について、「教会関係者のあいだで」関心がもたれている（〔ベートゲによれば〕一九四〇年一一月に）（DB 785 f〔ベートゲ『ボンヘッファー伝』〕を参照）と、説明している（DBW 16, 410）。＊92 ボンヘッファーの全著作において、具体化への意志の表現である《今日、ここで》――ラテン語の〔慣用句〕《ここで、今》（hic et nunc）とは、逆の順序――については、ThDB〔ファイル『ボンヘッファーの神学』〕の索引語《今日、ここで》を見よ。S.40（《今日》）を参照。＊93 差替え「指示」。＊94 『倫理―断片ノート』Nr.41には、「キリスト教倫理の基礎づけ」という表題の下に最後の命題として、「形式主義と決疑論とのあいだのすべての倫理学」と記されている。「すべての」は、後から付け加えられている。《決疑論》（Kasuistik）――ラテン語の《機会》（casus）に由来――とは、道徳神学的あるいは倫理学的な教説や判定の実行のことである。そこでは、前もって定められた諸原則が、具体的な個別のケースに演繹的に適用され、個別的判断へと押し進められる。それは、〈告解〉において広く行なわれてきたものであった。ボンヘッファーは、決疑論においては、信仰の自由を脅かす律法〔万能〕主義が働いていると考える。その対極にあるのは倫理的な《形式主義》であり、その発

いものと現実的なものとのあいだの衝突から出発するが、[*95] キリスト教倫理は、人間イエス・キリストにおいて、この世と神との和解が成就したこと、〔つまり〕神によって現実の人間が受け入れられているという事実から出発しうるからである。

〈キリストが、いかにして、われわれのあいだで、今日、ここで、形をとりたもうのか〉、あるいはまた、〈われわれが、いかにして、キリストの形と同じ形となるのか〉という問いは、しかし、また別の困難な問いを含んでいる。すなわち、《われわれのあいだで》、《今日》、《ここで》ということは何を意味するのか、ということである。あらゆる時と場所とを通じて妥当する善とは何であるかを確定するのは不可能である。しかし、それでもなお、次のような問いが出てくるのである。すなわち、〈そもそも、どのような時と場所とについてなら、われわれの問いにたいする答えがあたえられうるだろうか〉と。

われわれが今、取り上げている〔時と場所とについて〕どの部分も、まさに人類全体のなかの一部分として理解されねばならないということは、片時も疑われてはならない。人間は、その歴史のどの部分においても、端的にキリストにおいて受け入れられた人間である。したがって、この部分について言われねばならないことはすべて、つねにその部分を越えて全体を指し示しているであろう。とはいえ、われわれは、いまや、〈[われわれが] キリストの形による形成について語ろうとするときに、われわれは、どのような時と場所とを考えているのか〉という問いに答えねばならない。

さしあたり、まったく一般的に言うなら、われわれに関係があり、われわれが経験し、われわれにとって現実であるような、時と場所とが問題である。〔つまり〕われわれに具体的な問題を投げかけ、われわれに課題を示し、責任を課するような時と場所とが問題である。それゆえ、《われわれのあいだで》、《今日》、そして《ここで》、われわれの決断と出会いとがなされる領域が問題である。疑いもなく、この領域は、個人によって種々様々な大きさがあり、それゆえ、どのように規定しても、完全に個々人の問題へ雲散霧消してしまう、と考えることもできるだろう。しかし、それにたいしては、われわれは、われわれの歴史を通じて、客観的に、ある特定の経験と責任と決断との連関のなかに置かれている、という事実が対立している。その連関からは、〔不当な〕抽象化なしには、われわれは、もはや抜け出しえないのである。われわれは、今、その個々の点について知っているか否かにかかわらず、事実上、この連関のなかで生きている。

しかし、さらにそれ以上に、この連関は、次の事実によってまったく特別な仕方で明示されている。すなわち、〈われわれの時代にいたるまで、キリストの形が、その連関を支える基盤として意識的に肯定され、承認されてきた＊96〉ということである。それゆえ、われわれは、歴史的に存在する者とし

言は、道徳的判断の実質的決定には達することがなく、たんに一般的な規定に止まるだけである。Max Scheler, Der Formalismus in der Ethik〔シェーラー『倫理学における形式主義と実質的価値倫理学』〕は、カント倫理学における形式主義の克服を目指したものである。A. a. O., 1–31 [GW 2, 29–31]、詳しくは 40–78 [GW 266–101] を参照。そこでは、実質的なことに関わる価値－倫理学を先験的《アプリオリ》に（カント的な仕方で理性からのみ）基礎づけようと試みられている。これについては、S. 380 を参照。 ＊95 「……衝突から出発する」は、「和解できないこと〔……を前提とする〕」を差替え。 ＊96 たとえば、F. Naumann, Briefe über Religion, 40 は、「イエスという人間」を「西洋の中心的人物と見る。……イエスは、われわれの西洋文化における、いっそうすぐれた形象すべてのなかに何らかの形で存

て、すでにキリスト御自身によって選ばれた人類史の一部分においてキリストの形をとりつつある過程のただなかにあるのである。この意味において、われわれが理解しているのは、これから語ろうとし、また語らねばならない領域としての[*97]西洋 (Abendland)[*98]、〔つまり〕これまでキリストの形によって一つにされてきた、ヨーロッパとアメリカ[*99]の諸民族から成る世界のことである。その範囲をもっと狭くとること、それゆえ、たとえばドイツだけに限定することは、〈キリストの形が西洋の諸民族の一体性を成している〉ということ、それゆえに、〈そのなかのどの国民も自分だけでは存立しえないし、存立しうるものと考えてはならない〉という事実を無視することになるであろう。〔逆に〕その範囲を〔西洋よりも〕もっと広くとるなら、西洋世界の独自性という秘義的な事実を見逃すことになるであろう。

　さて、以下においては、むろん、西洋世界の形成のための綱領《プログラム》を展開するのではない。しかし、どのようにキリストの形がこの西洋世界で形をとっているのかということについて論じることになる。そのことは、それゆえ、抽象的でも決疑論的でもなく、まったく具体的に語られねばならない。その際も、確かなのは、他のどのような形もイエス・キリストの形と並んで登場することはできない、ということである。なぜなら、キリストだけがこの世界の克服者であり、和解者でありたもうからである。この〔キリストの〕形だけがわれわれの助けとなりうる。それゆえ、われわれのあいだで、今日、ここで、この形が形をとることについて具体的に語られるべきことは、すべて厳密にこのイエス・キリストの形と関連づけられねばならないであろう。他方では、キリストが人になりたもうたということは、〈キリストがわれわれのあいだで、今日、ここで、形をとることを欲したもう〉ということの保証である。

それゆえ、形成としての倫理学は、抽象的でも決疑論的でもなく、綱領的《プログラム》でも純粋に思弁的でもなく、〈われわれの〔西洋〕世界においてイエス・キリストの形が形をとることについて語ろうとする冒険〉〔的な試み〕である。ここでは、具体的な判断と決断とが、あえてなされねばならない。ここでは、決断と行為とは、もはや個々の人間の良心に委ねられているのではなく、〔すべての人が〕服従することを求められる具体的な戒めと指示とが存在しているのである[*100]。

在している」と述べている。*97 削除「《われわれのあいだで》の・《今日》の・そして《ここで》のこととしての、〔……という〕言葉としての」。*98 『倫理-断片ノート』Nr.1の表題の表現の仕方「一つにされた西洋の……土台と再建」を参照〔そこには、「神と和解した（未来の）世界」といった表現もされている〕。オスヴァルト・シュペングラーの非常に反響をよんだ著作のタイトル『西洋の没落』（初版、一九一七年）は、この領域〔西洋〕の一体性を強調していた。こうした包括的な視点は、ナチ政権の時期には、自民族への排他的関心――これによって、ナチは、西洋の諸伝統の妥当性を否定した――と矛盾するものであった。*99 「ヨーロッパとアメリカの」は、「西洋の〔差替え「世界の西半分」〕」を差替え。*100 倫理的発言のもつ命令的性格は、ナチ政権が押しつける〔個人的〕決断への重圧に直面する時、〔これまでの〕法治国家としての特性（Rechtsstaatlichkeit）や伝統によって秩序づけられた、広く多様性を許容する公共社会〔国家〕においてよりも、いっそう明らかであった。〔これにたいして〕ボンヘッファーは、キリスト教倫理学の出発点（S.85を参照）を、個々の人間の信仰のうちにではなく、教会のうちに〔すなわち〕――カール・バルトが信仰論と倫理学とを教会教義学として展開したように――〈第三帝国〉において闘っている教会と同様の状況のただなかにあって、すべての公共社会〔国家〕と人類のために闘っている教会のうちに、見出したのである。

形成としての倫理学は、イエス・キリストがその教会において、現在、その〈形をとっていたもうということ〉にもとづいてのみ可能である。教会は、〈イエス・キリストの形がそこにおいて形をとる〉ということが宣べ伝えられ、またそれが現に起こっている場所である。この宣教とこの出来事とに仕えることのなかに、キリスト教倫理学は存在する。*101

*101 《14.》という数字を記した用紙は、ここで終わっている。〔「形成としての倫理学」の〕草稿〔のうち〕S. 62-72の用紙の束は、（もしかすると、それらを他の箇所に移動させるために）一緒に折りたたまれている。きわめてありそうなことは、『倫理-断片ノート』Nr. 31における《15.》の数字、また「歴史と善」の二つの草稿のそれぞれの冒頭——そこでは、適切な倫理学の特性《メルクマール》がさらに詳述されている——が、この《14.》と接続しているということである。あるいは、この《15.》は、最後の頁付けが《14a》である「キリスト、現実、善」の草稿に接続させられるものだったのであろうか。

遺産と退廃＊1

歴史的遺産（geschichtliches Erbe）について語りうるのは、ただキリスト教的・西洋的な〈地域《ラウム》〉においてだけである。たしかに、アジア的地域にも〈伝承されたもの〉（Überlieferungen）は存在している。しかも、それらは、われわれの許《もと》にあるものよりもはるかに古い。しかし、それには、アジアにおける生き方《エクシステンツ》のもつ無時間性がまとわりついている。そして、西洋的世界と最も密接に結びつい

＊1　K. Jaspers, Die geistige Situation der Zeit, 5. Auflage, 111〔ヤスパース『現代の精神的状況』〕――〔本書の〕編集者注においては、ゲッシェン文庫3000として〔刊行されたこの版〕の頁付けで引用されている――における第三部（一九九九年〔再刊の〕第四版では第四部）の表題「精神の退廃と可能性」を参照。『倫理-断片ノート』Nr.6には、ヤスパースの〔この〕著作から、一つの文章が引用されている。『倫理』〔草稿〕の仕事をしていたこの時期に、ボンヘッファーは、クライン-クレッシンからの一九四〇年一〇月九日の書簡（DBW 16, 66）で書いていたように、彼の蔵書を調べあげた。それは、一九三七年秋にフィンケンヴァルデ牧師研修所が解散させられて以来、シュテッティーン-アルトダムの床下部屋に収納されていた。一九四〇年八月一〇日のスタンプのある葉書NL A 59.1 (4)〔に〕、「アルトダムで、私は、あらたに、本を収めた幾つかの箱を貨物にして」ベルリンへ「送った」〔とある〕。ボンヘッファーは、たとえば〔上記の〕ヤスパースの第五版文庫本などの本を、〔草稿執筆の〕仕事のために手元に留めておいたのであろう。この草稿は、これに先行する「形成としての倫理学」の草稿では、S.72から用

ているとみられるところでも、〔つまり〕日本においても、歴史は神話的な性格をとどめている。[*2] 現在〔＝一九四〇年〕の日本の憲法〔＝明治憲法〕第一条は、太陽神（Sonnengottheit）に由来する天皇[*3]の血統にたいする信仰を義務づけているのである〔から〕。

時間性の意識と結びつき、あらゆる神話化を拒《こば》む〈歴史的遺産〉という概念は、ある特定の場所と時点とにおいて神が歴史に入り来《きた》りたもうたこと、すなわち、イエス・キリストにおける神の受肉という出来事が、――意識されるにせよ、されないにせよ――〔われわれの〕思考を規定しているところでのみ、成立可能なものである。[*4] そこでは、歴史は、〈聖なるもの〉とされることなく、真剣な関心の対象となる。イエス・キリストの受肉と十字架において聞きとられる、歴史にたいする神の《然り《ヤー》》と神の《否《ナイン》》とは、歴史の各瞬間に、限りない廃棄しえない緊張をもたらす。イエス・キリストの生と死を通して、歴史は永遠の価値を束の間《つかま》だけ担うものではなく、はじめて真に時間と関わるものとなる。まさにこの時間性において、歴史は、神に肯定された歴史なのである

それゆえ、歴史的遺産〔とは何か〕を問うことは、永遠に妥当する過去の諸価値についての無時間的な問いではない。そうではなく、それは、まさに歴史のなかに置かれている人間自身が、キリストにおいて神によって受けいれられている〈現在〉にたいして、責任をとるということなのである。

父祖たちは、われわれにとって、祭儀的な崇拝の対象となるような先祖ではない。[*5] 系譜にたいする

いられていたのと同じ方眼紙で書き始められている。《15.》から《25》（点は無い）までの番号を付された「遺産と退廃」草稿の用紙は、「形成としての倫理学」草稿の用紙（《14.》まで）とは異なり、折りたたまれていない。

＊2 日本が一八六八年から一九一二年の明治時代に、ヨーロッパ（さらにまた、とくにプロイセン）の発展状態を、〔モ

デルとして〕採用したことは、同時代の多くの著作において言及されている。たとえば、O. Spengler, Jahre der Entscheidung, I,20「そして、まさにその当時〔ビスマルク時代〕に、……日本は……ヨーロッパ流の強国に向かって発展し始めた」。また、L. Abegg, Yamato, 68 f〔アベック『世界征服を目ざすもの』〕（日本の国民学校教育について）「自分たちの宗教について、自分たちの古い信仰について、幼少の日本人は、とりわけ歴史の授業において学んでいる。なぜなら、〔日本では〕歴史と神話は、まったく同じものだから」。ドイツ、イタリア、日本の三国同盟は、一九四〇年九月二七日にベルリンで締結された。**＊3**　草稿において、「皇帝の〔血統〕」というヨーロッパ的呼称は（削除されずに）、国家元首を示す日本の呼称《Tenno》がその〔皇帝という文字の〕上に書き加えられ差替えられている。《天皇》（Tenno）〔については〕、一八八九年二月一一日〔発布〕の〔大〕日本帝国憲法一条「日本帝国は、永久に絶えることのない王朝によって、支配され、統治される〔大日本帝国は万世一系の天皇之を統治す〕」、三条「天皇は神聖にして侵すべからず」〔を参照〕。その一条から四条〔「天皇は国の元首にして統治権を総攬し此の憲法の條規に依りて之を行ふ」〕については、一九四〇年〔出版の〕、O. Koellreuter, Der verfassungsrechtliche Aufbau des gegenwärtigen Japan, 54「日本神話は、ここで、憲法に有機的に組み込まれている」〔を参照〕。（このケルロイターとリリー・アベックの著作について、編集者一同は、宮田光雄の示唆に負うている）。〔こうした日本への言及は〕同時に、とりわけ《千年帝国》の神話に立ち返り、ドイツにおける生を神話化しようとするナチ党の努力を暗示するものであった。Alfred Rosenberg, Mythus des 20. Jahrhunderts〔ローゼンベルク『二〇世紀の神話』〕は、ナチ党において義務づけられた研修上の基礎〔文献〕として利用された。**＊4**　ダッシュで挟まれた言葉〔「意識されるにせよ、されないにせよ」〕は、欄外の補足である。S.162「意識していない残りの者」〕を参照。――F. Gogarten, Verhängnis, 104〔ゴーガルテン『近代の宿命と希望』〕「〔人間の〕生と人間の世界とは、それゆえ、〔「神によって成就された人間とこの世とのすべてにおいて〕」神話的であることを止め、歴史的なものになる」。ゴーガルテンの著作は、ボンヘッファーの『倫理』初版〔一九四九年〕の出版後に出たものである。〔しかし、そこでは〕ボンヘッファーの名前は言及されていない。**＊5**　《祖先崇拝》は、世界的に普及しており、たとえば日本の神道においては、この宗教の本質的部分となっている。ユダヤ－キリスト教的伝統においては、たとえば旧約聖書の族長、

関心は、まことに容易に神話化へと移行するだけであり、そのことは、すでに新約聖書〔一テモ一・四〕*6も知っている。父祖たちは、神が歴史のなかに入って来られたことの証人である。〈イエス・キリストの出現〉という——これ以上、何ものによっても基礎づけられえない——一九四一年*7以前の事実が、われわれの目を父祖たちへ向けさせ、〈歴史的遺産〉にたいする問いを呼び起こすのである。

　歴史的なイエス・キリストが、われわれの歴史の連続性〔を成すもの〕である。しかし、イエス・キリストは、イスラエル-ユダヤ民族の約束されたメシアだったのであり、それゆえ、われわれの父祖たちの系列は、イエス・キリストの出来事の背後へ、〔つまり〕イスラエル民族へとさかのぼる。西洋〔主としてヨーロッパ〕の歴史は、神の意志によって、このイスラエル民族と分かちがたく結びついている。たんに発生史的のみにではなく、途《と》絶《だ》えることのない正真正銘の出会いにおいても。ユダヤ人は、キリスト〔＝救い主〕の問題を未決定のまま（offen）にしている。ユダヤ人は、神の恵みによる自由な選びと棄却する神の怒りとを示す徴《しるし》である。「神の慈しみと厳しさとを考えなさい」（ロマ一一・二二）。西洋からユダヤ人を追放することは、*8キリストの追放を引き起こすにちがいない。なぜなら、イエス・キリストはユダヤ人でありたもうたのだから。*9

　ギリシア-ローマ的古代は、まったく別の、非常に間接的な仕方で、われわれの歴史的遺産の一部である。さらにもう一つ、われわれは、キリスト教以前におけるわれわれ自身の民族的過去にたいする関係ももっている。

　古代は、イエス・キリストの出現にたいして二重の関係に立っている。それは、神の時が満ちて、神が人となりたもうた時である。それは、神が、受肉したもうたことによって受け入れられ、キリス

ト教の使信を広めるために神が用いたもう世界である。使徒パウロが彼のローマ市民権を引き合い

とくにアブラハム〔ロマ四を参照〕、そして教父たちという《父祖たち》の遺産は、相続財産として継承されている。〔しかし〕マリア崇拝を別として、信仰においては、母たちの遺産がそこに含められることがほとんどない。イエス・キリストは、父とは決して呼ばれることがなく、父なる神にたいする子としての関係がつねに前面に押し出されている。ボンヘッファーは、ナチによる祖先の神話化に、〔聖書的な〕父祖たちの遺産を対置している。祖先の神話化とは、〔ナチ〕親衛隊組織において、学問に影響をおよぼそうとして案出された、《祖先からの遺産》という表現に見出されるものである。**＊6**　この四節には、「作り話や切りのない系図」――ルター訳聖書においては、《μύθοις καὶ γενεαλογίαις》は、「神話と系譜」と訳されている――に〈心を奪われたりしないように〉という警告がある。ボンヘッファーのネストレ版では、この節の「神話」〔μύθοις〕に下線が引かれ、また欄外に《T[itus]1,14》〔テト一・一四〕と書きとめられている。**＊7**　草稿では、最初は、《2000》と書かれていた。この数字は、より大きく書かれた数字《1941》によって隠されている〔草稿を手直ししたのが一九四一年であることを示している〕。この草稿においては、とりわけ頻繁に、補足や表現の変更が欄外でなされているが、〔何を〕選択〔したか〕は、〈編集者注〉によって識別できるようにされている。**＊8**　〔定冠詞を《d》とだけ〕略記したことは、《ユダヤ人の》であるのか《ユダヤ人たちの》であるのか〔単数か複数か〕を、未定のままにしておいたからと考えられる。**＊9**　「たんに発生史的のみにではなく」から後の行は、〔後から〕付け加えられたものであり、「ユダヤ人は……〔未決定のまま〔offen〕に〕している」は、欄外に書かれている。この草稿のための『倫理-断片ノート』は、《ユダヤ人》についての言及を含んでいない。一九四一年九月一九日に、ユダヤ人は、黄色の〈ダヴィデの星〉を衣服に見えるように着用し、ユダヤ人的な〔個人〕名を使用するようにという、〔行政〕命令が実施に移された。〔同年〕一〇月一六日から一七日にかけての夜に、ベルリン居住のユダヤ人の大量移送が開始された。一九四一年一〇月一八日と二〇日の〔ユダヤ人大量〕移送の報告 DBW 16, 212-217 を見よ。E. Bethge, Dietrich Bonhoeffer und die Juden を参

に出して訴えを起こし、さらに皇帝にまで上訴したという事実からは、ローマがキリストに奉仕するために置かれているのは明らかである。しかし同時に、古代にとっては、神の現臨の最も聖なる徴である十字架が、この上ない恥辱と神からの離反との象徴《シンボル》でもあった。古代は、キリストにたいすることの二重の関係において、われわれにとって歴史的遺産となる。キリストにたいする近さと、またキリストにたいする敵対関係とにおいて。[*10]

古代と〈キリスト教的なもの〉との結合と同化を代表するのがローマ的遺産となったのにたいして、対立と反キリスト性を代表するのがギリシア的遺産となった。フランス、オランダ、イギリス、イタリアという西欧の諸国民は、古代のなかで、主としてローマ的遺産を追求したのにたいして、ドイツ人の古代にたいする関係は、主としてギリシア精神（Griechentum）によって規定されている。ローマ的遺産が、[*11]不滅の伝統において、ローマ・カトリック教会を通して、われわれの時代にいたるまで突出しているのにたいして、宗教改革においては、ただちにギリシア的源泉への復帰が生じた。西欧の諸国民の古代との関係は、積極的-根本的なものである。〔そこでは〕古代は、キリスト教的な内容から成る教育と政治とにおいて、[*12]とりわけ確固とした生活の形式となっている。フランス、オランダ、イギリスの人文主義者たちは、[*13]古代とキリスト教とを和解させることに力を尽くす。〔これに反して〕ドイツでは、古代とキリスト教との緊張、場合によっては断絶が、ギリシア精神にたいする――西欧の人文主義者たちにとっては、ほとんど苛立《いらだ》ちを覚えさせられるほど、一面的な――あの〔偏〕愛のなかに強く感じとられる。そこでは、ヴィンケルマンからニーチェにいたるまで、ギリシア的遺産が意識的に反キリスト教的な色彩を帯びて想起されてきた。[*14]ドイツでは西欧の諸国民とこれほど違う形で古代の遺産との関係があらわれた理由は、疑いもなく、ドイツにおいて福音が宗教改革を通して発見した形のなかに存在する。ニーチェは、ドイツ宗教改革の地盤においてのみ生まれえたのである。ここでは、〈自然的なもの〉と恩寵との対立が、ローマ的遺産において見出される〈自然と恩寵〉との和解に鋭く対抗して登場した。ここから、ニーチェは、――西欧の諸国民には理

照。＊10　使二二・二五–二九、二五・一〇以下。＊11　A. Harnack, Das Wesen des Christentums, Vierzehnte Vorlesung, 157〔ハルナック『キリスト教の本質』〕の主張「ローマ教会は、こうしてこっそりとローマ帝国が占めていた場所に嵌り込んでいった」を参照。ボンヘッファーの叙述には、〔古代〕ギリシャの遺産が引き続き東ヨーロッパにおよぼした影響は、考慮されていない。＊12　K. Jaspers, Die geistige Situation der Zeit, 114 f ([4]101)〔ヤスパース『現代の精神的状況』の第四部「教養と古代」〕を参照。すなわち、「〔古典〕古代は、西洋において、われわれが人間としてありうるところのことを、事実上、基礎づけた。ギリシャにおいて、教養の思想は初めて、この思想がそれ以後この思想を理解する者たち誰にとっても妥当するように、実現され、把握された」。＊13　フランスにおけるモンテーニュ（DB 804〔ベートゲ『ボンヘッファー伝』〕によれば、ボンヘッファーは、『倫理』のための仕事をしていた時期に、モンテーニュに取り組んでいた）、オランダにおけるエラスムス、イギリスにおけるトマス・モアを参照。＊14　ヴィンケルマン（Winckelmann）は、古代ギリシャ芸術の本質を〈高貴な単純さと静かな偉大さ〉と解釈した（ボンヘッファーは――W. Lütgert, Ethik der Liebe, 154と同様に――彼の名前を、誤ってcを抜かして綴っている）。L. Helbing, Der dritte Humanismus, 14を参照。そこでは、《ドイツ古典主義》についてこう述べられている。「《ドイツ古典主義》においては、ヴィンケルマンからヘルダーリン（ニーチェ）に至るまで、ドイツ的本質は［一九三五年第三版二二頁では、「そしてニーチェまで一貫して、ドイツ精神は」］、古代ローマ的精神を突き抜けて、古代ギリシャへと突き進み、こうして西洋の基層を露わにし、おのれが白人種のもっとも偉大な遺産の由緒正しい相続人であることを身をもって知ったのである」。

解できないことだ〔ろう〕が、――ある〔種の〕ドイツ的宗教改革の神学によって、積極的な評価をあたえられることができたのである。[*15] この関わりから切り離されるなら、古代は無時間的な博物館的な関心事のようなものにとどまる。古代は、キリストを通してのみ、本来の意味での歴史的遺産となる。キリストの受肉がキリスト教的な認識の前面にいっそう強く出てくるところでは、古代とキリスト教とのあいだの和解が追い求められる。キリストの十字架がキリスト教の宣教を支配しているところでは、キリスト教と古代とのあいだの断絶が強調される。しかし、キリストは人となりたもうた方であると同時に、十字架につけられた方で［も］あり、そのような方として、〔その両面が〕等しく認識されることを欲したもう。それゆえに、古代の歴史的遺産を正しく受けとることもまた、なお終わっていない西洋的課題である。その課題を共同で（gemeinsam）解決することによって、西欧の諸国民とドイツ国民は、よりいっそう近いものになるであろう。

西洋においては、正真正銘の古代的遺産は、ただキリストとの関わりにおいてのみ存在する。[*16]

われわれ自身のキリスト教以前の民族的な過去は、[*17]〔古典的〕古代とは独特の違いをもち、歴史的遺産としてではなく、自然的成長のつながりとして、われわれと関わっている。その根拠は、〈ドイツの――しかし、イギリス、フランスも同じく――歴史は、キリストとの出会い以後、はじめて存在し、しかもローマ的キリスト教という形で存在する〉という、これ以上さかのぼりえない事実のうちにある。教皇の座としてのローマからの離脱も、イギリスにおいてもドイツにおいても、自分自身のキリスト教以前の過去にまで復帰するという結果にはならなかった。それどころか、イギリスでは、ローマ的遺産それ自体は、本質的に損なわれることなく現時点まで続いている。宗教改革の新しい教えは、その点に関しては、ほとんど何も変えなかった。*18

＊15 草稿では、最初は、「ドイツ的宗教改革の神学」としていたが、《der ...》を《einer ...》（「ある〔種の〕」）に差替え。たとえば、E. Hirsch, Nietzsche und Luther（これに言及しているのは、P. Köster, Nietzsche als verborgener Antipode, 405 Anm. 180), bes. 192-206 を見よ。K. Holl, Luther, 233 を参照。すなわち、「神の恩寵は、すべての事柄と教説についての判断をあたえてくれる。完全なキリスト者ならば――ルターが《新しい板》というニーチェの言葉を先取りしていることに気づかされるが――キリストとの交わりによって、新しい十戒を創造することができるだろう」。F. Nietzsche, Zarathustra III, Werke VI, 287-313 [KGW VI, 1, 242-265]〔ニーチェ『ツァラトゥストラ』第三部〕の「新しい板と古い板」の章を参照。ボンヘッファーは一九二九年にこれらの思想を DBW 10, 331 で取り上げた。S. 288（そこでルターに言及）を参照。また「自然的生」の章の冒頭 S. 163 をも参照。**＊16** 差替え「キリスト教」。この文章に続く「この関わりから切り離されるなら………キリスト〔を通してのみ、本来の意味での歴史的遺産となる〕」という二つの文章は、欄外に付け加えられたものである。ヤスパース――彼は、古代の人間像が西洋やドイツの伝統のなかに直接的に入りこんだと考えているように思われる――とは異なり、ボンヘッファーは、この〔古代からの〕遺産がキリスト教によって媒介されたものであることを強調している。そこには、〈第三帝国〉における経験によって強固となった彼の確信がある。S. 343 f を参照。**＊17** K. Jaspers, Die geistige Situation der Zeit, 115 (^{4}101 f)〔ヤスパース『現代の精神的状況』〕を参照。すなわち、「たとえつねに変化していても、われわれの土台は古代であり、二次的なものとして初めて――自律的に形成する力をもつことなしに――それぞれの民族の過去がある。われわれは、それぞれ特有の仕方で古代をわがものとすることによって、現にあるようなものになったのであり、こうして形成された民族に、そのときどきに所属する形で西洋の人間である」。**＊18** イギリスについての発言は、国王ヘンリー八世が行なったローマとの断絶によって成立したイングランド国教会に関するものである。

ドイツにおいては、ローマとの断絶が歴史的・ローマ的遺産の基礎をも弱体化させる。それにもかかわらず、ここでも、ローマ的遺産の代わりに自分のキリスト教以前の過去を置く、というような考えはまったく存在しない。その理由は、〔ドイツ〕民族としての自己を無責任に忘却したからというのではなく、そこには、正真正銘の歴史的遺産が存在しない、という純然たる事実のためである。この自分たちのキリスト教以前の過去に結びつこうとする最近の試みは、西洋の領域においてはもはや存続の見込みがありえない〈歴史の神話化〉と手を携《たずさ》えて行くことになる。[*19] このようにして、われわれ自身のキリスト教以前の民族的過去は、われわれにとって〈自然的なもの〉として、〔つまり〕〈種〉(Art)として、あるいはそう言いたければ〈人種〉(Rasse)として、現に存在している〔というわけである〕。〔しかし〕それは、歴史的遺産ではないし、また歴史的遺産には決してなりえないのである。

さて、われわれ自身のキリスト教的過去については、事情はまったく異なっている。それは、歴史的遺産であり、しかも共通の西洋的遺産である。[*20] イエス・キリストは、西洋を一つの歴史的な一体的な存在につくりたもうた。〔キリストがもたらした〕歴史上の一大画期は、西洋的な広がりをもつものであった。西洋の一体性は、ある理念ではなく一つの歴史的現実であり、その唯一の根拠はキリストである。この大きな精神的運動は、いまや、全西洋的な性格をもつようになった。

西洋の戦争さえも、西洋の一体性を目指している。西洋の戦争は、キリスト教以前の時代におけるような、そして今日でもアジア的地域ではなお起こりうるような、皆殺し-絶滅のための戦争ではない。[*21] したがって、西洋の戦争であろうとする限り、それは、決して全体戦争〔=総力戦〕(totaler Krieg)ではない。[*22] 全体戦争は、民族の自己保存という目的に役立ちうると考えられる、あらゆる手段を使用する。自分の主張《ザッヘ》に役立つものはすべて、正当であり許される〔とみなされる〕。〔しかし〕西洋の戦争では、昔から、戦争を遂行する上で許されることと許されないこと、正しい手段と禁じられた手段とを区別してきた。*23 罪なき者の殺害、拷問、強制自白、その他の――〔戦争を有利に進めるために〕おそらく効果的かもしれないが――犯罪的な手段を放棄することも、神による正しい世界統治という信

＊19 《神話化》は、ナチ主義者たち（S.93 Anm.3を参照）と並んで、マティルダとエーリヒのルーデンドルフ夫妻、さらにドイツ的神信仰を唱える他の民族主義的《フェルキッシュ》な傾向のグループによっても、推進された。この最後にあげたグループの運動にとって最も著名なスポークスマンは、ヤーコプ・ヴィルヘルム・ハウエルだった。ナチ主義者たちは、当初は彼を利用したが、やがて支持するのを止めた。ハウエルについてのマルガレーテ・ディールクの著作を見よ。 **＊20** ボンヘッファーは、ここでは、《民族主義的》思想に関わり合うかわりに、すぐさま、包括的な《西洋的》共通性を強調している。この思想に関わり合っているものとして、たとえば一八八〇年のハンス・フォン・クライストの発言（F. W. von Oertzen, Junker, 305からの引用）を参照。すなわち、「しかし、われわれが、ドイツ民族をドイツ民族へと形づくったものこそキリスト教であることを、いつか忘れるようなことがあれば、そのときには、むろん、およそドイツ民族は終わりを迎えるだろう」。 **＊21** ここでは、一八七三年以来、ヨーロッパをモデルにその軍制をつくりあげた近代日本の戦争の遂行――たとえば、一九三七年からの中国にたいする侵略戦争――が、暗に述べられているのかもしれない。同時に、一九四〇年にポーランドにおいて《皆殺し-絶滅》の戦略が実行されたヨーロッパの戦場について、秘かに言及しているのかもしれない。 **＊22** 《全体戦争》という概念は、とりわけルーデンドルフによって導入された。ゲッベルスは、スターリングラードに最後まで取り残されていたドイツ軍部隊が降伏したのち、一九四三年二月一八日に、この概念を用いた（「君たちは、全体戦争を欲するか」と）。 **＊23** 傷つけられた正義を回復する《正戦》（bellum iustum）論は、アウグスティヌス以来、〔西洋において〕受け継がれてきた。これについては、W. Huber/H.-R. Reuter, Friedensethik, 51 f. u. ö.（アウグスティヌス〔について〕）を参照。

仰にもとづいて可能であった。戦争は、つねに、〔当事者〕双方が進んで身をかがめて従った〈神の裁きにたいする訴え〉[*24]のようなものであり続けた。

神にたいするキリスト教信仰が失われた時にはじめて、人間は、勝利を無理やりわがものにしようとして、あらゆる手段を——犯罪的なものさえも——用いずにはいられなくなる。そのようにして、神の歴史的な判決の下での一体性を目指すキリスト教諸国民のあいだの〈騎士的な戦争〉が、全体的な絶滅戦争に変わった。この戦争では、自分の目的に役立つもの《ザッヘ》は何であれ——犯罪行為も——正当化され、敵は[*25]、武器を手にする者か否かにかかわらず、ひとしく犯罪者とみなされる。この全体戦争〔の出現〕とともに、はじめて西洋の一体性が脅かされるにいたったのである。

イエス・キリストの姿《ゲシュタルト》による西洋の一体性は、われわれがわれわれの歴史の初期から受けついだ遺産である[*26]。教皇と皇帝とは、この一体性の形成をめぐって格闘する。争いの余地がないのは、イエス・キリストが究極の一体性として、両者の上に在《いま》したもうということである。教皇制（Papsttum）においては、キリスト教の最高の権威、〔つまり〕地上におけるキリストの代理者が、地上にキリストの王国を打ち建てるという目的のために、政治上の最高の権力をもつことも要求する[*27]。帝政（Kaisertum）は、自分の最高の政治的権威から、それが同時に最高のキリスト教的全権でもあるという要求を導きだす。西洋的一体性の形《ゲシュタルト》は、教皇にとってはローマ教会であり、皇帝にとっては〔ローマ〕帝国である。皇帝と教皇とは、相手を失墜させようとするのではなく、彼らは教会と帝国の一体性をめぐって、信仰と政治形態における西洋の一体性をめぐって、あい共にかつ互いに対抗しあって格闘する。この両者は、その最深の要求においては、〈あい共に勝利するか、それとも、あい共に破滅するか〉しかありえないのである。*28

西洋における信仰が分裂するとともに、帝政もまた崩壊する。〈キリスト教的一体世界〉〈corpus christianum ＝〈キリスト教の体〉〉*29、すなわち、イエス・キリストの委託の下に皇帝と教皇とによっ

*24 《神明裁判》(Ordal) とは、無実の者の守護者としての神（または神的な存在）から〔示されると〕期待されている徴《ツァイヘン》〔候〕によって、法的係争に決着をつけることである。*25 C. Schmitt, Der Begriff des Politischen (1933)〔シュミット『政治的なものの概念』〕における〈友－敵〉理論を参照。*26 削除「その最初の具体的な形《ゲシュタルト》は、中世のローマ教会である」。*27 A. Harnack, Das Wesen des Christentums, 159〔ハルナック『キリスト教の本質』〕を参照。すなわち、「……《ローマ教会は、神の王国である》と《教会は、地上の国家のように統治せねばならない》という、二つの大前提だけが正しいことになるや否や、……地上にキリストの支配を樹立し、彼の王国を築くこと以外の何ものをも望まなくなった誠実なカトリック教徒が、じっさい、いかに多かったことか！」。とりわけ、一一世紀の叙任権闘争、そして教皇ボニファティウス八世が一三〇二年一一月一八日に発布した大勅書《ウナム・サンクタム》とそこで入念に仕上げられた両剣論を参照。*28 一九四四年七月一六日〔E・ベートゲ宛書簡〕DBW 8,527〔『獄中書簡集』〕を参照。すなわち、「ところで、〔神聖ローマ帝国皇帝〕ハインリヒ四世が〔自らを辱《はずかし》めて、教皇グレゴリウス七世によって破門を解いてもらうためにカノッサへ〕〈詣でたこと〉を、額面通りに理解すべきか、それとも外交上の駆け引きとして理解すべきかはともかくとして、一〇七七年一月のハインリヒの姿は、ヨーロッパ諸国民の心の目の前に忘れがたく・消し去りがたく立っている。……われわれは、これらすべての重大な対立をヨーロッパの不幸とみなすように学校で学んだ。〔しかし〕実は、これらのなかに、ヨーロッパを偉大にした精神的自由の源泉があるのだ」。*29 『倫理-断片ノート』Nr.23 のインク書きの線で囲まれたメモ群のなかの、「キリスト教〔一体〕世界（〔corpus〕Christianum）ではなく、キリストの体〔＝〕corpus Christi が出発点である」を参照。『倫理-断片ノート』Nr.23 は、一九四〇年に執筆された「形成としての倫理学」草稿を準備するた

て統治され結び合わされていたキリスト教的・西洋的な共同体秩序は、宗教改革とともに解体する。中世の遺産は、われわれの時代にも、まだローマ教会という形で突出している。しかし、ローマ教会は教皇制である。この認識を、ローマ教会は、退廃がますます明らかなこの時代のなかで、堂々たる抗議《プロテスト》として荘重に言い表わしてきた。*30〈ただ一つの教会とただ一つの信仰のみが存在すること、キリスト教界（die Christenheit）は、それを導き信ずる者たちを父のように配慮する、目に見える一人の頭《かしら》、一人の大牧者を必要とする〉ということが、ローマ教会の聞き逃がしえない要求である。しかし、教皇制［のようなもの］が存在する限り、失われた西洋的帝国《ライヒ》――すなわち、皇帝と教皇とがあい共にキリスト教的西洋の一体性の保護者である〈キリスト教的一体世界〉――にたいする憧憬《どうけい》の念が消えることはない。

　宗教改革とともに、信仰*31の一体性は壊れてしまった。ルターがそれを望んでいたからではなかった。むしろ、教会*32の一体性ということこそ、彼の全関心事であった。しかし、彼は、聖書の御言葉の力の下で、〈教会の一体性は、その［＝キリストの］御言葉と聖礼典とにおいて生きたもうイエス・キリストにおいてのみ成り立ちうるのであり、政治的な力によるものではない〉ということを認識した。そのため、彼はローマ的な伝統の上に築かれた教会の構造を打ち砕いたのである。何らの留保もなしに聖書の御言葉に服従する教皇だけが、統一されたキリスト教界の牧者であることができるであろう。しかし、教皇は伝統によって拘束され、この服従をなしえないゆえに、キリスト教界の一体性は崩壊した。*33

〈キリスト教的一体世界〉（corpus christianum ＝〈キリスト教の体〉）は、その正真正銘の構成要素、すなわち、〈キリストの体〉（corpus Christi）[＊34]と〈この世〉とに分解した。キリストは、その教会においては剣によってではなく、ただその御言葉によってのみ支配したもう。信仰の一体性は、ただイエス・キリストの真の御言葉の下においてのみ存在する。しかし、剣はこの世の統治〔権〕に属するものであり、この世の統治は、自分の仕方で、その職務を正しく行なうことによって、同じ主、イエス・キリストに仕えるのである。

〈地〉（die Erde）が存在する限り、二つの王国《ライヒ》が存在する。それらは、決して互いに混同されてはならないが、また決して引き離されてはならない。それらは、〈宣べ伝えられた神の御言葉の王国〉と〈剣の王国〉とであり、教会の王国とこの世の王国とであり、霊的職務の王国[＊35]とこの世の政治的権威の王国とである。剣は決して教会と信仰との一体性をつくり出すことはできないし、御言葉の宣教は決して諸国の民を統治することはできない。しかし、この二つの王国の主は、イエス・キリストにお

めのものだった。ボンヘッファーは、〔インク書きで〕囲むことによって、明らかに、後に目を通した際（一九四一年）に、《体》（corpus）という表現をさらに取りあげる〔べき〕ことを思い出した〔のであろう〕。この表現は、草稿における加筆のなかであらわれる。＊30 教皇による現世支配の最も断固とした宣言は、一三〇二年の大勅書《ウナム・サンクタム》であった。ボンヘッファーは、『倫理-断片ノート』Nr.5で、それに言及している。＊31 削除「そして帝国」。＊32 削除「そして帝国の」。＊33 削除「しかし、それと同時に、教皇制の政治権力もまた打ち砕かれた。なぜなら、キリストが治めていたもうのだから」。一九四三年一〇月三一日の宗教改革記念日に、ボンヘッファーは、獄中〔からの両親宛の手紙のなか〕で、こう記している。DBW 8, 178 f〔『獄中書簡集』〕「彼〔ルター〕は、教会と西洋との、すなわち、キリスト教諸国民の真の統一を願っていましたが、その結果は、教会とヨーロッパの分解でした」。＊34 ドイツ語では、《Leib Christi》。＊35 差替え「信仰の王国」。

いて啓示された神である。神は、御言葉の職務と剣の職務とを通して、この世を統治したもう。これらの職務の担い手たちは、神にたいして責任を負う。[36] ただ一つの教会が存在する。それは、イエス・キリストの御言葉を通してのみ統治される信仰の教会である。それは、決して滅びることがなく、いまなおローマ教会のうちにおいても隠された形で存在している真の普遍的《カトリック》な教会である。それは〈キリストの体〉であり、西洋の真の一体性である。

西洋の政治的な一体性という問題は、ルターにとっては焦眉《しょうび》の急を要するものではない。彼は、それがなお皇帝によって保証されると信じていた。皇帝にたいする諸侯の武力による抵抗権を彼の友人たちがルターにやっと認めさせたときに、はじめて、政治的な分裂も明らかとなった。[37] しかし、ルターの〔考え方の〕線を引き延ばせば、おそらく次のように言ってよいであろう。すなわち、政治的な一体性は、政治的権威がそれぞれの場所でその職務を正しく遂行することによって存立すること、さらに正しい政治的権威は、信仰の真の一体性を承認することこそ、政治的な一体性の最も強固な基礎であることを見出すであろう、と。ついに、[38] 三十年戦争は、信仰の分裂によって生じた[39] 西洋の政治的な内部分裂をあらわにした。ウェストファリア条約[40]は、キリスト教の教派的分立を西洋の運命かつ遺産として確定した。そこには、もはや人間によっては廃棄しえない、西洋のキリスト教界の〈共通の罪責と困窮〈Not〉〉とが横たわっている。それを承認することから、この分裂にもかかわらず、この分裂のなかになお存続している西洋の一体性という新しい自覚が始まる。イエス・キリストにたいする西洋のキリスト教界の罪責は、共通の罪責なのであり、あちらでもこちらでも〔双方で〕呼び求められているイエス・キリストの御名において存続している西洋の一体性[41]を破壊することは許されないのである〔から〕。

ところがいまや、すべての面で、きわめて急速に世俗化の過程[*42]が始まり、われわれは、今日、その

＊36　ここで、ボンヘッファーは、正しいルター主義的二王国論について、彼の理解を定式化している。K. D. Schmidt, Bekenntnisse 1934, 93 f におけるバルメン〔神学的〕宣言の第二テーゼと第五テーゼとを参照〔宮田光雄『バルメン宣言の政治学』をも参照〕。＊37　「皇帝にたいする諸侯の……」で始まる文は、欄外での加筆である。ルターは、抵抗権の議論の際に、一五三〇年以来、彼が示してきた留保〔の立場〕を、一五三八／三九年に、最終的に放棄した。E. Wolgast, Die Wittenberger Theologie, 243を参照。＊38　差替え「そのとき、むろん、取り返しのつかない形で」。＊39　差替え「不可避的となった」。＊40　ヴェストファーレン〔地方〕のミュンスターとオスナブリュックとで締結された講和条約は、一六一八年に勃発した戦争を終結させた。＊41　削除「最終決定的に」。＊42　《世俗化》（Säkularisierung）は、法律的-政治的には、教会の財産を世俗的な管理へと移行させることであるが、ここでは、精神史的な意味、すなわち、キリスト教的一体世界（corpus christianum）とのつながりから、自然的なもの、政治的なもの、科学的なもの、文化的なものを切り離すことを意味する。そこでは、一方では〈キリスト教的なもの〉からの離反が起こるけれども、他方では、キリスト教信仰によって造られた諸構造が引き続き有効に作用する。たとえば、聖書的信仰による世界の根本的な〈脱神格化〉（Entgötterung）である。S. 104を参照。しかし、世俗化の過程は、初めはまだ無意識に保持されていた〔キリスト教的な〕構造をも破壊し、それゆえキリスト教に敵対的な状況に行き着く可能性もある。それについて、フリードリヒ・ゴーガルテンは、その著書 Verhängnis und Hoffnung der Neuzeit, 1953〔『近代の宿命と希望』〕で、まったく軽蔑的で拒否的な意味の概念である《世俗主義》（Säkularismus）を採用した。キリスト教が「世俗化された構成体から世俗主義的なものに変わるならキリスト教は、隠蔽され歪曲される」（a. a. O., 223）参照。近代的な世俗化にたいするボンヘッファーの慎重な考察については、ThDB 377-379〔ファイル『ボンヘッファーの神学』〕を見よ。

最終段階を迎えている。

プロテスタントの側では、〈二王国論〉というルターの教説が誤解されて、この世と〈自然的なもの〉との解放と聖化が主張された。政治的権威、理性、経済、文化は、自らの〈固有法則性〉（Eigengesetzlichkeit）[*43]の権利をもつことを要求し、その固有法則性がキリスト教と矛盾するものとはまったく考えていない。むしろ、まさにここでこそ、宗教改革的キリスト教によって求められた本来の神奉仕が行なわれる、とみられている。人間〔性〕の神聖さ《ハイリッヒカイト》は〈宗教的なもの《ザクラール》〉や〈世俗的なもの《プロファーン》〉それ自体のなかにあるのではなく、ただ、罪を赦したもう神の恵みの御言葉を通してのみ存在するという、元来の宗教改革の使信は、そこでは、まったく忘れ去られている。宗教改革は、良心、理性、文化における人間の解放として、〈この世的なもの〉それ自体の義認〔＝正当化〕[*44]として、讃美されるのである。

聖書的・宗教改革的な神信仰は[*45]、根本的《ラディカル》に、この世を神格化することを否定した（entgöttert）。それによって、合理的な経験諸科学が開花するための土壌が整えられた。さらに、一七世紀と一八世紀の自然科学者たちはなお敬虔なキリスト者であったが、神への信仰が衰えていくとともに、合理化され機械化された世界だけが後に残された[*46]。

カトリックの側では、世俗化の進行は急速に革命的で反教会的な、それどころか反カトリック的な〔性格をもつにいたる〕経過をたどった。こうして、その世俗化の結果、カトリック教国であるフランスにおいて、まず革命が勃発した[*47]。フランス革命は、近代的西洋の出現を告げる信号《シグナル》であり、しかも今日までそのことに変わりはない。ここでは、驚くべき集中力と荒々しい力をもって、多くの後続の世代のもろもろの思想・要求・運動が、一度に歴史の白日の下にさらし出された。理性の崇拝（Kult der ratio）*48 と自然の神格化、進歩の信仰と文明批判、市民階級の反逆と大衆の反逆、*49 ナショナリズム

*43 削除「神に仕えるものとして」。*44 DBW 4(N),36「この世における罪人の義認は、［ルターの後継者たちにおいては］罪とこの世の義認に変わった」（『キリストに従う』）を参照。*45 差替え「創造者への信仰」。*46「聖書的・宗教改革的な神信仰……」に始まる数行は後からの追加。『倫理-断片ノート』Nr.6には、ヤスパースの次の文章が引かれている。「神が何千年ものあいだ、決して人間のためにしなかったことを、人間が自分自身で行なうのである」「Jaspers S17」（ゲッシェン文庫版3000では20頁〔『現代の精神的状況』〕）。なお、K. Jaspers, a. a. O., 19 (^{4}16 f)「最近の諸世紀に特有のものとして、シラー以来、世界からの〈脱神格化〉が意識されている。……プロテスタントのキリスト教は、まったく真剣だった。もろもろの自然科学は、世界を合理化し、数学化し、機械化していくとともに、このキリスト教に親しみをもっていた。一七世紀および一八世紀の偉大な自然研究者たちは敬虔なキリスト者であった。しかし、その後、ついに懐疑が創造神を抹殺するにいたって、存在するものとしては自然科学において認識可能な世界の機構《マシネリー》だけが残ったのである。これは、それまで被造物として貶《おとし》められてきたという事実なしには、これほど峻厳に険しく把握されることは決してなかったであろう。こうした神の除外は、個別の人間の不信仰から出てきたものではなく、精神的な発展から生まれうる帰結なのであり、それは、この場合には、事実上、虚無（Nichts）に導くものである」も参照。マックス・ウェーバーは、たとえばDie Wirtschaftsethik der Weltreligionen. Konfuzianismus und Taoismus, Gesammtausgabe I/19, 114 und 450〔『儒教と道教』〕で、《世界の非魔力化》（Entzauberung）について述べている。*47 〈カトリシズムは近代精神の活動の余地をまったく認めなかったので、フランスのカトリシズムは、革命の急進性にたいして共同の責任がある〉というのが、一九世紀と二〇世紀のプロテスタンティズムにおける伝統的な判断であった。*48 〔ratio は〕ドイツ語ではVernunft（理性）。*49 『大衆の反逆』は、ホセ・オルテガ・イ・ガセットの著作のタイトルであり、そのドイツ語訳は一九三一年に出版された。

と反教権主義、人権と独裁的な恐怖政治——これらすべてのものがいっしょになって、西洋の歴史における何か新しいものとして、突如、混沌のうちに出現した。フランス革命は、途方もない力と驚くべき歪曲をともないつつ、解放された人間の姿をあらわにした。解放された人間とは、ここでは解放された理性、解放された階級、解放された民衆のことである。フランス革命は、西洋全体に、この新しい人間像[*50]を前にした深刻な衝撃と、底知れぬ混迷にたいする戦慄《せんりつ》とを残した。人びとは、〔フランス革命のなかに〕あらゆる約束をともなった真に〈新しいもの〉を感じとったが、同時に、とりわけ〈ぞっとするようなこと〉がふたたびくり返されるのを恐れた。しかしながら、——それを喜ぶにせよ、それに反抗するにせよ——人びとは〈新しいもの〉にその〔生活〕空間をあけ渡さねばならなかった。[*51]

解放された理性は、予想を超える巨大さにまで達した。理性を自由に用いることによって、真実さ、明るさ、明晰さという雰囲気がつくり出された。偏見・社会的独断・虚偽の形式・湿っぽい感傷性のなかへ、明るい理性の新鮮な風が救いをもたらすかのように吹き込んだ。知的な誠実さは、すべてのことにおいて——信仰の問題においてもまた[*52]——、解放された理性のもたらしたすばらしい資産であり、その時以来、西洋の人間にとって、放棄しえない道徳的要請となった。合理主義の時代を軽蔑するのは、真実さへの希求が欠けていることを疑わせる徴《しるし》である。知的な誠実さ〔ということ〕は、物事に関して言われるべき究極的な言葉ではないし、また知的理解の明確さは、しばしば現実の深みに入ることを犠牲にして得られるものである。しかし、〔だからといって〕理性を真面目に正確に用いるという内面的な義務を決して免除するものではない。われわれは、もはやレッシングとリヒテンベルク[*53]以前〔の時代〕に戻ることはできないのである。

しかし、解放された理性がその測《はか》り知れない力を示すのは、信仰と生活の問題についてよりも、むしろ思考の法則と自然の法則とのあいだの秘義に満ちた対応関係[*54]の発見においてである。理性は作業仮説となり、発見的な原理（heurisitisches Prinzip）となり、それとともに技術の比類なき興隆へと導いていく。この発展は、世界史上における根本的に新しい出来事である。エジプトのピラミッドからギリシアの神殿、中世の大聖堂を経て一八世紀に至るまで、技術は手工業的な事柄であった。それは、宗教や王たちや芸術に仕《つか》え、さらに人間の日々の必要に役立つものであった。近代西洋の技術は、およそ〈奉仕する〉という地位から自分を解放した。それは、まさに本質的に奉仕することではなく、〈支配する〉こと、しかも自然を支配することである。[*55]このような事態を生んだのは、まったく新しい精神、すなわち、思考し実験する人間が自然を力ずくで征服するという精神であり、その精神が消失するとともに、このような事態も終わるであろう。技術は自己目的（Selbstzweck）となり、それは自分自身の魂をもつ。その象徴は機械であり、自然にたいする暴力的

50** 差替え「人間の新しい可能性を前にして」。51** ここには人権と《大衆》に言及した長い一節が続いていたが、削除されて、この草稿の後の箇所に書き込まれた。S.108 とS.109 を見よ。***52** 差替え「宗教的な〔事柄〕において〔も〕」。***53** ゴットホルト・エフライム・レッシングの《知的な誠実さ》は、決定的な影響を及ぼした。ゲオルク・クリストフ・リヒテンベルクは、〔一八世紀後半のドイツ文学運動である〕〈疾風怒濤《シュトゥルム・ウント・ドラング》〉の多感な感傷性と天才の衝動にたいして、才気に溢れたやり方で戦った。***54** S.104 の「合理的な経験諸科学が開花」という言及を参照。***55** DBW 3 (SF),62〔『創造と堕落』〕における技術にたいする考察を参照。

な征服と搾取という形で具現されている。[56] それゆえ、素朴な信仰[57]（naïve Gläubigkeit）がはじめて近代の技術にたいして反発したというのは理解できることである。素朴な信仰は、ここ〔＝近代技術のなか〕に神によって創造された世界に〈取って代わる世界〉（Gegenwelt）を打ち建てようとする人間の驕《おご》りを感じとる。そして時間と空間とを征服する技術のうちに、神に逆らう大それた企てを見てとる。技術のもたらす恩恵は、その悪霊《デーモン》に憑《つ》かれたような力の陰では色あせたものとなる。[58]

技術が、ただ西洋の地盤においてのみ――すなわち、キリスト教、とりわけ宗教改革が決定的な影響を及ぼした世界においてのみ――成長したということは、見過ごしえない事実である。[59] 技術が東方《オリエント》の国々に浸透していくと、その技術は自己目的性を失うことによって、まったく違った意味をもつようになる。たとえばイスラム世界においては、技術的発展は、神への信仰とイスラム共同体の建設に奉仕するものという性格を、完全にもち続ける。

イブン・サウドは、ある談話のなかで次のように述べたとされている。「私はヨーロッパ文明と手を切ろうとは考えていないが、それをアラブ人にとって、アラブの魂と神のご意志にとって、ふさわしい仕方で利用する……。私はヨーロッパから機械を買い入れさせたが、非宗教性を導入しようとは思わない。イスラム教徒の諸国民は、その長い夢から目覚めねばならない。彼らは武器を必要としているが、しかし、最強の武器は神への信仰であり、神の法にたいする謙虚な服従である。憎しみは神から出てくるものではない。憎しみに満ちたヨーロッパは、自分自身の武器によって自分を破滅させるであろう」と。[60]

理性の解放は、技術の勝利へ導き、被造物を支配するにいたったのである。技術の時代は、われわれの西洋の歴史における正真正銘の遺産である。われわれは、それと徹底的に対決しなければならず、それ以前〔の時代〕に引き返すことはできない。

解放された理性からは、永遠の〔妥当性をもつ〕〈人権〉の発見が生じた。*61 それ〔＝人権〕は、すべ

*56 O. Spengler, Mensch und Technik, 73〔シュペングラー『人間と技術』〕には、機械について「自然に反対するすべての武器のなかで最も手の込んだもの」と語り、さらに79「機械とは、結局のところ、一つの《象徴》である」と記している。*57 差替え「あらゆる幼稚な」。*58 差替え「それが引き起こす荒廃の背後では」。*59 K. Jaspers, Die geistige Situation, 118 (^{4}105)〔ヤスパース『現代の精神的状況』〕、技術が勃興した後の世界では、「西欧によってつくり出され、しかし、その意味と影響とによって普遍妥当的な技術的合理性《ラーティオ》の新しい世界に登場するものだけが存立できる」を参照。*60 この引用は、草稿の欄外に追加されたものである。イブン・サウドについては、R. Donkan, Die Auferstehung Arabiens, bes. 206 におけるとりわけジャーナリスティックな叙述を参照。すなわち、イブン・サウドは、一九二〇年代の終わりに、彼が農民と遊牧民のために取り入れた機械について、以下のように説明している。「イスラム教徒は、長い眠りから目ざめようとしている。彼らは武器を必要としている。第一に、信仰、謙遜、神への服従のような精神的な武器を。しかし、第二に、現実の武器、飛行機、自動車も」と。ドンカンによれば、イブン・サウドによる一九二四年のメッカ征服後に、「その聖地では非常に宗教的な献身が広く行きわたったので、イブン・サウドは典礼によって規定された祈祷を口にしただけでなく、顔を地に着けて陶酔状態で『神よ、わが神よ、私の魂を取りたまえ……』と叫んだ」(a. a. O., 185)。なお、D. von Mikusch, König Ibn Sa'ud, 317（イブン・サウドの息子の発言からの引用、ヴェルナー・エンデの示唆による）も参照。背景に関しては、H. Mejcher, Saudi-Arabiens Beziehungen zu Deutschland in der Regierungszeit von König 'Abd al-'Aziz Ibn Sa'ud. *61 K. Jaspers, Die geistige Situation, 9f (^{4}9)〔ヤスパース『現代の精神的状況』〕「フランス革命こそは、〈理性によって人間の現存在を根底から改造しよう〉という、そして〈その改造が行なわれればその現存在の悪

ての人間が生まれながらにもつ〈自由〉への権利、法の前におけるすべての人間の〈平等〉、人間の顔をもつすべての者の〈兄弟としての連帯〉のうちに、見出された。[*62] 人間は、その本性に由来する永遠の権利にもとづいて、息苦しい強制から、国家および教会による後見から、また社会的・経済的な抑圧から、自分自身を解放する。また人間は、人権にもとづいて、人間の尊厳への、自由な人格形成への、また自分の〔労働の〕成果が認められることへの権利を、要求する。また人間は、他の人びとを、人権の兄弟〔＝味方〕としてか、あるいは人権の敵として見るようになる。中央集権的・絶対主義的な専制、精神的および社会的な暴政、身分的な偏見や特権、教会による権力への要求――これらは、この〔人権思想による〕攻撃を受けて、すべて崩壊する。[*63]

不利な扱いを受けていた階級の人びとが行動し始める。「国民のどの部分にも、いかなる個人にも、いかなる特権もなく、〈フランス人の普遍的な権利の例外〉も存在しない」。「法律は一般意思の表明である」（人権宣言）。[*64] 第一に、市民階級は、〈世襲貴族〉と並んで、それと同等の権利をもつ自分の〈業績貴族〉（Leistungsadel）の地位をつくり上げた。理性は〈血〉〔＝血統〕に対抗して、自分自身の権利を手に入れた。市民階級と理性とは、それ以来、互いに分かちがたい緊密な関係に立つにいたった。

しかし、市民階級の背後から、脅かすような暗い存在として、大衆（die Masse）[*65]、〔つまり〕第四階

と認められた、歴史的に伝承されてきた形態が破壊されるであろう〉という意識において起こった初めての革命なのである」、そのアメリカにおける先駆者たちは、「始まりつつあった世俗化のなかで普遍的な人権の思想を把えていたのであった」を参照。北アメリカにおける最も早い時期のイギリス植民地であるヴァージニアで一七七六年六

月一二日に公布された権利章典は、最古の人権宣言である。＊62 〈自由《リベルテ》〉〈平等《エガリテ》〉〈博愛《フラタニテ》〉はフランス革命の火をつけた合言葉であった。＊63 草稿では、この箇所に挿入の印があり、欄外に「ドイツの（Deutsch）［は《第三の》（Dritte）を修正］人文主義、観念論」と記されている。「第三の人文主義《フマニスムス》」（一九二〇年頃以降の精神史的潮流であり、とりわけヴェルナー・イェーガーによって代表される）というキーワードは、『倫理-断片ノート』Nr.8に見出される。L. Helbing, Der Dritte Humanismus, 9［³1935: 15］は、《第三帝国の伝説》を想起させる。〔すなわち〕「……第三帝国は……ドイツ的理念のクライマックスである」と。A. D. Müller, Ethik, 202「われわれが必要とするものは、それゆえ、実際には《第三の》人文主義である」（ボンヘッファーの所有本にはこの箇所に鉛筆で下線が引かれている）。O. Dilschneider, Die evangelische Tat, 92f は、「二〇世紀における政治的な人文主義」について、「われわれは、それゆえ、第三の人文主義の時代に生きている」と述べている。ボンヘッファーは、一九四一年にミュンヘンで、Horst Rüdiger, Wesen und Wandlung des Humanismus を購入した。とくにこの本の最終章「第三の人文主義」（279–297）には鉛筆の下線がある。〔なお〕311 Anm. 4「《第三の人文主義》という名称は、あまり適切ではない。第一と第二の人文主義とはどんな人文主義かということについてさえ、疑問があるからだ」も参照。＊64 この引用は欄外に付け加えられている。［フランスの］「一七八九年［一七九一年九月三日］の、人と市民の権利宣言」は、たとえば、W. Heidelmeyer, Die Menschenrechte, 56–59 に翻訳されている。〔第二の〕引用は、ジャン・ジャック・ルソーの《一般意志》の理論にさかのぼるものだが、〔人権宣言の〕第六条から引かれている（a. a. O., 57）。＊65 O. Spengler, Der Untergang des Abendlandes II, 224〔シュペングラー『西洋の没落』〕「世界改良理論から実際に生み出される帰結は、決まって無定型の、それゆえ歴史をもつことのない大衆である。……一万人の冒険家たちを集める強力なリーダーは、自分の思い通りのことをできる」を参照。さらに後の頁には、こう記されている。「『奴隷であるよりは死を』――それが、古いフリース［ラント］の農民たちの合言葉である。その反対が、後のあらゆる文明のスローガンである。そして後代のあらゆる文明は、それがどれほどの高い代価をともなうものかということを経験せねばならなかったのだ」と。『倫理-断片ノート』Nr. 38では、「奴隷であるよりは死を」（Lever doodt als Sklav）とフリースラント語で記されている。

[66]級が台頭する。彼らは、まさに〈大量の群衆とその悲惨〉という名前以外の名前をもたない人びとである。謂《いわ》れのない悲惨さ以外のものをもちえない数百万の人びとが、世襲貴族と業績貴族とにたいして、告発と要求とをつきつけるにいたる。大衆は、〈血の法則《おきて》〉も〈理性の法則《おきて》〉も同様に軽蔑し、〈困窮[67]という法則《おきて》〉を自分自身で手に入れる。それは暴力的で短命な法則《おきて》である。今日のわれわれは、こうした反乱のクライマックスと、その危機〔＝転換点〕に立っているのである。[68]

　これまで論じてきた全人類に向けられた考え方とは奇妙に対照的なのだが、いまやフランス革命は、近代ナショナリズムの誕生の時でもある。[69]それ以前に存在していたナショナルな意識は、本質的に王朝的な性質をもっていた。[70]しかし、革命は、「朕《ちん》〔＝私〕は国家なり」（l'état, c'est moi）と称する絶対主義から民衆を解放した。[71]国民（die Nation）という革命的な概念は、極端な王朝的絶対主義に対立して生まれた。[72]民衆は、自分の運命を〔国の〕内外において自分の手中に握ることができるまでに、〈成人化している〉（mündig）と感じたのである。民衆は民衆的な（völkische）[73]自由と発展にたいする自分自身の権利、国民によって担われる統治権を要求した。「すべての主権の淵源は国民にある」〈人権宣言〉。[74]〈国民〉とは革命的な概念である。その概念は政治的権威（die Obrigkeit）にたいして民衆の側に立ち、〈存在するもの〉（das Sein）にたいして〈成長するもの〉（das Werden）の側に立ち、〈制度的なもの〉にたいして〈有機的なもの〉の側に立つ。それは、上からの考え方に対立する下か

*66　賃金労働者《プロレタリアート》の無産階級は、一般的には《第四階級》と呼ばれていた。F. W. von Oertzen, Junker, 321 は、アードルフ・シュテッカーの語る「公共生活におけるユダヤ人の影響力を克服する闘いと結びつけられた、第四階級の社会的地位の向上という思想」に言及している。

*67　おそらく「悲惨」の差替え。《悲惨》（Elends）という言

葉が抹消されないまま、その上に《困窮》（Not）と書かれている。＊68 ボンヘッファーは、間違いなく、《大衆の反乱》（S.105を参照）が、ナチズムとファシズムにおいて最高潮に達しているとみなしている。《血統による貴族》〔世襲貴族〕に関する彼の発言は、親衛隊によって推進された――《人種的》均質性という意味の――新しい《血統》による貴族の育成に反対するものであった。＊69 P. Schütz, Säkulare Religion, 85「ナショナルな救世主信仰《メシアニズム》は、近代の世界では、フランス革命の理念の一つとして強力になった。フランス革命では、《raison》〔《理性》、ratio参照〕と並んで、第二に、《la nation》〔《ネイション》〕が立っていた」を参照。ボンヘッファーは、このシュッツの著書を、一九三二年から三三年にかけて、組織神学の新しい動向に関する講義で論評していた（DBW 12, 158-160）。＊70 この一文は欄外に記されている。「王朝的な性質をもつ」とは、支配者の家系（国王や諸侯など）との結びつきによって規定されるという意味である。＊71 ドイツ語で「国家とは私のことである」。フランスの《太陽王》ルイ一四世の発言（とされているもの）である。A. Harleß, Christliche Ethik, 244「王と権力者とがもはや《神の恩恵》によって統治せず、臣民がもはや《神の名において》服従しないところでは、最良の〔統治〕形態も虚偽に満ちた利己主義的な精神によって侵食される。そして、「国家とは私のことである」と言う支配者の後には、もう一つの極端な嘘、すなわち『主権者としての人民の意志』が続くのである」を参照。＊72 絶対主義の根本原理は、あらゆる国家権力が支配者から何らの制限なしに出てきて、さらに支配者は現世の法律には服従しない、ということであった。＊73 ジャン・ボダンが考案した《主権》理論は、政治的共同体が権力と法を独占する、唯一の独立した政府をもたねばならない、としていた。フランス革命はこれを受け継いだが、しかし、自由な市民からなる人民が最高の権力をもつと考えた。＊74 この引用は、フランス人権宣言第三条に由来する（W. Heidelmeyer, Die Menschenrechte, 57を参照）。「しかし、革命は……」からこの箇所までの文章は、紙面の横と上の欄外に書き加えられたもので、以下の文章の差替えである。すなわち「革命は、まさに第一にはフランスの事柄である。それは、フランスの民衆の解放の時だったはずである。ネイションという概念は、絶対主義に対抗して生まれたものであり、人民を支配者〔の視点〕からではなく、人民自身から理解した。人民は人民の自由と発展にたいする権利、ナショナルな政府にたいする権利をもつ」。

らの考え方である。[75]

それゆえ、よりによってプロイセンを国民主義《ナショナリズム》の誕生の地であり、またその代表者であると呼ぶのは、きわめてばかげた歴史的誤り《グロテスク》である。プロイセンほど、国民主義にたいして異質で（fremd）、それどころか、それにたいして敵対的な国家構造は、他には存在しなかった。プロイセンは国家（Staat）であったが、しかし国民ではなかった。それは、実情《ザッヘ》としては行政官庁（Obrigkeit）、すでに〈存在しているもの〉、〈制度的なもの〉を代表していた。むろん、それは、フリードリヒ大王の「私は国家の第一の僕《しもべ》である」という言葉が意味するように、ルイ一四世とは違う仕方でそれらを代表していたのではあるが。プロイセンは、ドイツの国民的《ナショナル》な事柄《ザッヘ》にたいしては深い疑念をもって対してきた。その疑念は、ドイツ帝国創設の時期にいたるまで、さらにそれ以降の時期においても、くり返し、正真正銘のプロイセン・サークルの人びとのあいだで表明された。[76] プロイセンは、その溌剌《はつらつ》とした本能によって、国民という概念のなかに〈革命的なもの〉があるのを感じ取り、それを拒否したのである。プロイセン主義〔者たち〕は、国民主義（Nationalismus）のなかに《偉大な国民》[77]〔＝フランス国民〕の革命を嗅《か》ぎ取り、それがドイツに波及することにたいして戦ったのである。国民主義は、それに対抗する運動として国際主義（Internationalismus）[78]を呼び起こす。両者は同じように革命的である。プロイセンは、その二つの運動にたいして国家を対置した。プロイセンは、国民主義的であることも、国際的であることも欲しなかった。そうすることによって、プロイセンは、革命よりもいっそう西洋的に考えていたのであった。

しかし、革命は貫徹されていった。技術、大衆運動、国民主義は、革命が生み出した西洋的遺産である。この三者すべては、互いに密接な関係をもち、同時に鋭く対立している。技術は大衆を生み出し、さらに大衆の方もまた高度の技術を要求する。*79 しかし、技術それ自身は強力な、かつ精神的に卓越した個性の関わる事柄である。エンジニアと企業家とは、大衆には属さない。そこで問題となるのは、大衆化が拡大することによって、長期的にみれば精神的にすぐれた成果の平準化が起こり、その結果、技術〔の発達〕が停止するのではないか、すなわち、技術が崩壊してしまうのではないか、ということである。*80 技術と大衆とは、ナショナルな民衆の集団において成立し、またそれと結びついて

＊75 ボンヘッファーの論文「国家と教会」DBW 16,527「聖書は……民衆は下から成長するが政治的権威は上から定められる、ということを知っている」を参照。**＊76** F. W. von Oertzen, Junker は、ビスマルクとハンス・フォン・クライストの意見の相違を生き生きと叙述している。たとえば、クライストが一八六二年の貴族院で「われわれの伝来のプロイセン王国を保持する」ことに賛成した演説（249）を参照。**＊77** フランスは自分自身を《偉大な国民》と理解した。**＊78** 《国際主義》は、とりわけ、労働運動におけるマルクス主義的党派のなかで――一八四八年の『共産党宣言』における闘争スローガン「万国の労働者よ、団結せよ！」に従って――強力に奨励されていた。**＊79** K. Jaspers, Die geistige Situation, 32〔ヤスパース『現代の精神的状況』〕「技術と大衆とは、互いに相手をつくり出した。技術的な現存在の秩序と大衆とは、切っても切れない関係にある」（[4]26 から改訂）を参照。**＊80** O. Spengler, Mensch und Technik, 82〔シュペングラー『人間と技術』〕における以下の一節を参照。すなわち「生まれながらの指導者が、機械に恐れをなして逃走し始めている。間もなく、せいぜい第二級の才能の持ち主、つまり、偉大な時代の模倣者しかいなくなるだろう。偉大な経営者であればだれでも、後継者の知的な質の低下に気づいている。しかし、一九世紀の際立った技術的発展は、それまでの知的なレベルの絶え間ない向上があって初めて可能となっていたのである。知的レベルの低下だけが問題なのではない。知的な停滞だけでもすでに危険であり、終わりの兆候である」（ボンヘッファーの所有本では、「気づいている」まで下線が引かれている）。

いるが、しかし、国民主義的な限界を乗り越えようとする抑え難い傾向をもっている。大衆と国民主義とは理性に敵対し、技術と大衆とは国民主義に対立し、国民主義と技術とは大衆に敵対する。[81]

フランス革命は、西洋の新しい精神的な一体性をつくり出した。この一体性は、理性としての、大衆としての、民衆（Volk）としての、人間の解放ということにある。これら三者は、解放を目指す闘いにおいては手を携《たずさ》えて歩むが、自由を獲得した後には激しく憎しみ合う宿敵となる。それゆえ、この新しい一体性は、すでにそれ自身の内に崩壊の芽を含んでいるのである。その上に――歴史の基本法則がそこで明らかになるのだが[82]――、絶対的な自由を求めることは、人間を深刻に奴隷化することになるということが示される。機械の主人〔であるはずの人間〕がその奴隷となり、機械は人間の敵となる。造られたものが造り主と対立するようになる。〔それは原初の〕堕罪の奇妙なくり返しである！[83] 大衆の解放は、ギロチンによる恐怖の支配に終わる。国民主義は、不可避的に戦争へと導く。絶対的な理想としての人間の解放は、人間の自己破壊へと導く。フランス革命とともに歩まれた道程の果てには、ニヒリズムが立っている。[84]

それゆえ、フランス革命がヨーロッパにもたらした〈新しい一体性〉は、――そして今日のわれわれは、この一体性の危機に瀕しているのだが――西洋的な〈無神性〉（*Gottlosigkeit*）ということである。それは、ギリシャ・インド・中国・西洋の、個々の思想家たちの無神論（Atheismus）とはまったく異なる。それは、神の存在を理論的に否定することではない。それは、むしろ、それ自体が宗教であり、しかも神に敵対する宗教である。まさにその点において、それは〈西洋的〉なのである。それは、自分の過去を捨てることができず、本質的に宗教的であらざるをえない。まさにそのことのゆえに、人間の目には、このように希望のない〈無神的なもの〉として映るのである。西洋的な無神性は、ボルシェヴィズムの宗教からキリスト教会のまっただなかにまで拡がっている。それは、まさにドイツにおいて、あるいはまたアングロサクソン諸国においても、キリスト教的な無神性を強く打ち出している。それは、およそ考えられるあらゆるキリスト教の形をとりながら――それが国民主義的であれ、社会主義的であれ、合理主義的であれ、あるいは神秘主義的であれ――どれであろうと聖書の生ける神に反抗し、キリストに反抗する。*85 彼らの神は《新しい人間》である――この《新しい人間の工場》*86 が、ボルシェヴィズムのものであろうと、キリスト教的なものであろうと。*87

*81 この文章は、上の欄外に書き加えられたものである。横の欄外におけるメモでは、「人文主義、ロマン主義（行替え）教会敵視（行替え）要約。3（行替え）人間の奴隷化への自由」を削除。「……人文主義……」という欄外のメモと、S.108の注63、および、この箇所以降の叙述を参照。*82 ダッシュではさまれた箇所は、欄外に書き加えられていたもの。*83 この文章は、欄外に書き加えられていたもの。*84 一九三八年にチューリヒで刊行されたヘルマン・ラウシュニングの著書『ニヒリズムの革命』が、ナチズムを「ニヒリズム」と解釈し、そのことをボンヘッファーが知っていたことについて、DBW 15, 258を見よ。*85 〈第三帝国〉においては、「神を信ずる」という表示が、アンケート調査などで宗教上の所属を意味する記載として利用されることがありえた。「信仰運動ドイツ的キリスト者」の一部、たとえば、その過激な国民教会〔運動〕的な党派では、不信仰が似而非《えせ》キリスト教という形をとって登場した。*86 ロシア人作家、アーリヤ・ラフマーノヴァ（Alja Rachmanowa）の著書の表題である。その出版当時（一九三五年）、著者はオーストリアに住んでいた。*87 「キリスト教的な」は、「キリスト教的・オックスフォード・グループ的」の差替え。フランク・ブックマンによって創設されたオックスフォード・グループ運動は、一九三八年から「道徳的再武装」と呼ばれていた。カール・バルトは、「エーミール・ブルンナーを

その新しい人間とすべての異教との根本的な違いは、次の事実にある。すなわち、そこ〔＝異教〕では神々が人間の姿をして崇拝されるのにたいして、ここ〔＝西洋の無神性〕では人間が神の姿をして、しかもイエス・キリストの姿をして崇拝されるということである。

キリスト者の自由というルターの偉大な発見*88と、人間が本質的に善だとするカトリシズムの誤った教え*89とが互いに結びついて、人間の神格化という結果をもたらした。しかし、人間の神格化ということは、——正しく理解するなら、——ニヒリズムの宣言である。聖書的な神信仰とあらゆる神の戒めと秩序とが崩壊するとともに、人間は、自分自身を破壊してしまう。とどまるところのない生命力《ヴィタリ》主義《スムス》*90が出現し、それは、すべての価値を解体して、最後には自己破壊に、すなわち、無（Nichts）に行き着いて、はじめて静止する。

西洋は、フランス革命以来、本質的に教会を敵視する（kirchenfeindlich）ようになった。近代の扇動政治《デマゴギー》においては、教会を敵視した攻撃がとりわけ有効である。ヨーロッパ全土にわたって、教会を敵視する強い怨恨《ルサンティマン》が広範囲に存在している。それにもかかわらず、教会から脱退する者の数が非常に少ないということは、一つの重要な事実を示している。すなわち、この教会にたいする敵視のもつ両義性ということである。

西洋的な無神性を、単純に教会にたいする敵視と同一視するのは適切ではない。むしろ、——われわれが、希望のない無神性（eine hoffnungslose Gottlosigkeit）と呼んだ——宗教的・キリスト教的に飾り立てられた無神性と並んで、反宗教的・反教会的な口のきき方をする、前途有望な（verheißungsvoll）無神性が存在する。それは、〈敬虔な無神性〉が教会を堕落させている限りでは、それにたいする含めてオックスフォード派の人びと」に批判的だった。一九三六年一〇月一四日付のバルトの手紙（DBW 14, 251）を見よ。ボンヘッファーは、Emil Brunner, Die Kirchen, die Gruppenbewegung und die Kirche Jesu Christi, 1936〔ブルンナー『キリストの教会とグループ運動』〕を所有していた。E. Brunner, a. a. O., 47 f「小川が水源から発するように、ただ《キリストのうちにある》ことから生まれるあの新しい生だけが、重要なのである」。49 f「われわれの時代は、世界史上初めて、大衆の無神論ならびに完全に世俗化した文化と文明という現象が存在するという点で、以前のすべての時代から区別される。それは、古代も中世も宗教改革の時代も何も知らなかったものである」（S.113 の「西洋的無神性」も参照）。草稿の欄外には「ニーチェ」と記されている。ニーチェの『ツァラトゥストラ』第一部3からの引用を参照。S.32「……〔神はみな死んだ〕超人万歳……」を見よ。**＊88** ルターの著作『キリスト者の自由について』（一五二〇年）を暗示している。**＊89** 堕罪後の人間は《堕落した本性》（《natura corrupta》）をもっているという宗教改革の命題にたいして、トマス・アクィナスの『神学大全』（STh I-II 17, 9 ad 3）の原則《アダムとイブの罪によって〔も、人間の〕本性は、そのままである》（《Per peccatum primi parentis natura est sibi relicta》）が対立している。F. Diekamp/ K. Jüssen, Katholische Dogmatik, 160, 162, 172-174 を参照。ボンヘッファーは、アメリカの「宗教改革を欠いたプロテスタンティズム」〔という旅行報告〕（1939 DBW 15, 459）のなかに、《カトリック的な》堕罪の軽視があることを認めている。とりわけ覚書「社会的福音」（Social Gospel）1932 DBW 12, 206 における記述を参照。アメリカ的な精神は「人間の本来的な善性」にたいする信念をかたくなに保持している、と。人びとの過失や犯罪行為を面前にしながら、その根本的な善良さに全面的な信頼をおく人間論は、結局は、悪が重大ではないように思わせることになる。S.74 を参照。**＊90** S.171f を参照。ボンヘッファーは《生命力主義》〔活力論〕（Vitalismus）という言葉を「自分を自己目的とする生」と理解している。その対極を、彼は《機械化》と呼ぶ。《機械主義》〔機械論〕と――力学的な法則にたいして自立して存在している有機体の法則を仮定する――《生命力主義》との対立は、一七世紀以来、出現してきた。生物学の内部では、たとえばヤコブ・モーレショットとルートヴィヒ・ビュヒナーに代表されるような機械論的な理解が、一九世紀には支配的であった。一九世紀の終わりからは、この機械論に反対して活力論が、とりわけ、エドゥアルト・フォン・ハルトマンとハンス・ドゥ

抗議《プロテスト》であり、また、そうすることによって、ある意味では——たとえ消極的な意味においてであっても——正真正銘の神信仰と正真正銘の教会という遺産を守るものである。ここでは、「神は敬虔な者のハレルヤ〔＝神讃美〕の声よりも、むしろ神無き者の悪態〔＝冒瀆〕の声を聞かれるだろう」というルターの言葉が当てはまる。*91
この前途有望な無神性は、あの希望のない無神性と同様に、すぐれて西洋的な現象である。〈本質的には教会を敵視する態度〔の拡がり〕にもかかわらず、教会と完全に絶縁する〔のは〕*92相対的に少ない数〔の人〕にとどまった〉という事実は、このような背景にもとづいて理解されねばならない。すなわち、ある人びとは、敬虔な無神性のなかに虚無への転落を止める最後の支えを見出そうとする。しかし、この転落から免れることは、ごく稀《まれ》である。また他の人びとは、自分たちの前途有望な無神性によって、正真正銘の神信仰に達しうる場と絶縁することを思いとどまる。同様にして、教会からの離脱という事実も、一義的な意味をもつものではない。それは、希望のない無神性からも前途有望な無神性からも起こりうる〔のだから〕。〔ただし〕教会からの離脱が〈まさに正真正銘の*93神信仰のゆえにこそ可能であるかどうか〉、いや、〈特定の状況では〔むしろ〕必然的なものであるのかどうか〉という問いは、まったく別の事柄である。*94

リーシュによって新しく主張された（新活力論）。生に方向づけをあたえる活力主義においては、人間は——生命自体に内在するものとして認識せねばならないとされた——諸法則に従うべきものとされた。ナチ・イデオロギーでは、この想定されている諸法則には、人種思想が含まれていたのである。 *91 「ここでは……当てはまる」という文章は、欄外に書き加えられている。DBW 2 (AS), 160 Anm. 31〔『行為と存在』〕にある「Luther: Röm. Komm. II, 227」

を参照。そこでボンヘッファーが引用したラテン語のテキストのドイツ語訳（a. a. O., Hg.-Anm.66）は、以下の通りである。「というのも、そんな神への冒瀆は、いつか神の耳には、ハレルヤや他のどんな賛美歌よりも好ましく響くだろう。なぜなら、それは、人びとの意に反して、悪魔によって無理やり絞り出されたものだから」。＊92　草稿では、誤って〔《von》ではなく〕《in》と記されている。＊93　「積極的な」の差替え。この言葉は、ナチ党綱領の第二四条で次のように用いられていた。「わが党自身は、積極的キリスト教の立場を代表する」。＊94　一九三三年に、告白教会が形成される前に、ボンヘッファーとその友人、フランツ・ヒルデブラントは、「ナチの強制的画一化を受け入れ、《〔人〕種にふさわしい》（artgemäß）規定を命じられている」教会から離脱すべきではないか、ということについて熟考した。DB 344〔ベートゲ『ボンヘッファー伝』〕を見よ。草稿の欄外メモには、《アメリカ》と記され、さらに挿入記号と《S.23a》の参照指示がある。これ以下の《アメリカ》に関する文章（S.118まで）が記されている草稿は、《Welt Leinen》という透かし模様が入った用紙に書かれている。『倫理-断片ノート』NL A 86,3（「堕落……」）は同じ種類の用紙に書かれている。――この『倫理-断片ノート』は、S.119-122の一節を準備したものである。そして、『倫理-断片ノート』Nr.40には、まず「……アメリカ……」のためのメモ、次に「罪責、義認、新生……」のためのメモが記されている。S.125-136を参照。《S.23 a》という挿入メモの後には、《23》と書かれた用紙（S.115から始まる）に、いくらか異なる書体でびっしりと書き込まれている（S.118-120）。これが、ボンヘッファーの『倫理』草稿で用いられた最後の方眼紙である。この種の（二行目ごとに線が太い）方眼紙に、一九四〇年一〇月九日（水曜日）付の手紙（DBW 16,66）が書かれている。「仕事は進んでいる。私は全体の構成を書いている。これは、私にとって、つねに最大の喜びであり、最大の難事でもある。仕上げるには、今週いっぱいかかるだろう」。ボンヘッファーは、この手紙で、教会のなかに「御言葉と信仰告白のみにもとづく」権威を打ち立てることができるかどうかを吟味している。もしそれができなければ、「その時には、プロテスタント教会の最後の可能性が失われる。じっさい、残されるのは、ローマに復帰するか、国家教会の支配のもとへ復帰するか、あるいは孤立の道か、誤った権威にたいする正真正銘のプロテスタンティズムの《抗議《プロテスト》》の道だけになるだろう」。S.115f の一節、たとえばS.115の《抗議》の語を参照。この手紙に引用されている「無私の自己愛」（selbstlose Selbstliebe）

ここでアングロサクソン諸国、とりわけアメリカにおける特別な展開について考えなければならない。アメリカ革命は、フランス革命とほとんど同時期のものであり、政治的な関連もなかったわけではない。しかし、それはフランス革命とは根深い違いがある。[*95] 解放された人間ではなく、[*96] それとまったく反対に、神の国と、神の主権による〈すべての地上の権力にたいする制限〉という考え方が、アメリカ民主主義の根底には流れている。アメリカの歴史家が、〈連邦憲法は、原罪と人間の心の邪悪さについて知っている人たちによって起草された〉と言うことができるとすれば、それは、〔フランス〕人権宣言[*97] (la déclaration des droits de l'homme) の場合とは違った〔アメリカの憲法体制の〕特徴を的確に捉《とら》えている。[*98] 〈人間に生まれつきある、権力への欲求〉のゆえに、さらに神の唯一の権力を尊重するために、地上の権力者にたいして、しかしまた民衆にたいしても、〔逸脱した行動をしないように〕権力の制限が行なわれているのである。

カルヴァン主義に由来するこの考え方と、——それとは本質的に対立しているのだが——〔イギリスから〕アメリカに逃れた非国教徒 (Dissenters) たちのスピリチュアリズム (der Spiritualismus)[*99] に由来する理念とが結びついた。それは、〈地上における神の国は、国家権力によってではなく、ただ

(DBW 16,65) という表現は、『倫理-断片ノート』Nr.50でも同様に引用されている。——〔引用の表現については〕J. Pieper, Zucht und Maß,17〔ピーパー『節制』〕を見よ。また、ボンヘッファーの所有本では、それが下線と傍線で強調されているのを見よ。この『倫理-断片ノート』のタイトルは、エタール修道院で書かれた草稿 S.163–216 と同じく、「自然的生」である。ボンヘッファーは、この『倫理-断片ノート』Nr.50と、「〔全体の〕構成」(一九四〇年一〇月九日付の手紙を参照) のための一連の『倫理-断片ノート』、そして《善》/《悪》というテーマについて

は、方眼紙を用いている。一九四〇年の秋だったことが明らかである。《アメリカ》論の追加によって始まった――草稿「遺産と退廃」を補足する仕事には、ようやく一九四一年になって初めて時間がとれるようになった。＊95 一九〇〇年前後に、ゲオルク・イェリネック、マックス・ウェーバー、エルンスト・トレルチは、〈アメリカの革命が、とりわけその人権宣言において、キリスト教からの刺激によって強く規定されていた〉というテーゼを広めた。K. Jaspers, Die geistige Situation, 9 f. (^{4}9)〔ヤスパース『現代の精神的状況』〕「……フランス革命には、……故国で挫折したことを新天地で実現するために、自分たちの信仰の絶対性から祖国を捨てた、あのプロテスタントたちのアメリカ建設という先例があるだけであった」を参照。＊96 これ以後、S.118までは、ボンヘッファーの旅行報告である「宗教改革なきプロテスタンティズム」（一九三九年八月 DBW 15, 446-449）を簡潔にまとめたものである。＊97 déclaration des droits de l'homme：ドイツ語では「人権宣言」。＊98 ボンヘッファーは、一九三九年のニューヨーク滞在中に、アメリカにおける教会と国家の分離について取り組んだ。彼は「W. A. Brown, State and Church など」を読んだ（一九三九年六月二四日の日記。DBW 15, 232. そこで言及されているのは、William Adams Brown, Church and State in Contemporary America である）。ニーバーからは、その分離の意味が統治する《権力の制限》（limitation of power）であることを学んだ（一九三九年七月四日〔の日記〕DBW 15, 238）。H. R. Niebuhr, Der Gedanke des Gottesreichs im amerikanischen Christentum, 58〔リチャード・ニーバー『アメリカにおける神の国』〕を参照せよ（ニーバーは、J. Bryce, The American Commonwealth I, 299 f〔ブライス『平民政治』〕から引用している）。すなわち「……一七八七年の憲法は、……原罪の存在を信ずる人びとの仕事である」と。《原罪》とは、アダムとイブの堕罪とともに始まり、〔人間が〕自分の引き起こした罪責だけでなく、〔この原初の〕過去から働き続ける罪と罪の帰結にとらわれていることである。＊99 《スピリチュアリズム》とは、宗教的な意味では、聖霊の働きと〔自分が〕それにとらえられていることを確信していることである。非国教徒（Dissenter）――ボンヘッファーは英語の複数形を用いている――は、他の人びととは異なる自分自身の確信を主張する人びとである。一七世紀以後、ヨーロッパのスピリチュアリストたちは、とりわけ宗教的な性質をもった同調圧力を避けるために北アメリカに移住した。

信ずる者たちの共同体《ゲマインデ》によってのみ建設されうる〉という考えである。〔この理念によれば〕教会は社会的・政治的な秩序の諸原則を宣言し、国家はそれを実行するための技術的な手段を提供する、とされていた。互いにまったく異なる二つの主張は、[*100]民主主義を求める声のなかへ流れ込む。そしてアメリカ的思考を規定することになるのは、熱狂的なスピリチュアリズムである。そのことから、次の注目すべき事実も説明がつく。すなわち、民主政《デモクラシー》のようなものをキリスト教によって根拠づけることは、ヨーロッパ大陸では、かつて成功したためしがないのにたいして、アングロサクソン諸国では民主政がまさしくキリスト教的な国家形態そのものだとみなされている、という現象である。その点において、スピリチュアリストたちが迫害されヨーロッパ大陸から追放されたという事実は、きわめて重大な政治的影響をもたらすことになった。

それでもやはり、現在、アングロサクソン諸国も、深刻な世俗化の現象の下で苦しんでいる〔のは確かである〕。〔しかし〕その世俗化の起源は、〔ルター主義的なドイツにおけるように〕二つの職務（Ämter）、あるいは二つの王国（Reiche）の区別を〈誤解したこと〉にあるのではなく、その反対に、熱狂主義的になりすぎて、国家と教会という二つの職務と王国の区別を〈欠落させたこと〉にあるのである。キリスト教的な原則によって世界を建設するという、〔アメリカにおける〕信ずる者たちの共同体《ゲマインデ》の要求は、――ニューヨークの教会報を一見すれば十分に分かるように、――教会が完全にこの世の手〔のうち〕に落ちてしまうという結果になる。[*101] そこにラディカルな教会敵視という事態が生じていない理由は、〔教会と国家との〕職務の区別が決して行われなかったことによる。〔そこでは〕無神性は隠されたままである。しかしながら、そのために、無神性は、苦悩がもたらす祝福と、苦悩から再生が生じうるという祝福の可能性をも、教会から奪い取っているのである。[*102] 〈イエス・キリストの形〉によってつくり出された一体性を失うとともに、西洋は〈虚無〉(Nichts)の前に立たされている。[*103] 解き放たれた諸勢力は互いに暴れ回っている。既存のすべてのものは、壊滅する危険に脅かされている。そこでは、さまざまな危機のなかの一つの危機が問題なのではなく、究極的な真剣さをもった対決が[*104]問われているのである。西洋的世界は、いま立っているこの瞬間が独特無比なものであるのを感じとり、虚無の手に身をゆだねている。キリスト者たちは、最後の裁きの日

＊100 「熱狂的な」について、S.41 f を参照。 ＊101 「この世」は「この世の諸問題」の差替え。一九三九年の〈報告〉「宗教改革なきプロテスタンティズム」1939 DBW 15,448「こうして、アメリカの説教壇からは、たいてい特定の公共的な出来事や情勢をテーマにした議論が聞かされる。そのことは、ニューヨーク・ユニオン神学校における研究滞在で十分に確認できる」を参照。一九三〇年から三一年にかけてのニューヨークに関するボンヘッファーの報告(DBW 10,271)では、たとえば一九三〇年一〇月一三日や二七日などの例が挙げられている。《……wants liquor sold only in churches》(牧師は「酒が教会のなかだけで売られることを望んでいる」)。これらの時期の礼拝に関する、『ニューヨーク・タイムズ』からの切り抜きが、遺稿(NL A 24,10 (2))に含まれている。 ＊102 S.116 から始まる補足文がここで終わっている。 ＊103 K. Jaspers, Die geistige Situation, 15 (^{4}13 f)〔ヤスパース『現代の精神的状況』〕「大戦前および大戦中に、われわれの世界のもっとも多くの注目を浴びた〔反射鏡が登場した。ラーテナウの Zur Kritik der Zeit (1912) とシュペングラーの Untergang des Abendlandes (1918)〔『西洋の没落』〕である。……これらの試みの新味は、……虚無の前に立っているということが、いよいよ明白になっていることである。キルケゴールとニーチェとは先導的な思想家である」。 ＊104 「終局の戦いが」の差替え。 ＊105 一九四一年九月初めの発言(DBW 16,537)を参照。これは、W. Paton, The Church and the New Order にたいす

が迫っていることを互いに語り合っている。[105]西洋が追い込まれている虚無は、かつて栄えた諸民族の共同体が自然に終焉、死滅、没落するということではなく、それは、やはり、すぐれて西洋的な虚無である。すなわち、反抗的・暴力的で、神に敵対し人間に敵対する虚無なのである。それは、すべての〈既存のもの〉からの背反として、反神的な総力の最も高度な展開である。それは、神としての虚無（Nichts als Gott）である。[106]その目的と限度とを知る者は、だれもいない。それは絶対的に支配する。それは創造者のような虚無であり、すべて〈既存のもの〉に自分の反神的な息を吹き込み、新しい命を呼び覚ますかのように見せかけるが、同時に〈既存のもの〉の本質をしゃぶり尽くす[107]――〈既存のもの〉がまもなく亡骸《なきがら》として崩れ落ち、投げ捨てられるに至るまで。生命、歴史、家族、民衆、言語、信仰――虚無は、いかなるものも容赦しないので、〔項目を〕あげていけばどこまでも続けることができる――は、すべて、その餌食になる。[108]

この虚無の深淵に直面すると、歴史的遺産への問い――それを現在において引き継ぎ、かつ手を加え、さらに将来に向けて伝達するという問題――は、もはや意味のないものとなる。未来も過去も存在しない〔のだから〕。虚無から救い出された〔現在の〕瞬間と、その次の瞬間とを、すばやくつかみ取ろうとする欲求があるだけである。昨日のことはすでに忘れ去られ、[109]明日のことは今日の義務とするにはまだ遠すぎる。昨日の重荷は、ぼんやりした先史時代を讃美することによって振り捨てられ、明日の課題は、来たるべき千年〔王国の〕時代について語ることによって回避される。[110]永続的に身につくことも、拘束することも、何ものもない。

見終わるや否やすぐに記憶から消え去ってしまう映画＊111──それが、この時代の深い忘却症の徴《しるし》である。世界史的に重要な出来事も、前代未聞の犯罪と同じく、忘れっぽい人心には何の跡形も残さない。＊112

未

る〔ボンヘッファーの〕論評である。すなわち「〔現今のドイツの状況のなかで〕最後の審判の日が近いという印象をもっていては、歴史的な未来のための洞察力は容易に失われてしまう」。＊106 ハイデガーに関連して DBW 3 (SF), 32〔『創造と堕落』〕「存在の根拠としての無は、創造的な無として理解される」を参照。＊107 「呼び覚まし……しゃぶり尽くす」は、「神に反する生へと呼び覚まし、同時にそれを回復しえないほどに毒する」の差替え。＊108 「虚無の力の餌食になる」の差替え。虚無にたいする一般的な発言は──直接に述べることがあまりも危険な──ナチスによる民衆の破滅的な総動員にたいするものでもある。──この箇所以降、『倫理-断片ノート』Nr.38 において「遺産と退廃」のためにメモされたキーワード（たとえば、「忘却される」「苦悩の価値」）が草稿に取り入れられた。＊109 K. Jaspers, Die geistige Situation, 46 (^{4}32; このボンヘッファーの蔵書に残された彼の所有本〔ヤスパース『現代の精神的状況』〕では、折りたたまれて背表紙に貼りつけられた〔ペーパー・ナイフで切り離されていない〕ままであり、それゆえ、このページは読まれてはいなかった）。すなわち「かつて存在したものは、もはや有効ではなく、まさにいま現に存在するものだけが有効である。忘却がこの現存在の根本的な特質であり、過去や未来にたいする全体的展望は、ほとんど単なる現在だけに収縮してしまう」を参照。＊110 到来しつつある《千年帝国》の創設者を自称したナチ政権の下では、太古のゲルマン時代が礼賛され、たとえば、古代北欧の神話が一般に普及させられた。ヘルマン・ゲーリングは自分の娘を「エッダ」と名づけた。これは、古代アイスランド文学の作品の名前である。「ぼんやりした先史時代が……」以下の草稿は、《FsH》という透かし模様の入った、はぎ取り式の用紙に書かれている。＊111 K. Jaspers, Die geistige Situation, 132 (^{4}117)〔ヤスパース『現代の精神的状況』〕の映画についての記述「……人は、何一つとして根本的には、そして立ち止まって見てはいない」を参照。＊112 この箇所は上の欄外に書き加えられたもので、そのなかの、「歴史的な規模の出来事も、前代未聞のひどい犯罪と同様に心に刻まれはしない」の差替えである。草稿では、うっかりして、「同様に……しない」(ebensowenig) という語が「同様に」

来は賭けの対象としてもてあそばれる。富くじ[*113]や賭けごとは[*114]、ほとんど想像できないほど巨額の金と、また、しばしば労働者の日々のパン代を呑み込んで、ありそうもない偶然の幸運を未来に期待する。過去と未来を失った人生は、束の間の粗暴な瞬間的な享楽と手に汗を握る賭けごとのあいだを揺れ動くものとなる。

あらゆる内面的な成長、〔つまり〕個人的・職業的な領域においてゆっくり成熟していく全過程が、突如、中断される。〔神の摂理にもとづく〕個人の運命は存在せず、したがって個人の尊厳も存在しない。真剣さをもった緊張、内面において不可欠な〈待つ〉時間（Wartezeiten）[*115]は耐えられないものとなる。そのことは、性愛の領域だけでなく、労働の領域にも同様に見られる。ゆっくり続く苦痛は、死よりもいっそう恐れられる。〈死の恐怖を通して人生を形づくる〉苦悩がもつ価値は、もはや認められず、それどころか軽蔑の的となる。〈健康か、それとも死か〉、そのどちらを取るかが問われる。穏やかなもの、永続的なもの、本質的なものは、価値のないものとして無視される。《偉大な信念》[*116]と〈自分の道を探求すること〉に代わって、時流に乗った軽薄な生き方が登場する。

政治の領域では、瞬間を遠慮会釈なしに享受することが、マキャベリズムと銘打たれ、一か八かの大勝負[*117]に出ることが、英雄主義《ヒロイズム》であり自由な行為だと呼ばれる。人はマキャベリズム的でも英雄主義的でもないものは、《偽善》[*118]としてしか理解しえない。なぜなら、それは、〈正しいこと〉の認識とその時に〈やむをえないこと〉とのあいだで、じっくりと苦闘すること、それゆえ、〈断念すること〉と〈本当に自由な責任〉とに満ちた、あの真に西洋的な政治〔のあり方〕を、もはや理解しないからにほかならない。このようにして、致命的な仕方で人は弱さを強さと取り違え、歴史〔的遺産〕との結

(ebenso) には改められていない。一九四四年二月一日付〔の手紙〕(DBW 8, 310f〔『獄中書簡集』〕)「保証するものは何一つない。……過去にたいして責任を負うことや未来を形成することを考えなかった者は、《忘れやすい》」を参照。＊113 K. Jaspers, Die geistige Situation, 44 (^{4}30)〔ヤスパース『現代の精神的状況』〕「富くじには驚くほどの参加者があり、クロスワードパズルが大いにもてはやされている」を参照。また、『倫理-断片ノート』Nr. 6 にも「クロスワードパズル」という言葉が見える。＊114 「イギリス、ドイツ、フランス、アメリカで」の削除。＊115 「真剣さをもった緊張……」からの行は、S. 121 まで、欄外に書き加えられていたものであり、明らかに、以前に書かれていたが、削除されないまま残っていた――「正真正銘の緊張は耐えられないものだ」という文章と差替えられている。「張りつめた内面的な弓弦《ゆずる》」について、テーゲル軍用刑務所からの、一九四三年一二月一八日付書簡 (DBW 8, 242〔『獄中書簡集』〕) を参照。＊116 K. Jaspers, Die geistige Situation, 13 (^{4}12)〔ヤスパース『現代の精神的状況』〕「ランケは、一八四〇年頃の日記のなかで、没落 (Niedergang) ついて記している。すなわち『かつては大いなる確信が一般的であった。人は、この確信にもとづいて、さらに努力を重ねていった。今では、すべてのことがいわゆる声明であり、そしてそれで良しというわけだ。何ひとつとしてもはや貫徹されず、すべてのことが立ち消えになる……』」を参照。＊117 《*Va banque spielen*》は、〔フランス語とドイツ語を組み合わせた造語であり〕博打場で持ち金すべてを投じて勝負すること。＊118 『倫理-断片ノート』NL A 86, 3「……マキャヴェリズム。それ以外のすべてのものは偽善と呼ばれる (イギリス！)」を参照。また、『倫理-断片ノート』Nr. 33「……イギリス人の権力嫌いは偽善ではない！」も参照。イギリスの政治が、国内の公衆にたいしては道徳によって正当化されることを、外国では cant (偽善) と呼んでいるのである。G. Ritter, Machtstaat und Utopie, 11 によれば、マキャヴェリの「政治的な偽善についての教えは、権力者に、正直者という仮面の下に自分の真の性質を隠すようにと勧めるものである」。また、同じ著作の「近代の大陸的権力国家の開拓者としてのマキャヴェリ」という章 (24-48), 27「マキャヴェリが説いた政治的な英雄主義」も見よ。ライプツィヒのドイツ国立図書館は〔書籍が〕一般に流通する三週間前に、出版社からその書籍を受け取っていたが、リッターの著書 Machtstaat und Utopie には一九四〇年一〇月一九日付の受け入れスタンプが押されている (エヴァーマリア・ゼーラーがそれを確認した)。それゆえ、この本の流通は一一びつきを退廃《デカダン》と取り違える。[*119] 永続的なものは何も存在しないので、歴史的な生の基盤、すなわち、信頼は、あらゆる形において崩壊する。真実にたいする信頼が存在しないので、そのかわりに詭弁による宣伝《プロパガンダ》が登場する。[*120] 正義にたいする信頼が存在しないので、何であれ利用しうるものが正しいものだ、と言明される。[*121] 堅実さゆえに保たれてきた、他者にたいする暗黙の信頼でさえも、お互いを疑わしげに絶えず観察しあうように変わってしまう。[*122]

〈いったい何が残っているのか〉と問うならば、それにたいする答は、ただ一つ——すなわち、虚無にたいする不安である。今日、われわれが観察する最も驚くべきことは、人びとが虚無に直面して、すべてのものを放棄しているという事実である。すなわち、自分自身の判断も、人間であることも、最も身近な隣人たちをも。このような不安が破廉恥に利用し尽くされるところでは、それがどこまで行くのか、とどまるところを知らない。[*123]

　深淵への転落を最終的に防ぎ止めうるのは、ただ二つのものだけである。[*124] すなわち、信仰の新たな覚醒という奇跡と、聖書が《抑《おさ》えているもの》κατέχων（二テサ二・七）と呼ぶ力——すなわち、深淵に転落しようとしている者たちを途中で有効に食い止めている、強力な物理力を装備した〈秩序を守る権力〉（Ordnungsmacht）と——である。

〈信仰の覚醒という〉奇跡とは、すべての歴史的に到達可能なことや、ありそうなことを越えて、上から介入したもう神の救いの行為——無から新しい生命を創造する行為である。それは、死者の復活である。[*125]《抑えているもの》とは、歴史の内部にあって神の世界統治を通して働くようになる力であり、悪にたいしてそれを限界づける。《抑えているもの》それ自身は、神ではなく、罪を免れてはいない。

しかし、この世を崩壊から守るために、神は、それを用いたもう。神の奇跡が宣べ伝えられる場所は、

月に始まったのである。ボンヘッファーは、エタール滞在に備えて、一九四〇年一〇月三〇日から旅行中であった。＊119 ここで述べられている《退廃》(Dekadenz) とは、〔ナチが多用した通語《つうご》で〕時代遅れだといわれていた世代や時期の、生命力・活動力の衰弱していることを指す。＊120 ドイツでは、一九三三年に初めて、国民啓蒙・宣伝省 (Reichsministerium für Volksaufklärung und Propaganda) が設置され、ヨーゼフ・ゲッベルス博士が大臣に任命された。《詭弁による》(sophistisch) について、K. Jaspers, Die geistige Situation, 169 (^{4}152 f)〔ヤスパース『現代の精神的状況』〕「憤怒の衣をまとって、彼〔《匿名の力》の一つである《詭弁家》〕は、人間の高貴さに彼の憎悪を向ける。なぜなら、彼の身に何が起こっても、彼はすべてを虚無のなかへと止揚するのだから。虚無の可能性と向かい合う代わりに、彼は虚無を信じているのである」を参照。＊121 「民族に役立つものが法《レヒト》〔正義〕である」とは、法治国家思想に反対してナチの多用した格言であった。＊122 一九三三年以降、ドイツ社会では、建物のなかに、そして一部では家族のなかにまで、スパイ、いわゆる「協力者」(V-Leute)〔親衛隊保安部に《協力する》人びと〕が、いたるところに配置されていた。そのため、もっとも私的な領域さえも支配者によって統制されることになった。＊123 「無とその祭司」の削除。＊124 《抑えているもの》とは、黙示録的な世界の終末のヴィジョンにおける神秘的な存在である。Exegetisches Wörterbuch zum Neuen Testament II,671〔『ギリシア語新約聖書釈義事典』〕「二テサ二・六ー七における κατέχων（抑えているもの）の意味については、キリスト教古代から様々な議論が行なわれてきた。……《抑えている力》は、……神の御心と計画によって、《不法の者》《反キリスト》の出現を遅延させることに仕える形象的存在として理解するのがもっともよい」を参照。〔ここでは〕《抑えているもの》は、同時に、軍事的・非軍事的な力を用いてナチ政権を終わらせ、秩序と法〔正義〕を再建しようとしていた抵抗運動のグループの存在をも暗示するものであった。＊125 創一・一についての〔ボンヘッファーの記述〕DBW 3 (SF), 33 f〔『創造と堕落』〕を参照。＊126 一九三二年一一月一九日の講演「御国を来らせたまえ」(DBW 12,273)「死の力は、…

教会である。《抑えているもの》は、国家的秩序を守る権力である。*126 そのように、この二つのものは、その本質においては区別されるが、この世を脅かす混沌《カオス》にたいしては、互いに手を携えてこれに当たるのである。これにたいして〔この世を〕破壊しようとする勢力は、この二つのものをひとしく、宿敵として憎悪する。

西洋は、自分自身の歴史的遺産そのものを受け継ぐことを拒否しようとしている。西洋は、キリストにたいして敵対的になっている。それは、われわれの時代の独特無比の状況であり、それは正真正銘の退廃である。

すべての既存のものが解体していくただなかで、キリスト教会《キルヒェ》は、中世と宗教改革の遺産の守り手として、とりわけ、《昨日も今日も、また永遠に〔変わることのない〕》（ヘブ一三・八）イエス・キリストにおける〈神の奇跡〉の証人として立っている。しかし、教会と並んで、《抑えているもの》、すなわち、なお有効に退廃を押しとどめる、国家的秩序を守る権力における、あの〈残りの者〉〔＝イザヤ書一〇・二〇参照〕が立っている。

教会の課題は他に類がない。〈キリスト教的一体世界〉（corpus christianum〔＝キリスト教の体〕）は解体した。〈キリストの体〉〔corpus Christi〕は、敵意に満ちた世界と向かい合って立っている。*127 キリストを知った後にキリストに背いた世界にたいして、教会は、イエス・キリストを生ける主として証しせねばならない。教会は、歴史的な遺産の担い手として、終末の日を待望しつつ、同時に歴史の将来にたいして果たすべき責任を負う存在である。〈万物の終わり〉に目を向けることが、〔この世における〕教会の責任を弱めることになるのは許されない。教会は〔歴史の〕終わりと同様に、歴史がさらに展開する可能性をも、神の御手にゆだねなければならない。その両方にたいして、教会は関心を寄せ続けるのである。教会は、固有の課題、すなわち、甦りたもうたイエス・キリストについての福音を説き続けることによって、虚無をもたらす精神にたいして致命的な打撃をあたえる。[*128]しかし、《抑えているもの》、すなわち秩序を守る権力は、教会にその同盟者を見いだす。そして、秩序の構成要素としてまだ存在しているすべてのものが、教会の傍らに近寄ろうとしている。正義、真理、学問、芸術、教養、人間性、自由、祖国愛は、間違った道を長く辿った後に、その根源へ立ちかえる。[*129]その際、教会の説く使信がいっそう中心的になればなるほど、いっそう有力な働きをすることが明らかになる。そして、教会の苦難は、そこに残されているかもしれない政治的な力とくらべても、破壊し尽くす精神にとっては、はるかに大きな危険である。教会は、生ける主なるイエス・キリストについての使信によって、たんに〈過去のもの〉を保持することだけが、教会の関心事ではないことを明らかにする。教会は、秩序を守る権力にたいしても、〔イエスキリストの使信に〕耳を傾けること、〈回心すること〉(Umkehr) を強く求める。

とはいえ、教会は、教会のもとに来る者、教会に近づこうとする者を拒むことはない。教会は、次

…教会においては、復活の奇跡についての力強い証言によって打ち砕かれる。その力は、国家においては、生を保持する秩序によって抑えられる」を参照。＊127　この文章とその前の文章とは、この草稿の他の箇所にある「キリストのからだ」ないし「キリスト教一体世界」と同じように、欄外に書き加えられていたものである。＊128　削除「魂を救いなさい」。＊129　〔原稿用紙の〕上の欄外に書き加えられていたこの文章は、横の欄外にある追加文「その根源へ立ちかえる」の差替えである。S.342–344を参照。

のことを神の世界統治に委ねる。すなわち、〈秩序を守る権力が成功するかどうか〉、さらに〈教会が――秩序を守る権力との違いをよく保ちながら、それと誠実な同盟関係[*130]を結びつつ、――父祖たちの祝福と罪責とが〔共に〕つながっている[*131]歴史的遺産を未来〔の世代〕に譲り渡すのを許されるかどうか〉、ということを。

＊130 《同盟関係》というキーワードは、「教会とこの世Ｉ」という表題の草稿にも現われている。S.343を参照。

＊131 『倫理-断片ノート』Nr.8には、〔草稿〕「遺産と……」のための準備の文章がある。それは初め線を引いて削除されたが、その下に点が打たれている〔削除が取り消されている〕。『倫理-断片ノート』NL A 86, 3は、《退廃》というタイトルに続いて、「父祖たちの祝福と罪責とは、遺産となって結びついている」という文で始まっている。――西洋の歴史的発展については、ボンヘッファーは、拘禁中にも、さらに仕事を続けた。一九四四年六月八日付書簡（DBW 8, 476 f〔『獄中書簡集』〕）および一九四四年七月一六日付書簡（DBW 8, 529-533〔『獄中書簡集』〕）を参照。DBW 8, 534〔『獄中書簡集』〕「われわれは、神の御前で神とともに神なしに生きる」〔および〕S.115「希望に満ちた無神性」も合わせて参照せよ。

罪責・義認・新生[*1]

〔罪責告白〕

〔いまや〕問われているのは、〈キリストの形《ゲシュタルト》〉がわれわれのあいだで、〈形をとるようになること〉(Gestaltwerden)である。それゆえ、裁かれ、新しく生かされた本当の(wirklich)人間が問題なのである。裁かれ、新しく生かされた本当の人間は、〈イエス・キリストの形〉以外のところには、それゆえキリストと〈同じ形をとること〉(Gleichgestaltung)以外のところには存在しない。ただ〈キ

*1 「新生」(Erneuerung)は、「再生」(Wiedergeburt)の差替え。(後者の言葉は『倫理-断片ノート』Nr. 40 にあり。W. Lütgert, Ethik der Liebe, 236「……再生の条件は、諸民族にとっても死である」)。以下の草稿は、これまでの草稿の最後(S. 120 以後)まで用いられた同じ紙面(用紙番号《27》)で始まっている。次の用紙番号は、《28》へ訂正される前は《26》と付けられていた。「遺産と退廃」は用紙番号《25》の紙面で終わっている。「遺産と退廃」の草稿の折りたたまれていない用紙とは違って、用紙《27～32》(草稿の終わりはS. 136)まで、いっしょに折りたたまれている。テキストは、一つのまとまりであるように見える。

リストに受け入れられた人間〉だけが本当の人間であり、ただ〈キリストの十字架に出会った人間〉だけが裁かれた人間であり、ただ〈キリストの復活に参与している人間〉だけが新しく生かされた人間なのである。

神がキリストにおいて人となりたもうて以来、人間についてのいっさいの思考は、キリストなしには、実りのない抽象化である。〈イエス・キリストの形〉のなかへ受け入れられた人間に〈対抗する〔人間〕像〉(Gegenbild)は、自分自身で自分を創造する者、自分を裁く者、さらに自分を新しく生まれ変えさせる者として立つ人間である。それは、自分の本来の人間存在とは関わりなしに生きる者であり、それゆえ、遅かれ早かれ、自分自身を破壊してしまう。*2 人間がキリストから離反することは、同時に、自分の固有の本質から人間が離反することである。

〔そこからの〕回心〔＝悔い改め〕にいたる唯一の道は、キリストにたいする罪責を認識することである。認識されねばならない罪とは、あちこちで犯される過失や錯誤、抽象的な律法にたいする違反ではない。そうではなく、キリストからの離反、〔つまり〕われわれのうちに形をとり、われわれをわれわれ本来の形へ導こうとしたもう〔キリストの〕形から離反することである。正真正銘の罪責認識は、崩壊や退廃の経験から生まれるのではなく、――イエス・キリストに出会ったわれわれにとっては、――ただキリスト御自身の形に即してのみ生まれるのである。

それゆえ、〔正真正銘の〕罪責認識は、この〔キリストの〕形と或る程度の交わりがあることを前提としている。まさにそれゆえに、この〔罪責〕認識は一つの奇跡である。なぜなら、キリストから離反した者が、なおキリストとの交わりをもつというようなことが、どうしてできるだろうか――もしもキリスト御自身が離反した者をしっかり掴まれ〔その人との〕交わりを保ちたもうという恵みによるのでなければ。罪責認識は、キリストの恵みにもとづいてのみ、〔つまり〕離反した者をキリストがとらえていたもうことにもとづいてのみ存在する。この罪責認識のなかで、人間がキリストの形と〈同じ形をとる〉という過程が始まる。その点において、この罪責認識は、自力で行なおうとする実りのない、*3 他のあらゆる罪責認識からは区別される。

この罪責認識が現実化する場所が教会《キルヒェ》である。しかし、このことは、教会が現にあり、かつ現に行なっている他の事柄と並んで、〔さらに〕正真正銘の罪責認識の場所でもあるかのように理解されてはならない。そうではなく、教会は、キリストの恵みによって、キリストにたいする罪責認識へと導かれた人びとの、まさしく〈あの〉共同体なのである。それゆえ、教会が〔正真正銘の〕罪責認識の場所であるということは、〔教会が教会であるということを〕同語反復的に言い表わすものである。*4 もしそうでなければ、教会はもはや教会ではないであろう。

教会は、今日、キリストの恵みの力によってとらえられて、自分自身の個人的な罪責ばかりではなく、イエス・キリストからの西洋的世界の離反をも、共にイエス・キリストにたいする罪責として認

*2　差替え「ニヒリズムにおちいる」。〔次の段落のなかで、ボンヘッファーは「退廃」（Verfall）という言葉を用いている。これは先行の草稿冒頭におかれたタイトル〔遺産と退廃〕のなかの用語であり、以下、罪責告白で論じている内容が個人的な罪責だけでなく、西洋的世界の歴史と社会の罪責をふくむ問題でもあることを示唆している〕。

*3　差替え「強制された」。*4　「同語反復的」（tautologisch）とは〔ここでは〕「教会」と「罪責告白の場所」とが〈同一のもの〉（τὸ αὐτό）を言い表していると言うことである。

識し、告白し、またその責任を自分に引き受ける人びとの共同体である。教会は、イエスが御自身の形を世界のただなかで実現したもう場所なのである。それゆえにまた、個人としても共同体としても、教会だけが再生と新生とが行なわれる場所でありうる。

〔すなわち、そこには〕イエス・キリストから離反したことの認識を生き生きともち続ける人びとが存在しているという事実こそ、キリストの生ける現臨の徴《しるし》である。これらの人びとは、たんに他人のうちにキリストからの離反を確認するというだけではなく、自分自身がこの離反の罪責を負っていることを告白しているのである。罪責の告白は、罪責を共に担っている他者を横目で盗み見しながら行なわれるのではない。*5 この告白は、すべての罪責を自分に引き受けるということでは、厳格に排他的なものである。いまなお〔他者との〕罪責の比較考量がなされるところでは、〈キリストの形〉を眼前にして罪責告白を行なう代わりに、自己義認（Selbstgerechtigkeit）という実りのない道徳が登場する。

まさに個別の過失ではなく〈キリストの形〉が罪責告白を起こさせる源泉なのである。それゆえにこそ、その告白は、無条件的であり完全なものである。なぜなら、キリストは、じっさい、他の何ものにも優って力強く、次のような仕方でわれわれを圧倒したもうのであるから。すなわち、われわれの罪責を無条件かつ完全に引き受けられ、われわれの罪責にたいして御自身を罪ある者とされ、われわれを自由なものとしたもうたという事実によって。このキリストの恵みに注目するならば、われわれは、他者の罪を横目で盗み見ることからまったく解放されて、キリストの御前《みまえ》に膝をかがめ《私の罪、私の罪、私の最大の罪》（mea culpa, mea culpa, mea maxima culpa）*6 と告白させられるのである。

この告白とともに、この世の罪責の全体が、教会の上に、〔つまり〕キリスト者の上に、ふりかかってくる。そして、この場合に教会が、この罪責を否認しないで告白することによって、罪の赦しの可能性が開かれる。道徳主義者たちにはまったく理解できないことだが、ここでは、本来の罪責をもつ者が追及されるのではない。また当然の償いとして悪人への処罰と善人への報酬が要求されるのでもない。悪人はその悪の責任を背負い込む（黙示録が「不正を行う者はさらに不正を行〔う〕……者となれ」（黙二二〔・一一〕）と述べた意味で）というのではない。そうではなく、ここには、すべての――実際にすべての――罪責を自分自身に引き受ける人びとがいるのである――何か英雄気取りで犠牲的な決意をしたというのではなく、単純にキリストにたいする自分自身の深い罪責に圧倒されて。〔しかし〕この瞬間には、彼らは、もはや《罪人の頭《かしら》》にたいする〈応報的正義〉（vergeltende Gerechtigkeit）について考えるのではなく、ただ自分自身の大きな罪責にたいする赦しについて、なお思い浮かべることしかできないのである。

ここで、共同体を毒する源泉として認められるのは、何よりもまず、各個人のまったく個人的な罪である。個人の[*7]最も隠れた罪さえも、〈キリストの体〉を汚し破壊することである（一コリ六〔・一

＊5　第一次大戦後の〔戦争〕責任をめぐる〔ドイツの〕論議には、そのなかでも、とくにヴェルサイユ条約における戦勝国側から主張されたドイツの単独責任のテーゼのゆえに、〈相手側の罪責告白なしにはドイツの罪責を告白することはできない〉と留保する声が混在していた。＊6　「私の罪、……最大の罪」は、カトリックの〈ミサ〉における罪責告白（Confiteor）で用いられている言葉。＊7　「個人の」は、「淫奔さ」の差替え。（何度も強く抹消されている）。

五」)。われわれの肢体のなかにひそむ欲望から、殺人・嫉妬・争い・戦いが生まれる[*8]〔ヤコ四・一以下〕[*9]。〈そんなことには、私は、ほとんど与《あずか》り知ることがない〉と言って、安心していることはできない。ここでは、責任の有る無しを数えるのではなく、〈まさに私の罪こそ、すべてにたいして責任があるのだ〉ということを認識せねばならない。私は、節度のない欲望について罪がある。私は、声を上げるべきだった時に臆病にも沈黙したことに罪がある。私は、暴力を前にしたときの不誠実さと偽善について罪がある[*10]。私は、キリストにたいして忠実ではなく、キリストから離反したことに罪がある。私は、最も貧しい兄弟たちにたいして憐れみの心をもたず、無視したことに罪がある。〈他の人びとにも罪があるのではないのか〉ということは、私と何の関わりがあるだろうか? 私は他人の罪なら何でも赦すことができる。〔だが〕私自身の罪だけは、決して言い訳できない罪として目の前にある。自分の罪については、〔その大小や有無を〕もはや計算したり論争したりできないこと、自分の罪こそすべての罪の源泉として――聖書の言い方によれば、〈アダムの罪〉[*11]として――認識することは、現実を病的・自己中心的に歪曲して見ているというのではなく、それこそ正真正銘の罪責認識の本質である。〈そのように全体にたいして罪責を自覚した無数の個人がいる〉と指摘することによって、そうした認識に水をさし、矛盾だとあげつらうのは[*12]、意味のないことである。それらの多くの個人は、じっさい、集まって、教会という〈全体としての私〉を形づくっている〔のだから〕。彼らにおいて、そして彼らを通して、教会は、自分自身の罪責を告白し認識するのである[*13]。

教会は告白する――イエス・キリストにおいて、すべての時代にたいして啓示され、他の神々が並び立つのを許さない〈唯一の神〉についての使信を、十分に公然と、かつ明確に宣教しなかったこと

＊8　差替え「憎しみ」。**＊9**　このヤコブ書からの言葉は、DBW 4 (N), 282〔『キリストに従う』〕でも、新約聖書における悪徳のリストを扱った箇所で引用されている。ボンヘッファーの用いたルター訳聖書には、第一節に複写用鉛筆で傍線が引かれていた。彼の所有したネストレ版では、第二節 φονεύετε（「あなた方は殺す」）には鉛筆で一本だけの下線、さらにそれにたいするエラスムスの校訂による欄外注 φθονειτε（「あなた方は妬む」）には鉛筆の二重の下線が引かれている。**＊10**　マタ二五・一二－一九を見よ。**＊11**　DBW 1 (SC), 72〔『聖徒の交わり』〕、DBW 2 (AS), 144 f〔『行為と存在』〕、ロマ五・一二－一七、マタ二五・四〇を参照。**＊12**　「Ins “Absurde” と」（背理へと〈導く〉）、S. 71 を見よ。**＊13**　草稿には終止符が打たれていない。同様に、以下の S. 131 までの文章の段落末にも、また、他の『倫理』草稿でも、たとえば S. 341 の末尾も同様である。ここから以下に続けて記されていく罪責告白を、ボンヘッファーは、ヒトラーの勝利がなお継続中の時期に、活動的な陰謀〔クーデタ計画〕参加者として書いたのである。罪責告白は〈十戒〉、Ex 20, 2-17〔出二〇・二－一七〕にたいしても続く。DBW 5 (GL), 98〔『共に生きる生活』〕「神の赦しの確かさのために……〈告解〉〔罪の告白〕においては具体的な罪の告白が重要である。……それゆえに、十戒の全体に即して吟味することは、〈告解〉にたいする準備となるであろう」を参照。福音主義教会では、〔こうした形の〕罪責告白は用いられてこなかった。このような罪責告白をボンヘッファーが彼の『倫理』のなかに取り入れたことは、彼の教会理解から引き出されたものである。DBW 1 (SC), 144〔上掲書〕教会における「自分自身の罪にたいして、また教会員全員の罪にたいして悔い改めが行なわれる」を参照。後に、一九四三年一〇月一六－一七日には、ブレスラウにおいて〈十戒〉にもとづく〈決議、すなわち〉『〔第一二回、最後の〕古プロイセン福音主義合同教会告白会議の教会員にたいする一九四三年懺悔祈祷日のための言葉』が議決された。これについては、J. Beckmann, Kirchliches Jahrbuch, 387 f und DB 796 f〔ベートゲ『ボンヘッファー伝』〕を見よ。ドイツ福音主義教会評議員会〔一九四五年一〇月一八－一九日〕によるシュトゥットガルト罪責宣言は、〈第三帝国〉における教会の罪責について、具体的なことについては、ほんの僅かしか言及していなかった。以下の〔草稿〕テキストを冒頭に収めた資料集（M. Greschat, Die Schuld der Kirche）を参照。〔この問題については、宮田光雄「教会闘争と罪責告白——シュトゥットガルト罪責宣言論争」（『十字架とハーケンクロイツ』所収）を参照〕。

を。教会は告白する――自分が臆病だったこと、逸脱したこと、危険な譲歩をしたことを。教会は、自分の〈見張りの役目〉と〈慰める役目〉を、しばしば怠ってきた。そのことを通して、教会は、排斥された人びとや軽蔑された人びとにたいして当然なすべき憐れみの手を差し伸べることを、しばしば拒絶してきた。教会は、罪なき者たちの血が〔救いを求めて〕天に向かって叫んでいたゆえに[*14]、大声を上げねばならなかったところでも、沈黙していた。教会は、ふさわしい言葉を、ふさわしい仕方で、ふさわしい時に発してこなかった。教会は、信仰からの離反にたいして、血を流すまで抵抗することをせず[*15]、また大衆が神を見失ったことにたいして罪を犯した。

教会は告白する――教会は、この世の人びとの前でイエス・キリストの御名《みな》を恥じ、御名が悪い目的のために乱用されることを力を尽くして防ごうとせず、それによってイエス・キリストの御名を誤用したことを。教会は、キリストの御名にかこつけて暴力行為と不正とが行なわれるのを見過ごしてきた[*16]。しかも教会は、この最も聖なる御名が公然と嘲笑されても、それに反対することなく、なすがままに任せ、それをいっそう助長した。教会は知っている――神は、その御名をこのように悪用する者を罰しないままでいたもうことはない、ということを。

教会は告白する――教会は、祝日を失い、その礼拝を荒廃させ、日曜日毎の安息[*17]を軽視することにたいして罪があることを。教会は、〔労働者たちが〕休息をあたえられないで不安にされ、しかも就業日以外の日にも搾取されていることにたいして、自分でも罪を犯した。なぜなら、イエス・キリストについての教会の説教は力弱く、その礼拝は生気の乏しいものだったから。

教会は告白する――両親の権威の崩壊にたいして罪があることを。老人を軽蔑して青年《ユーゲント》を祭り上げることにたいして、教会は、反対しようとはしなかった。青年を失い、それとともに未来を失うこと[*18]を恐れたから——まるで教会の未来が青年にかかってでもいるかのように！　教会は変革的な青年に反対して、神があたえたもうた〈両親の尊厳〉をあえて宣べ伝える勇気をもたず、《青年とともに行く》というきわめて世俗的な試みに同調した。こうして教会は、無数の家庭が破壊されたこと、子どもたちが父親に反逆したこと、青年が自分を偶像化したこと、[*19]その結果、彼らをキリストから離反するままに任せてしまったこと、について罪がある。[*20]

＊14　創四・一〇を参照。**＊15**　ヘブ一二・四を参照。**＊16**　ドイツにおけるナチ支配の初期には、たとえば《積極的キリスト教》とか《無神論的ボルシェヴィズムへの防衛》というような発言が、反ナチ的な左翼にたいする暴力行為を正当化するために用いられたが、それは教会側から明確に批判されることはなかった。**＊17**　『倫理-断片ノート』Nr.1には、「祝日!?」という言葉が記されている。A. D. Müller, Ethik, 383を参照。ボンヘッファーの所有本には、次の文章に複写用鉛筆で強い傍線が引かれていた。「この［われわれの］時代の人間の運命は、『時間がない』という特徴をもっている。彼らには、決して祝日がないのである」。さらに一九四三年の〈小説断片〉DBW 7, 74を参照。**＊18**　「祭り上げること」(Vergötterung) は、「偶像崇拝」の差替え。全体主義的に支配されている諸国家における青年崇拝は、未来世代である若者たちを政権につなぎ止めることを狙うものである。帝国《ライヒ》教会監督ルートヴィヒ・ミュラーは、一九三三／三四年に教会青年会をヒトラー青少年団《ユーゲント》に編入させた。それについては、チチェスター司教ジョージ・ベルに宛てたボンヘッファーの手紙（一九三三年一二月一七日）に記されている。日曜日におけるヒトラー青少年団《ユーゲント》の《奉仕活動》(Dienst) は、教会礼拝 (Gottesdienst) へ参加することが不可能になるように設定されていた。**＊19**　差替え「放縦」。なお、S.130 f の「放縦」を参照。**＊20**　〔草稿の〕最初の表現「放［縦］に［委ねること］」という言い回しには、何本もの×印。「キリストから離反」は、「キリストから遠ざかること」の差替え（差替え「無法性」）。

教会は告白する――残忍な暴力が勝手気ままに用いられ、無数の罪なき人びとが肉体的・精神的に苦しみ、抑圧・憎悪・殺人が行なわれるのを目撃しながら、しかも彼ら〔被害者〕のために声を上げず、彼らを急ぎ助けに行く道を見出そうともしなかったことを。教会は、最も弱い人びとや身を守る術《すべ》をまったくもたない人びと、〔これらの〕イエス・キリストの兄弟たちの生命が失われたことにたいして、罪を犯した。*21

教会は告白する――男女両性の関係における秩序が、すべて解体することにたいして指針や助けとなる言葉を知らなかったことを。教会は、純潔が嘲笑され性的な放縦が公言されることにたいして、有効に力強く立ち向かっていく術《すべ》をまったく知らなかった。教会は、折にふれて道徳的な憤激を示しただけで、それ以上に踏み出そうとはしなかった。教会は、それによって、青年の純潔さと健全さにたいして罪を犯した。教会は、〈われわれの身体はイエス・キリストの体に属するものだ〉ということを力強く宣教する術を知らなかった。*22

教会は告白する――貧しい人びとが収奪され搾取され、強い者たちが私腹を肥やし、かつ腐敗していくことにたいして、沈黙し傍観していたことを。*23

教会は告白する――無数の人びとが中傷、密告、名誉棄損によって、その人生を破壊されたことにたいして罪を犯してきたことを。教会は中傷する者にたいして、その不正を問いただすことをせず、そのために中傷された人たちをされるがままに任せてしまった。*24

教会は告白する――教会は自ら要求する権利もない安全・休息・平和・財産・栄誉を欲しがり、そうすることによって人間の欲望を抑制しようとはしないで、むしろ亢進させてしまったことを。

教会は告白する――十戒のすべてにたいして罪を犯し、それによってキリストから離反したことを。*25 教会は、〈神の真理〉について、すべての真理探究、すべての学問が、その根源をこの〔神の〕真理のなかに認識するようには証言しなかった。*26 教会は、〈神の義〉について、すべての人間的な正義が

*21 「身を守る術《すべ》をまったくもたない人びと」は、「彼らは、最も弱い人びとや貧しい人びとにたいして罪を犯した」の差替え〔差替え「無数の人びと」〕。「イエス・キリストの兄弟たち」は後からの追記。とくに〈ユダヤ人たち〉にたいする示唆を見落とさせないようにするためであろう。S.95「なぜなら、イエス・キリストはユダヤ人だったから」を参照。E. Bethge, Dietrich Bonhoeffer und die Juden, 202「この『イエス・キリストの兄弟たち』という言葉を用いて、ボンヘッファーは、自分と教会の罪責告白においてホロコーストの犠牲者たちとの深い連帯性を表わしているが、同時に〔彼らの犠牲の深さにたいして〕敬意を示しているのである」。マタ二五・四〇b（「私の最も小さな者たち」）参照。*22 ナチ国家によって青少年にたいする家庭の両親からの影響が遮断されていることについては、ボンヘッファーが一九四一年三月にジュネーヴで報告している。それにもとづいてウィレム・フィッセルト・ホーフトの手記は、以下のように記している。「男女の両性関係にたいして、こうした発展全体が及ぼす恐るべき影響については、多くの物語がある。結婚によらない子どもが生まれたとき、その生みの親たちは、『それは指導者《フューラー》〔ヒトラー〕のお望みなのだ』と口にするだけだったようなことが、しばしば起こった」と。*23 ヘルマン・ゲーリングやユリウス・シュトライヒャーのようなナチ指導者たちは、とくにユダヤ人の財産を略奪することによって、莫大な富を所有するにいたった。*24 〈第三帝国〉では、〈密告〉は、しばしば〔被害者の〕死を引き起こした。*25 ボンヘッファーの確信によれば、〈十戒〉はキリストを指示するものである。*26 『倫理-断片ノート』Nr.83（なお Nr.21）における Ernest Hello, „Mensch ohne Gott 161“という言及を参照。（ここで考えられているのは、明らかに一九三八年に出版された〔エルネスト・エロの〕著書 Welt ohne Gott であり、「科学の否定」と題する章の一六一頁には「自然科学はキリストを待望してきた」と記されている。）

自らの存在の根源を、この〔＝神の正義の〕中に見出さざるをえない[*27]ようには宣教しなかった。教会は、〈神の思いやり〉（Fürsorge Gottes）について、人間のすべての経済活動がその課題を、そこ〔＝神の思いやり〕から受けとってきたと言えるほど拠り所とさせることができなかった。教会自身が〔公共的に〕沈黙したことによって、[*28]〔社会において〕責任ある行動に出ることも、勇気をもって介入することも、正しいと認めた事柄のためには苦難を受ける決意をもつこともなかった。——これらのことにたいして教会は罪を犯した。教会は〈政治的権威〉（Obrigkeit）がキリストから離反したことについて罪を犯した。

以上に述べたことは言い過ぎであろうか？　ここでまったく正しい二、三の人たちが立ち上がって、〈教会ではなく、教会以外のすべてのものこそが罪を犯したのだ〉ということを証明しようとするかもしれない。たとえば二、三の教会人が、〔教会の罪責に関して〕前述したすべてのことを無礼な侮辱だとしてはねつけ、〔自分こそは〕この世の裁き手として召された[*29]者だと思い上がり、自分の方と相手方の罪責の程度を比較考量して振り分けようとしたがるのではなかろうか？　そもそも、教会は、四方八方から妨害され、拘束されていたのではなかったか？　この世的なすべての勢力が、教会に反対していたのではなかったか？　教会は、反キリスト教的な暴力との闘争を始めることによって、教会にとっての〈究極的なもの〉、〔つまり〕その神礼拝とその交わり《ゲマインデ》の生活を危険にさらすことが許されていただろうか？[*30]——不信仰者は、そのように言う。このような人は、罪責を告白することが、この世の罪を担いたもうた〈イエス・キリストの形〉を取り戻すことではなく、たんに〔教会の地位を〕道徳的に格下げする危険な試みとしか認識しないのである。

自由な罪責告白とは、じっさい、われわれが〈する〉こともできるし、〈しない〉でおくこともできる、というようなものではない。それは、教会のなかに〈イエス・キリストの形〉が貫徹することである。教会は、自分自身のなかに、そのことが起こるようにさせねばならない。そうでなければ、教会は、キリストの教会であることを止めるのである。教会の罪責告白をもみ消したり、あるいは台無しにしたりする者は、絶望的な仕方でキリストにたいして罪を犯すことになる。

教会は、罪責を告白することによって、人びとが自分の罪責告白を行なうことを免れさせるのではない。教会は、人びとを、罪責告白の交わりのなかへ招き入れるのである。キリストによって裁かれた者としてのみ、〔神から〕離反した人類は*31、キリストの御前《みまえ》に立つことができる。この裁きの下へ、

＊27　これについては、カール・バルトの著書、Rechtfertigung und Recht, 1938 を参照。**＊28**　差替え「沈黙」。ナチ・ドイツでは一九三五年から国家と党による弾圧措置が強化されて、次第に教会の批判的な発言は制限され、一九四〇／四一年には、ほとんど沈黙させられた。**＊29**　差替え「正当な」。**＊30**　「そもそも教会は、……許されていただろうか」は、以下の文章の差替え。「そもそも教会は、〈究極的なもの〉をもはや見失うほど自己忘却してもよいのだろうか」。さらに続く六個の文章の冒頭も、同じく差替え。「そもそも教会は、次のように申し立てるだけでは自分を正当化されないのだろうか。教会は、じっさい、四方八方から妨害され制約されていたのだ、と」。〔また〕この世的なすべての勢力が教会に反対していたのだ、教会は、いま自分たちが非難されているようなことをまったくすることが出来なかったのだ、そもそも教会は〈究極的なもの〉〔つまり〕その神礼拝とその交わりの生活を守らねばならなかったのではないのか、と」。こうした否定的な議論の数々は、〔いずれも〕ボンヘッファー自身が抱いてはいない見解をできるかぎり周到に言い表わそうと努めていることを示している。**＊31**　差替え「西洋に生きる人びと」。

教会は、――その呼びかけが届く――すべての人たちを招くのである。

〔義認と傷痕の残る癒やし〕

教会と個人とは、その罪責を裁かれた者として、〈すべての人間の罪を御自身に担いたまい、かつ赦しをあたえたもう方〉、すなわち、イエス・キリストによって義とされる。この、教会と個人の義認は、彼らが〈キリストの形〉に参与することのなかにある。それは、神によって裁かれ、罪人の死に渡され、そして神によって新しい生に目覚めさせられた人間の形である。それは、真実に神の御前にあるがままの〈人間の形〉である。ただ、公然たる罪人の死としての十字架の恥辱のなかへ引き入れられた者としてのみ、教会とそのなかの個人とは、新しい義と新しい生とに目覚めさせられた者の栄光の交わりのうちに受け入れられる。[*32]

神による〈教会の義認〉――それは、教会を完全な罪責告白へ、そして十字架の形へ導き入れるのだが――、この神による〈教会の義認〉のうちにおいてのみ、キリストから離反した〈西洋の義認〉(Rechtfertigung des Abendlandes)は存在する。神による〈教会の新生〉(Erneuerung der Kirche)――それは、教会を甦りたもう生けるイエス・キリストとの交わりに導き入れるのだが――、この神による〈教会の新生〉のうちにおいてのみ、〈西洋の新生〉(Erneuerung des Abendlandes)は存在する。

それとも、〈西洋の義認と新生〉というような言葉は、――西洋全体がイエス・キリストにたいする信仰によって義とされ、新しく生かされることは、じっさい、決してありえないのだから、――許されない誇張した表現[*33]なのだろうか？

むろん、次の事実に注意せねばならない。すなわち、〈教会の義認と新生〉については、〈西洋の義認と新生〉とは別の意味で語られねばならない、ということである。教会は、キリストにたいする信仰によって、すなわち、〈キリストの形〉の下に膝をかがめることによって、義とされ新しく生かされる。歴史的・政治的な形態としての西洋は、ただ間接的にのみ、〔すなわち〕教会の信仰によって[*34]《義とされ、新しく生かされる》ことができるのである。教会は、信仰において[*35]そのすべての罪の赦しと恵みによる新しい始まりとを経験する。〔これにたいして〕諸民族にとっては、――秩序・正義・平和が回復する中で、さらにイエス・キリストについて教会の自由な宣教活動の再開が保証される中で――罪責が〈傷痕を残したまま癒される〉（Vernarben）ということが存在するだけである。

諸民族は、自らの罪責の遺産を担っているのだが、しかし、歴史における〈神の恵み深い統治〉（gnädiges Regiment Gottes）によって、次のようなことが起こりうるのである。すなわち、呪いのうちに始まったことが終わりには諸民族への祝福になるということ、また、不当に行使された暴力から正義が、また大きな混乱から秩序が、流血から平和が生まれる、ということである。王冠の強奪

＊32　草稿の欄外に記されているメモ「この世の義認？　西洋の〔義認〕？　教会と個々人の新生？　しかし西洋の〔新生〕は？」。＊33　「誇張法」（Hyperbe　ギリシャ語）は、ここでは誇張した言い方を意味する。＊34　差替え「歴史的な〔存在〕としての西洋、それゆえ西洋の諸民族は……によってできる」。＊35　差替え「キリストによる義認において」。

という出来事でも、当初は専横と暴力とが支配していたのだが、やがて王冠それ自身のもつ内的な力、〔つまり〕神によって立てられた〈政治的権威〉という制度の力が、しだいに〔その傷を〕〈癒やし、傷痕を残しながら治す〉(heilend und vernarbend)ように働くということが、しばしば示されてきた。*36 正義を軽蔑し、弱者を暴力的に抑圧して行なわれた*37帝国主義的な侵略政策が経過する中で、徐々に正義へ、平和へ、〔さらには〕かつて暴力的に抑圧された人びとにとっての幸福にさえ向かう、あの〈転換〉(Wendung)がくり返し生じてきた。この転換は、過去の罪責が〈傷痕を残しながら癒される〉ということを意味していた。

それによって、たしかに、罪責が義とされたり、廃棄されたり、赦されたりするのではない。罪責は、いぜんとして残ったままである。しかし、引き裂かれた傷口は傷痕を残しながら閉じられる。教会にとって、また個々の信仰者にとっては、——罪の赦しがあたえられることによって——罪責との完全な断絶と新しい始まりが可能である。これにたいして、諸民族の歴史的な生においては、いつでも、ただ徐々に進む〈癒やしの過程〉(Heilungsprozeß)が進んでいくだけである。

不正に王冠を手に入れながら、時間が経過するうちに正義・秩序・平和を生み出した王冠の担い手から、簡単に王冠を棄てさせることはできない。征服した国々に平和・繁栄・幸福をもたらした征服者から、簡単にその支配を断念させることはできない。*38 王冠の放棄によって、また征服の断念によって、じっさい、まさにいまや、いっそう大きな無秩序が、いっそう大きな罪責が生じるようなことがあるかもしれない。

教会と信仰者の生においては、悔い改めと赦しとによって、過去の罪責との連続性は断ち切られる。

〔しかし〕諸民族の歴史的な生においては、この〔罪責の〕連続性は保たれ残ったままである。この場合に問題となるのは、ただ、過去の罪責が、〔傷痕を残しながらも〕事実上、その傷口を閉じられているかどうか、また、その箇所で、その時に、外交政策的にも内政的にも諸民族間の歴史的な対立[*39]の内側で、何か〈赦しのようなもの〉が存在しているかどうか、ということである。ただし、この〈赦しのようなもの〉とは、イエス・キリストが信仰〔者たち〕にあたえたもう罪の赦しの〈弱い影のようなもの〉にすぎないのではあるが。ここでは、過去に引き起こされた不正にたいして、その罪責を担

＊36 「王冠」はラインホルト・シュナイダーにおいては「上からの」秩序を言い表わし、その限りでは「下からの」勢力としての《血と土》という言い方に対立させられている。たとえば、R. Schneider, Macht und Gnade, 105–113(「クロムウェルと王冠」)、とくに 112f(「聖者たちの議会、熱狂的な分派……は国家を脅かす」)。ボンヘッファーは。この本をエタール修道院滞在中(一九四〇‐四一年)に読んでいる。DBW 16, 110 の一九四一年一月一九日の記述を見よ。〔さらに論文〕「国家と教会」DBW 16, 517f)「ほとんどすべての王冠には罪責が付着しているとしても〈シェークスピアの王朝劇〉……〈政治的権威〉は、その成立においてではなく、その存在において、神の秩序なのである」を参照。J. Maritain, Die Zukunft der Christenheit, 324(「……その存在において傷痕を残したまま癒されている(… im Sein *vernarbt*)」。この〔ドイツ語による〕三語は、『倫理‐断片ノート』Nr.60 に引用され、下線が引かれ、とくに《存在》には二重の線が引かれている。

＊37 「行なわれた」は「暴力的抑圧と血で汚された」の差替え。

＊38 ヒトラーの権力掌握と〔対外的な〕征服行動は、実際にも将来的プログラムとしても、ボンヘッファーがこの文章で考えたような帰結をもたらすものではなかった。むしろ、そこ〔ヒトラー支配〕で問題となるのは、専横な支配であり、征服された諸国を屈服させることであった。

＊39 「外交政策的にも内政的にも」は追記されたもの。ボンヘッファーは、ヒトラー政権打倒の際に避けがたく思われた罪責――ナチ・ドイツの敵対国の戦争行動であれ、ヒトラー暗殺の成功後の内戦においてであれ――〈傷痕を残しながらも傷口が閉じられる〉可能性を希望していた。

う〔当事〕者による完全な償い〔を求めること〕は断念される。〔ここでは〕過ぎ去ったことは、いかなる人間の力をもってしても元通りにはできないこと、もはや歴史の歯車を〈逆回転〉させるのは不可能なことが認識される。受けた傷のすべてが癒されるということはありえない。

しかし、決定的なのは、これ以上、いっそう傷口を広げるようなことはしない、ということである。《目には目を、歯には歯を》*40という〔同害報復の〕応報的な法則《おきて》(Vergeltungsgesetz)は、諸民族の裁き主である神の御手にのみ留保される。その法則は、人間の手のなかでは、新しい災いを引き起こすだけであろう。この〈歴史内的な赦し〉(innergeschichtliche Vergebung)の前提は、暴力から正義が生じ、独断専横から秩序が生じ、戦争から平和が生じるということによって、罪責の傷口が〔傷痕を残しながらも〕閉じられているということである。そうでない場合、すなわち、不正が打破されることなく支配して、つねに新しく傷がつけられ続ける場合には、むろん、そのような〈赦し〉を口にすることはありえない。むしろ、そのような場合には、〈不正を阻止して、罪を犯す者に罪責を認めさせること〉こそ、まず心すべきことである。

それゆえ、西洋の《義認と新生》は、以下のようなときに、はじめて存在するであろう。すなわち、とにもかくにも正義と秩序と平和とが再建されること、ついで過去の罪責が《赦される》こと、〔その際〕〈処罰行動〉によって、これまで生じた事実を〈起こらなかったもの〉にすることができるという〈幻想〉をすべて捨て去ること、さらに、イエス・キリストの教会が、すべての赦し・義認・新生の根源として諸民族のあいだで〔働く〕場をあたえられるということである。*41

過ちの程度は所によってさまざまであるとしても、キリストからの離反という罪責は、西洋に〈共通する一つの罪責〉である。したがって、西洋に〈共通する一つの義認と新生〉だけが存在するのである。西洋の諸民族のなかの〔どれか〕一つを除外して西洋を救おうとするどのような試みも、すべて失敗に終わるであろう。[*42]

＊40　出二一・二四。レビ二四・二〇。この法則規定は、起源的には、報復行為を限定し、それによって、どこまでも亢進して抑制しえない復讐を防止することに役立つものであった。＊41　「教会が……諸民族のあいだで働く場をあたえられる」は、「この世の罪を御自身に引き受けたもうた〈イエス・キリストの形〉に、教会的宣教によって、〈場〉があたえられることである」の差替え。＊42　この末尾の文章は、ボンヘッファーの第二回目のスイス旅行において、一九四一年九月初めに彼とフィッセルト・ホーフトとが執筆した"Gedanken zu William Paton: The Church and the New Order"における表現に似通っている（R. Lovin, Biographical Context, 81 の示唆による）。「われわれはこう信じている。ドイツには諸国民のヨーロッパ共同体において忠実な協力を期待できる人びとが存在するということ、さらに彼らがドイツのためだけではなく、ヨーロッパ全体のためにもチャンスをあたえてくれるだろうということを信じる」。一九四一年九月一二日のフィッセルト・ホーフトの手紙は、ドイツの反ナチ抵抗運動の人びとや彼らが再建する戦後ドイツのことが考えられていた事実を明示している。しかし、なお、S.95（「西洋からユダヤ人を追放すること」も参照。

〈究極的なもの〉と〈究極以前のもの〉[*1]

〔究極的な言葉としての義認〕

すべてのキリスト教的生の根源と本質は、決定的に、宗教改革が〈恵みのみによる罪人の義認〉と呼んだ一つの出来事のなかにある。人間自身のうちに何が備わっているのかではなく、この出来事のなかで人間が何であるのかということが、われわれにキリスト教的生への鍵をあたえる。ここでは、人間の生の長さは一つの時に、そして生の広さは一つの点に集約される。すなわち、生の全体がこの出来事のなかに包み込まれているのである。ここでは何が起きているのであろうか。それは、一つの〈究極的なこと〉[*2]、人間の存在や行為、あるいは苦難によっては決して把握しえないことが起こっているのである。人間の生は、暗い坑道のようなものである。内面的にも外面的にも閉じこめられ、いよいよ深く底知れぬ淵と袋小路のなかで自分が見失われていく。〔しかし〕この人間の生は、力をもって切り開かれ[*3]、そのただなかへ神の御言葉が入ってくる。人間は、救いの光のなかで初めて神と隣人とを認識する。これまでの生の迷宮は崩壊する。人間は、神と隣人とにたいして解放される。そして人間は次のことを知るようになる。すなわち、人間を愛し、かつ受け入れたもう神が在《いま》したもうこと、自分の傍らには神が自分と同様に愛したもう他者が立っていること、そして将来は、その教会とともに在《いま》したもう三位一体の神のもとにあることを。彼は、信じ、愛し、希望する。

過去や将来を含む生の全体は、神の現在において一つの流れとなる。過去の全体は、〈赦し〉という言葉によって包みこまれ、将来の全体は、神の信実において安全に守られる。過去の罪は、イエス・キリストにおける神の愛の深みのなかに沈み込み、克服される。将来は、罪を犯すことなく、神から生まれるであろう（一ヨハ三・九）[*4]。人間の生は、一つの永遠の土台から別の永遠の土台まで、〔つまり〕この世界が創造される以前になされた選びから永遠の救いに至るまで、広がり保たれていることを知っている。人間の生は、自分が三一の神への讃美を歌う教会《ゲマインデ》の肢であり、被造の世界の肢であることを知っている。これらのことはすべて、キリストが人間の許へ来たりたもうときに起こる。キリ

＊1　ボンヘッファーは、当初、「〈[究極] 以前のもの〉……」という表題で書き始めようとしていた。『倫理-断片ノート』Nr.38や一九四〇年一一月二七日付の手紙（DBW 16,79）でも「〈究極以前のもの〉と〈究極的なもの〉」という順序である。この草稿は、エタールにおいてのみ使用された明るい二つ折り用紙（紙はすぐれて高品質）に記されている。**＊2**　差替え「〈最後のこと〉」（Allerletztes）。**＊3**　「人間の生は、暗い坑道……［削除「外から」］切り開かれ」は、「自分自身のうちに閉ざされ、内面的に閉じこめられた人間の生は切り開かれ」を差替え。**＊4**　〔ボンヘッファーが所持していた〕ルター訳聖書にはこの聖句「罪を犯すことができません」に複写用鉛筆で下線が引かれている。これについて、DBW 4 (N),279 および 220 Anm.10 〔『キリストに従う』〕を参照。

ストにおいて、これらのことはすべて真実であり現実である。それはまさに夢想ではないゆえに、人間の生は、キリストの現在に出会ったその時から、もはや失われた生ではなく、義とされた生となる。ただ恵みによってのみ義とされた生となる。

しかし、〔義とされるのは〕ただ恵みのみによってというだけでなく、また信仰のみによってでもある。そのように聖書と宗教改革は教えている。[*5] 愛や希望ではなく、ただ信仰のみが、人間の生を義とするのである。すなわち、ただ信仰のみが、新しい土台の上で生を基礎づけ、ただこの新しい土台にもとづいてのみ、私は神の御前に義とされて生きることができる。しかし、この土台は、主イエス・キリストの生と死と復活とである。この土台なしには、神の御前における人間の生は義とされず、死と滅びとに引き渡される。イエス・キリストの生と死と復活のゆえに、生きることが神の御前における私の生の義認である。

信仰とは、この土台を見出し、これを保持し、これに碇を下ろし、さらにそれによって守られることを意味する。信仰とは、私自身の〔内ではなく〕[*6]外にある土台の上に、すなわち、永遠の聖なる土台であるイエス・キリストの上に、生の土台を置くことを意味する。信仰とは、イエス・キリストの眼差しによって捕えられることであり、イエス・キリスト以外のものを見ないことである。信仰とは、自分自身の自我への捕われから解き放たれ、イエス・キリストによって自由にされることを意味する。信仰とは、私自身のなかに一つの出来事を生じさせることであり、そうして初めて一つの行為でもある。しかし、この二つの言葉〔＝出来事と行為〕では、そこに含まれている信仰の秘義を表現するには十分ではない。ただ信仰のみが確実なことであり、信仰を欠くすべてのことは、懐疑に支配される。

ただイエス・キリストのみが信仰の確かさである。私の生が義とされるということを、私は主なるイエス・キリストにたいして信じるのである。したがって、ただ信仰による以外には、私の生が義とされるいかなる道も存在しない。

しかし信仰は決して何も伴わないものではない。信仰がキリストの真の現臨であることが確かであるように、信仰には愛と希望とが伴う。もし信仰に愛と希望が伴わなければ、その信仰は決してわれわれを義とすることのない誤った信仰、見せかけの信仰、自分ででっち上げた偽りの信仰である。もし信仰に悔改めと愛の業《わざ》が伴わなければ、それは〔信仰によって義とされる、という〕習い覚えた信仰箇条の繰り返しであり、死んだ信仰である。信仰と悪い意図とは、片時も共存することはできない。〔たしかに〕義認の出来事において、すべてのものが人間にあたえられる。しかし、人間を義とするのは、ただ信仰のみである。〔たしかに〕キリストとの出会いにおいて、キリストのものでありキリ

＊5　ロマ三・二一－五・二一、ガラ三・一－一四、エフェ二・八、フィリ三・九、テト三・七を参照。宗教改革信条集〔『一致信条書』〕におけるアウクスブルク信仰告白の第四条および第六条（BSLK 56および60）、またアウクスブルク信仰告白の〈弁明〉、さらに大教理問答における〈主の祈り〉の第五祈願の解説（BSLK 682-685）を参照。とくにロマ三・二八「……δικαιοῦσθαι πίστει（あるいはネストレ版の欄外注ではδια πιστεως）ἄνθρωπον」は、ルターによって「ただ……のみ」が付加され、「……人が義とされるのは、……ただ信仰のみによる」と訳されている。S.290は、このルター訳をほのめかすものである。DBW 4 (N),36〔『キリストに従う』〕も見よ。S.137-142には、ボンヘッファーの著書『キリストに従う』を思わせる点が多く見られる。**＊6**　これに関して、ボンヘッファーの教授資格論文における「外から」（すなわち、extra nos ＝「われわれの外に」）参照。DBW 2 (AS),124〔『行為と存在』〕、またThDB 298 Anm.37〔ファイル『ボンヘッファーの神学』〕を見よ。

ストの所有したもうものは、すべて人間のものとなる。しかし、私の生は、キリストが御自分にもちたもうものによってのみ義とされるのであり、決して私の所有となったものによってではない。このようにして、人間の上にある天が開かれ、イエス・キリストにおける神の救いの喜ばしい音信《おとずれ》が、喜びの叫びとして天から地へと鳴り渡り、人間は信じる者となる。信じることにおいてキリストを自分自身に受け入れ、それによって人間は、すべてのものを所有する。人間は神の御前に生きるのである。

彼は、生が何であるかを、あらかじめ決して知ってはいなかった。自分自身を理解してはいなかった。彼は、ただ自分の可能性によって、あるいは自分の業《わざ》によって、自分自身を理解し、自分の生を義としようと試みることができた。そのため、彼は、自分自身の前で、そして自分ででっち上げた神の前で、自分を義とした。しかし、生ける神の可能性や御業は、彼には近づきえないものであった。その神の可能性や御業にもとづくような生など、理解することができなかった。自分以外の土台にもとづく生や、自分以外の力や支えによるような生は、彼には未知のものにとどまらざるをえなかった。彼がこのような生を見出したのは、キリストが御自身の仕方で彼を義としたもうたときであった。彼は自分自身の生をキリストのうちに失ってしまい、いまやキリストが彼の生となった。「生きているのは、もはや私ではありません。キリストが私の内に生きておられるのです」（ガラ二・二〇）。キリスト教的生は、キリストの生（Christusleben）なのである。

われわれは冒頭に、罪人の義認の出来事は、〈究極的なこと〉*7であると言った。このことは厳密な意味において考えられたものである。罪人にたいする神のあわれみは、ただ神の〈究極的な〉御言葉としてのみ聞かれることを欲しているし、また聞かれることができる。そのように聞かれなければ、それはまったく聞かれないことになるであろう。

この御言葉のもつ〈究極性〉は、二重の意味をもっている。〔第一に〕質的に、それゆえ内容として〈究極的な〉御言葉である。〔罪人の義認という〕神の恵みを[*8]超えて、それ以上の御言葉は存在しない。神の御前に義とされた生以上の生は存在しない。この御言葉は、不可逆的な〈究極の〉言葉であり、〈究極の〉現実である。なぜなら、この御言葉は、既存のすべてのもの、〈究極以前のもの〉を完全に打ち砕くものであり、したがって、これまで歩まれてきた道の自然的もしくは必然的な終着点なのではなく、むしろ、そのような道を完全に断罪し、価値のないものとするからである。そしてまた、この御言葉は、何ものによってもまったく強制されえない神御自身の自由な御言葉であるゆえに〈究極的〉なのである。[*9] したがって、この御言葉は自分自身の道によって、ここ〔＝罪人の義認〕に到達しようとする方法を、ことごとく排除するのである。[*10]

＊7　差替え「〈最後のこと〉」（Allerletz[tes]）。《究極的なこと》は、神学では伝統的に《終末論的なこと》として扱われている。P. Althaus, Die letzten Dinge を参照。＊8　差替え「神の恵みの約束を」。＊9　K. Barth, Das Wort Gottes, 67（Tambacher Rede 1919〔一九一九年のバルトによるタンバッハ講演「社会のなかのキリスト者」〕）「なぜなら、つねに、〈究極的なもの〉・最後のもの《エスカトン》……とは〔〈究極以前のもの〉の〕継続……ではなく、そうではなく、反対に、あらゆる〈究極以前のもの〉からの徹底的な断絶だからである」を参照。〈究極的なもの〉と〈究極以前のもの〉に関して、ボンヘッファーはすでに大学生時代の一九二六年に、バルトに視線を向け、学友のリヒャルト・ヴィートマンと議論していた。この点、DBW 9,164 および DB 125〔ベートゲ『ボンヘッファー伝』〕を見よ。〔なお〕ThDB 297 f および Anm. 35〔ファイル『ボンヘッファーの神学』〕（〔そこでは〕順序について「〈究極以前のもの〉から〈究極的なもの〉へと至る道は存在しないこと」と表現されている）参照。＊10　ボンヘッファー

この〈究極的な〉御言葉を獲得するルター的な方法やパウロ的な方法などというものは決して存在しない。パウロの辿った道、それゆえ律法を誇り、キリストに敵対する道も、ルターの辿った道、それゆえ修道院に入り、懐疑のうちに律法に躓く道も、〈究極的な〉御言葉によって義とされることはなかった。むしろ反対に、いずれの道も究極的には断罪されることになった。キリストのゆえに神の恵みによって義とされたのは、罪人のパウロであり、罪人のルターであって、彼らの罪ではなかった。[*11] 〈究極的な〉御言葉は、同時に、〈究極以前〉の道や事柄にたいする裁きであった。したがって、この質的に〈究極的な〉御言葉は、その端緒［から］――われわれがふたたびパウロの道やルターの道をたどるべきであるかのように――これらの道に目を注ぐことをわれわれに禁じるのである。[*12] これらの道は、すでに断罪された道である。

厳密に言えば、われわれは、姦淫の女や十字架上の盗賊、キリストを否定したペテロやキリストを熱狂的に迫害したパウロ［など］の道を繰り返してはならないのと同様に、ルターの道も繰り返してはならないのである。[*13] この質的に〈究極的な〉御言葉は、一度限り決定的に（ein für allemal）、すべての［人間的な］方法を排除する。それは、まさに赦しの御言葉であり、そしてただ赦しによってのみ義とする御言葉である。それゆえ、キリスト教会《ゲマインデ》において次のような説教をすることは――今日しばしば耳にすることであるが――無意味なことであり、正しくないことである。すなわち、〈究極的な〉御言葉を聞きうるようになるには、誰でもその前に、マグダラのマリヤのように、貧しいラザロのように、[*14] 十字架上の盗賊のように、つまり、これら聖書に出てくる《周辺的人物》[*15] のようにならねばならない、と。

このようにして神の御言葉の〈究極的な〉性格を強調しようとするほど、実際には、それを埋没させてしまうことになるのである。キリスト教の使信の内容は、われわれがあの聖書に出てくる人物のようになることではなく、キリスト御自身のようになることである。しかし、そうなるためには、いかなる方法もなく、ただ信仰のみによるのである。そうでないとすれば、福音は、その価値を失うであろう。〈高価な恵み〉は安価なものとなるであろう[*16]。

による「方法」の拒否については、ThDB 302〔ファイル『ボンヘッファーの神学』〕を見よ。**＊11** 『キリストに従う』におけるボンヘッファー自身による事項索引では、「罪の義認」と「罪人の義認」とを区別している。DBW 4 (N). 29f など〔『キリストに従う』〕を参照。**＊12** 新ルター派においては、ルターの道、すなわち、律法にたいする躓きから、〔罪人を〕義とする神の恵みを受け入れる率直さへという道を、キリスト教的生の義務的なモデルとする強い傾向がある。その結果、律法－福音という順序は不可逆的であるという確信に結びつく。これに反対するカール・バルトの著作 „Evangelium und Gesetz“〔『福音と律法』〕（一九三五年）参照。**＊13** 「ルターの道」については、S.291 を参照。「姦淫の女」：ヨハ八・二－一一。「盗賊」：ルカ二三・四〇－四三。ペトロによる否認：マタ二六・六九－七五。パウロ：使八・三、使九・一、ガラ一・一三－一四。**＊14** マグダラのマリア：ルカ八・二（ルカ七・三六－五〇：罪深い女を参照）。ラザロ：ルカ一六・一九－二六。**＊15** R. Guardini, Religiöse Gestalten in Dostojewskijs Werk, 49〔第三版、35f〕〔グァルディーニ『ドストエーフスキイ』〕：「ドストエフスキーの構想する「偉大な罪人」」については「半《なか》ば天才的で、半《なか》ば病的であり、最も高貴なものに心を開くと同時に、悪人や病人によって、然り悪魔的なものによって脅かされている、まったく周辺的存在」を参照。『倫理－断片ノート』Nr.59 および Nr.61 でも「イワン・カラマーゾフ」が言及されており、引用符によって「……《周辺》的人物」と記されている。**＊16** 一九三二年冬〔のボンヘッファーの講演〕「キリストと平和」（DBW 12, 234）および DBW 4 (N), 29-31〔『キリストに従う』〕を見よ。

〔第二に〕人間を義としたもう神の御言葉は、時間的にも〈究極的な〉御言葉である。この〈究極的な〉御言葉は、いつでも何か〈究極以前のもの〉――ある行為、苦難、動作、意志、敗北、反抗、嘆願、希望――それゆえ、厳密に〈暫《しば》らくの時〉（eine Spanne Zeit）が先行している。この時の終わりに〈究極的な〉御言葉が立っているのである。そうした〈暫《しば》らくの時〉のなかで、すでに告訴されている者だけが義とされうるのである。〈究極的な〉御言葉は、被造物の堕罪を前提としている。〈究極的な〉御言葉は、すべての時が恵みの時なのではなく、今が、まさに今が、そして決定的に今こそが「救いの日」（二コリ六［・二］）[*17]なのである。恵みの時とは、今、私に突き当ってくる神の御言葉を越えて、さらに遠い未来の御言葉を見込みに入れることなど決してできない、という意味において最後の時である。神が赦し、待ち望み、備えたもう時が存在し、また〈究極以前のもの〉を裁き、断ち切る最後の時が存在している。

この〈究極的な〉御言葉を聞くためには、ルターは修道院を通して、パウロは律法的敬虔を通して、盗賊はまさに罪悪を通して十字架に到らねば「ならなかった」。一つの道を行かなければならなかった。〈究極以前のもの〉であるその道の全行程が、歩み通されねばならなかった。おのおのの者が、〈究極以前のもの〉の重荷の下にくずおれるほかなかった。しかし、そのときにも、〈究極的な〉御言葉は、〈究極以前のもの〉に被せられる〈栄冠〉なのではなく、〔むしろ〕それを完全に破砕するものであった。〈究極的な〉御言葉に直面したとき、ルターもパウロも十字架上の盗賊以外の者として主の御前に立つことはなかった。じっさい、この目標に至る道は存在しないのではあるが、それでも、一つの道を歩んでいかねばならない。この道は最後まで――神がその終わりを定めたもうところまで

――歩み通されねばならない。それゆえ〈究極以前のもの〉は、存在し続けるのである――〈究極的なもの〉によって、それは完全に廃棄され、無力にされる[*18]のではあるが。

〔罪人を〕義としたもう神の恵みの御言葉は、〈究極的な〉御言葉としてのその位置から決して離れ去ることはない。この御言葉はまた、単純に獲得された成果として、初めの位置にでも終わりの位置にでも同じように、うまい具合に置かれうるような結果なのではない。〈究極的なもの〉に至る道は、決して廃棄されてはならないのである。御言葉は、〈究極以前のもの〉から〈究極的なもの〉であり続け、〔究極以前のものに〕逆戻りすることはない。そうでなければ、それは計算しうるもの、売買できる商品[*19]になり下がり、その神的本質は失なわれることになるであろう。そこでは、恵みは安価なものとなり、贈り物ではなくなるであろう。

〈究極以前のもの〉

しかし、恵みと信仰のみによる神の義認は、すべての点で究極的な御言葉であり続けるゆえに、いまや、われわれは〈究極以前のもの〉についても語らねばならない。ただし、〈究極以前のもの〉がそれ自体として何か価値をもっているかのようにではなく、〈究極的なもの〉との関係が明らかにな

*17 〔ボンヘッファーが所持していた〕ルター訳聖書およびネストレ版の二コリ六・二には、「……今こそ、……今こそ、救いの日」に鉛筆で下線。*18 差替え「無価値にされる」。*19 「計算しうるもの、売買できる商品」は、「取引の商品」を差替え［「取引の商品」は「人間－商品」を差替え］。

るようにするためである。〈究極的なもの〉のために、〈究極以前のもの〉について語られねばならないのである。このことが今、はっきり判るようにせねばならない。

　ここでは、次の問題——これまで回答されないままで来た疑問——がもち出されるだろう。すなわち、〈人間は究極的なことだけで生きることができるのだろうか〉。また〈信仰は、いわば時間的に延長することができるものだろうか〉。〔それとも〕〈信仰は、いつでも時間的に、ある限られた期間、〔さらには〕多くの限られた期間の最後のものとしてのみ、生活のなかで現実化するものだろうか〉と。[*20]

　われわれは、ここで、過去の〔死んだ〕信仰の思い出[*21]や、信仰箇条の繰り返しについて語っているのではない。生を義とする生ける信仰について語っているのである。われわれが問題にしているのは、〈この信仰は、毎日毎時、現実化されうるものなのだろうか、また実現されるべきものなのだろうか〉。〔それとも〕〈ここでも、究極的なもののために、くり返し究極以前のものの長い道のりが踏破されねばならないのだろうか〉という問題である。それゆえ、われわれは、キリスト者の生における〈究極以前のもの〉について問うているのである。

すなわち、〈究極以前のものを否定することは、敬虔な自己欺瞞であるのだろうか〉。それとも、〈究極以前のものを、それ自身のあり方に従って真剣に受け止めることは罪を犯すことになるのであろうか〉、と。そうすることによって、われわれは、また次のようにも問うているのである。すなわち、〈御言葉、つまり福音は、時間のなかへ延長されうるものなのだろうか〉。したがって、〈それは、いかなる時にも同じ仕方で語られていいものなのだろうか〉。それとも、ここでもまた、〈究極的なものは究極以前のものから区別されるのであろうか〉、と。

このことをまったく明瞭にするために[*22]〔具体的な例を出してみよう〕。なぜ私は、まったく深刻な状況において――たとえば親しい者の死によって悲嘆にくれている者を目の前にしたとき――しばしば《究極以前の》態度をとるように決断をしてしまうのであろうか？　たとえば、なぜ私は、深刻な厳しい出来事に直面して途方に暮れている人にたいして――その人がとくにキリスト者であるときにも――私がよく知っていて自由に用いうる聖書のなかの慰めの言葉を語りかける代わりに、〈沈黙〉という形で悲しみの共有を表明してしまうのであろうか？　なぜ私は、〈究極的なもの〉を語るべきときに、しばしば口を閉ざしてしまうのであろうか？　なぜ私は、まったく〈究極以前の〉人間的な連帯性に立つことを選んでしまうのであろうか？

＊20　草稿「主題としての〈倫理的なこと〉と〈キリスト教的なこと〉」S.369（〈究極的なもの〉と〈究極以前のもの〉〔〈究極的なもの〉は人間の生にとって決して自明の〈当為〉のようなものではなく〈秘義〉でありつづける、という警告〕、および一九四三年一二月五日付の〔テーゲル〕刑務所からの〔ベートゲ宛の〕手紙のなかの「僕たちは、〈究極以前のもの〉のなかで生き、〈究極的なもの〉を信じる。そうではないだろうか？」（DBW 8,226〔『獄中書簡集』〕）参照。**＊21**　「過去の信仰の思い出」は、「死んだ信仰」を差替え。**＊22**　「このことをまったく明瞭にするために」は、「まったく具体的にするために」を差替え。〔テキストではこの「……ために」の後に付されている〕コロンより後の以下の文章は削除。「親しい者が亡くなって悲しみのなかにある者が私と出会う。そうした状況において、聖書のなかの真の慰めを語りかけることで、御言葉が完全に充溢することを私は知っている。それをこう表現することもできる。すなわち、私は、ここから見れば状況を「支配している」――しかし私が決め込むのは――沈黙することである」。

それは、〈究極的な〉御言葉の力にたいする不信のゆえであろうか？　人間にたいする恐れであろうか？　それとも、そうした態度をとることには、[23] 客観的に正当な理由があるのだろうか？　つまり、私が御言葉をよく知っており自由になすこと——それゆえに、いわば状況を精神的に支配すること——は、ただ外見的に〈究極的な〉事柄のようにみえるだけで、しかし実際には、まったく〈究極以前〉の事柄であるということなのであろうか？〔あるいは、むしろ〕〈究極以前〉の事柄に意識的に[24]とどまることは——神が御自身の欲したもうときに（もちろん、ただ人間の口を通してではあるが）語りたもう——〈究極的な〉事柄を、あちこちで、いっそう正真正銘に指し示すことなのではなかろ[25]うか？　それゆえ、まさに〈究極的な〉事柄のために、〈究極以前〉の事柄がくり返し命じられ、重荷を感じる良心をもってしてではなく、疚《やま》しさのない良心をもって実行されねばならないのではなかろうか？

こうした問いは、もちろん、ある個別の場合だけでなく、根本的には、キリスト者の共同生活の全領域、とりわけキリスト教的牧会活動の全範囲にも向けられている。個別の場合について語られることは、日々のキリスト者の共同生活や、教会とともにキリスト教的宣教の活動にも数限りなく妥当することなのである。

キリスト者の生における〈究極以前のもの〉と〈究極的なもの〉とのあいだの関係は、二つの極端な形で解決されることができる。[26] 一つは《急進的な》（radikal）形、いま一つは《妥協》（Kompromiß）という形である。その場合、同時に、妥協による解決もまた極端な形である、ということにも注意せねばならない。[27]

〈急進的〉な解決は、ただ〈究極的なもの〉にだけ注目して、〈究極的なもの〉のなかに*28〈究極以前のもの〉の完全な断絶のみを見る。〈究極的なもの〉と〈究極以前のもの〉とは、排他的な対立関係にある。キリストは、あらゆる〈究極以前のもの〉の破壊者、敵対者であり、あらゆる〈究極以前のもの〉は、キリストと敵対関係にある。キリストは、この世が火に引き渡される*29終わりの日の徴《しるし》である。ここでは、いかなる区別もない。すべてのものは裁かれねばならない。〔すなわち〕キリストに味方するか、キリストに敵対するか、という区別だけがある。「わたしとともにいない者はわたしに反対する者である」*30。人間の振る舞いのなかのあらゆる〈究極以前のこと〉は、罪であり、否定である。来たるべき終わりの時を眼前にしたキリスト者にとっては、ただ〈究極の〉御言葉と、〈究極の〉御業のみが存在する。この世に由来するものは、もはや重要性を失い、キリスト者は、それにたいして何らの責任も負わない。この世は燃え尽くされねばならない。キリストの御言葉のもとで、この世の秩序はことごとく崩壊してしまうであろう。ここでは、すべてか、それとも無か、である。恵みの

*23 「そうした」は、「こうした」を恐らく〔削除せず〕差替えたものであろう。*24 削除「敬虔な顔つきなしに」。*25 「あちこちで、いっそう正真正銘に」は、「まさにもしかしたら、いっそうよく」を差替え。*26 差替え「一つは「急進的な」キリスト教の形、いま一つは妥協的なキリスト教の形」。『倫理-断片ノート』Nr.61 でもそう記されている。*27 S.42（《修道士》と《文化的プロテスタント》）参照。*28 「〈究極的なもの〉のなかに」は、「罪人の義認という〈究極的なもの〉のなかに」を差替え。*29 削除「そして焼け尽くされ」。〔ボンヘッファーが所持していた〕ネストレ版の一コリ三・一三のなかの ἐν πυρί（「火のなかで」）に鉛筆で下線が引かれている。その横の欄外で掲示されている参照聖句の二テサ一・八に注意するように指示されており、ネストレ版のギリシャ語テキストではそこにも鉛筆で下線。*30 マタ一二・三〇。

御言葉である神の〈究極的な〉御言葉は、ここでは、〔ちょうど〕いかなる抵抗も粉砕し軽蔑する氷のように冷酷な律法に変わる（たとえばイプセンにおけるブラントの姿を見よ）。*31

もう一つの解決は〈妥協〉である。ここでは、究極の御言葉は、あらゆる〈究極以前のもの〉から原則的に分離される。〈究極以前のもの〉は、自分自身のうちに存在の権利をもち、〈究極的なもの〉によって脅かされたり、危うくされたりすることはない。なお依然としてこの世は存在しており、まだ終わりではない。なお〈究極以前〉の事柄は、神がつくりたもうたこの世にたいする責任においてなされねばならない。なお人間は、〔その〕あるがままの姿において評価されねばならない。（ドストエフスキーにおける大審問官。）*32〈究極的なもの〉は、まったく日常的なものの彼方にあり、最終的には、すべての既存の事物にたいする永遠の義認として、〔また〕すべての既存の事物にのしかかる罪の告発からの形而上学的な浄化として役立つのである。自由な恵みの御言葉は、すべての〈究極以前のもの〉を正当化し、かつ保証しつつ支配する〈恵みの律法〉へと変わる。*33

これら二つの解決は、同様に極端であり、同様に真実と誤謬とを含んでいる。どちらも、〈究極以前のもの〉と〈究極的なもの〉とを互いに排除する対立と考えるゆえに極端なのである。すなわち、一方では、〈究極以前のもの〉は〈究極的〉〔なもの〕によって破壊される。他方では、〈究極的なもの〉は〈究極以前のもの〉の領域から排除される。つまり、一方では、〈究極的なもの〉は〈究極以前のもの〉を受け入れず、他方では、〈究極以前のもの〉は〈究極的なもの〉を受け入れないのである。

どちらも、それ自身としては同様に正当かつ必然的な思考の、許し難い絶対化である。〈急進的〉な解決は、すべてのものの終わりから、つまり、審判者かつ救済者である神から考える。〈妥協〉による解決は、この世を創造者かつ保持者〔である神〕から考える。すなわち、前者は終わりのものを絶対と考え、後者は現存するものを絶対と考える。そのため、創造と救いとは、また時間と永遠とは、解決し難い対立へと陥る。その結果、神御自身の統一性は分解され、神への信仰は崩壊する。

〈急進的〉な解決の代弁者たちにたいしては、こう言わねばならない。キリストは、彼らの考えているような意味において〈急進的〉ではありたまわない、と。同様に、〈妥協的〉な解決の支持者にたいして、こう言わねばならない。キリストは、妥協をなしたまわない、と。したがって、キリスト教的生は、〈急進的〉なものでも、〈妥協的〉なものでもない。いずれの見解がいっそう〈真剣さ〉(Ernst)*34 をもつかをめぐる論争は、唯一の〈真剣さ〉をもつイエス・キリストを前にすれば取るに足

*31 一九二八年一二月一一日のバルセロナでの教会講演において、ボンヘッファーは「〈いっさいか、さもなくば無か〉を要求することで家族の生活を引き裂いていくイプセンの「ブラント」が、北欧の氷河地域を舞台としているのは偶然ではない」(DBW 10, 310f) と言及。また、一九三一年三月四日のニューヨーク・ユニオン神学大学におけるゼミナールでは、このイプセンの演劇について「ドラマの全体が、妥協の精神にたいするブラントの一つの大きな闘いである」(DBW 10, 393) と言及。 *32 〔注31の〕一九二八年一二月一一日〔の教会講演において〕、ボンヘッファーは、「イプセンの「ブラント」」に言及した直後に、ドストエフスキーの長編小説『カラマーゾフの兄弟』における「大審問官」の章〔第二部第五編第五章〕から引用していた (DBW 10, 311)。 *33 DBW 4 (N), 39〔『キリストに従う』〕「原則としての恵み、……つまり安価な恵みは、結局、新しい律法にすぎず、それが助けや解放をもたらすことはない」を参照。 *34 キルケゴールのこの主要概念はしばしば取り上げられていた。S. Kierkegaard, Der Begriff der Angst, 145–153〔キェルケゴール『不安の概念』〕——145 の《真剣さ》の「定義」は「確信と内

らないことである。イエス・キリストは、どちらの解決も〈真剣さ〉をもたないことを顕《あらわ》にしたもう。純粋なキリスト教それ自体といった理念《イデー》も、また、あるがままの人間それ自体といった理念《イデー》も、〈真剣さ〉をもたない。〈真剣さ〉をもつのは、ただ、イエス・キリストにおいて一つとなっている神の現実と人間の現実である。

ある種のキリスト教といったものではなく、イエス・キリスト御自身が〈真剣さ〉をもつ。イエス・キリストにおいて、〈急進主義〉や〈妥協〉は、神の現実と人間の現実とに取って代わるのである。キリスト教それ自体というものは存在しない。そのようなものは、この世を破壊してしまわざるをえないだろう。また、人間それ自体というものも存在しない。そのようなものは、神を排除してしまわざるをえないだろう。〈急進主義〉も〈妥協〉も、どちらも理念《イデー》である。現実に存在するのは、神－人イエス・キリスト（Gott-Menschen Jesus Christus）のみである。そしてイエス・キリストを通してのみ、この世は、その終わりの日に備えて機が熟するまで保持されているのである。*[35]

〈急進主義〉は、意識すると否とにかかわらず、つねに〈既存のもの〉にたいする憎悪から出てくる。キリスト教的急進主義は、世界逃避的であると世界改良的であるとを問わず、創造にたいする憎悪から来ている。急進主義者は、神の創造を容認することができない。創造された世界と折り合わないイヴァン・カラマーゾフ〔のような人物〕は、大審問官の物語のなかで急進的なイエス像を作り上げている。*[36] この世のなかで悪が力を振るうようになると同時に、キリスト者には急進主義という毒薬が注入される。

キリスト者があるがままのこの世と和解させられているのは、キリストを通してあたえられた賜物である。しかし、〔いまや〕この和解は、キリストを裏切り、否定するものであるとみなされる。そして、この世との和解に代わって、人間とこの世とにたいする悪意・疑念・軽蔑が登場する。愛は、すべてを信じ、すべてを耐え、すべてを望む。*37 愛は、神の愛によって、まさに悪のただなかにあるこの世をも愛する（ヨハ三・一六）。しかし、このような愛は、〔いまや〕——敬虔な者たちの閉鎖的なサークルに愛を限定することによって——悪人にたいする愛のファリサイ主義的な拒絶*38へ取って代わられるのである。

極みまで世に仕えるイエス・キリストの開かれた教会は、〔いまや〕——またしても、生けるイエス・キリストの現実を、あるキリスト教的理念《イデー》の自己実現と取り違えて——何らか原始キリスト教的な理

面性」とされる（ボンヘッファーの所有本には、この後者の用語に下線が引かれている）。＊35 一九三四年一一月四日のボンヘッファーによる説教のなかの「この世は崩壊へと機が熟していること、そして完全に熟していることと」（DBW 13,403）参照。また、DBW 4 (N),255〔『キリストに従う』〕のなかにも「……崩壊へと機が熟する」。K. Barth, Das Wort Gottes,67〔バルトのタンバッハ講演「社会のなかのキリスト者」〕（S.140 注9を見よ）参照。＊36 ボンヘッファーは、グァルディーニの解釈、すなわち、大審問官の物語がイヴァン・カラマーゾフのメンタリティの表現であること、つまり「《ローマ》への批判が大審問官の〈本来的な事柄〉では決してあり得ないこと」（R. Guardini, Religiöse Gestalten in Dostojewskijs Werk,159〔第三版、120〕〔グァルディーニ『ドストエーフスキイ』〕）（そこにボンヘッファーの下線あり）に同意している。203〔第三版、156〕:160〔第三版、121〕「すべてに関連して、それ〔この物語〕は、まさにイヴァンがこの物語を用いて自己正当化を試みることによって、彼自身を露呈し、また彼の神との関係を露呈することを意味している」を参照。＊37 一コリ一三・七を参照。ネストレ版には στέγει（ルター訳聖書「忍ぶ」）に鉛筆で下線が引かれている。＊38 差替え「狭量な」。

想の教会であるかのように思い込む。[39] こうして、悪くなるにいたったこの世は、キリスト者をも悪くすることに成功するのである。[40] この世を解体するのとキリスト者を急進的にするのとは、同じ病原菌の働きである。神なき者の憎悪であろうと敬虔な者の憎悪であろうと、いずれの場合にも、この世にたいする憎悪なのである。それは、どちらの側でも、創造の信仰にたいする拒絶である。しかし、ベルゼブル〔＝悪鬼の頭〕によっては、人は悪魔を追い出すことはできない。[41]

〔他方〕〈妥協〉は、いつでも〈究極的なもの〉にたいする憎悪から出てくる。キリスト教的な〈妥協〉の精神は、恵みのみによる罪人の義認にたいする憎悪から由来する。〔妥協の精神はこう考える。〕この世とこの世における生活とは、その領域に侵入してくる[42]〔究極的な〕ものから防御されねばならない。この世のことは、この世の手段を通してのみ処理されねばならない。[43]〈究極的なもの〉は、この世における生を形成する上で発言すべきではない、と。すでに〈究極的なもの〉とは何かを問うこと、またこの世の生を支配する権威を神の御言葉にあたえようとする努力すらが、急進主義とみなされ、この世の既存の秩序やその秩序の下に束縛されている人間にたいする愛の欠如とみなされる。キリストによってキリスト者に贈られた、この世からの自由とこの世にたいする否定（一ヨハ二・一七）とは、不自然なこと、創造に反することであり、この世と人間にたいする逃避ないし反逆であるとして断罪される。それに代わって、〈究極的なもの〉を断念し、空虚なこの世的知恵に順応することが、[44] キリスト者としてこの世にたいして本当に開かれた態度であり愛である、と主張されるのである。

〈急進主義〉は時間を憎み、〈妥協〉は永遠を憎む。

〈急進主義〉は耐え忍ぶことを嫌い、〈妥協〉は決断することを嫌う。
〈急進主義〉は賢さを嫌い、〈妥協〉は単純さを嫌う。
〈急進主義〉は適度を嫌い、〈妥協〉は過度を嫌う。
〈急進主義〉は現実にあるものを嫌い、〈妥協〉は御言葉を嫌う。

このような対立から十分明らかになるのは、どちらの態度も同様にキリストに反するものだ、ということである。なぜなら、ここで互いに敵対関係のなかに立っているものは、イエス・キリストにおいては一つとなっているからである。キリスト教的生への問いは、急進主義によってでも妥協主義によってでもなく、イエス・キリスト御自身によって決定され、また答えられる。ただキリストにおいてのみ、〈究極的なもの〉と〈究極以前のもの〉との関係〔という問い〕は解決するのである。

イエス・キリストにおいて、われわれは、人となり、十字架につけられ、甦られた神を信じる。その受肉において、われわれは、被造物にたいする神の愛を知り、その十字架において、すべての肉に

＊39 DBW 1. 258 (und 87)〔『聖徒の交わり』〕：原始キリスト教的な教会思想の誤解は、いずれも「昔から分派主義的な神聖さの理想」に通じていたを参照。 **＊40** 差替え「教会をも破壊することに」。 **＊41** マコ三・二一―二三。 **＊42** ようやく一七九六年以後に初めて確認される《領域》(Bereich) という言葉は、ドイツでは部分的に《帝国《ライヒ》》という言葉に代わって用いられている。そこから明らかなことは、《領域》という言葉が、時折、ここでのボンヘッファーのように、中性的なものとして用いられているということである。 **＊43** 削除された原文「人間は、この世において、〈究極以前のもの〉の力によってのみ、この世のことを処理しようとする」を差替え。 **＊44** 「〈究極的なもの〉を断念し、空虚なこの世的知恵に順応することが」は、「〔〈究極的なもの〉にたいして〕怠惰になり、無関心になり、それを断念するようになり、〔そして〕この世的知恵になることが」を差替え。

たいする神の裁きを知り、その甦りにおいて、新しい世界への神の意志を知る。これら三者を互いに引き離すことほど誤ったことはないであろう。なぜなら、これら三者のそれぞれには、全体が含まれているからである。それゆえ、これらのうちの一つを誤って絶対化して、受肉の神学、十字架の神学、復活の神学のようなものを互いに対立するものとして立てることは、事柄《ザッヘ》にたいして適切ではない。それればかりか、このような企ては、キリスト教的な生を考える上でも誤っている。ただ受肉にのみ基礎づけられたキリスト教倫理は、容易に〈妥協的〉解決に導かれるであろう。ただイエス・キリストの十字架や復活にのみ基礎づけられた倫理は、〈急進主義〉や熱狂主義（Schwärmerei）に陥るであろう。ただこれら三者の統一においてのみ、対立抗争は解決される。

イエス・キリストが〈人間で在《いま》したもうたこと〉、それは次のことを意味する。すなわち、神が創造されたこの世の現実のなかに入り来たりたもうということ、そして、われわれが神の御前における人間であることを許され、また求められているということである。人間存在を破壊することは罪であり、人間を救いたもう神にとって妨げとなる。*45 しかし、イエス・キリストが人間として在《いま》したもうということは、たんに既存の世界や人間の存在を是認し確証することを意味するだけではない。イエスは「罪を犯されなかった」（ヘブ四［・一五］）人間で在《いま》したもうた。このことは決定的なことである。しかし、イエスは、人びとのあいだでもっとも貧しい者であり、独身で過ごされ、犯罪者として死にたもうた。したがって、イエスが人間で在《いま》したもうということは、人間にたいする二重の有罪判決を含んでいる。罪にたいする絶対的な有罪判決と、既存の人間的秩序にたいする相対的な有罪判決とである。

しかし、この有罪判決を含めて、イエスは、現実に人間で在《いま》したまい、かつ、われわれが人間であることを欲したもうのである。イエスは、人間の現実をそれ自身によって立つものとしたり、あるいは〔逆に〕それを破壊したりしたもうことはなく、人間の現実が〈究極以前のもの〉として存在することを許したもう。すなわち、それは〈究極以前のもの〉の仕方で真剣に受けとめられはしても、しかし、〈究極的なもの〉を覆い隠すような〈究極以前のもの〉としては真剣に受けとめられてはならないものなのである。

〈十字架につけられたもうた方〉イエス・キリスト、それは次のことを意味する。すなわち、堕罪した被造物にたいして神が最後決定的な判決を宣言したもう、ということである。〔罪なき〕イエス・キリストの十字架における神の棄却には、例外なしに〔堕罪した〕人類にたいする〔神の〕棄却が含まれている。イエスの十字架は、この世にたいする死刑宣告である。いまや、人間はその人間であることを自ら誇ることができないし、この世はその神的な秩序を自ら誇ることができない。いまや、人間の栄光は、鞭打たれ、血を流し、唾を吐きかけられ、十字架につけられたもうた方の御姿を前にして、その終わりにいたった。にもかかわらず、イエスの十字架は、ただたんに創造の否定を意味するものではない。そうではなく、この十字架という死の徴《しるし》のもとで、人間は、さらに生きていかねばならない――もし十字架を軽蔑するなら裁きに向かって、もし十字架を受け入れるなら救いに向かって。〈究極的なもの〉は、十字架において実現されているのである。*46 すなわち、すべての〈究極以前のも

＊45　差替え「そしてこの世の人間的秩序」。

＊46　差替え「目に見えるものとなっている」。

の〉にたいする裁きとして、しかし同時に――〈究極的なもの〉の裁きの前に身をかがめる――〈究極以前のもの〉にたいする恵みとして。

〈復活したもうた方〉イエス・キリスト、それは次のことを意味する。すなわち、神が、愛と全能のゆえに、死にたいして終止符を打ち、そして新しい被造物を生命へと召し、それに新しい生命を贈りたもう、ということである。「古いものは過ぎ去った[*47]」。「見よ、私は万物を新しくする[*48]」。復活は、この古い世界の終わりと将来との究極的な徴《しるし》として、また同時に生きた現実として、すでにこの古い世界のただなかで明け初《そ》めているのである。イエスは人間として復活したまい、そのようにして人間に復活を贈りたもうた。そこで新しく復活した人間は、古い人間とはまったく異なる人間であるけれども、人間はどこまでも人間である。しかし、キリストとともにすでに復活した人間は、むろん、その死の限界に至るまで、この〈究極以前〉の世界のなかに――つまり、キリストが来たりたまい、十字架が立っているこの世界のなかに――とどまり続ける。復活もまた、地が存在している限り、〈究極以前のもの〉を廃棄することはない。しかし、永遠の生命・新しい生命は、ますます力強く、この地上の生活のなかに入ってきて、そこに自分の場所をつくり出していくのである。

受肉、十字架、復活は、その一体性と独自性とが明らかにされたであろう。キリスト教的生は、人となり、十字架につけられ、復活したもうたイエス・キリストと共なる生である。イエス・キリストの御言葉は、全体として、恵みによる罪人の義認という福音において、われわれに出会う。キリスト教的生とは、すなわち、受肉の力によって人間であることであり、十字架の力によって裁かれ赦されることであり、復活の力によって新たな生を生きることである[*49]。一つは他のことなしには存在しない。

以上のことから、〈究極以前のもの〉との関わりにたいする問題については、次のように結論することができる。すなわち、キリスト教的生は、〈究極以前のもの〉を破壊することも、正当化することも意味しない。キリストにおいて、神の現実がこの世の現実に出会い、われわれは、この現実の出会いに参与させられるのである。それは、あらゆる〈急進主義〉の彼岸に、またあらゆる〈妥協〉の彼岸にあるような出会いである。キリスト教的生は、キリストのこの世との出会いに参与することなのである。

〈究極以前のもの〉にもとづいて、〈究極以前のもの〉の占める一定の空間が開かれていることが明らかになった。それゆえ、いまや、われわれは、この〈究極以前のもの〉について、いっそう詳しく見ていくことができるであろう。

〔道備え〕

この〈究極以前のもの〉とは何であろうか？ それは、〈究極的なもの〉——それゆえ恵みのみによる罪人の義認——に先立つすべてのものであり、〈究極的なもの〉が見出されることによって、〈究極以前のもの〉として認められるすべてのものである。それは、〈究極的なもの〉に従属するもので

*47 ニコリ五・一七。 *48 黙二一・五。 *49 この文は、「キリスト教的生とは、すなわち、人間であることであり、裁かれ赦されることであり、〔神から〕贈られた新たな生を受け入れることである」を差替え。 *50 差替え「人間の」。

229　［151］

ありながら、同時に、それに先行するすべてのものである。したがって、何かそれ自身で〈究極以前のもの〉として自分を義とするような〈究極以前のもの〉自体は存在しない。そうではなく、それは、〈究極的なもの〉を通してはじめて、すなわち、〈究極以前のもの〉がすでに固有の力を失ったその瞬間に〈究極以前のもの〉となる。それゆえ〈究極以前のもの〉が〈究極的なもの〉の条件ではなく、〈究極的なもの〉が〈究極以前のもの〉を条件づけるのである。〈究極以前のもの〉は、ある状態そのものではなく、〈究極的なもの〉に先行するところのものにたいする〈究極的なもの〉による判決である。それゆえ、〈究極以前のもの〉は、何か〈現在しているもの〉ではなく、いつでも、もはや〈過ぎ去ったもの〉なのである。

具体的に言えば、恵みによる罪人の義認にもとづいて、次の二つのことが*[51]〈究極以前のもの〉と呼ばれる。すなわち、それは、〈人間であること〉(*Menschsein*)と〈善くあること〉(*Gutsein*)*[52]である。ここで、今、たとえば〈人間であること〉を恵みによる義認の条件であると言うとすれば、それは誤りであり、〈究極的なもの〉の占めるべき場所を奪うことになるであろう。むしろ、〈究極的もの〉から考えて、はじめて〈人間であること〉とは何であるかが認識できるのであり、そこでは、〈人間であること〉は、恵みから義とされることによって条件づけられ、基礎づけられているのである。にもかかわらず、やはり、〈人間であること〉は、義とされることに先行し、〈究極的なもの〉からみて、それに先行せねばならない、という関係におかれている。したがって、〈究極的なもの〉の自由は、〈究極以前のもの〉によって廃棄されるのではなく、〈究極以前のもの〉は〈究極的なもの〉の自由によって有効なものとされるのである。こうしていまや——すべての必要な留保をもって——たとえば〈人間であること〉を恵みによる義認にたいする〈究極以前のもの〉と呼ぶことが許されるのである。まさに〈義とされた者〉のみが《人間》になるのであるから、ただ人間のみが義とされうるのである。

このことから、決定的に重要な次のことが帰結する。すなわち、〈究極以前のもの〉は〈究極的なもの〉のゆえに保持し続けられていなければならない、ということである。〈究極以前のもの〉を勝手に破壊することは、〈究極的なもの〉に重大な損害をあたえることである。たとえば、人間の生から、〈人間であること〉にふさわしい諸条件が奪われるところでは、恵みと信仰とによるその生の義認は、たとえそれが不可能にはされなくても、重大な妨げを受ける。

具体的な例を挙げよう。ここに一人の奴隷がいるとして、彼が自分の時間を自由に使うことができないために、神の御言葉の宣教をもはや聞くことができないのであれば、いずれにせよ、この御言葉によって義認の信仰へ導かれることはできないわけである。[*53] この事実から次のことが明らかになる。す

＊51 差替え「三つのこと」。**＊52** 差替え「〈人間であること〉(Menschsein)、〈善くあること〉(Gutsein)、〈悪くあること〉(Bösesein)」。これら三つのことが〈究極以前のもの〉として念頭に置かれていた。一九四〇年一〇月九日付の〔ベートゲ宛の〕手紙によれば、ボンヘッファーは「全体の構成」を執筆中であり(DBW 16,66)、その時は――『倫理-断片ノート』Nr. 63-69における元の表現の示すように――〈善〉と並んで〈悪〉も取り扱おうとしていた。『倫理-断片ノート』Nr. 21では、次の四行が互いに緊密に関連して一つのグループを形成している。すなわち、「キリストと自然的生／キリストと善／キリストと悪／キリストと歴史」。《悪》については、後の一九四二年に執筆された「歴史と善」の第一草稿S. 226を参照。**＊53** H. R. Pelikan, Die Frömmigkeit Dietrich Bonhoeffers, 121 Anm. 116は、トーマス・ミュンツァーを示唆して「彼はこうも言う。領主の弾圧によって農民たちは、もはや神の

なわち、〈究極的な〉神の御言葉、つまり、恵みのみによる罪人の義認を宣べ伝えるときには、〈究極以前のもの〉が破壊されることによって〈究極的なもの〉が妨げられることのないように、〈究極以前のもの〉をも配慮することが必要不可欠だ、ということである。御言葉を語ることと同時に、それが聞かれうるように、あらゆる努力がなされねばならない。この努力をしない宣教者は、御言葉が自由に伝わる平坦な道という要求に応えてはいないのである。御言葉には、「それが宣べ伝えられる」道が備えられていなければならない。御言葉自身がそれを求めているのである。

御言葉のための道備え（Wegbereitung）。これが、〈究極以前のもの〉について今まで述べてきたことの眼目である。*55

「主の道を備えよ／その道筋をまっすぐにせよ。／谷はすべて埋められ／山と丘はみな低くされる。／曲がった道はまっすぐに／でこぼこの道は平らになり／人は皆、神の救いを見る」（ルカ三・四以下）。*56 もっとも、キリストは来たりたもうとき、御自身で道を開きたもう。彼は「すべての枷《かせ》を打ち破る者」（ミカ［二・一三］）。「主は青銅の扉を破り／鉄のかんぬきを砕いてくださった」（詩一〇七・一六）。彼は「権力ある者をその座から引き降ろし／低い者を高く上げる」（ルカ一・五二）。主の到来は、敵を圧倒する勝利の行進である。しかし、主の到来のもつ威力が、その怒りのなかで人びとを打ち倒すのではなく、謙遜に主を待ち望む者たちにピタリと出会うように、主の到来に先立って、道備えを呼びかけることが重要となる。しかし、この道備えは、*57 ただたんに内面的な出来事にとどまるのではなく、目に見える最も大きな拡がりをもつ形成的行為でもある。「谷はすべて高くされる」*58。人間の悲惨さの深みへと突き落とされた者、貶《おとし》められた者、辱《はずかし》められた者は、身を起こされる。〔しかし〕キリストの恵みの到来を妨げる、人間的な不自由*59・困窮・無知の深層が存在する。「山と丘はみな低くなる」*60。キリストが来たりたもうとき、すべての誇りや高慢は低くされねばならない。キリストとその恵みにとって妨げとなる、おびただしい力や富、知識が存在するのである。

御言葉を聞く時間がまったくない、と〔Wider das sanftlebende Fleisch zu Wittenberg, 1524〕」。**＊54** 「……道」については、K. Barth, Rechtfertigung und Recht, 20〔バルト『義認と法』〕：キリスト論的な理解によれば、国家は「法を司り、法を護るとともに、これに加えて確実に――欲しようが欲しまいが、きわめて間接的〔な関わり方〕ではあるが事実として――義認の使信にたいして自由で保証された道を提供」せねばならない、を参照。ボンヘッファーは、一九四〇年三月七日付の手紙で、義兄の法律家ゲールハルト・ライプホルツに、このバルトの著作を読むように勧《すす》めていた（DBW 15, 298）。ボンヘッファーは、《義認》を《究極的なもの》として、《法》を《究極以前のもの》として把握している。A. Pangritz, Karl Barth in der Theologie Dietrich Bonhoeffers, 71 f を参照。**＊55** 一九四〇年一一月二七日付の〔ベートゲ宛の〕手紙には、「今日、僕は、僕の本にとってぴったりくるタイトルを思いついた。「道備えと到来」――それは、この本の二部構成〈〈究極以前のもの〉と〈究極的なもの〉〉に対応するものだ」（DBW 16, 79）。**＊56** ルカ三・四－六には、イザ四〇・三－五が取り上げられている（ルター訳聖書では訳が異なる）。削除「主が来たりたもうときのために、道を備えよ、主の到来を妨げるものを取り除け。甚だしく貶《おとし》められた者や賤《いや》しめられた者は〔差替え「あまりの〔悲惨さの〕深みのなかにいる者、甚だしく貶《おとし》められ、賤《いや》しめられている者は」〕、高くされねばならない。甚だしい高慢や誇りは謙遜にされねばならない。曲がったこと、まっすぐでないこと、捻じれたこと、〔削除「はっきりしないこと、」〕正しくないことは、まっすぐで、単純にならねばならない。強情な者や反抗的な者は、この道から退けられねばならない」。**＊57** 差替え「〔古い秩序を〕くつがえし、新しく秩序を作る」。**＊58** イザ四〇・四。**＊59** 「人間的な不自由」は、「無力」を差替え。**＊60** イザ四〇・四。

「曲がった道はまっすぐにせよ」[*61]。キリストの道はまっすぐな道である[*62]。〔しかし〕恵みの到来をとりわけ困難にするのは、〔人間を〕ねじまげ、からみとる一連の誘惑である。嘘偽や罪過へ、自分の業《わざ》やからくり（詩九・一七）へ、さらには自己愛へ。それゆえ、キリストがその上を通り人間の許に来たりたもう道は、まっすぐにされねばならない。「でこぼこの道は平らになる」[*63]。反抗や強情、拒絶などは、あまりに人間を頑《かたく》なにしてきたため、キリストは、ただ怒りを込めてその反抗する者を打ち倒したもうほかない。キリストは、もはや、恵みのうちに人間のなかへ到来したもうことができない。キリストの恵みの到来にたいして閂《かんぬき》が掛けられ、戸をたたきたもう方にたいして戸は開かれない〔のだから〕。

たしかにキリストは来たりたまい——人間がそれにたいする備えをしていると否とにかかわらず——御自身でその道を開きたもう。キリストの到来を妨げることは誰もできないが、その恵みの到来にたいして、われわれは抵抗することができる。恵みの受容を特別な仕方で妨げる心や、生活、世界の状態、すなわち、信仰の可能性を限りなく困難にする状態が存在する。われわれは、〈困難にする〉〈妨げる〉と言った。しかし〈不可能にする〉とは言っていない。われわれは、次のこともよく知っている〔からである〕。たとえ道が平らにされ、障害が取り除かれても、それによって恵みを強制的に引き寄せることはできないこと。むしろ、キリストの恵みの到来が、いつでもなお「青銅の扉を破り／鉄のかんぬきを砕[*64]」かねばならないこと。〔キリストの〕恵みが自ら最後にはその道を開き、平らにせねばならないこと。そして、恵みだけが、いつでも新しく不可能を可能にせねばならない、ということを。

しかし、これらすべてのことは、恵みの到来のために道を備えること、それを妨げ困難にするものを取り除くということを、われわれから免除するものではない。恵みがわれわれのもとに到来することは、もちろん、恵み以外のものでは決してない。とは言え、どのような状態のなかで恵みがわれわれに出会うのかということは、決してどうでもよいことではない。〔なぜなら〕われわれは、自分たちや他の人たちが信仰にまで到達することを妨げることができるのだ〔から〕。はなはだしい恥辱、遺棄、貧困、無援の状態におかれている者にとっては、神の義と憐みを信じることは困難である。その生活が無秩序と無規律に陥っている者にとっては、信仰において神の戒めを聞くことは困難となる。満ち足りた者や力の強い者にとっては、神の裁きと神の恵みを理解することは困難である。誤った信仰によって幻滅している者や、内面的な規律を喪失している者は、イエス・キリストにたいして心から献身する単純さを見出すことは困難である。

このように言うことは、該当している者たちを弁護したり、気落ちさせたりするためではない。むしろ、彼らは、次のことを知らねばならない。すなわち、まさに〈堕落と罪過と困窮の深みのなかへこそ、神は、イエス・キリストにおいて御自身を低くして来たりたもうた〉ということ。まさに〈権利を奪われ、貶《おとし》められ、搾取される者にとってこそ、神の義と恵みは特別に近くにある〉ということ。〈規律をなくしている者にこそ、イエス・キリストの助けと力とがあたえられるのだ〉ということ。[65]

＊61 ルカ三・五。＊62 削除「自分自身のうちで〔道を〕ゆがめ、見失った者は、絶望・虚言・自信において、イエス・キリストのまっすぐな道から逃れ、キリストにたいして自らを閉ざすのである」。＊63 ルカ三・五。＊64 詩一〇七・一六。＊65 差替え「懐疑的な者」。

と。〈迷う者、絶望する者を、真理は、ふたたび確固とした土台の上に立たせようとしているのだ〉ということ、を。

しかし、これらすべてのことは、道備えという課題を締め出すものではない。むしろ、この課題は、イエス・キリストが到来したもうことを知っているすべての者に、無限の責任を負わせるのである。飢えている者はパンを、家なき者は住む家を、権利を奪われている者は正当な権利を、孤独な者は交わりを、規律に欠けている者は秩序を、奴隷は自由を必要としている。*[66]〈最も深い困窮のなかにある者にこそ、神は最も近くにいたもう方だ〉と口にしながら、飢えている者をそのままにしておくことは、神と隣人とにたいする冒瀆である。*[67]私のものであると同様に飢えている者のものでもあるキリストの愛のゆえに、われわれは、彼らとともにパンを分かち、*[68]住む家を共にする。*[69]もし飢えている者が〔その飢えのゆえに〕信仰に至りえないとすれば、その責任は、彼のためにパンを拒んだ者の上に来る。飢えている者にパンをあたえることは、恵みの到来のための道備えなのである。

ここで生じていることは、〈究極以前のこと〉である。飢えている者にパンをあたえることは、なお、彼にたいして神の恵みや義を宣べ伝えることを意味するのではないし、パンを受けとることは、なお、信仰に立つことを意味してはいない。しかし、〈究極的なもの〉のゆえにこれらのことを行なう者にとっては、*[70]この〈究極以前〉のことは、〈究極的なもの〉との関わりのなかにある。〈究極以前のもの〉は、〈究極的なものの一歩手前のもの〉(ein Vor-Letztes) なのである。恵みの到来が〈究極的〉なことである。

しかし、われわれは、道備えについて、つまり〈究極以前〉の事柄について〈次のような人びとのために〕語らねばならない。すなわち〈究極以前のもの〉を否定する〈急進主義〉にまき込まれて挫折し、いまや自分が〈究極以前のもの〉の背後へと押しやられる危険に直面している者のためにである。また、〈究極以前のもの〉のなかに身を没して、それに充足してきたが、いまや〈究極的なもの〉にたいする要求を受けとらねばならない者のためにである。〔このように〕われわれは〈究極以前のもの〉について語る。それは、結局、そして多分、そのなかでもとくにかつてこの〈究極以前のもの〉を得たことのなかった者のために、〔つまり〕誰からも奉仕されなかったし、誰からも道備えをしてもらえなかったために、神の御言葉・〈究極的なもの〉・恵みが自身のところに届きうるように助けられねばならない者のために語るのである。*71

もしこれらのことについて次のように言う者がいるなら、それは、確実にまったくの誤解である。すなわち、人がキリスト者となることができる前に、まず奴隷は自由を、権利喪失者は権利を、飢えている者はパンを獲得せねばならない、それゆえ、秩序ある世界がもたらされねばならない、と。

＊66 裁きの譬え（マタ二五・三一－四六）を参照。**＊67** 削除「飢えている者には信じることが困難となる〔差替え「である」〕」がゆえに、彼はパンを必要とする」。**＊68** DBW 5 (GL), 58（『共に生きる生活』）は、イザ五八・七「飢えた人にパンを分けあたえよ」に注意するように指示している。**＊69** 削除「われわれは、公正《レヒト》を作り出し、共同体を保障する」。**＊70** この付加的な文章「〈究極的なもの〉のゆえにこれらのことを行なう」は、「〈究極的なもの〉を知る」を恐らく（削除せず）差替えたものであろう。**＊71** この文章の元の綿密な表現は、『倫理－断片ノート』Nr. 58に記されている。そこでは《道備え》や《到来》というキーワードも書き留められている。「〈究極的なもの〉と〈究極以前のもの〉」の草稿において、S. 151の「この〈究極以前のもの〉とは何であろうか？」より前の箇所では、このキーワードは括弧で括られ削除されている。

——こうした理解にたいしては、新約聖書や教会史の証言が反対している。[*72] じっさい、まさに世界が相対的に秩序づけられているように見えた時代においてこそ、おそらく信仰からの離反がとりわけ深刻で驚くべきものとなっていたのである。それゆえ、キリストのための道備えという場合、ただたんに特定の、望ましい、理にかなった状態をつくり出す、ということが問題なのではない。また、一つの社会改革のプログラム[*73]を実現する、というようなことが問題なのでもない。

むしろ、道備えにおいては、この目に見える世界のなかへ具体的に介入すること——ちょうど飢えていることや満ち足りていることが、具体的なことであり目に見えることであるように——それが問題なのである。ここでは、じっさい、すべてのことは、〈この道備えという行為は、一つの霊的な現実である〉ということにかかっている。なぜなら、つまるところ、この世界の状態を改革するというようなことではなく、キリストが来たりたもうということこそ重要なのだからである。ただ霊的な道備えに続いて、主の恵みが到来するであろう。

これは次のことを意味する。すなわち、〈人びとがイエス・キリストを受け入れる準備をするために、ここで起こるべき目に見える行為は、来たりたもう主の御前において謙遜の行為、すなわち、悔改めの行為でなければならない〉ということである。道備えとは、悔改めを意味する（マタ三・一以下）[*74]。しかし[*75]、悔改めとは、具体的な方向転換を意味し[*76]、悔改めは行為を求める。その場合、道備えは、もちろん、造り出されるべきまったく特定の状態を心に描いている。この道備えが目標とするこうした状態を積極的に表現しようとすれば、われわれは二つの規定に到達する。それは〈人間であること〉と〈善くあること〉である。[*77]

主が到来したもうことによって、〈人間であること〉と〈善くあること〉が成就されるであろう。しかし、来たりたもう主の方から、すでに一条の光がさし込み、それが正しい準備と待望とを求めるかのように、〈人間であること〉と〈善くあること〉の意味するものを照らし出す。〈人間である〉とはどういうことか。〈善くある〉とはどういうことか。それは、ただ来たりたもう主から、ただ来たりたもうた主からのみ、知らしめられるのである。キリストが来たりたもうゆえに、われわれは人間であるべきであり、善くあるべきであることを求められる。

＊72　たとえば、一コリ七・二一（「召されたときに奴隷であっても」）や、古代教会における奴隷制の維持を参照。これについては、DBW 4 (N), 253 f（＝『キリストに従う』）。ガラ三・二八も見よ。一三世紀の急進的な運動は、その要求や神学的異端のゆえに、位階制的教会によって拒否された。ルターは一五二五年に農民戦争の急進化に対抗した。＊73　社会改革プログラムは、アメリカの〈社会的福音《ソーシャルゴスペル》〉（これについて、一九三二年〔のボンヘッファーによる覚書「社会的福音」DBW 12, 203-212を見よ〉において、ドイツの文化的プロテスタンティズムのように、高い宗教的な期待と結びついていた。＊74　マタ三・一－三では、イザ四〇・三（「……主の道を備えよ。……」）は、洗礼者ヨハネの〔荒野での〕悔改めの説教と関連づけられている。＊75　削除「取り除かれるべき、あるいは」。＊76　削除「いかなる場合にも、人間の許へのキリストの到来を、特別な仕方で妨げることのない状態」。＊77　「その場合、道備えは……〈善くあること〉とである。」は、以下のような表現の試みを差替えたものである。「恵み深く、力強いキリストの到来を眼前にして、人間のもとでキリストの道を備えること、それは、教会がその主に〔削除「繰り返し」〕負うている悔い改めの行為である。」「道備えとは、〈人間であること〉と〈善くあること〉とが可能となるように、人間を助けることである。」「われわれは前もって名付けた。」「キリストのための道備えが二つのこと、すなわち〈人間であること〉と〈人間の善くあること〉とに及ぶということをわれわれが言及するなら、あるいは奇異に響くかもしれない」。

キリストは、まさに地獄にではなく、「自分の民」（ヨハ一［・一一］）のところに来たりたもう。キリストは、その創造されたもの――堕罪にもかかわらず被造物であり続けるもの――のもとに来たりたもう。キリストは、悪魔のもとにではなく、人間のもとに――たしかに、罪を犯し、失われ、裁かれるべき人間ではあるが、しかし――その人間のもとに来たりたもう。[*78] 堕罪した創造もなお創造であること、罪を犯した人間もなお人間であり続けることは、まさにキリストが彼らのもとに来たりたもうからであり、彼らを罪や悪魔の力から救い出したもうからである。キリストから見るとき、この堕罪した世界は、キリストの到来のために神によって守られ、保たれた世界として理解され、その世界のなかで、われわれは、人間としてあたえられた秩序のなかで《善く》生きることができ、また生きるべきである。

しかし、人間が、物になり、商品になり、機械となるところでは、[*79] そして秩序が勝手気ままに破壊され、もはや《善い》ことと《悪い》こととの区別がつけられないところでは、キリストを受け入れることは――この世が普遍的な罪によって失われているということを越えて――特別な障害が置かれているということである。そこでは、世界は自分の手で自分を破壊し、その結果、〈悪魔的なもの〉になる深刻な危険にさらされている。この罪深く、失われてしまった世界のただなかにおいても、神の御前では、人間が結婚の秩序を守るのか、それとも破るのかということ、また人間が権利を行使するのか、それとも勝手気ままな行いをするのかということには［むろん］違いがある。たしかに、人間は、たとえ結婚の秩序を守り、権利を擁護するとしても、罪人であることには変わりない。しかし、〈究極以前〉の事柄が顧みられ、真剣に受けとめられているか、それともそうでないか、ということの区別は確かにあるのである。近づきつつある〈究極的なもの〉のゆえに〈究極以前のもの〉に注意を払い、それを有効なものとすることは、道備えの行為に属する。

もし神の御言葉を聞くことを願うのであれば、私は説教を聞きに行かねばならない。それが、御言葉による神の啓示の特徴である。なぜなら、「信仰は説教から来る」（ルター訳、ロマ一〇［・一七］）からである。このように御言葉が私のところにまで届くことができるべきだとすれば、御言葉に与《あずか》るために神が喜びたもう場所へ私が行くこと、それが道備えの究極の行為《アクト》、〈究極以前のもの〉のなかの究極の行為《タート》である。

あたえられた秩序を保つことのなかで、教会に行くことは、〈究極以前のもの〉の枠内で命じられている戒めのなかで最小限度に必要とされることである。われわれの父祖たちも、そのように語ることができた。*80〔ただし〕その際には、すべての人が、この要求に応じられる外的可能性や身体的能力、そしてある程度の内的集中力や思考能力を備えていることが前提されていた。しかし、今日において明らかなことは、こうした前提がいつの日かもはや通用しなくなり、説教への

＊78 Thomas von Aquin, STh I-II 17, 9 ad3〔トマス『神学大全』〕（引用はS.114）参照。＊79〈第三帝国〉の強制収容所では、囚人たちは、このような仕方で扱われた。ド・ラ・メトリの著書のタイトル „L'homme machine"〔『人間機械論』〕も参照。＊80 DBW 4 (N), 54〔『キリストに従う』〕（「教会に来たまえ！」）参照。『倫理-断片ノート』Nr. 61に似通ったことが記されている。『倫理-断片ノート』Nr. 72のメモ《FC》は、和協信条（Formula Concordiae, Solida Declaratio II, BSLK 892〔『一致信条書』〕）に注意するように指示している（ボンヘッファーの所有本にはマークが付けられている）。

招きがまったく外的な理由のゆえにもはや従えなくなるということである。そのときには、〈究極以前のもの〉にたいする配慮は、今までとは違ったところに移ってくる。説教への招きが受け入れられ、それに従うことができるようになるためには、まず第一に、それを外面的に可能になるようにするための配慮がされねばならない。このことは、人間がこのように〔御言葉の〕語りかけに応じうるようになる前に、まずもって、ふたたび人間になっていなければならないということを意味する。もしこの課題に取り組まないようなところでは、来たりたもう主のための道備えは、真剣には受け止められていないのである。人びとにたいするあわれみ深い心と、すべての人間のもとに到来することを欲していたもうイエス・キリストの御前における人間の責任とが、この〔道備えの〕行為へとわれわれを押し出すのである。[*81]

それにもかかわらず、次のことは、いくら語っても十分すぎるほど明確に語られることができない。すなわち、ただ来たりたもう主のみが道備えをなしたもうということ、また、主が人間をまったく新しい〈人間であること〉と〈善くあること〉へ導きたもうということ、キリストにたいするすべての道備えは、まさにわれわれ自身では決してその道備えをなしえないという認識にいたって終止符が打たれるべきであるということ、それゆえ、道備えが求めているのは、われわれを全面的な悔改めへ導くということ、である。「ああ、汝はその恵みとあわれみによって、この聖なるときに、主イエスよ、貧しき私のために備えたまえ！」[*82]。まさにこの点において、キリストにたいする道備えは、キリストに至るわれわれ自身のすべての道から区別される。

われわれが冒頭で述べたように、じっさい、〈究極的なもの〉に至るためのいかなる《方法》も、いかなる道も存在しない。道備えは、まさに〈キリスト御自身がその道を歩みたまわねばならない〉ということを明確に認識することにもとづいて、すべての方法から区別される。備えられねばならない道、また、キリストが御自身で備えたまわねばならない道であるという理解においてのみ備えることができる道――それは、キリストに至るわれわれの道ではなく、われわれに至るキリストの道なのである。〈方法〉とは、〈究極以前のもの〉から〈究極的なもの〉に至る道である。〈道備え〉とは、〈究極的なもの〉から〈究極以前のもの〉に至る道である。

キリストは御自身の意志と力と愛とをもって来たりたもうこと、主はあらゆる障害を――それがたとえどんなに大きなものであっても――克服しうるし、そうすることを望みたもうこと、主は御自身で道を備えたもう方であること、この事実が、そして実際にこの事実のみが、われわれを、主の道を備える者にするのである。しかし、われわれは、どうして、そのような主のために道を備える者であることを望まないでいられようか。どうして、来たりたもう主によって、道を備える者へと変えられないことがあるだろうか、主を真剣に待ち望む者へ、と。われわれは、キリストを待ち望むがゆえに、そしてキリストが来たりたもうことを知っているがゆえに、ただそれゆえにのみ、われわれは、キリストの道を備えるのである。

ただキリストのみが信仰を創造したもう。それにもかかわらず、信じうるということが、いっそ

＊81 削除「ときに」。ナチの時代には、政権の抑圧が非人間化をもたらすように働きかけていた。**＊82** アドヴェントの賛美歌であるヴァレンティン・ティロの「まごころをもって、おお人の子らよ」(EG. BP 6, 4 ; EG 10, 4) より。『倫理』のこの草稿は、一九四〇年のアドヴェントに作られた。

う困難になり、あるいは〔反対に〕いっそう容易になるような、さまざまの状況が存在している。(1) 冷ややかな心や頑《かたく》なな心には、さまざまな程度がある。ただキリストのみが、われわれに、〈究極的なもの〉、すなわち、神の御前におけるわれわれの生の義認をもたらしたもう。それでもやはり、それとも、むしろそれゆえに、〈究極以前のもの〉は、われわれから取り去られたり、あるいは〔反対に〕無いままで放っておかれたりすることなしに、われわれのもとで存続している。〈究極以前のもの〉は、〈究極的なもの〉によって包み込まれていても、この地が存在する限り、*84 その必然性と権利とを保持しているのである。

(1)『キリストに従う』第一章を参照。*83

キリスト教的生は、〈究極的なもの〉が私のなかで始まることであり、私のうちにあるイエス・キリストの生である。しかし、それは、いつでも〈究極的なもの〉を待ち望む〈究極以前のもの〉における生でもある。*85 キリスト教的生の真剣さは、ただ〈究極的なもの〉のうちにのみある。しかし、〈究極以前のもの〉もまた、次のような意味においてその真剣な意味をもっている。すなわち、そこでは、もちろん、〈究極以前のもの〉は〈究極的なもの〉と混同されてはならず、後者にたいしては前者は〈冗談〉(Scherz)〔=〈笑い〉あるいは〈遊び〉〕のようなものであり、*86 したがって、〈究極的なもの〉と〈究極以前のもの〉とが、それぞれ、その真剣さを保有するという意味においてである。ここでもう一度、イエス・キリストとこの世へのその到来の現実を前にして、いかなる〈急進的〉なキリスト教も、いかなる〈妥協的〉なキリスト教も、不可能であることが明らかとなる。

西欧キリスト教界の精神的状況*87は、この問題に関して、次のように特徴づけられる。すなわち、〈究極的なもの〉は、この二〇〇年のあいだに、*88次第次第に疑問視され続けてきたが、それによって、〈究極的なもの〉と密接に関連してきた〈究極以前のもの〉も、同時に、その存在を脅かされ、崩壊

＊83 『キリストに従う』におけるボンヘッファー自身による事項索引の用語「信じることのできる状況」――DBW 4 (N): 50–52 および 56–59――は、「服従への招き」の章に注意するように指示している。〔ボンヘッファーは明らかに、この章の前に置かれている「高価な恵み」の節を第一章としてではなく、導入として考えていた。〕一九四三年の第二アドヴェント（一二月五日）の〔ベートゲ宛の〕手紙のなかの「『キリストに従う』のなかで僕はこの〔〈究極以前のもの〉と〈究極的なもの〉に関する〕考えをただ暗示しただけであり〔第一章で〕」（DBW 8, 226〔『獄中書簡集』〕）参照。**＊84** 創八・二二aを参照。**＊85** 削除「キリスト教的生は、あまりにも真剣に〔差替え「急進的に」〕〈究極以前のもの〉を否定することでも、また軽々しく〔差替え「真剣さに欠け」〕〈究極的なもの〉を否定することでもない」。**＊86** 『倫理-断片ノート』Nr. 61には「「真剣」になりつつ、しかし「すべてを冗談（Scherz）のようなものとみなす」（キルケゴール）」と記されている。S. Kierkegaard, Der Begriff der Angst, 145〔キルケゴール『不安の概念』〕「マクベスが王を殺害した後で、次のような言葉が彼の口をついて出てくる……。「もう今から先は、人生に真剣なことは一つも無くなるのだ」」を参照。ボンヘッファーは、所有していたキルケゴールの著書のこのシェイクスピアの行《くだり》に傍線によって印を付けている。〔さらに〕ボンヘッファーによる傍線が引かれている a. a. O., 149「それに反して、そうあるべき場所で真剣となった者は、その他のすべての事柄についてはそれを感傷的にも嘲笑的にもどのようにも取扱いうるという、まさにそのことによって、彼の精神の健全性を証示することであろう」も参照。**＊87** カール・ヤスパースの著書のタイトル „Die geistige Situation der Zeit“〔『現代の精神的状況』〕を参照。**＊88** バルメン神学宣言の第一テーゼの拒絶命題（「教会がその宣教の源として、神〔イエス・キリスト〕のこの唯一の御言葉のほかに、またそれと並んで、さらに他の出来事や力、形姿《ゲシュタルト》〔歴史的人物〕や真理を、神の啓示と

の危機に向かっているということである。その逆に、〈究極以前のもの〉の崩壊は、〈究極的なもの〉の軽視や価値低下への傾向をいっそう強めるという結果を伴っている。[*89]〈究極的なもの〉と〈究極以前のもの〉とは、互いに密接に結びついている。それゆえ、ここでは、〈究極的なもの〉を強力に宣教することによって〈究極以前のもの〉を強めねばならないが、同様に、また〈究極以前のもの〉を保持することによって、〈究極的なもの〉を守らねばならないのである。

他方では、今日の西欧キリスト教界には、たしかに〈究極以前のもの〉を固守し、また今後も固守し続けようと決意する広範な人たちが存在する。しかし、彼らは——たとえ〈究極的なもの〉にたいして何か敵意をもって対立してはいないにしても——〈究極的なもの〉との関連を明確に認識したり、じっさい、決定的なものとして肯定したりはしていない。ここでは、いまや——もしも〈究極的なもの〉にもとづいて、この〈究極以前のもの〉をふたたび求めるのでなければ——〈究極的なもの〉の喪失は、遅かれ早かれ、必然的に〈究極以前のもの〉の崩壊に通じるであろう。

この堕落した世界にもなお〈人間的なもの〉や〈善いもの〉が見出されるとすれば、それは、イエス・キリストの側に味方するものである。もし、虐《しいた》げられた者や悪い者にのみ、イエス・キリストが近くに在《いま》したもうということが宣べ伝えられるのであれば、〔また〕家出した放蕩息子にたいする父の愛が、家郷にとどまっていた息子にたいする父の愛よりも強調されるのであれば、それは、福音をまったく縮小することを意味する。[*90]たしかに、われわれが語る[*91]〈人間性〉と〈善〉とは、イエス・キリストの人間性と善ではない。すなわち、神の裁きに耐えることができない。しかし、イエスは、神の戒めを守っていた青年を愛したもうた（マコ一〇［・二一］）。[*92]

〈人間的なもの〉や〈善いもの〉とは、それ自身として価値をもっているのではなく、イエス・キリストのために求められるべきであり、また求めることを許されている。この〈人間的なもの〉や〈善いもの〉が、〔自分では〕〈意識していない残りの者〉(unbewußter Rest)として、かつてもっていた〈究極的なもの〉にたいする結びつきを示すところでは、特別に、キリストのために求められている〔人びとなのだ、と言ってよい〕。このような状況にいる者を端的に非キリスト者とみなして、彼から不信仰の告白をさせようと迫ることは、しばしば、真面目なことのようにみえるかもしれない。*93 しかし、

して承認しうるとか、承認せねばならないとかいう誤った教えを、我々は退ける」〕について、ハンス・アスムッセンは一九三四年にこう解説していた(K. Immer, Bekenntnissynode, 17を見よ)。「……二〇〇年以上にわたり、かねて教会の荒廃を徐々に用意してきたこの現象にたいして、われわれは抗議を提起する」。*89 『倫理-断片ノート』Nr. 53「〈究極的なもの〉が取り除かれるとき、〈究極以前のもの〉は崩壊する。〈究極以前のもの〉が破壊されるとき、〈究極的なもの〉は崩壊する。」を参照。*90 ルカ一五・一一–三二を参照。「教会と世界Ⅰ」の草稿のための『倫理-断片ノート』Nr. 20には、ボンヘッファーがその後のテキストS. 352 fでは取り上げなかった《家出した〔放蕩〕息子》というキーワードも記されている。*91 「われわれが語る」は、「われわれが〔削除「今日」〕この世で見出す」を差替え。*92 〔ボンヘッファーが所持していた〕ルター訳聖書には、〔イエスは〕「彼を見つめ、慈しんだ」に下線が引かれている。DBW 4 (N), 63〔『キリストに従う』〕を参照。*93 そうしたうわべだけの「いっそう真剣な」発言にたいする〔ボンヘッファーの〕拒否については、DBW 5 (GL), 88〔『共に生きる生活』〕「誰が彼〔隣人〕を追いつめて、強引に向き直らせ、究極的なことを語りかける権利をもっているのか。もしここで人が単純に〈誰もがこのような権利を、それどころか義務をもっているのだ〉と言おうとするなら、それは決して偉大なキリスト教的洞察のしるしではあるまい。無理強いする精神が最も悪い仕方でまたもやここに入り込んで来ることにもなるだろう」を参照。

もはや自分をキリスト者とはあえて呼ぼうとしないような人こそ、キリスト者として必要とされ、彼がキリスト者としての告白をするように大きな忍耐をもって助けることが、いっそうキリスト教的な態度であろう。*[94]

続く二つの章は、このような観点においても理解されることを願っている。*[95]

＊94 S.151「次の二つのことが〈究極以前のもの〉と呼ばれる。すなわち、それは、〈人間であること〉と〈善くあること〉である」、これに対応するS.157「われわれは二つの規定に到達する。それは〈人間であること〉と〈善くあること〉である」を参照。予告どおり、まさに次の章は「人間であること」を扱っている。**＊95** この草稿の終わりには、欄外で「意識されていないキリスト教／バルザック。反キリスト者である人びと」と書き込まれている。ボンヘッファーはその後にテーゲルで、「意識されていないキリスト教」(ThDB 83f〔ファイル『ボンヘッファーの神学』〕を参照)の問題にますます取り組んでいった(一九四四年七月二七日〔付のベートゲ宛の手紙〕DBW 8,545〔『獄中書簡集』〕を見よ)。オノレ・ド・バルザックは、たとえば „Eugénie Grandet“〔『ウージェニー・グランデ』〕(一八三三年に出版されたバルザックの小説)の父親のように、初期資本主義の非人間的で人間を堕落させるような特質を体現する人物たちを描いている。

〈自然的生〉[*1]

〈自然的なもの〉(das Natürliche) という概念は、福音主義的倫理においては、不信の目をもって見られてきた。[*2]〈自然的なもの〉は、一方では〔〈恩寵と自然〉という対立図式のなかで、〈恵み〉のみが強調されることによって〕普遍的罪性という暗黒のなかにまったく姿を没し、他方では〔〈創造の秩序〉が強調されることによって〕逆に根源的被造性(Urgeschöpflichkeit)という光輝を保ってきた。[*3] この

＊1　この表題――『倫理-断片ノート』Nr. 50 und 21も同じ表題――は、後にさらに二度目のものが出てくる(S.171)。一九四〇年一二月一〇日付の〔ベートゲ宛の〕手紙、「僕は今「自然的生」に関する部分に取り組み始めている」(DBW 16,92)。この手紙は、《F. S. G.1940》の透かし模様をもつ用紙に書かれている。そのような用紙は、『倫理』草稿にとって初めて、この〔冒頭の〕箇所で用いられている。この用紙は、草稿では、「〈究極的なもの〉と〈究極以前のもの〉」で用いられたものと同様の明るい二つ折り用紙に取り替えられている。＊2　この概念〔自然的なもの〕について、ボンヘッファー自身の以前の見解は、たとえばDBW 4 (N), 146f〔『キリストに従う』〕、およびDBW 3 (SF),118〔『創造と堕落』〕を参照。＊3　「一方では」に関して、この議論にたいするボンヘッファーの警告として、DBW 4 (N),29〔『キリストに従う』〕「われわれは、どんなに立派な生活を送ろうとも、依然として罪人のままである」(マルティン・ルターの賛美歌「深き悩みより　われはみ名を呼ぶ」(EG. BP 140, 2 ; EG 299,2) からの引用) 参照。福音主義神学においては、イエスや使徒たちの宣教のもつ徹底した終末論的性格が(ヨ

両方とも〈自然的なもの〉の概念を誤用するものであり、結果として、この概念を福音主義的な思考から完全に閉め出し、カトリック的倫理[4]に譲り渡すことになったのである。

しかし、そのことは、福音主義的思考にとって、〈事柄としては〉重大な損失を意味していた。なぜなら、われわれは、〈自然的生〉の実践的な問題にたいして、多かれ少なかれ、方向づけなしに立ち向かうことになったからである。福音にとっての〈自然的なもの〉の意味は不明確となり、福音主義教会は、〈自然的生〉の緊急な問題にたいして、明確な指針となる言葉を失ってしまった。[5] その結果、福音主義教会は、数多くの人たちの生きるうえでの重要な決定にたいして、何らの答えや助けもあたえないままに放置しながら、神の恵みを〔ただ復唱するだけの〕静的・固定的な宣教[6]へ、ますます陥っていったのである。恵みの光の前では、すべての〈人間的・自然的なもの〉は、罪という暗黒のなかに没してしまう。それゆえに、人は、もはや〈人間的・自然的なもの〉の内部にある相対的な違いなどに、あえて注意しようとはしなくなった。そんなことをしていれば、恵みが恵みとしての力を失

ハネス・ヴァイスらによって）再発見された後、〔この世と来るべき世という〕二つの時《エーオン》の図式に従って、この世を〈罪のもとにある〉世としてのみとらえ、〈自然的なもの〉に神学的な関心を向けない傾向があった。これと反対の立場をとる極端な論者たちは――「他方では」に関して――〈自然的なもの〉を、堕罪によって失われることのない〔堕罪する前の被造性の事実を強調する〕〈造られたもの〉（Geschöpfliche）と解した。ここでは、倫理的な方向性は、堕罪した人間にたいするキリストによる和解によって規定されるのではなく、創造にまで立ち戻ることによって規定されることになる。認識の分野では、たとえばパウル・アルトハウスの〔キリストの啓示に先行する〕原啓示（Uroffenbarung）が、これに対応するものであろう。P. Althaus, Der Geist der lutherischen Ethik, 43 f によればルター主義は「秩序の具体的形態のための規準を」「神の言葉が創造の現実を説明しているように、その創造の

現実そのもののなかに、そして自然法のなかに」識別するのである。「人間は、罪によって認識の曇りがある場合でも、この自然法についていくらか知覚するのである」を参照。これら〔二つの〕の方向と異なって、アードルフ・シュラッターは、〈自然的なもの〉にたいする責任を「宗教改革的な《罪の暗闇》のなかへ単純に解消してはいなかった」（DB81〔ベートゲ『ボンヘッファー伝』〕を見よ）。＊4 ボンヘッファーが特にこの草稿で取り上げているカトリック道徳神学の伝統では、自然法論や自然と恩寵の関係づけにおいて〈自然的なもの〉の重要性が保持されている――Thomas von Aquin, STh I 1, 8 ad 2〔トマス『神学大全』〕「恩寵は自然を廃棄せず、これを完成する」。O. Schilling, Lehrbuch der Moraltheologie I, 15–17を参照。シリングは、自然と恩寵をキリスト論的に基礎づけている。しかし、一般的には現代カトリック道徳神学における自然の重要な意味は、《自然の－超自然の》（natürlich – übernatürlich）という対概念から引き出される。E. Feil, Die Theologie Dietrich Bonhoeffers, 301 Anm. 42〔ファイル『ボンヘッファーの神学』〕によれば「ボンヘッファーの場合、当時のカトリック倫理におけるよりもはるかに強力に、〈自然的なもの〉はキリスト論的に構想されている」。〔なぜなら〕カトリシズムにおける支配的な図式は、自然があらかじめ所与のものとしてあり、それを完成させる恩寵は後から追加されるものであるかのようなイメージをあたえうるであろう〔から〕。＊5 福音主義神学における〈自然的なもの〉のとらえ方の欠陥は、一九三三年以降の強制不妊手術や一九四〇年以降の《生きる価値のない生命》にたいする《安楽死》作戦に異を唱えねばならなくなったとき、目を覆うばかりに明らかになった。ボンヘッファーは《安楽死》の問題を扱ったとき（S.184–191を見よ）、一九四一年一月二〇日〔付のベートゲ宛の手紙で〕「僕は、カトリックの倫理が……われわれ〔の倫理〕として学ぶところが多く、実践的なものであると思う。……まさに僕の目下のテーマにとっても」と書いていた（DBW 16, 114）。＊6 草稿では当初「正統な-静的・固定的な」（orthodox-statische）であった。この「正統な」という用語は鉛筆によって括弧で括られており、削除されたことが示唆される。恵みのみによる義認というルターの教理を文字通り繰り返す宣教は、正統なもの――「ルターの教理からみて非難の余地のないもの」（DBW 4 (N), 36〔『キリストに従う』〕）――のようにみえるであろう。それにもかかわらず、このルターの教理が台無しになることについて、DBW 4 (N), 29–43〔『キリストに従う』〕を参照。

ってしまうのではないか、と恐れたからである。〈自然的なもの〉という概念には、この福音主義的な思考が〈究極以前のもの〉にたいする〈究極的なもの〉の正しい関係をもはや知らなくなったことが、はっきりあらわれている。この喪失から生まれる結果は、重大であり広範囲にわたるものであった。堕落した被造界の内部に、もはや何らの相対的な違いも存在しなくなったとき、その道は勝手気ままと無秩序とに通じるのであり、〈自然的生〉は、その具体的な決断や秩序において、もはや神の御前での責任の下に立つものではなくなった。〈自然的なもの〉は、その唯一の反対主題として〈神の言葉〉をもってはいたが、しかし、〈不自然なもの〉が、もはや反対主題ではなくなったのである。〈自然的なもの〉[*7]も、〈不自然なもの〉も、じっさい、〈神の言葉〉の前では同じように非難されるべきものなのであった。このことは、〈自然的生〉の領域の完全な崩壊を意味していた。

それゆえ、〈自然的なもの〉という概念は、福音にもとづいて、ふたたび回復されねばならない。われわれは、堕罪という事実を考慮に入れるなら、〔堕罪する前の被造性の事実を強調する〕〈造られたもの〉(das Geschöpfliche)とは区別された〈自然的なもの〉について語ることになる。また〈造られたもの〉を考慮に入れるなら、〔堕罪の事実を強調する〕〈罪のもとにあるもの〉(das Sündhafte)とは区別された〈自然的なもの〉について語ることになる。〈自然的なもの〉[*8]は、堕罪後〔の世界において〕、イエス・キリストの到来に向かって開かれているものである。〈不自然なもの〉[*9]は、堕罪後〔の世界において〕、キリストの到来にたいして自らを閉ざしているものである。キリストに向かって開かれているものと、キリストにたいして自らを閉ざしているものとの違いは、たしかに、相対的なものである。〈自然的なもの〉がキリストの到来を強要することはなく、〈不自然なもの〉がキリストの到来を不可能にすることもない。この両方の場合に、キリストが現実に来たりたもうことは恵みの出来事であり、キリストの到来によってはじめて〈自然的なもの〉は、その〈究極以前のもの〉としての性格を確証され、〈不自然なもの〉は、〈究極以前のもの〉を破壊するものとしての性格を決定的に*10あらわにされる。それゆえ、キリストの御前においても、〈自然的なもの〉と〈不自然なもの〉との違いは存続しており、これを解消することは重大な損失を伴なうのである。

〈自然的なもの〉という概念は、*12「生まれる－自然」（nasci－natura）*11に由来する。この概念は、「造る－被造物」（creare－creatura）に由来する〈造られたもの〉（das Kreatürliche）という概念とは異なり、自立性と自己発展という契機を含んでいる。この契機は、〈事柄《ザッヘ》〉にたいして徹底的に相即している。〔すなわち〕堕罪によって、「被造物」（Kreatur）は「自然」（Natur）となるのだが、〔堕罪以

＊7　鉛筆で削除「そして同じように正しいこと」。＊8　差替え「保持されているもの」。〔《創造の秩序》にたいする〕《保持の秩序》について、DBW 3 (SF), 129f〔『創造と堕落』〕を参照。続く草稿における以下の文章は削除（S.165を参照）「〈自然的なもの〉は、創造者かつ救済者にたいして相対的な自立性をもつが、同時につねに創造者かつ救済者と関係している。堕罪した世界の領域では〔差替え「〈自然的なもの〉のこの領域では」〕、〈自然的なもの〉と〈不自然なもの〉とのあいだには、いまや極めて大きな本質的相違がある」。＊9　差替え「逆らうもの」〔何度も削除〕。＊10　この「決定的に」という用語は鉛筆によって書き加えられている。＊11　ドイツ語で「geboren werden / entstehen / wachsen－Gewachsenes」〔「生まれる／発生する／育つ－自然」の意〕。＊12　ドイツ語で「schaffen－Geschaffenes」〔「造る－被造物」の意〕。

前の〕真実な〈被造物〉がもっていた神との直接的な関わりは、[*13]〈自然的生〉のもつ相対的自由に置き代わるのである。この自由の内部においては、自由の正しい使用と誤った使用とのあいだの区別が、つまり〈自然的なもの〉と〈不自然なもの〉とのあいだの区別がある。それゆえ、キリストに向かって相対的に開かれた存在と、キリストにたいして相対的に閉ざされた存在とがあるわけである。しかし、決定的なことは、この相対的な自由が、神と隣人とにたいする絶対的な自由――それは、到来したもう神の御言葉のみが創造し、贈りたもうものである――と混同されてはならないということである。それにもかかわらず、この相対的な自由も、キリストが神と隣人とにたいする自由を贈りたもうた者たちにとっては、やはり重要なものなのである。

〈自然的生〉は、ただたんに、キリストと共なる生のための前段階のようなものと考えられてはならない。〈自然的生〉は、キリスト御自身を通して初めて、その確証をえる。キリスト御自身が、〈自然的生〉のなかに入って来られたのである。キリストが人間となりたもうことによって初めて、〈自然的生〉は、〈究極的なもの〉へと向けられた〈究極以前のもの〉となる。キリストが人間となりたもうことによって初めて、われわれは、〈自然的生〉へと他の人びとを招き、〈自然的生〉そのものを生きる権利をもつ。[*14]

〈自然的なもの〉は、どのようにして認識されるのであろうか？　〈自然的なもの〉は、この堕罪した世界にあっても、神によって保持されている〈生の形〉(Gestalt des Lebens)である。その〈生の形〉は、キリストによる義認と救いと新生へと向けられている。したがって〈自然的なもの〉は、〔それがどのように形づくられているのかという〕形式的な規定と、〔それがどのような実質をもっているのかという〕内容的な規定とをもっている。*15

〔まず〕形式的には、〈自然的なもの〉は、〔その〈生の形〉が〕神の意志によって保持され、キリストへと向けられていることによって規定される。それゆえ、その形式的な側面においては、〈自然的なもの〉は、ただイエス・キリスト御自身から認識されるだけである。

〔次に〕〈自然的なもの〉の内容的な規定は、〔神によって〕保持されている〈生の形〉そのものであり、その形が全人類を包含するのである。この内容的な側面によれば、人間の《理性》(Vernunft)が、〈自然的なもの〉を認識するための器官(Organ)である。理性は、〈自然的なもの〉に優越するような、人間のなかの神的な認識原理や秩序原理ではない。理性は、それ自身、この保持されている〈生の形〉の一部分であり、しかも、現実における全体的かつ普遍的なものを統一体として意識し、かつ《理解する》(vernehmen)能力をもつ部分である。したがって、理性は、それ自身、まったく〈自然的なもの〉のなかの一部なのである。すなわち、理性とは、〔この世の〕所与のもののなかにある〈自

*13 差替え「神への直接的な従属」。*14 削除「われわれは〈自然的生〉の内容を問う前に、この関連において〈生〉のもとで理解されるべきことを説明するという課題がある」。削除されている文言――すなわち「自己目的や目的のための手段としての」生――は、S.171で取り上げられる。「自然的生」の草稿において、ボンヘッファーは人間以外の〈自然的生〉を顧慮していないが、それは《人間であること》というテーマ設定による(S.151を見よ)。人間にたいするナチの犯罪にたいして、緊急に人間の生の諸権利が明確に提示されなければならなかった〔から〕。

*15 「形式」(Formal)は《形〔姿〕》(Gestalt)(ラテン語のforma)に該当する。これについては、アウグスティヌスにおける〈質料〉(ラテン語のmateria)と〈形相〉(Form)の違いと同様であり、DBW 3 (SF), 35–37〔『創造と堕落』〕の創世記一・二の解釈を見よ。S.277の良心における「形式的な規定」と「内容」を参照。

然的なもの〉を意識的に理解する能力である。〈自然的なもの〉と理性とは、保持されている生の存在形態と意識形態とが関連し合っているように、互いに関連している。したがって、〈自然的なもの〉を把握するために理性が適合性をもっているというのは——理性が〈自然的なもの〉をはじめて創造するかのような——理性の自発性や、あるいは——理性が〈自然的なもの〉に適合する能力をもつかのような——理性の神的能力などのなかに、その根拠があるのではない。そうではなく、理性もまた、この世における他の部分と同様に、堕罪という事実にその根拠をもっている。もちろん、理性は理性であることを止めるわけではない。しかし、理性は、いまや堕罪した理性であり、この堕罪した世界の所与のものをのみ——しかも、もっぱらその内容的な側面に即して——理解する理性なのである。

理性は、〔この世の〕所与のもののなかで〈普遍的なもの〉を理解する。そこで理性が理解するがままに、所与の〈自然的なもの〉もまた普遍的なものである。〈自然的なもの〉は、人間的自然の全体を包含する。理性は、経験的な検証可能性とは無関係に、〈自然的なもの〉を〈普遍的な法則《おきて》〉として認識する。(1)

(1) 以上で述べたことは、カトリックの考え方と次の点において区別される。すなわち、(一) われわれにとって、理性は、全面的に堕罪とからみあったものとして理解されているのにたいして、カトリックの教義学では、理性は本質的に無傷なままに保たれたものとされる。(二) カトリックの教理に従えば、理性もまた〈自然的なもの〉の形式的な規定として把握され、そのことはふたたび第一の点と関連するものである。われわれが以上述べてきたことは、理性の主観的な自発性においてではなく、客観的な所与のなかに〈自然的なもの〉を基礎づけるという点において、啓蒙主義とは区別される。*16

ここから次のような決定的な結論が出てくる。すなわち、〈自然的なもの〉は、堕罪した世界内部のある部分とか、ある権威《インスタンツ》によって定められたものでは決してないということである。〈何が自然的であるか〉ということは、この保持されている世界のなかのいかなる個人も、何らかの共同体《ゲマインシャフト》〔＝人間の交わり〕や制度的組織も定めたり決めたりするのではない。〈自然的なもの〉は、〔それらに先立って〕すでに定められ決められているのであり、しかも、個人や共同体や制度的組織は、それぞれ、その一定の分担する分を受けとっているのである。〈自然的なもの〉は、恣意的に定められるものではない。むしろ、個人や共同体、制度的組織によって恣意的に定められたものは、すでに立てられてい

***16**　ボンヘッファーは、この注や、それに先行する本文の二つ〔本訳書では三つ〕の文章において、トマス・アクィナスの著作に依拠するJ. Pieper, Die Wirklichkeit und das Gute に取り組んでいる。ボンヘッファーによって引用符の付けられた用語《理解する》（*vernehmen*）については、Pieper, a. a. O., 20によれば、理性とは「現実の事柄の真実をそれ自体のなかに入って把握する人間の力である。《理解すること》（Ver-Nehmens）の元来の語義は、ここでもなお完全な力において……」（ボンヘッファーの所有本には「理解すること」に下線があり、欄外に傍線）を参照。〔また〕「啓蒙主義」についてボンヘッファーが注で言及していることについては、Pieper, a. a. O., 49（傍線が引かれ、それに並べて「!」）、カントは「実践理性の自律」に「客体から主体への重点の移動」をみてとる（ピーパーは、R. Kroner, Von Kant bis Hegel I, 153〔クローナー『ドイツ観念論の発展――カントからヘーゲルまで』〕を引用）を参照。

る〈自然的なもの〉に接すれば、必然的に打ち砕かれ、自分を台なしにしてしまうのである。*17〈自然的なもの〉を傷つけ破壊する者は、そのために報復を受ける。

その理由は、〈自然的なもの〉は、同時に、〔神によって〕保持されている生を真に守るものだからである。そこで、《理性》によって〈自然的なもの〉を認識することは、保持されている生の《根本意志》(Grundwille) によって〈自然的なもの〉を肯定することに対応する。*18〔しかし〕ここで繰り返し言うなら、この《根本意志》は、堕罪によってもなお人間のなかに無傷で残り——神的な秩序を肯定しうる——神的な残り滓《かす》であるかのようなものではなく、理性と同様に、堕罪しつつも〔神によって〕保持されているこの世のなかに深く埋め込まれているのである。そのゆえ、この根本意志も、もっぱら〈自然的なもの〉のなかの内容的な側面に向かって開かれ、その内容的な側面を肯定する。なぜなら、根本意志は、〈自然的なもの〉のなかに、生を守るものを求め、かつ見出すからである。〈自然的なもの〉は、〈不自然なもの〉にたいして生を守るものである。〈自然的なもの〉を志向し、つねに〈不自然なもの〉に抗して、これを破滅させるのは、最後には生それ自身である。この点に、身体的・精神的な健康を維持し回復する重要性の最後の根拠がある。生それ自身が——それが個人的な生であろうと共同体の生であろうと——自分自身の医師なのである。生は、〈不自然なもの〉を、生を破壊するものとして退ける。そして、生それ自身が、もはやこの必要な抵抗をなしえなくなるときに、初めて〈不自然なもの〉の破壊力が勝利をおさめるのである。(2)

(2) この点で、フリッツ・キュンケルによる性格学に関する諸著作は正しい。これらの諸著のなかで、繰り返し《生》こそが心理的な不自然や病気にたいする本来の最終的な矯正薬として登場してくる。*19〈自然的なもの〉を破壊することは、生を破壊することである。認識と生きる意志は、無秩序と混乱に陥り、間違った対象に向けられる。〈不自然なもの〉は、生の敵である。

そもそも〈自然的なもの〉を傷つけることがどうして起こるのかということは、この保持されている生が相対的な自由をもっているということによって、十分に説明される。この相対的な自由が誤用されると、堕罪した世界における所与のものが絶対化され、それが〈自然的なもの〉の源であるとみなされ、その結果、〈自然的生〉を破壊するにいたるのである。いまや〈不自然なもの〉と〈自然的なもの〉とのあいだの戦いが開始される。そこでは、〈不自然なもの〉が、しばらくのあいだは、力

*17 ナチは、たとえば芸術や文学において何が《頽廃した》ものかを決定し、（いわゆる）〈民族に適合したもの〉や〈人種に適合したもの〉を〔その〕基準とした。同様にナチは、少数者たち――ユダヤ人、《ジプシー》（当時シンティ・ロマはそのように呼ばれていた）、スラブ人など――をドイツ民族共同体から恣意的に締め出した。これは、ボンヘッファーの理解によれば、（たとえば国家の）自己破滅に踏み出す歩みであった。*18 『倫理-断片ノート』Nr.55において、ボンヘッファーは《生の意志》という表現を検討していたが、その後《生の根本意志》〔という表現〕を採用することにした。《根本意志》については、C. Fortlage, System der Psychologie I, 224f「根本意志は、最も内奥にある精神の源泉である」を見よ。たとえば、P. Althaus, Religiöser Sozialismus, 16も、この用語を使っている。なお、W. Lütgert, Ethik der Liebe（1:《根本意志》; 7:《生への意志》）も参照。*19 ボンヘッファーは、フリッツ・キュンケルの広く読まれた著書 Krisenbriefe と Die Arbeit am Charakter を所有していた。フィンケンヴァルデ牧師研修所における一九三六―三七年の〈牧会講義〉では、キュンケルが言及されていた。

を振ることができるかもしれない。というのは、〈不自然なもの〉は本質的に組織[20]において存在するのであるが、これにたいして、〈自然的なもの〉は組織化されるものではなく、単純にそこにあるのだからである。たとえば、両親への敬意を低下させることは組織化されうる[21]が、これにたいして、両親への敬意そのものは、単純に行なわれるものであり、本質的に組織化されえないものである〔から〕。

〈自然的なもの〉が一時的に〈不自然なもの〉によって圧倒されるというようなことが起こるのは、こうした理由からである。しかし、長い目でみれば、〔不自然なものの〕組織は、いずれも崩壊するが、これにたいして、〈自然的なもの〉は存続し、それ自身の力によって自己を貫徹する。なぜなら、生それ自身が、〈自然的なもの〉の味方だからである。もちろん、その〔＝〈不自然なもの〉が崩壊する〕前に、生の外的形式の重大な動揺や転換が起こるかもしれない。しかし、生が保持されている限り、〈自然的なもの〉はふたたび道を切り開く。

　この関連において、堕罪した世界の限界のなかで保たれている人間の歴史にたいする楽観主義は、その根拠や正当性をもって[22]いる。しかし、十分明らかにされてきたように、この楽観主義は、むろん、罪が徐々に克服されていくというような考え方とは何ら関係がない。ここで考えられているのは、あくまでも内在的な[23]〈自然的なもの〉にもとづく楽観主義である。言うまでもなく、聖書によれば、すべての点で〈自然的なもの〉が破壊されるということも、近づきつつあるこの世の終わりの徴《しるし》である（ルカ二一［・一六］）。そして、ここにこそ、内在的な[24]楽観主義はその限界をもっており、じっさい、〔こうした〕聖書の預言によって、歴史的な原理や鎮静剤の役割を果たすことから決定的に排除されるのである。この楽観主義は、不当なものではないが、しかし、純粋に内在的であり、それゆえに決して確実ではない希望にとどまっている。

＊20 この用語を、ボンヘッファーは、眼前の〈第三帝国〉における抑圧的な組織にたいする時代批判に結びつけている。この《組織》という言葉は、すでに一九二六年のボンヘッファーの研究報告「教会と終末論」（DBW 9,346）のなかで〔社会科学的〔用語として〕ではなく〕歴史哲学的な用語として使われていた。そこでは、「社会的弊害の除去」のために《神の-国の-理念の世俗化》が見られることに着目していた。この《世俗化》は、とりわけサン・シモンにおいて〔見られ、彼は〕「精神的な指導者によって統率されて、すべての人間がひとつの巨大な組織に編入されなければならない」としていた、と。〔なお〕O. Spengler, Mensch und Technik, 78f〔シュペングラー『人間と技術』〕「あらゆる有機的なものが、周りに広がりゆく組織化に圧倒される。人工的世界がまかり通り、自然の世界を毒殺する」を参照。〔また〕K. Jaspers, Die geistige Situation, 67 (^{4}48)〔ヤスパース『現代の精神的状況』〕によれば「組織は、〔人間なしには存立し得ないはずだが〕みずからが確保したいと願っているもの、すなわち、人間としての人間を壊滅させてしまう」。**＊21** ナチの青少年組織「ヒトラー・ユーゲント」（一九二六―一九四五年）は、〈第三帝国〉において、両親の行動を子どもを通じてイデオロギー的に監視させるためにも利用された。マコ一三・一二bの黙示録的な言明（「子は親に反抗して死なせるだろう」）が、これにぴったりする。**＊22** 「克服されていく」は、「改善されていく、または解放されていく」を差替え。アメリカの〈社会《ソーシャル》的福音《ゴスペル》〉については、一九三二年〔の覚書〕DBW 12,211「楽観主義、進歩主義的イデオロギーは、神の戒めを真剣に受け取らない（ルカ一七・一〇）。それは現代の熱狂主義である。それは人間の限界を誤認するものであり、この世の国と神の国との根本的な違いを無視するものである」〔なお、前章の注73も〕を参照。**＊23** 反対概念である「超越的な」（この世の限界を超えている）は、ボンヘッファーの『倫理』草稿では何ら問題にされていない。**＊24** 鎮静剤（ラテン語の quietus に由来する、《平穏な》の意）。

このような前提において、われわれは、いまや堕罪後においても神によって保持されている〈生の形〉として、〈自然的なもの〉についての論述をキリストの到来に開かれている方向線上で進めることができるであろう。

自然的生[25]

〈自然的生〉は、形をもった生である。〈自然的なもの〉は、生それ自身に備わっており、かつ生それ自身に仕える形のことである。しかし、もし生がこの形から離れるなら、あるいは、生がこの形から解放されて自己を肯定し、生が〈自然的なもの〉の形によって仕えられることを止めようとするなら、そのときには、生それ自身は根こそぎ破壊されてしまう。自己自身を絶対化し、自己目的とする生は、自滅してしまう。

〈生命力主義〉〔＝活力論〕（Vitalismus）は、不可避的に虚無主義《ニヒリスムス》に、〔つまり〕すべての〈自然的なもの〉の破壊に行きつく。生自体は――この極端な意味においては――無であり、深淵であり、転落である。すなわち、それは、終わりのない、目的のない運動であり、無への運動である。それは、すべてのものをこの破滅的な運動へ巻き込んでしまうまでは休むことがない[26]。個人の生においても、また共同体の生においても、このような〈生命力主義〉が存在している。これは、それ自体としては正しい洞察、すなわち〈生はたんに目的のための手段だけでなく、自己目的でもある〉という洞察の誤った絶対化に由来する。この洞察もまた、個人の生にも共同体の生にも妥当する[27]。神は、生が実現することを欲したもう。神は、生がそこで生きられるように、生に形をあたえたもう。なぜなら、生が自分だけで放任されるなら、それは、ただ自分自身を滅ぼしてしまうだけだから。しかし、この形は生を、同時に他者の生とこの世とに仕えるように整える。すなわち、この形は、生を、限定された意味において、〔他者の生やこの世に仕えるという〕目的にたいする手段とする。[28] いまや自己目的としての生の絶対化、〔つまり〕生を破滅させる〈生命力主義〉が存在するように、同様の結果をもたらす、目的のための手段としての生の絶対化も存在する。このことは、くり返して言えば、個人にも共同体にも妥当するのである。われわれは、この誤った道を、生の〈機械化〉(Mechanisierung)[29] と表現することができる。ここでは、個人は、ただ全体にとって利用価値という

＊25 S. 163と同じ表題。＊26 DBW 3 (SF), 112〔『創造と堕落』〕「……転落である。……創造の世界全体に及ぶ」を参照。＊27 DBW 1 (SC), 127〔『聖徒の交わり』〕、教会《ゲマインデ》は「たんに目的のための手段だけでなく、それは同時に自己目的である」を参照。生が自己目的「でも」あるという主張は、ナチの要求、すなわち、価値の高い生命と人種的・優生学的に《価値のない》生命とを区別し、後者を抹殺させてもよいという要求にたいして異議を唱えることであった。＊28 生が「限定された意味において」目的にたいする手段であるという発言に関しては、I. Kant, Grundlegung zur Metaphysik der Sitten BA 66 f (Werke IV, 61)〔カント『人倫の形而上学の基礎づけ』〕の定言命法の定式(「自分の人格のうちにも他の誰もの人格のうちにもある人間性を、自分がいつでも同時に目的として必要とし、決してただ手段としてだけ必要としないように、行為しなさい」)における「決してただ手段……としない」を参照。＊29 W. Rathenau, Zur Kritik der Zeit には章の表題として「世界の機械化」(Die Mechanisierung der Welt)が「I」から「V」まであり(45–95)、その「V」の副題は「機械化と生」(Mechanisierung und Leben)(86)とされている。O. Spengler, Mensch und Technik, 78〔シュペングラー『人間と技術』〕「世界の機械化は、き

観点からのみ、また共同体は、ただその上にある制度や組織、あるいは理念にとっての利用価値という観点からのみとらえられる。〈集団的なもの〉(das Kollektiv) が神であり、全面的な〈機械化〉の過程のなかで、個人の生や共同体の生が、この神にたいして捧げられるのである。[*30] ここでは、生は消失する。そして、生に仕えるために存在している〈生の形〉が、生を無制限に支配することになる。生のすべての自己目的性は打ち破られ、生は虚無のなかに沈む。なぜなら、〈機械化〉がすべての生を殺してしまうなら、ただ生からのみ自身の力をえている〈機械化〉自身も、たちどころに崩壊せざるをえないからである。

〈生命力主義〉と〈機械化〉とは、われわれが述べてきた意味では、次のような事態——恐らくはそれと意識することなしに——〈自然的生〉にたいする懐疑と敵意、生の倦怠、さらに生にたいする無能さの表現形式なのである。〈自然的なもの〉の味覚は、〈不自然なもの〉の刺激によって消え失せてしまう。

〈自然的生〉は、〈生命力主義〉と〈機械化〉という両極端のあいだにあり、自己目的としての生であるとともに、目的のための手段としての生でもある。イエス・キリストからすれば、生の自己目的性は被造性として理解され、また、目的のための手段としての生は神の国への参与として理解される。他方、〈自然的生〉の枠内においては、自己目的性は、生にあたえられている諸権利という形にあらわれ、また、目的のための手段としての生は、生に負わされている諸義務という形にあらわれる。したがって、キリストとその到来のゆえに、〈自然的生〉は、特定の諸権利と特定の諸義務において生きられる生でなければならない。この諸権利と諸義務とが否定され、廃棄され、破壊されるところでは、キリストの到来する道には重大な障害が置かれることになる。あたえられた生を畏敬の念をもって守り、同時にその生を創造主への奉仕に用いようとする感謝は、ここで根本的な障害に突き当たるのである。

キリスト教的倫理においては、まず第一に権利について論じられ、その次に初めて義務について論じられる。これは、理想主義的な考え方*31にとっては奇異に響くことかもしれない。しかし、われわれは、要するにカント*32によりそっているのではなく、聖書にもとづいているのである。まさにそれゆえ

わめて危険な緊張過剰の段階に入ってしまった」を参照。メカニズムとは、機械的で、厳密に因果的に作用するものである。二〇世紀の初めの三分の一の時期まで、機械主義的な思考が自然科学を支配していた。G. Howe, Gott und die Technik, 61「デカルトの機械主義的世界像は、近代の偉大な代用神となった」を参照。

*30 「神」は、「偶像」を差替え。一九三四年に出版された遺伝病子孫予防法の注釈書は、アルトゥール・ギュット（帝国内務省民族保健局長）、エルンスト・リュディン（民族衛生学者）、ファルク・ルットケ（法学者、人種と法を専門とする教授）によって執筆された。この注釈書では、「この［遺伝病子孫予防］法の基本的な内容として獲得されるべき意義は、国家の優位性と権威である。それは、国家みずからが、生命、結婚、家族の分野で決定的に確保したものである」（5頁）、「その結果、ナチ・ドイツ政府は、遺伝病質をもつ個別的存在の利益を、遺伝病質のないドイツ民族全体の福祉、ひいては「ドイツ国家」の繁栄に従属させる決意であることを表明したのである」（13頁）（K. Dörner, Zwangssterilisationen der NS-Zeit, 329 f を見よ）。

*31 「理想主義的な考え方……」は、草稿に後で加えられたもの。「理想主義的な」哲学体系は、たとえば理念を実現する基本義務（Grundpflicht）といった諸義務を［権利よりも］優先させた。

*32 特にI. Kant, Kritik der praktischen Vernunft, A 143 ff, A 154, A 233 ff (Werke IV, 202 ff, 209, 261 ff)［カント『実践理性批判』］を参照。カントは、ドイツ観念論［ドイツ理想主義］に近いとみなされてきた（たとえばフリードリヒ・ブルンステッドによって）。DBW 1 (SC), 23 Anm. 5［『聖徒の交わり』］を参照。W.

に、まず第一に〈自然的生〉の諸権利について論じられねばならない。すなわち、まず生にあたえられているものについて、次にようやく生から求められているものについて論じるということである。神は、求める前にあたえたもう。[*33] 〈自然的生〉の諸権利においては、被造物ではなくて、創造主が崇《あが》められ、神の賜物の豊かさが承認される。権利は、神の御前において存在するのではなく、〔神から〕純粋にあたえられた〈自然的なもの〉が、人間にたいして権利となるのである。〈自然的生〉の諸権利は、堕罪後の世界における創造の栄光の輝きである。それは、なによりも、人間が自身の利害関係のなかで要求できるものではなく、神御自身によって保証されるものなのである。しかし、義務は権利から出てくる。それは賜物（Gabe）から課題（Aufgabe）が出てくるようなものである。義務は、権利のなかに含まれている。[*34] したがって、われわれは、〈自然的生〉の枠内において、その都度、まず権利について論じ、次に義務について論じるという仕方で、[*35]〈自然的生〉においても福音にその場所をあたえることになるのである。

各人に各人のものを[*36]

〈自然的なもの〉にあたえられている権利の最も普遍的な定式は、〈各人に各人のものを〉（suum cuique）というローマ法の言葉によって示される。[*37] この命題において、〈自然的なもの〉とそれに属している諸権利との多様性が表現されると同時に、その多様性のなかで確保されている権利の統一性[*38]が表現されている。

Lütgert, Ethik der Liebe, 50f によれば、カントの見解（すなわち「人は外的行動を命じることはできるが、愛を命じることはできない」a. a. O., 30）は、「カントの考え方を切り裂いている……自然と精神の分裂、衝動と意志の分裂から説明がつく。［カントに反して］愛の義務は、それに優先する愛の権利のなかに基礎づけられている」。リュトゲルトは、彼がとりわけ取り組んできたドイツ観念論〔ドイツ理想主義〕にたいして、批判的に対峙していた。**＊33** E. Brunner, Die Bedeutung des Alten Testaments, 41f「神は、求める前にあたえたもう」、〔さらに〕「まず第一に賜物（Gabe）、その次に課題（Aufgabe）」を参照（それはM. Kuske, Das Alte Testament, 103f Anm. 337〔の〕示唆）。**＊34** W. Lütgert, Ethik der Liebe, 51「権利は義務を根拠づけ、賜物（Gabe）は課題（Aufgabe）をあたえる。権利と義務のこの関係は、創造者なる神による、被造物である人間にたいする関係に対応している」を参照。**＊35** ここで予定されている「義務について論じる」ことはなされないままであった。（人間の）権利は、この草稿では〈身体的生〉については詳細に、また〈精神的生〉についてはわずか数行だけ扱われる。**＊36** ドイツ語で「Jedem das Seine」。このラテン語の定式は、E. Brunner, Das Gebot und die Ordnungen, 165 und 656f に出てくる。カール・バルトの一九三八年の著作 „Rechtfertigung und Recht“〔『義認と法』〕は、この《各人に各人のものを》（Suum cuique）という言葉で締め括られている（„Eine Schweizer Stimme“, 57）。このバルトの著作を暗に示唆する、ボンヘッファーの一九四〇年三月七日付〔のライプホルツ夫妻宛の〕手紙「ここでは〔ルターが「神の前でのわれわれの義を「贈られた義」とよぶとき〕」、義は〈各人に各人のものを〉（suum cuique）を意味しない」（DBW 15, 299）を参照。〈第三帝国〉では《各人に各人のものを》（Jedem das Seine）は、ブーヒェンヴァルト強制収容所の門に鋳刻された標語であった。**＊37** 古代ローマの法学者ウルピアヌスは、人間の行動を三つの指導原理で方向づけている。すなわち「名誉をもって生きよ、何人をも害することなかれ、各人に各人のものをあたえよ」（Honeste vive, neminem laede, suum cuique tribue）。ウルピアヌスによる正義の定義はこうである。「正義とは、各人に各人の権利をあたえる、持続的で確固たる意志である」（Iustitia est perpetua et constans voluntas ius suum cuique tribuendi）（Digesten I 1,10〔『学説彙纂』〕）。**＊38** この「権利の」という言葉は鉛筆によって書き加えられている。

この〈自然的なもの〉とともにあたえられている諸権利の多様性、もしくはその統一性が失われるところでは、この命題は誤って適用されることになる。たとえば、《各人のもの》を《同じもの》と理解しようとして、その結果、〈自然的なもの〉の多様性が、抽象的な法律《おきて》のために破壊されてしまうような場合が出てくる。あるいは、《各人のもの》という規定が勝手気ままに主観的に用いられ、その結果、諸権利の統一性が、気ままな恣意のために廃棄されてしまうような場合がある。[39] いずれの場合も、〈自然的なもの〉自身はねじ曲げられてしまう。各人に帰属する《各人のもの》は、その都度、異なるもの・等しくないものであり（しかし、まさに恣意的なものではない！）、しかも同時に、自然的な所与のなかに客観的に基礎づけられるもの、それゆえに普遍的なものである（しかし、まさに抽象的-形式的なものではない！）。

自然的な所与のものに根ざす権利、すなわち《われわれが生まれながらにもつ権利》[40]が存在しているとすれば、それゆえ、この権利（＝自然権）は、外から来る法（＝人間が定立した実定法）によって廃棄されたり、破壊されたりすることは許されない。そうでなければ、〈自然的なもの〉自身が、不自然な法にたいする革命へと駆り立てられるであろう。〈各人に各人のものを〉という命題は、他のすべての実定法にたいして、〈自然的なもの〉のなかにあたえられている諸権利の優位性を承認する。そして、この命題は、こうした権利が私自身の自然的権利であるのと同様に、他者に帰属する権利でもあることに注意を向けることによって、〈自然的なもの〉を恣意的-革命的な爆発から守る。それゆえ、他者の自然的権利を尊重することによってのみ、自分自身の自然的権利も存在するのである。しかし、この結果、〈各人に各人のものを〉という命題は、すでにここでその限界に突き当たる。この命題は、〈所与の自然的諸権利は、互いに調和させることができる〉という前提、また〈互いに根本的に対立する自然的諸権利は存在しない〉という前提に立っている。しかし、この前提に反するような事態、つまり〈自然的なもの〉のなかに根拠をもつ諸権利間の軋轢が起こるとすれば、それは、権利概念における不完全さであり、誤解であり、不十分さであると考えられる。しかし、このような事態があったとしても、それは、あるがままのこの世界の構造に原因があるのではなく、したがって、〈自然的なもの〉においても活動している罪にもとづいているわけではない。

〈各人に各人のものを〉という権利［の］最高の命題は、〈自然的なもの〉それ自身のなかにあたえられている諸権利間の対立を想定していない。しかし、現に存在するこの対立は、実定的に、つまり、自然の外から定立される法を要求している。しかも、それは神的な、さらに世俗的な実定法*41である。しかしながら、〈各人に各人のものを〉という命題のもつこの限界は、その相対的な正当性を廃棄

*39　鉛筆で削除された長い原文では、以下の文章がこの箇所に続いている。「それゆえ、第一の場合には法律によって自然的権利がねじ曲げられ、第二の場合には無法によって自然的権利がねじ曲げられてしまう」。

*40　フランスの「人および市民の権利宣言」（一七八九年）第一条の冒頭「人は、自由、かつ、権利において平等なものとして生まれ、存在する」（in W. Heidelmeyer, Die Menschenrechte, 57）参照。《生まれながらの権利》（ius nativum）という概念は、すでにローマ法においてみられる。

*41　「実定」法は、当局によって「定立される」（《人間の法》（ius humanum）または《神の法》（ius divinum）〔として〕）。この草稿には、「〈各人に各人のものを〉という……」（この注の直前の文）から「……実定法である」まで鉛筆で線が引かれている。その傍らの欄外には鉛筆で以下のメモがある。「後でもっと詳しく述べることが必要！　自然的権利についてのこの章の終わりか？　あるいは《善》についての次の章で?」。この「次の章」については、S.162 の「続く二つの章」を参照。

しない。この権利が自然的な所与のなかに求められるところでは――たとえ〔権利が互いに〕対立している世界であっても――創造者の意志と賜物とが崇《あが》められ、そして同時に、イエス・キリストが、聖霊によって、各人に各人のものをあたえたもうならば、すべての権利の成就することが指し示されるのである。こうして、この命題を保持することは、真の意味で、〈究極的なもの〉によって規定される〈究極以前のもの〉と言うことができる。[*42]

〈各人に各人のものを〉という命題は、なおもう一つの決定的に重要な前提に立っている。しかし、その前提には反論の余地が残されており、そうした異論は繰り返し生の自然的基盤をゆり動かしてきたものである。そこで問題となっているのは、すなわち、《各人》が、それゆえ〈個々の人間（der Einzelne〔以下個人と表記〕）が、生まれながらに自然的権利を備えている〉ということである。この命題にたいしては、共同体にだけ自然的権利を認め個人には認めない人たちから、異議が唱えられてきた。このような考え方からすれば、個人は、ただ共同体に奉仕するという目的のための手段となり、共同体の幸福が個人の自然的権利に優越する。原則として、このような命題は、社会幸福主義（Sozialeudämonismus）の宣言を意味しており、また個人のすべての権利を否定することを意味している。[*43] それとともに、〈自然的生〉そのものが攻撃され、個人の権利が破壊されることで、あらゆる権利全般の破壊への道が開かれ、それゆえ混沌への道に通じることとなる。それゆえ、社会幸福主義の結果として、くり返し暴力支配によって共同体の権利が破壊し尽くされてきたことは、決して偶然ではないのである。

個人の権利が存在していることは共同体の権利を支える力であり、その逆に、共同体は個人の権利を支え守るのである。個人の自然的権利が存在しているのは、個人を創造し、これに永遠の生命を贈りたもう神の意志による。この事実こそは――それを知ると知らざるとにかかわらず――〈自然的生〉のなかでくり返し表明され、社会幸福主義という不自然な考え方にたいして抵抗し、打ち勝つものである。

神が個人を創造され、永遠の生命へと召したもうということ、これこそ〈自然的生〉のなかで働いている現実であり、この現実を無視することは、恐るべき結果を生むのである。それゆえ、個人の権利を顧慮するということは――たとえ個人の権利の神的な背景が認識されていなくても――〈自然的生〉の内部における理性の事柄である。したがって、社会幸福主義にたいする〈自然的な〉敵対者は、いつでも理性であった。理性（Vernunft）は、堕罪した世界の現実を《理解し》（vernehmen）、自覚する器官（Organ）である。こうした〈自然的生〉の現実それ自身にたいして、社会幸福主義は、意志の力を《非理性的》かつ無理解に過大評価する見境のない主意主義（Voluntarismus）*44と結びつく。

*42 この草稿に続くテキストでは、挿入や置換えがとりわけ多くある。*43 幸福主義は、幸福を最高善とみなす。ジェレミー・ベンサムは、フランシス・ハチスンの〈最大多数者の最大幸福〉の原理を取り入れた。ベンサムの主要な業績は、功利主義（Utilitarismus）（ラテン語の utilis に由来し、《役に立つ》の意）の形で全体の倫理原則として明示的に「社会幸福主義」を形成したことである。ボンヘッファーの権利理解によれば、リベラルな自由主義的原則と同様に、個々人の権利は権利全般にとって主要な意義をもつものであり、集団の権利のためといって看過されることは許されない。しかし、ボンヘッファーは、個々人の権利を哲学的・個人主義的な命題で基礎づけたのではなく、それを神学的に基礎づけられるものとみなした。S.177を見よ。*44「主意主義」は、フェルディ

理性の方が、見境のない意志よりもいっそう現実に近いという事実——この意志は、まさに自身が現実に最も近いと主張するのであるが——、それは、この主意主義が到達しえない真理である。〈各人に各人のものを〉という命題は、最高に可能な理性の認識である。この理性は、現実に即したものであり、そして〈自然的生〉の内部において神（この神を理性は知らない）によって個人にあたえられた権利を認知しているのである。

いまや以下において、内容的に〈自然的生〉の諸権利について語ることになるとするなら、この諸権利の保証人は誰なのかという問題が、くり返し緊急なものとなる。〈自然的生〉の諸権利を有効に保証するのは誰なのだろうか？　われわれはここで、すでに述べてきたこと[45]をくり返さねばならない。すなわち、この権利を保証したもうのは、まず第一に神御自身である、と。しかし、神は、この目的のために、〈自然的なもの〉にたいするどんな暴力的抑圧にも抗して、遅かれ早かれ、自己を貫徹する生それ自身を、くり返し用いたもう。

ここでわれわれは、個人の寿命をこえる時間の長さについて考えねばならない。その理由は次の点にある。すなわち、〈自然的生〉の領域においては、種族としての人間の生の維持に比べれば、個人の生の維持ということは、あまり問題にならないということ、そして〈自然的生〉は、必然的にいつでも個人を越えていくということである。もし個人の権利が踏みにじられ、場合によっては回復の見込みがないときには、〈自然的生〉の抵抗力が次の世代、あるいはその次の世代において、ふたたび自らの生を貫徹するための力になるのである。

ここで予示されている神義論の問題は、後の箇所ではじめて解き明かされるであろう。[46]　生に備わる諸権利を有効に擁護したもう方は、神であり、また神による生それ自身であるとすれば、個人が自分の自然的権利を守るためになしうることは——その有効性という観点からみれば——ごくわずかな意義しかない。個人が実際になすことについては、多くの事柄——ここでは、まだその全貌を見通すことができないが——を検討する必要があるだろう。

しかし、〈個人にとって最も力強い同盟者は生それ自身である〉ということを、いかなる場合にも、つねに考慮していなければならないであろう。〈個人は自分の自然的権利を守ることを許されるか〉という問いは、明確に肯定的に答えられねばならない。〔他方〕〈いかにして、また、いかなるときに、その自然的権利を守るべきであるか〉という問いは、もう一つ別の、後で決定されるべき問いである。*47

ここで自分の権利を保証するのが個人ではなく、神が保証したもうという事実が信ずるに値するもの

ナント・テニエスによって一八八三年に造られた用語であり、意志が理性的な認識を含む他のすべてより上位に置かれる考え方を表わす〔ただし英語の voluntarism の初出は The Oxford English Dictionary, 2nd ed. Vol. XIX, 753, 1989 によれば、一八三八年に刊行された G. S. Farber, Inquiry, 586 である〕。一九三四年九月五－一〇日のニュルンベルクでのナチ党党大会は、《意志の勝利》というタイトルが付けられた。この考え方は、アルベルト・シュヴァイツァーの倫理的基本原則である《生への畏敬》にたいする極端なアンチテーゼであった。**＊45** S.174を参照。**＊46** W. Lütgert, Ethik der Liebe, 242「「神義論」という用語が提起する課題は、解き明かすことができない。苦難の理由や目的は哲学的に説明できない」を参照。『倫理-断片ノート』Nr.27（表題「キリスト教的倫理の枠組みにおける歴史」）には、「神義論の問題」と書き留められている。それは、『倫理』草稿では詳しく述べられていないが、DBW 4 (N),272-274〔『キリストに従う』〕（「神の義」）参照。**＊47**「神の国への信仰において、すべての自然的権利が廃棄されるという問題」について後述するという、S.212の予告を参照。

となるように、いかなる状況においても、一人びとりの人間がその権利を守らねばならないのである。[*48]

身体的生の権利

身体的生（das leibliche Leben）——それにたいして、われわれ自身の側では何もしないまま受けとるだけなのであるが——は、それ自身のなかに、自己を維持する権利をもっている。[*49] その権利は、われわれが奪い取ったり、獲得したりするような権利ではなく、本来的な意味において《生まれながらに》[*50]もつ権利である。それは、われわれが欲するよりも前にそこにあるものであり、存在それ自身のなかに休らっている権利である。地上における人間の生は、ただ〈身体的生〉としてのみ存在することが神の意志であるゆえに、身体は、全体としての人間のために維持される権利をもつ。死とともにすべての権利が消失するゆえに、〈身体的生〉を維持することは、すべての自然的権利一般の基礎であり、それゆえに特別な重要性をもっている。〈自然的生〉の最も根本的な権利は、故意の傷害や暴行、殺害から身体を守ることである。こう言うと、とても無味乾燥《ニュヒテルン》なものであり、非英雄主義的に聞こえるかもしれない。しかし、身体は、まず何よりも、犠牲にされるためにあるのではなく、維持されるためにあるのである。他のいっそう高い観点から、身体を犠牲にするという権利と義務が生じるような場合でも、それは、すでに〈身体的生〉を維持するという根本的な権利が前提された上でのことである。

〈身体的生〉は、生一般と同じく、目的のための手段であるとともに、それ自身が目的でもある。

身体をもっぱら目的のための手段としてのみ理解するのは、理想主義的ではあっても、キリスト教的ではない。目的が達成されれば、たちどころに手段は無用となるのだ〔から〕。こうした考え方に対応するのが、〈身体は不死の魂の牢獄であり、死によって魂が肉体から永遠に解放される〉という見方である。[*51]

キリスト教の教えによれば、身体は、いっそう高い尊厳性をもっている。[*52] 人間は、身体的な存在であり、かつ永遠にそのような存在であり続ける。身体性と人間存在とは、互いに分ち難く関連している。そこで、神が人間の実存形式[*53]として欲したもうた身体性は、自己目的性をもつことになる。このことは、たしかに、身体が、同時に、いっそう高い目的に従属するものであり続けるということを排除し

48** 権利を「告白する」ことと「獲得する」こととのルターによる区別――ドイツ語で講解された一五二一年の『マグニフィカート』（WA 7,582）――を参照。これによれば、状況のゆえに自身の権利が正当に認められないとき、個々人は後者〔権利を獲得すること〕を神に委ねるべきであるとされる。これについては、G. Scharffenorth, Den Glauben ins Leben ziehen . . . , 236. ***49** 削除された原文では、以下の文章がこの箇所に続いている。「長きにわたって生それ自身は、われわれの側では何もしないまま、われわれの肉体を作り上げるために配慮をしている。このことにたいして、われわれは後に自らの責任において〈身体的生〉にその権利をあたえなければならない」。50** S.175 を参照。***51** たとえば、Platon, Kratylos 400 b-c〔プラトン『クラテュロス』〕（魂の監獄としての身体）参照。また、DBW 3 (SF), 71〔『創造と堕落』〕「身体は《牢獄《ケルカー》》ではない」。***52** ここでは、《尊厳》は、たんに近代的な人権の伝統がもつ意味での一般的な人間の尊厳だけでなく（たとえばドイツ基本法第一条第一項を参照）、身体を視野に入れて具体的に把握されるものでもある。***53** DBW 3 (SF), 73〔『創造と堕落』〕「精神が身体の実存形式であるように、身体は精神の実存形式である。このことはすべて人間についてのみ言える」を参照。

ない。しかし、重要なことは、〈身体的生〉の諸権利にとっては、その生を維持することが、たんに目的のための手段なのではなく、自己目的でもある、ということである。

身体の自己目的性は、〈自然的生〉の内部では、身体的な喜び（leibliche Freude）において示されている。もし身体が、たんに目的のための手段にすぎないのであれば、人間は、身体の喜びを求める権利を何ひとつもたないことになるであろう。目的にかなった身体的な喜びを享受することは、最小限であれ踏みにじることは許されないであろう。[*54] もしそのようなことがあれば、〈身体的生〉に関係するすべての諸問題――たとえば住居、食物、衣服、休養、遊び、性など――についてのキリスト教的な評価にとって、深刻な結果をもたらすことになるであろう。

しかし、身体が自己目的性をもつとすれば――それがさらにいっそう高い目的に従属せねばならないなどと考えることなしに――身体的な喜びを求める権利が存在する。何かの目的〔に役立つということ〕を考えることによって、喜びは害される。それが喜びというものの本質である。このことについては、幸せを求める権利について後述する際に、もう一度取り上げねばならないであろう。[*55] 身体の喜びは、〈自然的生〉の内部においては、神のもとで人間に約束されている永遠の喜びを指し示すものである。人間の身体がもっぱら目的にたいする手段として用いられることによって、人間から身体的な喜びの可能性が奪われるところでは、〈身体的生〉の根本的な権利が侵害されているのである。[*56]

「さあ、あなたのパンを喜んで食べよ。／あなたのぶどう酒を心楽しく飲むがよい。／神はあなたの業をすでに受け入れてくださった。／いつでも衣を純白に／頭には香油を絶やさないように。／愛する妻とともに人生を見つめよ／空である人生のすべての日々を。／それは、太陽の下、空であるすべての日々に／神があなたにあたえたものである。／それは、太陽の下でなされる労苦によって／あなたが人生で受ける分である」（コヘ九・七以下）＊57。「若者よ、あなたの若さを喜べ。／若き日にあなたの心を楽しませよ。／心に適《かな》う道を／あなたの目に映るとおりに歩め。／だが、これらすべてについて／神があなたを裁かれると知っておけ」（一一・九）＊58。「神を離れて誰が食べ／誰が楽しむというのだろうか」（〔ルター訳〕二・二五）。

人間の住居は、動物のすみかとは違って、ただ悪天候や夜［から］人間を保護し、子どもたちを養

＊54　削除「——倫理的な理由から——」。＊55　『倫理-断片ノート』Nr. 47は、〈自然的生〉の下での七つのポイントのうちの一つ〔六つ目のポイント〕として「幸せ」（VI. Glück）を素描している。「幸せを求める権利」は、『倫理-断片ノート』Nr. 52およびNr. 49にも書き留められている。「幸福の追求と獲得」は、すでに一七七六年六月一二日のヴァジニア権利章典において一つの権利として規定されていた（W. Heidelmeyer, Die Menschenrechte, 54を参照）。アメリカ独立宣言は、第二段落においてすべての人間の不可侵の権利として「幸福の追求」を挙げている。《身体的な喜びを求める権利》を神学的に基礎づけることは、福音主義の倫理や二〇世紀前半の宣教では極めて稀なことである。＊56　草稿の欄外には参照聖句として「コヘ二・二四、三・一二、九・七以下、一一・九以下」が挙げられている。コヘレトの言葉二・二四-二五と九・七以下は、K. Barth, Das Wort Gottes, 58 bzw. 52（Tambacher Rede 1919〔バルトのタンバッハ講演「社会のなかのキリスト者」〕で引用されている。＊57　この本文のコヘレトの言葉九・七-九の引用（の一部、九のBrauche das Leben . . .」は、ルター訳聖書（Brauche des Lebens . . .）とわずかに相違がある。〔ボンヘッファーが所持していた〕ルター訳聖書には、七節（……ぶどう酒……）の傍らに複写用鉛筆で短い下線が引かれている。＊58　〔ボンヘッファーが所持していた〕ルター訳聖書には、九節の傍らに鉛筆で長い下線が引かれ、九節aの傍らに感嘆符が付けられている。ボンヘッファーは、一九三九-四〇年の詩編一一九・九の講解でコヘレトの言葉一一・九を引用していた（DBW 15,517）。

育する場という意味をもつだけではない。それは、人間が、家族や財産を安全に守り、その個人的な生の喜びを享受することが許されている場所でもある。

食べることと飲むことは、ただ肉体の健康を維持するという目的に役立つだけのものではない。それは、〈身体的生〉における自然的な喜びに役立つものでもある。

衣服は、ただ肉体を一時しのぎに覆うだけのものではなく、同時に身体を飾るものでもある。

休養は、いっそう大きな労働の成果をあげるという目的をもつだけのものではなく、身体にたいしてふさわしい安らぎと喜びを適度にあたえるものでもある。

遊びは、その本質において、何らか決まった目的のためにあるものではまったくない。それは、〈身体的生〉の自己目的性そのものを最も明確に表現するものである。

性は、ただ生殖のための手段ではなく、このような決まった目的とはかかわりなく、結婚生活において、二人の人間が互いに愛しあうことの喜びを支えるものである。

以上で述べてきたことから、〈身体的生〉のもつ意味が明らかになる。すなわち、〈身体的生〉は、何らか決まった目的のなかに組み込まれるものでは決してないこと、〈身体的生〉の意味は、それに内在している喜びへの要求が満たされる中で初めて十分に汲みつくされることである。

〈身体的生〉がどれほど強く喜びを求めるものであるかということは、恐らく次の事実から最も明らかに示されるであろう。すなわち、〈身体は、必要な目的のためにふさわしい仕方で役立てられるところでは、たとえ厳しい緊張のなかにあっても、その役立っていることに喜びを覚えるものだ〉ということである。ただし、このことは、身体が、目的のために役立っていることと同時に、自分自身にも自己目的をもつものとして、当然の権利が認識されている場合に限られている。

身体は、いかなるときでも《私の》身体である。*59 たとえ結婚しても、私の身体は私に属しているのと同じ意味で、他の人に属するということは決してありえない。私の身体は、私を空間的に他の人から分かち、私を他の人にたいして人間として対置させるものである。私の身体にたいする侵害は、私の個人的実存にたいする攻撃である。私が他の人にたいしてもっている敬意は、その人の〈身体的生〉から明確な距離をとることによって示されるのである。

体罰は、次のようなときにのみ正当である。すなわち、その罰を受ける人が、まだ独立した存在としては認められないとき、むしろ、必要な独立性を促す目的で、まさにこの体罰によってその人がまだ独立していないことを明らかにせねばならないときである。誰が独立した存在とみなされるかについては、確定的な規則を作ることはできない。しかし、何歳までが子どもなのかという限度がここでの基準となるであろう。そして、自分の自然的な諸権利を自覚するようになった成人した人間が、独立の存在として認められねばならないということは、まったく確かであろう。

犯罪者の場合には、肉体的懲罰は別の意味をもつ。その懲罰は、次のような場合には正当であろう。

*59 W. Lütgert, Ethik der Liebe, 204「「私の」という言葉は、まず第一に肉体ないし身体について妥当する」。また 206 f のルターによる第一条〔＝『小教理問答』における使徒信条の創造についての〈答え〉〕に関する説明を参照。さらに M. Luther, Kleiner Katechismus, BSLK 510〔ルター「小教理問答」『一致信条書』〕「私は、神が私をすべての被造物とともに創りたもうたことを信じます。また、からだとたましい、目と耳と両手両足、理性とすべての感覚をあたえたもうたこと、今もなお保ちたもうことを信じます」を参照。

すなわち、犯罪が低劣で破廉恥《はれんち》〔＝恥知らず〕なものであり、犯罪者にたいして意識的に名誉剝奪が加えられる場合、あるいは、他人の〈身体的生〉にたいする犯罪的侵害によって、犯罪者の肉体にたいする刑罰が要求される場合である。*60

自由で独立した人たちのあいだでは、他人の身体を意識的に侵害することは、人間の第一の自然的権利を破壊することであり、それゆえに〈自然的生〉の権利を根本的に剝奪し破壊することを意味する。*61

〈自然的生〉の第一の権利は、肉体的生命を恣意的な殺害から守ることである。恣意的な殺害については、無辜《むこ》の〔＝何の罪もない〕(unschuldig) 生命が故意に殺されるところで論じられねばならない。*62 この関連において、無辜の者とは、他の生命を意識的に攻撃する企てや、死に価するような犯罪的行為に誘われたりすることがありえない、すべての人たちのことである。

したがって、戦争における敵の殺害は、恣意的ではない。なぜなら、この敵は、たとえ個人的には無実であるとしても、なお、彼〔自身〕の属する民族による私の民族の生にたいする攻撃に自覚的に加担しているのであり、それゆえ〔民族〕全体としてその罪の結果について共同の責任があるからである。他人の生を侵害した犯罪者の死刑は、言うまでもなく恣意的ではない。*63 しかしまた、戦争における一般市民の殺害も、それが直接的に意図されたのではなく、*64 必要な軍事的措置の不幸な結果として生じたものである限りは、同様に恣意的なものではない。

しかし、武器をもたない捕虜や負傷者〔のように〕私の生命を攻撃する罪をもはや犯しえない者を殺害することは、恣意的であろう。*65 激情に駆られて、あるいは何らかの偏見のゆえに、無辜の人を殺すことは、恣意的である。〔いな、そもそも〕無辜の生命を故意に殺すことは、すべて恣意的なのである。*66

*60 この《刑罰》という言葉は、削除されなかった「応報」という言葉より上に記されている。S.214の「応報的な刑罰」を参照。*61 削除「〈意識的な侵害〉では、無辜の他人の〈身体的生〉にたいするあらゆる意図的な傷害や暴行——殺害も含めて——が理解されねばならない」。草稿の欄外には「身体の自己目的性」と記されている。このテーマは前述のS.180-182で——草稿に挿入された用紙において——扱われている。*62《無辜の》（unschuldig）という概念は、〈安楽死〉（生きる価値のない生命にたいする選別処分）に関する神学的〔専門〕意見書『聖書的判定』で用いられている。この神学的〔専門〕意見書は、一九四〇年一〇月一二-一三日にライプツィヒで開催された古プロイセン合同福音主義教会の第九回告白会議の委託で、実質的にハインリヒ・フォーゲルがヘルマン・ディームと共同で作成したものである。W. Niesel, Um Verkündigung und Ordnung der Kirche, 84 und 118 のなかの「無辜の人や武器を持たない人の生命にたいする殺害」、「第五戒に照らした」殺人を参照（この神学的〔専門〕意見書についてはウーヴェ・ゲレンスの示唆による）。*63 草稿の欄外に「すべてのことにたいして死刑?.」。ナチ・ドイツでは、戦時中に公布された政令で、「正規の刑罰の範囲を超えて」死刑が規定されていた。すなわち、「軍律の保持または軍の保全がそれを要求する場合」（一九三九年一一月四日「戦時特別刑法に関する政令」第五a条）ないしは「[犯罪行為が]特別に非難されるべきであるゆえに健全な民族感情がこれを要求する場合」（一九三九年九月五日「民族の有害者にたいする政令」第四条）（ウーヴェ・ゲレンスの示唆による）。*64 一九三九年のポーランド侵攻や一九四〇年一一月一四-一五日のイギリスの工業都市コヴェントリー爆撃の際、そしてそれ以後、戦時国際法に違反して、一般市民が意図的に殺害された。*65 一九四一年六月に実行されたソ連攻撃の準備（一九四〇年八月から）において、捕虜の殺害が計画されていた。ボンヘッファーの義兄リューディガー・シュライヒャーは、一九三九-四〇年の「戦時国際法の本質」という講演で、戦争において一般市民や負傷者を保護することをきっぱり主張し、これを自然法的に基礎づけた（ウーヴェ・ゲレンスの示唆による）。*66 差替え「自身の生命を滅ぼすことは、どこでも恣意的なのである」。「故意に」は、「いななる理由であれ」を差替え。

この最後の命題には、反論がないわけではない。ここで生じる問題は、安楽死（Euthanasie）[*67]という概念で言い換えられる。根本的な問いはこうである。すなわち、もはや生きるに価しない無辜《むこ》の生命を、苦痛をあたえることなしに死に至らすことは許されるであろうか？　この問いには、二重の動機づけが横たわっている。すなわち、病人への配慮と、健康な人への配慮とである。

しかし、内容的な考察に入る前に、ここで原理的に確認しておかねばならないことがある。それは、人間の生命を殺してもよいという決定は、決していろいろな根拠を総計して下されうるものではない、ということである。〔根拠の総計ではなく〕一つの根拠が、この決定を導き出すことができるほど説得力をもっているのか、それとも、それほど説得的でないのか、そのどちらかなのである。後の場合には、その他にどんなに多くの理由があるとしても、そうした決定は、決して正当化されることはできない。

他の人命を殺害することは、ただ無条件的な必要性にもとづいてのみ行われることができる。その場合には、他にもある数多くの良い根拠に反してでも行なわれるに違いない。[*68]他の人命を殺害することが、他のもろもろの可能性のなかの一つの可能性にすぎないというようなことは決して許されない。たとえ、その一つの可能性が十分な根拠をもつものであったとしてもである。

他の人を責任をもって生かしておく可能性がほとんど存在しないときにも、生命を否定することは、恣意的な殺害であり、殺人である。殺すこと（Töten）と、生かしておくこと（Am Lebenlassen）とは、決して等しい価値をもつ決定ではない。生命を大切にすることは、それを否定することにたいして、比べようのない優先権をもつ。〔つまり〕生命は、それ自身のために、あらゆる根拠を要求することができる。これに反して、殺すことは、たった一つの根拠が通用するだけである。このことを忘れると、生命それ自身の創造者であり保持者である神の働きを妨げることになる。したがって、多くの異なった根拠によって安楽死の権利が支持されるところでは、唯一の絶対的な説得力

＊67 この語義は「良き死」という意味である。「安楽死」という言葉は、〈第三帝国〉では、人を迷わす仕方で、いわゆる〈生きる価値のない生命〉を消滅させることと結びつけられていた。精神科医（牧師の子息）アルフレート・エーリヒ・ホヒェと法学者カール・ビンディングは、社会ダーヴィニズムの信念から一九二〇年に著書„Die Freigabe der Vernichtung lebensunwerten Lebens"（『生きるに値しない命とは誰のことか』）を公刊した。この本の第二版（一九二二年）をA. D. Müller, Ethik, 291は引用している。ボンヘッファーは、所有していたこのミュラーの著書のなかで二人の教授の名前のところに複写用鉛筆で線を引いている。ホヒェの学生で、後に医師で親衛隊大尉となったヴュルツブルクのヴェルナー・ハイデは、《安楽死》の導入に決定的に関わった。このために、ヒトラーは、一九三九年一〇月に——九月一日に遡った日付で——二人の医師に書面で権限をあたえていた。ボンヘッファーがこの草稿を書いたとき——一九四一年一月二〇日付の〔ベートゲ宛の〕手紙で安楽死の概念が言及されている（DBW 16,114）——、《安楽死》作戦は本格化していた。フリードリヒ・フォン・ボーデルシュヴィンクと牧師のパウル・ゲールハルト・ブラウネは、一九四〇年五月にキリスト教の治療・看護施設の長としてカール・ボンヘッファーに、危険にさらされている患者のために助言を求めた（DB 773〔ベートゲ『ボンヘッファー伝』〕を参照）。教会による公的な抗議に対応して、《安楽死》は、一九四一年八月に正式に中止された——秘密裏に続行されてはいたが。

＊68 ウィリアム・ペックは以下のことを見て取っていた（The Euthanasia Text, 150）。すなわち、ボンヘッファーは、ここでは、《人間の生命を殺害すること》について《無辜の生命を殺すこと》とは別に論じているが、それは、おそらく「抵抗運動のまったく特別な目的の倫理的妥当性、すなわち、アドフル・ヒトラーの暗殺」を暗示しているのである、と。《必要性》については、S. 272の《必然性》（necessità）参照。

をもつ根拠が存在しないということを間接的に容認することによって、人は、当初から不正を犯しているのである。

それゆえに、われわれは、この問題を扱う際に、個別の根拠づけをそれぞれ取り上げて、その決定的な説得性を調べねばならない。われわれは、決して或る一つの根拠づけの弱点を、他の根拠づけによって帳消しにしたりすることは許されない。

不治の病人やその甚だしい苦しみに配慮することから、何らかの人道的な方法を用いて、その生命を意図的に終わらせることが求められているのであろうか？　この問題においては、病人の同意、あるいは病人の願いが前提されていなければならないのは自明なことである。〔ただし〕この望みがはっきり表明されない場合や――たとえば重度の知的障碍者（Idiot）のように――表明することができないような場合、それどころか、生きることへの願いがまぎれもなく表明されているような場合には、病人〔の状態〕を顧慮してというような言い草は、もはや真面目に取り上げられることができないであろう。

治らないようにみえる精神障碍者でさえも、その苦しみにもかかわらず、どんなに強く生きることを望んでいるかということを、また、彼自身が、その痛ましい生から、なおどんなに多くの幸福感を引き出しているかということを、誰がはかり知りえるだろうか？　それどころか、このような場合には生の肯定が特別に強く、抑えがたいものであることについては、多くのことが語られている。*69 それゆえ、ここでは、病人にたいする顧慮から、その生命を殺す理由づけにすることは、いかなる場合にもありえないであろう。

これとは逆に、深刻な抑うつ状態にある者が、自身の生命を絶ってほしいと願っている場合には、*70 自分自身を抑える力のない病人の願いだという問題であることを見逃すことが許されるだろうか？ このような願いに答えることは、先ほどの重度の知的障碍者の場合にもまさに問題にしたのと同じように、〈生きる権利は、殺す権利よりも優先する〉ということがふたたび忘れ去られているのである。それでは、次のケースを取り上げてみよう。それは、治る見込みがないような病人が、明確な意識をもって考えたうえで、自身の生命を終わらせることに同意し、それどころか切望しているというような場合である。そのような願いは、安楽死を適用する止むをえない要請を含んでいるのだろうか？〔その場合〕疑いもなく言えることは、病人の生命がなお自分自身のさまざまな要求を出している限り、それゆえ、医師がたんに病人の意志だけではなく、まさに病人の生命にたいしてもなお義務を負っている限り、〔安楽死の適用を〕止むをえない要請として処理することはできないということである。ここで、他人の命を殺してもよいのかという問題は、次の問題に引き移される。それは、非常に重い病気にかかったときに、自分の生命を自身で絶ってよいか、また、そのための幇助《ほうじょ》を頼んでよいかという問題である。この問題については、後で自殺の問題との関連で述べることにしよう。*71 しかし、〔以上の議論には〕反論もある。医者の立場としては、ある場合には、病人の生命を人工的に

*69 A. D. Müller, Ethik, 292では、「精神障碍者」（Blödsinnigen）について「そうした患者の生きる意志は、たいていの場合、強く発達」していると言及されている。*70 DBW 3 (SF), 83（『創造と堕落』）「われわれがメランコリー〔憂鬱〕と呼ぶ精神的な病気に陥る」と、人間は、自分自身の認識では「もはや人間ではない」を参照。メランコリーは、精神医学の専門用語として、抑うつ的な心情の罹患の重度なものを指す。*71 S.197を見よ。

引き延ばすためにすべてを尽くすという努力を、もはやこれ以上は止めるということもあるのではないか。たとえば、結核にかかった重度の知的障碍者をもはやこれ以上結核療養所《サナトリウム》には送らないというような場合、この措置は、病人の生命を意図的に終わらせることと区別をつけることができないのではないか。この反論は、たしかに重要な問題にふれるものである。にもかかわらず、死なせること（Sterbenlassen）と殺すこと（Töten）とのあいだには、しっかり区別を守ることが重要である。たしかに一般的にみれば、生命に関しては、どんな場合にも死期を引き延ばすために考えられるあらゆる手段を講ずるということはないかもしれない。しかし、その場合でも、意図的に殺すこととのあいだには決定的な区別がある。*72 したがって、以上のことから引き出されるのは、この病人への配慮〔という反論〕は、人間の生命を殺す必然性のための十分な根拠にはなりえないということである。

それでは、〔ここで、もう一つの問いを取り上げてみよう。〕健康な人たちへの顧慮から、無辜《むこ》の〔病人の〕生命を殺すことが必要となるのだろうか？　この問いにたいする肯定的な答えは、次のような考え方を前提にしている。すなわち、あらゆる生命は、共同体のために一定の有用性をもたねばならない。*73 そして、この有用性がなくなれば、その生命は、〔存在すべき〕もはや正当な権利をもたず、場合によっては否定されることも許される、という考えである。ここまで過激な形をとらない場合であっても、少なくとも、生きる権利について、社会的に有用であるか、それとも社会的に無用であるかという、差別的な評価がなされているのであり、ここでもまた、もっぱら無辜の生命が問題となるのである。

しかし、こうした差別的な評価は、明らかに生においては貫徹されることはない。なぜなら、このよたとえば、〈戦争とか、あるいは何らかの生命の危険がある場合に、社会的にはおそらく有用さの劣るように見える生命のために、社会的に貴重な生命を当然のように危険にさらすことは禁じられるであろう〉と。すでにこのことから明らかになるのは、まさに生きる権利という点においては、社会的な有用性〔の有無〕は、何ら問題にはならないということである。〔すなわち〕まさに社会的に有用な人は、社会的に〔自分よりも〕有用さの劣る人のために、〔また〕強い者は弱い者のために、健康な人は病める人のために、その生命を賭ける用意があるであろう。まさに強い者は、自分にとって弱い者がどんな有用性をもつかを問うことはしない（そのような問いは、せいぜい弱い者がすることである）。そうではなく、弱い者の困窮が、強い者を新しい課題へ、〔つまり〕彼の社会的有用性を発揮することへ導いていくのである。強い者は、弱い者に出会おうと、自分の力の軽減ではなく、いっそう多くの力を発揮する行動へと促される。社会的な有用性を失ったような評価は、〔実際には〕ありえない〔次のような〕結論を導き出すことになるだろうから。

＊72　F. Walter, Die Euthanasie und die Heiligkeit des Lebens, 338「医者による延命の義務は、事柄の性質上、限界があり、その義務は医者が去り行く生命をとどめることができなくなるところで終わる」を参照（ウーヴェ・ゲレンスの示唆による）。＊73　A. D. Müller, Ethik は、「遺伝学的な問題としての結婚」という節（280-293）292において、〔拒否すべき見解として〕注意するように指示している。すなわち「病人には、共同体のために有用な仕事をする能力がまったくないこと、反対に犠牲となることしか期待されないこと」、「多大な経済的費用がかかること」（S.189f を参照）、「病人には、いずれ個人的な生の段階に、したがって初めて本当の人間的な生の段階に到達する能力がないこと」（S.190 を参照）。ミュラーによれば、こうした見解は、いずれも殺害という判断を正当化することはできない。

生命は抹殺すべきだという考え方は、強者の抱く思想ではなく、むしろ弱者から出てくる思想である。[*74]しかし、このような考え方は、とりわけ〈生命は社会的有用性のなかにのみ存在する〉という誤った前提から出ている。ここでは次のことが見落とされている。すなわち、〈神によって創造され保持されている生命は、その生命の社会的有用性とはまったく無関係な、その生命に内在する権利をもっている〉ということである。生きる権利は、存在するもののなかにあるのであって、何らかの価値のなかにあるのではない。[*75]神の御前には、生きる価値のない生命など決して存在しない。なぜなら、生命それ自身が、神によって価値あるものとして保持されているのだから。

神が生命の創造者であり、保持者であり、また救済者でありたもうという事実は、どのようにあわれむべき生命をも、神の御前では生きる価値があるとする。あの貧しいラザロは出来物だらけで、金持ちの門前に横たわり、犬がその出来物をなめていた。[*76]ラザロ――およそいっさいの社会的有用性とは縁のないあの男、すなわち、生命をその有用性にだけ従って評価する人たちの犠牲となったあの男――は、永遠の生命の神によって価値あるものとされているのである。

いったい、神以外のどこに、一つの生命の究極的な価値をはかる基準があるのだろうか？　それは主観的な〈生の肯定〉においてであろうか？　その点においてなら、多くの天才は、おそらく一人の〈白痴者《イディオート》〉〔＝独りよがりの独裁者？〕によって追い越されているかもしれない。あるいは、それは共同体の判断においてだろうか？　もしそうなら、この点では、まもなく次のことが明らかになるであろう。すなわち、社会的に有用な生命か無用な生命かの判断は、その時々の必要に、それとともに恣意にさらされてしまうだろうということ、そして、あるときはこの集団に、またあるときはあの集団に、抹殺という判断が下されてしまうことである。*77 生きる価値のある生命と生きる価値のない生命とを峻別することによって、遅かれ早かれ、生命そのものが破壊される。

このことを原則として明確にした後、しかし、一見したところ無用で無意味であるかにみえる生命の、その純粋に社会的な有用性についても、なお一言しておかねばならない。われわれは、やはり次の事実を見逃してはならないのである。すなわち、まさにこの不治の病人たちの、いわゆる〈生きる価値のない生命〉が、健康な人たちに、そして医師たちに、看護師たちに、近親の者たちにたいして、これ以上のない社会的献身と最も真実な英雄的行為とを呼び起こすということ。そして、そうした健康な生命による病める生命への献身から、共同体にとって、最高にリアルな有用性が出現するということである。*78

＊74　ナチ主義者たちの想定する〈強者〉は、〈弱者〉であることが暴き出される。＊75　新カント派による存在／存在するものと価値との分離——価値は《存在する》（sein）のではなく、《妥当する》（gelten）——を参照。特にハインリヒ・リッケルトとヴィルヘルム・ヴィンデルバントは、こうした《価値哲学》を展開した。＊76　ルカ一六・二〇－二一。＊77　事実、ヒトラーの勢力圏では、一九四〇－四一年の《安楽死》作戦の後に途切れることなくユダヤ人と《ジプシー》（シンティやロマ〔と自称する人びと〕）の物理的な抹殺が続いた。＊78　「一見したところ無用で無意味であるかにみえる生命の、その純粋に社会的な有用性についても……」以下の文章は、草稿では挿入された用紙にS.190までが浄書されており、ここでは削除されていないが、（一九四九年の『倫理』第一版以後の）出版では省略された原文が用いられている。カール・ボンヘッファーは、第一次世界大戦の直後に、「苦境の時代に伴われるように」出現する危険性について語っていた。〔すなわち〕「健康な人たちが無力な人びとや病人たちの必要に応えて身命を捧げるという考え方は——それは真実な病人看護の根底にある考え方だが——、健康な人たちの

重い不治の遺伝性の病気が、共同体にとって深刻な問題であり、ある種の危機をあらわすものであるという事実は、否定し難い。ここで問われるのは、ただ、この危険がその生命を否定するという方法でしか対処しえないものなのどうか、ということである。しかし、この問いにたいしては、はっきり〔そうではないと〕否定することができる。健康上の観点からすれば、病人を隔離[*79]するという方法だけで十分である。しかし、経済的にみれば、こうした病人を扶養することによって、国民生活の維持に重大な損害が出てくるようなことは、決してないであろう。こうした病人を看護するための国民的な支出は、いまだ贅沢な項目のための支出に比べれば、はるかに少ないままである。しかし、病人たちのために、まさに健康な人にとっても——自分の将来における不確実さのために、それゆえまったく自然的な理由から——ある程度の限られた負担を引き受ける用意は、いつでもできているであろう。

しかし、不治の遺伝性の病気は、たとえば戦争における敵の攻撃のように、共同体の存立にたいする攻撃とみなされねばならないのであろうか。[*80] ここでは、二重の区別に注意せねばならない。すなわち、第一に、この攻撃は、生命を否定するということ以外の手段によって防ぐことができるものであること。第二に、遺伝性の病気の場合には、無辜《むこ》の生命が問題になっているということである。ここで、およそ〈罪責〉（Schuld）ということについて語りうるとすれば、それは、とにかく、はっきり病人の側にではなく、共同体自身の側に当てはまる。したがって、もし共同体が、病人を罪ある者（Schuldige）として取り扱い、病人の犠牲に[*81]〔おいて〕自分自身を正しい者としようとするのであれば、それは鼻もちならないファリサイ主義であろう。無辜の人（Unschuldige）の殺害は、最高の意味で恣意的なものであろう。

生まれながらの重度の知的障碍者の場合、そもそも〈人間としての〉生命の問題なのかどうかと問うことは、あまりに愚か過ぎて答える必要はないだろう。生まれながらの病人の生命であっても、それは、もちろん、最高に不幸な〈人間としての〉生命以外のものではありえない。然り、人間の生命がそれほどに恐ろしい様相を呈することもありうるという事実は、まさに健康な人に深い熟考の機会をあたえるであろう。*82

生の諸要求を前にして活き活きとした力を失う〔危険がある〕」と〔カール・ボンヘッファーの発言はウーヴェ・ゲレンスの示唆による〕。W. Lütgert, Ethik der Liebe, 279によれば、「まったく助力や看護に依存するよりほかない共同体の構成員も、たんに重荷にすぎないのではなく、全体の必要不可欠な部分なのである」。慈しみを軽視することは何であれ「まず共同体の健康な構成員にたいして、それだけなおさら」報いがある〔ボンヘッファーの所有本には欄外の傍線あり〕。**＊79** 常時監視つきの閉鎖病棟に入れること。ボンヘッファーは一九三三年に訪問したベーテルの施設に深い感銘を受けた。一九三三年八月二〇日付の祖母ユーリエ・ボンヘッファー宛の手紙（DBW 12, 116f）参照。**＊80** ナチは、事実、遺伝性の病気の存在や生殖を、優生学的な質〔《遺伝的健全性》〕の向上としてではなく、その低下として、すなわち血と人種の共同体にたいする「攻撃」として捉えていた。それに関して最も初期の措置は、一九三三年七月一四日に公布された「遺伝病子孫予防法」であった。S.209-211〔強制不妊手術〕参照。**＊81** 神学的〔専門〕意見書『聖書的判定』〔S.183の注62を参照〕は、「生物学的危険」や「経済的負担」――それは「選別処分のための見せかけの理由づけ」として引き合いに出される――を根拠とする議論について、「健康な人たちの頑《かたく》ななファリサイ主義」と表現している〔W. Niesel, Um Verkündigung und Ordnung der Kirche, 117 und 119を見よ〕。**＊82** 「深い熟考の機会をあたえる」は、「謙虚になり、感謝し、助けを決意する機会をあたえる」を差替え。草稿では、S.189の原文である「最終的にもう一度社会的有用性を……明らかにされる」という段落が――削除されずに以上のような考察にとって、極限的ケースが出てくるかもしれない。たとえば、隔離する可能性のない一隻の船上でペストが発生し、人間的な判断によれば、健康な人は、そのペストにかかった人の死によってのみ救われるだろう、というような場合である。こうした場合には、決定はオープンにされた〔＝未解決の〕ままでなければならないだろう。

〈健康な人のために、無辜《むこ》の病人の生命を殺すことが認められる〉という主張《テーゼ》は、社会的にも経済的にも、さらに衛生学的にも根拠がなく、世界観的な根拠にもとづくものである。それは、無意味にみえる病気から人間の共同体を守るという超人的な試みをすべきだというのである。そこでは、運命との戦いとして、あるいは——こう言うこともできる——堕罪した世界それ自身の本質との戦いとして受けとられているのである、と。そこでは、合理的な手段によって、新しく健康な人類を創造することができる、と考えられている。[*83]同時に、健康が、最高の価値であるとみなされ、そのために他のあらゆる価値を犠牲にしてもよい、と考えられているのである。人間の生命の合理化と生物学化[*84]とが、そのような無謀な企てにおいて結びつく。それによって、すべての被造物の生きる権利が破壊され、それとともに、ついにはすべての共同体が破壊されるのである。

そこでわれわれは次のような結論に達する。すなわち、健康人にたいして顧慮することからも、無辜の病人の生命を故意に殺害する権利は存在しない。したがって、安楽死の問題にたいしては、否定的な答えを下さねばならない。聖書は、この結論を、次のような言葉に要約している。「罪なき人〔＝無辜の人（Unschuldige）〕を殺してはならない」（出二三・七[*85]）。

自殺

動物が〈自然的〉拘束のなかで自分の生命を投げ捨てることができないのとは異なり、人間は、自分の生命を、肯定することも否定することもできる自由のなかでもっている。*86 人間は、動物のなしえないこと、つまり、自由な意志で自分自身に死をあたえることができる。動物はその肉体的な生命と一体であるが、それにたいして、人間は、自分自身をその身体的な生命から区別することができる。人間は、自由のうちに、その身体的な生命をもつ。その自由によって、人間は、この身体的な生命を自由に肯定するが、同時に、身体的な生命を超えるものへ向かうこともある。つまり、この自由によって、人間は、身体的な生命が守るべき〈賜物〉であると同時に捧げるべき〈犠牲〉でもあることを

——続いている。*83「新しく健康な人類を創造する」は、「世界を変革する」を差替え。一九三三年八月二〇日付のベーテルから祖母ユーリエ・ボンヘッファーに宛てた手紙のなかの「もし今日、病人を法律によって簡単に排除できるとか、あるいは排除すべきだと考えるなら、それはまったくの狂気です」（DBW 12,117）を参照。その直前の一九三三年七月に「遺伝病子孫予防法」が公布されていた。K. Dörner, Zwangssterilisationen der NS-Zeit, 329 によれば、ナチは《遺伝的健全性》の諸措置によって「社会問題の最終的解決という目標に向けて絶えず」扇動した。*84「生物学化」は、ここでは特に人種生物学の意味で理解すべきである。*85 一九四一年一月一五日付の〈ベートゲ宛の〉手紙には、「出二三・七を読んでみたまえ」（DBW 16,107）。*86 価値中立的にも理解されている今日の慣用語 Suizid（《自殺》）参照。エミール・デュルケムは、一八九七年に自身の社会学研究を „Le suicide“〔『自殺論』〕と名付けた。G. T. Rothuizen, Who am I? Bonhoeffer and Suicide も参照。

理解させられるのである。人間は、自由に死ぬことができる[*87]ゆえにのみ、身体的な生命をいっそう高い善のために捧げうるのである。死において生命を犠牲にする自由なしには、神のための自由は存在しないし、いかなる人間の生も存在しないであろう。

　生きる権利は、人間における自由を通して守られる。それは絶対的な権利ではなく、自由を通して条件づけられた権利である。生きる権利にたいしては、生命を犠牲として賭け、また捧げる自由が対応している。犠牲という意味において、人間は死への自由と権利とをもつのである。しかし、そう言えるのはただ、生命を賭ける目的が自分自身の生命を否定することではなく、犠牲において意図された善であるときだけである。

　死への自由とともに、人間には、生命を容易に誤って用いうる比類のない力があたえられている。じじつ、人間は、その比類のない力によって、自分の地上の運命の主となることができる。人間は、自由に決断し自ら死を選ぶことによって、敗北を回避し、その運命から勝利〔の栄光〕を奪い取ることができるのであるから。

〔人生からの〕〈出口は開いている〉(Patet exitus)――この言葉は、生命にたいする人間の自由の宣言である。[*88] 運命との戦いにおいて、名誉を失い、仕事を失い、愛する唯一の人を失い、それとともに、人生を破滅させた人に向かって――それでもなお、この人に〔運命にたいする〕自由と勝利とを示すこの〔自殺という〕行為への勇気が残されている限り――この可能性を行使しないようにと説得することは困難である。じっさい、疑う余地なく、人間は、この〔自殺という〕行為をもって、その定かでない非人間的な運命に抗して、もう一度――恐らくは誤解された――人間性を賭けた勝負をいどみ、その力を発揮しようとするのである〔から〕。

自殺は、すぐれて人間的な行為である。自殺が、くり返し、気高い人間による同意と正当化とを得てきたことは驚くには当たらない。この〔自殺という〕行為が自由においてなされる限り、それは、臆病や弱さのあらわれであるというような、偏狭で道学者ぶった批判をすべて超えている。自殺は、人間が人間であることの最終的で、ぎりぎりの自己義認の行為である。それとともに――純粋に人間的な見地からみれば――ある意味では、自殺は、失敗した人生にたいして自分で償いをつけることでさえあると言える。

この〔自殺という〕行為は、たいてい絶望のなかで生じがちだが、しかし、絶望それ自体が自殺を引き起こす本来の原因ではない。そうではなく、絶望のなかにおいてもなお、最高の自己義認を行なおうとする人間の自由こそが、本来の原因なのである。人間は、幸福や成功において自分の正しさを認めえないときに、なお絶望において自己を正しいものと認めることできる。自分の身体的な生において生きる権利を貫徹することができなくても、自分の生命を絶つことによって成しとげることがで

＊87 M. Heidegger, Sein und Zeit, 266 (im § 53)〔ハイデガー『存在と時間』第五三節〕も「死への自由」について言及している。ハイデガーによる「死への存在」についての発言にたいするボンヘッファーの対論は、DBW 2 (AS), 147など〔『行為と存在』〕を参照。**＊88** この文章は、欄外に書き加えられている。ボンヘッファーは、《patet exitus》（《[人生からの]出口は開いている》）をS. 194から始まる草稿用紙にメモしていた。この言葉は、自身も自殺した古代ローマの哲学者セネカからの引用である。C. E. Luthardt, Kompendium der theologischen Ethik, 349は、セネカの著作De Providentia〔『摂理について』〕の「第六章第七節 patet exitus」に注意するように指示している。

きる。人間は、自分の権利を世の人に力づくで認めさせることができなくても、最後の孤独のなかで、自分自身でその権利の承認を作り出すことができる。

このように、自殺は、人間的に無意味となった生命に、人間的に最後の意味をあたえる人間の試みである。自殺という事実に直面した際に、われわれに思いがけず襲ってくる戦慄感は、この行為が非難されるべきものだということによるのではない。〔むしろ〕生の肯定が、ただ生の否定のなかでのみ示されている、この〔自殺という〕行為にひそむ恐るべき孤独と自由とによるのである。

それでもなお、自殺が非難されるべき行為であると言われねばならないとすれば、それは、道徳や[*89]人間の法廷ではなく、ただ神の法廷でのみ裁かれるものである。自殺者は、ただ彼の生命の創造者であり主でありたもう神の御前においてのみ罪ある者となる。生ける神が在《いま》したもうゆえに、自殺は、不信仰の罪として非難されるべきなのである。

しかし、不信仰は道徳的な過誤ではない。[*90]〔なぜなら〕不信仰は、その動機や行為が高貴なものだったり卑しいものだったりするのだから。しかし、不信仰は、善いことにおいても悪いことにおいても、生ける神を考慮に入れることはない。それが罪である。この不信仰を根拠にして、人間は自殺のなかに自分自身の正当化や最後の可能性を求めようとするのである。なぜなら、不信仰は神の義認を信じないのだから。不信仰は、人間から致命的な仕方で次の事実を覆い隠す。それは、〈たとえ自殺したとしても、その人の運命を整えてきたもうた神の御手から、その人を解放することはない〉という事実である。不信仰は、自分の肉体的な生命が、被造物にたいして唯一の支配権をもちたもう創造者である主なる神からの賜物であることを認めようとしない。ここで、われわれは、〈自然的生は、その権利を自身の内にでなく、神の内にもっている〉という事実に直面する。〈自然的生〉のなかで人間にあたえられている死への自由は、神への信仰において用いられないところでは誤用されるのである。神は、生そのものの終わる権利を御自身のものとして留保したもう。なぜなら、神がその生をいかなる目的のために用いようとされているかということは、ただ神のみが知っていたもうからである。神は、ただ御自身のみが、或る生を義とし、あるいは非とする者であることを欲したもう。神の御前では自己義認は端的に罪となり、それゆえに自殺も罪となる。〈人間の上には神が在《いま》したもう〉という事実以外には、自殺を非難すべき確実な根拠は存在しない。自殺という行為は、この〈人間の上には神が在《いま》したもうという〉事実を否認しているのである。*91

自殺は非難されるべきものだということは、その動機が低俗であるからではない。人間は、低俗な動機から生にとどまることもあるし、気高い動機から生を終えることもある。人間にたいして究極的な権利をもつのは、肉体的な生命それ自身ではない。人間は、その肉体的な生命にたいして自由をもって立っている。「生命は最高善にあらず*92」。

*89 ボンヘッファーは、この《道徳》(*Moral*) という言葉を《倫理》とは異なって稀にしか使わないし、例外なく肯定的な意味では用いていない。*90 一九四一年二月二二日付の〔ベートゲ宛の〕手紙には、自殺について「それは不信仰の罪である。しかし、それは道徳的な失格ではない」(DBW 16, 154)。*91 この後から始まる草稿用紙の上部欄外には、「自殺する／patet exitus」というメモが記されている。S.192 および注88を参照。*92 フリードリヒ・シラーの悲劇『メッシーナの花嫁』(一八〇三年)の「第四幕・最終の場」の結びのセリフより。H. Nohl, Die sittlichen Grunderfahrungen, 135 において、ボンヘッファーが線を引いている箇所にこの行《くだり》が暗示されている。

人間の共同体もまた、アリストテレスが考えていたように、個人の肉体的な生命にたいする究極的な権利を根拠づけることはできない。人間には、元来、共同体にたいして、自分自身を自由に処分する究極的な権利があたえられている。社会は、自殺を罪として処罰するかもしれない（イギリス〔。〕アリストテレスにおける「不名誉」[*93]）。〔しかし〕自殺者自身にたいしては、社会が彼の生命にたいして決定的な権利をもっていることを信じさせることはできない。最後に、キリスト教会で広く行き渡っている次のような根拠づけも、十分なものではない。すなわち、〈自殺は懺悔を不可能にし、それゆえ赦しを不可能にする〉と。多くのキリスト者は、突然の死を迎えることで、罪を懺悔しないままに死ぬ。ここには最後の瞬間というものの過大評価がある。これらの根拠は、すべて中途半端なものである。いくらか正しいことが含まれていても決定的なことは述べられていないため、説得的な根拠ではない。

生命の創造者でありたもう主なる神が、生きる権利そのものを認めたもう。人間は、自分の生を正当化するために、自分に手を下す必要はない[*94]。その必要がないゆえに、彼は、そうすることを許されてもいない。注目するべき事実は、聖書のなかでは、自殺をはっきり禁じている個所はどこにもないということ、むしろ自殺は――アヒトフェルやユダの裏切りの場合のように[*96]――いつでも最も重大な罪の結果としてのみ生じていることである[(3)]。その理由は、聖書が自殺を認めているからではない。そうではなく、聖書は、自殺を禁止する代わりに、恵みの招きと悔改めの招きによって、絶望した者が歩み寄ることを望んでいるからである。

（3）この他にも、……を参照。*95

自殺の淵に立っている者には、もはや禁止や戒めは聞こえない。彼には、ただ、信仰へ、救いへ、回心へと呼びかける神の恵みの招きだけが聞こえるのである。自分自身の力に訴えるいかなる律法も、絶望した者を救う力はない。それは、ただ彼をますます希望をもちえない絶望へ追いやるだけである。人生に絶望した者を助けるのは、ただ他の一人の方の救いの行為のみである。すなわち、それは、絶望した者が——自分自身の力によってではなく——神の恵みによって生かされる新しい生命を提供されることだけである。もはや生きることができない者には、〈汝は生きねばならない〉という命令も一向に助けとはならない。彼を助けうるのは、ただひとり新しい霊のみである。

神は、人生に倦み疲れた者にたいしても、生きる権利を保証したもう。神は、人間に、その生をいっそう大いなるものに賭けるために、自由をあたえたもう。しかし、神は、人間がこの自由を恣意的に自分の生に反するように向けることを望みたまわない。人間は他者のために自分の生命を犠牲すべ

*93 イギリスでは一九六一年まで自殺は刑法上処罰された（それ以降は犯罪とされていない）。ドイツやオーストリアの法によれば、自殺は処罰されない。「不名誉」（Atimie）とは、Aristoteles, Nikomachische Ethik III, 11〔アリストテレス『ニコマコス倫理学』第三巻〕において、兵士のなかで死を求める臆病者の「不名誉」（Unehre）のことである。C. E. Luthardt, Kompendium, 349, 自殺は「たしかにアリストテレスによって非難されているが、それはただ国家にたいする不正だからである（それゆえ「不名誉」（Atimie）とされる）」を参照。*94 欄外に書き加えられていた「その生を正当化するのは、神である」は削除されている。*95 草稿では、ここに聖句が補われねばならないという印として六つの点だけが付けられている。サム上三一・四、詩三七・一五を参照。

きだ、ということは確かであるとしても、同様に確かなのは、自分〔の生命〕に自身で手を下すべきではないということである。人間は、地上の生を——たとえ、そこで生が彼にとって苦悩となってでも——生の源である神の御手にまったく委ねるべきであり、自分の力で解放されようとすべきではない。彼は、死んだ後にもなお——生前においても彼にとって余りにも厳しく思われた——神の御手のなかにふたたび入るのである〔から〕。

以上のことは原則的な事柄であるが、それよりいっそう難しいのは、個別のケースに関する判断である。自殺は、孤独のうちになされる行為なので、最終的に決定的な動機は、ほとんどいつも隠されている。外的にも目につく人生の破局が先行している場合でさえ、この〔自殺という〕行為の最も深い内的な理由は、局外者の目には隠されている。生命を犠牲にする自由と、こうした自殺による自由の誤用との境界線は、しばしば、ほとんど人間の目には識別できない。それゆえ、個々の行為の当否を判定する原則は見出し難いのである。

たしかに、自分の手で自分の生を断つことは、やむにやまれぬ中で自身の生命を危険にさらすこととは違う。この事実は、どこまでも残っている。しかし、自分を殺すということを、どのような仕方であれ、ただちに自殺と同一視するのは短見であろう。すなわち、自分を殺すという場合でも、他者のために、自分の生命を意識的に犠牲とすることが問題になるときには、判断は最小限にまで差し控えられねばならない[*97]。なぜなら、ここでは人間の認識が限界に達しているからである。ただ排他的かつ意識的に自分自身のことだけを考えて事がなされるところでのみ、自分を殺すことは、自殺となる。しかし、その行為の動機の排他性とか意識性とかを、いったい、誰が確実に言い切ることができるだろうか？〔たとえば次のような場合がある。〕ある囚人が、拷問のために自分の民族・家族・友人を裏切るようなことになることを恐れて、自分の生命を断ったような場合。*98 あるいは、一人の政治家が、敵から自分の身柄の引き渡しを要求され、〔承知しなければ〕国民に報復すると脅迫されて、自分の生命を自由に断つことによってしか国民を甚大な損害から免れさせえないような場合。これらの場合には、自分を殺すということが犠牲の動機を強く帯びてくるために、そのような行為を断罪することは不可能である。

〔次のような場合もある。〕ある不治の病人が、自らの介護のために、家族が物質的にも精神的にも破綻してしまうこと、自分の決意によって家族をこうした負担から自由にすることを認めざるをえないような場合。たしかに、独断的に事をなすことについては多くの疑念も出てくるであろう。しかし、ここでも、この行為を断罪することは不可能であろう。*99

このような場合には、自分の生命を犠牲にする自由が存在する以上、自殺を絶対的に禁止するための*100 根拠づけは困難である。古代教会の教父でさえ、特定の状況においては、たとえば純潔が暴力によって奪われようとしたときには、キリスト者が自殺することは許されると考えていた。もっとも、すで

*96 「アヒトフェル」：サム下一七・二三。「ユダ」：マタ二七・五。これら二人の名前は、C. E. Luthardt, Kompendium, 350 に記されている。 *97 「差し控える」は、ここでは「保留する」の意。 *98 拷問のゆえに裏切ることは、ヒトラーにたいする〔クーデタ〕陰謀の事実や共謀者たちの生命を危険にさらしうるものであった。 *99 これについては、S.187 で前もって言及されていた。 *100 「自殺を絶対的に禁止するための」は、「生にたいする絶対的な権利のための」を差替え。

にアウグスティヌスが、そのことに異論を唱え、自殺を絶対的に禁止したのではあるが。[*101]以上のような場合と、次のようなキリスト者としての当然の義務〔がある場合〕とを、原則的に区別することはほとんど不可能なように思われる。たとえば、船が沈んでいく際に、自分の死を意味することを承知のうえで、救命ボートに残された最後の座席を他人に譲る場合。[*102]あるいは、自分の身を挺して友人を銃弾から守ろうとする場合。ここでは、直接的に自分を殺すことと、自分の生命を捧げて神の御手にゆだねることとの違いはあるが、しかし、自分自身の決心が自分の死の原因になるという点では同じである。

〔しかし、次のような場合は〕明らかに異なるものであろう。それは、まったく個人的な事情、つまり、たとえば自分の名誉が傷つけられたとか、性的な激情、経済的な破産、賭け事の負債、重大な個人的過失などのため自殺を選ぶことになるような場合、それゆえ、自分を殺すことによって、他人の生命を守るのではなく、もっぱら自分の生を正当化しようとするような場合である。むろん、具体的な場合には、その際でも犠牲という考え方がまったく欠けているわけではないであろう。しかし、ここでは、いつでも、自分の人格を恥辱と疑惑とから救い出すという動機が、他のあらゆる動機に優先しており、したがって、不信仰がその〔自殺という〕行為の究極の根拠となるであろう。ここでは、〈神は、挫折した生にも、ふたたび意味と権利とをあたえうる方である〉ということ、そして〈まさに生の挫折という出来事を通して、生は初めてその本来の充実に到達しうるものである〉ということが信じられていないのである。それゆえに、生命を終わらせることは、人間にとって——たとえ自分を破滅させる瞬間であっても——自分の人生そのものにふたたび意味と権利とをあたえる最後の可能性なのである。ここでもまた、自殺にたいして純粋に道徳的な断罪は不可能であること、むしろ自殺は無神論的な倫理の前で存立可能であるということが、まったく明らかになる。自殺の権利は、ただ生ける神の御前でのみ砕かれるのである。

＊101　自殺によって特別な危険（たとえば暴行）を逃れざるをえない場合、または〔その〕自殺が神による霊感にもとづくとみなされる場合には、教父たちは自殺の許容性を完全には排除していないようである――たとえば、Eusebius von Caesarea, Historia ecclesiastica VIII, 8 ; 12,3-4 など〔エウセビオス『教会史』〕、Johannes Chrysostomos, De consolatione mortis (Patrologia Graeca 56, 299)、Ambrosius, De virginibus III, 7 (Patrologia Latina 16,241-243)。しかし、カトリック道徳神学の伝統は、自殺を全面的に拒否するアウグスティヌスの立場をとってきた。De civitate Dei I 16-18, 20, 22, 27 など〔アウグスティヌス『神の国』〕（これについては、N. Blasquez, Suizid, 205-212）参照。C. E. Luthardt, Kompendium, 350 は、エウセビオス『教会史』の「VII, 12.14」、アウグスティヌス『神の国』の「I, 17 ff」を挙げている。W. Kamlah, Christentum und Selbstbehauptung, 443「アウグスティヌスは、……〔古代ローマで暴行を受けて自殺したとされる〕ルクレティアの自殺という古い例を持ち出してくる。……ルクレティアがなぜ自殺したのかとアウグスティヌスは問い、こう答える。羞恥心の弱さゆえと（pudoris infirmitas）」、また444においてアウグスティヌスは、このルクレティアの物語を「当時のゴート族に凌辱されたキリスト教の女性たちに」「神の御前に良心の疚しさなしに立ち返り」（そして生き続ける）ことを勧めるために物語っていたのである、を参照。＊102　特に話題となった一九一二年のタイタニック号の沈没の際のような満員の救命ボートの場合や、いっそう切迫した形では、船が沈没した後に二人ではなく一人しか載せられない船板のケース〔など〕が、殺害や自殺の問題性の例としてしばしば取り上げられてきた。後者の例は、早くはR. Rothe, Theologische Ethik III (^{2}1870), 419 f において、またすでに古代では〈カルネアデスの板〉がローマの哲学的問題として議論されている。

すべての外面的な動機は別として、まさに信仰者がとくに陥りやすい自殺への誘惑が存在する。それは、神によってあたえられている自由を、自分の生命に反するように誤用しようとする誘惑である。〔たとえば〕自分の生の不完全さにたいする憎悪、そもそも地上の生がすべて神によって完成されるものだということを受け入れようとはしない反抗的な生き方、そこから出てくる悲哀、いっさいの生きる意味にたいする懐疑。これらすべてのことが、キリスト者を危険な時のなかへと誘うのである。このことについて、ルターは、その経験から多くの語るべきことをもっていた。*103 この〔自殺という〕行為を防ぐことができるいかなる人間的・神的な律法《おきて》も存在しない。ただ神の恵みによる慰めと、兄弟の祈りによる力だけが、そのような誘惑において助けとなりうる。生にたいする権利ではなく、神の赦しの下になお生き続けることを許したもう神の恵みこそが、自殺への誘惑に立ち向かっていくことを可能にするのである。しかし、いったい誰か言おうとする者がいるだろうか。神の恵みであっても、この最も困難な誘惑の下では、断念されたこの生を包み支えることができない、などと。

生殖と生まれてくる生命*104

肉体的な生命を保持する権利のなかには、生殖の権利が含まれている。なぜなら、人間は、動物とは異なって、ただたんに一般的な種の保存のための暗い無意識的な衝動に支配されるのではなく、*105 人間のなかにある生殖への衝動が、むしろ、自分の子どもをもつという意識的な意志として現われるからである。それゆえに、人間にとって生殖は、決して種〔の保存〕という必要性ではなく、人格的な決断なのである。そのため、人格としての人間には、結婚相手を人格的に選ぶ権利が認められるのである。*106

このことの意味は、結婚相手を選ぶ際に、決して個人的な願望だけを考えればよいということではない。*107 その際には、もちろん、結婚にたいする同意が、つまり、個々の人間の自由な決断が前提されて

＊103 C. E. Luthardt, Kompendium, 350「神の恵みにたいする懐疑からくる自殺の考えへの誘惑などについて、ルターは自身の経験から〈慰めの手紙〉のなかで扱っている」。ルートハルトは、特に一五三二年一一月二七日付のヨーナス・フォン・シュトックハウゼン宛とその夫人宛の手紙を挙げている。M. Luther, Werke: Briefe VI Nr. 1974 und 1975 (386-389) を見よ。一九二五年〔のゼミナールでのボンヘッファーのレポートの中〕の「ルターは、そのような気分を恐らく〈悲しみ－憂い〉（tristitia-acedia）の誘惑と言い表わしたのであろう」（DBW 9, 300）参照。トマス・アクィナスの関連で、J. Pieper, Über die Hoffnung「教会の古典的神学によれば〈憂い〉（acedia）は〈悲しみ〉の一種（species tristitiae）であり、それも人間のなかの神的な善にたいする〈悲しみ〉である」を参照。ピーパーによる「憂い」（acedia）の説明のところに（a. a. O., 60 f）、ボンヘッファーによる多数の下線がある。＊104 差替え「生まれてくる生命」。＊105 W. Lütgert, Ethik der Liebe, 171「子どもにたいする意志も、ただ子どもにたいする愛情なのであり」、「民族力の増殖にたいする」意志などといったものではない、を参照。＊106 一九四一年二月一〇日付の〔ベートゲ宛の〕手紙には、「僕はいま、結婚の問題〔相手を自由に選ぶ権利、教派的・人種的な視点に基づく婚姻法（ローマ、ニュルンベルク）、不妊手術、避妊〕に取り組んでいる」（DBW 16, 138 f）。この「ニュルンベルク」は「人種的」婚姻立法のことを意味する。一九三五年九月一五日のニュルンベルク諸法の〔三つの法律のうちの一つである〕「ドイツ人の血と名誉を保護するための法律」により、ユダヤ人と「ドイツ人またはこれと同種の血をもつ」国籍保持者の婚姻は禁止された。＊107 欄外で検討されていた挿入文「また、たとえば身分にもとづく結婚とは異なる恋愛結婚という現代的な結婚形態だけが正当化されるということ〔でもない〕」は削除されてい

いる。自分の子どもをもつという願いは、子どもにとって母親または父親となるべき妻または夫を選ぶ権利を含む。この選択において、人間は、同時に、人類の繁殖という種としての目的を果すのである。結婚においては、当事者間に介在する中間的な諸段階を越えて、人間における最も個人的なものが最も普遍的なものと結びつくのである。ここでは、〔当事者〕個人の自由な決断にもとづいて、二人の人間が人間として一つとなるということである。人間に自然的本性が存在する限り、それは、この権利を要求するであろう。この権利を否定しようとしても、それは、どのような理由であれ――まったく個人的な人間性にもとづくものであれ普遍的な人間性にもとづくものであれ――〈自然的生〉の力に直面して、遅かれ早かれ、つねに不成功に終わることが明らかになるであろう。

身分階層的・経済的・世界観的・宗教的・生物学的などのような理由も、自分の子どもをもつ権利、すなわち、結婚相手を選ぶ権利にたいして異議を唱えることはできない。生殖への人間の意志は、決して純粋に身分階層的・経済的・宗教的・生物学的な義務と考えることはできない。たしかに、これらのすべての観点は、〔結婚相手を〕自ら選ぶ際に、考慮されるであろうし、また、されねばならないが、しかし、自由な決断を否定することはできないのである。

結婚においては、個人が個人と結びつき、人間が人間と結びつく。経済的・教派的・社会的・民族的な結びつきは、個人の決断の際に、それを規定する要因ではあるが、個人の決断を否定したり、先取りしたりすることはできない。その理由は次のような事実にある。すなわち、自分の子どもをもつという意志、あるいは結婚相手の自由な選択、つまり、人間の結婚は、すべての人間の秩序のなかで最も古いものであり、[*108] それゆえ、前述の規定要因によって条件づけられている事柄ではない、ということである。

人間の共同体を構成する他の結びつきがつくられる以前から、人間の結婚は存在する。結婚は最初の人間の創造とともにあたえられている。結婚の権利は、人類の始まりからあるのである。

〔しかし、さまざまの理由で〕婚姻締結の権利が制限されることがある。〔たとえば〕結婚の当事者にたいして、特定の宗教的教派に所属することを要求したり、あるいは、同じ教派同士の結婚でないものをすべて〈同棲〉（Konkubinate）と位置づけたりすることによって、結婚成立の権利が制限されるのである。ちょうどローマ・カトリック教会の結婚についての教義に含まれているように。*109 それは、

る。*108 結婚はここでは《委任》（Mandat）と表示されてはいない。《委任》という表現は、権利を――義務に先行するものとして（S.173f）――扱っているこの草稿には出てこない。《委任》の概念が初めて出てくる草稿の部分（前述の「キリスト・現実・善」の章に挿入されているS.51-60）は、時期的にこの草稿より後のものである。*109 「同棲」は、初期ローマ帝政時代には、法によって許容された関係であった。ユスティニアヌス皇帝は、それを劣等な権利をもつ結婚へと発展させた。（市民的な近代では同棲を「事実婚」（wilde Ehe）と言った。）〈同棲〉の概念は、カトリックの教理では、公式な結婚の意志のない結婚類似の共同生活を示しており、このため、〔教会ではなく役場に届けただけの婚姻である〕市民婚も〈同棲〉とは単純に同一視されていない。カトリックの教会法では、有効な結婚を「同じ教派同士の」結婚に制限していない。未受洗者同士の結婚は、一九一七年のカトリック教会法典（Codex Iuris Canonici）第一〇一五条第三項において「合法的な結婚」（matrimonium legitimum）と規定されている。未受洗者は教会の管轄外であり、それゆえカトリックの婚姻法規に拘束されることもないため、この規定は法的に当然のものである。これについては、H. Jone, Katholische Moraltheologie, Nr. 659 und 660, 2. しかし、『ベルリン司教区のためのカトリック教理問答』（Katholischer Katechismus für das Bistum Berlin）では、「カトリック教徒

結婚からその本質である自然的な性格と権利とを剥奪することであり、結婚を自然の秩序から恩寵の秩序や救済の秩序へ移し入れることである。それは、ちょうど、結婚の権利を民族的・国家的に制限することと軌を一にするものである。民族的・国家的に結婚の権利を制限することによって、結婚は、普遍的な人間の権利を奪われ、純粋に民族的な秩序であると表明される。

いずれの場合でも、結婚の富や、それとともに[*110]神の望みたもう人類の生殖は、恣意的に低下させられる。〔本来〕神の創造の豊かさは、特定の人間の型を産み出すように強制されることなく、自分の結婚によって子どもをもとうとする意志によって、広がっていくものである。〔しかし、教会や国家といった結婚当事者ではない〕別の権威が、やがて生まれてくる者たちの方向や形とを要求するなら、神の創造の豊かさは貧しくされ、その結果、この世の自然の秩序が致命的に侵害される。[*111]教会のため民族のために次代の若者たちを確保するという憂慮すべき計画や、自然的な抑制力や選択力にたいしてまったく信頼を置かないことによって、人間が自分では予期することもないようなもろもろの力が奪われていくのである。

結婚は、教会によっても、国家によっても、決められるものではなく、これらの制度によって初めて結婚の権利を受けとるのではない。婚姻は、むしろ結婚する両者によってなされるものである。結婚締結が、公的には国家の前で、また教会の前で、決められるという事実は、結婚やこれに備わる諸権利について国家や教会が公的に承認するという以上の意味をもつものではない。それがルター主義的な教えである。[*112]

結婚成立の権利にたいして、事実上、教会ないし国家の制限があるところでは——上述したことの妥当性を損なうことなく――教会ないし国家の権威にたいする服従の義務という一般的な問題が出てくる。〔ただし〕それは、ここでの関連では、まだ論じていない問題である。*113 しかし、結婚に関する国家の制限――それが恣意的に生まれたものではない場合でも――が存在するということは、いずれにせよ、次のことに注意を向けさせるであろう。すなわち、道を踏み外したり誤ったりして、共同体に致命的な損害が生じないようにすることにたいして、自然的な抑制力や選択力が十分な保証とはならなかった、ということである。〈自然的なもの〉は、ここでは、場合によっては、国家の実定法による必要な制限や規制を受けるのである。*114

結婚成立とともに、新しく生まれてくる生命の権利を承認することが、結婚当事者たちの自由な処理に委ねられてはいない権利として生じてくる。この権利を根本的に承認することなしには、結婚は結婚であることをやめ、ただの関係となる。この権利を承認することにおいて、この結婚からその御旨《みむね》によって新しい生命を誕生させたもう神の自由な創造の御力に働く場所があたえられるのである。

がこの世の役人の前でのみ結婚を表明する場合（市民婚）、その結婚と称するものは神の前では無効であり、共同生活は重大な罪である」(99 (im Punkt 262))、「婚姻締結は、カトリックの司祭の前でなされなければならず、そうでなければ婚姻締結は無効である」(100 (im Punkt 266)) とされている。*110 〈第三帝国〉では、総統のために――アーリア人の！――子どもを産むことが緊急で重要だと宣言された。S.130f「性的な放縦が公言されること」を参照。*111 欄外に書き加えられていた「自然的な抑制力や選択力」は、「〈自然的生〉の力」を差替え。*112 《政治的権威の委任》における）S.59を参照。「ルター主義的な教理」については、BSLK 528–534（『一致信条書』）「一般の牧師たちのための結婚式文」（一五二九年）などを参照。*113 S.211も参照。*114 この後に続く草稿における新しい段落の冒頭の次の文章は削除。「生殖の権利と関連しつつ、しかし生殖の権利とは異なって」。S.207fを参照。

母親の胎内で胎児を殺すことは、新しく生まれてくる生命に神からあたえられた生きる権利を抹殺することである。ここでわれわれは、すでに一人の〈人間〉のことを問題にしているのか否かと議論することは、たんに次の単純な事実を混乱させるだけである。すなわち、ここでは、いずれにせよ、神が一人の人間を創造することを望みたもうたということ。そして、この新しく生まれてくる人間から故意に生命が奪われているということである。*115 それは、殺人以外の何ものでもない。

このような行為をするにいたった動機は種々様々である。じっさい、極度の人間的あるいは経済的な孤立と困窮のなかでなされた絶望の行為であるときには、その罪責は、しばしば個人よりも共同体にあるかもしれない。最終的には、まさにこの点で、金《かね》によってこの無責任きわまる行為をもみ消してしまうことができる一方で、貧しい人たちの場合は、止むにやまれぬ行為であっても容易に明るみに出るのである。これらすべてのことは、疑う余地もなく、当事者にたいする個人的・牧会的［な］対応に決定的に関わることである。しかし、そのことで、殺人という犯罪行為であることには何ら変わりない。(4) この絶望への決断は、母親にとって過酷なものである。なぜなら、この決断は、まさに母親自身の最も自然な本性に反するからである。〔それゆえ〕母親は、いささかも、この罪責の重さを否定しようとはしないであろう。

(4) 母親の生命が危険である場合に胎児を殺すことについて、カトリック教会が表明している厳しい否定的見解は、とくに一般的な実践的観点から真剣に考えられねばならない。胎児が生きる権利を神からあたえられ、またすでに十分に生きる力をもっているのであれば——そのままでは母親の自然的な死が推定される母親の生命を助けるためだとはいえ――胎児を意図的に殺すことは極めて問題的な行為である。母親の生命は神の御手のなかにある。しかし、胎児の生命は、恣意的に抹殺されるのである。母親の生命と胎児の生命とのどちらが、いっそう価値があるのかという問いは、人間が決定することは許されないであろう。*116

生まれてくる生命の権利にたいする侵害は、〔前述のほかに〕結婚生活において新しい生命の誕生が根本的に阻止されるところでも、つまり、結婚生活において子どもをもつ意志が根本的に排除されるところでも存在する。そのような根本的な態度は、結婚の意味そのものに反するものであり、神が子どもの誕生を通して結婚にあたえていたもう祝福にも反するものである。もっとも、結婚生活において子をもつことへの根本的な拒否と、具体的な責任ある産児制限とは、十分に区別されねばならない。(5)

*115 この行《くだり》の上に書き込まれていた「母親　胎児？」は削除されている。ボンヘッファーによる次の注番号〔4〕の後の文章を参照。 *116 現代カトリックの教理については、たとえばB. O. Schilling, Lehrbuch der Moraltheologie II, 368 f. J. Mausbach, Katholische Moraltheologie III, 122–125を参照。これらの教科書は例外なく、厳禁されている胎児の直接的な殺害と、事情によって許容される間接的な殺害（たとえば、母親の生命にかかわる病気を治すことができるが胎児に死をもたらすような薬の服用による、間接的な殺害）とを区別している。D〔Enchiridion Symbolorum et Definitionum〕1184 = DS〔Enchiridion Symbolorum definitionum et declarationum de Rebus fidei et morum〔『カトリック教会文書資料集』〕〕2134；D 1889f = DS 3258, 3298, 3336–3338, 3358も参照。ボンヘッファーによるこの注は、草稿の下部欄外において、小さく詰まった文字をしており、明らかに後から書き加えられたものである。

まさに人間の生殖では自分の子どもをもつ意志が問題となるため、見境のない衝動のままに奔放に生きることは許されないし、神に特別に喜ばれるものだと言うことでもない。この〔子どもをもつ〕決意には責任ある理性が関わるのである。

（5）これと異なって、ローマ教会『公教要理』二・八・一三は、さらに避妊と堕胎とを同一視して、二つとも殺人としている。

じっさい、具体的な場合には、子どもの数を制限することが求められることには、十分な理由がある。産児制限の問題は、まさにこの百年のあいだに焦眉の問題となってきた。また、すべての教派において広い範囲にわたって、産児制限に賛成する意見が表明されている。これらの事実は、たんなる信仰からの堕落であり神への信頼の欠如であると断定されるものではない。それは、疑う余地もなく、科学技術がすべての生の領域において自然への支配を拡大していることと関係があり、たとえば乳児死亡率の低下や平均寿命の著しい上昇にみられるように、最も広い意味での科学技術が自然の事実にたいして達成した否定しえない勝利と関係している。ヨーロッパの人口は、ここ百年間において、出生率の絶えざる減少にもかかわらず、絶対数は何倍かに増加している。乳児死亡率の減少は——種の保存という観点からみれば——それを確実にするためには、出生数がいっそう減少することを必要としている。〔他方では、科学〕技術は、人びとがもはや大家族の重荷にこれ以上耐えることを望まなくなるほどに人間を柔弱にしたのだ、という非難にたいしては、〈ヨーロッパの人口がめざましい速さで増加することができたのは、まさに技術の進歩によるものだ〉ということを忘れてはならないのである。[117] しかし、こうした考察からは、今日でも広く行なわれている産児制限は、もはやこれ以上は支えきれなくなったヨーロッパの人口の増大を食い止めるための自然的反動のようなものであり、それゆえ、いわば人間的本性が一息つくようなものだ、とみなす結論を引き出すことになるかもしれない。

このような一般的考察は、もちろん、産児制限そのものが正当であるかどうかという問いから、われわれを免除するものではない。産児制限は、カトリックの道徳神学によって、したがってカトリックの告解の教理において、根本的に否定されている。しかし、そこから、次のような難点が生まれてくる。すなわち、カトリックの道徳神学においても、結婚生活でこれ以上子どもをもつことを避けるべきケースの可能性を——正当にも！——認めているのである。もっとも、そのようなケースは、きわめて稀にしか通用しないとされてはいるのだが。[118] それゆえ、カトリックの道徳神学にたいして、〈この問題に関して見境なしの自然的衝動を赴くままにして、この分野で相互に働くべき人間の責任

＊117　O. Spengler, Mensch und Technik, 56〔シュペングラー『人間と技術』〕「というのも、このことは、人口を何倍にもしてしまうという、人間の起業家精神の重大な影響の一部だからである。かつて、二、三百頭の畜群がさまよっていたところに、いまや数万の人びとが居すわっている」を参照。これについてのシュペングラーの注「そして、今日では数百万もの人びとがひしめいている」。＊118　たとえば、B. F. Tillmann, Die katholische Sittenlehre, 404 ; A. Koch, Lehrbuch der Moraltheologie, 637 f. O. Schilling, Lehrbuch der Moraltheologie II, 579-581 ; J. Mausbach, Katholische Moraltheologie III, 167 を参照。これらでは例外なしに、子どもをもつことの制限は、たとえば健康上の理由や、経済上の理由、《人種衛生学上の》（rassenhygienisch）理由から許されると理解されている。しかし、その制限はつねに、ただ性的な交わりを（一時的ないし継続的に）断つという手段のみによるとされている。

と理性を排除している〉と非難することは誤りであろう。カトリック道徳は、この目的の達成のために、原則として唯一の手段しか知らない。すなわち、完全な禁欲である。(6)

（6） 主として告解を行なうことの困難さゆえに、いろいろな決疑論的な解決法〔すなわち、司祭のために具体的な事例を紹介した実践的マニュアルを告解の指針とするやり方〕が考え出されている。そのなかには、たしかに妊娠を妨げることを意図してはいないが、妊娠を意識的に困難にすることを意図する或る種の手段も許されている。そのよう解決法は、〔産児制限を認めないという〕カトリック的原則を重大な危機にさらすものであり、良心を最終的に軽くすることも清めることもできない。そのため、この解決法も、多くの真摯な聴罪司祭によっては意識的に拒否されている。人間の自然的本性の弱さにたいするこうした《譲歩》は、基本的には原則を放棄するものであり、ただ手段の選択においてのみ技術的な避妊と区別されるだけである。それゆえ、こうした解決法は、〔カトリック〕道徳神学からも姿を消す方がいっそうよいであろう。

しかし、それ〔＝完全な禁欲〕とともに結婚生活の身体的な基礎は掘り崩され、結婚の基本的な権利が奪われることによって、結婚そのものが否定され、破壊される恐れがある。さらに、完全な禁欲は、大多数の人たちにとって実行できないことを要求するものである。告解の席でこのような過ちを告白したとしても、その告白が、この罪を二度とくり返さないという決意と本当に結びつきうるものと考えることは困難である。

カトリックの道徳神学は、〈結婚の自然的な目的、すなわち、生殖を故意に妨げる行為は不自然なことである〉とする厳格主義《リゴリズム》を基礎としている。[*119] カトリックの道徳神学は、しばしば主張されるように、結婚の目的を生殖だけに制限しているわけではない——それをしたのはカントが初めてである！[*120]——。カトリックの道徳神学は、結婚の副次的な目的である性的な交わりが、第一次的な目的である生殖と矛盾しないということを示そうとしている。こうした説明の仕方は、十分説得的であるように聞こえるかもしれないが、しかし、解決できない難点をもつ。たしかに、〔この議論ではカトリックで殺人とされる〕避妊の不自然さは避けられるとしても、〔完全に禁欲する〕肉体的な交わりのない結婚生活という不自然さに取って代わることになる〔のだから〕。

さらに、責任ある理性の働きが、今後の性的な交わりを断つという決意となって示されるのか、それとも性的な交わりのただなかで示されるのかということは、行為の自然さに関して言えば原則的に区別はつけられない。見境なしの衝動のままに無軌道に生きること、結婚生活のなかでの禁欲、避妊、そのいずれも、ここで提起されている問題を解決しない。これら三つの行為の可能性は、どれも他の行為より原則的にすぐれているというわけではない。

＊119　《厳格主義》（*Rigorismus*）（ラテン語の rigor に由来し、《硬直》（Starre）の意）は、倫理において、不変の原則を用いるために他の見解を排除する立場を言い表わす。＊120　I. Kant, Metaphysik der Sitten I, Rechtslehre, BA 107 (Werke IV, 390)〔カント「法論」『人倫の形而上学』〕「子を産み育てるという目的は、そのために自然は異性にたいする情愛を両性にもたせたのだから、つねに自然の目的ではあるだろう。しかし、結婚する人間がこの目的を前提とすべきだということは、この人の結婚が適法であるために必要とされることではない」を参照。カントの結婚観は H. Nohl, Die sittlichen Grunderfahrungen, 85 で言及されている。〔ここはボンヘッファーの思い違いか。〕

このような事態に際しては、良心が誤って悩まされたり、圧迫されたりしないことがもっとも重要である。たしかに、神の戒めのゆえに、最も厳しい要求が必要なこともあるだろう。しかし、ここでの事態はそのように明確ではない。それゆえ、神の御前で責任を負って行動する良心の自由にたいして、余地が残されていなければならない。ほんものでない厳格主義《リゴリズム》はすべて、まさにこの問題領域においては――ファリサイ主義に始まり神からの完全な離反にいたるまで――もっとも致命的な結末に終わりうるのである。(7)

（7）この点に固執したカトリック道徳の姿勢が数多くの人たちを告解席からまったく遠ざけてしまったということは、疑いないところであろう。もしカトリック〔道徳〕が自覚的にこのことを甘受するのであれば、それは、おそらくカトリック道徳の確信の強さを物語るものではあろうが、それにもかかわらず、予想もしえない結果をも招くだろう。*121

それゆえ、この問題においては、結婚の全体性のゆえに、結婚した二人の互いの愛にもとづく完全な肉体的交わりの権利を認めるべきである。(8) この権利は、本質的には生殖の権利から完全に分離することができない*122としても、生殖の権利からは区別されるものである。同時に、この自然の権利は、まさに人間の権利であるゆえに、理性的に行使されることが望ましいことも認めるべきである。(9)

（8）このことは、結婚についての聖書的な理解と一致する。結婚は、生殖という目的ではなく、一人の男と一人の女が一体となることに、その根拠をもつものである。女は、男にたいして、「彼にふさわしい助け手」*123（創二・一八）としてあたえられた。「二人は一体となる」（創二・二三以下）。しかし、この二人が結ばれ、新しい果実をうむことは、神の命令ではなく（それは、聖書の考え方からは不可能なことであり、合理的・技術的な時代になって初めて考えられたことであろう）、神の祝福である（創一・二八）。パウロもまた、生殖の目的とは切り離して、結婚における性に、それ自身の権利をあたえている（一コリ七・三以下。出二一・一〇参照）。創世記三八章に記されている罪は、聖書*124本文によれば、カトリック道徳神学が前提とするような、結婚を誤用したところにあるのではなく、

*121　一九四一年二月一〇日付エタール修道院からのボンヘッファーの〔ベートゲ宛の〕手紙「これらすべてのこと〔結婚の問題〕において、カトリック道徳は、じっさい、ほとんど耐えられないほど律法的です。僕は、大修道院長やヨハネス〔神父〕とこれについて長く話をした。彼らは、避妊にたいする教会の態度が、大多数の男性にとって、もはや告解に来なくなる主な原因だと考えていた」（DBW 16,139）参照。*122　書き加えられた文言「生殖の権利から完全に分離することができない」は、「生殖の権利から〔「から」は「と」と読め〕結びついている」を恐らく――削除せず――差替えたものであろう。ボンヘッファーは、当初S.203で記したが、取り下げることとした考えを〔ここで〕取り上げている。*123　DBW 3 (SF),88〔『創造と堕落』〕「彼にふさわしい助け手」（Beistand……, wie er für ihn paßt）参照。*124　創世記三八・六―一〇（オナンの行動）については、たとえば、J. Mausbach, Katholische Moraltheologie III, 172f.; O. Schilling, Lehrbuch der Moraltheologie II, 584-587; A. Koch, Lehrbuch der Moraltheologie, 159を参照。「オナニー」または「オナニズム」という概念は、当時のカトリック道徳神学によれば、今日の語法のような自慰を意味するのではなく、妊娠を（人工的な避妊手段や膣外射精（coitus interruptus）によって）回避するような夫婦の性的交わりを意味する。この注の周りには特に多くの欄外の書き込みがあり、それは草稿用紙の番号《27》の裏面に続いている。

律法に反して、兄に子どもを得させることを拒否したところにある。

（9）一ペト三・一七。[*125]

個々の場合における自然〔＝身体〕と理性との相互の関係については、ただその個々の場合に即してのみ、決定され、責任を負うべき事柄であろう。しかし、その際、理性が選んで用いるさまざまの手段のあいだには、原則的に違いがないということが、率直に認められねばならない。もし自然〔＝身体〕と理性が互いに調和して、その結果、結婚における幾多の問題性全体がそのままに済ますことができるのであれば、それは、とても幸せなことである。その幸せによって、明らかに多くの内面的な葛藤も回避されるのである。

こうした幸せが、現在の世代においては相対的に僅かしか叶えられていないという事実は、われわれが責任をもって負わねばならない重荷である。しかし、この幸せそれ自体が、たとえあたえられているところでも、不信の目で聞き流されてしまうのであれば、これ以上の責任は負いえないであろう。最後に、キリスト教信仰は、この幸せを恵みを通して獲得することができるのであるが、ここでは、このことは詳しく後述するということだけを指摘しておこう。[*126]

望まれない子どもが生まれることを避ける最も徹底的な形は、当人の自発的な意志による不妊手術〔＝断種〕（Sterilisation）、あるいは国家の法律による強制的な不妊手術〔＝断種〕である。[*127] ここで正しく評価しようとする者は、とりわけ個人の生にたいするこうした介入のもつ重大さと深刻さから目を背けることは許されない。(10) 人間の身体は、それ自身のうちに不可侵の権利をもっている。たとえ自分自身であろうと、他の人間であろうと、神から私にあたえられた自分の身体の一部分にたいして自由に処理する絶対的な権利を要求することはできない。

（10）われわれは、そもそも不妊手術〔＝断種〕によって望ましい結果が得られるものなのかどうか、また、どのような病気の場合にそれが正当化されうるものなのかどうか、ということについて、ここでは検討することができない。それは医学の扱うべき問題である。ここでは、〈特定の場合には不妊手術は、医学的に見て有意義であり、目的にかなっている〉という前提から出発する。*128

*125　注として示されたこの聖句は、欄外に記されている。ここは明らかに一ペト三・七「……夫たちよ、理性をもって妻とともに生活し」（ルター訳聖書）と考えられる。*126　これ以上詳しく述べられていないが、DBW 4(N),128〔『キリストに従う』〕を参照。*127　一九三三年七月一四日に制定された「遺伝病子孫予防法」第一二条は、遺伝性と推定される特定の病気の場合には、強制的な不妊手術を規定していた。この法律は一九三四年一月一日に発効した。カール・ボンヘッファーは、「優生（上級）裁判所」(Erbgesundheits (ober)gerichten) によって一九三四年に六二四六三件、一九三五年に七一七六〇件が不妊手術を命じられたと、一九四九年に報告していた。K. Bonhoeffer, Ein Rückblick auf die Auswirkung und die Handhabung des nationalsozialistischen Sterilisationsgesetzes を見よ。デンマークやスウェーデンのような国々では、すでに自発的な不妊手術にたいする法的規制があった。K. Bonhoeffer, Das manisch-depressive Irresein, 55「まさに躁うつ的な人たちにおいては、他の精神疾患の場合にはほとんど見られないことが頻繁に観察される。それは、躁うつ病の患者は、強い責任感と、個人的に深刻に担ってきた重荷である遺伝するという意識から、同じ重荷を担わせないために、医師にたいして子どもをもつことを回避したいと自ら願い出るということである」を参照。次いでカール・ボンヘッファーは、この病気の場合も、不妊手術は決して許されないことを根拠づけている。*128　一九三四年にカール・ボンヘッファーが開講した「遺伝学講座」の初回に、受講生が「不妊手術の技術について」の講演をしてほしいと願い出た。カール・ボンヘッファ

たしかに、私には、身体全体を保持するために、私の身体の病める部分を切断することが許されている。したがって、ここに身体の不可侵性にたいする限界があると言えるだろう。じっさい、〔自発的な〕不妊手術は病気の場合にのみ考慮される。しかし、次のことは、よくよく考えておかねばならない。そうした不妊手術は、全身の生命を保つためではなく、〔妊娠によって〕特定の身体的機能に生ずる恐れのある危険な結果を未然に防ぎ、今後も働き続けさせるために施されるものだ、ということである。もしこうした機能を働かせることを断念するのであれば、不妊手術は不必要であろう。

そこで次の問題が生じる。それは、強い肉体的な負担がかかっている特定の機能を働かせるために、自分の身体の不可侵性を失わせてよいのかという問題である。これについては、一義的に答えることができない。肉体的な負荷が非常に強いため、当事者の良心的な判断に従えば、自分の生や〔生まれてくる〕他の生命を危険にさらすことになるかもしれないと考えられる場合には、身体的な生全体を保持するために、不妊手術を用いることは、〈より少ない悪〉であろう。〔逆に〕自分を抑制することが経験的にみて可能である場合には、そうした不妊手術を自分勝手に用いることは許されないであろう。どちらの場合においても、生殖という自然的権利に反することや、生まれてくる生命の権利に反することがいくらか起こるのである。しかし、ここでの〔不妊手術の〕根拠は、〔あくまでも〕病気を通して自然〔＝肉体〕が破壊されることにある。

〔次に〕国家による強制的な不妊手術〔＝断種〕は、民族全体の生命を保持する必要性から、そして——国家からみれば——禁欲的な生活の可能性にたいする当然の不信から、その正当性が根拠づけられる。このような国家の強制は、疑いもなく、身体の不可侵性という人間の権利への重大な侵害を意味する。そして、この身体の不可侵性という限界が――恐らくは最終的な責任〔者の名＝ヒトラー〕によって――ひとたび踏み越えられるなら、やがてまもなく人間の不可侵性とともにあたえられているあらゆる限界が崩れ去る危険が圧倒的に大きい。*129 たしかに、たとえば戦争の場合も、国家が人間の身体を要求することは、身体の不可侵性の限界を示している。しかし、戦争の場合には、第一に、人間の肉体的な生命にたいする直接的な侵害は存在しないこと、そこでは第二に、ある種の正当防衛の行為であるということによって、断種の場合とは区別される。

これにたいして、望まれていない子どもの誕生を避けるためには、たとえば病人を隔離するという仕方で、直接的な肉体的侵害を避ける他の方法をとることもできる。このためにより多くの経済的な負担が発生する。〔しかし〕それは、個人や全体にとって〔身体の不可侵性という〕限界が踏み越えられる危険が明白になるところでは、おそらく容認されるであろう。もちろん、断種が国家的立法として存在するところでは、病人や医師の態度決定は、国家権力にたいする服従の義務にかかっているであろう。*130 このことは、くり返しになるが、*131 この関連では、まだ論述されていない問題の一つである(11)。

ーの寄稿論文「躁うつ病」（Das manisch-depressive Irresein）が収められている刊行物の前書き（Seite III）を見よ。

*129 事実、〈第三帝国〉では、強制不妊手術が、人間にたいする組織化された物理的抹殺への道の第一歩であった。

*130 カール・ボンヘッファーが一九三四年に開設し、二年間存続した後に、内務省によってこれ以上許可されなかった遺伝学・精神医学のコースは、医師たちに、国家の遺伝病子孫予防法の適用を防ぐために〔学問的な根拠を練り上げることによって〕支援を提供しようとしていた。*131 S. 202f を参照。ボンヘッファーは、繰り返し、国

（11）ローマ・カトリック教会による不妊手術の厳格な否定については、一九三〇年一二月三一日の教皇回勅「貞潔な結婚」（casti connubii）や道徳神学を参照。そこでは、医師がその手術を行なうことも禁じている。その理由は、第一には、人間とその身体の関係にもとづくものであり、人間は、その身体をただ「その自然的な目的にかなうように用いることが許される」。第二には、個人の身体にたいする国家権力の限界にもとづくものである。しかし、カトリック教会は、第一の点については、生命を保持するための手術の権利を認めているし、第二の点については、病人の強制的な隔離を認めている。ルーラントは、重度の精神病質者の場合には、去勢（Kastration）を行なう手術さえ許される可能性として考えている（『実践的な司牧の手引き』（Handbuch der praktischen Seelsorge, S. 359)。このような状況では、〈いかなる点で、不妊手術が去勢とは原理的に違ったものとみなすことができるのか〉は理解することが困難である*[132]。

以上のすべての考察は、イエスの御言葉を前にすれば停止せざるをえない。「右の目があなたをつまずかせるなら、えぐり出して捨てなさい。体の一部がなくなっても、全身が地獄《ゲヘナ》に投げ込まれないほうがましである*[133]」。ここで語られているように、神の国への信仰において、すべての自然的権利が廃棄されるという問題については、われわれは改めて後述せねばならないであろう*[134]。

〈身体的生〉の自由

〈身体的生〉を保持することのうちには、身体の自由に［たいして］気ままに侵害することから守るということが含まれている。人間の身体は、決してたんなる〈物〉となることはない。〈物〉とは、他人の無制限な〔暴〕力の支配下におかれ、他人によってもっぱらその目的のための手段として用い

家権力にたいする服従義務の限界について、後の論考に注意するように指示している。その論考は、「国家と教会」において素描されている（「服従義務にキリスト者が拘束されるのは、政治的権威が神の戒めに反する行動を強制するときまでである」（DBW 16, 521 f））。**＊132**　教皇ピオ一一世の回勅「貞潔な結婚」（Enzyklika Casti Connubii）（DS〔Enchiridion Symbolorum definitionum et declarationum de Rebus fidei et morum〔『カトリック教会文書資料集』〕〕3722 f）については、Ruland, Handbuch IV (1936), 224–242 を見よ。A. D. Müller, Ethik, 286 は回勅の立場をとっている。カトリック道徳神学における不妊手術の評価については、F. Tillmann, Die katholische Sittenlehre IV/2, 410–419 ; J. Mausbach, Katholische Moraltheologie III, 129 f; O. Schilling, Lehrbuch der Moraltheologie II, 581 を参照。ボンヘッファーによる——用紙下部の欄外に書き加えられたこの注のなかの——ルーラントへの言及は、a. a. O., III (1993), 359 f に関連する。ルーラントによる去勢と不妊手術の区別は以下のことにもとづく。後者〔不妊手術〕の後、性行為はもはや生殖目的を根本的に満たすことができなくなり、それはカトリック倫理にとって反自然的なものとして許容できないことである。これにたいして、〔前者の〕去勢は、精神疾患（たとえば露出症）のため治療薬を投与でき、それゆえに倫理的に許容されるものと考慮される。〔そうした治療薬の処置によって〕付随的に（per accidens）生殖機能が不全となっても、その処置後に特に反自然的な性交が見込まれることはない〔から〕。

＊133　マタ五・二九。**＊134**　S. 241, S. 360 f を参照。

られるものになることである。人間の生きた身体とは、つねに人間それ自身のことである。人間の身体にたいして、暴行すること、搾取[*135]すること、苦痛をあたえること、その自由を勝手に奪うことは、創造とともに人間にあたえられた権利にたいする重大な侵害である。その上、こうした侵害は、〈自然的生〉にたいするすべての侵害と同様に、遅かれ早かれ、その処罰を自分でも受けることになるのである。

〈暴行〉（Vergewaltigung）とは、不当な暴力によって、他人の身体を、とりわけ性的な領域において、自分の目的のために強制的に用いることである。これにたいして、自分の身体、とりわけ自分の性を自由にあたえるか、それとも拒むかということは、人間の権利である。

特別な事情の下では、自身の身体の力を、公共の福祉のための労働力として強制的に動員されることもありうる。これにたいして、人間の性的な結びつきは、いかなる強制をも受けることはない。何らかの理由で特定の結婚や性的な結合を強制しようとする試みは、〔どんな理由によるにせよ〕人間の身体的自由を損ない、辱《はずかし》める。この試みは、性生活のあの根本的な事実、すなわち、自然に身体を守るように外からのあらゆる侵害にたいする限界となる〈恥じらい〉（Scham）[*136]の感情と衝突する。自然的な恥じらいの感情には、性的な観点からみた人間の身体の本質的な自由があらわれているのである。しかし、恥じらいの感情を踏みにじることは、あらゆる性的な秩序や結婚の秩序を、じっさい、あらゆる共同体的な秩序そのものを解体することを意味している。たしかに、恥じらいの感情の表われ方は様々であり、洗練されるものである。しかし、恥じらいの感情には、〈自然的なもの〉に根拠をもつ不変の本質がある。その不変の本質とは、いかなる形の暴行にたいしても、人間の身体の自由を守るということである。この自由は、人間が身体をもつ存在であることの秘義を守っているのである。〔次に〕〈搾取〉（Ausbeutung）*137 について言えば、一人の人間の身体的な力が、他の人間あるいは制度的組織の無制限的な所有物とされるような場合に、われわれは、人間の身体の搾取と考える。そのような状態を、われわれは、人間の〈奴隷化〉と呼ぶ。

しかし、ここでは、たんに古代の奴隷制度のことだけを考えているのではない。*138 たしかに、ある社会制度では、奴隷制度という概念はタブーとされていても、しかし実際には、自由であるとされている人間の完全な奴隷化が存在している。*139 歴史的には、そうした社会制度よりも人間の本質的な自由をい

*135 削除「神的な」。*136 《恥じらい》については、DBW 3 (SF), 117 f〔『創造と堕落』〕を参照。*137 マルクス主義の伝統における資本主義批判として重要な意味をもつこの表現は、〈第三帝国〉の時代ではタブー視され、使用することが許されていなかった。にもかかわらず、ボンヘッファーは、一九三三年以降もこの表現を用いている。S. 129 および S. 131 における第三戒および第七戒にたいする教会の罪責告白を参照。*138 DBW 4 (N), 254〔『キリストに従う』〕、また A. Harnack, Die Mission (1902), 121-124 の「奴隷への配慮」の節も参照。*139 一九世紀イギリスの《トラック》システム（トラックは《交換》の意）について、F. W. von Oertzen, Junker, 147 f「そこでは、すでにあの〈トラック・ショップ〉が存在していた。そのトラック・ショップは雇用者自身のものであり、そこでは、労働者は日々の生活に必要なものをすべて、次回の給与から差し引かれる〈信用貸《クレディット》し〉で購入することができた。それは、結局のところ、雇用者が経済的に優位であるゆえに、購入せねばならないことでもあった。奴隷制のこの最新の形態は熱心に［ドイツで］取り入れられた」を参照。とりわけ、産業のための国家「社会」主義による強制収容所の囚人の労働力からの搾取を参照。アウシュヴィッツ強制収容所（一九四〇年五月開所）の門のアーチには「働けば自由になる」（Arbeit macht frei）という標語が掲げられていた。

っそうよく守った奴隷制の形態が存在する。その限りでは、多くの教父たちやトマス・アクィナスなども示した態度は、理解できるし、正当なものである。彼らは、奴隷制という名前ではなく、その事実を非難しているのである。*140 このような事実は、人間が、他人の力によって、事実上〈物〉*141として取り扱われているところ、また、人間が、もっぱら他の人間の目的のための手段にされているところでは、いたるところに存在する。

こうした危険は、人間が働く場所を選ぶ自由をもたないところ、また、働く場所をとり代える可能性あるいは自分の働いた成果の基準を決める可能性がないところでは、いつでも存在している。ここでは、労働者の身体的な力が無制限に使い尽くされ、せいぜい設定された労働力の利用価値を保持するための限度も、時には、ある特定の理由から守られなくなり、ついには完全に使い果されてしまう。このようにして、人間は、その身体の力を奪われ、その身体はまったく強者による搾取の対象となる。人間の身体の自由は、破壊される。(12)

(12) これに関する詳細は、「労働」の章を参照せよ。*142

〔次に〕〈肉体的苦痛〉(Peinigung des Leibes) をあたえることとは、体罰 (leibliche Züchtigung)*143、すなわち、精神的に未熟な人間を自立へと教育することを目的とする処罰から区別されねばならない。同様に、それは、あの応報的な刑罰、すなわち、他人の肉体にたいして卑劣な行為を犯した犯罪者が、自分の肉体に加えられる処罰によって名誉を傷つけられる刑罰からも区別される。(13)

（13）前述の16頁を参照せよ*144。

肉体的苦痛をあたえるということには、一般的には、現に存在する権力関係を利用して、とりわけ、望みどおりの自白や供述を強要する目的で、恣意的かつ残酷に肉体的苦痛をあたえることが含まれている。*145 このような場合には、肉体は、もっぱら他の目的――それゆえ、たとえば権力欲の充足や特定の情報を入手するための手段として誤用され、それによって名誉が傷つけられることになる。無辜《むこ》の

*140 エイレナイオス（Adversus Haereses IV, 21,3）〔『異端反駁Ⅳ』〕やテルトゥリアヌス（De corona 13）などは、教会的領域においては奴隷が本質的に同権であることを強調している。トマス・アクィナスは以下のように断言している。すなわち、すべての者は生まれつき平等である。しかし、万民法に従って奴隷制に服する者がいることは事実である、と（STh II-II 57, 3 ad2〔トマス『神学大全』〕）。奴隷制の限界は、奴隷制がたんに肉体的な労働の成果に関わるだけで、心や魂に関わることがなく、生計や結婚といった個人の諸権利を包含しえないところにある（STh II-II 104, 5 und 6 ad 2）。 *141 差替え「物という意味での財産」。 *142 『倫理-断片ノート』Nr. 47には、〈自然的生〉の項目のもとで予定されていた七つの下位項目の一つ〔三つ目〕に「Ⅲ．労働-財産-計画」と記されている。「労働」の章は存在しないが、このキーワードは『倫理-断片ノート』Nr. 50（〈自然的生〉）などでみられる。そこでも「労働力を使い尽くさないこと！」とある。 *143 削除「子どもへの、また、やむをえない場合には大人への」。 *144 前述S. 183への再指示。 *145 拷問は、尋問や司法の手段として、まず一七四〇年にプロイセンで、そして一七七六年にオーストリアで廃止された。〈第三帝国〉では、拷問は非公式の手段として広まっており、それにたいする法律上の保護は存在しなかった。一九三六－一九三八年のスターリンによる〔見せしめの〕公開裁判は、道徳的人格としての人間の破壊を全世界に見せつけた。一九四四-四五年にはボンヘッファー家のメンバー（リューディガー・シュライヒャー、ハンス・フォン・ドナーニー、クラウス・ボンヘッファー）も親衛隊（ＳＳ）の国家保安本部の管理下において拷問にかけられた。

肉体が味わう痛みの感覚が残酷な仕方で搾《しぼ》りとられる。拷問は、真実を発見するためには、ふさわしくない手段である——これは、真実が実際に求められるところでのみ考慮されることであろう——ということをまったく度外視するとしても。肉体的苦痛をあたえることは、いずれも人間にたいする最も深刻な名誉毀損である。それゆえに、〔加害者にたいして〕肉体的な暴力を加えて、傷つけられた名誉を回復しようとする、深い憎悪や自然的・肉体的な衝動を生じさせるのである。肉体的に名誉を毀損された者は、その苦痛を加えた人間にたいして、肉体的な報復を求める。その限りでは、人間の肉体的な自由の侵害もまた、人間の共同体の基礎を破壊する。

〔最後に〕恣意的な自由の剥奪（Willkürliche Beraubung der Freiheit）は、身を守る術《すべ》のない人たちや無辜《むこ》の人たちを捕えることによって（たとえば、アフリカの黒人たちを狩り立て、捕えて、奴隷としてアメリカへ輸送した例（コンゴ*[146]?・））、あるいは逮捕〔=拘禁〕することによって*[147]、人間の身体にあたえられた自由を侵害することである。人間は、暴力をもって、不当にも、自身の住居や仕事、家族から引き離され、すべての身体的権利の行使を奪われてしまう。そして、罪人として扱われることによって、彼から身体的自由に伴っている名誉が取り上げられる。罪なき人びとから自由や名誉が奪われているところでは、同じ時期に、罪ある者が処罰を免れ、公然たる栄誉を享受したままでいるに違いない。そのことは、しかし、すべての共同体的な秩序が掘り崩されていることを意味しており、遅かれ早かれ、〈自然的生〉の権利を回復することが必然的な課題として生まれてこざるをえない。

〈精神的生〉の自然的権利[148]

〈精神的生〉には現実にたいする三つの基本的な振舞い方が存在する。すなわち、判断すること、行動すること、楽しむこと（Genießen）[149]である。このような基本的な振舞い方において、人間は

＊146　奴隷貿易は、一六世紀初頭に始まり、三世紀にわたって、アフリカ西岸のアフリカ人をブラジルや西インド、北米南部へと移送した。＊147　恣意的な逮捕にたいする保護は、人権や基本権の最古の原形である。それは、一二一五年のイギリスのマグナ・カルタ（《自由の大憲章》）で――もちろん特定の身分に限定されているが――掲げられている。〈第三帝国〉では、特別裁判所がもつあらゆる種類の権限によって、逮捕のさいに独断専横が可能とされた。《保護拘禁》という言葉は、強制収容所に収容する場合にも用いられた。＊148　『倫理-断片ノート』Nr. 49には、「〈身体的生〉の自然的権利／〈精神的生〉の自然的権利／労働と所有の自然的権利（即物的であること）／……／幸せを求める自然的権利」と記されている。『倫理-断片ノート』Nr.51は、〈精神的生〉について以下のように説明を加えている。「判断：現実を自己の認識にまで仕上げるもの／性格：現実を自己の意志的行動にまで仕上げるもの／教養：現実を自己の精神的存在全体にまで仕上げるもの」。＊149　「楽しむこと」（*Genießen*）という言葉は、「遊び喜ぶこと」（Spielen Sich freuen）の意。J. Pieper, Zucht und Maß, 46〔ピーパー『節制』〕は、トマス・アクィナス『神学大全』第二部の第二部第一四一問題（節制（temperantia）についての第一の項――ピーパーはtemperantiaを〈規律と節度〉（Zucht und Maß）と訳している）を示唆して、こう述べている。すなわち、「感覚的に楽しむことは、キリスト教的な人生論によって倫理的な善の領域から（《許されていること》の領域からだけでなく）排除されてはいないということについて、これ以上特に説明する必要はない」（ボンヘッファーの所有本には上記の括弧内の注釈の言葉に下線が引かれ、欄外に「！」が付されている）。続く草稿における以下の文章は削除。「こ

——自分がその一部である——現実と自由に[*150]向かい合い、そのなかで自分が〈人間であること〉を示す。[*151]

れらの基本的な振舞い方に共通するのは、人間はこのような振舞い方において現実の一部としてだけでなく、現実を裁くもの、形成するもの、享受するものとして、現実に立ち向かっているということである」。

＊150 『倫理-断片ノート』Nr. 47には、「個人の自由」という表題の下に「精神的な暴行」というメモがみられる。『倫理-断片ノート』Nr. 49にも同様に「精神的な暴行」と「(劣等者の「精神的な」殺害)」とある。ナチ政権は、《頽廃した》芸術家に

たいして、また学者にたいして、もろもろの禁止を命じた。たとえば〔表現主義の代表的な画家〕エーミール・ノルデは描くことを禁じられた。ディートリヒ・ボンヘッファーは、一九四一年三月二七日に印刷・出版の禁止を命じられた。

＊151　草稿用紙の番号《31》には、表題の「〈精神的生〉の自然的権利」と〔本文の〕「〈精神的生〉には……を示す。」の数行のほかには何も記されていない。この用紙の傍らに『倫理-断片ノート』Nr.62（「教養」についての覚書）が置かれていた。一九四一年二月二三日にボンヘッファーはエタールを出発した。彼は執筆継続の計画をもはや具体化することはなかった。この「自然的生」の草稿において、二〇世紀の一人のドイツ人プロテスタント神学者が、初めて人権や基本権についての神学的・倫理学的な教説を展開したのである。それは、欧米の伝統とは、多くの類似点にもかかわらず、異なっている。ウィリアム・ペイトンの著書に関する一九四一年九月〔のボンヘッファーによる注釈の以下の言及〕DBW 16, 539 f を参照。「アングロサクソンの世界は、今日、自由の概念のもとで、国家の全能性にたいする自らの戦いを要約している。彼らは、それ〔自由〕を、あらゆる国家の暴行にたいして、神からあたえられた人権を守ることであると理解している。〔これにたいして〕ドイツ人は、国家の全能性ということを、いっそう強く、すべての真実な結びつきが国家によって恣意的に解体されることとして、感じとっている」。自由とは「神の御言葉によって秩序づけられ限界づけられたもろもろの権威ともろもろの結びつきとのなかで生きる」ということを意味している。「言論の自由・報道の自由・集会の自由などの個人的自由の問題は、こうした上から秩序づけられた〔結びつきの〕連関のなかで初めて答えることができるのである」と。ボンヘッファーは、個人主義的に解釈された自由権からではなく、〈生〉の概念から出発して議論している。すなわち、〈生〉においては、個人としての存在と、広範な社会的関係に属していることとは、構成的に相互に結びついているのである。〔しかも〕この結びつきにおいて根本的〔に重要〕な事柄は、〈すべての生が神学的に規定されている〉ということである。ボンヘッファーは、具体的な発言を通して、〈第三帝国〉のもろもろの不正な状態にたいして間接的な批判を加えている。ボンヘッファーによって後に一九四一年に明確に表現された、十戒にもとづく〈教会の罪責告白〉が参照されるべきである（S.129–132）。

歴史と善（第一草稿）*1

孤立した個々の人間を抽象的にとらえる見方は、次のように考える。すなわち、〈自分が自由に用いうる絶対的基準に従って、いつでも、自分だけで、はっきり認識された善と、はっきり認識された悪とのあいだを決定せねばならない〉*2と。倫理的思考に依然として支配的な〔こうした〕抽象的な見方を、われわれは、これまで述べてきたことすべてによって捨て去ってきた。*3このような孤立した個人は存在しないし、また、われわれには、簡単に用いうる、そのような善の絶対的な基準などがあるわけではない。また、善と悪とが、通常、その純粋な形でわれわれに示されているというのでもない。この抽象的な倫理的図式主義の誤りは、そこでは、孤立した個人のみが倫理的に重要なものとして評価されていることである。〔さらに〕絶対的なもの*4や普遍的に妥当するもののみが規範《ノルム》とみなされ、〔また〕はっきり認識された善と、はっきり認識された悪とを決定することのみが倫理的決断として評価されているのである。換言すれば、〈倫理的なもの〉は、その純粋に静的・固定的な基本定式に還元されるべきだとされている。〔しかし〕このような定式はフィクションのようなもの*5であり、そのなかでは、まさに倫理的に特有なものが見失われてしまう。

こうした抽象的な見方には、特定の実践的な行動の仕方が対応している。そこでは、倫理的問題を解決しようと再三にわたり試みられるが、結局、くり返し失敗せざるをえないのである。〔すなわち〕そこでの問題は、個人が自分の歴史的現存在《ダーザイン》における生きた責任から、〔何らかの〕倫理的理想――そこでは、自分の正しさが保証されているはずだとみなしている理想――を自分だけ実現することへ〈後退〉してしまうことである。特定の原則を貫徹すること――それが周りの世界にどんな結果を生じるかにはまったく関係なしに貫徹すること――が、ここでは、倫理的な課題とみなされている。も

＊**1**　草稿の冒頭からS.227までは《アイヒベルガー》の透かし模様をもつ二つ折り用紙に書かれている。最初の用紙には《15》という数字がある。＊**2**　「……とのあいだ」は「善と悪のあいだを決定せねばならない」を差替え。＊**3**　現代倫理学において支配的な「個人と社会の分断」にたいする拒絶については、S.36を、〔また〕自由に用いうると考えられている〈善の基準〉という仮定については、S.37を、さらに「あらゆる抽象的倫理」の要約については、S.86（-89）を参照。この草稿の用紙番号は、最初の紙面の左上に記された《15》で始まっている。『倫理-断片ノート』Nr.31の左上には大文字《15》（下線あり）〔という数字〕が記されている。この『倫理-断片ノート』には「個々の人間と歴史」についてのメモがふくまれているが、「個々の人間」についての言及は、用紙《14》における発言、S.89のなかにある。〔ところで〕「形成としての倫理学」の草稿は、その用紙で終わっているが、「遺産と退廃」の草稿が始まる用紙の左上には〔同じく〕《15》と記されているのである。「遺産と退廃」の用紙番号《15》と《16》を例外として、これまでの草稿では、すべての番号は、用紙中央の上に記されている。おそらくボンヘッファーは、「歴史と善」（一九四二年）の草稿を、一九四〇年の草稿「遺産と退廃」を書き始めた場所へ、すなわち、草稿「形成としての倫理学」の終わりか、もしくは一九四一年に拡大した草稿「キリスト・現実・善」へ接合しようと考えたのであろう。＊**4**　《絶対的なもの》というのは、ドイツ観念論の哲学、とくにヘーゲルにおける最高概念であり、〈相対的なもの〉と正反対の〈無制約的なもの〉を言い表わす。＊**5**　《フィクション》は（ラテン語のfingereに由来し、《考えつく》《でっち上げる》の意）、すなわち、ある〈非現実的なもの〉を仮定すること。

ろもろの諸原則のラディカルさの程度に応じて、こうした態度は——責任全体を担うことから離れて——純粋に私的な市民生活へ、場合によっては修道院の隠遁生活へ、[6] 通じることになる。しかしながら、個人を倫理的に孤立させることは、実際にはフィクションのようなものである。なぜなら、いかなる人間も人間の共同体から完全に身を引き離すことはできないし、いずれの人もその共同体によって生きているのだから。それゆえに、〈倫理的なもの〉のこうした理解の仕方は挫折せざるをえない。それは、人間の現存在の歴史性[7]に直面して失敗するのである。

　そのことによって認めねばならないのは、人間が必然的に他の人びととの出会いのなかで生きるということ、それぞれ、さまざまの形で行なわれるこの出会いとともに、他の人びとにたいする責任を負わされているということである。[8] 歴史というものは、他の人びとにたいする、場合によっては共同体やさまざまの共同の集団全体にたいする責任を自覚することを通じて、〔はじめて〕成立するのである。個人は自分だけでただ独り行動するのではなく、自分の〈私〉(Ich)のなかに多くの人びとの〈私〉を、ひいては、とても多数の人びとの〈私〉を結合させているのである。たとえば、一家の父親[9]は、もはや彼が一人の個人であるかのように行動することはできない。彼の〈私〉には、彼が責任を負っている彼の家族構成員の〈私〉が受け入れられている〔のだから〕。彼の行動全体は、この責任感によって規定されているのである。彼が独りであるかのように行動し生きようとする試みはいずれも、たんに責任の自覚がないことを意味しているだけではない。同時に彼が責任を負っている現実〔そのもの〕を否定していることも意味するのである。彼は、じっさい、一家の父親であることを止めるのではない。そうではなく、彼は、一家の良き父親である代わりに悪い父親なのである。彼は、現実を通して負わされている責任を引き受け、それに従って行動するときに、〔はじめて〕一家の良き父親なのである。

ある人が他の人びとのために責任を引き受けるそのときにこそ——さらに、そのように行動することによって彼は現実のただなかに立つのだが——正真正銘の倫理的状況が成立するのである。それは、むろん、人間がそれ以外のやり方で〈倫理的なもの〉を達成しようとする抽象化から本質的に区別される状況である。行動の主体は、もはや孤立した個々の人間ではなく、他の人びとにたいして責任を負う者である。[*10] 行動の規範《ノルム》は、普遍妥当的な〈原則〉ではなく、神から私にあたえられている具体的な隣人である。決断は、はっきり認識された善と、はっきり認識された悪とのあいだで下されるのではない。〔むしろ〕具体的な歴史的状況のただなかで、善と悪とがはっきりしない曖昧さに直面して、あえて信仰のうちに決断されるのである。

具体的責任において行動するとは、自由に[*11]おいて行動すること、人びとによる、あるいは、もろ

＊6　S. 42《修道士》と《一九世紀の文化的プロテスタント》を参照。＊7　M. Heidegger, Sein und Zeit,〔ハイデガー『存在と時間』〕387（§ 75 の表題）「現存在の歴史性と世界 - 歴史」。＊8　ここでは、《責任》は、一九一九年にマックス・ウェーバーが倫理的な認識に導入した《責任倫理》と似通った意味でとらえられている。M. Weber, Politik als Beruf〔『職業としての政治』〕。むろん、ボンヘッファーは、行動のもたらす帰結について注視することだけでなく、同時に、他者にたいして配慮することも強調している。DBW 1 (SC) 30〔『聖徒の交わり』〕（「倫理的人格概念」と責任）参照。＊9　削除「市町村長、政治家」。＊10　W. Lütgert, Ethik der Liebe, 80「隣人とは、私によって選択されるのではなく、私にあたえられるのである」。＊11　この言葉は、草稿では二重の下線が引かれ

もろの〈原則〉による後ろ楯なしに、自分で決断し、行動し、さらに行動から生まれる帰結を引き受けることを意味する。責任は、所与の状況を判断し、決意し、さらに行動する究極的な自由を前提にしている。責任ある行動は、当初から、また一回限り固定しているのではなく、所与の状況のなかで生まれるのであり、問われているのは、ある〈原則〉——最終的には現実に触れて破滅するような原則——を貫徹することではない。そうではなく、所与の状況のなかで必要なもの、《命じられているもの》を把握することである。[*12] いっさいのものは、自分自身のきわどい自由のなかで観察され、考量され、評価されねばならない。[*13] まったく〈相対的なるもの〉の領域のなかへ、〔つまり〕歴史的状況が善悪の上に拡げる薄明の光のなかへ、踏み込んで行かねばならない。《絶対的な善》は、まさに悪をいっそう多く引き起こすことができる。それゆえに、〔絶対的な〕〈善から少し劣ったもの〉(das wenige Gute) よりも〔これまでに較べて〕〈いっそう良いもの〉(das Besere) を優先的に選ぶことが〔必要である。それが〕、責任を負って行動する者にとってしばしば必要となる〔自己限定という〕謙虚さである。いわゆる〈絶対的な善〉は、ここでは劣悪なものであり、相対的に〈いっそう良いもの〉は、《絶対的な善》よりも《絶対的に》いっそう善いものなのである。ここでは、責任を負う者のもつ自由は、《絶対的な善》の下に奴隷的に屈従する態度に比べて、最高の妥当性をもつ。

　責任を負って行動する者は、所与の状況を自分の行動のなかへ取り入れる。彼は、〈状況〉を——自分の理念を押しつけるだけの——単なる素材とするのではなく、行動を具体化する際に必要な契機として考慮に入れるのである。何らか疎遠な律法[*14]〔=法則《おきて》〕を現実にたいして押しつけるのではない。むしろ、責任を負う者の行動は、もっとも深い意味で現実にたいして即応的なのである。[*15]

《現実即応性》という概念は、むろん、いっそう詳しく規定されねばならない。この概念は、あの《既成事実にたいする奴隷的屈従》（ニーチェ）[16]というように誤解されるかもしれない。これは、その時々に、いっそう強い圧力に屈し、〈成功すること〉[17]を原則的に正当化し、〈都合のよいもの〉をその

ている。＊12 草稿では、この言葉や前の文章の脇にはインクによる〔欄外〕傍線（Seitenstrich）が引かれている。この草稿で〔欄外〕傍線を引かれた文章は、「歴史と善」の第二草稿では、一部は文字通り、一部は修正されて別の文脈で再現されている。第一草稿は、さらに書き進めるための底稿として役立てられていた。＊13 DBW 3 (SF), 97 u.ö.〔『創造と堕落』〕を参照。＊14 差替え「現実から疎遠な道徳的律法」。＊15 J. Pieper, Die Wirklichkeit und das Gute, 13（ボンヘッファーの所有本には、下線あり。なお、S.34 の注13「善とは現実に即応するものである」をも見よ。続く草稿における次の文章は削除。「彼は、限定された責任とともに自分に想定される限定された目標から目を離さない」。――これから続く文章には、インクによる傍線がS.223まで引かれている。＊16『倫理-断片ノート』Nr.32には、「［歴史の］既成事実にたいする奴隷的屈従」の傍らに「ニーチェ（Jaspers, 211）」の書き込み。K. Jaspers, Nietzsche, 211（ボンヘッファーの所有本には傍線あり）「彼ら［おそらく純粋に学問的な歴史家たち］に反対して、ニーチェは呼びかける。「成功によって抑えつけられたすべてのものは、徐々に立ち上がってくる」と。しかし、学問的知識にもとづく歴史家たちがつくり上げるところのものは、「勝利者たちの冷笑としての歴史、既成事実にたいする奴隷的屈従」（10, 401 ff）である」。ヤスパースは、ニーチェの妹によって編集された、原文テキストに忠実でない一六巻本の〔ニーチェ〕全集から引用している。（ボンヘッファーは、この全集のなかで《第一部》――ニーチェ自身によって印刷に付された第一-八巻――のみを所有していた）。ここで取り上げられているのは、Werke X, 402 (Die Unzeitgemäßen Betrachtungen, 254〔KGW IV, 1,133〕〔『反時代的考察』〕)。そこには、こう記されている。「……既成事実にたいする奴隷的屈従と恭順さ――国家にたいする感覚は、今やこう呼ばれている」。《servil》（ラテン語）奴隷のような、卑屈な。＊17 差替え「一時的成功」。

時々に〈現実に即応したもの〉として選ぶ志向のことである。この誤解された意味での現実即応性は、責任喪失性のことであろう。〔逆に〕既成事実にたいする奴隷的屈従と同じく、何らかの理想的な現実性の名の下に既成事実を原則的に拒否すること、既成事実にたいして原則的に反対することもまた、責任ある行動のもつ正真正銘の現実即応性に導くものではない。両極端とも〔事柄の〕〈本質的なもの〉からは、同様に、はるかに遠く離れている。既成事実の承認と既成事実にたいする反対とは、現実に即した正真正銘の行動においては、互いに分かち難く結合しているのである。なぜなら、最も根源的な現実とは——それとともに、われわれは、すでに第一章で語ったことに帰ることになるのだが——受肉したもうた神*18の現実なのであるから。

この現実から、すべての既成事実は、その究極的な根拠づけとその究極的な破棄、〔つまり〕その究極的な正当化と究極的な反対とを経験する。神が人間となりたまい、ただそうしてのみ人間とその世界とは受け入れられ肯定されるのである。人間の肯定は、この人間が〔神によって〕受け入れられたということにもとづいて生じたのであり、その逆ではない。しかし、そのようにして、まさに実際にそうなったのである。人間が神の肯定に値するものであったから、神が人間を受け入れ、人間となりたもうたというのではない。そうではなく、人間が神の〈否定《ナイン》〉に値するものであったゆえに、〔まさに〕それゆえに神御自身が人間となられ、人間の本質そのものの上に下された神の〈否定《ナイン》〉の呪いを御自身の身に負い、苦しみを受けたもうたことによって、人間を受け入れ、人間を肯定したもうたのである。この現実のただなかにおける神の行動を抜きにして現実を理解しようとすることは、現実を見過ごしにして、ある抽象化のなかで生きることである。〔つまり〕既成事実への屈従と、既成事実にたいする原則的な反対との両極端のあいだを行きつ戻りつすることを意味する。神が受肉したもうということのみが、正真正銘の現実即応的な行動を可能にするのである。この世はこの世であり続ける。しかし、そのようにあり続けるのは、神がこの世を受け入れたまい、この世の上に神の支配を宣言したもうたという、ただそのことにのみよるのである。この世と神の国とのあいだには、この世の終末が立っている。しかし、キリストによって裁かれているこの世は、キリストにおいて受け入れられ、愛され、新天新地の約束をもっている。[19]過ぎ去りゆくこの世は、神によって占有されているのである。このようにして今後も、この世の〈この世性〉とともに、この世にたいする神の支配[20]もまた、同時に考慮に入れられねばならない。既成事実は、改めてその権利と限界とを受けとり、肯定と反対とは、この世における具体的行動において結合される。しかし、肯定も反対も現実から疎遠なイデオロギーに由来するのではない。そうではなく、肯定と反

＊18　削除「イエス・キリストにおいて」。S. 223を参照。S. 221–223の全文は、「キリスト・現実・善」の草稿に対応する箇所を含む。とりわけ、S. 60（一九四一年に書き加えられた挿入「……したがって現実は……究極的にはただ一つ——すなわち、受肉したもうた神であるイエス・キリストにおいて一つである」。さらに、S. 61（一九四〇年に書かれた「〈存在しているもの〉にそのまま服従すること」に反対して）。また「最も根源的な現実」（S. 222）は、S. 31f「究極の現実」、S. 39「善の根源」を参照。したがって、「歴史と善」（一九四二年）の草稿を執筆する際に、ボンヘッファーは、「キリスト・現実・善」の草稿を「第一章」（S. 222）とみなしていた。＊19　二ペト三・一三。黙二一・一参照。——この文章の傍らに二本目の傍線（S. 221–223への追加）。S. 220–223の文章の内容は——その他の場合には、きわめて正確に第二草稿に再録されているのだが——S. 260以下には欠けている。＊20　「この世にたいする神の支配」は、「神におけるこの世の克服と廃棄」の差替え。

対とは、キリストにおいて出来事となった神とこの世との和解の現実から出てくるのである。キリストにおいて人間の現実全体が受け入れられているゆえに、まさにそれゆえに、究極的には、キリストにおいてのみ、またキリストからのみ現実に即応する行動が可能になるのである。ただ既成事実を正当化するためにだけ存在する擬似ルター主義的なキリストではなく、また、いずれの体制変革をも祝福する――あらゆる種類の熱狂主義の――ラディカルな革命家的キリストでもなく、人間を愛し、裁き、神と和解させたもうた、受肉したもうた神、イエス・キリストこそが、現実に即応する行動の根源なのである。[*21]

ここから引き出されるのは、責任ある行動とは、それを具体化する際に、人間の現実がキリストにおいて神に受け入れられたものであることを考慮に入れている行動だ、という意味である。キリストを通して、この世はこの世であることを止めるのではない。そしてこの世を神の国と取り替えようとする行動は、すべてキリストとこの世とを否定することである。責任ある行動をイエス・キリストにおいて根拠づけることによって、まさにこの行動の限界が新しく打ち立てられる。この世的な行動が問われているのであるゆえに、その責任は限定されたものである。だれ一人も、この世から神の国をつくり出す責任をもってはいない。そうではなく、彼は――キリストにおける神の受肉に対応する――次に必要な一歩を踏み出すべきなのである。[*22] 責任ある行動は、イデオロギーからではなく、現実から育まれるものであるゆえに、この現実の枠内においてのみ行動がなされる。この責任は、その大きさにおいても本質においても、それゆえ量的にも質的にも、限定されている。この限界を踏み越えることは、何であれ破局《カタストローフ》に通じている。この世を根底から引っくり返すことではなく、〔神から〕あたえられた場所で、即事的《ザッハリヒ》に――現実を注視しながら――どうしても必要なことを実行することが〔われわれの〕課題なのである。しかしながら、あたえられた場所で責任を負う行動は、必ずしもいつでも直ちに最終的な行動に打って出るというわけではない。それは、一歩一歩と進められ、可能なものは何かを問い、その上で最後の一歩を踏み出さねばならない。それとともに、究極的な責任をとることは、ある別の〔方の〕手に委ねなければならない。

神が人間となりたもうたのだから、それゆえに責任ある行動は、〈人間的なもの〉の領域において考量し、判断し、評価していくのでなければならない。それゆえに、行動から生まれる帰結についても真剣に熟慮し、あえてもっとも間近な将来にも目を向けねばならない。――責任を負う行動は、見境なしに（blind）行なうことは許されない。しかし、神が人間となりたもうたのであるから、それゆえに、責任ある行動は、その決断のもつ人間的性格を意識しながら、その行動とその帰結とについての判断を、すっかり神〔の御手〕に引き渡さねばならない。イデオロギー的な行動は、いずれも、その正当化を、いつでもすでに自分の原則にもとづいて自分の手許にもっている。〔これにたいして〕責任を負う行動は、自分の行動が究極的に正しいかどうかについての知識を断念する。〔周りの〕いっさいの事情を責任をもって考量し、キリストにおける神の受肉の究極的な現実性に注視しつつなさ[23]

＊21　差替え「市民的」。＊22　これに続く文章は、この段落の終わりまで、インクによる傍線。＊23　差替え「未来」。

れる行為は、その実行の瞬間には、ただ神〔の御手〕に引き渡される。自分の〔行動の〕善悪を究極的には自分で知らないということ、したがって、ただ〔神の〕恵みにのみより頼むということ、それが責任ある歴史的行動の本質である。イデオロギー的に行動する者は、その行動の結果がどうなるかと問うことを原則的に否定し、〔行動の〕帰結を限られた力をもって真剣に熟慮しながら責任を負って行動する者よりも、自分の正しさについて確信している。イデオローグは、その理念において自分自身が正当化されるものと考えている。〔しかし〕責任を負って行動する者は、その行動を、その御手のなかに委ねた神の恵みによって生きる。

それとともに、責任を負って行動する者には、歴史そのものの深い秘義が開示される。[*24] まさにもっとも固有な自分の責任の自由において行動する者として、彼は、自分の行動が神の導きのなかに流れ込み、[*26] また神の導きから流れ出てくるのを見る。歴史を決定するような自由な行為は、[*25] 究極的には神の行為として認識される。もっとも純粋に能動的な行為が受動的なものとして認識されるのである。このようなパースペクティヴにおいて初めて、いまや歴史における善について語ることができる。イデオロギー的な善も、主観的な志向〔＝心情〕の純粋さも、さらにまた責任を負う行動の自由それ自体も、歴史における善の現実性を実現することはできない。[*27] 自由が根源的・本質的さらに目的的[*28]に神の行為のなかに根拠づけられていることを自ら理解するときに、したがって神御自身が行動したまいながら[*29]——（ある人間の自由な責任ある行為を通して）——登場してこられるところで、初めて歴史における善について語られうるのである。

神が歴史における人間の行為を善きものとしたもうのであり、さもなければ、何事もそうなることはない。*30 神は隠されたその御計画――それにもとづいてキリストのうちに啓示された歴史の目的を追求したもうた御計画――のなかへ人間の行為を接合したもうのである。〈キリストの支配〉*31（Christusherrschaft）という言葉で言い表わされるこの目的は、歴史における善であり、この目的に従って神の御心《みこころ》に仕えることである。ただ神の行動のみが歴史において善いものであり、人間の歴史的行動は、神がそれを神の行動のなかへ引き込みたまい、人間が自分を神の行動のなかへ全面的に――何らかその他の正当化を求めることなしに――引き渡す限りにおいて善いものなのである。

＊24 番号《17》をもつ用紙の初め（S.224「……判断を」）から、ここまで、インクによる傍線。**＊25** 「自由な行為」は、「最高の活動」を差替え。**＊26** 「神の行為」は、「受動性」を差替え。「それとともに……開示され」から、ここで抹消された言葉「受動性」にいたるまで――さらに「それとともに」の前の抹消した二行を――「ボンヘッファーは、文章の途中で万年筆のインクがなくなったため青色の色鉛筆を用いて書いている。明らかに、ここで考えていることを即座に書きとめることが、彼にとって重大だったのである。変更のために、彼は、ふたたびインクを用いている。**＊27** この文章の一行上には、括弧をつけて――抹消されてはいない――言葉（「《概念》」）が記されている。明らかに完全には棄て切れてはいない変更のようである。**＊28** 『倫理-断片ノート』Nr.30 の「根源と本質と目的」を参照。**＊29** 以下の括弧をつけた注釈は、この文章の上に記されている。**＊30** 「さもなければ……ない」は「他のいかなるものもない」を差替え。ルターの „cooperatio hominus cum deo“（人間と神との協力）の見解を参照。S.57 の注75を見よ。**＊31** 「キリストの王権」とも呼ばれる《キリスト支配》（Christokratie ギリシャ語）は、カール・バルトの神学の影響圏や告白教会のなかでは、神学的・綱領的な合言葉のようなものであった。ボンヘッファーは、この用語の意味を、いっそう正確に取り上げている。ロンドンにおける一九六三年のエルンスト・ヴォルフの研究報告「キリストの王権とルターにおける二王国論」では、バルトとともにボンヘッファーの名前があげられている。E. Wolf, Königsherrschaft, 79f を参照。

どの程度まで、人間の行動が歴史における神の目的に仕え、したがって歴史における善を実現するのか――その点については、人間にとって究極的な確かさは何一つ存在しない。それは、神の隠された知恵のなかに留保されたままである。イデオローグにとっては、ある行為が理念と一致しているということが善悪についての一義的な基準をあたえる。これにたいして、自分の行為を神に委ねて、《現実即応的》に責任を負って行動する者は、〔罪を〕赦し傷を癒やしたもう神の恵みにたいする信仰によって慰めをあたえられる。彼は、自分の正当性を証明することができない。生きた現実は、彼にたいして何ら一義的な基準をあたえてはくれないのだから。むしろ、彼の前には、なおいっそう底知れぬ秘義に満ちた深淵が口を開いている。神は、その目的に到達するためには、善をも悪をも用いたもう。しかも――人間の眼差しの届く限りでは――しばしば《善》が災いに、《悪》が救いのために働くようにみえる仕方で。[*32]

イスカリオテのユダによって、キリストは世の救い主となりたもう。ある瞬間にユダは――逆説的に言えば[*33]――この世の救済をその手に握ったのである。しかし、〈悪いこと〉が起こらねばならないのである。ユダは行動せねばならない――それによって、この世に神との和解が贈られるために。このようにして、神の善においては、人間の[*34]〔側の〕善と悪とは超えられているのである。イエスの弟子たちは、イスカリオテのユダが成し遂げることを成し遂げることができない。神の〈事柄《ザッヘ》〉に仕えることは、ここでは、神に反対する敵意よりも、神の〈事柄《ザッヘ》〉にとっては無力なのである。神は人間の善と悪とに関わりなく、その道を貫徹したもう。神は、ただ独り善を行なう方として御自身を示したまい、その方の怒りと恵みとに、すべての行為は委ねられねばならないのである。

そのことは、善と悪との区別が廃棄されることを意味するのであろうか。そうではない。しかし、そのことは、いかなる人間も、自ら自分自身の正しさを正当化できないという意味である。ただ独り神のみが善をなしたもうのだから。歴史を導きたもう神の力は、人間を神の恵みへと投げ渡すのである。

しかしいまや神の善が、すなわち、キリストとキリストに向けられた神の導きが、単純に人間自身の直接的な「行為」*35によって行われえないというのであれば、人間の歴史的行動における善は、その場合、どこにあるのだろうか。差し当たり――形式的に言うなら――人間がその行動を次の事実によって規定させるより以外にはないことである。すなわち、人間がではなく、まさに神のみがただ独り歴史における善を完遂したもうということである。〔つまり〕人間は自分の行動を正当化する絶対的な基準を求めないこと、むしろ、歴史的責任を負うすべての者が、なすべき善をなしえないという、救いようのない立場に当初からおかれているということである。善を、すなわち〈現実に即応していること〉、〈必要なこと〉、〈〔神に〕命じられていること〉を行なうという究極的な自由の冒険に際して、神の恵みを望みつつ、いっさいの自己正当化を断念することである。

正しい歴史的行動とは、所与の具体的な現実を神の受肉という現実によって根拠づけられ保持され

*32 この考えについては、すでに上述のS.51を見よ。 *33 《逆説》（paradox ギリシャ語）とは、一見、矛盾しているように見えるが、にもかかわらず真実な命題である。 *34 一九三七年三月一四日の、ユダについての説教（マタ二六・四五－五〇）参照。DBW 14, 973-979. *35 草稿の文章は不完全である。おそらく「行為」という言葉が欠けているのであろう。

ていると考えること――すなわち、神がこの世を愛し、裁き、和解させたもうことによって、この世にたいして要求をもちたもう[*36]ことを決して忘れないで、この世をこの世たらしめるような行動である。ここで問われているのは、徹底的に、この世的な行動、じっさい、ただ一つ現実的な正真正銘のこの世的な行動であり、それは、この世の本質[*37]が認識されているところでのみ起こりうるのである。

　正しい歴史的行動は、歴史の中心[*38]から、〔つまり〕神の受肉の出来事のなかから、歴史的行動の法則《おきて》を受けとる[*39]行動である。神がイエス・キリストにおいて人間となりたもうたということが真実であるなら、〔つまり〕神が歴史のなかへ入りたもうたのであれば――イエス・キリストは皇帝アウグストゥスの時代〔つまり〕キリニウスがシリアの総督であったときに生まれ、皇帝ティベリウスの時代に一人の人間であり、ポンティウス・ピラトゥスの下に十字架につけられた[*40]ということが真実であるなら――われわれには、ここで歴史の本質そのものが明らかにされたのである。そのときには、イエス・キリストこそが、歴史の本質と法則《おきて》についての――神の側からはいかに考えられ、また欲せられているのかという――認識がそこから現われる[*41]唯一の源泉ということになる。イエス・キリストの現実に即する行動こそは善いものである。〔つまり〕キリストに即応する行動こそは現実即応的な行動なのである[*42]。この命題は――正しく理解すれば――何ら観念的な要求ではなく、現実そのものから出てくる発言である。

　この命題をめぐる二つの大きな誤解がキリスト教界の歴史全体と現実を通して行きわたっている。第一の誤解は、イエス・キリストを、歴史的現実に適用されねばならない新しい倫理的イデオロギーの創設者と考えることである。第二の誤解[*43]は、イエス・キリストを、現実にあるすべてのものの神的な肯定者とみなす考え方である。第一の場合には、歴史的行動の必然性と《イエスの倫理》*44とのあいだには永遠の軋轢が生まれる。第二の場合には、現実にあるものが何らの軋轢なしに〈キリスト教的なもの〉として取り扱われる。

*36 この文章における「要求をもちたもう」からS. 233まで、この草稿は一諸に折りたたまれた二枚の明るい二つ折り用紙に記されている。この用紙は、『倫理』草稿に使われてきた他の明るい二つ折り用紙に較べて、やや（一～二グラム）重いものである。*37 差替え「構造」。*38 一九三三年の「キリスト論」講義における「歴史の中心としてのキリスト」（DBW 12, 307-310）を参照。*39 『倫理-断片ノート』Nr. 37「歴史的行動の法則は、歴史の中心から来る／キリストと戒め／山上の説教」を参照。草稿の欄外の書き込み「Klugheit」〔賢さ〕。*40 ルカ二・一以下（アウグストゥス、キレニウス）、三・一（ティベリウス）、マコ一五（ピラトゥス）。*41 欄外には「罪責［おそらく《悪》を削除して］を御自身に引き受け……」（……は草稿にあり）、「罪責」は〔抹消されてはいない〕「悪」の上におかれ、矢印で「御自身に引き受け」を指示。*42 《現実即応的な》の後、欄外の追加「それとともに善き」は削除されている。《キリストに即応して》は、ロマ一五・五を参照（それへの示唆は、T. Vogel. “Christusgemäßes Handeln ...” 438）。*43 削除「この命令を逆転させ、……において見る」。*44 「イエスの倫理」という表現は——たとえばエルンスト・トレルチが „Grundprobleme der Ethik“（1902）〔トレルチ「倫理学の根本問題」、『トレルチ著作集』所収〕、Gesammelte Schriften II, 630 その他で使用している。ボンヘッファーの所有本では、その引用の周りに印をつけた線あり。626にたいする注55には、トレルチの見解に「とても近い立場」としてナウマンの書簡を示唆している。F. Naumann, Briefe über Religion, 115（あとがき „Nach 13 Jahren“ 1917 で）。「国民共同体は、……全体として二つのもの、すなわち、イエスとカイザルとを同時に自分のうちにもたなければならない。そのことは山上の説教の弟子たちにとっては過酷なことである。しかし、事態はその通りなのだ。軋轢を免れた、難問をもたないキリスト教などは存在しない」。S. 236 f を参照。

《イエスの倫理》が、たとえば次のように理解された〈山上の説教〉の形で――〔すなわち〕キリストにおける神の受肉やキリストによる神とこの世の和解にたいする信仰から切り離された形で――登場するなら、そこでは、熱狂主義的・革命家的な出来事が生まれるか、それとも、歴史的行動のなかで《この倫理の適用》を断念して、キリスト教倫理一般の〔個人主義的〕私生活化にいたりつく。《イエスの倫理》は――たとえば宗教改革時代の陶酔的熱狂主義[*45]のような――歴史的な大事件において挫折するか、それとも――たとえば敬虔主義あるいはまたフリードリヒ・ナウマンのリベラリズムにおけるように[*46]――個人の私生活という、とてつもなく狭い領域へ後退させられてしまう。しかしながら、この《イエスの倫理》が具体的な歴史的責任のなかへ入っていくことはない。

それゆえに、今日、キリスト教界全体に拡がっている決まり文句は、〈山上の説教をもってしては政治をすることができない〉とか、そういう類いの言葉である。[*47]ここに支配的なのは、それ自体として存立する《固有法則的》な歴史的現実という見方、さらにそうした現実に押しつけられてしまうには――その根源と本質に照らして――〔余りにも〕非現実的すぎるキリスト教倫理という見方である。しかし、そこで忘れられているのは、そもそも、〈現実的なもの〉（das Wirkliche）の構造が、そこからのみ認識される決定的な事実である。〔すなわち〕神の受肉、歴史のなかへの神の突入、〔つまり〕歴史的現実がイエス・キリストの現実において引き受けられているというこの事実である。〔そこでは〕山上の説教が、次のような方の言葉であることが忘れられている。〔すなわち〕この方は、現実にたいして疎遠な人、改革者、狂信家、宗教創始者として向き合っておられるのではない。むしろ、この方は、現実的なものの本質を御自身の肢体に担い取り、経験し、この現実的なもののなかから——地上の人のようにではなく——語りたもうた方なのである。山上の説教は御自身が〈現実的なもの〉の主でありたまい、律法〔＝法則《おきて》〕でありたもう方の言葉である。歴史的行動がいかにあるべ

＊45 とりわけ、カスパール・シュヴェンクフェルト・フォン・オシッヒの信奉者たちを参照。この名前は、フィンケンヴァルデの牧師研修所の一九三六／三七年のコースでも言及されている。DBW 4 (N) 285〔『キリストに従う』〕を見よ。**＊46** 《敬虔主義》(*Pietismus*) の敬虔な信仰運動は——さまざまの分派をふくめて——必ずしもそのすべてが公共社会から撤退していたというわけではなかった。しかし、〈第三帝国〉においては、敬虔主義的グループは、こうした傾向を発展させ、積極的な抵抗への志向を示さなかった。ナウマンの《自由主義》は、政治的構想としては社会全体を視野に入れていた。〔しかし〕神学的構想としては、むろん、《イエスの倫理》は私生活的な領域にとどまり、近代的人間にたいする内面的な規範にとどまるものであった。ナウマンについては、ThDB 231f〔ファイル『ボンヘッファーの神学』〕を参照。**＊47**「政治をすることができない」は、「統治することはできない」を差替え。O. Baumgarten, Politik und Moral, 33（ボンヘッファーの所有本は、この箇所ではページを切り取り、傍線は引かれていない）。イエス「自身の倫理、彼のエートス、彼の関心全体は、静かな内面的で彼岸的な上なる世界のなかにあり、その規範を彼は、神のうちに守られた魂の深みから取り出してきた。それゆえに、彼の倫理的指示を国家生活にまで適用することなど、じっさい、思い及びえなかったのである」。110（傍線のある一節では）「しかし、山上の説教の倫理とナショナルな政策とが原則的に対立する、などと彼〔ビスマルク〕は決して考えたことがなかった。そして次の事実を観察するのは興味深い。すなわち、彼においては、保守主義的なユンカー多数派の場合とまったく同様に、個人的な行動と政治的な行動とが山上の説教にたいして正反対に対立する道をとるものだった」。この引用文の傍らに大きな《！》が書き加えられている。〔なお〕M. Weber, Politiks als Beruf, 538（『職業としての政治』）「無差別的《アコスミスティッシュ》な愛の倫理を貫いていけば「悪しき者に力づくで抵抗するな」〔山上の説教マタ五・三九にあるように〕ということになる。〔しかし〕政治家には、これとは逆に、悪しき者には力づくで抵抗すべきである、さもなければ、汝は悪がとめどなく広がっていくことに責任を負うことになる、という命題が妥当するのだから」。

きかが問われるときには、山上の説教を人間となりたもうた神の御言葉として把握し解釈すること、そのことこそが問われている。そのときには、ここでキリストに即応する行動が現実に即応する行動である、ということが確証されねばならないのである。

キリストに即応する行動は、何らかの倫理的原則から出てくるのではなく、イエス・キリスト御自身の人格に即することにおいて生まれる。イエス・キリストにおいては、いっさいの〈現実的なもの〉が要約され、それゆえに、彼こそは、あらゆる現実即応的な行動の根源[*48]なのである。[*49]

イエス・キリストは、端的に責任を負って生きていたもう方である。彼は、御自分の倫理的な完全性に達しようとしたもう個人なのではなく、御自身のなかにすべての人びとの〈私〉を受け入れ担いとる方として生きていたもう。[*50] 彼の生涯、行動や受難は、ことごとく代理である。人間となられた方として、彼は、実際にすべての人間に代わって立っていたもう。人間が生き、行動し、苦しむような事柄は、〔すべて〕彼にも当てはまる。[*51] 彼の人間的な実存《エクシステンツ》を形づくる、この真実《レアール》な代理において、彼は、ずばり〈責任を負う方〉なのである。人びとにたいするイエス・キリストのこの真実《レアール》な代理のなかに、すべての人間的責任感の根源がある。責任を負う行動とは代理的行動である。人びとのために、神の受肉においてつくり出されたイエス・キリストの真実《レアール》な代理に根拠づけられている限り、そこでのみ、代理的行動は越権的な行為や不当な干渉であることを免れている。ただそこからだけ、正真正銘の代理的な、それゆえまた正真正銘の責任ある行動も存在するのである。[*52]

人間にたいするイエス・キリストの責任とは、その内容は愛であり、その形式は自由である。そこで問題になっている愛とは、人間にたいして現実となった神の愛であり、さらに神にたいする人間の愛である。イエス・キリストは人間のために人間となりたもうた神の愛であるゆえに、彼は抽象的な倫理的イデオロギーを告知された方ではなく、具体的に神の愛を実行したもうた方である。人間は倫理的な理想を実現するように呼びかけられているのではない。神の愛における生――さらに現実における生――へ呼びかけられているのである。

神の愛において人間が経験するのは、神的正義を示す永遠の戒め（Geboten）にもとづく神の聖なる裁きである。この〔神の〕戒めは、まさに次の点で、あらゆるイデオロギーからは区別される。すなわち、この戒めはイエス・キリストにおいて、歴史のただなかで成就されていること、さらにこの世

＊48　差替え「にたいする源泉」。＊49　以下の〔段落の〕文章（「イエス・キリストは……責任ある行動も存在するのである」）は、ボンヘッファーによって置き換えや欄外の追加などによって変更され、部分的にのみ削除されたテキストを差替えたものである。テキストの下にはキーワード「代理、卑屈な愛ではない自由、罪責」という言葉が並んでいる。＊50　この箇所の元の形の文章は削除されている。「彼は、ご自分のうちに彼の家族や彼の民のみでなく、人類全体を結び合わせたもうた。彼は、ご自分の〈私〉のなかに、すべての人びとの〈私〉を取り入れたもうた。彼は、彼らのために生き、また行動したもうた。彼の言葉、彼の行為、彼の苦難は、彼がその責任を負いたもうた彼らに妥当するものであった」。＊51　元の文形には、置換えや欄外の追加によって拡張された文章が――削除されないで――つづいている。「彼御自身が職業あるいは結婚の責任をとることなしに生きたもうたという事実は、彼を決して責任感〔の所在〕の外におくのではない――その事実を否定できるのは、彼が神から来たりたもうた方であることを認めない者だけである。その事実は、すべての人びとにたいするこの方の唯一無比の責任を、いっそう明らかに示すにすぎないのである」。S.257 を参照。＊52　〔以上の〕「イエス・キリストは……責任ある行動も存在するのである」（S.230f）という――新しい用紙で始まっている――段落全体の横には、欄外にインクの傍線あり。

のただなかで神の愛が現実化されているということにおいて。戒めが成就されていることから切り離されるなら、戒めは人間を打ちのめし、この世は、どんなイデオロギーよりもいっそう恐ろしいものになる。キリストにおいて成就されているものとして、神の戒めは、人間とこの世とを神の愛において担いとり保持している。神的正義の戒めは、代理〔的行為〕において、すなわち、また人間にたいする具体的な責任ある愛の行動において成就されている。[*53]

現実の人間にたいして――何らかの人間の理念にたいしてではなく――妥当する愛は、いかなる律法（Gesetz）によっても規制されない。この愛は、人格的な献身の自由のなかで出来事となる。イエスは、くり返し《律法》のために――いっそうはっきり言えば、神的愛の自由のために――律法を破る者となりたもう。愛は、〈現実にあるもの〉（das Wirkliche）をあるがままに愛に属するものとして受け入れる。現実にあるものを或る理念のために蔑視することはない。それを所与のものとして、さらに神に愛されるものとして受けとる。現実にあるものと関わる仕方を、愛は、現実にあるものから関係なしに手に入れるのではなく、現実にあるものの現実性から、〔つまり〕〈神に-よって-愛されて-いる〉ことから獲得するのである。

〈現実にあるもの〉、つまり、この世は、神の愛によって愛されている。[*54] そして〔まさに〕この神の愛を、現実にあるもののなかで把握し、そこから現実性との関わり方を見出すということ、それがあらゆる具体的な責任ある行動の本質である。愛それ自身だけが現実にあるもののなかに神の愛を解き明かすことができ、現実から疎遠なあらゆるイデオロギーからは解放され、イエス・キリストにおいてこの世を愛したもうた神の愛の現実性によって拘束される。イエス・キリストを、現実のこの世にたいする――〔さらに〕その現実の歴史や政治、その他のものとともに――それらのものにたいする神の愛として理解すること、換言すれば、現実の人びと、さまざまの情勢、もろもろの運動、したがって現実の世界をイエス・キリストにおいて、さらにイエス・キリストを現実のこの世において認識すること、そのことが、この世にたいする、歴史における、責任を負う行動の自由をあたえるのである。

イエスにとっては、新しい倫理的理想を並べ立てたり実現したりすること、したがって、御自身が何らか善くあるということが問題ではない。まったくただ一つ、人間にたいする神の愛こそが重要だった。それゆえに、彼は人間の罪のなかへ踏み込まれ、ご自分が彼らの罪を負う者となりたもうことができる。イエスは、人びとを犠牲にしたままで、ただ独り完全者として認められようとはしたまわない。ただ独り〔御自分を〕罪なき者として、罪のゆえに滅び行く人類を見下し、没落する人類の廃墟の上に何やかやの人間的理念を誇示なさろうとはしたまわない。現実の人間にたいする愛は、人間の罪を共にする交わりへと向かう。*55 イエスは、ご自分の愛したもう人びとが生きている罪から御自身を免責なさるようなことを欲しない。人びとをその罪のなかで独りぼっちにしたままにするような愛

*53 削除「神的正義を立てるために（イエス　律法を破る者――自由……）」。*54 ヨハ三・一六を参照。*55 F. Nietzsche, Ecce homo〔『この人を見よ』「なぜ私はかくも賢明なのか」の節、5, Werke XV, 18 [KGW VI, 3, 269]「もし地上に現われるような神がいたとしたら、その神は、不正なことより外に何も実行することは許されないのではなかろうか。――罰ではなく罪を己が身に引き受けてこそ、はじめて神らしくなるであろう」（これにたいする示唆、さらに他のニーチェの〔引用〕関連箇所への示唆は、マティアス・ショルマイアーに負う）。〔なお論文〕「国家と教会」DBW 16, 518を見よ。

は、現実の人間を対象とするものではないであろう。このようにしてイエスは、人間のための代理的責任において、〔つまり〕現実の人間にたいするその愛において、罪を負う者となりたもう。じっさい、究極的には人間のすべての罪がふりかかってくる方、罪を御自分からは閉め出されるのではなく、それを謙虚に、そして無限の愛において担いとる方となりたもう。人間の歴史的現存在《ダーザイン》のなかで責任を負いながら行動なさる方として、現実のただなかに立ち入られる方として、イエスは罪ある者となりたもう。

しかしながら、彼の歴史的現存在《ダーザイン》、彼の肉〔なる世界〕への到来は、〔その〕[*56]唯一の根拠を人間にたいする神の愛にもつものだから、イエスを罪ある者とさせるところのものは、それゆえ神の愛にほかならないのである。[*57]人間にたいする無私の愛から、〔つまり〕何らの罪なきことから、イエスは、人間の罪のなかに踏みこみ、罪を御自身に引き受けたもうのである。罪なきことと罪の引き受けとは、イエスにおいては切り離し難く結び合わされている。[*58]罪なくして愛したもう方として、イエスは、人間の罪を御自分に引き受け、そして罪の重荷の下にイエスは御自身を罪なき者として示したもう。この罪なくして罪を負いたもうたイエス・キリストのうちに、いまや代理的に責任を負う行動はすべて、その根源をもつ。まさにその行動が責任を負うものであるゆえに、また負うものだとすれば、〔つまり〕その行動においてはまったく他の人びとのことが問題であるゆえに、また問題だとすれば、〔さらには〕その行動が現実の人間にたいする無私の愛から生まれてくるものであるゆえに、また生まれてくるのだとすれば、その行動は、人間の罪責の共同体から身を引き離そうとすることはできない。イエスがすべての人間の罪を自ら負いたもうたのだから、まさにそれゆえに、いずれの責任を負って行動する者も、すべて罪ある者となる。罪の責任から逃れようとする者は、歴史の究極的な現実から、〔すなわち〕イエス・キリストが罪を担いたもうたという救いの秘義から自分を切り離し、この〔イエス・キリストの〕出来事にもとづく神的義認に何ら関わりをもたないことになる。このような人は、自分が個人的に罪責をもたないことを〔多くの〕人びとにたいする責任よりも重大視して、まさにそのことによって自分に招くいっそう救いがたい罪責にたいして目を閉ざしているのである。〔つまり〕〈他者のためにその人の罪の交わりのなかに入っていくことによってこそ、本当に罪なきことが示される〉という事実にたいしても、目を閉ざしているのである。

罪なき者が罪ある者となるという事実こそ、イエス・キリストを通して責任を負う行動の本質を形づくるのである。〔むろん〕そこから悪い行為自体を放任してよいという結論が引き出されるなら、それは冒瀆であり、途方もない本末転倒である。愛が〔また〕責任が罪に通じているところでのみ、その行動は罪なくして罪を負いたもうたイエス・キリストに妥当する義認に与《あずか》るものとなる。〔しかし〕イエスの行動とわれわれの行動とのあいだには――〔すなわち〕イエスが御自身に罪を負いたもうた本質的な無罪性と人間のすべての行動を毒する本質的な原罪性とのあいだには――質的な相違が依然として残されている。〔たしかに〕責任を負う人間の行動といえども決して罪なき者の行動ではない。

＊**56** 草稿における「ihren」は誤記。＊**57** ここから〔以下〕S.241, 30までは、明らかにドイツの紙型とは異なる――いっそう短く巾の広い――二つ折り用紙が用いられている。一九四四年に一時期イタリア〔戦線〕で事務室勤務兵だったエーバーハルト・ベートゲは、この用紙を《イタリア仕様》のものとみている。＊**58** DBW 1(SC), 99（『聖徒の交わり』）参照。

けれども、その行動自体は、〔抽象的な〕〈原則〉に従って自分を正当化するいずれの行動とも異なり、じっさい、イエス・キリストの行動に間接的には参与しているのである。*59 ここには、責任を負って罪を引き受けることに示される相対的な無罪性のようなものが存在する。

以上のような考察のあとで、再度、人間の歴史的行動における〈善とは何か〉という問いに帰ってみよう。そうすると、とにかく、以下のようなことが、いっそう明らかになってくる。すなわち、ここで問われているのは、いわゆる《イエスの倫理》を歴史にたいして適用することではなく、歴史の本質をその人格において成就したもうた方の要求、すなわち、受肉したもうた〔方〕*60 として、歴史にたいする――御自身がその究極の現実性でありたもう歴史にたいする――イエス・キリストの要求が問題なのだということである。イエスのもろもろの御言葉は、それゆえ、たとえば山上の説教は、人間のために具体的な責任を負いつつ生きたもうた方の言葉としてのみ今でも解釈されうるのである。この方は、人間に味方して立たれ、また行動したもうたのだが――しかし、実現することのできない理想を人間に示そうとされるのではない。〔さらには〕この方は現実の人間にたいする自由な愛において責任をとりたもうのだが――しかし、何らかの人間の理念を実現しようとされるのではない*61。〔また〕この方の純粋な愛は、人間の罪のなかへ歩み入ることによって示されたのだが――しかし、この罪から自分を切り離すことによってではない。

イエスのもろもろの御言葉は、それゆえ、たとえば山上の説教は、彼の実存《エクシステンツ》の解釈、したがって、歴史が神の受肉において――この世と神との和解において――成就したあの現実性の解釈なのである。イエスの御言葉は――それがキリストにおいて成就された歴史の現実である限りにおいて――歴史における行動にたいする神の戒め（Gebote）なのである。*62 御言葉は、キリストにおいて、またキリストを通して歴史のなかへ入れられた言葉であり、キリスト［のうち］にのみ啓示される秘められた生命なのである。*63 したがって、イエスの御言葉が妥当するのは、たんに抽象的な倫理においてではなく――そこでは、むしろ、それは決して妥当しない！――歴史の現実においてである。御言葉を切り離して、ある《集団倫理》にしようとする試みは、イエス・キリストにおける〈この世と神との和解〉の出来事という根源を御言葉から奪い去り、それとともに御言葉の現実的な力を奪い去り、弱々しいイデオロギーへ歪曲してしまうのである。*64

*59　この文章は、一枚の二つ折り用紙の左面内側に記されている。――それに接続する二つ折り用紙の右側紙面には鉛筆のメモ「責任　代理［この二つの言葉は互いに上と下に並べられ、それらの右側には傍線、その後ろに］《新しい》正義から行動する」。*60　草稿では「〔方〕に」と誤記。*61　差替え「〔しかし、何らかの人間の理念のためにではなく〕」。*62　削除「歴史の成就された」。*63　この文章の傍らには三本のインクの傍線と《！》。《入れられた》については、山上の説教の〔われら〕祈願「御国を来たらせたまえ」（山上の説教、マタ六・一〇）に関する一九三二年一一月一九日の講演、DBW 12, 268「……呪われた大地のなかへキリストは入りたもうた。……それゆえにキリストの御国は、上から呪われた大地のなかへ根を下した（hineinsenken）のだ」。276では、神は「その御国を呪われた大地のなかへ下したもう（senken）」。草稿では、たんに「キリストのみ啓示される生命」とあり、《のうちに》（in）が誤って脱落していることについては、先行する表記や後述（S.394）の「イエス・キリストにおいて啓示された」では「根を下す」（Hineinsenken）というイメージを採用していることによって裏付けられる。*64　《集団倫理》は、（敬虔な）人びとの分離したサークル、たとえば敬虔主義的グループのなかでのみ妥当するであろう。エルンスト・トレルチの論文 „Grundprobleme der Ethik“, Gesammelte Schriften II, 635〔トレルチ、上

われわれは、ここでまったく具体的になるために、〈人間の歴史的行動における山上の説教の妥当性、[*65]〔＝有効性〕とは何か〉という問題に注意を集中してみよう。現在にいたるまで教会史を貫く二つの思い違いが存在してきた。[*66]くり返し正しい道を見出してきた。しかし、にもかかわらず、その狭間にあって教会は、くり返し正しい道を見出してきた。一つの誤りは〈キリスト教的なもの〉の〈原則的〉理解のなかに、他の誤りは〈この世的なもの〉の〈原則的〉な理解のなかに、その原因がある。これら二つの誤りは互いに並存していることもある。

〈キリスト教的なもの〉の原則的理解においては、〈キリスト教的なもの〉は切り離されて、この世にたいして押しつける〈律法〉として把握される。山上の説教は、この世的な行動すべての〈律法〉であると言明される。それは、国家法の地位に立つものとなる。兵役、宣誓、財産を放棄することが自明のものとして引き出される。そのような試みがことごとく現実の世界に触れて失敗するのを経験すると、今度は、これまで見過ごされてきた〈この世的なもの〉を原則的にとらえるようになる。〈この世の法則《おきて》〉がいまや〈キリスト教的なもの〉の法則《おきて》よりもいっそう強力であることが明らかになり、いまやそれが〈キリスト教的なもの〉にたいして原則的に固有な権利をもつものとなる。いまや世俗的な事柄においては、したがって政治的・社会的行動のいっさいの問題においては、〈キリスト教的なもの〉は何ら入る余地がなくなり、ここでは、この世の〈固有法則性〉(Eigengesetzlichkeit)が支配する。〈キリスト教的なもの〉は、特別の――教会的・宗教的・私的な――領域に属するのであり、そこでだけ実行されることが正当となる。[*67]

熱狂主義と世俗主義、これら二つのものがキリスト教界において受け入れられてきた誤りの形態である。これら二つのものは、互いに排他的に対立しているかのようにみえるとしても、そのどちらも〈キリスト教的なもの〉と〈この世的なもの〉とを〈原則的〉に——そのことは〔神の〕受肉の事実とは何ら関わりをもたないということを意味している——理解する点においては一致している。*68〈原則〉の立場から理解されるなら、ここには、ただ永遠に解決しえない軋轢のみが残され、実践的な行動は、それを乗り越えることなく、この軋轢において押しつぶされてしまう。その果てには、この解決しえない軋轢のなかに特別に深い現実認識の情熱《パトス》をもって踏みとどまることがキリスト教的実存《エクシステンツ》の本質そのものであると主張されるにいたる。キリスト者の行動は、そのときには、〈悲劇的-英雄的なもの〉の暗い輝きをもつ。*69

このような視座が新約聖書やイエスの言葉からまったく遠く離れていることは、直ちに明瞭である。

掲書」を参照。ボンヘッファーが傍線を引き疑問符をつけている表現「福音の倫理の周知の基本的特色、その世俗内的目的にたいする無関心」。（630/631では、「イエスの倫理」と「敬虔な人びとの美徳」について言及されている。**＊65** 「妥当性」という言葉には鉛筆で下線。**＊66** 差替え「この問題を解決する試み」。**＊67** 欄外に鉛筆で書込み「受肉は責任を〔認識（?）〕する」（S. 232, 266を参照）。**＊68** 〔以下〕S. 236–237（「……神とこの世との一体性から流れ出てくる」）〔まで〕には、欄外にインクの傍線。**＊69** このような《軋轢》の考え方については、S. 43をも見よ。ボンヘッファーは、彼の一九三一／一九三二年の講義（DBW 11, 189の注129）で、フリードリヒ・ナウマン（„Briefe über Religion“）について意見を述べている。「それ〔山上の説教〕を社会生活のなかへ移す試みでナウマンは失敗している」。A. a. O., 189「キリスト者は、しかし〔ナウマンによれば〕この世においてキリスト者として生きることができる。そこでは、キリスト者は二人の主の下に立つという運命を自分に引き受けるのである」。〔なお〕S. 264 f（ギリシャ悲劇についての記述）参照。

〈キリスト教的なもの〉と〈この世的なもの〉との救いがたい分裂にたいする苦々しい諦念からではなく、[70]すでに成し遂げられたこの世と神との和解にたいする喜びから、〔さらに〕イエス・キリストにおいて完成された救いの御業による平和からこそ、キリスト教的行動にたいする新約聖書の御言葉、〔つまり〕山上の説教は出てくるのである。イエス・キリスにおいて神と人間とが一つになられたように、キリスト者の行動においても、イエス・キリストを通して、〈キリスト教的なもの〉と〈この世的なもの〉は一つになる。これら二つのものは、永遠に敵対しあう二つの〈原則〉のように互いに争うのではない。そうではなく、キリスト者の行動は、キリストにおいて創造された神とこの世との一体性から流れ出てくる。しかし、この一体性は[71]――いっさいのものが台なしにならないためには――いまや〈原則〉による一体性として理解されてはならない。そうではなく、この一体性は、ただイエス・キリストの人格のうちにのみ、〔すなわち〕代理的に責任を負って行動したまい、現実の人間にたいする愛から、この世の罪のなかへ入り受肉したもうた神としてのイエス・キリストのうちにのみ存在しているのである。

いまやイエス・キリストからのみ、〈原則〉にもとづく軋轢によって押しつぶされることのない人間の行動も存在するのである。その行動は、神とこの世との和解の成就から出てくる。それは、〈悲劇的なもの〉あるいは〈英雄的なもの〉の苦悩をまったくともなうことなく、むしろ、醒めた精神《ニュヒテルンハイト》〔＝冷静さ〕と単純さ《アインファルト》とをもって〈現実に即応すること〉[72]を実行する行動である。それは、代理的に責任を負い、現実の人間にたいする愛において、この世に横たわる罪を担いとる行動である。何が《キリスト教的なもの》であり、何が《この世的なもの》であるかということは、もはや当初から固定されていのではない。そうではなく、二つのものは、イエス・キリストにおいて創造された一体性に注視しながらなされる行動の具体的責任において、初めてその一体性が理解されるのである。

山上の説教は、歴史的に行動することを求められる者を、イエス・キリストにおいて神とこの世との和解の出来事の前に立たせ、それとともに正真正銘のキリスト教的*73責任のなかに立たせる。

この正真正銘のキリスト教的責任は、この世的行動全体を包括する。それは、切り離された何らかの宗教的領域に限られるものでは決してない。このキリスト教的責任は、神の受肉の現実性に根拠づけられたものとして、マキャヴェリ以来の近代国家論の成立*74に由来するあの誤った現実主義を根底からくつがえす。この近代国家論は、そこから最後には何が出てくるのか、その姿をわれわれの時代に

*70 フリードリヒ・ナウマンは、その浩瀚な黙想書『神の助け』（一九〇二年）を刊行したことにより一九〇三年にハイデルベルク大学から神学の名誉学位を授与された。ナウマンの『宗教に関する書簡』は、架空の読者にたいして献呈の辞（同上書、八頁）で答えている。「あなたの黙想の読者のなかには、友好を抱いているにもかかわらず、あなたが同時にキリスト者であり、ダーウィン主義者であり、さらに大艦隊信奉主義者でありうることがよく判らない、という人が少なくありません」。ナウマンの回答は、同上書、一八頁。「私たちは、古きものに拘束されているのです。それを埋め合わせてくれるものをもっていないからです。あなた方は、それを諦念と呼ぶのです！」。『宗教に関する書簡』については、Th. Heuß, Friedrich Naumann, 136-146. ボンヘッファーは、彼の『倫理』のために、このホイスの本を読んでいた。DB803（ベートゲ『ボンヘッファー伝』）を見よ。*71 ここで先の傍線箇所（S.236f）に続いて、さらにS.238まで傍線。*72 この言葉は、はっきり（その上部に記されている）「命じられたもの」という言葉（削除されてはいない）と差替え。これと対応する箇所（S.266）では、たんに「現実に即応すること」とのみ記されている。*73 「正真正銘のキリスト教的」は「代理的」を差替え。*74 「成立」という言

現わしたが、それは、本当に徹底的に非現実的で教条主義的なものである。ここでは、特別に醒めた《ニュヒテルン》現実認識であるという自負をともないつつ、すべての歴史的・政治的行動の本質と目標として、無条件的な自己主張を掲げ、他のすべてのものをそれに従わせようとしている。[75]それゆえに、歴史的・政治的行動とキリスト教的行動とは、互いに排他的な対立関係に入らざるをえない。一方における自己主張、[76]暴力、反抗、闘争、罪責、他方における自己犠牲、断念、受難、愛敵、赦し、無実〔=罪無きこと〕という互いに調停不能な意見が対立する。〔つまり〕暴力《ゲヴァルト》[77]と愛とが対立する。山上の説教によって歴史的・政治的に行動しようとすることはユートピアだ、[78]と言われている。こうした意見は——とくにドイツにおいて、しかしまたドイツ以外でも——広く共有されたゆえに、歴史的・政治的行動とキリスト教的行動とは完全な分裂状態を呈するにいたった。

しかし、こうした見解が現実に反する、非現実的な、また誤ったものであることを証明するのは困難ではない。この不当な現実主義《レアリスムス》は、皮相な観察にとっては、政治的・経済的分野における特定の歴史上の〔びっくりするような〕出来事（Phänomen）のゆえに魅力的なのである。しかし、そこでの驚くべき〈成功〉とされるのは、もっぱら限度を知らない暴力行使によるものにすぎない。この観察が〈皮相〉であることは、すでに次の点で明白である。すなわち、それは、きわめて限られた短期間の観察であり、そうした類いの成功の終わりまで、じっと待っておれないということである。さらにまた、躊躇《ためら》いなしの暴力行使さえも、その主張を通すためには、いつもキリスト教的な仮面をつけることを必要としているということである。[79]〔つまり〕そこでは、政治的行動もまた、〈暴力のみを頼りにできない〉という事実を、心ならずも認めざるをえないのである。それゆえ、この現実主義と称するものが反現実的なのは、次の点にある。それは、歴史においては暴力の乱用は限界があること、それゆえ暴力にのみもとづくいずれの支配も失敗するということを見逃しているのである。さらには、歴史においては、いずれの暴力も――たとえ偽善的に装われたものであるとしても――ある種の究極

葉の下には、インクで波状の線（何か問題があるということを示すボンヘッファーの符号）。欄外には短い水平の線。

＊75 たとえば O. Baumgarten, Politik und Moral, 24 では、「権力と自己主張の重要性という鋼鉄のように固い見解は、国家の本質にとって」必要不可欠なものとみなしている。34 では、山上の説教に従って行動する者は「政治的な仕事にたいしては永遠に劣悪である。なぜなら、彼は、敵や外国の国家や民にたいしてさえ愛の格率――自己主張にとっての最善のものに代えて、他者にとっての最善のものを追求するという格率――に従って行動せねばならないのだから。……人は、この山上の説教のエートスに並べて、とにかくナショナルな権力国家の天才、ビスマルクのエートスを保持せねばならない。そのように、われわれは、和解し難い対立を感じているのである」。ボンヘッファーの所有した本は、全面的な裁断ではないが、これらの箇所のページは切断されていた。**＊76** W. Kamlah, Christentum und Selbstbehauptung, 36「イエスと教会とは、もはや歴史的・政治的将来にたいして希望をもてない。なぜなら、自己主張の自力を放棄することは、自己主張〔そのもの〕の放棄にまで急進化しているのだから」。**＊77** 差替え「権力《マハト》」。**＊78** ゲールハルト・リッターが一九四〇年に出版した本のタイトルに選んだ „Machatstaat und Utopie“ 参照。「権力国家（Machatstaat）はマキャヴェリの（そして同時に暗号化されて、ヒトラーの）政治思想を、「ユートピア」はトーマス・モアに注意するように指示している。《ユートピア》とは、今はまだ現実にはどこにも「場所をもたない」（ギリシャ語で οὐ τόπος）未来の社会ないしは世界についての知的な構想である。**＊79** O. Baumgarten, Politik und Moral, 7「まさにこれこそイギリス政治の必要とするもの、すなわち、ブルータルな権力本能をもって、倫理的・利他主義的・人道的な基準になじんでいる民衆を前にして、その政策を正当化し、提示するのである。これによって、しばしば指摘されがちな《偽善》や黒幕の説明がつく」。

的現実性を承認することによって［生きている］[80]ということ——この現実性こそ歴史の〈生の法則《おきて》〉(Lebensgesetz)[81]そのものを形づくっているのだが——それを認識していないのである。しかし、このいわゆる現実主義が誤っているのは、それが根本において、キリスト教的愛の本質を認識していないこと、それとともに、自己否定、赦し、受難、断念、愛敵、さらに無実〔＝罪なきこと〕のような概念の本質を認識していないこと、にもとづいている。この擬似現実主義は、それらのものから抽象的な理想をつくり出すだけで、それらをイエス・キリストの受肉のなかに、それゆえまた、それらのものの〈この世的な〉現実の姿のなかに認識することがないのである。神が人間となりたまい、もはや理念としてではなく、受肉された方としてのみ認識されるように、神の愛もまた、この世的な姿をとるのであり、そのようなものとしてのみ——しかし、色あせた理念としてではなく——神の愛なのである。[82]

　あらゆる哲学とは異なり、福音において問題となる愛は、人間相互が交際する〈方法〉(Methode)のようなものではない。それは、次の出来事のなかへ、すなわち、イエス・キリストにおいて成就された神とこの世との交わりのなかへ引き入れられること、また入っていくことである。〔つまり〕《愛》は、抽象的な神の〈属性〉(Eigenschaft)として存在しているのではなく、人間とこの世とが現実《レアール》に神に受け入れられていることとして存在しているのである。また《愛》[83]は、人間的な〈属性〉として存在しているのではなく、私にたいする、また人びとにたいする神の愛にもとづいて、人間同士の、またこの世との現実《レアール》の共生と共存として存在するのである。神の愛がこの世のなかに入りたまい、いっさいの〈この世的なもの〉の誤解や曖昧さに身を捧げたように、キリスト教的愛もまた〈この世的なもの〉のなかで、具体的なこの世的行動が果てしなく犇《ひし》めき合う中で、あらゆる誤解や断罪にさらされざるをえない。この世的な《不純物》から蒸留された《純粋な》愛のキリスト教を示そうとする試みは、すべて神の受肉を軽んじ、*84あらゆるイデオロギーの陥る宿命を免れない誤った純粋主義（Purismus）と完全主義である。神はこの世に入りたもうには余りにも汚れがなさすぎた、というのではない。それゆえに、〔神の〕愛の汚れのなさは、この世から、わが身を引き離すことのなかにあるのではない。それは、まさにこの世的な形をとることのなかで示されるのである。ここからこ

*80 草稿では〔あきらかに削除された「その権力の彼岸に……」の文章と関わる〔言葉〕〕「横たわっている」になっている。*81 「生の法則《おきて》」は「生」を差替えている。〔旧約聖書続編〕シラ一七・九〔ただし聖書協会共同訳では一一節〕「知識を授け命の律法を授けられた」。〔ボンヘッファーの所持していた〕ルター訳では、「生の法則《おきて》」〔ここには鉛筆で下線。W. Lütgert, Ethik der Liebe, 216「神が歴史を治めたもう法則《おきて》、すなわち、諸民族の生の法則《おきて》」〔この全文にボンヘッファーの傍線あり〕。*82 この「色あせた理念……神の愛なのである」は、「色あせた理念、弱々しい理念、それが現実性を持つ」を差替え。このテキストの変更からは、これまでとは別の濃淡《ニュアンス》のインクで書かれている。ブルーブラックからライトブルー〔黒色の混じらない〕へ。草稿欄外のインクの傍線〔第二草稿のために加えた符号〕も〔同様に〕明るい青色である。エタール〔修道院〕前後から、これまでに成立していた草稿は、いっそう濃厚なブルーブラックが用いられていたが、それ以後の『倫理』のすべての手記〔草稿や断片ノート〕、さらに「律法の第一用法についての教説」と「《人格》倫理と《事柄》倫理」のテキストも、ライトブルーの色のインクを用いている。*83 草稿では、「神の根本愛にもとづいて」。ここで「愛」が〔人間的な〕〈属性〉としてではなく、〈関係〉として理解されている。DBW 3 (SF) 58f〔『創造と堕落』〕における〈自由〉と同様である。*84 「……を軽んじ」は、〔削除されていない〕「神の受肉から離れて」という文章の上に書き込まれている。《純粋主義》は純粋性・混ぜもののないことを望み、《完全主義》は完全であることを望む。

み、そ、歴史的な行動をキリスト教的行動として、〔つまり〕神の受肉の愛にもとづく行動として理解することができるだけでなく、むしろ、そのことを命じられているのである。

山上の説教は、受肉した神の愛の告知として、人間に向かって他の人びとを愛するように呼びかける。まさにそれによって、その課題を妨げるところのいっさいのものを否定すること、一言で言えば自己否定を呼びかけている。自分の幸福、自分の権利、自分の正義、自分の尊厳、暴力と成功を断念すること、自分の生を断念することのなかで[(1)]、人間は隣人愛を決意する。神の愛は、自己愛によって曇らされ惑わされた人間の眼差しを、現実的な者、隣人、さらにこの世を、はっきり認識できるように解放し、このようにして、ただこのようにしてのみ正真正銘の責任の自覚へと促すのである。

（1） Nachfolge, S.…[*85]〔＝『キリストに従う』頁数の記入なし〕。

このように山上の説教そのものが、人間を歴史的責任ある行動の必然性の前に立たせる。山上の説教は、個々の人間に向けられている。しかし、個人自体が〈何ものか〉（etwas）であるというのではない。山上の説教が向けられていることによって、人間は、神を根拠とする者、すなわち、歴史的責任のなかに立つ者となるのである。

しかし、個人がいつでもすでに責任のなかに立たされている者であるという、まさにその理由にもとづいて、古来から次のような誤った問いが立てられてきた。すなわち、山上の説教は、［たしかに］[*86]個人としての個々の人間に向けられたものだが、〔しかし〕他者にたいする〔＝公共的な〕責任を担っている者には妥当しないのではないか、という問い[*87]である。山上の説教自身は、人間を他者のための責任のなかに立たせるものであり、けっして個人としての個人を考えているのではない。しかしまた、山上の説教は、個人を共同体のなかの彼の課題のために心構えさせることで十分だ、としているのでもない。むしろ、個人にたいして、彼の責任ある行動そのものを要求するのである。*88 山上の説教は、

*85 祝福の教えについてはDBW 4 (N) 102–108〔『キリストに従う』〕を参照。しかし、その末尾に「反乱」(S.241「成功」の代わりに）が記され、さらに〔自分の〕「生を断念すること」は欠けている。*86 草稿では、「たしかに」(zwar) の代わりに「それだけではなく」(nicht nur) と誤記されている。*87 山上の説教の言葉、マタ五・三九（悪に手向かってはならない）をめぐって、個人〔私人〕としての人格と職務の担い手としての人格との区別を拒否することについては、DBW 4 (N) 137 f〔『キリストに従う』〕を参照。——「個人としての」(S.241) からは、草稿は《ホーエンクルク》の透かし模様のある官庁用規定の二つ折り用紙に記されている。「責任」という表題をもった『倫理-断片ノート』Nr.19も、この種類の用紙に記されている。*88 この文章では「共同体のなかの」は青色の色鉛筆で付け加えられている。その後に続く本文によって差替えられた五行の抹消された文章（その末尾には「……それ〔山上の説教〕は彼〔個人〕に向かって受肉した神の愛の現実へ呼びかける」。〔なお〕S.242の本文の以下の文章「山上の説教は人間に向かって……愛を行なうことを呼びかけている」を参照）の後には、草稿では、欄外に斜めに書かれ、その順序をひっくり返された、数多くのメモが記されている。「＝個人もまた自己主張によって生きている。国家的〔主張〕であれ、個人的であれ！ ——人間は愛すべきである等々。——それゆえ自己主張等々が前提されている。／山上の説教の妥当性は理想型としてではなく、〔ここで恐らく次の次の行にある「黙従」につながる〕内容〔つまり〕「理想」——その責任の下への共同体の黙従。律法的な自己主張ではなく、犠牲でもなく、個人の場合にも。／二重道徳、人格と職務?、罪責を自らに引き受ける。／自己主張、愛敵。／手段と目的。——成功の意味〔つづく二つの言葉が後から付加られている〕失敗-十字架?／歴史的行動において。権力の展開〔青色の色鉛筆で記された「権力の展開」という言葉のあとに続く二つの短文＝「個人もまた……自己主張等々を前提さ

人間に向かって、隣人にたいする責任ある行動において自分を実証する愛――その根源が現実全体をその内にもつ神の愛であるような愛――を行なうことを呼びかけている。この世にたいする神の愛が限定されないものであるのと同様に、この神の愛から出てくる人間の愛も、特定の生活領域や生活関係に限定されてはいない。そのなかには、すべてのものが包括されている。

山上の説教は、この世と和解したもう神の愛の言葉として、いたるところで、いつでも、妥当するのであり、さもなければ、それは、そもそも真剣に取り上げられてはいないのである。ゲネサレ湖畔の生の田園詩――ちなみに、その生は、まったく牧歌的なものではなかった[*89]――は、工業都市や現代の政治的列強たちにとっては、もはやこの世にたいする神の愛とは関わりがない〔かに見える〕[*90]。〔しかし〕イエス・キリストの十字架は、神の愛があらゆる時代にたいして等しく近く、また等しく遠いということを、もっとも説得的に証明するものである[*92]。何らかの意味で限定された愛のようなものなら、十字架にかけられる必然性はなかったであろう[*93]。神がこの世全体を愛したもうたゆえに、そのためにイエスは死にたもうた。われわれは、このイエスの十字架によって封印された（besiegeln）この世全体にたいする同じ愛へ呼びかけられているのである。

山上の説教が人間の歴史的行動においていかなる妥当性をもっているか、という問いに答えるために――しかし、後述する予定の政治倫理の個別問題[*94]を先取りするのではなく――この問題を、一つの特徴的な局面で、はっきり決着させておくことにしよう。歴史的行動にとってとくに特徴的なものとして政治的領域を取り上げ、たとえば政治的に行動する者にとって自己否定や愛敵の言葉のもつ妥当性について考えてみよう。

疑似現実主義的な思考における抽象的な見方のなかには、次のような例がよく知られている。すなわち、自己主張を政治的行動の唯一の法則《おきて》として、〔逆に〕自己否定をキリスト教的行動の唯一の法則《おきて》として規定し、二つのもののなかに互いに排他的な対立、〔つまり〕〈二重道徳〉のようなもの[*95]を見る考え方である。ここで問題にしているのは、〈この世的なもの〉と〈キリスト教的なもの〉とを

れて」それを冒頭に置き換えるように指示する矢印。この線の下に〕手段と目的〔というとらえ方〕は愛のうちには存在しない」。*89 F. Naumann, Briefe über Religion, 55「われわれは、イエスを国際的なローマ帝国内のユダヤ地方の片隅に見出す。……ガリラヤにおける神の子であることを。パリやロンドンあるいはベルリンで神の子であるというのとは、まったく同じではない」。O. Baumgarten, Politik und Moral, 33（イエス「自身の倫理、彼のエートス、彼の全関心は、静穏な、内面的な、そして彼岸的な〈上なる〉世界におかれている」）。S.229の注47を見よ。*90 差替え「工場」。*91 削除「この神の愛に行動しながら参与するようにというイエス・キリストの呼びかけは、当時も今日も、生活全体に向けられていた」。*92 差替え「イエス・キリストの死は、この点にたいするもっとも説得的な証明である」。それに続いて、削除「神は現代の世界を〔削除「イエス・キリストにおいて」〕その大衆とともに〔差替え「彼らのもつあらゆる恐怖とともに」〕……にも劣らず愛していたもう」。*93「何らかの……必然性」は、以下の差替え「特定のサークルに限定された愛が必要とする」。*94 ここで意図されていた詳細な説明を、ボンヘッファーは、もはや書き下すことはなかった。*95《二重道徳》の概念については、E. Troeltsch, Soziallehren, 491-506を参照。G. Ritter, Machatstaat und Utopie, 109「エルンスト・トレルチは、《二重道徳》をルター派のキリスト者、なかんずくルター派の諸侯に転嫁している」。このリッターの見解は、上掲書109-111、さらに165 Anm.13-17では、ルターを引き合いに出して〔トレルチの解釈を〕否定している。上掲書、165 Anm.7によれば、「トレルチによって用いられた《二重道徳》という表現は、きわめて不幸なものであり、ルター主義的ではなく《マキャヴェリ主義的》に定式化されている」。ボンヘッファーがリッターも所属した〔抵抗運動派の〕《フラ

〈原則的〉にとらえる例の見方である。〔しかし〕それは、神の受肉の現実性を見過ごしてしまい、それゆえに〈この世的なもの〉も〈キリスト教的なもの〉も理解していないのである。この世にたいする神の愛は、政治的行動をも包括していること。それゆえにキリスト教的愛のこの世的な形は、自己主張や権力、成功、安全〔など〕をめぐって闘争する者という形をもとりうるということ。そのことは、神の愛の受肉が真剣に受けとられるところでのみ理解されることができる。その場合、ここでは政治行動における自己主張の法則《おきて》のもつ限界――いっそう正確に言えば――その法則《おきて》の背後にあるさまざまの根拠が明らかになる。*96

政治的行動とは責任を自覚することを意味する。それは権力（Macht）を抜きにしては行なうことができない。〔まさに〕責任に仕えるために権力〔の問題〕が登場してくるのである。*97

イブルク・サークル》と出会った日付（一九四二年一一月一七日）をもつ一つの断片ノートには、とりわけ、「リッター／ルター……」と書きとめられている（DBW 16, 360-362）。

＊96 削除、新しい段落「国家的官職で政治的に行動する者〔差替え「政治的に行動する必要性の前に立たされたキリスト者」〕は〔削除「一つの」〕具体的な責任のなかに自分が立たされているのを見出す。彼は、たとえば国民の安全・財産・平和を守るという課題を担っている」。

＊97 ここで第一草稿は断ち切られている。ボンヘッファーが「歴史と善」の第二草稿を執筆したという事実は、この章を彼がいかに重要視していたかを示している。《摂理》による召命を持つと自負していたヒトラーに反逆する陰謀計画のなかで、責任を自覚した歴史的行動について神学的‐倫理的に省察することは、最も緊急な必要性をもっていた〔宮田光雄『ボンヘッファー』岩波現代文庫、二六八頁以下「抵抗運動と摂理信仰」を参照〕。

歴史と善（第二草稿）*1

〔善いことと生きること〕

〈善とは何か〉という問いは、われわれには、いつでもすでに、もはや元に戻すことができない状況のなかで見出される。すなわち、〈われわれは生きているのだ〉という事実のただなかで。このこ

＊1　この破棄されなかった第二草稿の冒頭の部分は――抹消されることなく――二つ折りされた大判用紙（数字の書き込みなし）の表面、さらに裏面の半分を占めている。〔こうして残された〕冒頭の第一頁は、第一草稿と同じく、〔「遺産と退廃」の草稿の一頁目とまったく同様に〕紙面の左上に用紙番号《15.》を付けられている。次の次の同様に左上に付けられた《17.》を例外として、それ以外のすべての用紙番号は中央上に付けられている。用紙番号《16.》は〔元の番号を〕覆い、したがって〔元の番号〕《2.》は差替えられている。――この第二草稿も《アイヒベルガー》の透かし模様をもつ二つ折り用紙を用いて書き始められている。第二草稿には、さまざまの章句を第一草稿から転用しているが、〔文章〕構成の仕方は違っている。導入のための文章（「われわれは生きている」）から、S.246まで、また、同じく、S.248–250（「キリストをわれわれの生命として」）、さらに、それにもとづいて厳密にキリスト論的に規定された〈責任〉の概念S.254–256は、ともに新稿である。

とは、いずれにしても、〈あたかも初めて、新しくかつ美しく、われわれが生をつくり上げねばならない者であるかのように〉善にたいする問いを提起し、それに答えることがもはやできない、ということを意味している。

われわれが〈善とは何か〉を問うのは、被造物としてであって創造者としてではない。もしもわれわれが生きていないのなら、したがって、何か見せかけの状態で生きているのなら、〈何が善であるか〉というようなことは、われわれには関わりがないであろう。――じっさい、われわれは、生きている者として、この問いを一度であれ決して本気でもち出すことはできないのである。なぜなら、われわれは、生からの抽象化というようなことも、ただ生に縛りつけられた者としてのみできるのであり、まったく勝手気ままにできるわけではないのだから。それ自体として〈何が善であるか〉というのではなく、所与の生という前提の下で、また生きている者としてのわれわれにとって*2〈何が善であるか〉ということ、それが、われわれの問いなのである。

したがって、生を度外視するのではなく、われわれは、生のただなかに踏み込んでいくことによって、〈善とは何か〉を問う。*3〈善とは何か〉と問うことは、自《おの》ずから、われわれが生きていることの一部分であり、同時にまた、われわれが生きていることには、〈善とは何か〉という問いがすでに含まれているのである。その時々に規定された、しかし完結されてはいない、〔つまり〕一度限りでありながら、またいつも流れ去っていく、われわれの生の状況のただなかで、つまり、人間や事物や制度や権力にたいする生きた関わりのただなかで、換言すれば、われわれの歴史的現存在《ダーザイン》のただなかで、〈善とは何か〉という問いが提起され決定されるのである。〈善とは何か〉という問いは、もはや〈生とは何か〉、〈歴史とは何か〉という問いから切り離しえないのである。[*4]

倫理的思考に依然としてなお支配的なのは、孤立した個々の人間を抽象的にとらえることである。〈すなわち〉個々の人間がそれ自体として善とされている或る絶対的な基準に従って、〈いつでも自分だけで、はっきり認識された善と、はっきり認識された悪とを、明確に区別し決定せねばならない〉と考える見方である。われわれは、（すでに述べてきたことすべてによって）そのような考え方を捨て去ってきた。このような孤立した個人は存在しないし、また、われわれには、それ自体として善であるような、自由に用いうる絶対的基準などがあるわけではない。歴史においては、善と悪がその純粋な形で示されることはない。

このような抽象化の基本図式によって考えていくと、むしろ、いずれの部分においても、まさに特有の倫理的な問題が損なわれてしまう。その歴史的状況と歴史的結びつきから切り離されて孤立化した個人を、そもそも倫理的に重要なものと認めうるかどうかということが、少なくとも大いに疑わしい。その非現実性という点では、ともかく興味のない理論的な極限的事例にすぎない。すなわち、それ自体として〈善なるもの〉の絶対的基準は――そのような基準をそもそも矛盾なしに考えうると前提しての話だが――〈善〉というものを死んだ〈律法〉[*5]（Gesetz）に、つまり、いっさいの生命といっさいの自由とを犠牲として捧げる〈モロクの神〉に変えてしまい、正真正銘の〈当為〉（Sollen）のも

＊2　「われわれにとって」という言葉には、インクによる下線が薄く引かれている。欄外にはインクによる疑問符。＊3　この文章では、「踏み込んで」と「われわれは」には薄い下線。それに並べて欄外には疑問符（?）あり。
＊4　以下のテキストは、S.218。＊5　差替え「破壊者」。「モロク」は、人身供儀を要求する古代セム族的な神名。

つ拘束力を失ってしまうのである。なぜなら、〈善〉それ自体〔といったもの〕は、生との本質的な関わりをもつことのない、自分だけで立っている極めて抽象的な構成物にすぎないのだから。すなわち、〈はっきり認識された善〉と〈はっきり認識された悪〉とのあいだの決定が人間の認識自体を、その決定から排除するのである。〔つまり〕〈倫理的なもの〉は、すでに善へと方向づけられた認識と、まだ反抗している意志とのあいだの抗争のなかへ移され、それによって、その認識と意志とをもった全体としての人間は、正真正銘の決断を下しえないようにされてしまうのである。全体としての人間は、歴史的状況の多義的なあいまいさのなかにあって、あえて行為の冒険に打って出ることによってのみ〈善なるもの〉を追求し発見するのである〔から〕。このような生からの抽象化によって、〈倫理的なもの〉は、一つの静的・固定的（statisch）な基本形式へと還元される。そこでは、人間は、その現存在《ダーザイン》の歴史性から引き離され、純粋に私的な、純粋に観念的なものの真空地帯に置き換えられてしまう。生との関わりを度外視して、特定の原則*6を貫徹することが、ここでは倫理的な課題だとみなされるのである。

このことは、一方では、生きるということを完全に私的な関心事としてしまう。そこでは、他の人びとを顧慮することなく、ただ自分自身の立てた原則に忠実であることだけが善であると考えられる。その諸原則の過激さの程度に応じて、それにともなう生活形式は、市民としての私的な生活領域への逃避から、修道院への隠遁に至るまで、さまざまの形をとることができる。しかし、また他方では、〈倫理的なもの〉の抽象的理解からは熱狂主義が生まれる。その場合には、その生活形式は——そこで適用される諸原則がどのようなものであるかに従って——偉大なる政治的熱狂主義者やイデオローグたちから、ついにはあらゆるニュアンスをもつ愚かな、ずうずうしい生の改革者たちまでも含まれることになる。

われわれは、〈このような試みはすべて、生それ自身において挫折してしまったし、また、つねに挫折するであろう〉と言わねばならない。しかし、その場合、この〈挫折〉という言葉を陳腐な意味での失敗そのものと理解するのではない――イエス・キリストの生涯も、彼は私的な聖者でもなく、熱狂主義者でもなかったが、失敗に終わっている。われわれが考えているのは、特別に性格づけられた失敗のことである（たとえ一時的には勝利であるかのように見えても、いつでもすでに失敗であるような失敗のことである）。この失敗は、究極的には次の事実にもとづいている。すなわち、そこでは、そもそも生との、〔つまり〕人間との正真正銘の出会いが起こってはいない、ということである。じっさい、そこでは、何か疎ましいもの、不正なもの、作為されたもの、幻想的なもの、さらにその際、とても猛々しいものまで振りまかれるのだが、人間自身の真情にはピッタリ触れることなく、それによって変革されることも、決断せざるをえなくなるようなこともない、ということである。人間に提供されてきたもろもろのイデオロギーは、人間にたいして猛威を揮い、ちょうど悪夢がとりついて苦しめ、目覚めれば離れ去るように人間を見棄てる。あとでそれらを思い起こすのは辛いことである。人間は、それによっていっそう成熟し、いっそう強くされるのではなく、ますます貧しくされ、いっそう不信感をもつようにされるだけである。もしこのように目覚めて惨めな思いをしている

＊6　S.220を参照（そこには傍線あり）。

ときに、この人間にたいして神が創造者として御自身を示され――人間は、その御前にあって被造物としてのみ生きることができる――このようにして、この貧しさを祝福したもうならば、それは恵みである。

生の傍らを通り過ぎてしまうという、善の抽象的概念にたいして上げられる非難は、そこでは、善が生に対立するものとなっているという意味ではない。むしろ、この非難は、ここでは、善が何ら正真正銘に対立するのではなく、その傍らを通り過ぎてしまうことが問題だ、という意味である。そこでは、生は知る必要のない〈無視しうる数量〉(quantité négligeable)[*7]となっている。その場合に、生は、せいぜいのところ、その起源とその救済とを精神と理念とに負う《自然》の一部分として理解される。しかしながら、善と生とが、ちょうど自然と精神との関係のように関係しあっているところでは[*8]、生の真実の克服は存在せず、律法的(gesetzlich)に理解された対立が主張されるだけである。その対立には何の和解もなく、たかだか一方が他方を暴力的に抑えつけることで終わってしまう。そのことは、生を無視する善の概念が本質的に不毛であることを示している。すなわち、そのような善の概念は、生という概念をそのなかに含んではいても、現実には対応していないし、また善と生との対立を克服する力もない。こうした不毛性は、生それ自体を問うこと〔の必要性〕を教えるのであり、この問いに答えることを通じて、同時に〈善なるもの〉を正しく理解するための導きを追求するのである。

イエス・キリストは、御自身について「私は生命である」(ヨハ一四・六、一一・二五)[*9]と語りたもうた。その時以来、いかなるキリスト教的思考も、いかなる哲学的思考さえも、この要求とそこに含まれている現実とを無視することはできない。このイエスの自己宣言は、生の本質自体を言い表わそうとする試みが、すべて無益であり、すでに挫折していることを明らかにしている。われわれが生きている限り、また、われわれの生の限界、つまり、死を知ることがない限り、生それ自体が何であるかということについて、われわれは、どのように説明することができるだろうか。われわれは、生をただ生きることができるだけであって、それを定義することはできないのである。イエスの御言葉――「私は生命である」――は、生についてのすべての思想を、御自身の人格と結びつけたもう。生にたいするいかなる問いも、この「私は……である」という御言葉の背後にまで遡ることはない。〈生とは何か〉という問いから、ここでは、〈誰が生命であるか〉という答えが出てくる。*10 生命は、事物や本質や概念ではなく、一個の人格であり、しかも特定の唯一の人格である。しかも、この特定の唯一の人格は、他の人びととのあいだに共通して見られるものではなく、この人格の〈私〉におけるイエスの〈私〉である。

この〈私〉を、イエスは、生の本質を決定しようとするあらゆる思想・概念・方法と明確に対立させたもう。彼は、「私は生命をもっている」とは言わないで、「私が生命である」と言いたもう。したが

*7 ドイツ語訳《無視しうる数量》。*8 古くからの《自然》と《精神》との対立は、近代的な自然諸科学の凱旋行進によって尖鋭化された。精神諸科学は、精神を分割すること、さらに自然にたいしてその優位を示す（精神が自然にたいしてその法則を定める）ことによって応答した。*9 草稿記載の「一一章二七節」を、このように訂正。*10 一九三三年の「キリスト論」講義における、《いかに》への問いと《誰か》への問いの区別（DBW 12, 281-284）を参照。

って生命は、この〈私〉から、イエスの人格から、切り離して考えることはできない。イエスは、このことを宣言したもうことによって、彼は、ただたんに一般的な〈生命そのもの〉（*das* Leben）、すなわち、もしかしたら私には関わりがないかもしれない何か形而上的な存在というのではなく、まさに私の生命、われわれの生命であると言われる。それは、パウロが「私にとって、生きることはキリスト」（フィリ一・二一）、「キリスト、われわれの生命」（コロ三・四）という言葉によって、きわめて即事的《ザッハリヒ》に、かつ同時に、逆説的に言い表わした[*11]事態なのである。私の生命は、私自身の外に、私が自由に処理しうる範囲の外にあり、私の生命は、一人の他者・見知らぬ人、すなわち、イエス・キリストである。しかし、このことは、比喩的に言えば、私の生命はこの他者なしには生きる価値がないとか、したがって、キリストが私の生命に特別な性質、特別な価値を貸与して下さるとかいう意味ではない。その場合には、なお生命それ自身が独自のストックをもっているかのようなことになる。そうではなく、イエス・キリストが生命それ自体なのである。このように私の生命について妥当することは、またすべての被造物についても妥当する。「そこに成ったもののなかで、彼は生命であった」（ヨハ一・四）[(1)]。

（1）R. Bultmann, Das Evangelium des Johannes, S. 21[*12]〔ブルトマン『ヨハネ福音書』〕参照。

「私は生命である」——これがイエス・キリストの御言葉であり、啓示であり、告知である。われわれの生命は、われわれ自身の外、イエス・キリストのなかにある。このことは、われわれの自己認識の結論では決してなく、外からわれわれに出会う要求であり、それにたいして、われわれは信じるか、それとも反対するか、いずれかなのである。この言葉は、われわれに突きつけられており――そのためにこそ、その言葉は語られている――それを聞くことによって、われわれは、生から、〔すなわち〕われわれの生から、離反していること、われわれは生と、〔すなわち〕われわれの生と、矛盾して生きていることを認識するのである。そこでわれわれは、このイエス・キリストの御言葉を聞くことによって、われわれの生にたいする否定《ナイン》を聞く。なぜなら、われわれの生は生ではないか、それとも、矛盾のなかにおいてもなおわれわれが生きているのか、すなわち、すべての生の、したがってまた、われわれの生の根源・本質・目標*13であるイエス・キリストという生命によって生かされているのか〔どちらかなのだから〕。

われわれの離反した生にたいするこの否定《ナイン》は、われわれの生とイエス・キリストの生命とのあいだには、終わりと壊滅と死とが存在していることを意味している。われわれが聞く否定《ナイン》は、われわれ自身にこの死をもたらす。しかし、この否定《ナイン》は、われわれにこの死をあたえることによって、一つの新しい生、イエス・キリストである生命にたいする隠された肯定《ヤー》となる。この生命は、われわれ自身があたえることのできない、まったく外部から、まったく彼方から、われわれの許に来る生命である、し

*11 削除「秘義に満ちた」。*12 ブルトマンによる（Das Evangelium des Johannes, S.21 における）ヨハ一・四aの再訳「そこで成ったもののなかで、彼（ロゴス［＝言葉］）は生命であった」を参照。ブルトマンの『ヨハネの福音書』は、当初、一九三八年一月と一九四一年四月に仮綴の分冊として刊行された後、一九四一年に一巻本として出版された。『倫理‐断片ノート』Nr.30では、「ヨハ一・四」には、「キリストは私の生命（フィリ一・二一）コロ三・四」がつけ加えられている。*13 S.225「根源的・本質的さらに目的的」を参照。

かし、決してわれわれからは遠く離れた、疎遠な、われわれとは関わりのない生命ではなく、われわれ自身の、現実の、日々に生きている生命である。ただ死のしるし、否定《ナイン》のしるしの下に隠されているしかないものだが、〔たしかに〕この新しい生命がそこに存在しているのである。(2)

(2) Bultmann, a. a. O., S. 308.[*14] 〔ブルトマン『ヨハネ福音書』〕

いまや、われわれは、この否定《ナイン》と肯定《ヤー》の緊張のただなかで生きている。われわれの生は、もはやイエス・キリストとのこのような関係以外に語られることはできない。生命そのものの、また、われわれ〔自身〕の生の、根拠・本質・目標であるイエス・キリストを離れては、〔すなわち〕われわれが創造された者であり、和解を受けた者であり、救われた者であるということ以外には、われわれは、ただ生物学的あるいはイデオロギー的な抽象的なとらえ方に辿りつくだけである。創造された者、和解を受けた者、救われた者として、イエス・キリストのなかにわれわれの根拠・本質・目標を見出す者として、われわれの生は、この肯定《ヤー》と否定《ナイン》のあいだの緊張関係のただなかで生きている。ただこの肯定《ヤー》と否定《ナイン》以外には、われわれは、キリストをわれわれの生命として認識することができない。それは、創造と和解と救済の〈然り《ヤー》〉であり、その根源・本質・目標から離反した生にたいする裁きと死という〈否《ナイン》〉である。しかし、キリストを知っている者は誰でも、この否定を抜きにした肯定を聞くことはできないし、またこの肯定を抜きにした否定を聞くことはできない。

それは、創造、生成、成長、開花と結実、健康、幸福、能力、達成、価値、成功、偉大さ、栄誉[*15]にたいする肯定であり、要するに生命の力の発展にたいする肯定である。それは、〔同時に〕それらすべてのもののなかにつねに初めから含まれている、生命の根源・本質・目標からの離反にたいする否定である。〔すなわち〕この否定は、死、苦難、貧困、断念、犠牲、謙譲、卑下、自己否定を意味しているが、すでにそのなかにふたたび新しい生命にたいする肯定を含んでいる。すなわち、その生命は――たとえば限度を知らない生命力（Vitarität）の発展が禁欲的に精神的な生活態度とあたかも結びつくことなく並存していたり、あるいは、《造られたままなるもの》（das Schöpfungsgemäße）と《キリスト教的なもの》（das Christliche）とが、あたかも単純に並存していたりする場合のように――肯定と否定との並存に陥り、その結果、肯定と否定とが、イエス・キリストにおけるその一体性を失うようなことはない。そうではなく、むしろ、イエス・キリストにおいて一つであるこの新しい生命は、この肯定と否定とのあいだの緊張のただなかでつながり、すべての肯定においてすでに否定が聞かれ、すべての否定においてまた肯定が聞かれるようになるのである。生命の力《レーベンスクラフト》の発展と自己否定、成長と死滅、健康と苦難、幸福と断念、達成と謙譲、栄誉と自己卑下とは、切り離しえない対立をはらみつつも共に生きた一体性を形造っているのである。

一方を他方にたいして独立させようとしたり、一方を他方にたいして反目させたり、一方を他方にたいして取り立てたりしようとするすべての試みは、手のつけようがないほどに生の統一性を破壊して

＊14　Bultmann, a. a. O.〔ブルトマン、前掲書〕S. 308「あの ζωή〔生命〕は、それゆえ、この世にたいしては死のマスクをつけて現われる」を参照。＊15　削除「勝利（Sieg）にたいする」。ナチ・ドイツでは、この用語が〔よく〕使用されるゆえに、おそらく省略したのであろう。ドイツの軍事的勝利を臨時ニュースで誇らかに報道する際には、「勝利万歳」（Sieg Heil）が合言葉として使われていた。

しまう。そこでは、〈生命力《ヴィタリテート》の倫理〉[17]と〈いわゆるイエスの倫理〉[16]という抽象化を生み、山上の説教とは何の関係ももたないあの自律的な生の領域という周知の理論〔＝固有法則性〕に到達する。そこでは生の統一性は、ずたずたに引き裂かれてしまう。その分裂は、生に〈悲劇的－英雄的なもの〉[18]という暗い輝きをあたえるがゆえに、特別に深い現実認識の情熱《パトス》をともなって現われるが、しかし、イエス・キリストにおいてあたえられる生の現実を通り過ぎてしまうのである。誤った抽象化の結果として、人はいまや果てしなく続く軋轢のなかに引きずり込まれる。その軋轢を乗り越えて実践的行為に出ることはなく、それによって、ますます精力をすりつぶされるしかない。直ちに明らかになるのは、これらすべてのことが新約聖書とイエスの言葉からは遠く隔たっているということである。

キリスト者の行動が出てくるのは、生命力《ヴィタリテート》と自己否定とのあいだの、《この世的なもの》と《キリスト教的なもの》とのあいだの、〔つまり〕《自律的倫理》と《イエスの倫理》[19]とのあいだの、手のつけようがないほどの分裂にたいする苦々しい諦観からではない。〔むしろ〕それは、すでに成し遂げられたこの世と神との和解にたいする喜びからであり、イエス・キリストにおいて成し遂げられた救いの御業によってあたえられた平和からであり、すべてのものを包む生命としてのイエス・キリストからである。イエス・キリストにおいて神と人間とは一つとなったゆえに、このキリストを通して、キリスト者の行動においては、〈この世的なもの〉と〈キリスト教的なもの〉とは一つとなる。これら二つのものは、永遠に敵対的な原理として対立しあうのではない。そうではなく、キリスト者の行動は、キリストにおいて創造された神とこの世との一体性、そして生命の統一性から湧き出てくる。キリストにおいて、生はふたたびその統一性を見出すのである。なるほど、生は、〔あくまでも〕肯定《ヤー》と否定《ナイン》との矛盾のなかにある。しかし、その矛盾は、キリストを信じる人間の具体的な行動において、くり返し克服されていくのである。

再度、〈善とは何か〉という問題に戻ってみよう。[20] われわれは、ここで、差し当たり次のように言うことができる。いずれにせよ、そこでは、生からの抽象というようなことは問題とはならない、と。たとえば、生から独立した特定の理想や価値を実現することが問題ではなく、生それ自体が問題なのである。善とは、現実性をもって存在する生、すなわち、その根源・本質・目標において存在する生であり、したがって、「私にとって、生きることはキリスト」[21]という言葉の意味における生である。善とは、生の性質ではなく、〈生〉そのものである。〈善くある〉(gutsein)とは〈生きる〉(leben)ことである。

具体的には、この生は、肯定と否定との矛盾的統一のなかにある。[22] そして、この統一性を生は、自分自身の外に、イエス・キリストのなかに見出す。しかし、イエス・キリストは、人間であって同時

＊16 S. 228 f を参照。 **＊17** S. 229(「……山上の説教をもってしては政治をすることができない」、さらにS. 41 f(「固有法則性」)参照。 **＊18** S. 236を参照。 **＊19** エルンスト・トレルチは、彼の論文「倫理学の根本問題」〔前掲『トレルチ著作集』所収〕のなかで扱っている。上掲、S. 228《イエスの倫理》参照。〔トレルチは〕628 u. ö. で、ヴィルヘルム・ヘルマンを引き合いに出しながら《カント的自律性》を論じている。カール・ホル(Holl, Luther, 227)のルターは「最高の様式による《倫理的自律性》を基礎づけた」をも見よ。近代的自律性は——人間は理性によって自己自身に法則をあたえる(ギリシャ語 αὐτός《自身》、さらに νόμος《法則》を参照)——むろん、信仰から自己を理解することはしなかった。 **＊20** この草稿の冒頭(「善とは何か」という問い……)を参照。なお、S. 234をも参照。 **＊21** フィリ一・二一。 **＊22** 削除「くり返し新しく実行し(〔差替え「いずれの思考、知覚、行為におい

に神である。キリストにおいて、人間と神との根源的・本質的な出会いが起こる。今後、人間は、イエス・キリストにおいて以外に、考えられることも認識されることもない。また神は、人間の形をとりたもうたイエス・キリストにおいて以外に、考えられることも認識されることもない。イエス・キリストにおいて、われわれは、すべての人間が神に受け入れられ・担われ・愛され・神と和解させられていることを見出す。イエス・キリストにおいて、われわれは、われわれの兄弟のなかの最も貧しいものの形をとりたもうた神を見る。神それ自身が存在しないように、人間それ自身〔というもの〕は存在しない。二つとも共に空虚な抽象物である。

人間は、キリストの受肉において受け入れられた者であり、キリストにおいて愛され、裁かれ、和解を受けている。神は、人となりたもうた神である。*23 神との関係を抜きにしては、人間との関係は存在しない。そしてその逆もまた真である。したがって、イエス・キリストとの関係が、はじめて私と他の人間との関係、さらに私と神との関係を基礎づけている。イエス・キリストがわれわれの生であるように、いまや——彼から出発して！——また次のように言うことも許される。他の人びとがわれわれの生であり、神がわれわれの生である、と。ということは、じっさい、われわれと他の人びととの出会いは、われわれの神との出会いと同じように、われわれとイエス・キリストとの出会いにおいて起こるのと同じ〈然り《ヤー》〉と〈否《ナイン》〉の下にあることを意味する。

人びととの出会い、神との出会いにおいて、この〈然り〉と〈否〉とが矛盾だらけの統一のなかで結びつけられ、それが、自己を無にした〔＝無私の〕自己主張、〔つまり〕神と他の人びとにたいして自己を放棄する自己主張となることによって、われわれは《生きる》のである。*24

われわれは、イエス・キリストにおいてわれわれに向けられた神の御言葉（Wort Gottes）にたいして応答する（Antwort geben）ことのなかで生きる。それは、われわれの生全体に向けられた御言葉であるゆえに、まさにそれゆえに、この応答もまた、その時々に行動することによって現実化され、あたえられるその生全体をもってする、全体的な応答でありうる。イエス・キリストにおいて、〈然り〉と〈否〉としてわれわれの生に出会う生命は、この〈然り〉と〈否〉とを受け入れ、さらにそれを結び合わせる生によって応答されることを求めている。

われわれの生にたいする〈然り〉と〈否〉としてのイエス・キリストの生命にたいする応答としてのこの生を、われわれは〈責任〉〔＝応答すること〕（*Verantwortung*）と名づける。*25 この責任という概念には、イエス・キリストにおいてわれわれにあたえられている現実にたいする応答の包括的な全体性と統一性とが意味されている。それは、たとえば有用性を考慮することから、あるいは特定の諸原

ても」も、さらに生を形づくる」。 **＊23** S. 222を参照。そこには傍線あり。マタ二五・四〇をも参照。 **＊24** 以下の文章――これにはS. 269以下にたいして用いられたのと同じ明るい多孔質の二つ折り用紙が用いられている――は、キリスト論的な〈責任〉概念を展開した挿入文（S. 253–256）である。挿入文の冒頭部分は、『倫理-断片ノート』Nr. 17で、すでに定式化されていた。挿入文の終わりには、サブタイトル「責任を負う生の構造」がつけ加わる（S. 256を見よ）。 **＊25** ボンヘッファーの〈責任〉理解に関して、K. Barth, KD II/2, 714f〔バルト『教会教義学』第二巻「神論」第二分冊〕を参照。ボンヘッファーは、ここでは相関的な人間理解（『倫理-断片ノート』Nr. 31）の「個人は、責任を負いつつ、周囲の人びとのなかで、また、その人びととともに結びついている」を参照）だけでなく、応答的な（responsorisch）、すなわち、生をもって「応答する」（*Antwort* geben）という人間理解を展開している。神学的・キリスト論的な《生》のとらえ方によって、この理解は、行動を刺激にたいする《反応》（response）

則からあたえられるような部分的応答（Teilantwort）とは、はっきり区別される。[*26] イエス・キリストにおいてわれわれに出会う生命にたいしては、そのような部分的応答では不十分であり、ただ全体的な応答、そしてわれわれの生をもってする応答のみが求められている。それゆえ、責任には、生の全体が賭けられるのであり、生と死を賭けて行動することが問われている。[*27]

この場合、われわれは、責任という概念に、この言葉の日常的用法においては出てこない十分な内実をあたえようとしているのである。この責任という観念〔の内実〕は、たとえばビスマルクやマックス・ウェーバーにおけるように、倫理的には最高度に重要な地位をあたえられている概念ではある[*28]が、それでもなお十分だとは言い難い。しかし、聖書においても、この概念は、たとえ決定的な標識《メルクマール》を示すものとして登場してくるところでも、そのように際立って重要な箇所では、ほとんど出会わない。

聖書の意味における責任とは、まず第一に、キリストの出来事に関して他の人びとから問われたときに、自分の生命を賭けて、言葉をもって答えることである（二テモ四・一六、一ペト三・一五、フィリ一・七、一六）[*29]。私は、自分の生命を賭けて、イエス・キリストを通して起こった出来事に、言葉をもって応答する。したがって、私は、まず第一に自分自身や自分の行為を弁明する〔＝責任をとる〕（verantworten）のではなく、自分自身を義とするのではなく（二コリ一二・一九）、イエス・キリストについて弁明するのであり、それゆえに、むろん、キリストから私にあたえられた委託について弁明するのである（一コリ九・三）。ヨブが神の御前に自分の道を弁明しようとする（ヨブ一三・一五）向こうみずな態度は、最後には、ヨブにたいする神の御言葉によって打ち砕かれる。「神を非難する者はこれに応答せよ。＊30 ヨブは言った。ああ、私は取るに足りない者。何を言い返せましょうか。私は自分の手を口に置きます」（ヨブ四二・二ー四）。もしわれわれが次のように言うなら、それは、聖書の語っている線をはっきりなぞっていることを意味している。すなわち、〈私は、人びとの前で、生命であるキリストにたいして責任をとることによ

と解する行動主義（Behaviorismus）から区別される。＊26 「特定の諸原則」は草稿の「良心の原則」を差替えたもの。「有用性」については、ジェレミー・ベンサムによる功利主義を参照。「部分的応答」については、H. Nohl. Die sittlichen Grunderfahrungen, 15「いずれの意味論にも倫理的現実性の部分がふくまれているが、その誤りは、いつでも、次の点にある。すなわち、それが倫理的生の全体性をただそれぞれの一面的な視点から、つまり、倫理的生の部分的内容から解釈し、形づくろうとすることである。……生産的な生は、個性的で歴史的な形態をもつ。そのことが生の力であり、また限界である」。『倫理-断片ノート』Nr. 30 には「力―― δύναμις ノール」というメモ。＊27 《責任》というタイトルをもった『倫理-断片ノート』Nr. 19 には、さらなる第二草稿（S. 254–299）のためのナンバーをつけた草案が示されている。＊28 M. Weber, Politik als Beruf 536 f. 545 ff〔ウェーバー『職業としての政治』〕。ビスマルクは、〔ドイツ〕帝政建国以来（一八七一年以後）、「ルター主義的、キリスト教な、すなわち、キリスト教の神の御前における自己の責任を自覚した政治家、〔すなわち〕《予防戦争》に走るいっさいの誘惑にたいして、〔さらには〕、そもそも外交政策上の権力拡大目的を追求して過度に緊張することにたいして抵抗した政治家」（G. Ritter, Machtstaat und Utopie, 193）として特徴づけられる。Otto von Bismarck, Gedanken und Erinnerungen, Bd.2 (1898), 266 (=1981: 468) によれば、「ドイツは、おそらく戦争に勝つことによってのみ獲得されるような、いかなる目的にも誘惑されなかったヨーロッパにおける唯一の大国である」（ペトラ・リッターの示唆による）。＊29 草稿における一テモの代わりに二テモを、さらに「フィリ一・一七」を代えて一・一六に訂正。＊30 ヨブ四〇・二。以前の数え方では三九・三二（ルター訳聖書）「神を叱責する者は、みずから応答すべきではないのか」。

って——そして、ただそうしてのみ——同時に、キリストの御前で、さらに他の人びとにたいして責任をとるのである。すなわち、私は、人びとの前でキリストにたいして責任をとることによって、同時に、キリストの御前で人びとにたいして責任をとるのである〉と。私が人びとに証言すべきキリストにたいしてとっている責任は、同時に、キリストに証言すべき人びとにたいする責任として出てくる。人びとの前でイエス・キリストにたいして負っている責任は、キリストの御前で人びとにたいしてとる責任である。そしてただそこにおいてのみ、神と人びとの前での私自身の責任がある。人びとから、また神の御前で、弁明することを求められたとき、私はただ、イエス・キリスト——人びとの前で神のために執り成し、神の御前で人びとのために執り成したもうたイエス・キリスト——を証しすることによってのみ答えることができる。責任を負う行為は、神の御前で、神のために行なわれ、人びとの前で、人びとのために行なわれる。それは、いつでも、イエス・キリストの〈事柄《ザッヘ》〉にたいして責任を負うことであり、そしてただそのことによってのみ、自分自身の生にたいして責任を負うのである。責任を負うということは、ただ、言葉と生活とをもって、イエス・キリストにたいする信仰を告白することである。*31

　教義学におけると同様に倫理学においても、われわれは、ただたんに聖書の用語をくり返すことはできない。変わりつつある新しい倫理の問題性は、新しい用語を要求している。しかし、その際には、用語の意味を拡大して使用することが〈事柄《ザッヘ》〉から逸脱する危険性を含んでいるということを、考慮しておかねばならない。聖書的用語を用いる場合にも、このような危険を免れているわけではないという事情も同様である。

責任を負う生の構造

責任を負う生の構造は、次のような二重の要素によって規定されている。すなわち、神と人間とに生を束縛されることによって、また自分自身の生の自由によって。この神と人間とにたいする束縛こそが、自分自身の生を自由のなかへ設定する。*32 この束縛なしには、そして、この自由なしには、何らの責任〔ある生〕も存在しない。ただし、この束縛のなかで自己を無とする〔＝無私の〕生だけが、自分自身の生と行動との自由を生み出す。この束縛（*Bindung*）は、代理（*Stellvertretung*）と現実にたいする即応性（*Wirklichkeitsgemäßheit*）という形をとり、この自由は、生活と行動との自己帰責〔＝自分に責任があるとすること〕（*Selbstzurechnung*）と具体的な決断の冒険（*Wagnis*）において明らかにされる。これによって、われわれが責任を負う生について考察せねばならない見取り図があたえられ

*31 人びとにたいする責任については、S.256–258（代理）。人びとの前での責任については、S.256《自己帰責》（さらに、S.283 および 275f を参照）。すなわち、キリストに結びつけられた者は、この結びつきのゆえに、人びとから責任を問われる。 *32 H. Nohl, Die sittlichen Grunderfahrungen, 198 における定式化を参照。すなわち、「……いつでも、それは、ある束縛、自由にする束縛である」。《構造》については、Nohl, a. a. O., 137（二つの傍線とコロンの後の文章につけた感嘆符をもつ）を参照。「論理学におけると同じく倫理学においても、われわれは、二重の出発点をもち、その一つを他の一つに還元することはできない。すなわち、〈事柄の構造〉と〈われわれの体系的思考の統一性〉とである」。

る。[33]

〔代理〕

責任を負うことを支えているのは、代理ということにある。そのことは、他の人に代わって――たとえば、父親として、[34]政治家として、教師として――行動せねばならないという関係のなかで、もっともよく明らかになる。父親は、子どもたちのために働き、心遣いをし、とりなし、戦い、苦しむことによって、子どもたちに代わって行動する。そのようにして、父親は本当に子どもたちの代理となるのである。彼は、孤立した個人ではなく、自己のうちに多くの人たちの〈私〉(das Ich)を一つに集めている。彼が独りであるかのように生きようとする試みは、すべて、事実上、彼の責任を否認することである。彼は、自分が父親であるということから来る責任を免れることができない。このような現実によって、〈すべて倫理的行為の主体は孤立した個人である〉というフィクションは破綻する。孤立した個人ではなくて、責任を負う人間が主体であり、この主体にたいして倫理的省察が向けられねばならない。[35]このことは、その責任がどのような範囲で担われるのか、個別的な個人にたいするものか、一つの共同体にたいするものか、それとも共同の集団全体にたいするものか、そうした区別は何ら関わりない。責任を負うこと、すなわち、代理を果たすことから逃れることはできないであろう。たとえ独りきりの人間であっても、代理のつとめを果たしつつ、じっさい、彼は特別に資格づけられて生きるのである。彼の生活は、人間そのものを代表し、人類を代表して生きているのであるから。自分自身にたいする責任という概念は、責任というものを――まさに自分が人間であるのだから——一個の人間としての自分に向かい合っているのだ[*36]と考えるときにだけ、意味深いものとなる。自己責任というのは、真実には、人間にたいする、すなわち、人類にたいする責任である。イエスは、結婚や家族や職業などの特別な責任を負うことなしに生活されたが、しかし、そのことは、彼を責任の領域の外に置くものでは決してなかった。そうではなく、彼は、すべての人間にたいする責任を負い、またすべての人間を代表したもうたのだということを、ますます明らかに示しているだけである。しかし、ここでわれわれは、今まで述べてきたことのすべての根底にあるものに触れることになる。[*37]イエス——生命、われわれの生命である——は、人となりたもうた神の御子として、われわれのために代理して生きたもうたのだから、それゆえ、すべての人間の生は、本質的にイエスが代わって生きたもうた生なのである。イエスは、決して御自身の完全性に到達することを欲したもうた単独者ではなく、ただ御自身のうちにすべての人間の〈私〉(das Ich)を受け入れ、担われる方として生活されたのである。彼の生涯、行動、苦難の全体は、代理であった。人間が、生き、行動し、苦しむはずのことは、彼において成就している。彼の人間的実存を形づくっているこの真実《レアール》の代理的行為において、彼は、端的に責任を負う方であられる。彼は生命でありたもうゆえに、彼によって、すべての生命は、〔この〕代理へと定められているのである。生命が彼にたいして反抗しようとしまいと、生においても死においても、われわれの生は、じっさい、いつでもイエスが代わって生きまた死にた

*33　S.289では、ふり返って見ながら、《代理》、《現実即応性》、《罪の引き受け》(Schuldübernahme)、《自由》(Freiheit)と呼ばれている。*34　S.219fを参照。*35　差替え「倫理的行動の主体」。*36　差替え「私〔自身〕である人間に向かい合っている」。*37　以下の点については、S.230fを参照。

もうた生であることに変わりない。それは、ちょうど善くても悪くても、父親は父親であることに変わりはないのと同様である。

代理と、それゆえ責任感（Verantwortlichkeit）とにおける生活は、ただ自分自身の生活を他の人びとのために捧げ尽くすなかにのみ存在する。ただ無私のものとして生きる者のみが責任的に生きる。すなわち、〔真実の意味で〕生きるのである。神の然りと否とが人間において一つとなるところで、そこに責任ある生活がなされる。責任を負う生活における〈無私性〉（Selbstlosigkeit）[*38]は、まったく余すところのないものであるから、つねに良心をもつことなしに行動する人間についてのゲーテの言葉は、ここに、その正当な位置をあたえられることになる。代理として生きる生活が乱用されれば、それは自己絶対化と他者絶対化という二つの面からおびやかされる。第一の場合には、責任のとり方は暴行と独裁へと導かれる。ここでは、ただ〈無私である者のみが責任的に行動しうるのだ〉という事実が見落されているのである。第二の場合には、私が責任を負っている他の人びとの幸福が――それ以外のすべての責任を無視することによって――絶対化され、そこでは、イエス・キリストにおいてすべての人間の神でありたもう神の御前での責任を軽蔑して、勝手気ままな行動が生まれる。この両方のいずれの場合にも、イエス・キリストにおける責任ある生活の根源・本質・目標は否定され、責任は自分でデッチ上げた抽象的な偶像となる。

代理的な生活と行動として、責任は、本質的に人間の人間にたいする関係である[*39]。キリストは人間となりたまい、そのことによって、人間にたいする代理的責任を負いたもうた[*40]。事物や状態や価値にたいする責任というものもまた存在する。しかし、それは、すべての事物や状態や価値が、イエス・

キリスト、人となりたもうた神を通して、根源的・本質的に規定され、また目的をもって成り立っていること（ヨハ一・三）*41を、厳密に認めることなしには成り立たない責任である。キリストを通して、事物と価値の世界は、神の創造の目的にふさわしく、人間の方に向け戻される。しばしば耳にされる或る〈事柄《ザッヘ》〉にたいする責任という言い方は、この限界内でのみ、その発言権をもっている。この限界を超えるところでは、そうした言説は、事物が逆に人間を支配するという危険な仕方で、いっさいの生を倒錯させることに仕えるのである。〔たしかに〕真理・善・正義・美と言った〈事柄《ザッヘ》〉にたいする献身といったものは存在する。それを利用するという問題は、〈日常の用に供するというようなこと〉（Profanierung）かも知れないが、そこでも、やはり〈もろもろの最高の価値も人間に仕えるものでなければならない〉ということは明白である。

しかしまた、責任を負うこととはまったく無関係に、こうしたすべての価値を神として崇拝するよう

***38** O. Baumgarten, Politik und Moral, 150 は、ゲーテからの引用（Maximen und Reflexionen Abteilung 2〔『箴言と省察』〕）である。「行動者は、つねに無良心的である。観察者以外のだれも良心をもたない」。この引用、とくに前半の言葉は、しばしば目につく。たとえば O. Spengler, Der Untergang des Abendlandes, 548〔シュペングラー『西洋の没落』〕、F. Meinecke, Die Idee Der Staatsräson, 537〔マイネッケ『国家理性の理念』〕。（これにたいする指摘は、G. Krause, Art. Bonhoeffer, in: TRE, 64 Anm. 5）。H. Nohl, Die sittlichen Grunderfahrungen, 173. リュットゲルトでは、W. Lütgert, Ethik der Liebe, 232 には、この引用は、（バウムガルテンの本と同様に）「政治と倫理」と題する章で引かれている。 ***39** 差替え「個人の個人にたいする」。 ***40** 削除「理念〔にたいする責任〕は、ただ間接的に、これらの事実や状態や価値が人間のためにある限りにおいて存在する」。 ***41** 草稿では四節とされているが、〔聖書に従えば〕明らかに三節なので訂正。

なものも存在する。それは、人間を偶像のために犠牲にすることによって、人間を破壊する憑依状態《ひょうい》（Besessenheit）に由来するものである。〈事柄《ザッヘ》にたいする責任〉とは、人間のために事柄《ザッヘ》を利用したり、したがって、その存在を乱用したりすることではなく、それらの本質にふさわしく人間に向かって正しく方向づけることである。したがって、それ自体として価値あるものを、近視眼的・直接的な仕方で人間的な有用性に従属させること、俗物的なプラグマティズムは、[42]完全に排除される。それは、シラーの言葉を用いるなら「女神から乳牛をつくり出す」[43]ことである。しかし、事物の世界は、根源的・本質的に、さらに目標として人格の世界へ方向づけてとらえられるときに、初めてその完全な自由と深さとを経験する。なぜなら、パウロが述べているように、すべての被造物は、切なる思いで、神の子たちの栄光のあらわれることを待ち望んでいるからであり、じっさい、被造物自身が、滅びへの隷属（それは誤れる自己神化という形においても存在する）から解放されて、神の子たちの栄光の自由に入ることを待ち望んでいるからである（ロマ八・一九、二一）。

〈現実にたいする即応性〉

責任ある人間は、その具体的可能性に生きる具体的な隣人に関わりをもつ。その振舞いは、[44]当初から、また最後決定的に（ein für allemal）というのではなく、したがって原則的に固定しているのではなく、所与の状況に応じて成立する。彼は現実のいっさいの抵抗を排して、狂信的に貫徹せねばならないような、絶対的な妥当性をもつ原則を自由に用いるのでは決してない。彼は、所与の状況のなかで〈必要なもの〉、《命じられているもの》を把握して行動することを追求するのである。責任ある人間にとって、所与の状況とは、たんに手軽に自分の理念や自分のプログラムを、押しつけ・刻みつける素材なのではない。そうではなく、所与の状況は、意図されている行為を具体化するものとして、その行動のなかへ取り入れられるのである。《絶対的な善》のようなものが現実化されるべきなのではなく、むしろ、〈相対的にいっそう悪いもの〉にたいして〈相対的にいっそう良いもの〉を優先的に選ぶこと、《絶対的な善》は時としては〈最悪のもの〉でありうるということを認識すること、それこそ責任ある行動をする者の謙虚な自己限定の事柄である。責任ある人間は、現実にたいして、現実とは疎遠な法則を押しつけるべきではなく、むしろ、責任ある人間の行動は、正真正銘の真実の意味で、《現実にたいして即応する》（*wirklichkeitsgemäß*）ものなのである。

＊42 〈俗物〉（ギリシャ語由来のBanause）、すなわち、了簡の狭いプチブル根性の人間は、「事物・状態・価値」（*πρᾶγμα*《事柄》《関心事》参照）を、ただ自分に関わることにのみ引きつけて認識する。**＊43** H. Nohl, Die sittlichen Grunderfahrungen, 19「学生たちの勉学のために」〔の項〕。すなわち、「彼は、自分の仕事が後になってからのパンの獲得に役立つことを認めているが、その時になると自分が正しい方向からずれているのを自覚するのだ。シラーの言葉を用いれば、女神から乳牛をつくり、いっそう高貴な価値から低俗なもののために用いるのである」。この結尾の言葉（「……女神から……」）は、ボンヘッファーによって傍線が引かれている。シラーの風刺短詩（一七九七年）のなかの二行連詩「学問」を見よ。「ある者には高貴な天の女神、他の者にはバターを供給するよく働く雌牛」（この引用句やその他の古典的格言をD. Veerkamp と S. Gorski は確認している）。草稿では、以下の文章は削除「したがって、たとえば芸術に仕える、さもなくば真理に仕える」。**＊44** ここからS.262までのテキストは、S.220（「責任ある行動……」）からS.223までの第一草稿におけるテキストと、まったく対応して、ほとんど完全に重なっている。

この現実即応性という概念は、むろん、いっそう詳しく規定されねばならない。これをあたかもニーチェが口にした[*45]《既成事実にたいする奴隷的屈従》であるかのようにとらえるのは、まったくの、かつ危険きわまる誤解である。それは、その時々に、いっそう強い圧力に屈して、〈成功すること〉を原則的に正当化し、〈都合のよいもの〉をその時々に〈現実に即応したもの〉として選ぶ志向である。この意味での《現実即応性》は、責任感の正反対であり、すなわち、責任喪失性を意味するものであろう。もちろん、既成事実にたいする奴隷的屈従と同様に、〈既成事実にたいする原則的反対〉、〔つまり〕何らかのいっそう高い理想的現実の名において既成事実を原則的に拒否することも、正真正銘の意味での現実即応性に導くものではない。この両極端とも、事柄《ザッヘ》の本質からは、同様に、はるかに遠く離れている。

既成事実の承認と既成事実にたいする反対とは、現実に即応した正真正銘の行動においては、互いに分かち難く結合しているのである。その根拠は、次の事実にもとづいている。現実〔性〕(die Wirklichkeit) とは、最初から最後まで、何らかの中性名詞 (ein Neutrum)[*46]〔で表わされるようなもの〕ではなく、〈現実的な方〉(*der Wirkliche*)、すなわち、人間となりたもうた神だからである。すべての既成事実は、イエス・キリストという名前をもった現実的なその方から、その究極的な根拠づけとその究極的な破棄、その正当化とその究極的な反対、その究極的な〈然り〉[3]とその究極的な〈否〉とを経験する。この現実的な方を抜きにして現実を理解しようとすることは、責任を負う人間が決して陥ってはならない抽象化のなかで生きることであり、現実を見過ごしにして生きることであり、既成事実にたいする屈従と反抗という両極端のあいだを絶えず動揺することを意味する。

（3）ハンス・ホルバインは、〈死の舞踏〉を描いた彼の最初の絵のなかで、創造・太陽・月・風をあらわす際に、それを擬人化して描いている。そうすることによって、彼は、現実が究極的には人格的なもののなかに存在するという事実を表現している。まさにそこに原始的なアニミズムの真理契機の一つがひそんでいるのである。*47

神は人間となられ、神は人間の肉体をとり、それによって、人間の世界を神と和解せしめられた。*48 人間とその現実にたいする肯定は、この神が人間を受け入れたもうたという事実にもとづいて起こったのであり、その逆ではない。神が人間の現実を受け入れ、神が人間となりたもうたのは、人間とその現実が神の肯定に価するものであったからではない。〔それとは逆に〕人間とその現実が神の否定《ナイン》*49に価するものであったゆえに、神御自身が人間の肉体をとり、そして、人間の本質そのものの上に下され

*45 Nietzsche, Werke X, 402、それについてはS. 221を見よ。*46 この文章において《現実的な方》（現実的な［もの］ではなく）を強調しているのは、S. 222にたいする変更である。（そこでは「第一章」への指示あり）。『倫理-断片ノート』Nr. 13およびS. 35では「現実的なもの」と記されている。K. Barth, KD II/2, 565（……「いかなる中性名詞〔で表現されるべきもの〕でもなく……」）を参照。なおS. 328を見よ。*47 この絵は、子ハンス・ホルバインの『旧約聖書のための画集』の巻頭であり、ボンヘッファーは、その複製を所有していた。《アニミズム》（ラテン語animaは「霊魂」、「生の呼吸」の意）は、万物には霊魂が宿るという未開民族に抱かれている確信である。この注釈は草稿紙面の下の欄外に窮屈に書き込まれている。あきらかに後からの付記である。*48 「人間となられ……」以下の文章は、以下を差替えたもの。「現実的な方として現実性を取り上げ、それを肯定したもうた」。*49 これまでの〔ベートゲ〕版では「存在」（Sein）とされていた。しかし、S. 222を見よ。E. Feil, Die

た神の否定の呪いを御自身の身に負い、苦しみを受けたもうたことによって、人間とその現実を受け入れ、人間を肯定したもうたのである。この神の行動から、この現実的な方、イエス・キリストから、いまや現実は、その肯定と否定、その権利と限界とを受けとるのである。

肯定と反対とは、〈現実的な方〉を知った者の具体的行動において、いまや互いに結び合わされる。肯定も反対も、現実からは疎遠な世界や、機会主義あるいは観念主義の生み出した計画などから来るのではなく、イエス・キリストにおいて出来事となった神とこの世界との和解の現実から来るのである。イエス・キリスト、この〈現実的な方〉において、現実の全体が受け入れられ、総括されるゆえに、〔つまり〕彼のなかにその根源・本質・目標をもつゆえに、ただ彼においてのみ、ただ彼から出発してのみ、現実即応的な行動が可能となるのである。ただ既成事実を正当化するためにだけ存在する擬似ルター主義的なキリストではなく、また、いずれの体制変革をも祝福するラディカルな熱狂主義者のキリストでもなく、人間を受け入れ、人間とこの世界とを愛し、裁き、和解したもうた、人となりたもうた神、イエス・キリストこそが、現実に即応する行動の根源なのである。*50

このことから、〈キリストに即応する行動が、すなわち、現実に即応する行動である〉という命題が生まれる。この命題は、観念的な要求ではなく、現実そのものの認識のなかから生まれる発言である。イエス・キリストは、現実から疎遠な方として現実に対抗したもうのではなく、彼こそは、現実的なものの本質を御自身の肉体に担い、経験したもうた唯一の方である。〔すなわち〕地上のいかなる人間とも異なって、現実的なものから語りたまい、いかなるイデオロギーにも毒されない唯一の方であり、ずばり〈現実的な方〉そのものである。歴史の本質を御自身に担い、成就された方、歴史の

〈生の法則〉(Lebensgesetz) がそのなかに具体的に体現されている方である。彼は、現実的な方として、あらゆる現実的なものの根源・本質・目標でありたもうゆえに、彼御自身は、現実的なものの主であり、律法〔＝法則《おきて》〕（Gesetz）である。

したがって、イエス・キリストの御言葉は、彼の実存《エクシステンツ》の解明であり、それとともに、そこにおいて歴史が成就するあの現実の解明である。イエスの御言葉は、歴史における責任ある行動のための神の戒め（Gebot）である。〔すなわち〕この御言葉がキリストにおいて成就された歴史の現実、〔つまり〕キリストにおいてのみ成就された人間にたいする責任である限りにおいて。＊51 したがって、御言葉は決して抽象的な倫理［において］妥当するものではなく――もしそうであれば、御言葉はまったく理解しえないものとなり、決して解消しえない軋轢に導くしかないであろう――御言葉は、歴史の現実のなかから出てきたものであるゆえに、その現実のなかで妥当するのである。その御言葉をこの根源から切り離そうとするいずれの試みも、その御言葉を弱々しいイデオロギーに歪めて、それから、その根

Theologie Dietrich Bohoeffers, 200, Anm. 44〔ファイル『ボンヘッファーの神学』〕における訂正を参照。R. Mayer, Christuswirklichkei, 199 は、これまでの〔草稿文字の〕解読の誤りによって、あたかもここで「存在」について論じられているかのように論じている〔この本は、エルランゲン大学に提出された学位論文〈指導教授はヴァルター・キュネット〉であり、保守的なルター主義的〈保持秩序〉の視角から、ボンヘッファーの政治倫理をキリスト論的〈存在論〉と断定し、〈この世的な〉現実理解が欠如している、と批判したものである。キュネットの神学的立場については、宮田光雄『十字架とハーケンクロイツ』二四四頁参照〕。＊50 S. 220-223 に対応する部分の終わり。

＊51 第一草稿の S. 234 における対応箇所では、この文章は、「イエスのもろもろの御言葉（Worte Jesu）は、それゆえ、たとえば山上の説教……」のように、複数形で始まっていた。

源と結びつくことによってえられる現実的な力を奪い去ってしまう。[*52]
キリストに即応する行動は、現実に即応するものである。なぜなら、キリストに即応する行動とは、この世をこの世たらしめ、この世をこの世として認めながら、しかし、この世がイエス・キリストにおいて、神によって愛され、裁かれ、和解を受けている世界であるという事実を、けっして見失わないからである。そのことによって、《キリスト教的原則》に《この世的原則》が対立させられるのではない。むしろ、キリストとこの世とを、少なくとも一つの原則という概念によって通分し、[*53]そのようにして、この世におけるキリスト教的な行動を原則的に可能にしようとする試みは、キリストによって神と和解された世界を崩壊させることに通じている。——一方では、世俗主義、[*54]あるいはまた《固有法則性》(Eigengesetzlichkeit)の教説という形で、他方では、熱狂主義という形で。〔さらにまた〕この試みは、すべての悲劇的なものの素材をつくり出す、例の果てしない軋轢に通じている。こうしてまさにキリスト教的な生と行動との——まったく悲劇的ではない——一体性を破壊してしまうのである。この世的原則とキリスト教的原則とが互いに対立しているところでは、もろもろの律法〔＝法則《おきて》〕が——あるいは、むしろ、互いに調和し難い多くの律法が[*55]——究極的な現実として妥当しているのである。
人間が、互いに和解し難い諸法則の衝突する中で破滅するということこそ、ギリシア悲劇の本質をなすものである。クレオンとアンティゴネー、ヤソンとメデイア、アガメムノンとクリテムネストゥラは、じっさい、同一の生のただなかで和解されることのできない、二つの永遠の法則《おきて》の要求の下に立っている。すなわち、一つの法則《おきて》に服従することは、他の法則《おきて》を犯す罪をもって支払わねばならないのである。*56 一人の人間が正しく、他の人間が間違っているというのではなく、二人とも、生それ自身にたいして罪責があるのであり、彼らの生の構造は、神々の律法にたいして罪責を負うものであるということこそ、すべての正真正銘の悲劇の意味なのである。これが、古代の獲得した最も深い認識であり、とくにルネサンス以後、この認識によって西欧の思想界は決定的に規定されてきた（初代教会と中世には、悲劇は存在しない）。その結果、この悲劇的認識がキリスト教の使信によって克服されたという徴候は、ごく稀にしか認めることができない。*57

*52 欄外〔の記入〕「この世はこの世である――しかし、キリストの要求とキリストによる完成――そのように、この世はキリストにおいて――原則的にではなく、すなわち、この世的-キリスト教的！にである」。*53 すなわち、一つの分母に、〔つまり〕共通の《基準》に合わせれば。*54 ここからS.236に対応する文章が始まり、そこからS.238まで傍線。*55 《多くの律法》についての詳論は、第一草稿（S. 233）では対応するものがない。ただ、第一草稿では、この連関で、山上の説教があげられている。しかし第二草稿のここには記されていない。*56 ボンヘッファーは、この文章のなかで三人のギリシャ悲劇作家のそれぞれに特に妥当する悲劇をあげている。アイスキュロス（「アガメムノン」）、ソポクレース（「アンティゴネー」）、エウリーピデス（「メデイア」）。M. Scheler, Formalismus, 619 Anm.2 [GW II, 595 Anm.1]〔シェーラー『倫理学における形式主義』〕「アイスキュロスとソポクレースによって芸術形式でわれわれに示されているような悲劇的なものの諸現象」についてを参照。〔さらに〕O. Baumgarten, Politik und Moral, 13は言及している。ギリシャの「偉大な悲劇作家たちは――アンティゴネーだけ〔でも〕考えて見よ！――は、個人的な倫理感の国家的戒律にたいする衝突を悲劇的な軋轢としてとらえている。……〔すなわち〕国家とその生の神聖な基本的形式としての戒律は、いかなる反対も許容しない」と。ボンヘッファーの理解においては、アンティゴネーもまた一つの戒律〔つまり〕家族的敬虔さの戒律に従っているのである。

*57 R. Schneider, Macht und Gnade, im Dialog „Künstler und die Dämonen", 220「パウル・エルンストは、彼が、

いずれにせよ、最近の[*58]プロテスタント倫理もまた、この〈悲劇的なもの〉の情熱《パトス》の下に立ち、この世におけるキリスト者の解決しえない軋轢を描き、またそれを指摘することによって究極の現実を言い表わそうとしている。しかし、古代的遺産にまったく呪縛されていながら、その事実を意識することがない。人間生活にこの悲劇的な局面を導入したのはルターではなく、アイスキュロスであり、ソポクレースであり、エウリーピデスである。しかし、ルターの〈真剣さ〉（Ernst）は古典的な悲劇作家の真剣さとはまったく異なる。彼らのもろもろの律法〔＝法則〕の形をとった神々の分裂ではなくて、神の統一性とイエス・キリストにおける神とこの世との和解。罪の不可避性ではなくて和解から出てくる単純な《アインフェルティヒ》生。[*59]運命ではなくて生の究極的現実としての福音。没落する人間にたいする神々の残酷な勝利ではなくて、恵みによって和解されたこの世のただなかにおける神の子としての人間の選び。──それらのことが、聖書にとっても、ルターにとっても、究極的に真剣に考えられねばならない事柄なのである。

それゆえ、この世的原則とキリスト教的原則とを究極的な現実として互いに対置することは、キリスト教的現実から古代的現実へ逆戻りすることである。同様に、〈キリスト教的なもの〉と〈この世的なもの〉とを原則的に一体のものとして理解することも、同じく誤りである。キリストにおいて成し遂げられた神とこの世との和解[*60]は、まったくひとえにイエス・キリストの人格において、〔すなわち〕人間に代わって責任を負うという行動をなしたもう方、人間にたいする愛のゆえに人と成りたもうた神としてのキリストにおいてのみ、成就されたのである。原則的な軋轢に引き裂かれることなく、すでに成就されたこの世と神との和解にもとづく人間の行動は、ただイエス・キリストからのみ出てくるのである。それは、醒めた精神《ニュヒテルンハイト》（＝冷静さ）、また単純さ《アインファルト》において〈現実に即応すること〉を実行する行動であり、責任を代わって担う行動である。何が《キリスト教的》であり、何が《この世的》であるかということは、当初から固定されているのではない。そうではなく、二つのものは、その独自性と一体性とにおいて、イエス・キリストによって創造された和解から出てくる具体的な責任

信仰に近づいていったときに、自分の悲劇的な詩の終わりに達したことを告白した」を参照。＊58　差替え「近代的」。＊59　差替え「法則」。ヴェルナー・エーレルト――この名前は、『倫理-断片ノート』Nr. 35に出ている――は、〈啓示された神〉と〈隠れた神〉とを対立させることによって――《神の一体性》にとって重荷となる――二〇世紀の新ルター主義における《運命》（と《悲劇》）という概念を流布させた。W. Elert, Der christliche Glaube, § 15 „Das Schicksal widerspricht sich selbst“ 126 f「古代悲劇は、これ〔群れの結びつきそのものがわれわれの罪のつながりを不可避なものとするということ〕を血族団体に即して明らかにした。家族の呪いは運命的に罪のつながりに働きかける。アイスキュロス……ソポクレース……」。128「悲劇作家の悲劇さのもつ現実性……」。663（§ 94における要約〔その他〕しばしば同様）「しかし、われわれは信ずる、ルターがこの命題において正当だということを。〔すなわち〕Deus vult suos fortes facere〔エーレルト訳によれば〕神は、彼につき従う者を英雄〔本来は、《強い者》〕にすることを欲する。英雄は、ただ闘争において〔そのように〕成る」を参照。エーレルトにおける〈英雄的なもの〉の強調については、S. 236とS. 251におけるボンヘッファーの「悲劇的-英雄的なるものの暗い輝き」という表現を参照。＊60　差替え「一体性」。この言葉は、第一草稿のS. 237と238における対応する文脈のなかにある「イエス・キリストにおいて創造された一体性」。S. 265 f〔本書のこの頁以下〕は、S. 237 fによって記述されている。〔なお〕「キリスト・現実・善」（一九四〇年）S. 44「キリストにおいて成しとげられた〈神の現実〉と〈この世の現実〉との一体性」も参照。この言葉による言い回しは、ボンヘッファーにとって、躊躇《ためら》いを覚えさせるようになったため、いまや（一九四二年）変更したのである。

を負う行動によって、初めて認識されるのである。

もしわれわれが、〈現実に即応する行動にとっては、この世は、どこまでもこの世である〉[*61]と言うならば、それは、今までに述べてきたことによって明らかなように、この世を原則的に孤立させることではないし、この世の自律性を宣言することでもない。そうではなく、このことは、すべての現実をイエス・キリスト御自身において基礎づけることによって出てくるものである。この世は、どこまでもこの世である。なぜなら、この世は、キリストにおいて愛され・裁かれ・和解された世界なのだから。いかなる人も、この世を飛び越えて、この世から神の国をつくる任務をあたえられてはいない。〔しかし〕ふたたび、悪い世界をその運命のなすがままに委ねて、ただ自分自身の美徳をのみ救おうとする敬虔なる怠惰[*62]に手を貸すのではない。むしろ、人間は、具体的な、したがって限定された〈打ってつけの[*63]〉責任の場に置かれている。この世を、神によって造られ・愛され・裁かれ・和解を受けた世界として認識し、この世のなかで、その認識に応じて行動する責任を負うのである。したがって、この《世》は、われわれにとっては、イエス・キリストにおいて、イエス・キリストを通してあたえられた、具体的な責任の領域[*64]なのであり、イエス・キリストにおいて、イエス・キリストを通してあたえられた、具体的な責任の領域なのであって、自己閉鎖的な体系が導き出されるような[*65]、何かしら一般的な概念なのではない。現実に即応して生きる者とは、この世のなかにそれ自体として存在している善い原則あるいは悪い原則を見てとり、あるいは、善と悪とが混在している原則を見てとり、そしてその原則に応じて行動する者ではない[*66]。そうではなく、限定された責任において生きかつ行動しつつ、この世の本質を、その都度、つねに新しく開明していく者なのである[*67]。

現実に即応する行動は、われわれの被造性による限界づけの下にある。われわれは、その行動の条件を自分でつくり出すのではなく、すでに当初からあるその条件のなかに自分が置かれているのを見出す。われわれは、決して乗り越えることのできない一定の限界のなかにあって、前方へと同じく後方に向かっても行動する。われわれの責任は、無限なものではなくて限定されたものである。その限界のなかにおいても、もちろん責任は現実の全体に及ぶ。それは、善き意志を問うだけでなく、また行動の善き結果をも問う。動機の如何を問うだけでなく、またその対象をも問う。あたえられた現実の全体を、その根源・本質・目標において認識することを追求し、それを神の〈然り〉と〈否〉の下において見る。無制限の原則をどこまでも貫徹することが問題ではないのだから、あたえられた状況の下で、観察し、考量し、評価し、決断して、しかも、それらをすべて人間的認識一般の限界の下で行なわねばならないのである。われわれは、その目を、あえて最も近い将来に向けねばならない。ま

＊61　S. 263を参照。欄外に「R. G.［Reich Gottes「神の国」］」。S.266を見よ。＊62　「ふたたび……怠惰」は、草稿の「呑気な［差替え、「静観主義的な」］、投げやりな保守主義」を差替えたもの。Indolenz（ラテン語 dolor「苦痛」から）は無感覚、無関心。＊63　《打ってつけの》（geschaffene）という言葉は、「責任」という言葉で始まる行の欄外左に——配置記号なく——おかれている。＊64　「われわれに……あたえられた領域」は、草稿の「その時々の空間」を差替えたもの。＊65　草稿の以下は削除「責任の領域は、イエス・キリストにおいてはユニヴァーサルな、われわれにとっては限定的な」。さらに「限定」に関わる他の二つの言い回しも削除。＊66　差替え「善い原理か悪い原理かを見てとり——それゆえ心理学的に言えば、楽天主義者あるいは悲観主義者」。＊67　二つ折り用紙《21》に記されているテキスト最後の行の「この世……していく」という語句には《?》が打たれている。その行末尾の下には、「越えていく?」の語あり。

た、行動の結果を真剣に考慮せねばならないし、同様に、自分の〔行動の〕動機、自分の志向《ゲジンヌング》〔＝心情〕を吟味することも試みねばならない。世のなかを根本的に変革するのではなく、あたえられた場所で、現実を注視してどうしても必要なことを実行するのが、〔われわれの〕課題である。その場合に、何が可能なのかということを問わねばならない。すぐさま最終的な行動に打って出るのは、いつでもできることではない。[*68] 責任ある行動は、見境なしに（blind）することを許されていない。

以上のように述べざるをえなかった[*69]のは、それは神がキリストにおいて人間となりたまい、彼が人間にたいして〈然り〉と言いたもうたからであり、さらにわれわれが、人間として、神と隣人との前で、判断と認識との人間的限界性のなかで、生きかつ行動することが許され、またそうすべきだからである。しかし、神が人間となりたもうたのであるから、まさにそれゆえに、責任ある行動は、自分の決断のもつ人間的性格を意識することによって、自分の行動がその根源・本質・目標に照らして下す判断を、決して自分で先取りすることはできない。そうではなく、人間は、その判断をまったく神に委ねなければならないのである。[*70]

イデオロギー的な行動はすべて、その正当化を、いつでもすでに自分の原則にもとづいて自分自身にもっている。〔これにたいして〕責任を負う行動は、自分の行動が究極的に正しいかどうかについての知識を断念する。神が人間となり、また神が人間となりたもうたということを見つめつつ、すべての人格的・客観的な状況を責任的に判断しながらなされる行為は、それを実行する瞬間に、ただ神にすべてを委ねる。自分自身の行動の善悪を最終的には自分では知らないということ、したがって、ただ〔神の〕恵みにのみより頼むということ、それが責任ある歴史的行動の本質である。イデオロギー的に行動する者は、その理念において自分自身が正当化されるものと考えている。しかし、責任を負って行動する者は、その行動を神の御手に委ね、神の恵みと裁きとによって生きる。[*71]

さらにまた、責任ある生と行動を限定するのは、彼と出会う他の人びとのもつべき責任を考慮に入れるということである。〈他の人びとを、責任をもつ者として認め、その人びとに、自分自身の責任を自覚せしめる〉というまさにこの点において、責任は、暴力的な抑圧から区別される。父親、あるいは政治家の責任は、子どもと市民のもつべき責任によって限定されている。まさに父親あるいは政治家の責任は、彼の命令に従う者が〔自分の〕責任を自覚し、それを強めるようにすることにある。他の人びとのもつべき責任によって本質的に限界づけられないような絶対的な責任というものは、決して存在しえない。[*72]

われわれは、こうして責任ある行動の限界を、神の恵みと裁きにおいて人間の行為が終わるところ

＊68　前の文章の「世のなかを……ではなく」から、ここまでの文章で、終わっている欄外の補足文には、削除された「むしろ一歩々々進む」の語。S.224（傍線あり）参照。＊69　以下、S.268〔＊71〕まで（それには付加された抹消も含んでいるが）、S.224–225（最初の数行の削除を例外として）の文章が場合によっては変更されて用いられている。＊70　「その判断を神に委ねる」については、ルターがこの世的領域にたいして抱いていた原則「だれ一人として自分自身の裁判官であってはならない」を参照。この標題をもつG・マーロンの研究（そこには、ルターの証言あり）を見よ。＊71　差替え「恵みによって」。それに続いて削除「それとともに彼に、そして彼にのみ、歴史そのものの深い秘義が開示される。まさに」。S.225を参照。＊72　責任と代理が〈他者にたいして保護者面をし、〔それによって〕依存従属関係に固着させるものだ〉という異論がよく口にされる。しかし、それは、ボンヘッファーの考えには当たらない。

に、また隣人のもつべき責任のなかに認識したのだが、それと同時に、まさにこの限界こそが、行動を初めて責任あるものにするということが明らかとなる。イエス・キリストにおいてわれわれに出会う神と隣人は、ただたんに限界であるだけでなく――われわれがすでに認識したように[*73]――また責任ある行動の源泉なのである。無責任な行動とは、まさにそれが神と隣人というこの限界をないがしろにする行動であることとして定義される。責任ある行動は、その一貫性と、そして最終的にはその確かさをも、それがこのように神と隣人とによって限界づけられているという事実から獲得する。まさに責任ある行動は、自分自身の主人ではないし、また、法外な、傲慢な[*74]行動ではなくて、被造物としての謙虚な行動であるゆえに、それは、究極的な喜びと信頼に支えられた行動であり、その根源・本質・目標のなかに、すなわち、イエス・キリストのなかに安全に守られた行動であることを知ることができる。

〔事柄にたいする即応性――政治〕

これまで得られた認識――すなわち、責任とは、いつでも人間相互の関係であり、しかも人間のためにイエス・キリストが負いたもうた責任にもとづいていること、したがって、すべての現実の本質と目標は、〈現実的な方〉、それゆえイエス・キリストにおける神であるということである。こうした認識を前提にして、さらにこれから、もろもろの事物《ディンゲ》[*75]の領域にたいする責任ある人間の関わり方についても、いまや語ることが許されるし、また語られねばならない。われわれは、この関係を事柄にたいする即応性（*Sachgemäßheit*）と名づける。それによって二つのことが意味されている[*76]。

第一に、事柄にたいする即応性とは、神と人間とにたいする根源的・本質的・合目的的な関係をつねに念頭に置きながらもたれる、事物にたいする態度である。この態度は、即事性《ザハリヒカイト》*77を損うことなく、むしろ、それを磨き、事柄《ザッヘ》にたいする激情《グルート》を押し殺してしまうのではなく、むしろそれを浄化し強めるのである。事柄《ザッヘ》にたいする奉仕が人間的な他のさまざまの意図や目的からいっそう純粋になり、いっそう自由になればなるほど、その事柄それ自身が、神と人間とにたいする根源的な関わりをいっそう回復し、人間を自分自身からいっそう解放する。そのために人間の究極的な犠牲が捧げられる事柄は、まさにそのようにして、人間に必ず役立つのである。

たとえば、デマゴギー的・教育的・道徳的な理由から、科学が誤った直接的な仕方で、人間にとって有用なものとされるようなところでは、たんに人間が損なわれるばかりでなく、科学もまた損なわれてしまう。*78しかし、人間が、科学において、ただひたすら留保なく真理の認識に仕えるならば、そこ

*73 S.253とそれに続くS.253–256におけるボンヘッファーの責任概念にたいする挿入を参照。*74 「確信〔「確かさ」を差替え〕……に支えられた」は、草稿の「みずからも喜ぶ」を差替え。*75 差替え「事物の世界にたいする責任」。欄外には削除された「状態の」。*76 ここから、草稿は、S.253–256の挿入のためにも用いられた多孔質の明るい二つ折り用紙に記されている。この用紙は、それ以後、ボンヘッファーがテーゲルの獄中でも一九四三年に執筆した戯曲断片にいたるまで用いられる。*77 J. Pieper, Die Wirklichkeit und das Gute, 84（ボンヘッファーの〔所有した〕本には傍線あり）「人間の正しい認識態度としての即事性は、現実を本質的に規定する認識にたいする適切な回答である」。K. Barth, Das Wort Gottes, 56f（タンバッハ講演、一九一九年）は次のように強調している。「その時々に存立する状況内部においても、われわれの思考、発言、行動が端的に即事的であることは、……有望性をもっている」。*78 ヴィルヘルム・フォン・フンボルトが構想した自由な精神生活を促進すること――これ

では、人間は、自分のいっさいの願望を無にして犠牲にすることのなかで自分自身を見出し、彼が無私の態度で仕えた事柄は、究極的には彼に仕えるものとならざるをえない。このようにして、行動の〈事柄にたいする即応性〉ということには、人間にたいする事柄のこうした関係が見過ごしにされないということが含まれている。もちろん、われわれは、こうした関係が、くり返し、かき乱されるものであることをよく知っている。すなわち、事柄が人間に対立して、あるいは人間が事柄に対立して互いに自立したままか、それとも、この二つのものが、まったく関わりなしに並列して存在しているか、いずれかである場合のように。イエス・キリストに根拠づけられた責任から出発して、根源的関わりを回復することを問われているのである。

第二に、すべての事柄には、そもそもの初まりから、その内部に存在法則（Wesensgesetz）*79が備わっているのであり、このことは、その事柄が見出された自然的所与であるか、それとも人間精神の創作物であるか、あるいは、それが物質的なものか、観念的なものか、ということには無関係である。この意味で《事柄《ザッヘ》》というものを、われわれは、この存在法則を内包しているすべてにとって所与のものとして理解する。くり返して言えば、その場合、それがどの程度まで中性的な、あるいは人間的な大きさの存在をもつものか、ということとは関係ない。この定義には、数学の公理や論理学の公理はもちろんのこと、さらに工場も、株式会社のようなものも、国家や家族のようなものも含まれる。〔すなわち〕どんなところでも、これらの存在を存立させている当該の存在法則が発見されねばならない。

ある事柄《ザッヘ》と人間の実存《エクシステンツ》との結びつきがいっそう強くなればなるほど、その事柄を支配している存在法則を確定することが困難になる。論理的思考の法則は、たとえば、国家の法則よりもいっそう容易に定義できる。株式会社の法則は、家族や民族のような生成していくものの法則よりも、いっそう容易に発見できる。ところで、責任ある行動の現実即応性には、これらの法則を発見し遵守することが含まれているのである。この法則は、さし当たり、形式的な技術として表われ、それは修得されることを求めている。しかし、むろん、個々の場合に問題になる事柄が人間的実存に密接であればあるほど、存在法則は、単なる形式的な技術に尽きなくなり、むしろ、一つ一つの技術的な操作〔＝管理〕が問題となることが明らかになる。国家統治策〔＝政治〕（Staatskunst）の問題はその最良の実例である。これに比べてラジオの工場製作[*80]の技術は相対的に見て問題性は少ない。

たしかに、国家統治策もまたその技術的側面をもっている、ということは疑いない（行政の技術があり、外交の技術[*81]がある）。しかし、もっとも広い意味においては、この国家統治の技術的な面には、すべての実定法の秩序と条約、じっさい、法律的には固定していない規則や、歴史の歩みを通して是

にベルリン大学〔の創設〕が由来する――に代わって、〈第三帝国〉においては、ナチ政権のための科学のイデオロギー的利用が登場した。S. 259 の「俗物的なプラグマティズム」を参照。＊79 W. Lütgert, Ethik der Liebe, 215（ボンヘッファーによる傍線と下線あり）「われわれが倫理的法則をあらゆる存在（Wesen）の存在法則――それを遵守することによってその存在が保たれ、それを踏み越えることによって自己を破滅させる法則――とみなすのであれば、こうした考え方はまったく正当である」――創造者にたいする信仰からみれば。＊80 差替え「手職の靴屋の仕事」〔差替え「靴製造」〕＊81 O. Spengler, Mensch und Technik, 8〔シュペングラー『人間と技術』〕における「外交の技術」という表現を参照。

認された内政・外交上の共存形式、ついには普遍的に受け入れられた国家生活の倫理的諸原則さえも含まれている。いかなる政治家も、これらの諸法則や原則を軽蔑すれば、罰を受けないですまされることはないであろう。傲慢にもこれらの諸法則や原則を軽視したり破ったりすることは、現実を誤認することであり、遅かれ早かれ、ひどい結果を招かざるをえない。事柄に即した行動は、これらの諸法則性の枠内に自分を保ち、これらを顧慮することを、たんに偽善的に行なうのではなく[*82]、それを、あらゆる秩序の本質的契機として承認するのである。事柄に即した行動は、幾世代にもわたる経験によって獲得されたこのような諸形式についての知恵を承認し、有効なものとして利用するであろう。(4)

(4) 事柄に即した行動は、ドイツにおいては——〔これまで〕あまりにも長らく想定されてきたように——必ずしも専門家としての準備教育と結びつけられてはこなかった。イギリスにおいては、事柄に即した行動のためには、専門家ではなくディレッタント〔素人〕が大いに引き合いにされてきた。[*83] 社会学的に言えば、専門家主義（Spezialistentum）とディレッタント主義（Dilettantismus）とのあいだの程よいバランスによって、事柄に即した行動は、もっとも確実に担保されるのである。

いまや事柄に即した行動は、むろん、まさにここで、否定し難く、次の事実を認識せざるをえないだろう。すなわち、〈国家の存在法則は、これらの国家統治策〔＝政治〕の諸法則と原則とによって汲み尽くされるものではないこと、然り、国家の法則は、それがまさに人間の実存と分かちがたく結びついているゆえに、最終的には法則として把握しうるあらゆるものを超えていくものだ〉ということである。責任を負う行動が初めてその深部に到達するのは、まさにこの地点においてである。国家や経済的事業、〔さらに〕家族、しかしまた科学的発見〔など〕の形式的な法則を即事的《ザッハリヒ》に守っていくことが、歴史の生きた経過のなかで人間の赤裸々な生の必然性と衝突することがある。そのようなときには、事柄に即して責任を負う行動は、原理的＝法則的なものの領域、正常《ノルマール》なものと規則的なものの領域を超え出て、もはやいかなる法則にも規制されないギリギリの必然性という例外的状況に直面する。マキャヴェリは彼の国家論のなかで、これにたいして〈必然性《ネチェシタ》〉（necessità）*84 という概念を鋳造した。このことは、〈政治的なもの〉の領域にとっては、国家統治策〔＝政治〕の技術が国家の必然性に取って代わられることを意味している。このような必然性が存在することについては疑問の余地がない。この必然性を否定することは、現実即応的な行動を断念することを意味する。しかし、同様に確実なのは、生それ自身の根源的事実としてのこの必然性は、もはやいかなる法則に

*82 S. 239 および〔その頁の〕注79を参照。 *83 Ritter, Machtstaat und Utopie, 96「大陸的政策と島国的政策」、〔つまり〕グラッドストーンとビスマルクを対比する際に、イギリスの外交政策の決定は、「貴族出の半ば素人たちによる統治下に上品な仕方の無頓着さで行なわれた」。この箇所にある〔ボンヘッファーによる〕注釈は、草稿の欄外に付記されている。 *84 マキャヴェリのこの《necessità》（必然性）という着想については、F. Meinecke, Die Idee der Staatsräson, 46–49［一九六〇年の新版では 43 ff.］その他で論じられている。さらにマイネッケにたいして批判的に言及しているのは、G. Ritter, Machtstaat und Utopie, 24–48（25, 29）。このイタリア語〔necessità〕は、『倫理-断片ノート』Nr. 28 u. Nr. 19 にも記されている。それは、ニコロ・マキャヴェリの『君主論』（Principe）第15章に見出される。ボンヘッファーの所有したレクラム版（Reclam-Ausgebe, 84）、「それゆえ君主たるものは、没落することを欲しないなら、好機があれば必要に応じて悪を行なう術《すべ》を心得ていなければならない」を参照。

よっても把握されえないし、また、それ自身が決して法則とはなりえないということである。この必然性は、いかなる法則にも束縛されない行動する者の自由な責任に向かって、直接に訴えかける。それは、一つの例外的な状況をつくり出す。それは、その本質において極限的ケースである。それは、人間の理性《ラーティオ》にさまざまの逃げ道をあたえることをさせないで、〈最後の手段〉(ultima ratio)の問題の前に立たせるのである。[*85] 政治の領域においては、この最後の手段《ウルティマラーティオ》は戦争を意味しているが、しかし、それはまた、自分の側がどうしても生きのびるために、相手側を騙したり、[*86] 条約を破棄したりすることでもある。経済生活においては、それは、商売上の必然性のために人間の現実存在を破滅させることを意味する。

最後の手段《ウルティマラーティオ》は、理性《ラーティオ》の法則[*87]を超えたところにある。それは非合理的な行動である。もし最後の手段《ウルティマラーティオ》自身が、ふたたび一つの合理的な法則となるなら、〔つまり〕極限的ケースから正常な状態が、必然性《ネチェシタ》から技術がつくり出されるならば、すべては根底から引っくり返されてしまうであろう。[*88] 次のように言ったとき、ボールドウィンは正しかった。〈暴力よりも、いっそう大きな害悪がただ一つある。それは、原則としての暴力、法則としての暴力、規範としての暴力である〉と。[*89] 彼は、そう言うことによって、極限的ケースとして例外的に起こる暴力行使の最後の手段《ウルティマラーティオ》としての必要性を否定しているのではない。——もしそうであれば、彼は一人の〔倫理的〕熱狂主義者ではあっても、政治家ではなくなってしまうであろう。しかし、ボールドウィンは、どんな高い対価を払っても、例外的なことや極限的ケースを、正常なこと、つまり、法則と取り違えてみることを欲しなかった。彼は、諸法則や原則を即事的《ザッハリヒ》に遵守することによって守られる相対的な秩序を、極限的ケースのために、混沌と取り替えることを欲しなかったのである。

この例外的な必然性は、責任を負う人間の自由にたいして訴えかける。責任を負う人間が、ここでその背後に隠れ場所を求めることができるような、何らの法規範《おきて》（Gesetz）も存在しない。したがってまた、このような必然性に直面して、責任を負う人間をあれこれの決断へと強制することのできる何らの法規範も存在しない。むしろ、このような状況に直面するとき、ただ、すべての法規範を完全に断念する道だけが存在している。それゆえに、ここでは、その道が自由な冒険として決断されねばならないという自覚（Wissen）、ここでは法規範が傷つけられ破られていることの明白な〔罪過の〕

＊85 《ultima ratio》はドイツ語では《最後の手段》を意味する。＊86 差替え「嘘言」。＊87 差替え「理性の法則によっては、もはや決定しえない行為である」。したがって、理性的な予測あるいは悟性による規制が立てられないのである。＊88 F. Meinecke, Staatsräson, 49「人が政治における倫理的法則にただ事実として違反したのかどうか、それとも……避け難い《必然性》だったからとして自己を正当化することができたかどうか、この二つのことは本来的に別個の事柄である」。＊89 スタンリー・ボールドウィンのイギリス保守政権は、一九三五年以後、防衛政策を推進した。一九三七年にボールドウィンが退陣した後、ネヴィル・チェンバレン首相は、ドイツとイタリアにたいする宥和政策（policy of appeasement）を行なった。S. Baldwin, Service of Our Lives, 100 f を参照。一九三七年四月一〇日に選挙民を前にした首相の辞任演説のなかで、ボールドウィンは、〔政治的〕「理念というものが」――ロシアやドイツ、イタリアにおいて、何百万人もの人びとを支配しているように――「きわめて危険なものでありうる」ことにたいして警告した。「どれかの国で暴力による変革を起こそうとする者は、自分を維持し、また自分の引き起こした変革を保持するためには、暴力を継続的に用いることによってのみ可能である。なぜなら、彼を打倒しうるのは、ただ暴力によるほかないのだから」（102）と。

承認（Eingeständnis）と結びついた上のことでなければならない。〔すなわち〕ここでは、緊急な必要性に迫られて〔神の〕戒め（Gebot）が破られているのであるが、そのことは、まさにこの法規範の破棄において法規範の妥当性〔そのもの〕を承認することと結びついた上のことでなければならない。そして最終的に、あらゆる法規範をこのように断念することによって、しかも、ただそうしてのみ、自分自身の下した決断と行為とを、歴史を導く神の御手に委ねるということが生じるのである。

〈歴史的行動において究極的なことは、永遠の法則であるのか、それとも、すべての法則に逆らって――しかし、神の御前でなされる――自由な責任を負うことであるのか〉という決定的な問いにたいしては、もはや理論的には答えられないままである。偉大な諸民族は、ここで究極的に克服しえない矛盾に直面する。法則を究極の法廷として妥当させることが、イギリスの政治家たち――ここで私は、たとえばグラッドストーンのことを思い浮かべている――の偉大さであり、神の御前における自由な責任において行動することが、ドイツの政治家たち――ここで私はビスマルクのことを念頭においている――の偉大さである。*90 ここでは、どちらにも、一方が他方に比べて、いっそうすぐれているという優先権を要求することはできない。この究極的な問いは、未解決のまま残されており、また未解決のまま残されねばならない。なぜなら、いずれにしても人間は罪を犯すからであり、また、いずれにしても人間は、ただ神の恵みと赦しによってのみ生きることができるからである。法則に拘束されている者と、自由な責任において行動する者とは、互いに他者の告発を聞きとり、また、それを認めねばならない。誰であれ、他者の裁き主となることはできない。裁きは、つねにただ神の御手のなかにある。

〈罪を引き受けること〉

以上に述べたことから、責任を負う行動の構造には、罪を引き受ける決意と自由とが含まれるということが出てくる。

われわれがもう一度、すべての責任感の根源に目を向けることによって、〈罪を引き受けること〉をどう理解すべきかが明らかになる。*91 イエスには、新しい倫理的理想の宣言や実現、したがってまた御自身が善くあること！（マタ一九［・一七］）が問題なのではなく、ただ現実の人間を愛することが重要であった。それゆえに、彼は、人間の罪との交わりのなかに踏み込まれ、ご自分が彼らの罪を負うものとなりたもうことができるのである。

イエスは、人びとを犠牲にしたままで、ただ独り完全者として認められようとはしたまわない。ただ独り〔ご自分を〕罪なき者として、罪のゆえに滅び行く人類を見下そうとはしたまわない。その罪のために挫折した人びとの廃墟の上に、何らか新しい人間の理念を誇示しようとはしたまわない。イエスは、人びとがその下に死ぬ罪から、御自身を免責しようとはしたまわない。人間を、その罪のなかに独りぼっちにしたままにするような愛は、現実の人間を対象とするものではないであろう。人間の歴史的現存在《ダーザイン》のなかで、責任を負いながら行動なさる方として、イエスは罪ある者となりたも

＊90　G. Ritter, Machtstaat und Utopie, 96–98 は、グラッドストーンとビスマルクとの比較を別の仕方で強調している。（この連関でリッターの本を引用しているのは、G. Krause, Art. Bonhoeffer, in: TRE 64 Anm.5）。＊91　以下（S.275f）は、かなり正確に S.232–234 に対応している。

う。彼を罪ある者とするのは——よく注意せよ——ただ彼の愛のゆえである。彼の無私の愛から、彼の罪なきことから出発して、イエスは、人間の罪のなかへ踏み込み、彼らの罪を御自身に引き受けたもうのである。罪なきことと〔他者のために〕罪を引き受けることとは、彼においては切り離し難く結び合わされている。イエスは、罪なき方として、彼の兄弟たちの罪を御自分に引き受け、この罪の重荷の下に御自分を罪なき者として示したもう。

この罪なくして罪を負いたもうたイエス・キリストのうちに、いまや、代理的に責任を負う行動はすべて、その根源をもっている。まさにそれが責任を負う行動であるゆえに、また負うものだとすれば、〔つまり〕その行動においてはまったく他の人びとのことが問題であるゆえに、また問題であるとすれば、〔さらには〕その行動が、現実の人間である〔われわれの〕兄弟のためになされた無私の愛から生まれてくるものであるゆえに、また生まれてくるのだとすれば、その行動は人間の罪責の共同体から身を引き離そうとすることはできない。イエスが、すべての人間の罪を御自身に担いたもうたゆえに、まさにそれゆえに、いずれの責任を負って行動する者も、すべて罪ある者となる。[*92] 罪の責任から逃れようとする者は、人間の現存在の究極の現実から離れ、しかしまた、罪なきイエス・キリストが人間の罪を担いたもうという救いの秘義からも自分を切り離し、この〔イエス・キリストの〕出来事にもとづく神の義認に何ら関わりをもたないことになるのである。このような人は、自分が個人的に罪責をもたないことを、〔多くの〕人びとにたいする責任よりも重要視して、[*93] まさにそのことによって自分の身に招くいっそう救いがたい罪責について目を閉ざしている。〔つまり〕〈他者のために、その人の罪の交わりのなかへ入って行くことによってこそ、本当に罪なきことが示される〉という事実にたいしても目を閉ざしているのである。罪なき者、無私の愛に生きる者が罪ある者となる〔＝他者の罪を担う者となる〕ということこそ、イエス・キリストを通して責任を負う行動の本質を形づくるのである。

〔良心〕

これらすべてにたいして、論駁の余地のない崇高さをもって提起される反対が存在する。この反対は、良心という高い法廷《インスタンツ》〔＝権威〕から来る。*94 なぜなら、良心は、自己の無欠さを何であれ他のどんな善きもののためにも犠牲にすることを拒むものであり、他の人間のために罪ある者となることを拒むからである。隣人にたいする責任は、ここで良心の呼び声の不可侵性ということに、その限界をもつ。ある一つの行動を良心に反してでも行なわざるをえないように促す責任は、自分自身を断罪するであろう。*95 ここでは、何が正しく、何が誤っているのだろうか。

〈自己の良心に反して行動するようなことが決してあってはならない〉というのは正当である。すべてのキリスト教倫理は、この点では一致する。しかし、そのことは、どういう意味であろうか。良心は、自分の意志と自分の理性とを越えた奥深いところから響いてくる、人間実存の呼びかけであり、

*92 S. 283「責任をもって生きる者は、罪なくして罪を負う者となる」を参照。*93 削除「彼には、自分の良心が傷つかないことが兄弟よりも優先するのである」。なお、S. 66（「個人的な徳行」）参照。――欄外やや下に斜めに「良心?‐」。*94《良心》については、DDW 2 (AS. 137（『行為と存在』）。DBW 3 (SF) 119–122, u. ö.〔『創造と堕落』〕。

*95 差替え「あたかも、それ自体が倫理的ではないかのように」。

それによって自己自身との一体性を求める声である。[*96] 良心は、失われた一体性にたいする告訴として、また自己自身を失った者にたいする警告としてあらわれてくる。それは、ある特定の行為に向けられているのではなく、ある特定の〈存在〉に向けられているのである。〔すなわち〕それは、自己自身との一体性において存在〔すること〕を危うくするような行為にたいして抗議するのである。

この形式的な規定では、良心は、それに反して行動することを止めるようにと強く迫る法廷である。[*97] すなわち、良心の声を軽蔑することは、自分自身の存在を破壊することであり――ひょっとすれば意味のある自己犠牲というようなものではなく――結果として人間実存[*98]の瓦解をもたらすことにならざるをえないのである。良心に反する行動は、自分の生にたいする自殺的な行動の線上にあり、この両者が、余りにもしばしば、互いに伴ないあって起こることは決して偶然ではない。この形式的な意味では、良心に圧迫を加えようとする責任を負う行動は、じっさい、非難されるべきであろう。

しかし、問題は、以上をもって決して尽くされはしない。良心の声は、人間の自己自身との一体性を危うくされることから起こってくるのであるが、そうだとすれば、〈この一体性の内容は何か[*99]〉ということもまた問われねばならない〔から〕。この内容は、差しあたり、善と悪とを知ることによって、《神のように》(sicut deus)〔創世記三・五[*100]〕なろうと要求する〔人間の〕〈自己自身の自我〉(das eigene Ich)である。自然的人間における良心の声は、善悪を知ることによって、神の御前で、人びとの前で、さらに自己自身の前で、自己を正当化し、この自己義認の立場にどこまでも止まろうとする自我の試みである。自我は、自分だけが偶然に[*101]もちあわせているだけのものでは何の拠りどころにもならないので、普遍的な善の法則に立ち返り、それと一致することによって自分自身との一体性を求めるのである。このようにして良心の声は、その根源と目標を、自分の自我の《自律性》に見出す。*102 この呼び声に従うことによって、その根源を自分の意志と知識とを超えて《アダムにおいて》持っている〔人間の〕自律性が、その都度、新しく自己を実現していかねばならないのである。こうして人間は、その良心において自分の見出した法則に束縛されたままである。この法則は、具体的にはさまざまの形で登場しうるが、自分の自己を喪失している際にも違反しえない法則であり続ける。

人間実存の統一性が、もはやその自律において成立するのではなく、〔むしろ〕――信仰の奇跡を通して――自分の自我とその法則を超えたところ、〔すなわち〕イエス・キリストのなかに見出される瞬間には、大きな変化が起こるという事実を、われわれはいまや理解する。この一体性を引き起こす統一点の変動は、形式的には、〔その〕*103 類比《アナロギー》を、まさしく世俗の領域に見出すことができる。すな

*96 M. Heidegger, Sein und Zeit, 272 (§ 56)〔『存在と時間』〕「良心の呼び声の性格」を参照。なお DBW 2 (AS) 63〔『行為と存在』〕には、〔『存在と時間』〕§ 57「憂慮の呼び声としての良心」(S.277) からの引用がある。良心は現存在にたいして「その最も固有の存在能力にたいして」呼びかける、と。*97 一五二一年四月一八日のヴォルムス帝国議会におけるルターの拒否を参照。彼は、良心に反して自分の教えを否定させようという要求を拒絶した。*98 「人間的実存」は「自己自身とともに」を差替えたもの。*99 《形式》（*Formal*）と《内容》（*Inhalt*）の区別については、S.116f（自然的なものの形式的規定と内容的規定）参照。*100 創世記三・五。*101 《偶然的》（*kontingent*〔ラテン語の contingentia に由来〕）という哲学的な表現は、〈必然的ではない〉〈法則的には把握されない〉という意味である。ボンヘッファーは、彼の教授資格論文において、たとえば DBW 2, 76f〔『行為と存在』〕（「啓示の偶然性」）で用いている。*102 DBW 2 (AS), 137〔『行為と存在』〕「自分の単独的な存在を誇りやかに確証し正当化する」《アダムにおける人間》の良心。〔なお〕《自律性》については、S.252 を参照。*103 草稿で

わち、もしナチ主義者が[104]、「私の良心は、アードルフ・ヒトラー[105]である」と言うなら、そのことによってても、自我の統一性の根拠を、自分自身を超えたところに求めようとする試みがなされているのである。その結果、自律性は、無条件的な他律性に犠牲として捧げられることになる。そのことは、他の人間――私が私の生の統一性をその人のなかに求める他の人間[106]――が、私の救い主の役割のなかへ登場してくるときにのみ可能となる。そのとき、ここには、キリスト教の真理にたいする最も顕著な世俗的平行例が出現するのであり、それとともに、キリスト教の真理にたいする最も顕著な矛盾が出現するのである。

真《まこと》の神であり真《まこと》の人であるイエス・キリストが、私の実存の統一点となりたもうたところでは、良心は――形式的には――なお依然として、私自身との一体性のための私の本来的存在からの呼び声である。しかし、この一体性は、法則によって生きている私の自律性に立ち返ることによって実現されるのではない。それは、イエス・キリストとの交わりにおいてこそ実現されるのである[107]。自然的な良心は――それがどんなに厳格主義的なものであったとしても――いまや神をまったく見失った自己義認であることが明らかになる。自然的良心は、イエス・キリストにおいて解放された良心、〔つまり〕イエス・キリストにおいて私自身との一体性へと呼びかける良心によって克服される。イエス・キリストが、私の良心となりたもうたのである。そのことが意味しているのは、〈私は、私の自我を神と人びととに捧げることによってのみ、私自身との一体性を見出すことができる〉ということである。〔何らかの〕ある律法〔＝法則〕ではなくて、イエス・キリストにおいて私に出会う生ける神と生ける人間が、私の良心の根源であり、目標なのである。

神と人びとのために、イエスは律法の破壊者となりたもうた。すなわち、彼が安息日の律法[*108]を破りたもうたのは、神と人間とにたいする愛において、それ〔律法〕を聖なるものとするためであった。彼は、〔天なる〕父の家にいるために、またそうすることによって両親にたいする服従を清めるために、両親のもとを去りたもうた。彼は、罪人や見棄てられた者たちと食事を共にし、人間にたいする愛のゆえに、その最後のときに、神によって見棄てられることを厭われなかった。[*109] 罪を犯すことなく、愛する方として、彼は罪ある者となりたまい、人間の罪との交わりに入ることを欲したもうた。彼をこの道から逸らそうとする悪魔の告発を、彼は御自身から退けたもうた。[*110] そのようにしてイエス・キリストは、神と隣人とに仕えるために良心[*111]の解放者でありたまい、さらに人間が人間の罪の交わりに入

は、「seine」（彼の）と誤記。＊104 草稿では、「N. S.」と略記＊105 草稿では、「A. H.」と略記。このこと〔＝「私の良心はヒトラー」〕をよく口にした「N. S.」は、ヘルマン・ゲーリングだった（H. Rauschning, Gespräche mit Hitler, Neuausgebe 1973, 76f〔ラウシュニング『ヒトラーとの対話』〕。これについては、P. Möser, Gewissenspraxis, 417.〔なお〕『倫理‐断片ノート』Nr. 78 における「キリスト（もしくは何らか別の権威！）は私の良心である」の感嘆符を参照。＊106 「〔私が〕……その〔人の〕なかに求める」は、草稿「私がその〔人の〕下に屈服する」を差替え。＊107 「良心は――形式的には……キリストとの交わりにおいてこそ実現されるのである」は、草稿「そこでは、私は、自分自身との一体性をイエス・キリストに結びつく以外には獲得することができないのである」を差替え。＊108 安息日の律法については、申五・一四を参照。＊109 マコ二・二三‐二八（安息日）、ルカ二・四八‐五〇（両親の放置）、マタ九・一一（罪人との食事）、マコ一五・三四（神に見捨てられる）。＊110 マコ八・三一‐三二（苦難の予告とそれを引き止める《サタン》のようなペトロの態度）。それについては、DBW 4 (N) 77f〔『キリストに従う』〕。＊111 削除「自然的」。

って行くまさにそこでこそ、良心を解放したもうたのである。

律法から解放された良心は、他の人びとのために、他者の罪のなかへ入って行くことを恐れないであろう。むしろ、良心は、まさにそうすることによって、自分自身が清くあることを示すであろう。解放された良心は、律法に縛りつけられた良心のように不安になることはない。むしろ、隣人にたいして、彼の具体的な困窮にたいして、広く心を開く。そのようにして、キリストに根拠づけられた責任を、解放された良心は、隣人のために罪を担うために自分と結びつける。人間の行動は――本質的に罪なきイエス・キリストとは違って――けっして罪を免れることなく、本質的な原罪（Erbsünde）によって汚されているが、しかし、責任を負う行動として――すべての自己義認的・原則的な行動とは反対に――間接的には、イエス・キリストの行動に参与しているのである。したがって、責任を負う行動にとっては、ある相対的な意味での無罪性が存在するのであり、それは、まさに他者の罪を担いとる責任ある行動において示されるのである。*112

真実性という原則から、カントは、〈私の家のなかに押し入ってきた殺人者が、彼に追跡されている私の友人が私の家に逃げこんだかどうかと尋ねたとき、私は正直に肯定せねばならない〉という奇怪な結論*113を引き出している。*114〔しかし〕このような場合には、途方もなく思い上がった良心の自己義認が、責任ある行動への道を妨げているのである。責任というものは、神と隣人との要求にたいする、現実に即応した、人間の全体としての応答であるはずである。そうだとすれば、この例は、原則に縛られた良心の応答が、いかに部分的な〔偏った〕性格のものになるかということをギラギラするほど明らかにしている。*115もし私が、ここで友人のために真実性の原則に反するという罪を犯すことを拒むなら、〔つまり〕ここで友人のために強力に嘘をつくことを拒むなら、*116 つまり、隣人を愛するゆえに罪を負うことを拒むならば、そのときには、私の行動は、現実のなかに足をすえた私の責任には反することになるのである。なぜなら、この嘘という事実を避けようとこじつける試みは、すべて律法的・自己義認的な良心から出てくるのだから。ここでもまた、責任をもって罪責をわが身に引き受け、担うことにおいてこそ、キリストにのみ束縛される良心の潔白性〔＝罪のないこと〕が最もよく示さ

*112 これに先行する文章「人間の行動は――本質的に罪なきイエス・キリスト……」から、この「……示されるのである」にいたるまで、S.234 に対応している。「真実性という原則から」に始まる次の段落以後、S.281 までは、イフィゲーニエの引用をふくめて挿入である。*113 差替え「主張」。*114 H. Nohl, Die sittlichen Grunderfahrungen, 114（ボンヘッファー所有本の傍線箇所）「殺人者によって、追われている私たちの友人が私たちの家へ逃げてこなかったか、と殺人者〔本人〕から尋ねられるなら、あなたは、彼に向かって《正直に》、然りと答えるべきである」を参照。I. Kant, Über ein Vermeintliches Recht aus Menschenliebe zu lügen (1979), A 306 / 307（Werke VI, 639）「なぜなら、あなたが知っている事実をたっぷり話したなら、おそらく殺人者は、自分の敵を家のなかで探しているあいだに、走ってきた近所の人によって捕まえられて〔殺害〕行為に及ばなくなるから」。*115 S.254「部分的応答」を参照。*116「嘘をつく」については、S.62f を参照。《真実性》は、計画されていた善に関する章のなかで取り扱われるはずであった。この概念は、『倫理－断片ノート』Nr.82, 64, 66, 81 に記されている。〔なお〕DBW 4 (N) 129–134〔『キリストに従う』〕のなかのマタ四五・三三－三七の講解を見よ。《原則》としての真実性について重大な疑念を記したテーゲル拘禁中のボンヘッファーの覚書「シニカルな人間のみが完全に《真実》である」（NL A 75, 122）には、下線を引いている。〔さらに〕一九四三年一二月五日の書簡、DBW 8, 228f〔『獄中書簡集』〕や断片的論文「真実を語るとは何を意味するか」における論述〔を参照〕。ナチ当局者による尋問に際して、誰かが「強力に嘘をつく」ことができなければ〔体制変革を〕共謀した仲間にとっては生命の危険を意味していた。

れているのである。
このような考え方に、ゲーテが——純粋に世俗的な現実認識を通して——いかに近く立っているかという事実は驚くべきことである。この内なる〔良心の〕律法に反対して、ピュラデスはイフィゲーニエを、責任ある行動にまで導こうとして、以下のような対話を繰り広げる。
ピュラデス「あまり厳格に考え過ぎるのは、お心の奥に隠されている高慢のせいですよ」
イフィゲーニエ「少しの汚れもないときにだけ、心は自分を楽しみます」(5)。
ピュラデス「たしかに、あなたのお心は神殿のなかで、そのように汚れなく守られて来ました。〔しかし、この世の〕生活は、私たちに教えます。
私たち自身にたいしても他人にたいしても、
厳格に過ぎることがないように、と。
あなたも〔これから〕それを学ばれるのです。
この人間という種族は、実に奇妙につくられていて、
幾重にもこんぐらがって複雑きわまりないもので、
誰にしろ、自分の心のなかでも、清さを保ち、また他人との関係においても
まったく純粋に迷いもなく生きられないほどです。
われわれはまた、自分で、自分を裁く分際ではありません。
前に向かって歩みつつ、自分の道を見きわめること、
これが人間のまず第一の義務なのです。

というのも、人間は、自分がしたことを、自分で正しく判断できることは少ないし、
また自分が現にしていることを、どう判断したらよいのか分からないのですから。
……
たしかに、あなたは何か被害にあわれた経験に慣れてはおられない。
それで、大きな災いを避けるためにも
たった一言の嘘を吐くのも嫌だと思っておられるのです。」
イフィゲーニエ　「ああ、私がせめて男のような心をもっていて、
大胆な計画を企むとき、
他のどんな声にも耳をかさないようだったら、
どんなにかよいだろうに！」*117

（5）ここでは、この「楽しむ」（genießen）という特徴的な概念が導入されていることにも注意すべきである。

キリストにおいて解放された良心と責任とは、切実に一つになろうと望んでいるが、しかし、この二つのものは、互いに解消しえない緊張関係のなかで対峙し合っている。責任ある行動において、そ

*117　J. W. v. Goethe, Iphigenie auf Tauris〔『タウリス島のイフィゲーニア』〕1649, 1652-1664, 1674-1679 行。「この人間という種族は……純粋に迷いもなく生きられないほどです」の数行は、H. Nohl, Die sittlichen Grunderfahrungen, 114 でも、カントの「真実性の狂信主義」との関連のなかで引かれている。

の都度、必然的となる、罪を担うということは、良心によって二重の観点から限界づけられる。第一に、キリストによって解放された良心もまた、本質的に私自身との一体性を呼びかける声である。責任を引き受けることは、この一体性を否定することであってはならない。無私の奉仕の業《わざ》へ自我を捧げることは、決してこの自我を破壊したり否定したりすることと取り違えられてはならない。なぜなら、そうなれば、自我は、もはや責任を引き受けることもできなくなってしまうのだから。責任ある行動と結びつく罪の引き受けの限度は、人間の自分自身との一体性、つまり、それを担う能力に応じて、その都度、具体的な限界をもっているのである。

担い切れずに、そこで砕けてしまうような責任が存在する。たとえば、宣戦布告であれ、政治的な条約破棄や革命であれ、あるいは仕事を失くしてしまう一家の唯一の働き手である父親の解雇であれ、最後にはまた、個人的な人生における決断をうながす忠告であってさえもそうである。なるほど、責任ある決断を担うための力は成長しうるし、また成長すべきであろう。また、責任を果たすのを拒絶することも、それ自身、すでに一つの責任ある決断を意味している。にもかかわらず、具体的な場合に、イエス・キリストにおける自己自身との一体性を呼びかける良心の声は、打ち勝ちがたいものであり、そしてそのことから、責任あるもろもろの決断には、無限の多様性があることが明らかになる。

第二に、イエス・キリストにおいて解放された良心もまた、責任ある行動を律法の前におく。それを遵守することによって、人間は、イエス・キリストにおいて根拠づけられた自己自身との一体性を確かなものとされ、それを軽蔑することからは、ただ無責任さのみが生じてくる。その律法とは、十戒において、山上の説教において、そして使徒たちの勧告の言葉[*119]において示されているように、神を愛し、隣人を愛することである。正しく観察すれば、自然的な良心は、その律法の内容に関しては、キリストにおいて解放された良心の内容と明らかに一致していることが分かる。そうした一致は、〈良心においては、まさに生の存立することそれ自身が重要なのであり、それゆえに――たとえ個々の点では歪められたり、原則の点で倒錯しているようなことがあるとしても――良心は生の律法《おきて》の概要を内包している〉という事実に根拠をもっているのである。

解放された良心も、やはり、自然的良心がそうであったように、生の律法《おきて》の侵犯に反対する警告者*120であり続ける。しかし、律法は、もはや究極的なものではなく、イエス・キリストが究極的な方であるゆえに、良心と具体的な責任とのあいだの葛藤においては、キリストに与《くみ》するように自由な決断が下されねばならない。このことは、いつまでも続く軋轢ではなく、究極的な一致を獲得することが意味されているのである。なぜなら、具体的な責任の根拠・本質・目標は、じっさい、良心の主でありたもう同じイエス・キリストなのであるから。このようにして、責任は、良心による拘束を受けるが、良心は、責任を通して自由にされるのである。いまや次のことが明らかになる。すなわち、〈責任をもって生きる者は、罪なくして罪を負う者となる〉と言っても、〈自由な良心をもつ人間だけが責任を負うことができる〉と言っても、それは同じことだ、ということが。

＊118　差替え「それとも勤務からの解雇」。ナチ政権下では、迫害されるグループの親族の人間は公的勤務から解雇された。＊119　《Paränese》（ギリシャ語）〔勧告〕という神学的専門的用語は、〔草稿の〕「訓戒」を差替え。たとえば「惜しみなくあたえよ」という「使徒的訓戒」にたいして、S.321 の聖句引用箇所を見よ。＊120　「〔削除〕「自分の」」生の律法の……警告者」は、草稿の「生の律法の違反の告訴者や……警告者」を差替えたもの。

責任を負う行動において罪責を自分の身に引き受ける者は――責任をもつ人間なら誰でも、このことを避けることはできない――この罪責を自分自身に引き受け、けっして他者に転嫁することはない。〔むしろ〕この罪責を他者のためにこそ担い、その責任をとるのである。自分の力を傲慢に誇示するためにではなく、この自由〔な冒険〕へと押し出され、この自由において〔神の〕恵みにより頼むことを指し示されていることを認めた上で行動する。この自由な責任を担う人を他者の前で義とするのは、〔彼らの〕困窮〔＝緊急事態〕であるが、自分自身の前では、彼の良心が彼に無罪の判決を下す。しかし、神の御前では、彼は、ただ〔神の〕恵み〔＝罪の赦し〕にのみ望みを置くのである。

〔自由〕

こうして、責任を負う行動の構造を分析する最後に、われわれは、自由について語らねばならない。[*121] 責任と自由とは、互いに呼応し合う概念である。責任は、その事柄に即してみれば――時間的にではなく――自由を前提にしている。同様に自由は、ただ責任においてのみ存立している。責任とは、神と隣人とにたいする束縛によってのみ与えられる人間の自由である。

責任を負う者は、人間や環境や原則による後ろ盾を求めず、しかし、あたえられたすべての人間的・一般的・原則的な諸関係を十分に考慮しつつ、自分自身の自由において行動する。彼の行為と彼自身を除いて、他のいかなるものも彼を支えることも、彼の行動を軽くすることもできないという事実が、彼の自由を証明する。彼自身が観察し、判断し、考量し、決断し、行動せねばならない。彼自身が、彼の行動の動機・見通し・価値・意味を吟味せねばならない。しかし、意図している行動の動機の純粋性も、その行動をとりまく諸関係の有利さも、その行動の価値と意味深さも、その行動にとって、彼がそこに立ち帰り、引き合いに出し、それによって彼の罪が免除され・無罪とされるような彼の行動の律法〔＝法規範《おきて》〕とはなりえないであろう。[(6)] じっさい、その場合には、彼は、もはや本当には自由ではないであろう。

（6）このことから、決定論と非決定論に関する偽りの問いが提供されることになる。〔まさに〕その問いにおいて、精神的決断の本質は、誤って因果律に包摂されてしまうのである。*122

責任を担う者の行動は、イエス・キリストにおいて私に出会う神と隣人とにたいする解放的な結び

*121 以下の文章は、S. 256 に示された構想における「具体的な決断の冒険」に対応する。扱われているのは、自由の特定の部分的局面、〔つまり〕自由な行為である。S. 283–285 は、同時に、すでにそれに先行する「罪の引き受け」の段落と同様に、抵抗〔運動〕と体制変革計画のなかで行動している人びとの内面的状況を言い表わしている。〔しかし〕彼らについて語られうる事柄は、その特殊な状況を越えた意味を持っている。S. 62 を参照。〔すなわち〕このような例外的状況において現実〔性〕が明らかになるのである。

*122 《決定論》とは、人間のいっさいの決断が先行する原因によって、それゆえ因果律によって決定され確定されているという哲学的・宗教的理論を意味する。したがって、意志の自由や決断の自由は何ら存在しないことになるであろう。近代的自然科学は、因果律的な説明に厳格に方向づけられることによって、この問題を先鋭化した。二〇世紀にいたるまで——とくに二〇年代における——物理学の根底をめぐる危機は、決定論か非決定論かという問いが自然科学の内部にとどまらない重要性をもつことを示した。「包摂」(Subsumieren)（ラテン語〔に由来〕「従属させる」）という言葉を、ボンヘッファーは、S. 301 の注においても用いている。

つきのなかでのみ行なわれる。その行動は、まったく相対的なものの領域のなかで、まったく善悪の世界の歴史的状況を覆う薄明の光の下で行なわれる。それは、またすべての所与のものがそのなかにあらわれる無数のパースペクティヴのただなかで行なわれる。ただたんに正と不正、善と悪とのあいだでだけではなく、また正義と正義、不正と不正とのあいだで決断せねばならない。アイスキュロスが言っているように、「正義と正義とが格闘する」のである。[*123] 責任を負う行動は、この点においてまさに〈自由な冒険〉(ein freies Wagnis)であり、いかなる律法によっても正当化されず、むしろ、[*124] すべての通用する自己義認の要求を放棄して行なわれ、まさにそのことによって究極的に妥当する善悪についての知識を放棄することによって行なわれる行動である。責任を負うこととしての善は、〔あらかじめ〕善を知ることなしに行なわれ、[*125] 必然的となりながら、しかも(あるいは〔まさに〕その点において!)自由な行為を、〔私たちの〕心を見たまい、[*126] その行為を量り、歴史を導きたもう神の御手に委ねつつ行なわれるのである。

それとともに、われわれの前に、歴史の深い秘義一般が開示される。まさにもっとも固有な自分の責任の自由において行動する者は、自分の行動が神の導きのなかに流れ込むのを見る。自由な行為は、究極的には神の行為として、[*127] 決断は神の導きとして、冒険は神の必然性として認識される。自分自身の善を知ることを自由に放棄することにおいて、[*128] そこに神の善なる出来事が生じるのである。この究極的なパースペクティヴにおいて、初めて歴史的行動における善について語られることができる。われわれは、後でふたたび、われわれの考察を、この論点に接合せねばならないであろう。[*129]

その前に、なお一つの決定的な、われわれの問題を明らかにするために本質的に有益な問いに、紙面を割かねばならない。すなわち、〈自由な責任と服従とは、互いにどのように関係するのか〉という問いである。

ちょっと考えると、われわれが今まで自由な責任について述べてきたことはすべて、人間がこの人生において、いわゆる《責任ある地位に置かれた》時に、つまり、広範囲に自主的な決断を下さねばならないときにのみ、実際には適用されることであるように思われる。しかし、日傭労働者[＊130]・工場労働者・若い事務員、あるいは新兵・徒弟または学童たちの単調な日々の労働にとって、責任とは、どん

＊123 Aischylos, Choëphoren 461（『コエフォロイ』は、紀元前四五八年に初演された三部作『オレステイア』を構成する二番目の作品である。「ただ単に……正義と正義とが格闘する」という二つの文章は、欄外に付け加えられている。つづいて始まる「責任を負う行動は……」から、次の段落末（「接合せねばならないであろう」までは、S. 268と同様に、S. 224 f に遡る。S. 225の文章「それとともに、責任を負って行動する者には〔差替え「われわれには」〕歴史そのものの深い秘義が開示される」――これに対応するS. 268の文章は削除され――ここから次の段落が始まる。 ＊124 差替え「原則的な」。 ＊125 DBW 4 (N), 155（『キリストに従う』）「キリストへの服従における善は、それを〔事前に〕知ることなしになされる」。 ＊126 サム上一六・七b「……人は目に映るところを見るが、主は心を見る」。マタ六・四をも参照。 ＊127 この箇所では、S. 225から――それ以外にはまことに正確に――再録された文章の中から〈受動性〉というキーワードが欠けている。《受動性という概念》について「説明する言葉」は草稿の「神の愛とこの世の崩壊」S. 340 f の最後の段落のなかに記されている。「受動的なもの」とか「苦難を受けること」などのキーワードはS. 388にもあらわれる。 ＊128 「自分自身の善を知る〔差替え「善悪をめぐる」〕」は、草稿の「すべての自己正当化を認識する」を差替えたもの。 ＊129 後で「神の戒め」について詳述されたこと、S. 381-389。〔なお〕S. 389「善き天使によるかのように〔神の〕戒めによって」導かれることを参照。 ＊130 差替え「農民」。

な関わりがあるのだろうか。自由な営農家、企業家、政治家や国政担当者、将軍、親方、教師、裁判官などの場合には、たしかに事情は別である。しかし、彼らの生涯を通じて、技術的に処理されることや、決められた義務に従うことがどんなに多く、そして実際の自由な決断の余地はどんなに少ないことであろう！

こうしてみれば、責任について述べたことはすべて、究極的には、あたかも、ほんの一握りの人びとのグループについてだけ、それもただ彼らの生活の短い瞬間においてだけ妥当するのであり、したがって、大多数の人びとについては、責任の代わりに服従と義務とが語られねばならないかのように思われる。こうして、一方には、大人物のための、強者のための、支配者のための倫理があり、他方には、小人物のための、弱者のための、被支配者のための倫理が存在するかのようである。あちらには責任が——こちらには服従が、あそこには自由が——ここには勤務が存在する。われわれの近代的社会秩序、とくにわれわれのドイツの社会秩序においては、個人の存在は、はっきりと枠づけされ、規制されており、それによって同時に保証されているということ、〔さらにまた〕ごく少数の人たちにのみ、〈大きな決断を下す広い空間の自由な空気を呼吸し、責任を負う自分の行動にともなう危険を知る特権が許されている〉という事実は、疑いない。

一定の教育や訓育過程、職業過程のなかへ順応させられることによって、われわれの生活は倫理的には相対的に安全なものとなる。[*131]〔しかし〕こうした過程によって子どものときから組み込まれた人間は、倫理的に去勢され、倫理的な創造力、つまり、自由が奪い取られてしまう。この点において、われわれの近代社会秩序のなかに根強く入りこんでいる発展の誤りがあらわれている。それにたいしては、責任という基本的な概念を、はっきり前面に押し出すことによってのみ対抗することができる。こういう事情だから、偉大な政治的指導者たち、企業家たち、将軍たちにおける責任の問題について、すぐれた経験材料が求められねばならない。なぜなら、日毎の生活に追い回されるただなかで、自由な責任を負う行動をあえて行なうこれら少数の他者たちは、一般的な服務規定の機構によって圧倒されているからである。[*132]

にもかかわらず、問題をこのようなパースペクティヴの下で［だけ］考えるのは、誤りであろう。じじつ、責任を自覚する状況を学び知ることのできないような生活――しかも、その最も独特の形、すなわち、他者との出会いのなかで学び知ることのできないような生活――などは、ただの一つも存在しない〔のだから〕。その職業生活や公共生活において、多かれ少なかれ自由な責任が排除されているようなところでも、人間にたいする関係は、家族関係から始まって労働仲間にいたるまで、責任を負うものであり続ける。このような場所で正真正銘の責任を認めることが、責任の領域を、ふたたび職業生活や公共生活のなかへ押し広げていくための、唯一の健全な可能性である。どのような場合にも、職業生活においても、人間と人間とが互いに出会うところでは、いつでも正真正銘の責任感が成立するのであり、そこでは、いかなる服務規定も、この責任ある関与を廃棄することはできない。

＊131　K. Jaspers, Die geistige Situation, [4]1932, 20〔第四版〕「……活動性は、事実上、少数の者にたいする可能性にすぎないが、社会学的な生活の運命的な強制によって、ますます減少していく傾向」。その後 5. Auflage, 23（第五版）では「画一化された生活の運命的強制によって」と改訂。

＊132　「一般的な服務規定」は「社会秩序」（抹消されていない）の上に記されている。〔ベートゲ版を変更〕

このことは、夫婦相互の関係にたいして、両親[133]と子どもたちにたいして、友人たちにたいして妥当するばかりでなく、また親方とその徒弟たち、教師とその生徒たち、裁判官と被告たちとの関係にたいしても妥当する。

しかし、さらになお次の一歩を、われわれは進めることができる。責任感は、ただ服従関係と並んでというだけではなく、この関係のなかでも、その占めるべき場をもっている。親方にたいする服従を義務づけられている徒弟たちは、同時に、彼らの労働や成果にたいして自由な責任をもっているのであり、そのことを通して、親方にたいしても責任をもっているのである。同様に、学生や生徒、何らかの企業で働く被傭者、戦争における兵士についても、同じことが言える。服従と責任とは、互いに深く結びあっており、たとえば服従が終わったところで初めて責任が始まるというのではなく、責任のなかで服従が行なわれるのである。服従関係や従属関係[134]というものは、いつでも存在するであろう。そうした関係は、今日すでに広くみられるように、責任感を廃棄するものではないということこそ重要なのである。社会的に従属的な人たちにとっては、責任を自覚することは、社会的に自由な人たちにとってよりも、いっそう困難なことである。しかし、従属関係それ自体が、すでに自由な責任を排除するということは決してない。主人と使用人とは、服従関係を認めることによって、お互いがお互いのために、自由な責任のなかに立ちうるし、また立つべきである。

そのことの究極的な根拠は、イエス・キリストにおいて現実となった人間と神との関係のなかにある。イエスは、神の御前に、服従する方として、そしてまた自由な方として立ちたもう。服従する方として、彼は、命じられている律法にひたすら従うことによって、父の御心[135]を行ないたもう。自由な方として、彼は、御自身の認識から――開かれた目と喜ばしい心をもって――父の御心を肯定し、いわば御自身から新しく御心を創造したもう。自由のない服従は奴隷であり、服従のない自由は放縦である。服従は自由を拘束し、そして自由は服従を高貴なものにする。服従が被造物を創造主に結びつけ、自由は被造物を、神の像《かたち》をもつものとして、創造主に向き合わせる。服従は人間にたいして、何が善であり、神が何を求めていたもうか（ミカ六・八）[*136]を、自ら彼に語らせねばならないということを示す。自由は人間に、善そのものを彼が行ないうるようにする。服従は、何が善であるかを知り、かつそれを行ない、自由は、あえて行動し[*137]、善と悪の判定を神の御手に委ねる。服従はひたすら従い、自由は開かれた目をもつ。服従は問うことなしに行動し、自由は意味を問う。服従は拘束された手をもち、自由は独創的である。服従において人間は、神の十戒を遵守し、自由において人間は、新しい十戒を創造する（ルター[*138]）。

　責任において、この二つのもの――服従と自由とが現実化する。責任は、これら二つのあいだの緊張関係を、それ自身のなかに担っている。一方を他方にたいして独立させようとするすべての試みは、責任の終わりとなるであろう。責任を負う行動は、拘束された行動でありながら、しかし同時に創造

＊133　差替え「父親」。＊134　差替え「上下の秩序」。S.394f の「上と下」を参照。＊135　削除「その他にも何もなし」。＊136　草稿では「六・六」と誤記。＊137　「あえて行動し」は、草稿の「行動そのもののなかに初めて善を見出し」を差替えたもの。＊138　この M. Luther, Disputationen, (hrsg. v. P. Drews) 12 からの引用については、ボンヘッファーの一九二六年の説明、「新しい人は……新しい十戒を……創造する。それは、モーセの十戒よりも、いっそう明瞭なものであろう」（DBW 9, 381）参照。同じく K. Holl, Luther, 223 „Disput. S. 12 Drews“〔を見よ〕。

的である。服従を独立させると、カント的な義務の倫理に通じ、自由を切り離して独立させると、ロマン主義的な天才の倫理*139に導かれるであろう。義務の人間は、天才と同様に、その義認〔の根拠〕を自分自身のなかにもっている。責任ある人間は、拘束と自由とのあいだに立ち、拘束された者として、あえて自由に行動せねばならない。この人は、自分の義認〔の根拠〕を、その拘束のなかにも自由のなかにも見出さない。むしろ、彼をこの——人間的には不可能な——状況のなかへ置き、彼からこの行為を要求したもう方のうちにのみ自分の義認を見出す。〔すなわち〕責任を負う人間は、彼自身と彼の行為を神の御手に委ねるのである。

われわれは、〈代理〉、〈現実即応性〉、〈罪の引き受け〉、そして〈自由〉という概念の下で、責任を負う生活の構造について理解しようと試みてきた。いまや、われわれは、考察をさらに具体化させたいという願いから、責任を負う生活が現実化する場所（*Ort*）を、いっそう身近に特定することが可能かどうか、という問題を取り上げてみよう。

責任は、無制限な活動の場へ私を置くのであろうか。それとも、私の日ごとの具体的な課題によってあたえられた限界内に、私を堅く縛りつけるのであろうか。私は、何のために正真正銘の責任を負うべきであり、また何にたいしてそうではないのか。この世のなかで起こっているすべてのことにたいして、私が責任を覚えて行動することは、何らかの意味をもっているだろうか。それとも、私自身の小さな世界だけがうまく行っている限り、この世のなかの大事件にたいして無関心な傍観者としてとどまっていることができるだろうか。私は、この世に存在するすべての不正、すべての悲惨に反対して、無力感をともなった憤りで狂奔するうちにヘトヘトになるべきなのか、それとも——私自身は

〔たしかに〕そこでは何事をも変えることができないが——私自身の仕事に精出している限りは、自己充足的な安定感のなかで、この悪い世界を成り行きに任せることが許されているのであろうか。どこが私の責任の場所[*140]であろうか。私の責任の限界はどこにあるのだろうか。

責任の場所

〔召命〕

ここで倫理学の歴史にとって、ほとんど比類のない意義をもつようになった概念、すなわち、召命（*Beruf*）という概念に立ち返ってみよう。そこでわれわれは、あらかじめ、以下の諸点について明らかにしておかねばならない。第一に、ここでは、「一定領域の仕事として」（als abgegrenztes Gebiet von Leistungen）（マックス・ウェーバー）[*141]の世俗化された召命の概念を考えているのではない。第二に、同様に、例の疑似ルター主義のように、ただ世俗的秩序それ自体を正当化し聖なるものとのみ考えるのでもない。[*142]第三に、ルターの召命概念[*143]といえども、直ちに新約聖書の概念と同一視されるべ

＊139 「天才-倫理」というキーワードは、H. Nohl, Die sittlichen Grunderfahrungen, 132 におけるカントとの対論に出ている。ボンヘッファーの所有した本では全文に傍線が引かれている。 ＊140 差替え「空間」。『倫理-断片ノート』Nr.19には「責任の空間」。 ＊141 M. Weber Religionssoziologie I, 68 Anm.〔ウェーバー『プロテスタンティズムの倫理と資本主義の精神』〕（「一コリ一・一七で用いられている（*κλῆσις*）［Ruf］〔召し〕は……そもそも《職業》すなわち、一定領域の仕事を指すものではない」）。 ＊142 ルターの「後継者たち」の、「キリスト教的な職業生活と

きではない。すなわち、彼は、大胆にも、この新約聖書的概念（一コリ七・二〇）に、その豊かな含蓄をあたえている。その内容は――ローマ書三・二八の〔ルターによる〕翻訳*144に類比して考えれば――たしかに、事柄としては正当とみなしうるものだが、しかし、慣用的な語法を超えている。したがって、われわれは、聖書の言葉のもっている意味内容を吟味することから出発する。第四に、召命という概念は、責任という概念と同様に、もちろん、われわれの慣用的な語法では聖書的な語法と同一ではない。しかし、この二つの概念は、幸いにも独特に呼応しているので、これらの両概念を用いることは十分に意味のあることである。

イエス・キリストとの出会いにおいて、人間は、神の呼びかけ（Ruf）を聞き、またその呼びかけのなかに、イエス・キリストとの交わりに生きる生活への召し（Berufung）を経験する。神の恵みを経験する人間は、その恵みからの要求の下に立つのである。〔しかし〕人間は、恵みを、その恵みの〔由来する〕場所に探し求めるのではない。――神は、だれも近づくことのできない光のなかに住みたもう（一テモ六［・一六］）。恵みは、人間を、その人間のいる場所で探し求め――言葉が肉体となりたもうた（ヨハ一・一四）――そしてまさにその場所で、その人間を要求の下に立たせるのである。その場所とは――どんな場合でも、またどの点から見ても――罪と罪責とを負っている場所である。たとえ王座であっても、市民の居間であっても、貧しい小屋であっても、それが、この世の場所なのである。

この人間にたいする恵みの訪れは、イエス・キリストの受肉において起こった。そしてそれは、聖霊によってもたらされるイエス・キリストの御言葉において、〔今もなお〕起こっている。この呼びかけは、その人に的中する――異邦人であれユダヤ人であれ、自由人であれ奴隷であれ、男であれ女であれ、*145 既婚者であれ未婚者であれ。まさに彼が置かれているその場所で、彼は、この呼びかけを聞き、自分に向けられている要求を受け入れるべきである。あたかも奴隷状態や結婚生活や独身生活それ自身が義とされることを*146経験するというのではない。そうではなく、呼びかけられた人間が、ここでも、またかしこでも、神に属することを許されるのである。ただキリストにおいて聞いた恵みの呼びかけ――その恵みが私から要求する――その呼びかけを受け入れることによってのみ、私は、奴隷であっても自由［人］であっても、既婚者であっても未婚者であっても、神の前に義とされて生きることを許される。この生活は、キリストから見れば私の召命であり、私の方から見れば私の責任である。

市民的・この世的な職業生活」との関わりについては、DBW 4 (N),37〔『キリストに従う』〕「キリスト教的生活が成り立つのは、まさに私が、この世において、この世と同じように生きているということである」を参照。ボンヘッファー自身の『キリストに従う』の事項索引には、この引用箇所が „Beruf“（「召命」）の項目のなかに示されている。

*143 一コリ七・一七―二四 のルターによる翻訳〔とくに一七節〕「おのおの神の召したもう (berufen) ところに従って歩みなさい」を参照。〔さらに〕DBW 4 (N) 45–67（その他）「〔キリストに〕服従することへの呼びかけ」。ルターの召命《ベルーフ》観の解釈にたいして、長いあいだ基準とされたのは、カール・ホルの論文、K. Holl, Die Geschichte des Wortes Beruf であった。

*144 「人が義とされるのは、律法のわざによるのではなく、信仰のみによる」。このルターの翻訳において強調された《のみ》(allein) という言葉は、ギリシャ語原典には使われていない。

*145 ガラ三・二八を参照

*146 〔削除、「特別に」〕「義とされる」は、草稿の「あたかも……何か聖なること」〔削除、「神の御前で善なること」〕を差替えたもの。「奴隷状態」については、DBW 4 (N) 253 f〔『キリストに従う』〕（「宗教的な錘《おもり》をつけるのではなく」）、129（「イエスは結婚もしくは独身を一つの綱領にされることはなく」）を参照。

二つの致命的な誤解——すなわち、文化的プロテスタンティズムの誤解と修道院的な誤解——が、これによって排除される。人間が彼に課された責任を果たすということは、市民として、労働者として、家長として彼の地上での職業上の義務を忠実に果たすことによってではなく、イエス・キリストの呼びかけを聞くことによってである。そのイエス・キリストの呼びかけは、たしかに、彼を地上的なもろもろの義務のなかへ導いていくが、その義務のなかに尽くされるというわけでは決してない。[*147] いつでも、それらの義務を超え、その前にも後にもある。新約聖書の意味における召命は、もろもろのこの世的秩序それ自体を神聖化するようなものでは決してない。それらにたいする〈然り〉は、いつでも同時に、最も厳しい〈否〉、この世にたいする最も厳しいプロテストを含んでいるのである。修道院からこの世への、〔つまり〕《召命》へのルターの帰還は——正真正銘に新約聖書的な意味で——原始キリスト教以来、この世にたいして加えられた最も激しい攻撃であり、打撃である。[*148] いまや人間は、この世のなかで、この世に逆らって自分の立ち位置を定める。〈召命《ベルーフ》〉とは、そこにおいてキリストの〈呼びかけ《ルーフ》〉に応え、それにたいして責任をもって生きる場所である。召命において私にあたえられる課題は限定されたものであるが、しかし同時に、イエス・キリストの呼びかけにたいする責任は、すべての限界を突破する。

中世[*149]の修道院制度の誤解は、イエス・キリストの呼びかけが人間をこの世にたいする戦いへ立たせるものだという認識にあるのではない。そうではなく、この世ではない場所に、それゆえに、この〈呼びかけ〉にいっそうふさわしく答えうるように見える或る〔別の〕場所を見出そうと試みたことにある。この世を逃れようとするこの空しい試みにおいては、この世の全体に――したがって修道院にも――妥当する神の〈否〉も、〔神が〕この世を御自身と和解せしめたもうた神の〈然り〉も、真剣に受けとめられてはいないのである。したがって、この修道院の試みにおいては、神の呼びかけは――この世にたいする神の〈否〉についても――、ルターが（もちろん、疑似ルター主義ではなく）理解したような、この世的職業《ベルーフ》における〔神の呼びかけ〕よりも、真剣に考えられることがいっそう少なかったであろう。

〈具体的な場合には、イエス・キリストの呼びかけにたいする応答として、もはや責任的には生きえないような或る種の特定の地上的職業《ベルーフ》を捨てることもありうるのだ〉という考え方――この考え方〔そのもの〕は、ルターとまったく同一線上にある。ただし、職業《ベルーフ》の義務とこの世的秩序それ自体を聖とみなす信仰に立つ疑似ルター主義の方は、この世がどこでも善なる世界だと信じているので、この考え方を実行しえないのである。新約聖書的な召命《ベルーフ》思想をこのように曲解することにたいしては、修道院のプロテスタントは、その正当な権利をもっている。ルターが、〔修道院を捨てて〕この世に復帰してきたのは、キリストの呼びかけにたいする全面的な責任を果たすことだけが問題だったのだから。〔しかし〕キリストの呼びかけにたいして、修道院的解決は、二重の点で正しくない。その解決は、

＊147　DBW 4 (N), 147〔『キリストに従う』〕の事項索引の「召命《ベルーフ》」の項に入れられているボンヘッファーの文章（「ここでキリストにたいする愛が祖国愛や友情や職業のなかへ解消されることは、まやかしのプロテスタント倫理の大きな誤解である」）を見よ。　＊148　この文章は、DBW 4 (N) 260 f und 34〔『キリストに従う』〕に、部分的には文字通り一致する。　＊149　DBW 4 (N), 33（さらにルターについても、33）〔『キリストに従う』〕を参照。

〔まず第一に〕究極的な責任を負う生活の場を、ただ修道院の壁の内側にのみ限定すること、〔第二に〕この世のなかでの生活を、ただ堕落した妥協としてのみ解釈することである。〔つまり〕そこでは、〔本来〕イエス・キリストの呼びかけに含まれているこの世にたいする〈然り〉と〈否〉とが〈具体的な責任のなかで結び合わされることによって、この呼びかけに応えねばならない〉という、この世のなかでの生活が認められてはいないのである。

このような誤った認識に対抗して、ルターは、人間の責任には限定されているけれども同時に限定されないものに根ざした意味がある、と解釈した。それと同時に、彼は、イエス・キリストの呼びかけにたいする責任を負いつつ、この世の職業《ベルーフ》を――イエス・キリストとの交わりから生まれる――自由で喜ばしい良心をもって果たしうることを示したのである。*150 したがって、善き自由な良心は、この世的な職業《ベルーフ》の義務を果たすことそれ自体から出てくるものではない。そこでは、多数の義務のあいだに解決しえない軋轢があり、それによって良心は、いつも傷つけられ、それゆえ、いつも二つに割れた良心のやましさを伴う妥協で終わるだけなのである。ただイエス・キリストの呼びかけに応える責任において具体的な職業《ベルーフ》が果たされるところでのみ、それゆえ、イエス・キリストの受肉が認識されることからのみ、良心は、具体的行為において自由でありうる。イエス・キリストの呼びかけだけが――職業《ベルーフ》においてそれに責任をもって従っていく中で――妥協を克服し、また妥協によって不確かなものとされた良心を克服するのである。*151

責任の場所と限界とを問うことによって、われわれは召命《ベルーフ》という概念へと導かれた。これにたいする答えは、召命《ベルーフ》が、同時にそのすべての次元において理解されるときにのみ、正しいものとなる。召命《ベルーフ》とは、〈まったく私のものとなるように〉というイエス・キリストの呼びかけである。それは、私がこの呼びかけにとらえられる場所で、キリストから私に突きつけられる要求である。それには、即物的《ザッハリヒ》な労働の世界と人格的な人間関係とが含まれ、*152《一定領域の仕事》〔M・ウェーバー〕*153も求められている。しかし、それら自体が一つの価値あるものだからでは決してなく、イエス・キリストにたいする責任において要求されるものである。このキリストにたいする関係によって、《一定領域の仕事》は、それだけで孤立している状態から解放される。その限界は、ただ上から、すなわち、キリストによって突破されるばかりでなく、また外に向かっても突破される。たとえば、もし私が医者であれば、具体的な場合にのみ私の患者に奉仕するばかりではない。同時に、自然科学的な認識にたいしても、それとともに、さらに学問と真理認識一般にたいしても奉仕することになる。私は、実際には、この奉仕を具体的な場所で、それゆえ、たとえば病人のベッドの傍らで

*150 欄外に「妥協、良心、ナウマン」。フリードリヒ・ナウマンの名前にたいする言及については、S. 229を参照。

*151 草稿紙面上のテキストの終わりとして、ここから、新しい段落が削除されないで続く。「私の責任の場所は、それゆえ一面では、私をとらえるイエス・キリストによって規定される」。これに続く草稿紙面は一つの削除で始まっているが、その文章は未完のままである。

*152 DBW 16, 550-562 のタイトルを参照。それは、ディルシュナイダーのテーゼと対論する「《人格》倫理と《事柄》倫理」（なお、S. 336をも見よ）。このテキストは、ＤＩＮ〔ドイツ工業規格〕Ａ５の大きさに切られた明るい多孔質の二つ折り用紙に書かれている。この特定の紙質の用紙は、『倫理』のテキストS. 269以下に用いられている。ボンヘッファーの所有していたO. Dilschneider, Die evangelische Tat には、とりわけS. 104以下の文章に下線「……〔二王国論とともに〕福音主義的エートスは純粋に人格的な関心事として登場する」。それについては、ボンヘッファーは同意していない。

*153 マックス・ウェーバー。〔なお〕S. 290

行なうわけである。しかし、全体にたいする責任も視野に入れながら、そのように行なうことによってのみ、私の召命《ベルーフ》を果たすのである。さらに私は、医師としても、あるときには、もはや病人のベッドの傍らにおいてだけではなく、たとえば、医学、あるいは人間の生命、あるいは学問それ自身を脅かすような措置[*154]がとられているのを認識するならば、それに反対する公共的な行動によって、私の具体的責任を果たさねばならない。

まさに召命は責任であり、責任は、現実の全体にたいする全人格をもってする全体的応答である。それゆえ、人間の責任を、最も狭い職業上の義務だけに自己限定する俗物的な生き方は存在しないのである。すなわち、そのように限定するのは、責任を放棄することであろう。召命において、人間にたいする責任において、《一定領域の仕事》をそのように〈突破せねばならないのは、いつなのか、またどの範囲までなのか〉ということは、自由な責任の本質からすれば、固定的な律法的規定としては把握できない。このような突破は、ただ、直接にあたえられた職業的な義務を真剣に考量し、他の人の責任範囲を侵害する危険について、そして最終的には、問題になっている事柄を全体として真剣に考量した後でのみ行なうことができるであろう。そのときには、このような突破は、私を此処《ここ》へ、あるいは彼処《あそこ》へと導きたもうイエス・キリストの呼びかけにたいする自由な責任であろう。[*155]職業《ベルーフ》における責任は、ただイエス・キリストの呼びかけにのみ従うのである。

責任の限定には、間違ったものと正しいものがあり、責任の拡張にも間違ったものと正しいものがある。熱狂的にすべての限界を突破する場合があり、また律法的に限界を設定することもある。したがって、具体的な場合に、その行動が責任的になされているのか、熱狂的になされているのか、それとも律法的になされているのかということを、外側から判定することはとても困難であり、むしろ不可能である。しかしながら、自己吟味のための基準というものは存在する。――むろん、自分の自我を超えて完全な確信をもつまでに至ることはありえないだろうが。

そのような基準は、以下のように言うことができよう。すなわち、私の責任を限定することも拡張することも、〈原則的〉に根拠づけることは許されない。その唯一の根拠づけは、イエスの具体的な呼びかけしかありえない。私が、〈自分には性格上の素質として、改革好きで知りたがりやで熱狂的で限度知らずの傾向がある〉と知っているなら、そこでは、自分の責任を勝手気ままに拡大し、私の自然的な衝動をイエスの呼びかけと取り違える危険があるだろう。また、〈自分が、慎重で、物事を気にして、心がいつも定まらず、律法的に考える傾向をもっている〉と知っているなら、そこでは、私は、その責任を狭い範囲に限定することを、イエス・キリストの呼びかけとしてとらえることがない

を参照。＊154　この「脅かす」仕方は、強制不妊手術〔断種〕や《安楽死《オイタナジー》》による殺害など、ナチ政権による〈人種論的・優生学的措置〉を意味していた。草稿のなかに、ここで医師の例に触れているのは、ボンヘッファーが彼の父である精神医学者カール・ボンヘッファーのことも念頭において選んだのは確実である。父カールは、公開の声明を通して、強制不妊手術の数を制限しようと試みた。＊155　削除「どちらの側にも何とか原則的に［差替え「律法的に」］規制されないことは、はっきりしている」。H. Nohl, Die sittlichen Grunderfahrungen, 167–170 を参照。そこでは、《職業》について詳説されている。170「個人が職業《ベルーフ》を、また［社会］全体のなかでの課題を引き受ける仕方」、168「私の分身（Doppelgänger）のようなものが存在している。しかし、分身は、別の生活連関のなかに立っているので、別の課題をもっている。このことを自覚することから、信仰と責任、それとともに安心、勇気、さらに自分自身にたいする信頼が生まれてくる」。

ように用心せねばならない。そして最後に、決して自分自身に注目するのではなく、ただキリストの呼びかけにのみ注目することによって、私は、正真正銘の責任を果たしうる人間として解放されるのである。

ニーチェは、それとは知らないで、新約聖書の精神において語ったことがある。それは、彼が、隣人愛（*Nächstenliebe*）の戒めを律法的・俗物的に誤解することに反対して、次のような言葉を浴びせたときのことである。[*156]

「汝らは、隣人の周囲に群がり、己のなすところを美名をもって呼ぶ。されどわれは、汝らに言いたい。汝らの隣人愛とは、汝ら自身にたいする汝らの悪しき愛であると。汝らは汝ら自身から逃れて隣人のもとへと走り、そこから一つの美徳をつくり出そうと願う。しかし、われは、汝らの《無私なること》〔の本質〕を見抜いているのだ。……われは、汝らに隣人愛をすすめようとするだろうか。むしろ、われは、汝らに、隣人からの逃避と最も遠き者への愛（Fernsten-Liebe）をすすめよう」[*157]。イエスの呼びかけがわれわれに命じる隣人の背後には、イエスにとっても最も遠い方が、すなわち、イエス・キリスト御自身が、〔すなわち〕神御自身が立っていたもうのである。隣人の背後に、この最も遠い方が在《いま》すことを知らず、またこの最も遠い方が同時に隣人であることを知らない者は、隣人に仕えるのではなく、自分自身に仕えているのである。このような人は、責任〔を果たすため〕の自由な戸外から、いっそう快適な、義務の遂行という狭い居場所へ逃避するのである。隣人愛の戒めも、それゆえ、われわれの責任範囲を、空間的・市民的・職業的、さらに家庭的に、われわれに近い人たち、私の出会う隣人たちにのみ律法的に限定することを意味するのではない。隣人とはまさに最も遠いところにいる者でありうるし、最も遠い者が最も近いところにいる者でもありうる。
一九三一年に、アメリカで、恐るべき誤審によって[*158]、その犯罪が確定されえなかった九人の若い黒人たちが、疑わしい評判を立てられていた一人の白人少女に暴行したという理由で、死刑判決を受けたとき、憤激の嵐がまきおこり、それはヨーロッパの最も著名な人たちの公開書簡という形で発表された。この事件によって大いに刺戟された一人のキリスト者が、あるドイツの指導的な教会人に問いただした。あなたも、この事件について御自分の意見を発言すべきではないか、と。この指導者は、《ルター派的な》職業観にもとづいて、それゆえ、〔つまり〕自分の責任外のことだという根拠から、それを拒否した。実際には、世界の各地から寄せられた抗議の声によって、判決は最終的には修正されることになったのである。[*159]

*156　ここにある〈俗物《フィリスター》〉とは、起原的には学生用語的な意味で、つまらぬことに頑固な知ったかぶりのこと。

*157　ボンヘッファーは（わずかばかり原文を変更して）ニーチェの『ツァラトストラかく語りき』「隣人愛」についての章の冒頭から引用。原文は「……自身にたいして、汝らは、そこから一つの美徳を作り出そうと願っている」。(F. Nietzsche, Also sprach Zarathustra, Werke Erste Abtheil（„th" の代わりに、一九一〇年版は „t"）VI88［KGW VI, 1, 73］。N. Hartmann, Ethik (440-456) は第五五章として「最も遠くにいる者への愛」について扱っているが、446には、この言葉がニーチェから引かれている。ボンヘッファーの所有本には446に一か所の傍線あり。

*158　削除「人種的偏見に制約されて」。

*159　E. Bethge, Nachwort zu „Ethik", 6. Auf. 1981, 398〔ベートゲ版の『倫理』第六版への〕〈あとがき〉「……一九三一年のセンセーショナルな〈スコットボロー〉事件――最近ふたたびアメリカの新聞で取り上げられている司法上のスキャンダル――そこでは、今や、ジョージア州では、先の不当な判決で「有罪とされた九人の黒人のうち最後に生き残っていた一人に〈賠償〉がなされた。ボンヘッファーは、ニューヨーク

ここでわれわれは、イエス・キリスト御自身の呼びかけからニーチェの言葉を理解しようではないか。「わが同胞よ、われは、汝らに隣人愛をすすめない。われは、最も遠くにいる者への愛をすすめる」[*160]と。われわれは、このことを、上述の特殊なケースについて一つの判断を下すために、こう言っているのではない。〔責任〕の限界を広くとっておくために、そのことに言及したのである。

「すべてあなたの手の及ぶことは、どのようなことでも力を尽くして行うがよい」(コヘ九・一〇)[*161]。「ごく小さなことに忠実であれ」(ルカ一六・一〇、一九・一七)。「大きなことを引き受ける前に、まず自分の家を治めるべきこと」(一テモ三・五)[*162]。「他人に干渉する者として、苦しみを受けることがないようにしなさい」(一ペト四・一五)。こういう聖書の教示は、聞き流されてはならない。にもかかわらず、これらすべてのすすめは、イエス・キリストの呼びかけに結びつけられているものであり、それゆえ、この呼びかけにたいする自由な責任を、律法的に制限することを決して意味するものではない。

ドイツ教会闘争において、牧師が、〔信仰の〕兄弟たちや迫害された人たちのあらゆる種類の困窮にたいして――まさに彼自身の牧する教会がまだその困窮に遭遇していなかったという理由から――公共的責任をとる態度決定を避けた例がしばしば生じた。それは、彼が臆病だったからではなく、またそうする決意がなかったからでもなかった。ただ、そうすることは、彼の教会が具体的な困窮や試みに陥ったときに教会を助けるという、彼にあたえられた召命を踏み越えることであって、それは許されないと考えたからである。後になって彼自身の教会員たちがそれに遭遇したときには、しばしば、全力をもってまったく自由に責任ある行動がなされたのである。このことも〔あらかじめ〕判断を先取りするために、述べたのではない。隣人愛の戒めをめぐり、その範囲を狭く限定する誤りに反対してオープンにしておくために——そのように〈召命〉概念にたいして福音的自由を確保するために——述べたまでである。*163

滞在中に、この裁判を強い関心をもって追い、自分でも公的に——残念ながら実現しなかったが——彼の所属する〔ドイツ〕教会指導部（オット・ディベーリウスだったか?）が関与するように尽力した」。裁判が開始されたのは一九三一年四月六日だった。国際的な抗議にもかかわらず、それが判決を破棄するために影響することはなかった。アラバマ州（ジョージア州ではなく）による賠償は〔ようやく〕一九七六年一一月に行なわれた。このケースについては、D. T. Carter, Scottsboro を見よ。〔したがってボンヘッファーの生前にはこの判決は修正されなかった。〕

＊160 F. Nietzsche, Zarathustra, Werke, VI, 88. **＊161** ルター訳聖書のコヘレトの言葉、九・一〇a「すべてあなたの手の及ぶことは、力強く行ないなさい」の脇には、複写用鉛筆で傍線。「あなたの手の及ぶことは、行ないなさい」という表現は、K. Holl, Luther, 242 Anm. 2では、ルターとサム上一〇・六四（しかしルター訳聖書では七節）「あなたの手の下の及ぶことを……行ないなさい」にもとづくとされている。**＊162**『倫理-断片ノート』Nr. 12に記された次のメモは削除されている。「手の及ぶことは、これを行なえ」——自分のものをよく治めえない者は——（一テモ三〔・五〕）／隣りにいる人と最も遠くにいる人／黒人」。ボンヘッファーは彼の『倫理-断片ノート』の多くの箇所で、彼がすでに草稿で書き終えたものを抹消している（S. 356-358 および『倫理-断片ノート』Nr. 100 の抹消を参照。〔しかし〕『倫理-断片ノート』Nr. 12には、〔傍線を引かれながら〕削除されていない例もある。中でも、たとえば、何が神の御心であるのか「吟味しなさい」（ロマ一二・二およびエフェ五・一〇、一七）。ロマ一二・二およびエフェ五・九以下は、草稿では「神の愛とこの世の崩壊」S. 323 f で引かれている。**＊163**「召命概念にたいして……自由〔差替え、《広さ》〕を確保するため」は、「召命概念を律法化から守るため」を差替えたもの。欄外に記憶のためのメモ、削除「神御自身によって設定された絶対的な限界? 戒め。委任」。

しかしいまや、召命におけるいずれの責任を負う行動にとっても、踏み越えることのできない限界が、十戒に示されている神の律法によって、さらに結婚、労働[*164]、政治的権威（Obrigkeit）という神的委任（*göttliche Mandate*）によって立てられている[*165]のではなかろうか。この限界を突破することはすべて、神の啓示された意志に反することを意味するのではなかろうか。ここで、律法と自由という問題が、究極的な先鋭さで再燃される。いまや、神の意志それ自身のなかに一つの矛盾をもちこむ恐れが出てくる〔のだから〕。

たしかに、神の律法自身によってあたえられた限界を、ぎりぎりの真剣さをもって目に入れないような責任を負う行動など、決してありえないであろう。じっさい、まさに責任を負う行動は、この律法を、この律法をあたえて下さった方［から］、切り離すことなどありえないであろう。責任を負う行動は、律法によってこの世の秩序を守りたもう神を、ただイエス・キリストにおける救済者としてのみ認識することができるであろう。責任を負う行動は、イエス・キリストを、われわれが責任を負う究極の現実として承認し、まさにイエス・キリストから、責任を負う行為にたいする律法からの自由を経験するであろう。神のために、また隣人のために、すなわち、キリストのために、安息日を聖とすることからの自由、両親を敬うこと[*166]からの自由、神の律法全体からの自由、〔つまり〕律法を破るのと同時に律法を新しく[*167]立てるための自由が存在する。律法の一時的停止（Suspension）は、ただその真の成就にのみ仕えるのである。

たとえば、戦争の際に、殺し、偽り、収奪する行為は、ただ生命や真理や財産をふたたび回復するためにのみありうる。律法が破られるということは、まったく重大な事実であることが認識されねばならない。――「もしあなたがしていることが何であるかを知るならば、あなたはさいわいである。しかしあなたがそれを知らないなら、あなたは呪われ、律法の違反者となる」（ルカ五・三九 h'）。*168 責任から行動しているのか、それともシニシズムから行動しているのか*169ということは、ただ、律法違反という客観的な罪が認識され、その身に担われ、そして〈まさに律法の違反において律法を真実に聖とすることが結果として生じているかどうか〉ということにおいてのみ識別されるのである。

このようにして、自由から出てくる行為において神の意志は聖とされる。しかしここでは、自由から出てくる行為が問われているのであり、それゆえに、人間は、救いようのない軋轢のなかに引き裂か

*164 「労働」の前の「結婚」という順序は、S.54 におけるのと同様に倒置される以前には〈労働〉、〈結婚〉という順序だった。*165 この言葉は「引かれている」（抹消されていない）という言葉の真上におかれている。*166 S.279（安息日、両親）参照。*167 差替え「真剣に」。*168 引用されているテキスト「あなたはさいわいである……」はネストレ版〔ギリシャ語聖書〕欄外注に記されたルカ六・五の異読部分の翻訳である（ネストレ版のこの頁の上部には聖句個所「五・三九－六・九」と記載されている）。校訂記号「h'」は、ボンヘッファー所有のネストレ版（第一三版、一九二九年）では、「注目すべき否定された読解の仕方」（B. F. Westcott / F. J. A. Hort, The New Testament in the Original Greek, 1895 の小型版付録、所載）という評価が示されている。*169 F. Meinecke, Die Idee der Staatsräson, 57〔マイネッケ『国家理性の理念』〕を参照。「……この necessità〔必然性〕――〔すなわち、「没落することを欲しない君主は、多くの狐のなかの狐でなければならない」〕――のなかに、人びとは、おぼろげにも倫理的良心にたいする非倫理的な政治のための一段と高い正当化を感じとったのである。これこそ、後々まで影響を残したマキャヴェリの唯一の倫理的要素であった」。この箇所の上には「シニシズムと責任」というボンヘッファーの手による鉛筆の注釈がある。

れるのではない。そうではなく、〈律法を破ることによって律法を初めて聖とする〉という途方もないことを、確信をもって、また自分自身との一体性において行なうことができるのである。

愛と責任*170

＊170　「愛と責任」という表題（下線なし）によって、この草稿は終わっている。同様のことはS.256のサブタイトル「責任を負う生の構造」も同様。そしてS.289の「責任の場所」も、それぞれの箇所で、その草稿紙面の最後の部分になっている。《愛》のテーマについては、「歴史と善」の第一草稿の方が第二草稿よりも、いっそう明確に論じられている（J. D. Godsey, Bonhoeffers Doktrine of Love, 224の示唆）。《責任》について、『倫理-断片ノート』Nr.19には以下の論点がふくまれている。「（1）抱括的な意味での言葉……、（2）責任を負う生［差替え「行動」］の構造……（3）責任の空間……（4）責任における矛盾と統一性」。第三点に予定されている四つの下位項目のうち、第三項の「あたえられた召命」（草稿ではS.289-297）および第二項「神的委任」（きわめて簡潔にS.297に示唆あり）。第四項のなかには「政治と山上の説教」というキーワード（第一草稿S.228-230 u. 234-244）。違った形で第二草稿S.263、キーワードの「愛と責任」の行の下へ転置を指示する矢印の線。草稿「［神の］愛と世界の崩壊」（S.301-341）でボンヘッファーは、《愛》についての彼の基本的考察を定義しているが、そこには《責任》についての記述はなし。草稿は、単行本のなかでは、おそらくその場所を責任概念（S.254）を展開する前に置く予定だったのであろう。

神の愛とこの世の崩壊*1

〔軋轢の世界〕

善悪について知るということは、倫理的な省察すべての目的であるように見える。(1)〔しかし〕キリスト教倫理は、この善悪について知るのを止めさせることを、第一の課題としている。キリスト教倫理は、他のすべての倫理が持つこの前提を攻撃することによってまったく独自の立場に立っているため、そもそもキリスト教倫理について語ることには意味があるのかと問われるほどである。とはいえ、キリスト教倫理についてあえて語るとするなら、それは、ただ次のことを意味しているだけである。すなわち、〈キリスト教倫理は、あらゆる倫理的な問題設定の根源について論じ、そのことによって、すべての倫理の批判*3として独り妥当する倫理であることを要求する〉ということである。

(1) 現代の倫理学は、善悪の概念を次のようにいっそう包括的な概念に置き換えているが、そのことは、ここで考察する問題にとって何らの違いも意味しない。すなわち、〈道徳的なものと非道徳的なもの〉、あるいは〈価値的なものと無価値的なもの〉、また——実存哲学における——〈本来的存在と非本来的存在〉という〔ような〕概念である。*2

*1 「神の愛」は、「愛」の差替え。他のすべての『倫理』草稿は、アラビア数字〔で頁数〕が打たれているのにたいし、この草稿の用紙には、ローマ数字が打たれている（《I.》から《V.》までは上部左、それ以降は上部中央）。ローマ数字の頁数は一般に、著作の序文に用いられた。もしかすると、〔ボンヘッファーは〕この草稿を、いずれ、S. 222で言及していた「第一章」の前に置くことを意図していたのかもしれない。この草稿は、S. 334までは、一部は、S. 269から用いられてきた明るい多孔質の〔＝質の悪い〕二つ折り用紙に、一部は、《アイヒベルガー》の透かし模様がある二つ折り用紙に書かれている。インクの色あいは、「歴史と善（第一草稿）」の結末部分（S. 240以後）と同じく明るい青色である。

*2 《道徳的なもの／非道徳的なもの》は、たとえばW. Herrmann, Die sittlichen Weisungen Jesu.《価値的なもの／無価値的なもの》は、たとえばM. Scheler, Die Formalismus in der Ethik und die materiale Wertethik〔シェーラー『倫理学における形式主義と実質的価値倫理学』〕：《本来的存在》については、M. Heidegger, Sein und Zeit〔ハイデガー『存在と時間』〕のたとえば五三節を、また、ハイデガーの《本来的な存在能力》という見解にたいするボンヘッファーの立場については、DBW 2 (AS), 147 Anm. 15〔『行為と存在』〕（「アダムにおける存在」の章）を参照。《実存論的哲学》あるいは実存哲学は、〔一九〕二〇年代以来、基本的存在論と現存在分析（ハイデガー）として、あるいは批判的な実存の解明（ヤスパース）として——〔ともに〕隠された倫理的前提を伴いつつ——発展した。H. Nohl, Die sittlichen Grunderfahrungen, 130における《善と悪》の論議を参照。

*3 K. Barth, Römerbrief, 413 f〔バルト『ローマ書講解』〕（「すべてのエートスの批判」）を参照。ボンヘッファーは、バルトのこの箇所を、DBW 4 (N), 93〔『キリストに従う』〕において、暗に示唆している。

キリスト教倫理は、善悪について知るという可能性〔そのもの〕のなかに、すでに根源（Ursprung）からの離反〔が根ざしていること〕を見出す。[4] 根源〔との一体性のなか〕にある人間は、ただ一つのものを、すなわち、神だけを知っている。他の人びとや事物（Dinge）、自分自身を、人間は、ただ神についての知識と一体のものとしてのみ知っている。〔つまり〕人間は、あらゆるものを神においてのみ知り、さらにまた神をあらゆるものにおいて知るのである。[5] 善悪について知るということは、〔すでに〕それに先立って根源との分裂（Entzweiung）が生じていることを示している。

善悪について知ることによって、人間は、自分〔の存在〕を根源によって規定されている者という現実のなかでとらえるのではなく、自分自身で善悪を決めうる者としてとらえるのである。人間は、いまや自分が神と並んで神の外部にあるのを見出す。すなわち、人間は自分自身だけしか知らず、もはや神をまったく知らないということである。なぜなら、人間は神だけを知るときにのみ、神を知ることができるのだから。したがって、善悪について知るということは、神と分裂しているということである。善悪について、人間は、ただ神に逆らってのみ知ることができるのである。

しかし、人間は彼の根源から離れることはできない。神の根源において自己を知る代わりに、人間は、いまや自分自身を根源として知ることにならざるをえない。自分の可能性、つまり、善であるのか悪であるのかという可能性に従って自分をとらえながら、人間は、自分を善悪の根源として理解するのである。「神のようになった」（Eritis sicut deus）[6]。神はこう言われる。「人は我々の一人のように、善悪を知る者となった」（創三・二二）と。

もともと神の似姿《かたち》（Gottesebenbildlichkeit）[7] として創られながら、人間は、神に等しい者となることを盗みとった。神の似姿《かたち》（Bild）としての人間は、ひたすら神における彼の根源から生きるのにたいして、神に等しい者となった人間は、その根源を不当にわがものとし、自ら自分自身の創造者と審判者になった。神が人間にあたえたもうたものを、人間はいまや自分自身によるものであると称した。しかし、神の賜物は、本質的に神の賜物《たまもの》である。根源こそが賜物を賜物として形づくっているのである。根源が変われば、賜物も変わる。まさに賜物は、根源によってこそ存立する。神の似姿《かたち》としての人間は、神の根源から生きる。これにたいして、神に等しい者となった人間は、自分自身の根源から生きる。根源を盗みとることによって、人間は、神の秘義を自分のなかにとりこんでしまった――聖書は、この過程を禁断の木の実を食べた*8、と記している――。それによって、人間は滅びへの道を歩

＊4　DBW 3 (SF), 82〔『創造と堕落』〕を参照。すなわち、神の御前では「善のなかで生きる生も、悪のなかで生きる生も、思いもよらない〔根源からの〕離反を意味する」であろう。現実と対立する「可能性」に関するボンヘッファーの見解については、とりわけ DBW 3 (SF), 101〔『創造と堕落』〕を見よ。S. 301-310 は、DBW 3 (SF)〔『創造と堕落』〕における創一－三章の注解にもとづいている。〔また〕K. Barth, KD II/2, 595 f〔バルト『教会教義学』第二巻「神論」第二分冊〕を参照。この本のゲラ刷を、ボンヘッファーは、国防軍諜報部から委託された任務のため一九四二年五月一一日から二三日に三度目のスイス訪問を行なった際に入手した。一九四二年五月一三日の書簡 DBW 16, 266 を見よ。**＊5**　K. Barth, Römerbrief, 444 f（また似たような表現を至るところで）〔バルト『ローマ書講解』〕「知る者とは、ここでは、知らないということを知っている者でなければならない」を参照。《知らないということ》については、S. 224、S. 285、DBW 4 (N), 155〔『キリストに従う』〕を見よ。**＊6**　S. 277, DBW 3 (SF), 103〔『創造と堕落』〕、また K. Barth, Römerbrief, 258〔バルト『ローマ書講解』〕を参照。**＊7**　創一・二七。**＊8**　創三・一－七。

んでいくのである。

人間は、いまや、何が善であり何が悪であるかを知っている。しかし、それによって、これまでの知識に加え、新しい知識を獲得したわけではない。善悪を知るということは、これまで自分の根源としての神を知ることだけであった人間の知識を完全に転倒させることを意味する。善悪を知ることによって、人間は、根源それ自体である神のみが知ることができまた知ることが許されていることを、知るのである。

聖書でさえ、神が善悪を知りたもう方であるということを、きわめて控えめに示唆しているにすぎない。それは、その根源を永遠の一者のなかにもっている予定（Prädestination）[*9]の秘義・永遠の分裂の秘義、〔すなわち〕そのなかにはいかなる闇もなく光のみでありたもう永遠の一者による永遠の決定と選び（Wahl und Erwählung）の秘義を、最初に示唆するものである。善悪を知るということは、自分自身を善悪の根源として、永遠の決定と選びの根源として知るということである。それがいかにして可能であるかということは、御自身が一にして永遠の根源であり——あらゆる分裂を克服したもう方であるゆえに——そのなかにはいかなる分裂もない方〔＝神〕の秘義であり続ける。〔しかし〕人間は、自らが根源であろうとして、この秘義を神から盗みとったのである。

人間にとって恵み深くありたもう神のみを知り、神においてすべてを知る代わりに、人間は、いまや自分自身を善悪の根源として知り、〔また〕神の決定と選びに身を委ねる代わりに、自分自身が決定し、選びの根源であろうとし、それゆえ自分自身のなかに、いわば予定の秘義を担いとろうとする。ただ神によって選ばれ、愛された存在であるという現実においてのみ自分自身を知る代わりに、いまや人間は、〔自分自身が〕善悪の根源であることを選び、そのような可能性のなかに生きていることを自覚せざるをえない。人間は神のようになった。しかし、神に逆らうものとして。ここに、〔エデンの園の〕蛇の詐術がある。人間は、善悪とは何かを知るようになった。しかし、人間は、〔現実には〕根源ではなく、ただ根源から分裂することによってのみ、この〔善悪の〕知識を手に入れたのである。〔つまり〕人間の知る善悪は、神の善悪ではなく、神に反抗する善悪である。それは、神の永遠の選びに反逆する、自分自身の選びによる善悪である。神に逆らうものとして、人間は神のようになったのである。

そのことをはっきり示しているのは、善悪を知った人間が決定的に生命から、すなわち、神の選びに由来するほんとうの（wirklich）命〔＝永遠の命〕から見放されてしまったという事実である。「さあ、彼が手を伸ばし、また命の木からも取って食べ、永遠に生きることがないようにしよう。（中略）神は、人を追放し、命の木に至る道を守るために、エデンの園の東にケルビムときらめく炎の剣を置

＊9　《予定》とは、神学において、人間が救済か断罪かを前もって決められていることを意味する。カール・バルトによれば、キリストによる救済行為ののち、すべての人間は、救済へと定められている。それによって、予定は、《選び》となる。ボンヘッファーは、この用語（《予定》）をバルトの意味で用いている。《選び》という表現は、創世記一－三章についてのボンヘッファーの講義草稿（一九三二／一九三三年）には見られないが、聴講者の講義ノートにだけは見出される。DBW 3 (SF), 42, Anm.11〔『創造と堕落』〕を見よ。カール・バルトの予定論は、一九四二年に、KD II/2, 1-563〔バルト、上掲書「神論」〕において——『教会教義学』のこの分冊を包括的に論じている最初の二章において——「神の恵みによる選び」という表題のもとに詳説されている。

かれた」（創三・二二、二四）。人間は、〔いまや〕神に反抗し、人間の根源に逆らい、神なしに自分の選択で善悪について知った者、〔善にも悪にもなる〕分裂した可能性において自分自身をとらえる者となった。人間は、神において一つとなり和解された生から切り離され、死に渡される。人間は、神の秘義を奪ったことによって破滅への道を辿る。人間の生は、こうしていまや神から分裂し、また〔他の〕人びと、事物、自分自身からも分裂してしまうのである。

〔恥〕

神の代わりに、人間は自分自身を見つける。「すると二人の目は開かれた」（創三・七）。人間は、神と〔他の〕人びととから自分が分裂していることに気づく。彼は、自分が裸であることを知る。神と他の人びととは彼にとって庇護と覆いであるのに、彼は、そうした庇護も覆いもなく剥《む》き出しのままでいることに気づく。〔そのとき〕〈恥の意識〉（Scham）が目覚める。〈恥の意識〉は、人間が根源から分裂してしまったことにたいする消しがたい記憶であり、分裂したことについての苦痛であり、それを元通りにしたいという無力な欲求である。人間は、彼の根源的本質をなし、また彼の全体性に属する何ものかが、彼から失われてしまったために恥じ、また自分が裸であることを恥じる。メルヘンにおいて、男が自分の影を無くしたことを恥じるように、[*10] 人間は、神や他の人びととの一体性を無くしたことを恥じる。

〈恥の意識〉と後悔（Reue）とは、混同されるべきではない。人間は、誤りを犯したときには後悔を覚えるが、何ものかが自分に欠けているときには〈恥の意識〉が生じる。〈恥の意識〉は、後悔よりも根源的である。[*11] 知らない人と視線が合ったときにわれわれが目を伏せるという奇妙な事実は、誤りを犯したことを後悔している徴《しるし》ではない。それは、他者に見られているときに、何か欠けているもの――〔たとえば〕生の全体性が失われていること、自分が裸であること――を思い起こして覚える〈恥の意識〉の徴《しるし》である。たとえば個人的な忠誠の誓いの際に要求されるような、相手の視線にじっと耐えることには、なにか強制に抗《あらが》うようなものがある。他者の眼差しを求める愛においては、なにか思い焦《こ》がれるようなものがある。いずれの場合においても、自覚的に、かつきっぱりと、あるいは情熱的に、かつひたむきに、分裂した徴《しるし》としての〈恥の意識〉を内的に克服することによって、失われた一体性を取り戻そうとすることは、苦痛に満ちた試みである。[2]

（2）A・ハクスレーは、Point Counter Point, p.154〔＝ハクスレー『恋愛対位法』〕において、こう言っている。「恥の意識とは、自然に生じるものではなく、（中略）人為的で、あとから身についたものだ。

*10 Adelbert von Chamisso, Peter Schlemihl, 1814〔シャミッソー『影をなくした男』〕は、一部はメルヘン的で一部は現実的な物語だが、題名となっているこの物語の主人公〔ペーター・シュレミール〕は、自分の影を売ってしまった。――全集版（DBW 6）以前の〔『倫理』の〕版は、この箇所を次のように誤読していた。「メルヘンにおいて、樹木が自分の影を無くしたことを恥じるように」。*11 H. Nohl, Die sittlichen Grunderfahrungen, 152「〈恥の意識〉は、後悔以上のものである」を参照（ボンヘッファーの所有本の152 f には、〔行の〕脇に傍線が、一部には下線が引かれ、疑問符が付けられている）。「われわれの至高の動機とわれわれの肉体的な実存とのあいだには対立が口を開けており、そしてわれわれのいっそう高度な使命が肉体的なものにたいして対立する場合にはいつでも、われわれは恥ずかしく思う」）。

あなたは、人をどんなことについても恥ずかしがらせることができる。〔たとえば〕黒いコートとともに茶色の靴をはくことや、間違ったアクセントで話すことについて、人を苦しいまでに恥ずかしがらせることができる。（中略）ちょうどサヴィル・ロードの仕立屋が黒いコートとともに茶色の靴をはくことは恥ずかしいという意識をつくり出したように、キリスト者が〔身体とその動作についての〕恥の意識をつくり出したのだ」[*12]。これにたいしては、次のように言わねばならない。(1)当惑や不安は、〈恥の意識〉と混同されるべきではない。(2)〈恥の意識〉は、まったく外面的なものについても表われうる——それは、その人それぞれの性格によって異なるであろう。〈恥の意識〉は、まさに人間が〔根源からの〕分裂を体験させられるときに、いつでも生じうる。それゆえ、衣服についてもまた、どうして〔恥の意識が〕生じないことがあろうか。

「〔彼らはいちじくの葉をつづり合わせ〕腰に巻くものを作った」[*13]。〈恥の意識〉は、〔根源からの〕分裂を克服するものとしての覆いを求める。しかし、覆い隠すことは、同時に、分裂が生じてしまったことの確証であり、したがって、その傷を癒やすことはできない。人間は、他の人びとの前で、また神の御前で、自分の体を覆い隠す。覆い隠すことは避けがたい。なぜなら、覆い隠すことが〈恥の意識〉を、またそれによって根源からの分裂の記憶を目覚めさせ続けるためであり、とりわけまた、現にあるままに、人間がまさに〔根源から〕分裂したものとしての自分自身に耐え、自分を隠して生きねばならないからである。もしもそうでなければ、人間は、自分自身を裏切ることになるであろう。「あらゆる深い精神は仮面を必要とする」（ニーチェ）[*14]。この仮面は、しかし、偽装でも他者を欺くためのものでもない。そうではなく、〔根源から〕分裂しているという現にある状況の必然的な徴《しるし》であり、それゆえ尊重されるべきものである。この仮面の下には、失われた一体性を回復したいという願いが息づいている。人間と人間とが一体となる（創二・二四）性の交わりにおいて、人間が神との一体化を求める宗教において、この願望が強引に叶えられようとする場合には、それゆえ覆いが引き裂かれる場合には、〈恥の意識〉は、まさに最も深く隠蔽される。

カントは、彼が祈っている際に不意に〈恥の意識〉を覚えたという事実から、祈りに反対する論拠を見いだした。*15〔しかし〕その際、カントは、祈りがまさに事柄の性質上、閉ざされた密室で行なわれ

*12 ボンヘッファーの草稿における引用では、「〔身体とその動作についての〕恥の意識」が省略され、「それ」となっている。サヴィル・ロー（ボンヘッファーは、〔誤って〕サヴィル・ロードと書いている）は、有名な仕立屋がある場所として知られているロンドンの通りの名前である。引用は、〔ボンヘッファーが記しているようにp. 154ではなく〕一九二八年の英国版ではp. 162 f.、一九二八年のニューヨークの五つの版ではp. 116（三つの版）のほか、p. 125ないし140である。*13 創三・七b。「腰に巻くもの」（Schurze）は、ルター訳聖書においては《Schürze》となっている。*14 F. Nietzsche, Jenseits von Gut und Böse, Zweites Hauptstücke (Der freie Geist) 40, Werke VII, 61 [KGW VI, 2, 55]〔ニーチェ『善悪の彼岸』〕（〔ボンヘッファーの〕引用は、K. Jaspers, Nietzsche, 359〔ヤスパース『ニーチェ』〕による）「あらゆる深い精神は仮面を必要とする。それ以上に、彼の示すどんな言葉、どんな歩み、どんな生の印も、つねに誤った、すなわち浅薄な解釈をされるために、あらゆる深い精神のまわりには、たえず仮面が生じるのである」。*15 Immanuel Kant, Die Religion innerhalb der Grenzen der bloßen Vernunft (1793, ^{2}1794)〔カント『たんなる理性の限界内の宗教』〕の第四部に、次のような特定の仕方での祈りを拒否する注がある（Werke IV, 871）。すなわち、迷信深い妄想にかられて祈る者が「神にたいして働きかけ」ようとし、「すくな

るものだということを見逃した。[*16] また彼は、人間の実存にとって〈恥の意識〉のもつ根本的な意義を見逃したのである。

〈恥の意識〉には〔人間の根源からの〕分裂にたいする肯定と否定とが含まれている。それゆえに、人間は、隠蔽と露呈とのあいだで、〔つまり〕自己の秘匿と自己の開示とのあいだで、孤独と交わりとのあいだで、生きている。人間は、その際、交わりそれ自体においてよりも、孤独のなかにおいて――すなわち分裂〔していること〕の肯定において――のほうが、いっそう強く交わりを〔むろん、〔根源から〕分裂した者として〕経験することができる。しかし、孤独と交わりとは、いつも共にそこに在り続けねばならない。もっとも親密な交わりにおいても、〔根源から〕分裂した人間の秘密は暴かれてはならない。したがって、人が互いに交わる〔この〕関係について言葉に出して語り尽くすことや、それによって自分自身を露《あら》わにし、剥《む》き出しにすることは、〈恥の意識〉を損なうこととして感じられるかもしれない。最も深い自分だけの喜びや最も深い自分だけの痛みもまた、言葉で露わにされることには耐えきれない。同様に、〈恥の意識〉は、神にたいする関係が人前で露わにされることから守るものである。ついには、人間は、自分自身にたいしても、究極の隠蔽を貫く。[*17] たとえば、彼の心のなかで生じたすべてのことをはっきりと自覚するのを拒むことによって、自分自身にたいしても自分の秘密を守り抜くのである。[*18]

〈恥の意識〉を隠蔽するということには、人間の失われた一体性を回復したいという欲求から生ずるあらゆるものが隠されている。〈恥の意識〉のもつ秘義は、人間の創造力――〔根源から〕分裂した者〔としての人間〕が〔根源との〕一体化を自ら追い求めるときに、彼のうちに生じる創造力――

〔の豊かさ〕にも広がっている。すなわち、そこで現われてくることこそ、創造者〔なる神〕から分裂し、創造者から奪いとった〔者として生きている〕記憶である。それは、人間の生から生まれてくるもの、つまり、芸術作品の誕生や科学的発見などの、およそ人間が事物からなる世界との一体化から生まれる、あらゆる創造的な仕事に当てはまる。新しい生命が誕生したときに、また仕事が完成したときに、はじめて〈恥の意識〉の秘義を貫いて、歓声を上げるあからさまな喜びがもたらされる。しかし、そうした〔＝生命や仕事の〕出現の秘義は、いつまでも秘義それ自体としてとどまっている。

隠蔽と露呈との弁証法は、ただ〈恥の意識〉の徴《しるし》にすぎない。〈恥の意識〉は、しかし、この弁証法によって克服されるのではなく、むしろ〔その存在が〕確認される。〈恥の意識〉が克服されるのは、

くとも〔自分の心の内で〕、自分が神の降臨によって変えられているかのように振舞う――このことがたとえ起きていないにせよ、すくなくとも損はしないし、むしろ彼にとって得をえられるだろうという思いで――」。祈りの際に〔神の降臨によって〕驚かされれば、彼は、予想通りに――「まったく誠実に祈っている」場合とは異なり――「まるで彼が恥じ入らねばならない状況であるかのように、混乱したり、困惑したりするだろう」。――草稿では、次の文が続き、削除されている。「彼〔カント〕は、その際、原罪を見逃している」。〔英訳版の Ethics, 305, n. 22 には、イルゼ・テートによる次のような注釈が付記されている。「ボンヘッファーは、カントがこの箇所で自分自身について語っていると、誤って思いこんでいたようである」〕。**＊16** DBW 4 (N), 158 f〔『キリストに従う』〕のマタ六・六〔祈りは、《人に見てもらおうとする行為》ではない〕についての注釈を参照。**＊17** 削除「宗教的」。**＊18** 自分自身のなかに感じる〔内面的〕変化にたいするボンヘッファーの反応について、一九四二年六月二五日の書簡 DBW 16, 325 を参照。「いま、ここで、私のなかでせき止めているものが決壊しそうであると思っているので、私は物事を流れに委ねて、抵抗しません」。

根源的一体性が回復されたときだけである。つまり、神と他の人びとによって、「天からあたえられる住みか」、神からあたえられる建物（二コリ五・二以下）を、人間がふたたび〈上に着せられる〉時だけである。[19]〈恥の意識〉が克服されるのは、ただ究極的な恥辱、すなわち、神の御前で〔おのれのすべてを〕さらけ出さねばならないという行為を耐え忍ぶことによってのみである。「私があなたのすべての行いについて、あなたのために贖いをするとき、あなたがそれを思い起こして恥じ、その恥辱のゆえにふたたび口を開くことがないためである——主なる神の仰せ」（エゼ一六・六三）。「それを私が行う。（中略）恥じよ、自分たちの歩みを恥ずかしく思え〔二〕（エゼ三六・三二）[20]。〈恥の意識〉が克服されるのは、ただ罪の赦しによって、すなわち、神と〔他の〕人びととの交わりが回復されることによって、自分を恥じることにおいてだけである。それは、神の御前で、また他の人びととの前で〔自分の罪の〕告白において出来事となる。[21]人間が神の赦しを得て、「新しい人」[22]を身に着け〔エフェ四・二四、コロ三・一〇〕、神の教会《ゲマインデ》、つまり、天からあたえられる住みかを〈上に着る〉ことは、次の〔賛美歌の〕一節に要約されている。「キリストの血と義こそは、わが飾り、わが晴着」[23]。

〔恥と良心〕

人間は、〈恥の意識〉において神と〔他の〕人びとと分裂していることを思い起こさせられるが、〈良心〉（*Gewissen*）は、人間が自分自身と分裂している徴《しるし》である。良心は、〈恥の意識〉に比べて根源からいっそう隔たっている。つまり、良心は、神と〔他の〕人びとから分裂していることをすでに前提としており、そこではじめて根源から分裂した人間の自分自身との分裂を知らせるのである。良心は、少なくとも自分自身とは一体であり続けようとする、離反した生の〔内なる〕声である。良心は、人間の自分自身との一体化を求める叫びである。このことは、良心の叫びがもっぱら「汝は……してはならない」とか、「汝は……してはならなかったであろうに」という禁止の性格をもっていることから、すでに明らかである。良心は、禁止が破られなければ、それで満足する。禁止されていないことは、許されている。良心の前では、〔人間の〕生は、許されていることと禁じられていることとに分かれる。〔そこには〕いかなる戒律（Gebot）も存在しない。許されていること――それは、良心にとって善と同じであるが――のなかにおいて、人間が自分の根源と分裂状態のなかにあるという事実を、良心は、もはや気に留めることがない。このことから、良心が〈恥の意識〉のように生活全体を包括するのではなく、特定の行為にたいしてのみ反応するということがわかる。良心は、禁じられたことを行なえば生全体が危険にさらされることを、すなわち、自分自身との分裂が生じることをいつ知っている。またそれは、とうの昔に過ぎ去ったことを思い出させることによって、この分裂をいつ

＊19 DBW 4 (N), 233 Anm.16〔『キリストに従う』〕（二コリ五・一–四について）を参照。**＊20**〔ボンヘッファーが所有していた〕ルター訳聖書において、エゼ一六・六三のわきに鉛筆の印があり、「〔エゼ〕三六・三一、三二」との相互参照〔を指示している〕。『倫理-断片ノート』Nr.15に「赦しによって恥じいること／エゼ一六！」とある。**＊21**《告白》については、DBW 4 (N), 287〔『キリストに従う』〕、DBW 5 (GL), 93 f〔『共に生きる生活』〕を参照。**＊22** DBW 4 (N), 232 f〔『キリストに従う』〕を見よ。**＊23** EG. BP 154, 1/EG 350, 1. 一六三八年にライプツィヒで出版されたこの賛美歌の詩句は、DBW 5 (GL/GB), 41 bzw. 128〔『共に生きる生活』、『聖書の祈祷書』〕においても引用されている。

もすでに取り返しがつかないことのように思わせる。これらの点において、たしかに、良心は仮借がない。しかし、その究極の尺度は、まさに自分自身との一体性なのであり、禁じられたことに違反する都度、それが危険にさらされるだけなのである。

しかし、このような一体性それ自体がすでに神と〔他の〕人びとからの分裂を前提としており、それゆえ禁止の違反が生ずるという前に、すでに良心の呼びかけとしての禁止それ自体が根源との分裂から生じているのである。こうした事実は、良心の経験する範囲を越えている。このように、良心にとって問題となるのは、神や他の人びととの関係ではなく、人間の自分自身との関係である。しかし、このように神と他の人びととの関係から切り離された、人間の自分自身との関係は、〔根源からの〕分裂において人間が神に等しい者となったことによって、はじめて存在していることである。

良心それ自身は、この関係を逆転させる。〔つまり〕良心は、神と〔他の〕人びととの関係を、人間の自分自身との関係から導き出す。良心は、自分を神の声であり、また他の人びととの関係の規範であると称する。それゆえ、自分自身との正しい関係をまず確立することから、人間は、神と〔他の〕人びととの正しい関係を取り戻すべきものとする。この逆転は、善悪を知ることによって神に等しい者となった人間の要求である。人間は、善悪の根源になったのである。人間は、自分の悪を否定しない。しかし、人間は、良心において、悪しき者となった自分自身を、彼本来のいっそう善い自己へと、善へと呼び戻す。[*24] 人間の自分自身との一体性のなかにあるこの善は、いまやあらゆる善の根源であるべきものとされる。それは、神の善であり、隣人にとっての善である。善悪についての知識を身につけて、人間は、自分自身についての審判者であるのと同様に、神と〔他の〕人びとについての審判者となったのである。

善悪について知り、根源から分裂することによって、人間は、自分自身について反省し始める。人間の生は、根源においては神を知ること（Got-wissen）であったのに、いまや自分自身を理解することになる。自己認識は、〔人間の〕生の本質と目標である。人間が自分自身の限界を無理やり超えようとする場合においてもまた、そうであり続ける。自己認識とは、人間が〈思考〉を通して自分自身との分裂を克服しようとする、決して最後までやり遂げることのできない努力である。〔しかも〕それは、不断に〔本来の〕自分自身から区別されていることを止めない〈自己〉によって、〔本来の〕自分自身と一致させようとする人間の努力なのである。

あらゆる認識は、いまやこの自己認識にもとづいている。神と人間と事物とを根源から理解することを止め、神と人間と事物を不当にわがものとするのである。*25 いまやあらゆることが分裂の過程に引き込まれる。いまや認識は、自分自身にたいする関係を打ち立てることであるとされ、つまり、あらゆることのなかに自分自身を、そして自分自身のなかにあらゆることを認識することとされる。神と分裂した人間にとって、あらゆることが分裂していく。すなわち、存在と当為、生と律法、知識と行為、理想と現実、理性と衝動、義務と嗜好、心情と利益、必然的なものと自由なもの、後天的なものと先天的なもの、普遍的なものと具体的なもの、個別的なものと集合的なもの、これらが互いに対立

＊24　DBW 2 (AS), 137 f〔『行為と存在』〕を参照。＊25　削除「自分自身をあらゆる事物に関わらせようと思いながらも、神と〔他の〕人間と自分自身とから分裂した人間にとっては、いまやあらゆることが分裂していく」。

する。しかしまた、真理、正義、美、愛、これらも互いに対立し、同様にまた、快と不快、幸福と苦難[*26]も互いに対立する――このような〔対立する〕項目の羅列は、さらに長く続けることができるであろう。また、人間の歴史の経過とともにその項目を絶えず加えていくであろう。このような分裂はすべて、善悪の知識における〔根源との〕分裂のヴァリエーションである。「特別に倫理的な体験における決断の場は、つねに軋轢である」(3)。しかし、軋轢においては、審判者が求められる。審判者は、〔ここでは〕もちろん善悪を知る者であり、人間である。

（3）Spranger, Lebensformen, 7. Auflage, S 283〔＝シュプランガー『文化と性格の諸類型』〕。むろん、軋轢の概念は、シュプランガーにおいては、われわれの場合よりも、いっそう狭い意味で捉えられている。[*27]

〔回復された一体性の世界〕

ところで、だれでも、新約聖書をざっと一読しただけの者でも、気づかざるをえないのは、そこでは、分裂・軋轢・倫理的な問題性〔など〕の世界が姿を消していることである。神や他の人びと、事物、自分自身、これらとの人間の不和ではなく、ふたたび回復された一致や和解がすべての発言の根底にあり、この一致と和解とが《特別に倫理的な体験における決定の場》となっている。人間の生と行動とは、何ら問題に満ちたもの・苦しめ悩ますもの・暗いものではなく・何か自明なもの・喜ばしいもの・確かなもの・明るいもの以外ではないのである。*28

〔ファリサイ派〕

古いものと新しいものと〔の対比〕がとりわけ鮮明に登場する場面こそ、イエスとファリサイ派の人びととの出会いである。この出会いを正しく理解することは、およそ福音書を理解する上できわめて重要な意味をもっている。ファリサイ派の人びとにおいて問題となるのは、偶然的な、歴史的な、

*26 創二・九「善悪の知識の木」、また〔ヘブライ語の〕《tob》〔善〕と《ra》〔悪〕が〔《善》と《悪》よりも広い意味をもち〕、ドイツ語では《喜びに満ちた《ルストフォル》》と《苦痛に満ちた《ライトフォル》》を意味することについて、DBW 3 (SF), 82 f〔『創造と堕落』〕を参照。*27 H. Nohl, Die sittlichen Grunderfahrungen, 157 に、シュプランガーについての指摘がある。すなわち、「[もろもろの義務のあいだでの軋轢を否定する人びととは] 逆に、……シュプランガーのような人びとは、彼らの理論においてまさにもろもろの義務のあいだでの軋轢から出発する」。*28 以下に続く部分〔S.315まで〕は、〔元の〕草稿における二頁と八行の長い削除〔部分〕を差替えた挿入であり、あきらかに、草稿にたいして後から行なった加筆によるものである。削除された〔元の〕草稿部分は、草稿の冒頭からS.320まで用いられている明るい多孔質の二つ折り用紙に書かれており、挿入部分は、S.320以降に用いられている《アイヒベルガー》の透かし模様のある用紙が用いられている。挿入部分では、明るい青色のインク以外に、より鮮やかな色〔ロイヤルブルー〕のインク、そして《律法の第一用法》についての本文〔「ルター派の信仰告白文書とその批判による〈律法の第一用法〉の教説」DBW 16, 600-616〕――〔この論文は、Ethik, 6. Aufl.『現代キリスト教倫理』にも〈付録〉として収録〕――を修正する際にも使われた紫の色鉛筆が使用されている。

ある時代の現象ではなく、彼らの全生活を通して善悪についての知識だけが重要となった人間の問題であり、それゆえ端的に言って〔根源から〕分裂した人間そのものが問題となっているのである。ファリサイ派の人間像を戯画化することは何であれ、イエスと彼らとの対決から、その真剣さと重要性とを見失わせてしまう。ファリサイ派の人びとは、並はずれて素晴らしい人間なのである。〔すなわち〕彼らは、全生活を善悪についての彼らの知識の下に置き――この知識をあたえられたことを謙虚に神に感謝し、*29 神の栄誉のために――自分自身を厳しく裁くとともに、また彼らの隣人をも厳しく裁く者となる。ファリサイ派の人びとにとっては、人生のあらゆる瞬間が、そこで善と悪とのあいだの選択を行なわねばならない軋轢の状況となる。誤った選択をしないためには、彼らは、夜も昼も極度に緊張して、計りしれないほど多くの軋轢の可能性をあらかじめ見通し、決断し、自分の選択を確かなものにするために、すべての思考を集中する。その際には、無数の事柄に目を留め、それらを慎重に考慮し、見極めねばならない。その見極め方が精巧であればあるほど、それだけ確実に正しい決定を下すことができるのである。*30 人生の多岐にわたる事柄のすべてが徹底的に計算に入れられるが、彼らは強引に自分の意図を達成しようとしているのではない。特殊な状況と困窮とに応じて特別に考慮が払われる。〔そこには〕寛大さと柔和さとは、善悪について知ろうとする真剣さによって排除されているのではなく、むしろ、その真剣さを表わしている。ここにはまた、思慮を欠いた思い上がりや傲慢さ、吟味されたことのない自己評価は、いっさい存在しない。ファリサイ派の人びとは、自分自身のさまざまの過ちや神の御前での謙遜や感謝にたいする義務についてよく自覚している。しかし、むろん、ここではまた、神のために無視されてはならない次のような区別、すなわち、罪人と善を求めて努力する人とのあいだの区別、またずうずうしい軽率さから律法を破る者と必要に迫られてやむを得ず律法を破る人とのあいだでの区別は存在する。これらの区別を無視する者、〔つまり〕限りない軋轢のどのケースについても、そのようなすべてのことを考慮しない者は、善悪についての知識に反して罪を犯す者なのである。

こうした人びと――生《き》一本に、冷静に《ザッハリッヒ》、〔他の人を〕不信の目で見る人びと――は、誰にたいしても、その人が生きていく上での軋轢にさいして、正しい決断を下すかどうかを試すような目で出会う術《すべ》しかもたないであろう。それで、イエスにたいしても、ファリサイ派の人びとは、どのようにイエスがもちこたえるのかを見るために、イエスに問いを投げかけ、あれかこれかの決断に追い込もうと試みざるをえなかった。〔じっさい〕彼らは、それ以外のことをすることができなかった。ファリサイ派の人びとがイエスを試みたのは、そうした理由からである。

こうした試みのなかで、最も強烈な印象をあたえるのは、マタイによる福音書二二章における納税の銀貨についての問答や、死者の復活についての〔サドカイ派の人びととの〕問答、そして〈最も重要な戒め〉についての問答であり、[*31] それに加えて、善きサマリア人の物語（ルカ一〇・二五！）[*32] と安息日の遵守をめぐる問答（マタ一二・一以下）である。これらのすべての論争において決定的〔に重要〕

＊29　ルカ一八・一一を参照。ルカのこの章への言及は、S. 320 にも見られる。＊30　削除「これは、盲目的な一貫性の主張でも、頑固な原則への固執でも、〔…でも〕ない」。＊31　〈納税の銀貨〉は、マタ二二・一五－二二。〈死者の復活〉は、二三－三三節。〈最も重要な戒め〉は、三四－四〇節。＊32　〔ボンヘッファーの所持していた〕ネストレ版において、この節の「ある律法の専門家が」「試そうとして」の箇所には下線が引かれている。

なのは、イエスがこれらの論争〔それ自体〕を裁定することに一度として引き込まれてはおられないということである。イエスは、それぞれに回答しながら、論争点をあっさり超えていたもう。ファリサイ派の人びとの側に意図的な悪意がある場合には、イエスの答えは、巧妙にしつらえられた罠を慎重に避けているのであり、それは、聴衆の側に笑いを引き起こさずにはおかなかったであろう。しかし、そのことに本質的な問題があるのではない。ファリサイ派の人びとがイエスを論争の状況のなかに引きずり出すことしかできないのと同様に、イエスは、まさにそのような状況を受け入れないということしかなしたまえない。ファリサイ派の人びとの問いと試みとが、善悪についての知識という〔人間の根源からの〕分裂に由来しているのと同様に、イエスの答えは、神との一体性、根源との一体性から、人間の神との分裂が克服されたところから、出てくるのである。ファリサイ派の人びととイエスとは、まったく異なる次元に立って語っている。それゆえ、両者の言葉は、ほとんど互いにすれちがってしまい、イエスの答えは、およそ答えではなく、むしろ、ファリサイ派の人びとにたいする攻撃であるように見える。じっさい、また、そうなのであった。

イエスとファリサイ派の人びととのあいだで起こったことは、イエスのあの最初の誘惑[33]の再現にすぎない。そこでは、悪魔がイエスを神の言葉との分裂（Zwiespalt）に追い込もうと試み、それをイエスは、神の言葉との本質的な一体性によって打ち勝ちたもうた。イエスにたいするこの誘惑は、またパラダイスにおいて、蛇がアダムとエバを堕落させた際に言った「神は本当に、〔園のどの木からも取って食べてはいけないと〕言ったのか[34]」という問いに、その前触れがある。この問いは、あらゆる分裂を内に含んでいる。この分裂が人間の本質をなしているために、人間は、それにたいして抵抗する力をもたないのである。また分裂を超えたところからのみ——答えられてはいなくても、しかし——克服されうるものこそ、この問いなのである。しかし、結局は、これらの誘惑のすべては、われわれもまたイエスに向き合うときにいつも抱く問いかけ、つまり、われわれが軋轢に陥る場合に決断を下すためにイエスに呼びかけ、それゆえ、われわれの問題や軋轢や分裂のなかにイエスを引き入れ、その解決をイエスに求めようとして問いかける際に、繰り返し起ってくる誘惑なのである。

すでに新約聖書のなかでも、人間がイエスにたいして向ける人間的な〈あれかこれか〉という選択を求めるいずれの問いにも、イエスがそれに引きこまれて答えたもうたことは一度としてないのである。[*35] イエスは、敵の問いにも、また彼の味方の問いにも、答えられる際には、いつでも、この〈あれかこれか〉にたいして、相手をとても困惑させ恥じ入らせるような仕方で、退けたもう。イエスは、生活上の問題で仲裁人として立ちたもうことはないし、人間的な〈あれかこれか〉に縛りつけられることを拒否したもう。「誰が私を、あなたがたの裁判官や調停人に任命したのか」（ルカ一二・一四）。

イエスは、しばしば、人間がイエスにたいして尋ねていることを、まったく理解したまわないかのように見える。イエスは、問われたこととは何かまったく別のことを答えたもうかのように見える。

＊33 マタ四・一―一一を参照。**＊34** 創三・一。これについては、DBW 3 (SF), 98-101〔『創造と堕落』〕、DBW 4 (N), 61 f〔『キリストに従う』〕。**＊35** 〔草稿の〕欄外に書き込まれたのちに、削除「ヨハネによる福音書における弟子たちの問い——それは、われわれには目に余る無作法さと愚鈍さに思える——は、また〔…〕にすぎない［差替え「以外の何ものでもない」］」。たとえば、ヨハ四・三三を参照。また、この箇所については、R. Bultmann, Das Evangelium des Johannes, 144 mit Anm.1〔ブルトマン『ヨハネの福音書』〕を参照。

イエスは、質問の的をはずして語りたまい、〔むしろ〕まったく直線的に質問者〔自身〕に向かって語りかけたもうように見える。イエスは、論理的な〈あれかこれか〉の法則にも縛られることなく、まったく自由に語りたもう。イエスのあらゆる律法を超越する自由は、ファリサイ派の人びとには、すべての秩序・すべての敬虔・すべての信仰を破壊するものと映らざるをえない。

ファリサイ派の人びとが几帳面に守ろうと努めていたいっさいの区別を、イエスは、投げ捨てたもう。イエスは、彼の弟子たちが――そうしなければ飢え死にしてしまうようなことは確かになかったにもかかわらず――安息日に麦畑の穂を摘んで食べることを許したもうた。イエスは、すでに一八年もの長期にわたり病んでいた一人の婦人の病いを――もう一日待っていることもできたであろうにもかかわらず――安息日に癒やしたもうた[*36]（なぜなら、ほんとうに急迫事態の場合には、じっさい、ファリサイ派の人びともまた、[*37]〔律法を守る〕規定《システム》のなかに〔例外的対応のための〕余地を残していたのだから）。イエスは、彼を縛りつけようとすることが明白な、すべての問いを避けたもうた。――それゆえに、イエスは、ファリサイ派の人びとにとっては、一人のニヒリストであり、自分自身の律法だけを知り、それだけを尊重する者であり、[*38]「私は〔……である〕」と言いつのる者（Ichsager）であり、[*39]神を冒瀆する者なのである。

しかも他方においては、イエスには恣意的に行動する者の不確かさや不安を認めることはまったくできない。むしろ、イエスの自由は、彼と彼に従う者たちに、彼らの行為のなかに何か独特の確かなもの・疑いようのないもの・輝かしいもの・すでに克服されたもの、そして克服しつつあるものをあたえている。[*40]イエスの自由は、無数の可能性のなかから一つを恣意的に選びとることではない。むしろ、

＊36 〈麦の穂を食べる〉は、マコ二・二三。〈一八年の長期にわたり病む〉は、ルカ一三・一〇－一三。G. W. Hegel, Religionsphilosophie nach Lasson XIV〔ヘーゲル『宗教哲学』〕im Abschnitt „Die Lehre Christi“ (142-155) を参照。この章の一四六頁「安息日に麦の穂を引き抜くこと、萎えた手を癒すこと〔マコ三・一－五〕は、たしかに翌朝まで待つことができたであろう」を、ボンヘッファーは、一九三三年に〔ベルリン大学私講師の際の〕「ヘーゲル－ゼミナール」において取り上げた（IBF 8, 98を参照）。＊37 草稿のこの箇所は（S.314「人間的な〈あれかこれか〉に縛りつけられること」から、S.315「イエスにおいてわれわれにもたらされた〈新しいこと〉を、はっきりと描き出してみよう」まで）、紫の色鉛筆で書かれている。〔しかし〕インクでの不完全な挿入の《zu einer》が、消されずにある。同様に、〔「イエスは、彼を縛りつけようとすることが明白な、すべての問いを避けたもうた」の文のなかの〕「明白な」がインクで付け加えられている。＊38 F. Nietzsche, Zarathustra 3, Abschnitt „Von alten und neuen Tafeln“ 26, Werke VI, 310 [KGW VI, 1, 262]〔ニーチェ『ツァラトゥストラ』〕を参照。すなわち、「おお兄弟よ、《善良で正しい人は、ファリサイ派の人びとである》と言って、かつて、善良で正しい人の心を見抜いた人がいた。（中略）善人は、自分で独自の徳を見出した人を十字架にかけねばならない！（中略）――連中は、新しい価値を新しい板に書きつける者を十字架にかける」。＊39「私は、〔…であると〕言いつのる者」は、インクによって〔あとから〕付け加えられている。ヨハネによる福音書における「私は…である」の言葉は、たとえばヨハ一四・六「私は、〔……〕生命《いのち》である」を参照（これについては、S.248 f を見よ）。また、R. Bultmann, Das Evangelium des Johannes, 170〔ブルトマン、上掲書〕――「私は……である」の言葉にたいするヨハ六・四一の《ユダヤ人たちのつぶやき》について――を見よ。＊40 S.311からの挿入によって差替えられ、削除された以前の草稿の終わりでは、こう述べられている。「彼〔イエス〕によってのみ、彼〔イエス〕に属す者たちの生は、いまや、新約聖書がわれわれに示しているような、何か疑いようのないもの・すでに克服されたものと克服しつつあるもの・自由なもの・確かなものをあたえられるのである。しかし、われわれがイエスだけにではなく、イエスに属す者たちの生と行為とにだけ、目を向けようとするならば、それは、むろん、新約聖書にまったく反することになるだろう。イエスは、われわれにとって、ただ独り善悪について知ることを克服したもうた方であり、またイエスだけがそうであり続け

イエスの自由は、まさにイエスの行為のまったくの単純さ（Einfalt）のなかに存在する。そこには、多数の可能性や軋轢や選択肢があるのではなく、つねにただ一つのことだけがあるのである。この一つのことを、イエスは、神の御心《みこころ》と呼びたもう。イエスは、この御心を実行することを、〈私の食べ物〉と呼びたもう。[*41] この神の御心が、イエスの生命である。善悪についての知識からではなく、神の御心から、イエスは、生き、行動したもうのである。ただ一つの神の御心が存在するだけである。神の御心に帰ることによって根源は回復されるのであり、神の御心に〔イエスの〕すべての行為の自由と単純さの根拠がある。

〔以下においては〕イエスのいくつかの御言葉を取り上げて解釈しながら、イエスにおいてわれわれにもたらされた〈新しいこと〉を、はっきりと描き出してみよう。

「人を裁くな。裁かれないためである」（マタ七・一）。この言葉は、〈人間仲間を判断する際には慎重であれ寛大であれ〉という警告ではない。その警告ならば、ファリサイ派の人びともまた知っていた。そうではなく、それは、善悪について知っている人間の心に痛切にこたえる一撃である。それは、〈裁く〉（richten）ためにではなく、救う（retten）ために（ヨハ三・一七）遣わされた方の、神との一体性から語りかける言葉である。分裂のなかにいる人間にとっては、善は、人間それ自身が究極の尺度である判断のなかに存在する。善悪について知るということによって、人間は本質的に裁く者である。裁く者として、人間は神に等しい者となるが、ただし、〔神と〕違っているのは、人間が下すいずれの裁きも、その人自身にも的中するということである。イエスは、人間が人間を裁くのを攻撃したもうことによって、人間の存在（Wesen）全体の転換〔＝回心〕を求められる。まさに人間の掲げる善を極限にまで徹底化して自覚させることによって、人間が神無き者、罪人であることを明らかにしたもう。

イエスは、善悪についての知識の克服を求め、神と一体となることを求めたもう。他の人びとを裁くときには、いつでも神との分裂を前提としており、それが行為の妨げとなる。イエスの考えたもう善は、まったく行為のなかに存在するのであり、裁くことのなかにはない。他の人びとを裁くことは、つねに自分自身の行為が停止していることを意味している。〔それゆえ〕裁く者は、決して自分では行為に出ることはない。あるいは、彼が自分の行為として示すことができるもの――それは、きわめてたくさんあるだろうが――さえ、いつでも他の人びとをたんに判定することや裁くこと、非難することや告発することでしかない。ファリサイ派の人びととの行為は、他の人びとを裁くことである。その判断が公になること――たとえそれがたんに彼自身の自我の前だけで明らかになることであっても*42――を求め、また、それが善として見られ・評価されること――たとえそれがたんに自分自身の自我によってだけであっても――、承認されていることを願うのである。「そのすることは、すべて人に

たもう。イエスの御言葉を解釈することにおいてのみ――しかし、イエスに従う者たちのキリスト教的生を考察することにおいてではなく――われわれは、この克服の証言を聞くことができる。いくつかの重要な〔イエスの〕御言葉を取り上げて解釈しながら、われわれにとって〈新しいこと〉をはっきりと描き出してみよう」。**＊41** ヨハ四・三四。**＊42** 〔ボンヘッファーが所持していた〕ネストレ版において、ルカ一八・一一の《πρὸς ἑαυτόν》（「心のなかで〔ファリサイ派の人は祈った〕」）に、下線が引かれている。マタ六・一―三における《人の前で》については、DBW 4 (N), 156〔『キリストに従う』〕を参照。

見せるためである」（マタ二三・五）。

ファリサイ派の人びとの行為は、彼らの善悪についての知識を、それゆえ彼らが他の人びとと、さらには自分自身と分裂していることを示す特別な表現にすぎない。それによって、ファリサイ派の人びとの行為は、人間が他の人びと、また自分自身との一体性を回復することから生まれる本当の行為に到達することにたいして、最も重大な妨げとなっている。この意味においては、それゆえ分裂した実存にもとづいているという意味においては——意識的な悪意にもとづいているという意味においてではないが——、善悪についての知識をどこまでも実現しようとするファリサイ派の人びとの、すなわち、人間〔そのもの〕の行為は、見せかけの行為であり、偽善なのである。*43

その限りでは、実際には、ファリサイ派の人びとの言っていることと行なっていることとのあいだには、深刻な矛盾がある。「彼らは言うだけで実行しない」（マタ二三・三）。それは、まるでファリサイ派の人びとが何も実行しなかったということではなく、また彼らが怠惰で善い行ないをしなかったということでもない。まさにその反対である。しかし、彼らの行為は、決してほんとうの行為ではない。なぜなら、善と悪とにおける人間の分裂を克服しようとしてなされる行為は、この目的を達成することはなく、むしろ、この分裂をいっそう先鋭化させるだけだから。そこで、ファリサイ派の人びとにとって、〔自分の〕内的な分裂と他の人びととの分裂とを癒やそうとしてなされる善い行ないは、かえってますます分裂を深めさせ、根源からの離反に、いっそうしがみつかせることになる。他者をきびしく裁く人間が自分の内部で自己と分裂していることは、結局は、心理学的に理解可能な形でも暴露される。

たとえば、その際に、真面目な人は、彼がひそかに妬ましく思っている軽薄な人にたいする報復本能を、他人を裁くという形で発散させているのである。あるいは、他の人のなかに自分自身と同じ欠点を認めるときに、まさにその人の欠点をとりわけ厳しく断罪する。それゆえ、自分の欠点を人目につかないように偽ったり、〔自分に〕絶望する余り憤ったり、諦めてしまって投げやりになる[*44]土壌の上で、毒性の強い花々が咲き誇るのである。――〔しかし〕このようなすべての事実から、事柄の真相を見誤ってはならない。すなわち、他人を裁くということは、あのようなさまざまの悪徳や、さらには人間の心の底知れない悪意から出てくるのではない。むしろ、裁くということ〔こそ〕が、先にみた心理学的に理解できるあらゆる現象の根源なのである。したがって、裁くということがかくも後ろ暗い動機に由来するので非難されるべきである――ニーチェはそう考えた[*45]――というわけではなく、裁くということ自体が〔神からの〕離反であり、それゆえに、それは悪い行為であり、それゆえに人間の心のなかにも悪い実を結ばせるのである。

＊43　律法学者たちとファリサイ派の人びとにたいするイエスの非難、マタ二三・一三―三三「あなたがた偽善者」という呼びかけを参照。**＊44**　「なげやりになる〔こと〕」（Laxheit）は、ラテン語の laxus（緊張の解けた）に由来。

＊45　F. Nietzsche, Zarathustra, Werke VI, 310（「…かつて、善良で正しい人の心を見抜いた人がいた…」）、またとりわけ Götzen-Dämmerung, Abschnitt „Moral als Widernatur“ 6, Werke VIII, 90 [KGW VI, 3, 81]〔ニーチェ『偶像の黄昏』〕を参照。「道徳とは、それが生の見地・顧慮・意図からではなく、それ自体で断罪するかぎり、けっして同情してはならない特殊な誤謬なのであり、言いようもないほど多くの害を引き起こしてきた、退化した者たちの特異体質なのである！」（すなわち、退化した者たちにおける生来の反感としての道徳）。

心理学的に見れば、裁く人間を規定しているきわめて高貴な動機もまた発見されうるということは、じっさい、全面的には否定することができない。しかし、そのことによって事柄自体《ザッヘ》は何ら変わるものではない。〔つまり〕《裁くこと》（Richten）は、〔根源から〕分裂した人間の特殊な悪徳や悪意ではなく、彼の発言や彼の行動、さらに彼の感情において明らかになる〔分裂した〕人間の本質なのである。このように、むろん、ファリサイ派の人びと〔の本質〕は、すでに回復された一体性にもとづいてのみ、すなわち、イエスを通してのみ、はじめて認識される。ファリサイ派の人びとは、自分自身を、ただ自分の美徳と悪徳とにおいて認識できるのであり、彼らの本質において、すなわち、根源からの離反のなかに認識することはできない。善悪についての知識が克服されることによって初めて、ファリサイ派の人びとの実存全体の危機が生まれる。イエスのみが、善悪についての知識にもとづくファリサイ派の人びとの権威をくつがえすことがお出来になる。御自身〔の到来そのもの〕が和解であるイエスが口にされた《人を裁くな》という言葉は、〔根源から〕分裂した人間にたいする和解への呼びかけである。

ところで、裁きそのものである人間の──偽りの──行為が存在するように、──まったく驚くべきことだが──人間のほんとうの行為としての裁きもまた存在するのである。すなわち、根源との、イエス・キリストとの一体性が成就されたことから生まれる《裁くこと》もまた存在するのである。和解者としてイエス・キリストを認めることから生まれる《知ること》〔＝知識〕（Wissen）が存在する。「霊の人はいっさいを判断します（richtet）が、その人自身は誰からも判断されたりしません」（一コリ二・一五）。そして、「あなたがたは聖なる方からの油を注がれているので、皆、真理を知っています（*wisset*）」（一ヨハ二・二〇）。〔前の聖句における〕判断する〔＝裁く〕ことと〔後の聖句における〕知ることとは、一体性から生まれるものであり、分裂からではない。したがって、〔この判断と知識とは〕また、いっそう分裂を強めるのではなく、和解をつくり出すものである。

イエス・キリストの〈裁き〉（Gericht）は、まさに彼が裁くためにではなく、救うために〔世に〕遣わされたもうたということにある――「光が世にきた、それが裁きである」（ヨハ三・一九、また一七―一八も参照）[46]――。同様にまた、キリストにおいて神とそして〔他の〕人びとと和解した人びとは、まさに〈裁かない者〉としてすべてを〈裁き《リヒテン》〉、〈善悪について知らない者〉としてすべてを知ることになるであろう。彼らの〈裁き《ゲリヒト》〉は、〔他者にたいして〕兄弟のように〔過ちを〕正すのを助け、正しい道に戻るよう励まし、忠告し、慰めるものとなるであろう（ガラ六・一、マタ一八・一五以下）。そして、たとえそのことによって一時的に交わりを絶たざるをえないとしても、それは、主イエスの日に彼の霊が救われるためである[47]（一コリ五・五）。それは、分裂のためではなく、和解のための〈裁き〉となるであろう。つまり、裁かないことによる〈裁き〉に、和解の行為としての〈裁き〉になるであろう。

もはや善悪について知ることではなく、根源と和解とであるキリストを知ることによって、人間は、すべてを知ることになるであろう。キリストを知ることによって、人間は、じっさい、自分にもたら

＊46〔ボンヘッファーの〕ネストレ版において、一六節と〔一七節から〕一九節の《τὸ φῶς ἐλήλυθεν》（「光が世にきた」）まで、青の色鉛筆で下線が引かれている。**＊47**「主イエスの日に彼の霊が救われる」は、「世の終わりの日に彼の霊が救われる」を差替え。DBW 4 (N), 290 f〔『キリストに従う』〕を参照。

された神の選びを知り、承認する。彼自身は、もはや善悪のあいだにあって、それゆえ分裂のなかにあって、選ぶ者として立つのではない。彼は、もはやまったく選ぶことができず、〔神によって〕選ばれることによって、すでに選ばれた者として、神の意志を実行する自由と一致とのなかにいるのである。こうして、彼は、善悪についての知識が克服されている新しい知識において生きる。彼は、もはや神と等しくなった者としてではなく、神の似姿《かたち》を担う者として、神の知識において生きる。彼は、いまやただ「十字架につけられたイエス・キリスト」（一コリ二・二）のみを知り、イエス・キリストにおいてすべてを知る。〔善悪について〕知らざる者として、彼は、神のみを、そして神においてすべてを知る者となる。[*48] イエス・キリストにおける神の啓示において神を知る者、十字架につけられ、復活したもうた神を知る者は、天と地と地下にあるものすべてを知っている。[*49] 彼は、あらゆる分裂、あらゆる判定と裁きとを廃棄したもうた方としての神を、また愛し続けたまい、生きて働きたもう方としての神を知っている。

ファリサイ派の人びとの知識は死せる不毛なものであったが、イエスとイエスに結びつく者たちの知識は生きた豊かな実りをもたらすものである。すなわち、ファリサイ派の人びとの知識は分裂を招くが、新しい知識は救いと和解の力をもつ。ファリサイ派の人びとの知識はすべてのほんとうの行為を破壊するものであるが、イエスとイエスに付き従う者たちの知識は、ただ行為においてのみ存在する。

「施しをするときは、右の手のしていることを左の手に知らせてはならない。あなたの施しを隠すためである」（マタ六・三、四）。[*50] ファリサイ派の人びともまた、[*51] 自分の施しを自慢すべきではなく、彼らの善行のすべてを神に感謝せねばならないことを知っていた。もしもイエスがそれだけを言おうとされたのであれば、イエスの言葉は不要なものであっただろう。しかし、イエスは、他ならぬ、この思慮深く敬虔な考えを述べようとされたのではなく、まったく別のことを、むしろ、まさしく反対のことを言おうとされたのである。自分の善行を神に感謝していたファリサイ派の人びと（ルカ一八）は、いぜんとしてなお善悪についての知識において生きており、自分自身にこの判定を下し、それができたことを、むろん、神に感謝する者であった。ファリサイ派の人びとは、彼らが行なった善いことを知っている。イエスの言葉は、善いことをした者の〈ひけらかし〉や自己満足に向けられているのではなく、分裂のなかにおいて生きている人間にたいし、またもや痛切にこたえる一撃をあたえるのである。

イエスは、善いことを行なう者にたいして、この善いことについて知ることを禁止したもう。イエスにおいて成就された和解についての知識、つまり、分裂が克服されたことについての新しい知識は、自分自身の善についての古い知識を完全に廃棄する。イエスを知ることによって、〔人間は〕何ら自分自身について反省することなく、ひたすら行為することに没頭する。*52 いまや自分自身の善は、その人間にとって隠されたままである。人間は、もはや自分の善について審判者である必要がないだけで

*48 削除「彼は、それによってたしかに《吟味》の課題を免れはしない（一テサ五・二一）し、それどころか彼は自分自身をさえ吟味せねばならない（二コリ一三・五）」。*49 フィリ二・一〇bを参照。*50 DBW 4 (N), 150〔『キリストに従う』〕を参照。*51 ルカ一八・一一以下。*52 DBW 2 (AS)〔『行為と存在』〕において直接的行為（actus directus）と反省的行為（actus reflexus）との際立たせられた区別を、また、ThDB 88 Anm. 8, 194 Anm. 23など至るところ〔ファイル『ディートリヒ・ボンヘッファーの神学』〕を参照。

はない。それどころか、もはや人間は、およそそれを知ろうと欲してはならないし、むしろ、もはや知ることがまったく許されてはいないし、もはや知ることがない。人間の行為は疑問の余地のないものとなり、彼はその行為にひたすら打ち込むことになる。彼の行為は、もはや多くの可能性のなかの一つではなく、ただ一つのこと、すなわち、神の意志という真に現実的なもの（das Wirkliche）〔を遂行すること〕である。そのため、知識がもはや〔行為を〕妨害して介入することはおよそありえないし、ここでは、行為を阻んだり、疑問に付したり、判定したりして時間を失うことは、文字通り、もはやありえない。判定は、他の人間の前だけではなく、自分自身の知識の法廷《フォーラム》でも隠されたままである。まったく明白なことは、その事実、すなわち、イエスを知るときには、人間は、もはや自分自身の善について知ることはできないし、また自分自身の善を知るときには、人間は、もはやイエスについては知りえない、ということである。

人間は、和解と分裂とのなかに、また自由と律法とのなかに、さらに単純さと内的葛藤のなかに、同時に双方のなかに生きることができない。ここには、移行〔状態〕や段階はなく、ただ〈あれかこれか〉があるだけである。しかし、人間にとって、彼自身の善についての知識を廃棄し、克服することは、自らは不可能である――自分自身を欺いたり、この知識を方法的に抑圧すること*53を廃棄と混同したりする場合を除いて――。したがって、イエスの〈右の手のしていることを左の手に知らせてはならない〉*54という言葉は、それゆえ、自分の善行を隠すようにというイエスの言葉は、ふたたび、分裂から、離反から、善悪についての知識から抜け出し、和解へ、一致へ、根源へ、そしてイエスのもとにのみある新しい生へ呼びかけることを意味している。それは、〈単純さ《アインファルト》〉と回心へと解放する招きの声であり、〔神から〕離反している古い知識を廃棄し、イエスについての新しい知識、すなわち、ひたすら神の御心《みこころ》を行なうことのなかから生まれる知識をあたえる呼びかけである。イエスのこの言葉は、イエスに付き従う〈弟子たちの群れ《ゲマインデ》〉のなかに深く浸透していった。この事実は、使徒的勧告において〈あたえること〉が話題になる場合に、くりかえし「惜しみなく〔＝単純に〕(in Einfalt)」与えるようにという言葉が付加されていることから明らかである（ロマ一二・八、二コリ八・二、九・一一、一三、など至るところで）*55。こうした勧告のなかで、山上の説教〔におけるイエス〕の言葉*56が想起されていることを、見逃すことはできない。しかし、神御自身もまた、むろん、疑うことなく（μη διακρινομενος）願い求める者に、「惜しみなく（einfältig）」（ヤコ一・五）与えたもう*57。「二心のある人（ανηρ διψυχος）」〔ヤコ一・八〕――単純さにおいて生きる者（Einfältigen）と正反対な者――は、むろん、神からの賜物を期待することはできない（ヤコ一・七）*58。しかし、単純に受ける者は、単純に〔＝惜しみなく〕あたえるであろう。

*53 現代の心理分析によれば、《抑圧》に際して、何か意識的なものが最初は無意識的なものへと追いやられるが、無意識的なものから意識的なものが、たいてい、不快な形でふたたび姿を現わす。*54 マタ六・三〔原文では、「右の手」と「左の手」が逆になっている〕。DWB 4, 155〔『キリストに従う』〕を見よ。*55 ここに挙げた章句は、『倫理-断片ノート』Nr.15で「惜しみなくあたえる」に関して言及されており、〔そこで〕二コリ九・一一と八・二には感嘆符が付いている。*56 マタ六・二二「目が澄んで（ἁπλοῦς〔einfältig〕）いれば、あなたの全身が明るい」。DBW 4 (N), 167など至るところ〔『キリストに従う』〕を参照。*57 ヤコ一・六を参照。ルター訳聖書では、「願い求める者は、《疑ってはならない》」。*58 ヤコ一・七も言及されている。〔原文では、「ヤコ一・八」となっているが、「ヤコ一・七」と訂正し、「二心のある人」の引用箇所を「ヤコ一・八」と補足。〕

〈最後の審判〉についてのたとえ話（マタイによる福音書二五章三一節以下）のなかに、これまで述べてきたことの補足と結論が語られている。イエスが裁きの座に着きたもうときに、イエスに付き従ってきた者たちは、自分たちがいつイエスに食べさせたり、飲ませたり、着せたり、訪れたりしたかということを知らないだろう。彼らは自分たちの善い行ないを知らないので、イエスがそのことを彼らに明らかに示したもう。それから、この地上では一刻の猶予も許されないときがやってくる。すなわち、隠れていたものが明るみに出され、彼らの行ないにたいして公然たる報いがあたえられるとき、判定と裁きのときである。しかし、そのときもまた、あらゆる判定・知識・裁きは神とイエス・キリストの側にあり、われわれ〔自身〕は〔報いを〕あたえられた者であり、〔それに〕驚く者となるであろう。ファリサイ派の人びとは、日々、真剣に自分を裁くことによって、最後の審判を先取りし、それに備えることができる、と信じている。〔それゆえ〕ファリサイ派の人びとにとっては、善をただイエスの知識・判定・御手からのみ受けとるべきであるというこの福音は、理解されない〔誤った教えとして〕非難すべきものであるにちがいない。

ところで、イエスにおいて善悪についての知識が完全に廃棄されたことは、また自由と単純さについてこれまで述べてきたすべてのことが次のように考えられるなら、むろん、完全な誤解であろう。すなわち、これらのことが心理学的に見出される眼前の事実であり、それゆえ、自分自身のうちに、あるいは他の人びとのうちにも、そうした事実を認めることができるとされる場合である。じっさい、右手のすることを左手が知らないということや、単純さがつねに――ほかの可能性を知ることなしに――ただ一つのことだけを行なうということは、心理学的に見れば、不可能であろう。なぜなら、心理学的な考察それ自体が、すでにいつでも分裂の法則の下にあるからである。それゆえに、心理学によっては、イエスの言われた単純さと自由や、イエスの言われた行為を、決して発見することはできないだろう。心理学は、単純さや、自由、〔行為における〕ためらいの無さ（Reflexionslosigkeit）と見えるものの背後に、いつでも、とどのつまりまでつきつめた反省や不自由、分裂があることを発見するであろう。しかし、そのような発見は、まさにイエスの言われたことにまったく的中しない。心理学的に見れば、イエスに従うことにおいて単純かつ自由になった者は、きわめて複雑な反省の人でありうるし、また逆に、神との和解を受けいれた生の単純さとは何の関係もない心理的単純さも存在する。

こうして聖書は、神の御心にたいするまったく正当で必然的な問いかけと、同様に正当で必然的な自己吟味（Selbstprüfung）とについて語っている。*59 しかし、そのことは、善悪についての知識を廃棄して生きる者にとっては、さまざまな可能性のなかから選択するのではなく、いつでも、ただ一つ、神の御心を単純に行なうように選ばれているのであり、イエスに従う者にとっては、もはや自分自身の善について知るようなことはありえない、という事実と矛盾に陥ることはないのである。

＊59　二コリ一三・五（引用箇所の指示は、S.319 Anm.48 で示した削除された文言にある）。

〔わきまえ知ること〕

「あなたがたは〔中略〕心を新たにして自分をつくり変え、何が神の御心であるのか〔中略〕わきまえる（prüfen）ようになりなさい」（ロマ一二・二）。[*60]「私はこう祈ります。あなたがたの愛が深い知識とあらゆる洞察を身に着けて、ますます豊かになり、本当に重要なことを見分ける（prüfen）ことができますように」（フィリ一・九－一〇、またロマ二・一八参照）。[*61]「光の子として歩みなさい――〔＝中略〕主に喜ばれるものが何かを吟味し（prüfen）なさい」（エフェ五・八、一〇）。[*62]ここ〔＝引用された聖句〕では、神の御心を単純に知ることが、あたかも直感とか、[*63]すべての熟考を排除する形をとらねばならないとか、また、最初に心に浮かんだ考えや感情をそのまま素朴に受け入れる形でとらえねばならないとかいう考え方は――それゆえにイエスにおいて示された新しい生の単純さを、先に見たような心理学的にとらえる誤解は――根本的に修正されているのである。

神の御心は、端的に永遠に変わらないということが強調され、[*64]人間の心に押しつけられるとか、また神の御心はまったく自明のことであり、〔人間の〕心に考えることと同一であるというようなことが、語られているわけでは決してない。神の御心は、多くの生じうる可能性の下に、はるかに奥深く隠されているかもしれない。また、神の御心は、最初から決して固定されている規則の体系ではなく、さまざまな生の状況において、その都度、新しく違ったものであるから、何が神の御心であるのかを、いつでも繰り返しわきまえ知らねばならないのである。この吟味〔＝わきまえ知ること〕の際には、心や悟性、観察や経験が互いに協力して働かねばならない。ここでは、もはや自分自身の善悪についての知識ではなく、まさに生ける神の御心が問題なのである。また、われわれが神の御心を見分け

＊60 〔ボンヘッファーの〕翻訳はルター訳聖書から離れており（「あなたがたを変えなさい」の代わりに、ここでは「自分を造り変えなさい」）、ギリシャ語新約聖書の語順に近い（「何が神の御心〔であるのか〕」（τί τὸ θέλημα τοῦ θεοῦ）。 **＊61** 草稿では、フィリ一・一〇と誤記。〔ボンヘッファーの〕翻訳はルター訳聖書から離れており、いっそう正確にギリシャ語新約聖書に依拠している。九節の《ἐν . . . πάσῃ αἰσθήσει》は、（ルター訳聖書の《経験》の代わりに）「…あらゆる洞察力〔を身に着けて〕」に、そして一〇節の《τὰ διαφέροντα》は、（ルター訳聖書の《何が最善か》の代わりに）「さまざまな状況」〔聖書協会共同訳「本当に重要なこと」〕と訳されている。草稿において、後者は、元の訳《その都度、何が正しいか》を差替えたが、それを削除せずに、角括弧〔ブラケット〕で囲んで残している。《τὰ διαφέροντα》という表現は、またロマ二・一八（「何が大切か」）にも現われる。 **＊62** 〔編者注には言及がないが、原文の「エフェ五・九以下」の誤記を訂正。〕『倫理-断片ノート』Nr. 12——ここでは、「手の及ぶことは〔どのようなことでも／力を尽くして〕行なうがよい〔コヘ九・一〇〕。…黒人たち」というS. 296 f に対応する覚書が削除されている——を参照。すなわち、「何が神の御心であるのかを《吟味する》、ロマ一二・二、エフェ五・一〇、一七／〔それは〕キリスト教的な行為を実現するために重要」。 **＊63** K. Barth, Römerbrief, 282〔バルト『ローマ書講解』〕を参照。すなわち、「霊は、証言する。恍惚や悟り、霊感や直感は、必要ではない。そうしたものに値すると認められた人たちは、幸いである。しかし、われわれがそうしたものを待ち望むならば、われわれに災いあれ」。『倫理-断片ノート』Nr. 15では、「直感ではなく、無思慮でもなく」が削除されている。このメモに続いて、横線を引いて、削除されずに「心の声／原則的／自己欺瞞」とあり、[〔これら三行が〕パーレン〔括弧〕で囲われ、そのあとに]「熱狂主義」とある。 **＊64** ボンヘッファーは、この表現——S. 382では、引用符をつけて〔《永遠の強い調子《アクツェント》》〕——を、一九三二年に出版されたカール・ハイムの著作 Glaube und Denken の書評〔一九三二年〕において用いた（〔ただし、ハイムの著作からの〕引用ではない）。DBW 12, 230を見よ。

ることは、まさしく人間の意のままになることではなく、もっぱら神の恵みによるのである。さらに、この恵みは〈朝ごとに新しい〉ものであり、[65] またそうであろうとするものである。まさにそれゆえに、神の御心をわきまえ知ることは、きわめて真剣な事柄である。神の御心は、心の声や何らかのインスピレーション、あるいはまた何らかの普遍的に妥当する原理などと、絶対に取り違えられてはならない。神の御心は、その都度、わきまえ知ろうとする人にだけ、その都度、新しく開示されるのである。[66]

さて、《何が神の御心であるのか》というこの吟味は、どのように始めたらよいのだろうか。ここでは、以下のような明確な前提条件が決定的である。すなわち、この吟味は、ただ《変身〔＝形を変えること〕》(Metamorphose)[67]、これまでの形〔＝在り方〕(Gestalt)の完全な内的転換にもとづいてのみ、〔つまり〕心を《新たにすること》(ロマ一二・二)にもとづいて、〈光の子〉として歩むこと(エフェ五・八)にもとづいて、行なわれるということである。この人間の《変身《メタモルフォーゼ》》に際して重要なのは、ただ堕落した人間、アダムの形《ゲシュタルト》を克服すること、新しい人間、キリストの形《ゲシュタルト》と〈同じかたち〉になること(Gleichgestaltung)である。それは、聖書の他の箇所でこの概念がどのように用いられているかを見ることによって明らかになる。[68]

神の御心をわきまえ知ることは、人間が新しい形《ゲシュタルト》をとることによってのみ可能であり、神から離反して善悪についての知識を獲得した人間を、この新しい形《ゲシュタルト》は、その背後にそのまま置き去りにしていく。それは、神の真の独り子〔キリスト〕と〈同じかたち〉になり、[69] 父の御心と一致して生きる、神の子の形《ゲシュタルト》である。パウロが先に引用したフィリピの信徒への手紙の箇所で、愛のうちに生き、愛が〈増し加わる〉ことを、神の御心を〈わきまえ知る《プリューヘン》〉ことの前提条件としていたのとまったく同一の事態である。なぜなら、愛のうちに生き、愛が増し加わるということは、じっさい、神と〔他の〕人間との和解と一致とにおいて生きることであり、すなわち、イエス・キリストの生を生きることを意味しているのだから。したがって、何が神の御心であるのかをわきまえ知ること――それは、およそ自分自

65** 哀三・二三を参照。DBW 5 (GL), 37〔『共に生きる生活』〕では、「主の善〔慈しみ〕は、朝ごとに新しい」と〔「エレミヤの哀歌」を〕引用している。66** 削除された以前の草稿には、以下の文章が入っている。「神の御心は、これらの状況の相違――τὰ διαφέροντα〔《移り変わり》、フィリ一・一〇〔「本当に重要なこと」〕〕――が見分けられる場合にのみ、認識されるだろう。なぜなら、この違い〔が生ずること〕は、最初から原則的に決疑論において捉えられ・確定されうるのではなく、それ自体は、いつでも新たに神からもたらされるものであり、したがって、いつでも新たにわきまえ知ることが必要だからである。〔削除「それによって、〔自分の〕心の声を神の御心と〔同一視する〕、いかなる熱狂主義者もそのよって立つ土台を失う」。〕神の御心は、いつでも新たに探し求められ・見出されなければならず、たえず神に問いかけねばならない。なぜなら、われわれが神の御心を見出すことこそが、そして見出すときこそが、神の御心であり、したがって恵みであるから。まさにイエスが人間を根源との一体性へと、神との和解へと呼びかけたもうので、まさにイエスが人間を善悪について知るということから解放したまい、神の啓示について知るようにしたもうたので、まさにイエスが人間を神に完全に結びつけたもうので、だからこそ、神の御心は、〔何であるのかを〕見分けられねばならないし、すなわち、いつでも新たに探し求め・見出されねばならないのである」。***67** DBW 4 (N)〔『キリストに従う』〕、263（ロマ一二・二について）、299「形を変えること《ウムゲシュタルトゥング》、《変身《メタモルフォーゼ》》」を参照。（「ルター派の信仰告白文書とその批判による〈律法の第一用法〉の教説」DBW 16, 600-619 のための）『倫理-断片ノート』Nr.14 には、「形を変えること！」という言葉が記されている。***68** BW 4, 299〔『キリストに従う』〕二コリ三・一八、〔また〕S.81 (Anm.65) ガラ四・一九〔を参照〕。《アダム》と《新しい人間》については、DBW 4 (N), 232 f〔『キリストに従う』〕を参照。***69** フィリ一・九－一〇。S.323 (Anm.61) で引用。

身では、〔つまり〕自分自身の善悪についての知識からでは不可能である。まったく反対に、それをなしうるのは、自分自身の善悪についての知識をことごとく取り去られ、それゆえ自分からは神の御心を知ることを完全に断念した者、神の御心がその者においてすでに成就しているゆえに、すでに神の御心のままに生きている者だけができるのである。神の御心が何であるのかをわきまえ知ることは、ただイエス・キリストにおいて〔示された〕神の御心を知ることによってのみ可能である。〔すなわち〕ただイエス・キリストによってのみ、ただイエス・キリストによって定められた空間（Raum）[*70]〔＝イエス・キリストのもとにある新しい生〕においてのみ、ただイエス・キリスト《において》（in）のみ、何が神の御心であるのかが、わきまえ知られる。

　しかし、それでは、いったい、〔神の御心を〕わきまえ知るとはどういう意味だろうか。何故、わきまえ知ることが必要なのだろうか。こういう問いは――論理的に必然的なものに思えるけれども――、それ自体は、すでに事柄としては誤って出された問いなのである。じっさい、イエス・キリストを知ること、〔人間の〕変身《メタモルフォーゼ》・〈〔心を〕新たにすること〉・愛すること――さらにそれがどのように表現されようとも――、それらのことは、生きた事柄であり、何か一度限り決定的にあたえられたもの、確定したもの、人間が手のなかに所有しているものではない。それゆえに、新しい日毎に立てられる問いなのである。すなわち、今日、ここで、この状況において、私は、いかにして神とまたイエス・キリストとともにあるこの新しい生のなかにとどまり、またとどまり続けられるであろうか、と。まさにこの問いこそが、神の御心は何であるかをわきまえ知るということの意味である。言い換えれば、イエス・キリストについて知ることは、自分自身の善悪について何も知らないということを含んでいるのであり、またイエス・キリストを知ることによって、人間はまったくイエス・キリストに集中させられるのである。それゆえに、神の御心について知るための他のあらゆる源がまさしく遮断されることによって、ここに初めて、日々新たに、ほんとうにわきまえ知るということが生まれてくるのである。

このわきまえ知る行為は、いまや、[*71] 神の御心によって守られ・支えられ・導かれていることを知ることから、〔また〕すでにあたえられている神の御心との恵み深い一致について知ることから生まれる。さらにこのわきまえ知ることは、それを具体的な生活のなかで日々新たに確かめていこうと努める。それゆえに、高慢でも弱気でもなく、謙遜で確信に満ちて、わきまえ知ることであり、つねに新たな神の御言葉にたいする自由において、また、つねにただ一つである御言葉の単純さにおいてなされる吟味である。それは、イエスにおいてふたたび獲得された根源との一体性をもはや疑問視しないで、前提としているが、しかし、この一体性をつねに新たに獲得し続けねばならない吟味なのである。

こうした前提のもとで、しかしいまや、実際に、何が神の御心であり、あたえられた状況において何が正しいのか、何が神に喜ばれることなのかが吟味されねばならない。[*72] なぜなら、それは、いまや具体的な生き方と行動とに移されねばならないのだから。悟性・認識能力・あたえられた事実の注意深い観察などは、ここでは、生きた行動のなかに入ってくる。その際に、〔神の〕戒め（Gebot）がす

＊70 《キリストにおいて》（in [ἐν] Christo）については、DBW 4 (N), 250 など至るところ〔『キリストに従う』〕を参照。＊71 削除「もはや完璧に前提のない状態で」。＊72 ルター訳聖書による《εὐάρεστον》のロマ一二・二bとエフェ五・一〇における《喜ばれ》という訳を参照。

べてを包み、貫徹するであろう。*73 経験を積み重ねることによって、裏付けがあたえられたり、注意するように促されたりするであろう。あまりにたやすく自己欺瞞に陥ることがないように、決して直接的なインスピレーションに頼ったり、それを期待したりしてはならないであろう。*74 問題となる事柄に直面するときには、高度に醒めた精神によって支配されねばならないであろう。さまざまの可能性とそこから出てくるさまざまの結果とについて慎重に考慮されねばならないであろう。それゆえ、何が神の御心であるのかをわきまえ知ることが問われるところでは、人間に備わっているあらゆる能力が動員されねばならないであろう。

しかし、それにもかかわらず、解決しがたい軋轢を前にする苦悩や、いかなる軋轢をも乗り切ることができるとする思い上がりや、直接的なインスピレーションを熱狂的に期待したり・主張したりする余地があってはならないであろう。そこには〈神は、謙虚に問いかける者にたいして、必ずその御心を示したもう〉*75、という信仰が存在するであろう。〔つまり〕すべてを尽くして真剣に神の御心をたずね求めた後に、実際にある行為を決断する自由がなおそこにはあり、それゆえ、その決断には、人間ではなく神御自身が、御心をたずね求める人間の努力を通して御心を貫徹したもうであろうという確信が存在するであろう。正しいことを行なったかどうかという不安は、自分自身の正しさに必死にしがみついたり、善悪について知っているという自信に変わったりすることもないであろう。そうした不安は、ただ独り、恵み深い裁きを行ないたもうイエス・キリストを知ることにおいて廃棄されるであろう。〔また〕そうした不安は、自分自身の正しさを、そのときが来るまで、裁き主〔＝イエス・キリスト〕の知識と恵みのなかに隠されたままにしておくであろう。

神の御心との一体性は、その都度、神の御心が何であるかをわきまえ知ることを廃棄するのではなく、むしろ、まさにそのことを要求している。それと同様に、〈右の手のしていることを左の手に知らせるな〉というイエスの言葉と並んで、〈自分自身が、自分の信仰と自分の業《わざ》とを吟味する〉ようにというパウロの警告が存在するのである。「あなたがたは信仰の内にあるのかどうか、自分を試し、自分を吟味しなさい。それとも、あなたがたは自分自身のことがわからないのですか。あなたがたの内には、イエス・キリストがおられるのです」[78]（二コリ一三・五、〔また〕ガラ六・四を参照）[77]。行為に没頭してイエス・キリストにのみ目を向けているので、自分自身の善については知ることがないという〈単純さ〉は、決して自分自身について無思慮であり不注意であることを意味しない。ファリサイ派の人びとの自己吟味があるだけではなく、キリスト者の自己吟味もまた存在する。すなわち、善

＊73　とりわけS. 381「神の戒めは…生の全体を包み」を参照。＊74　Formula Concordiae (Solida Declaratio II, 46), BSLK 890, 32-34「…神が天から直接にその賜物をあなたがたに注ぎたもうまで、待つ」〔べきではない〕（「律法の第一用法についての教説」DBW 16, 611における引用）を参照。＊75　一九四二年一〇月一八日にベルリンにおいて、ルート・フォン・クライスト——当時、目の手術のために入院しており、彼女の孫マリーア・フォン・ヴェデマイアーによって看病されていた——のために、ディートリヒ・ボンヘッファーがエフェ五・一五－二一について朝の祈祷を行なったあとに、マリーアは、彼女の日記にこう書きこんでいる。「私たちがいかなる疑いも、いかなる不信も抱くことなしに神の御心を問うならば、私たちもまた〔神の御心を〕知ることができる」（一七節bについて）。「私たちは、ある観念や、世間一般の意見、あるいは安易な立場によって酔わせられるべきではなく、霊を通じて真理を追い求めるべきである」（一八節について）。＊76　マタ六・三を参照。＊77　ガラ六・四aは、自分自身の《行ない》の吟味を要求している。＊78　DBW 4 (N), 107〔『キリストに従う』〕を参照。

悪についての自分自身の知識やそれを実際の生活のなかで実行することに注意を向けるのではなく、日々、《イエス・キリストがわれわれの内に》[*79]在《いま》したもうという認識を新たにする自己吟味である。じっさい、キリスト者は、彼にとって決定的である次のような現実にもとづかない限り、もはや自己吟味をすることができないのである。すなわち、イエス・キリストがキリスト者の生に入ってきたもうこと、さらにイエス・キリストが、彼のなかで、これまで彼自身の善悪についての知識が占めていたまさしくその空間《ラウム》に、いまや代わって入りたもうたということである。キリスト者の自己吟味は、〈イエス・キリストがわれわれの内に在《いま》したもう〉という前提にのみもとづいている。そしてこの御名が省略されずに〔イエス・キリストと〕呼ばれることによって、その際には、何らかの中性名詞（ein Neutrum）〔で表わされるようなもの〕ではなく、イエス御自身の歴史的な人格が問題となっている[*80]ことは、むろん明白である。それゆえ、キリスト者の自己吟味においては、その眼差しは、イエス・キリストから離れて自分自身に向けられるのではなく、まったくイエス・キリストに注がれたままである。イエス・キリストがすでにわれわれの内に在《いま》し、働きたまい、また、われわれのものでありたもうという前提に立つことによって、いまや、われわれが日毎の生活のなかで、いかに主のものであり、主を信じ、主に従っているかどうか、という問いも、むろん生まれてくることができるし、また生まれてこなければならない。しかし、この問いにたいする答えは、もはやわれわれ自身によって[*81]あたえられるのではなく、事柄の本質からして、それは、ただイエス・キリスト御自身によってのみ、われわれにあたえられることができる。われわれの確信や真実さを示すあれこれの徴《しるし》は、われわれの自己吟味にたいする答えとはなりえない。なぜなら、われわれは、もはやそれによって自分自身を測りうるいかなる尺度も、じっさい、持ってはいないのだから。むしろ、われわれの唯一の尺度は、生けるイエス・キリスト御自身であるのだから。

こうして、われわれの自己吟味とは、まさにいつでも、われわれの内に在《いま》したもうことをわれわれが知り、また認めているイエス・キリストの裁きにまったく引き渡されているのであり、それゆえ結論を自分で引き出すのではなく、イエス・キリストに委ねるのである。「私は、自分で自分を裁くことすらしません」〔一コリ四・三〕。なぜなら、私は「自分自身のことがわからないのです」〔二コリ一三・五〕から。「〔私は〕それで義とされているわけではありません。私を裁く方は主です」（一コリ四・四）*82。しかし、この自己吟味のプロセスは余計なことではない。なぜなら、じっさい、イエス・キリストは、現実にわれわれの内に在《いま》したまい、また〔それを〕望みたもうのだから。また、われわれの内なるイエス・キリストのこの存在は、たんに機械的に行なわれているのではなく、まさにこの自己吟味において繰り返し出来事となり、確証されることなのだからである。

＊79 DBW 4 (N), 230 および（二コリ一三・五について言及している）235（『キリストに従う』）を参照。**＊80**「何らかの中性名詞（Neutrum）」は「何らかの霊」を差替え。K. Barth, KD II/2, 565〔バルト『教会教義学』第二巻「神論」第二分冊〕において、人間の選びについて述べている箇所の「なんら中性名詞〔で表わされるようなもの〕ではなく、人格」〔を参照〕。またS. 261「中性名詞〔で表わされるようなもの〕ではなく、…人間となりたもうた神」を参照。**＊81**「われわれ自身によって」は、「善悪についての一般的な知によって」を差替え。**＊82**〔草稿では、引用のすべてを、一コリ四・四としている。〕《自己吟味と自己を裁くこと》については『倫理-断片ノート』Nr. 15では、一コリ四・四と《二コリ一三・八》（正しくは、二コリ一三・五——S. 323を見よ）が書き留められている。

それゆえ、神の御心は、まさに〔それが〕生ける神の御心であり、つねに新たに吟味されることを望みたまい、この吟味を通して貫徹されていく。同様に、イエス・キリストは、われわれがイエス・キリストにおいて自分をつねに新たに吟味することを通してこそ、完全にわれわれの内に在《いま》したもう方となる。それゆえ、キリスト者の自己吟味が、われわれの内なるイエス・キリストの存在の一部分であるのと同じように、キリスト者が神の御心をわきまえ知ることは、いわば神の御心そのものの一部分なのである。*83

しかし、それによって、いかなる場合にも、神の御心との新しい一致、行為の単純さが廃棄されたり、あるいはたんに妨げられたりすることもない。このことを理解するためには、われわれはなお、*84《行為》ということが、福音の意味においては、本来どのように考えられているのかということを明らかにせねばならない。

〔行為〕

神の御前における人間の唯一ふさわしい態度（Haltung）が、神の御心を行なうことだということは、明らかである。山上の説教は、それが〔われわれによって〕行なわれるために語られたのである（マタ七の終わりの部分！）*85。神の御心にたいする服従は、ただ行為においてのみなされるのである。神の御心を行なうことによって、人間は、自分自身の正しさ（Recht）も、正当化も、ことごとく断念し、自分自身を謙虚に恵み深い裁き主に委ねる。聖書がこれほど行為を強調しているのは、聖書が人間から、神の御前での――自分自身の善悪についての知識にもとづく――いかなる自己正当化をも切断するためである。それゆえ、聖書は、神の行為と並べて、その傍らに人間自身の行為を――たとえそれが感謝や犠牲としての行為であっても――置こうとしているのではなく、人間をまったく神の行為のなかに差し入れ、人間の行為を徹底的に神の行為の下に服従させようとしているのである。それゆえファリサイ派の人びとの誤りは、この上もない厳しさで行為の必要性を主張したところにあるのではなく、彼ら自身が行為をその通りに行なわなかったことにあるのである。「彼らは言うだけで実行しない」*86。

聖書が行為を求めているのは、まさにそのことによって人間に自分の能力に注目させているのではなく、イエス・キリスト御自身を指し示しているのである。「私を離れては、あなたがたは何もできない」（ヨハ一五・五）。この言葉は、〔文字通り〕きわめて厳密に理解されねばならない。じっさい、イエス・キリストを離れては、いかなる行為もありえない。それ以外に行為の外観を呈しているさまざまなこと、無数の活動のすべては、イエスの判定（Urteil）の前では、何も行なわなかったのと同じなのである。聖書の言葉のなかで、このイエスの言葉以上に、〔人間の〕行為とイエス・キリスト

*83 草稿の欄外に、この文章（「それゆえ、キリスト者の自己吟味が…なのである」）に並べてインクで二重の傍線〔が引かれている〕。ここでの草稿の紙は、黒っぽい、黄色く変色して、多孔質の、それゆえ外見からすれば〔第二次大〕戦中に作られた二つ折り用紙（用紙番号《IX.》）である。この用紙の前（《VI.》、S.320から）と後（《X.》）では、《アイヒベルガー》の〔透かし模様の入った〕二つ折り用紙が使われている。*84 削除「手短に」。*85 二四－二九節。*86 マタ二三・三。

との結びつきをはっきり証言しているところは他のどこにもない。またこの言葉以上に、正真正銘の行為をすべての見せかけだけの行為から、はっきり区別しているものはない。〔以下では〕いっそう多くの限定を加えることによって、聖書における行為（Tun）の意味は、さまざまの誤解から守られ、さらにその独自性が認識されることができるだろう。

行為と対立して絶対にあい入れることができないのは、〈裁くこと〉（Richten）である。「きょうだいの悪口を言ったり、きょうだいを裁いたりする者は、律法の悪口を言い、律法を裁くことになるのです。律法を裁くなら、あなたは律法を行なう者ではなく、その裁き手です」（ヤコ四・一一）[*87]。律法にたいしてとりうる二つの行動の仕方がある。[*88]それは、裁くことと行なうことである。この両者は、互いに排他的である。裁く人は、律法を他人にたいして適用すべき尺度であると考えており、また、自分自身を律法の実行について責任を負う者として考えている。すなわち、裁く人は、それによって自分を律法の上に置いているのである。彼は、「律法を定め、裁く方はただひとりであり、この方が裁くことも滅ぼすこともできる」（ヤコ四・一二）ということを忘れている。律法についての自分の知識にもとづいて、〈きょうだいの悪口を言ったり、きょうだいを裁いたりする者〉は、ほんとうは律法それ自体を非難したり、裁いたりしているのである。なぜなら、彼は、生きて働く神の御言葉によって、律法それ自体が自らの意志を貫徹し、認めさせる力をもつことを信じていないのだから。彼は、自ら律法を定め、裁く者となることによって、神の律法を無効にする。こうして、知識と行為とのあいだには回復しえない分裂が生じる。

律法についての自分の知識にもとづいて、自分の兄弟を裁く者となった人間、[*89]結局、律法をも裁く者となった人間は、さまざまなことを行なっているように見えるとしても、決して律法を行なう者とはならない。《律法を行なう者》は――〔律法を〕裁く者とは異なり――律法に従う。そして、律法は、彼にとって、決して兄弟にたいして適用する尺度とはならないし、また、彼には自分で行為するようにと呼びかける以外の形で出会うこともない。誤りを犯している兄弟にたいしても、《律法を行なう者》にとっては、彼自らが律法を行なうことによって、律法を有効なものとして示す唯一の可能性が存在するだけである。まさにそれによって、律法は、重んじられ、効力を発揮させられ、さらにまた自らその力を貫徹し、人間の助けを必要とはしない神の生きた御言葉として承認される。それゆえ、このことは、律法を行なう者が自分自身の行為に満足したり、また自分では――残念なことに――裁くことが許されていないので、罪を犯した兄弟を、横目でちらりと盗み見ながら、裁き主としての神に呼びかけるというような具合でもない。

そうではなく、ここでは、じっさい、そのような流し目をいっさい使うことなく、神の律法にふさわしい唯一の振舞い方、すなわち、律法を行なうことが重要である。また余計なことをいっさい考えることなく自ら律法を行なうことに、もっぱら集中することにおいてのみ、その正しさと力とが律法にあたえられ、その力が兄弟にも及ぶであろう。それゆえ、〔律法の〕行為と並んで、あるいは行為を通して、裁きの最終的な可能性が存在しているのではなく、〔律法を〕行なうことは、神の律法にた

＊**87**　S. 330–333における、ヤコブの手紙からのこの個所や他の個所の引用は、ルター訳聖書通りではない。ルター訳聖書では、ヤコ四・一一の《ὁ καταλαλῶν》（＝「悪口を言う者」、ボンヘッファー訳は「告発する者」）を、古風な「陰口をきく者」と訳している。　＊**88**　削除「（と自分自身）」。　＊**89**　削除「（自分自身と）」。

いする唯一にして無二の行動であり、またそのようなものであり続ける。それ以外のいっさいのものは、行為を破壊し尽くし、見せかけだけの行為、偽善へと変わってしまうであろう。

ところで、行為することは、むろん、律法を〈聞くこと〉を前提にしている。しかし、このように表現することには問題がある。なぜなら、それによって前提としての聞くことが結果としての行為から区別され、また分離されてしまいかねないからである。しかし、聞くことが行なうことにたいして独立し、何かそれ自身の権利を得るときには、そこでは、すでに行為はふたたび消え去っている。たしかに、律法を行なう者はまた聞く者でもなければならない。しかし、それは、聞く者がいつでも同時に行なう者である場合に限られている（ヤコ一・二二）。それが同時に行為にならないような仕方で聞くことは、ふたたび例の《知ること》*90になってしまい、そこから裁きが現われ、それゆえ、いずれの行為も解消するであろう。しかし、聞いたことが行為のなかへではなく、《知ること》のなかへ入り込むならば、聞いたことは——逆説的に聞こえるかもしれないが——、すでに《忘れられている》*91（ヤコ一・二五）のである。すなわち、聞いたことが知識のなかでどんなに長く蓄えられ、考え抜かれ、考え直されたとしても、それにとって本質的なところのこと、すなわち、完全に行なうことを指示するものとしては、忘れ去られている。

しかし、〔神の〕御言葉を聞く者は、同時に〔それを〕行なう者でないならば、このことによって必然的に自分を欺く者となる（ヤコ一・二二）。自分では、神の御言葉を知り、それを所有していると信じながら、すでにふたたびそれを失っているのである。なぜなら、彼は、神の御言葉を、たとえ一瞬間であっても行なうこと以外の仕方で所有しうると考えているのだから。〔神の〕御言葉を聞く者にたいするヤコブの論駁《ポレミーク》は、まさにファリサイ派の人びとにたいするイエスの論駁に対応している。ここでまさに問題になっている〔神の〕御言葉を熱心に聞く人が、あたかも何事も行なっていない、というのではないであろう。

じじつ、ファリサイ派の人びともまた、たしかに、行為において怠惰だったわけではなかった。しかし、この行為は、聞くことにたいして何か二番目のもの、〔つまり〕知識によって媒介されたものである。それゆえ聞くことにたいして、それ自体として、またそれ自体において、すでに独立につけ加わってきたものなのである。〔それゆえ〕ある見せかけだけの行為、自己欺瞞であり、イエスの言葉をもってすれば、偽善である。*92 自己欺瞞が問題となるのは、見せかけだけの行為をしている者が自分自身を、事実上、正真正銘の行為をしている者として理解し、偽善という非難を拒絶するにちがいないからである。神の御言葉を聞く者とそれを行なう者とのあいだに生じる対立は、間違った仕方で心理学化され、その結果、思考と意志との対立、理論と実践との対立というように描き出される。

じっさい、ファリサイ派の人びともまた、神の御言葉が思考だけではなく意志をも、理論だけではな

＊90 《聞くこと》と《知ること》については、DBW 3 (SF), 29〔『創造と堕落』〕を参照。〔そこには〕ヘーゲルによる知る能力の強調にたいする反対の立場を見てとることができる。Hegel, Religionsphilpsophie nach Lasson XII, 4-6〔ヘーゲル『宗教哲学』〕、IBF 8, 28 f を参照。

＊91 ヤコ一・二五「聞いて忘れてしまう人」。二四節では、「すぐに忘れてしまう」〔人〕について語られている。

＊92 マタ二三・二八「……あなたがた〔律法学者たちとファリサイ派の人びと〕は偽善〔と不法〕でいっぱいである」を参照。

く実践をも要求していることを知っており、それに応じて神の御言葉に従うことにおいては、悟性と同様に意志をも用いた。〔つまり〕ファリサイ派の人びとにおいては、思考と意志とが分離していたのではなく、まさに聞くことと行なうこととが分離していたのである。御言葉を聞くことを〔それだけ〕切り離して独立的に捉えている者にたいしては、「行なう人は、その行ないによって幸いな者となる」（ヤコ一・二五）[*93]という言葉が妥当する。その際に、行なう人とは、神の御言葉を聞いたときに、端的に行なうこと以外のいっさいの振舞いを知らない人のことである。それゆえ、行なう人は、厳しく御言葉そのものに心を向け続け、また御言葉にもとづいて、兄弟にたいし、自分自身にたいし、ついには神の御言葉にたいしても、裁き手となるような知識を、神の御言葉から生み出すようなことはしないのである。

ここで考えていることは——一見それとはまったく反対のことを述べているように見える——マリアとマルタとにたいするイエスの御言葉（ルカ一〇・三八以下）から、まったく明らかになる。マリアは、イエスの足もとに座って、イエスの話に聞き入っている。しかし、マルタは、「〔イエスを〕もてなすために、いろいろと忙しくしていた」[*94]。マルタは、聞くことには行為が伴うことを妹に注意してくださるようにイエスに願う。「彼女に私を手伝ってくれるようにおっしゃってください」と。イエスは、彼女に答えて言われた。「マルタ、マルタ、あなたはいろいろなことに気を遣い、思い煩っている。しかし、必要なことは一つだけである。マリアは良いほうを選んだ。それを取り上げてはならない」。

ここで、イエスは、きわめて明瞭に、行なう者にたいして、聞く者を正しいと認めていたもう。行なう者はその行ないによって祝福される、とヤコブは言う。[95] 神の御言葉を聞き、それを守る者は幸いである、とイエスは言いたもう。[96] 両者は、同じことを言っているのである。なぜなら、聞くことが〔行なうことに〕たいして独立しえないように、行なうことは聞くことにたいして独立してはならないからである。聞く者にたいする祝福が行なうことをその内に含んでいるように、行なう者にたいする祝福は、聞くことをその内に含んでいる。〈必要なことは一つだけである〉〔ルカ一〇・四二〕――聞くことかまたは行なうことか、そのどちらか一つではなく、両方を共に含めた〈一つ〉なのである。すなわち、イエス・キリストとの一致において生き、また生き続けること、イエス・キリストの方に心を向け、彼から言葉と行為とを受けとることである。それは、聞くことあるいは行なうことにもとづいて、自分の兄弟を訴え裁く者になったり、それどころか――マルタのように――イエス・キリストに訴える者になるのではなく、聞くときにも行なうときにも、すべてをイエス・キリストに委ね、彼によって、彼の恵みによって、彼がその〔再臨の〕時に行ないたもう恵み深い裁きによって、生きることである。

＊**93** W. Lütgert, Ethik der Liebe, 285 を参照。すなわち、「《その行ないによって幸いな》とは、ヤコブの手紙の言葉である」（この個所に、ボンヘッファーは、傍線を引いている）。＊**94** 「しかし《〔イエスを〕もてなすために、いろいろと忙しくしていた》」（ルカ六・四〇）は、「働いている」を差替え。＊**95** ルター訳聖書ヤコ一・二五「…その行ないにおいて〔幸いな〕」。〔また〕前の段落における《行為》についての文言を参照。＊**96** 〈種を蒔く人のたとえ〉との関連でマタ一三・一六「あなたがたの耳は聞いているから幸いだ」を、またルカ八・一五の〈種を蒔く人のたとえ〉の終わりの「御言葉を聞き、よく守り〔、忍耐して実を結ぶ〕人たち」を参照。

行なう者の祝福においても、聞く者の祝福においてと同様に、善悪についての自分の知識の分裂から解放され、イエス・キリストとの一体性に入れられた者が、祝福されるのである。行為それ自体——マルタの甲斐《かい》がいしさ——、あるいはまた聞くことそれ自体も、イエスの御前では通用しない。見せかけだけの行為や見せかけだけの聞くこと〔＝傾聴〕が存在する。われわれの聞くことや行なうことが本当のものか、それとも見せかけだけのものかを、われわれは、もはや〔自分では〕見分けることができない。むしろ、それは、まさにこの吟味を、われわれがまったくただイエスの知識と裁きとに委ねるかどうかによって、決定されるであろう。

さらに、もう二つの限定を加えることによって、行為についての聖書的なとらえ方がさらに明確になるであろう。*97

「私にむかって、『主よ、主よ』と言う者が皆、天の国に入るわけではない。天におられる私の父の御心を行なう者が入るのである」（マタ七・二一）。それゆえ、キリストにたいする信仰の告白が——しかも、それがまったく〔当時の〕良風美俗に反しており、もしかすると苦難と迫害とが避けられないような時代のなかで——、神の御心を行なうことと矛盾しているために、イエスによって退けられるということがある。ここでもまた、すぐさま、〈悪い行ないを敬虔な言葉によって覆い隠そうとする〉意図的な偽善について考えねばならないというわけではない。むしろ、この信仰告白は、まったくその人の誠実な心から生まれているのかもしれない。*98 この勇敢な告白には、同様に勇敢で献身的な行為が結びついているのかもしれない。この告白とこの行為とは、人びとが善と認め、したがって人びとがそれを断固として守ろうとする決意から引き出された、気骨ある結論なのかもしれない。それにもかかわらず、イエスは、この告白と行為とを、まさにそれが善悪についての人間自身の知識から出てきたものであるゆえに、退けたもうであろう。なぜなら、ここで実際に生じているのは、神の御心と表面的には驚くほど似てはいるが、しかし、根本においては神と分裂した人間の意志であるのだから。それゆえ、神の御心は、行なわれてはいないのである。

それゆえに、ここでもまた、行なったことを引き合いに出しても、それがキリストの御名によって行なったと思われている場合ですら――「私たちは、御名によってたくさんのことを行なってきたではありませんか」（マタ七・二二）――、通用しないのである。ここでもまた、まさにこの行為とともに、あるいはその行為のなかに、〈まださまざまの人間的な悪が存在しているために、この行為が非難されるのであろう〉と推定することは誤っている。*99 そうではなく、まさにその行為がもっとも純粋な動機からなされ、もっとも敬虔で無私の行為である場合にこそ、神の御心とは正反対のものが出てくる危険は、とりわけ大きい。これは、善悪についての自分自身の知識から、〔そして〕神との分裂からつくり出された、神の御心と見分けがつかぬほど似てはいるが、神に反逆する行為なのであるから。

こうしたことが起こりうるということ、〔つまり〕キリストにたいする誠実な信仰告白、首尾一貫し

*97　この段落については、DBW 4 (N), 187–189〔『キリストに従う』〕を参照。　*98　「まったくその人の誠実な心」は、「誠実で、感動した［差替え「情熱的な」］心」を差替え。　*99　この文の《さまざまの〔人間的な悪……〕》からS.344（「教会と〈この世〉I」の草稿）までは、《記録用箋》という透かし模様の入った明るい二つ折り用紙が用いられており、きわめて良質の紙である。

たキリストへの服従が、キリスト御自身によって、《私はあなたがたのことは全然知らない。不法を働く者ども、私から離れよ》[*100]という言葉で、退けられねばならないこと――それは、たしかに、人間が神に等しい地位を奪い取ったことにもとづいて生まれた暗い謎ではある。しかし、そのことは、イエスとともにパウロも考慮に入れていた事実なのである。

〔愛〕

「たとえ、私が、預言する力をもち、あらゆる秘義とあらゆる信仰に通じていても、また、山を移すほどの信仰をもっていても、愛がなければ、無に等しい。また、全財産を人に分けあたえても、焼かれるためにわが身を引き渡しても、愛がなければ、私には何の益もない」(一コリ一三・二、三)[*101]。ここでは、根源から分裂している人間と根源と一致している人間とを分かつ決定的な言葉が語られている。すなわち、愛である。キリストを知ること・キリストにたいする力強い信仰、しかり、死に至るまで愛するという志向と献身――これらは愛がなくても存在する。それが〔パウロによる〕問題の核心である。この《愛》がなければすべてが崩壊し、すべては退けられる。〔しかし〕この愛においては、すべてが結び合わされ、すべてが神に喜ばれる。この愛とは何であろうか。[*102]

われわれがこれまで見てきたことすべてに照らして、次のことが明らかである。すなわち、愛の本質を、人間の振舞い《フェアハルテン》・志向・献身・犠牲・交わりへの意志・感情・情熱・奉仕・行動として、理解しようとするいかなる定義も、ここでは除外されるということである。[*103]これらのことは、すべて例外なく――われわれは、まさしくそのように〔パウロから〕聞いた――《愛》なしになしうることである。われわれが愛と呼び慣れてきたことのすべての行為――心の奥底に、また、目に見える行ないのなかにあるすべてのこと、それどころか実に隣り人にたいして兄弟のように奉仕する敬虔な心から出てくるものでさえ――《愛》なしに存在することができる。そのことは、いかなる人間の振舞いにおいても、つねに自己追求的な心の《残滓》がなお存在していて、愛の行為をまったく汚してしまうからではない。そうではなく、愛というものが、ここで理解されているようなものとはまったく別のものだからである。

愛は、また直接的な人間と人間との関係ではない。〔つまり〕それは、即物的なもの（das Sachliche）や非人格的な秩序の法則《おきて》と対立して、人格的なことや個人的なことに関わるものではない。ここで《人格的なもの》と《即物的なもの》*104とが、まったく非聖書的な、抽象的な仕方で引き裂かれている

*100 マタ七・二二三。*101 DBW 4 (N), 189 f〔『キリストに従う』〕においても、一コリ一三・二以下は、マタ七・二二三と結びつけられている。*102 差替え「神を知ること」。*103「われわれがこれまで見てきたこと……ここでは除外されるということである」は、次の文章を差替え。「われわれがこれまで聞き知った〔複写用鉛筆での訂正として差替え「観察してきた」〕ことすべてに照らして、次のことが〔複写用鉛筆で書き加えたのち、削除「いまや」〕明らかである。すなわち、ここで問題となっているのが〔削除「何かもっと深いものに根差す」〕人間の振舞い《フェアハルテン》であるということはありえない」。*104『倫理-断片ノート』Nr. 15 に、複写用鉛筆で「《即物的》――、《人格的》？」とある。DBW 16, 550-562 のインクで書かれたテキストにたいして、複写用鉛筆で「《人格的》倫理と《即物的》倫理」という表題（草稿のこの段落でも、訂正には複写用鉛筆が用いられている）〔が付けられていること〕を参照。このテキストは、O. Dilschneider, Die evangelische Tat, 88 における「福音主義的な倫理は、人格倫理であって、現実倫

ことは暫くおくとしても、ここでは、愛が一つの——さらに加えて、部分的な！——人間の振舞いとなる。《愛》は、その場合には、純粋に事物や秩序に即した低次のエートスに並んで、〔その〕完成と補完として登場する、いっそう高次の〈人格的なもの〉のエートスということになる。このことは、たとえば、愛と真理とが互いに軋轢を起こす中で、人格的なものとしての愛を非人格的なものとしての真理の上位にあるとする考え方にも通じている。
〔しかし〕このように考える場合には、パウロの〈愛は真理を喜ぶ〉（一コリ一三〔・六〕）という言葉と真っ向から矛盾してしまう。愛は、軋轢——これによって人は愛を定義したがるものだが——をまったく知らないのであり、むしろ、愛はすべての分裂を越えたところにあるということこそ、愛の本質である。真理を侵害したり、あるいはたんに曖昧にしたりする愛を、ルターは、聖書的な明晰な洞察によって《呪われた愛》*[105]と呼んだ——たとえそれがきわめて敬虔な装いで現われてきた場合であっても。人間と人間との人格的な関係領域を含むだけで、即物的なものの前で降参するような愛は、決して新約聖書の愛ではない。

それゆえ、それ自体として疑いもなく《愛》とみなしうるような人間の振舞いは、考えられうる限りでは存在しない。《愛》は、人間がそこで生きているすべての分裂を越えたものである。しかし、人間が愛として理解し、行ないうるいっさいのことは、つねに、現におかれている分裂状態のなかでの人間の態度*[106]としてのみ考えられる。そうだとすれば、ここでは、一つの謎が、〔つまり〕未解決のままの問題が残されているのである。すなわち、いまや聖書にとっては《愛》とは何でありうるのか、という問いである。

聖書は、われわれに〔その問いについて〕答えることを拒んではいない。その答えは、われわれにもよく知られており、ただ、われわれがそれを繰り返し誤解しているにすぎない。その答えとは、〈神は愛である〉（一ヨハ四・一六）ということである。この命題は、まず、はっきりさせるために、神という言葉にアクセントを置いて読まれねばならない――われわれは、これまで愛という言葉にアクセントを置いて読むことに慣らされてきたのであるが。神が愛なのである。すなわち、人間の態度や心情や行動がではなく、神御自身が、愛なのである。愛とは何かということは、神がどのような方かを知る者だけに知られる。しかし、逆に、人間が、最初に――しかも、〔人間の〕本性によって――愛とは何であるかということを知り、その次に神が何であるかということも知るというのではない。しかし、神が御自身を人間に示したまわなければ、だれも神を知ることはできない。*107 こうして、神御自身の啓示によるのでなければ、だれも愛とは何であるかを知ることはない。そこで、愛とは、

理ではない」（ボンヘッファーの所有本のこの箇所に、傍線が引かれている）というテーゼについて論じたものである。*105 M. Luther, Sermon von Cristus Brüdern und Schwestern (über Mt12, 46–50),〔1528〕, WA 28–24, 27–30「それゆえまた、あなたの妻や夫あるいは子どもが、あなたが福音を追い求めるのを妨げるならば、その時はこう言いなさい。私を神の御言葉から引き離そうとする愛しい者たちは、皆、呪われよ、と。そして、ただ悠然といとまを告げ、こう言いなさい。あなたは、私の夫でも妻でも子どもでもない、と」（ルターの引用箇所を、リューディア・クヴァースは、テュービンゲン大学が所蔵するルターのヴァイマル版全集の〔厳密な校訂を経た〕索引のなかから見つけてくれた）。《呪われた愛》という表現は、『倫理-断片ノート』Nr.11 に記されている。*106 差替え「闇の深淵」。*107 一ヨハ四・七以下「…愛する者は〔皆〕、神から生まれた者であり、神を知っているからです。愛さない者は神を知りません。…」を参照。

神の啓示である。しかし、神の啓示は、イエス・キリストである。「神は独り子を世にお遣わしになりました。その方によって、私たちが生きるようになるためです。ここに、神の愛が私たちの内に現わされました」（一ヨハ四・九）。

イエス・キリストにおける神の啓示、神の愛の神による啓示は、神にたいするわれわれのすべての愛に先行している。愛は、われわれの内にではなく、神の内に、その根源をもっており、愛は、人間の振舞いではなく、神の振舞いなのである。「私たちが神を愛したのではなく、神が私たちを愛し、私たちの罪のために、宥《なだ》めの捧げ物として御子をお遣わしになりました」（一ヨハ四・一〇）。愛とは何かということを、われわれは、ただイエス・キリストにおいてのみ知り、しかも、われわれのためのイエス・キリストの死において知る。「御子は私たちのために命を捨ててくださいました。それによって、私たちは愛を知りました」（一ヨハ三・一六）[108]。ここでもまた、たとえば〈他者のために命を捧げることが愛である〉というような意味で、愛についての一般的な定義が示されているのではない。そのような一般的なことではなく、イエス・キリストが〈私たちのために命を捨ててくださった〉というまったくただ一度限りのことが[109]、ここでは、愛であると言われているのである。

愛は、神の啓示としてのイエス・キリストの御名と分かちがたく結びつけられている。[110]〈愛とは何か〉という問いにたいして、新約聖書は、それがもっぱらイエス・キリストを指し示すことによって、まったく明確に答えている。イエス・キリストが、愛の唯一の定義である。しかし、ここでも、イエス・キリストと彼の行為と苦難とに注目することから、愛の一般的定義が作り上げられるなら、すべては再度、誤解されることになるであろう。イエス・キリストが行ない、苦しみたもうところのことではなく、イエス・キリストが行ない、苦しみたもうことが、愛なのである。愛は、いつでも、イエス・キリスト御自身である。愛は、つねに神御自身である。愛は、つねにイエス・キリストにおける神の啓示である。

愛についての思考や命題は、まさにイエス・キリストの御名にどこまでも厳格に集中せねばならない。しかし、その場合に、この御名を抽象的な概念へと引き下げてしまうことは許されない。この御名は、いつでも、生きた人間の歴史的現実がさまざまの具体的な事柄によって満ち満ちているただなかで理解されねばならない。それゆえ——これまで述べてきた通りのことだが——、このイエス・キリストという人間の具体的な行為と苦難とが、はじめて愛とは何であるかということを理解させてくれるだろう。神御自身の啓示であるイエス・キリストという御名は、イエス・キリストの生と死とにおいて、そのことの意味を解明している。

最後に、新約聖書もまた、じっさい、イエス・キリストの御名を際限なく繰り返すことによって成り

＊108 〔ボンヘッファーの所持していた〕ルター訳聖書の一ヨハ三・一六には、下線が引かれている。「御子は私たちのために命を捨ててくださいました。……私たちもきょうだいのために命を捨てるべきです」。一ヨハ三・一三―一八は、フィンケンヴァルデの牧師研修所において、《国民哀悼日》——一九三六年以後、公式に〔［第一次大戦］戦死者のための〕《英雄記念日》と呼ばれた——のための説教のテキストとして提案された。一九三七年〔のメモと概要〕DBW 14, 768, 764を参照。＊109 「〈命を捨ててくださった〉というまったくただ一度かぎりのこと」は、「〈命を捨ててくださった〉という歴史的で具体的なこと」を差替え。＊110 削除「愛とは、神の比類のない恵みであり、比類のない行為である。なぜなら、神が愛だからである」。

立っているのではなく、〔そこでは〕この名前に含まれている内実が、われわれに理解できる、もろもろの出来事・概念・命題において解明されているのである。そしてまた、《愛》（ἀγάπη）という概念の選択も、ただたんに恣意的なものではなく、この概念は、新約聖書の使信を通して、まったく新しい規定を含むようになったので、われわれが《愛》という言葉で理解していることにたいして、何らの関係もないというわけではない。むろん、だからといって、愛についての聖書的な概念が、われわれが愛という言葉によって、これまで一般的に理解してきたことの或る特定の形である、というのではない。むしろ、聖書的な愛の概念に直面するとき、まさに逆のことが示されているのである。すなわち、聖書の示す愛の概念こそが、そしてそれだけが、愛の根拠であり、真理であり、現実であるということ、あらゆる愛についての普通の考え方は、それが、この根源、すなわち、イエス・キリストにおいて神御自身である愛に関わる限りにおいてのみ、真理と現実性とをもつ、ということである。

〈愛はどこにあるのか〉という問いにたいして、われわれは、それゆえ、さらに聖書によって答える。すなわち、イエス・キリストにおける神と人間との和解の出来事において、と。[*111]〔そこにおいて〕人間の神との分裂、他の人びととの分裂、この世との分裂、自分自身との分裂は、終わりを告げる。根源は、ふたたび人間に賜物としてあたえられるのである。

それゆえ、愛とは、人間にたいする神の〈行為〉（Tat）、その行為を通して、人間が〔いま〕そのただなかで生きている分裂を克服したもうた、あの神の行為のことである。この行為とは、キリストのことであり、和解のことである。したがって、愛とは、何か人間の上に起こったこと、何か受動的なこと、何か人間が自分では自由に処理しえないこと、である。なぜなら、端的に言って、分裂のなかにいる人間の実存を越えたところにあるものだからである。愛とは、神による実存全体の転換を甘んじて受けとること（Erleiden）[*112]、神の御前で、また、神においてのみ生きることができる世界へと引き入れられることを、意味する。愛とは、それゆえ、人間の選択ではなく、神による人間の選びなのである。

しかし、それでは、いかなる意味において、なお、新約聖書が明確に語っているように、人間の行為としての愛について、〔つまり〕神と隣人とにたいする人間の愛について、語りうるのであろうか。〈神が愛である〉という事実を前にして、いまや人間もまた愛しうるし、愛すべきであるということは、何を意味するのであろうか。「私たちが神を愛するのは、神がまず私たちを愛してくださったからです」（一ヨハ四・一九）[*113]。これは、神にたいするわれわれの愛が、もっぱら神によって愛されているという事実にもとづいているということ、換言すれば、〈われわれの愛は、イエス・キリストにお

＊111 「イエス・キリストにおける神と人間との和解の出来事において」は、「イエス・キリストの十字架において神御自身によってなしとげられた神と人間との和解」を差替え。《……さらに聖書によって》は、S.338を受けている。＊112 この表現については、DBW 4 (N), 148〔『キリストに従う』〕（「この行為自体は、絶えまなく続く苦しみ《エルライデン》である」）、その他、至るところを見よ。何か《受動的なこと》としての「愛の行為」についてのカール・バルトによる考察（一九五五年）KD IV/2, 891 und 893〔『教会教義学』第四巻「和解論」第二分冊〕を参照。＊113 ルター訳聖書一ヨハ四・一九a「神を愛しましょう」（Lasset uns ihm lieben）を参照。ボンヘッファーは、一九四二年七月に、福音史家ヨハネについての〔執筆〕構想において、この節をルター訳聖書にしたがって引用している。DBW 16, 309を見よ。

ける神の愛を喜んで受け入れること以外の何ものでもない〉ということを意味する。「神を愛する人がいるなら、その人は神に知られています」（一コリ八・三）。〈知られている〉とは、聖書的用語では、〈選ばれている〉[114]・〈つくり出されている〉ことを意味する。神を愛するということは、キリストにおいて自分が選ばれていること、自分が〔〈新しい人〉として〕つくり出されていることを、喜んで受け入れるということである。

それゆえ、神の愛と人間の愛との関係は、次のように理解されるべきではない。すなわち、〈たしかに神の愛は人間の愛に先行するが、しかし〔それは〕ただ人間の愛を、神の愛にたいして独立した・自由で・独自な人間の行為として働かせようとする目的のためだけである〉と。むしろ、〔その逆に〕〈神は愛である〉ということが、人間の愛について語られるべきすべてのことにたいして妥当するのである。それによって人間が神と隣人とを愛する〔ことを可能にしている〕ものこそ、神の愛であり、他の何ものでもない。なぜなら、神の愛から独立した・自由で・独自の他の愛などは、いっさい存在しないのだから。この点においては、それゆえ、人間の愛は純粋に受動的なものであり続ける。[115]神を愛するということは、神によって愛されているということの別の側面にすぎない。神によって愛されるということには、神を愛することを含んでいるが、神によって愛されることと並んで神を愛するということが存在しているのではない。

このことを理解するために、受動性という概念[116]は、この連関において、なおいっそう明確な説明が必要である。ここで問題になるのは――神学において人間の受動性について語られる場合には、いつでもそうであるように！――心理学的な概念ではなく、神の御前における人間の実存に関する概念、それゆえ神学的な概念である。神の愛に直面する〔人間の〕受動性は、思考や言葉や行動を排除した、あの《静穏な時間》[*117]においてのみ私にあたえられた神の愛のなかに休らうことを意味するものではない。神の愛は、私が海で嵐に遭遇したときに、そこに身を寄せるたんに避難する港なのではない。[*118]神によって愛されることは、人間に力強い思考と喜ばしい行動とを決して禁じるのではない。全体としての人間、〔つまり〕考えかつ行動する人間として、われわれは、キリストの内にあって神に愛され

＊114　DBW 4 (N), 189 f〔『キリストに従う』〕を参照。ボンヘッファーは、『キリストに従う』の索引項目の《予定》（＝《選び》）において、《知られている》についての〔項目の〕詳論を参照するよう指示している。《予定説》は、Karl Barth, KD II / 2〔バルト『教会教義学』第二巻「神論」第二分冊〕において論じられている。＊115　《純粋に受動的》（mere passive）というM・ルターのラテン語の表現（たとえばWA 2, 421）は、フィンケンヴァルデの牧師研修所における学生が筆記したノートにくり返し現われる。〔また〕DBW 4 (N), 221 Anm.9〔『キリストに従う』〕を見よ。――草稿では、〔次の〕新しい段落が続けられたのちに、削除されている。「われわれがこの〈純粋な受動性という愛の理解〉にたいして、なおためらいを覚えるとすれば、その場合には」。＊116　《受動性》については、「歴史と善（第一草稿）」にたいして、「歴史と善（第二草稿）」の S.225「最も純粋な能動的行為が受動的なものとして〔認識される〕」を見よ。「歴史と善（第二草稿）」の対応する箇所 S.285 では、この文言は用いられていない。しかし、第一版と同様に、次のように続けられている。「この究極的なパースペクティブにおいて初めて、歴史的行動における善について語ることができる」。＊117　「〔あの《静穏な時間》において〕のみ私にあたえられた」は、「〔あの《静穏な時間》において〕のみ私に啓示された」を差替え。《静穏な時間》には、オックスフォード運動における《沈黙の時間》（stille Zeit）の修練が感じ取れるかもしれない。これについては、たとえば E. Brunner, Die Kirchen, die Gruppenbewegung, 41 f を参照。＊118　受動性に含められる能動性に、ボンヘッファーは、また行動における「もっとも固有な自分の責任の自由」（S.225 und S.285）を見出している。

ており、神との和解をあたえられている。全体としての人間として、考え、かつ行動しながら、われわれは、神と兄弟たちとを愛するのである[*119]〔。〕

*119　最後の用紙（〔用紙番号〕《XIII.》）には、たった八行と二語（「〔削除「きわめてしばしば」〕思考や言葉や行動を排除した……兄弟たちとを愛するのである」）があるだけである。最後の文は、いくぶんインクがこすれてぼやけており、終止符なしに終わっている。

教会と〈この世〉I *1

われわれは、この節*2（Abschnitt）を、すべての〈キリスト教的なもの〉が苦境に陥った時代に、われわれが経験した最も驚くべき一つの事柄に言及することから始めよう。

＊1　〔表題の右のいくぶん下の〕数字《I》は、あとから付け加えられたものである。用紙の上部左に、《1.)》から《4.)》まで――〔片〕括弧つきの小さな数字――の番号が振られている。三枚目の用紙では、おそらく誤って上部中央に番号が付けられている。『倫理』草稿のほかのどこにも、このような番号付けはなされていない。この草稿は、《記録用箋》という透かし模様の入った二つ折り用紙で始まっている。同じ用紙は、「神の愛とこの世の崩壊」の草稿のS.334以下の末尾の部分と、『倫理-断片ノート』Nr.9とNr.10でも用いられている。この二つの『倫理-断片ノート』は、「神の愛とこの世の崩壊」の草稿の主題（『倫理-断片ノート』Nr.9は、「生の法則《おきて》としての愛」で始まっている）と、「この世に向けた教会の言葉の可能性について」の草稿の主題（とりわけ、『倫理-断片ノート』Nr.9の「非キリスト者には妥当しない、キリスト者にとっての特別の《法則《おきて》》は、存在するのか」という問いは、S.359 fにおいて論じられている）、そして最後に成立した『倫理』草稿の章の主題（『倫理-断片ノート』Nr.10は、「具体的な神の戒め」と題されている）と関係している（S.392を参照）。この『倫理-断片ノート』への最後の書き込み「助言-勧告」については、S.364を参照。　**＊2**　《節》という言葉は、廃棄された〔以前の〕二つの草稿冒頭の文章では、用いられていない。

〔すなわち〕〈非合理的なもの〉、たとえば血・本能・人間における獣性の神格化[*3]にたいしては、理性への訴えがなされた。〔専制的〕恣意にたいしては、成文法への訴えがなされた。野蛮にたいしては、教養と人間性（Humanität）への訴えがなされた。暴力的行動にたいしては、自由・寛容・人権への訴えがなされた。科学・芸術などなどの政治化[*4]にたいしては、さまざまな生活領域にはそれぞれ自律性があることが指摘された。そうした訴えや指摘は、すぐさま、非難に曝《さら》されていたこれらの価値を擁護しようとする者たちとキリスト者とのあいだに、一種の同盟関係（Bundesgenossenschaft）[*5]の意識を目覚めさせるのに十分であった。理性・教養・人間性《フマニテート》・寛容・自律性――これらの概念はすべて、つい最近まで、教会やキリスト教、そしてイエス・キリスト御自身にたいする闘争のスローガンとして用いられてきたものである。[*7]〔しかし〕これらの概念は、突然、驚くべきことに〈キリスト教的なもの〉の領域のすぐ近くに引き寄せられていることが明らかになった。

このことは、あらゆる〈キリスト教的なもの〉が以前には決してなかったほど狭い領域に追いやられ、キリスト教の中心的な信仰箇条が最も厳しく最も非妥協的な形で、しかも〔同時に〕理性・教養・人間性《フマニテート》・寛容すべてにとって不快きわまる形で強調された時点において起きたのであった。じつに、あらゆる〈キリスト教的なもの〉が力づくで苦境に追いやられ・〔行動領域が〕狭められていくのと正確に逆比例して、〈キリスト教的なもの〉には上述のもろもろの概念との同盟関係があたえられ、その同盟関係を通じて、予感もされていなかった〔行動領域の〕広がりを受けとったのである。その際、明らかになったのは、上述の諸概念を守り、それとの同盟関係を求めたのは教会ではなかったことである。むしろ逆に、何らかの形でその故郷を喪失して、〈キリスト教的なもの〉の領域に、キリスト教会という木の陰に避難場所を求めてきたのは、これらの概念の方であった、ということである。

＊3 「〈非合理的なもの〉、たとえば血・本能・人間における獣性の神格化」は、「解き放たれた……における肉食獣の本能」を差替え。O. Spengler, Jahre der Entscheidung, Seite VII（序言）「この重圧〔すなわち、世界政治におけるドイツの未来が不可能にされたという事実〕から、われわれの血のなかの最奥にある本能を解き放つために、何らかの形で、何らかのものがやってこざるをえないであろう」、また〔a. a. O.〕14「人間は、肉食獣である」を参照。シュペングラーは、しばしばニーチェを引き合いに出している。F. Nietzsche, Zarathustra III, Abschnitt „Von alten und neuen Tafeln“ 22, Werke VI, 307 [KGW VI, 1, 259]〔ニーチェ『ツァラトゥストラ』〕「……人間とは、すなわち、最高の肉食獣である」を参照（このニーチェからの〔引用〕箇所は、P. Köster, Nietzsche als verborgener Antipode, 397 Anm. 140 の指摘による）。**＊4** 『倫理‐断片ノート』Nr. 123 では、草稿冒頭の下書き的な文章に対応する箇所で《政治化》の代わりに、「均制化《グライヒシャルトゥング》」〔の語が用いられている〕。ナチ政権は、最初から、公共生活のあらゆる領域において強制的画一化政策を推し進めた。ボンヘッファーは、これらの発言が〈第三帝国〉に関係していることを、検閲が立証しえないような仕方で、ナチ政権を批判したのである。――この『倫理‐断片ノート』Nr. 123 と同様に際だった〔特徴をもつ〕用紙（この紙は、品質と形状において、透かし模様をもつ《記録用箋》の二つ折り用紙と似ている）は、一九四二年九月二四日の書簡 DBW 16, 356 f――それは、この『倫理‐断片ノート』やこの草稿と同じく、鮮明な青インクで書かれている――にも用いられている。**＊5** 「すぐさま……一種の同盟関係の意識」は、「ここで、すぐさま、キリスト者との強力な同盟関係の感情」を差替え。《同盟関係》という用語や、ほかの S. 342 f で現われる概念（「……科学、芸術……」）は、「遺産と堕落」草稿の終わり、S. 124 にも登場する。**＊6** 「〔非難に曝《さら》されていたこれらの価値を〕擁護しようとする者たち〔差替え「弁護する者たち」〕とキリスト者」は、「守勢に立たされていた諸概念とキリスト者」を差替え。**＊7** 削除「突然、これらの〔諸概念の〕擁護者たちとキリスト者とによって、いわば共同の戦線〔差替え《事柄》〕の認識標として受けとめられた。新たに広く情熱的に呼び覚まされた自然法への、基本権と人権への問いは、それ自体、キリスト教に隣接するものとして感じられた」。

この経験を、あたかも〈その際に純粋な戦友関係が、それゆえ共同目的のための提携が求められていただけであり、闘いが終わってしまえばふたたび解消されてしまうような同盟関係だった〉というように解釈することは、実際の状況認識としては決して適切ではないであろう。〔そこで〕決定的なことは、むしろ、根源への帰還が起こったということである――自分の足で立つようになり家出していった教会の子たちが、危険が迫ったときにふたたび彼らの母の許に帰ってきた、ということである。[*8] たとえ〔母と子が〕疎遠であったときに彼らの外見や言葉遣《づか》いが大きく変わってしまっていたとしても、この決定的な瞬間に、母と子はふたたび互いを認めあったのである。理性・正義《レヒト》・教養・人間性《フマニテート》、さらにこれらに類するすべての概念は、それらの根源のなかに新しい意味と新しい力とを求め、そして見出したのである。[*9]

この根源とは、イエス・キリストである。ソロヴィヨフの〈反キリスト〉についての物語[*10]〔＝ソロヴィヨフ「反キリストに関する短編物語」〕のなかで、キリストの再臨を前にした終末の日々に、迫害された教会の指導者たちが、自分たちの誰にとっても〈キリスト教において真に最も信頼に値するものとは何か〉と互いに議論しあう場面が出てくる。決定的な答えはこうであった。〈キリスト教において真に最も信頼に値するものとは、イエス・キリスト御自身である〉、と。それによって言われているのは、〈反キリストにたいして、[*11] 力と永続性とを保ちたもう唯一の方とは、すなわちキリスト御自身である〉ということである。ただキリストに参与するものだけが、もちこたえることができ、〔反キリストに〕打ち勝つことができる。キリストは、聖書・教会・神学の中心と力であるが、また人間性《フマニテート》・理性・正義《レヒト》・教養の中心と力でもある。すべてのものは、キリストの許に帰らねばならない。

キリストに守られることによってのみ生きることができる。究極的な危急のときに、反キリストの手中に陥ることを望まぬものはみな、キリストにその逃げ場を求めようとするという、ほとんど無意識*12の知識が存在するのかもしれない。

〔包括性と排他性を求めるキリストの要求〕

「私たちに逆らわない者は、私たちの味方なのである」（マコ九・四〇）。キリストは、〈キリストに属する者〉〔マコ九・四一〕の範囲を、弟子たちが願い・実際に行なっているよりも、いっそう広く定めたもう。イエスのこの御言葉が触れておられる具体的な事例で問題なのは、当人はイエスの弟子でもイエスに従う者でもなかったが、イエスの御名を用いて悪魔を追い出している人間である。イエス

＊8　差替え「故郷」。たとえば、August Winnig, Heimkehr, 1935 の書名『帰郷』を参照。＊9　また S.124 の「正義、……教養、人間性……根源」を参照。＊10　A. D. Müller, Ethik, 150 Anm.3 は、「《三つの会話》におけるソロヴィヨフの壮大なヴィジョン」を指摘している。〔また、同書〕450 Anm.3 において、これらの会話の三番目についていっそう正確に述べられている。ボンヘッファーは、すでに、一九三三年秋から一九三五年春までのあいだ、ロンドンでの在外ドイツ人教会牧師であった時に、ソロヴィヨフの物語を知っていた〔ヴォルフ－ディーター・ツイマーマンの情報〕。一九三五年夏に、フィンケンヴァルデ牧師研修所における第一期の牧師候補生は、ボンヘッファーの勧めで、この物語を読まされた。＊11　「力と」は、「永遠の」を差替え。＊12　S.162 (Anm.95) で述べた〔ボンヘッファーによる〕欄外の注記、「〔自分では〕意識されていないキリスト教」を参照。これについては、ThDB 84 Anm.10〔ファイル『ボンヘッファーの神学』〕、また 48 Anm.71, 161 Anm.13, 376 Anm.81 を参照。

は、弟子たちに、その人の行動を止めさせるのを禁じたもうた。なぜなら、「私の名で奇跡を行ない、そのすぐ後で、私の悪口は言えまい」(三九節)〔＝マコ九・三九〕から。さらに、イエスの御名が呼ばれるところでは〔どこでも〕――たとえそれと知らないままであっても、〔つまり〕当人自身はイエスに従うことなく、ただイエスの〔御名の〕もつ客観的な力（Gewalt）を知っているだけであっても、また口ごもりながら、戸惑いながらの声であっても――、そこには、この御名自身が、イエスを辱《はずかし》めることを許さない空間《ラウム》をつくり出すのである。そこは、なおキリストの力が支配する領域であり、それを妨げてはならないのであり、イエスの御名の働くままに任せねばならないのである。

イエスの御名を口にするだけで予期せぬ力が発揮されるということ、またこの御名を唇に上せようとする努力は、[*13]御名に内在する力の予感と結びついているということ――これこそ、われわれの時代の経験である。イエス・キリストの御名が呼ばれるところでは、この御名は守りであり、また要求でもある。そのことは、正義《レヒト》・真理・人間性・自由のための闘争において――しばしば躊躇《ためら》いながらではあれ、正真正銘の畏怖の念を抱きながら――ふたたびイエス・キリストの御名を呼ぶことを学んだすべての人間の経験である。この御名は、彼らを守り、そのために彼らが闘う高貴な諸価値を守る。それと同時に、イエスの御名は、彼らとこれらの諸価値とにたいする要求でもある。[*14]

「私とともにいない者は、私に反対する者である」(マタ一二・三〇)。[*15]この言葉を語りたもうのは、同じイエスその方である。そして抽象的に考えるなら、ここには、相いれない矛盾があるようにみえる。しかし、実際には、イエスの二つの命題は切っても切れない関係にあるのである。ここでもまた、われわれは、それについて生々しい次のような経験をもっている。すなわち、反キリスト教的な勢力による弾圧下に、教理と生活とを厳しく訓練しながら、小さな教会の群れ《ゲマインデ》が結集した。彼らは、キリストに従うのか、それとも従わないのか、その明確な決断を求めざるをえなくなった。この闘争のなかに立たされた〈告白教会〉(bekennende Gemeinde)は、多くのキリスト者が日和見的な態度をとることこそ教会を内部から崩壊させ・解体させる真に最大の危険であり、それどころか、本来、キリ

＊13 DBW 5 (GL),88〔『共に生きる生活』〕「一人の兄弟〔他のキリスト者〕にたいしてすら、イエス・キリストの御名を口にするということは、しばしば、どれほどの代価を要することであるのか」を参照。＊14 S.162〔人間的なものと善いもの、そして「もはや自分をキリスト者とあえて呼ぼうとしなくなったような人」にたいする要求〕を参照。——ここからS.347まで——それは、差し挟まれたリンネルのような〔手触りの〕紙に書かれている——を除いて、S.344から、草稿は、多孔質の〔=品質の悪い〕、明るい二つ折り用紙に書かれている。草稿のS.344から後の、削除された元の草稿においては、マタ一二・三〇をマコ九・四〇と並べて論じることを計画していなかった。＊15 ボンヘッファーの論説「教会共同体の問題について」(一九三六年) DBW 14,675においても、マタ一二・三〇は、マコ九・四〇と並べて論じられている。『倫理-断片ノート』Nr.46においても、両方の聖句——「私たちに逆らわない者は……」と「私とともにいない者は……」——について次のように言及している。「マコ九・(三九!)四〇/マタ一二・三〇/モットーとして(?)」。この『倫理-断片ノート』の用紙は、《五月一〇日》(一九三九年)のカレンダーの紙である。『倫理-断片ノート』Nr.75——これは、《五月九日》のカレンダーの紙である——では、とりわけ、O. Piper, Grundlagen der evangelischen Ethik について書き留めている。〔ピーパーの〕この著作の注(S.239)においては、〔マコの代わりに〕マタ九・四〇と誤って記されている(『倫理-断片ノート』Nr.46において、〔マコ九の〕三〇節という修正が強調されている)。W. Kamlah, Christentum und Selbstbehauptung, 2では、マタ一二・三〇について、「キリスト教に味方しない決断は、やはりキリスト教に敵対する決断である」と述べられている。

ストにたいして敵対するものであると認めざるをえなかった。この告白教会に属する一群のキリスト者は、キリストにたいする明確な信仰告白を排他的に要求することによって、ますますその数を減らしていった。[*16] それゆえ、「私とともにいない者は、私に反対する者である」という言葉は、彼らにとって具体的な経験となった。――〔じつに〕そのとき、告白教会は、まさに〈本質的なもの〉に集中することを通じて――教会の領域を〔狭く〕画そうとするあらゆる臆病な線引きから守られて――内的な自由と〔行動領域の〕広がりとを獲得したのである。告白教会の周りには、はるかに遠くから来た人びとが集まった。教会は、彼らにたいする交わりと守りとを拒むことができなかった。そのとき、侵害された正義《レヒト》・弾圧された真理・卑しめられた人間性・暴力的に抑圧された自由が、教会を求め、むしろ、教会の主イエス・キリストを求めたのである。そのとき、教会にとって、「私たちに逆らわない者は、私たちの味方なのである」[*17] というもう一つのイエスの言葉が、生々しい経験となった。

この二つの言葉は、切っても切れない関係にある。一方は排他性を要求するイエス・キリストの言葉であり、他方は包括性（Ganzheit）を要求するイエス・キリストの言葉である。排他的であればあるほど、いっそう自由となる。[*18] しかし、〔包括性から〕排他性の要求が、それだけ切り離されると、狂信主義と分派主義とに導かれる。包括性の要求は、それだけ切り離されると、教会の世俗化と自己放棄とに導かれる。われわれがキリストを〈われらの主〉として排他的に認め・告白すればするほど、それだけ主の支配のおよぶ領域は、ますます広いことがわれわれに明らかになるのである。[*19]

さて、このような事態が生じたのは、いかなる形而上学的な思弁[*20]でも、《種子的なロゴス》[*21]についてのいかなる神学的な探求（Theologumenon）を通じてでもない。それは、無法状態・組織的な虚

＊16 〔ここで〕ボンヘッファーは、教会闘争において、とりわけ一九三四年秋のダーレムの信仰告白会議で決定された教会的緊急権によって、ナチ政権への従属から離脱した教会《ゲマインデ》がこうむった経験を物語っている。これらの教会は、国民教会的で国家に忠誠的-妥協的な傾向の教会《キルヒェ》によって厳しく批判され、ナチ政権との対立が先鋭化した際に孤立化させられた。＊17 マコ九・四〇 ＊18 ボンヘッファー自身、「教会共同体の問題について」（一九三六年）の論説で、「ドイツにおける告白教会から意図的に離れる者は、救いから離れる者である」（DBW 14, 676）と述べていたが、この発言は、（特定の信条に結びつかない者をすべて排除するという意味での）《狂信主義》として誤解されてきた。狭い（《セクト主義的な》、些細な差異のために分離した）集団生活を営む傾向を、ベルンオイヒェン運動――〔一九〕二〇年代にはじめてノイマルクのベルンオイヒェン騎士領に集結したグループ――は、もっていた。そのグループに、フォン・ヴェデマイアーの家族〔マリーアの母方の祖母〕が属していた。一九四二年一一月に、ボンヘッファーは、マリーア・フォン・ヴェデマイアーとの婚約をめぐって〔このグループの〈セクト主義的敬虔〉にたいして〕強い反感を表明している。一九四二年一一月二七日の書簡（DBW 16, 370）を見よ。＊19 K. Barth, KD II/2, 632〔バルト『教会教義学』第二巻「神論」第二分冊〕を参照。「神の御心は、いつの時代にあっても、教会の外においても成就される……。なぜなら、イエスは、……事実上、全世界の主でありたまい、イエスの御名が、いまだ、あるいはもはや知られても奉じられてもいない場所においても、イエスは、彼に奉仕する者をもちたもうからである。イエスの教会は、イエスを知り、讃えることが許されている」。――ここで、S.345からの挿入部分が終わっている。＊20 削除「正義・真理・人間性、またこれらの諸価値すべてがどのように呼ばれていようとも、それらとイエス・キリストとのつながりがふたたび発見されたのは」。草稿においてS.344から後の削除された以前の草稿は、次のように終わっている。「それは、キリストの宇宙的意義についての何らかの形而上学的な命題ではない」。R. Bultmann, Das Evangelium des Johannes, 21 Anm.4〔ブルトマン『ヨハネの福音書』〕は、ヨハ一・三-四〔ロゴスの世界との関係〕について、たぶん、〔そこには〕コロ一・一六以下の「思弁的な思想」――「統一体として実体化された宇宙（κόσμος）は、その息子（υἱός）である」――があったと述べている。＊21 《種子的なロゴス》（Logos spermatikos）は、《種子的な理性》――ギリシア語の σπέρμα《種子》、そして λόγος《言葉、理性》に由来。

偽・人間への敵意・暴力行為によって受けた具体的な苦難によるのであり、正義・真理・人間性・自由が迫害されたことによるのである。〔すなわち〕このような諸価値が奪われていく窮境に直面して、人びとがイエス・キリストの守りの下に逃れ、それとともにイエス・キリストの要求の下に立つようになったこと、さらにはイエス・キリストの教会《ゲマインデ》が担うべき責任の広がりを経験したことによるのである。

今日、われわれの目の前に現われている教会と〈この世〉との関係は、中世において見られたような、キリストの御名のもつ力の平穏かつ安定した展開ではない。また、キリスト教の最初の数世紀において護教家《アポロゲート》たちが企てたような[23]、キリストの御名を[22]〔高名な〕人間の名前や価値と結びつけることによって〈この世〉の前で正当化し・栄光化し・美化しようとする試みでもない。そうではなく、今日、われわれの眼前には、苦難において目覚めさせられ・あたえられた根源の再認識[24]によって、迫害のなかでキリストの下へ逃れてきたという、教会と〈この世〉との〔新しい〕関係が現われているのである。[25]

正義・真理・自由の価値を承認することによって、〈この世〉の前で、キリストが正当化されねばならないというのではない。そうではなく、正当化を必要としているのはこれらの諸価値の方であり、その正当化をしたもうのはただイエス・キリストのみである。いわゆる《キリスト教文化》によって、イエス・キリストの御名が〈この世〉の前でさらに受容されうるものにされねばならないのではない。[26]そうではなく、十字架につけられたもうたキリストこそが、苦難に陥った高貴な諸価値とその擁護者たちにとって、〈逃れの場〉・正当化・守り・要求になったのである。

正義・真理・人間性・自由がそこに逃れの場を見つけようとした方こそ、彼の教会《ゲマインデ》のなかにいたまい、〈この世〉から排迫害され・苦難していたもうキリストである。〈この世〉のなかには宿る家もなく、

W. Bousset, Kyrios Christos, 322では、蒔かれた《ロゴスの種子》と表現している。ユスティヌスの『〔第二〕弁明』（Apologie 2, 13）におけるこの表現の登場については、A. Harnack, Lehrbuch der Dogmengeschichte I, 383 Anm. を見よ。「ユスティヌスによれば、すべての人間に分配された《種子的な神的理性の一部》（μέρος τοῦ σπερματικοῦ θείου λόγου）は、世界におけるロゴスと関連するものを、人間に認識させることを可能にしている、とのことである」。＊22 削除「おおいに尊敬された」。＊23 《護教家》――ギリシア語由来――とは、たとえばユスティヌスのような、古代教会におけるキリスト教の（哲学的な）弁護者たちである。ユスティヌスについては、A. Harnack, Lehrbuch der Dogmengeschichte I（「第四章　教会的キリスト教と哲学――護教家たち」において、こう述べられている。「偽らざる（einfach）キリスト教徒として、彼〔ユスティヌス〕は、憎まれ、迫害されたキリスト教徒たちのために登場した」（380）。〔また〕ユスティヌスの見解では、「教師キリストは、人間となった神の理性」である（381）。＊24「根源の再認識」は、「秘義」を差替え＊25「教会と〈この世〉との〔新しい〕関係が現われているのである」は、欄外に付け加えられている。ここに、草稿のタイトルとなっている「教会と〈この世〉」S. 342という言葉が出現する。＊26「……〔さらに〕受容されうるものにされねばならない」は、「……さらに耐えうるものにする」を差替え。《キリスト教文化》については、たとえば、G. Ritter, Machtstaat und Utopie, 128の次の論評を参照。すなわち、一九世紀ドイツにおける国民自由主義的な市民にとって、「長い精神史的発展の最終的産物としての《文化》は、宗教の立場を代行するものであった」。文化がキリスト教の刻印を帯びているということは、それ以外にもキリスト教から疎遠な時代状況においてさえ、なお主張されていた。ボンヘッファーの講義「二〇世紀の組織神学」（聴講者の記録による）における「倫理的問題と文化」の章 1931/32 DBW 11, 191を見よ。「キリスト教の本質的機能は、時代の精神的財産の大枠を提供するもの〔といわれている〕」。

除されたもうた飼葉桶と十字架のキリストである。人びとはその方の御守りのなかへ逃れ、そのようにして、この方は、御自身の力の及ぶ全領域を、はじめて明らかに示したもうた。キリストの十字架は、二つの言葉が真理であることを明らかに示す。すなわち、「私とともにいない者は、［私に］反対する者である」、「私たちに逆らわない者は、私たちの味方なのである」と。*27

〈キリストと善き人びと〉

「義のために迫害された人たちは、幸いである。天の国はその人たちのものである」（マタ五・一〇）。ここでは、〈神の義〉が語られているのではなく、それゆえイエス・キリストのために迫害されることが語られているのではなく、〈正しい事柄《ザッヘ》〉――これに、いまやわれわれは、〈真実な・善い・人間的な〉と付け加えることが許されている――のために迫害された者たちにたいする祝福が語られているのである*28（一ペト三・一四および二・二〇参照）。このイエスの祝福の御言葉によって、次のようなキリスト者の抱く不安は誤ったものであり、はっきり正しくない、とされている。すなわち、彼らは、明確なキリストにたいする信仰告白のために苦難を受ける場合にだけ、〈疚しくない良心（ein gutes Gewissen）をもつことができる〉と言い立て、それを口実にして〈正しく、善い、真実な事柄〉のために苦難を受けることをすべて回避するのである。何であれ正しい事柄のために苦難を受けることに懐疑的になり、それから身を引こうとする、あの狭量さもまた、同様に、このイエスの祝福の御言葉によって、はっきり正しくないとされている。*29

イエスは、それがたとえ彼の御名を告白することではなくても、正しい事柄のために苦しむ人びとを受け入れたもう。イエスは、彼らを、御自分の守り・責任・要求のなかへとり入れたもう。こうして正しい事柄のために迫害された人びとは、キリストのもとへと導かれ、次のような出来事を体験する。すなわち、こうした人びとは、苦しみを受け、責任を引き受けるときに――おそらく自分の人生においてはじめて、彼自身にとっても未知の、思いもよらぬことであったが、しかし、やはり内的な必然性に促されて――キリストに拠り所を求め、自分がキリスト者であることを告白する、ということが起こる。なぜなら、彼が〈キリストに属する者〉〔マコ九・一一〕であることが、この瞬間に、はじめて彼〔自身〕に明らかになるのだから。*30 これもまた虚構の絵空事（Konstruktion）ではなく、われわれが〔実際に〕経験したことである。そしてこの経験によって、これまで気づかれないままであったけれども、イエス・キリストの力が生の諸領域の上に及んでいることが明らかになったのである。

＊27 マタ一二・三〇とマコ九・四〇。（「〔正義・真理・人間性・自由がそこに逃れの場を見つけようとした方こそ〕彼の教会《ゲマインデ》のなかにいたまい、迫害され……」から始まる）この〔段落の〕最後の二つの文章までは、草稿の欄外に付加されたものである。 **＊28** マタ五・一〇についてのボンヘファーの注解 DBW 4(N),108〔『キリストに従う』〕を参照。当時、教会のあいだに拡がっていたのは、次のような姿勢であった。〔すなわち〕教会の存続のためには、たしかに、断固とした立場を取る用意はあるが、しかし、公共社会《ゲマインヴェーゼン》における正義のために動こうとする用意は余りにもなさすぎるということ、それゆえまた、ナチ政権にたいしても、たしかに、その世界観のもつ非キリスト教的な諸契機には反対だが、しかし、その悪逆な行動は教会の管轄外にあるとみなすことである。〔こうした〕《二王国論》については、S.45を参照。 **＊29** 「非キリスト教的」と付加したあとに、それを削除。 **＊30** そうした経験は、ナチ政権下の法廷での審理において〔実際に〕あったことである。

〔人びとが律法に〕しっかりと繋ぎとめられていた時代に、すなわち、〈律法〉が支配し、律法の違反者は排斥され・追放された時代に、イエス・キリストの〈福音〉は、徴税人や娼婦のような人物にたいして示される形で、人びとの前で明らかにされた。「徴税人や娼婦たちのほうが、あなたがたより先に神の国に入る」（マタ二一・三一）。〔いまや〕無法状態と悪意とがわがもの顔に勝ち誇っている無軌道な時代には、福音は、むしろ、〈正しさと真実さと人間らしさ〉をもち続ける少数の〈残りの者〉（übriggebliebenen）にたいして示される形をとるであろう。他の時代には、悪い人たちがキリストへの道を見出し、善い人たちがキリストから遠ざかり続けたこともあった。〔今日〕われわれは、〈善い人たち〉がキリストを再発見し、〈悪い人たち〉がキリストに心を閉ざし頑《かたく》なになっているのを目の当たりにしている。

他の時代には、こう説教することができた。[*31]〈あなたは、この徴税人やこの娼婦のような罪人にならない限り、キリストを知り、見出すことはできない〉、と。〔今日〕われわれは、むしろ、こう言わざるをえない。〈あなたは、これらの正義・真理・人間性のために闘い、苦しむ者のような正しい人にならない限り、キリストを知り、見出すことはできない〉、と。[*32]どちらも同じく逆説的で、それ自体としては不可能な命題である。しかし、この二つの命題は、〔その提示する〕状況を明示している。キリストは、悪人のものでもあり、善人のものでもありたもう。〔ただし〕キリストは、ただ罪人としての両者のものでありたもう。すなわち、その悪においても、またその善においても、〔共に〕〈根源から離反した者〉としての、悪人と善人の両者のものでありたもう。キリストは、彼らがもはや悪人でも善人でもなく、義とされ・聖化された罪人となるように彼らを根源へと呼び戻したもう。

しかし、われわれは、この究極的な事柄——そこでは、悪も善もキリストの御前で一つになり、すべての時代の違いがキリストの御前で消滅するということ——について述べる前に、われわれ自身の経験と時代とを通して、われわれに投げかけられている次の問題を避けて通ることは許されない。すなわち、善人がキリストを見出すということは、何を意味しているのかという問い、換言すれば、イエス・キリストは、善人ならびに善とどのように関わりたもうのか、という問いである[*33]。

聖書に立脚してきた教会は、イエス・キリストが悪人ならびに悪とどのように関わりたもうのかについて、くり返し熟考してきた。宗教改革の側に立った教会においては、この問題が支配的であった。じっさい、ここで福音の言葉が新約聖書的な深みと豊かさとにおいて語られたことこそ、宗教改革の決定的な認識の一つであった。それに比べて、キリストにたいする善人の関係という問題については、奇妙にも触れられないままであった。ここでは、善人とは、自分の悪を自覚させられねばならないファリサイ派の人びとや偽善者であるか、それとも自分の悪からキリストへと回心し、いまやキリストによって善き業《わざ》をなしうるようにされた者たちであった。

＊31　削除「悪人たちの下に、そこにのみ、行きなさい」。＊32　ここでは、ナチ政権にたいする積極的抵抗に参加した者、おそらく、とりわけ無神論者たちやコミュニストたちを示唆しているのであろう。＊33　新たに加えた文章「われわれにとって、イエス・キリストの悪と悪人とにたいする関わり方のほうがいっそう知られている［削除「し、またいっそう理解できる」］というのは、事実である」を、削除。この削除した文章は、「福音だけを知っている者の誰にとっても［差替え「この問いをごく稀に驚いて発見する者は、おそらく以下のこともまだ知らなかったことだろう」］」を差替えたものである。

それに対応して、〈この善いもの〉とは、異教徒の〈輝ける悪徳〉（splendidum vitium）[*34]であるか、それとも聖霊の実《み》であるか、どちらかであった。これによって、むろん、善人にたいするイエス・キリストの関係という問題が、決して論じ尽くされたわけではない。むしろ、この問題がなおざりにされることによって、福音からは、いまやなお〈大酒飲みや姦通者、さらにあらゆる類いの悪習に染まった者〉にたいする悔い改めへの呼びかけと、もろもろの罪への慰めとが生まれただけであり、そして福音は、善人にたいする力を失ったのである。善人のキリストへの回心[*35]については、ほとんど何も語られることがなかった。[1]

（1）この問いを繰り返し提起したことは——提示された解答の当否はまったく別としても——アードルフ・シュラッター[*36]の偉大な貢献の一つである。しかし、彼は、この問題に関して理解できないままであったが、それは、おそらくそれ以外ではありえなかった〔から〕であろう。[*37]

いままさに、この問題を新しく提起し、徹底的に考えぬくことが、われわれにとって急務であると考えるなら、われわれは、ここで、あらかじめ断っておかねばならない。〔すなわち〕善という概念を、さしあたり最も広く理解しようとしていることを。それゆえ、善という概念を、ただたんに悪習や法の無視・卑猥《ひわい》や道徳律の公然たる違反——これは、いつでも個別的に考えられるものだが——とは反対のものとして、〔つまり〕聖書の言葉を用いるなら、善を徴税人や娼婦に対立するものとして理解しておこう。その際、善の範囲は、もっぱら外面的に秩序を守ることから、最も内面的な自己吟味や人格の陶冶まで、さらに最高の人間的な諸価値のため一身を献げ尽くすことに至るまで、きわめて異なったレベルのものを含んでいる。〈善くあること〉をただたんに〈キリスト教的であること〉への*39前段階と考える――その際、善いものから〈キリスト教的なもの〉への上昇が大なり小なり断絶なしに行なわれると考える――市民的自

＊34 ドイツ語訳は、《glänzendes Laster》。そう訳したのは、G. Ritter, Machtstaat und Utopie, 147 Anm.14（本文一九頁にたいする注）においてであり、〔そこで〕アウグスティヌスに帰せられている〔《輝ける悪徳》という〕表現は、「ローマを偉大にした、名誉欲と自由への愛という古代ローマの美徳」を特徴づけるものであった。（〔ただし〕J. Mausbach, Die Ethik des Heiligen Augustinus 2, 259 は、「《輝ける悪徳》（splendia vitia）という表現は、およそアウグスティヌス〔の著作の中〕には見当たらない」と述べている――これは、ディルク・シュルツの示唆による）。**＊35** 「キリストと善人（善）」という表題が付けられた『倫理-断片ノート』Nr. 20 のなかの「μετανοια〔《回心》〕――善からキリストへ／二テモ一・三および一テモ一・一三」を参照。**＊36** 削除「聖書釈義における」。A. Schlatter, Ethik, 15 Anm.2 では、こう記されている。「彼が来たもうたのは、〈正しい人を招く〉ためではなかった――マタ九・一三。ファリサイ派の人びとの義は、ギリシアの《美徳》とユダヤの《律法》との混合であった。したがって、徳の教師たちにとっては、なぜイエスが正しい人びとに悔い改めるよう招いたのかということは、謎であり、躓《つまず》きであり続けた」。**＊37** シュラッターについての文章は、現行の本文の一部として書かれていたが、あとから枠づけされ、〈注〉として表示された。草稿においては、次の文章が新たに付け加えられたのち、削除。「われわれが、今日、まさにこの問題を新たに徹底的に考えぬくことが急務であるとするなら、その時には、われわれは、二つの致命的な誤解から同じように分かたれていることを自覚する。すなわち、第一に、市民的な善を〈キリスト教的なもの〉の前段階として理解することから。その際、〔市民的〕善から〈キリスト教的なもの〉への進化〔差替え「《移行》」〕は、大なり小なり断絶なしに行なわれる〔とされる〕。第二に、あの聖書の〔マグダラのマリアやラザロといった《周辺的人物》の〕理想化からである」。S.141「……聖書に出てくる《周辺的人物》」を参照。

己満足にたいして反感がもたれるのは正当であり、*38 また、こうした安直な福音の歪曲にたいしては抗議されてきた。〔しかし〕このような反感や抗議のなかで、一九世紀が経過する中でときどき、ついで過去二〇年間にはとりわけ、〔われわれにとっては〕逆の方向で、同様に危険な福音の歪曲が激情的に繰り広げられてきている。〔すなわち〕善を正当とみることに代わって、悪を正当化すること、〈市民的なもの〉の理想化に代わって、〈非市民的〉・〈反秩序的〉・〈カオス的〉・〈無政府主義的〉・〈破局的〉なものを理想化することが人気を博するようになった。〈罪深い女〉や〈姦淫の女〉、徴税人*40にたいする神の赦しというイエスの愛は歪曲されて、娼婦や売国奴といった反市民的な《周辺的存在》*41を――心理学的あるいは政治的な動機から――キリスト教的に容認することに通じていた。罪人にたいする福音――〔本来は〕その力こそが重要なはずなのだが――は、意図しないままに、罪を奨励することになってしまった。市民的な意味での善は、物笑いの種となってしまった。*42

*38 「反感がもたれるのは正当であり」は、「ルサンチマンを抱かれ」を差替え。また、一九四四年六月三〇日の書簡 DBW 8,504（『獄中書簡集』）に、「市民的で満ち足りた存在」という表現が見出される。 *39 〈キリストに従うこと〉へのイエスの招きにおいて「すでになされている断絶」については、DBW 4(N), 87 f（『キリストに従う』）を参照。また S.223「疑似ルター主義的」の代わりに、最初に用いられた表現は、「市民的なキリスト」であった。 *40 ルカ七・三六―五〇（罪深い女）、ヨハ八・二―一一（姦淫の女）、ルカ一九・二―一〇（徴税人）を参照。 *41 この表現は、『倫理-断片ノート』Nr. 20 に書きとめられている。ロマーノ・ガルディーニ――S.141 Anm. 15（R. Gualdini, Religiose Gestalten, 49）を見よ――は、「偉大な罪人というドストエフスキーの構想」について叙述

する際に、「どこからどこまでも周辺的な性格」という表現を用いた。**＊42**　A.von Martin, Die Religion in Jacob Burckhards Leben und Denken, 217 を参照。〔すなわち〕ブルクハルトとキルケゴールの見解によれば、ルターは、《平民主義》（Plebejismus）を王座に就かせた。「この貴族制的なものからの離反は、ブルクハルトにとって――ニーチェにとってと同様に――近代の文化発展全体の主要な特徴の一つでもある（ルターから……ゾラに至るまで）」と。テーゲル刑務所で書かれたボンヘッファーの次の小説の断片（一九四三年）DBW 7, 102 を参照。すなわち、フランツが見たものは、「ゾラの『ジェルミナール』（一八八五年出版の小説）からは、ただ飢えきった労働者の姿だけ」であった。また、テーゲルで書いた戯曲の断片におけるハインリヒという題名と同じ名前の主人公――彼は、ジョルジュ・ベルナノスの『田舎牧師の日記』の主人公と同じく、船乗りや娼婦の下で育った――（DBW 7, 38）、そしてその主人公の「大衆」について表明された意見（DBW 7, 64）は、政治活動家であったエルンスト・トラーの戯曲『群衆人間』を想い起こさせる。ボンヘッファーは、トラーについて、一九三一年にニューヨークにおいて、次のように述べている。「市民社会とその理想の崩壊、そしてプロレタリアート社会の成長が、彼〔トラー〕のテーマである。……〔文学的価値は乏しいにもかかわらず〕トラーは、プロレタリアートの詩人としての地位を主張しようとしていた」（DBW 10, 398）。トラーは、一九一九年から一九二四年の拘留期間中に、〔一九〕二〇年代にセンセーションを巻き起こした、観客受けのする戯曲を執筆した。――本文の下、草稿の欄外に、「発展」〔と書かれている〕。半分ほど空白である草稿のこの頁の下に、大きな黒いインクのしみ〔がある〕。S.352 f の準備的な文言を書きとめている『倫理-断片ノート』Nr.20 は、「究極的なものと究極以前のもの」の草稿の主題を取り上げている（とりわけ、「善は、その根源としてのキリストに属している」は、S.161 に似ている。S.161 はまた、「放蕩息子」に言及しているが、「教会とこの世〔I〕」の草稿においては言及されていない。「誤った方法論」については、S.140 f und 159 を参照）。〔この『倫理-断片ノート』Nr. 20 は〕次の文言で終わっている。「公の罪人は、いつでも、善人の頑なな心と連関〔している〕／感情的には、たとえば以下のように。すなわち、良き市民もまた神の前では謙虚〔であるが〕、しかし堕落した者は、ほんとうにただ神の恵みによって」。この『倫理-断片ノート』Nr. 20 と同じ紙、すなわち、黒っぽく破れやすい用紙は、「この世に向けた教会の言葉の可能性」のスケッチを準備する断片とまたこの草稿自体にも用いられている。――ここで終わっている、相対的な《究極以前のもの》における）善人たちについての段落においては、次のような人びとにたいするボンヘッファーの密接な〔精神的〕結びつきが示されている。すなわち、自覚的なキリスト者ではないけれども、教養・人間性《フマニテート》・自由・寛容さらに人権のために〔反ナチ〕抵抗のなかで身命を捧げた人びとにたいして。

この世に向けた教会の言葉の可能性について*1

1　全世界のキリスト教徒のあいだで高まっている、〈この世にたいして、教会は解決する言葉を語って欲しい〉という要求の背後には、いったい、何がひそんでいるのだろうか。〔そこには〕根本的に次のような考えが横たわっている。

*1　ヴィレム・フィッセルト・ホーフトは——彼が一九四一年四月四日にオット・ザロモンに宛てた書簡によれば——「この世に向けて教会の語ること」についての小冊子〔の刊行〕を計画した（Nachlaß Otto Salomon. Deutsches Literaturarchiv Marbach 所蔵の、フィッセルト・ホーフトとザロモンとの往復書簡についての情報は、ウルリヒ・カービッツによる）。ボンヘッファーは、最初（一九四一年三月一二日と一三日）と二度目（一九四一年九月四日）のスイス旅行の際に（DBW 16, 160, 202）、ニルス・エーレンシュトレームのカレンダーへの書き込みによれば、このテーマについて、フィッセルト・ホーフトとエーレンシュトレームと協議した。すなわち、神学的観点から《この世に向けて語る教会の言葉》についてである。ボンヘッファーは、「一七日火〔曜日〕」（一九四二年一一月）という日付のある断片——そこには、ゲールハルト・リッターやフライブルク・サークルに属す他の〔メンバーの〕名前が出ている——に、こう記している。「この世に向けた教会の宣教。神の御言葉と助言」（DBW 16, 362）。「助言」については、S.364を参照。——「この世に向けた教会の言葉の可能性について」というこの〈短い草稿〉（Skizze）において、ボンヘッファーは、とりわけ頻繁に短縮した文言を使用している。この草稿は、黒っぽい破れ

この世の社会的・経済的・政治的などなどの問題は、われわれの手に負えなくなっている。既存のイデオロギーによる、さらに実際的に提起されている解決策は、すべて役に立たない。すなわち、この世界の技術的な進歩は、その限界に達しているのだ。車は泥沼にはまり込んでしまい〔、〕車輪がフルスピードで回転しても、車をそこから引き出せないでいる。問題は、その広がりとその性格とにおいて、非常に一般的で人間的なものになっているので、まったく根本的な助けが必要になっているのだ。〔しかし〕教会は、社会的・経済的・政治的・性的・教育的な問題に直面しても、これまでは有効な助けをあたえないままだった。教会は、自分自身のせいで、教会の伝える使信を人びとが信じることを妨げるような〈躓きの石〉（Ärgernis）をあたえてきた。「これらの小さな者の一人をつまずかせる者に……災いあれ」（マタ一八・六〔以下〕）。

キリスト教の宣教では、教義的に正しく語られているというだけでは十分ではない。一般的で倫理的な原則のようなものを示すのでも十分ではない。具体的な状況における具体的な指示が求められているのである。[*2] 教会がその上に立脚する霊的な力は、まだ十分に汲み尽くされてはいない。世界のキリスト者は、以前よりもいっそう密接に、互いに結びつけられるようになっている。キリスト者は、互いに協力し、〔この世に向けて〕教会の言葉を語るという課題を果たしていかねばならない。つまり、教会は、この世の未解決の諸問題にたいして、もろもろの解答をあたえ、それによって教会の委託を果たし、教会の権威を取り戻すべきである。〔こうした考えが広まっているである。〕

われわれは、すぐさま、このような考えには正しい動機と間違った動機とが互いに密接に絡み合っていることに気づく。[*3]

2　われわれは、〈今日、この世の諸問題にたいして解答を提供することこそ、教会の課題である〉ということは、正しいかどうかを問うてみよう。

やすい用紙に書かれている。この用紙は、『倫理-断片ノート』Nr. 20（「教会と〈この世〉I」S. 352 f の草稿のためのもの）、そしてNr. 118とNr. 100（「この世に向けた教会の言葉の可能性について」の全テキストS. 354–364の準備）にもまた用いられている。これらは、鉛筆で書かれている。エーバーハルト・ベートゲは、この紙の品質が「きわめて悪い草案用紙」で、鉛筆でしか書けなかったためであろうと述べている（〔Vorwort zu〕Ethik, 6. Aufl., 1962, 17〔『現代キリスト教倫理』〕を見よ）。しかし、『倫理-断片ノート』Nr. 20には、インクでのメモも書かれている。入念に手を入れることによって初めて、〔計画された〕著作の一部とするために、この〈短い草稿〉「この世に向けた教会の言葉の可能性について」には、〔4から7の、この草稿を〕編成する番号が省略されているのであろう。**＊2** フィッセルト・ホーフトは、オット・ザロモンに宛てた一九四〇年一〇月二一日の書簡において、教会が具体的な宣教を沈黙したまま回避していることに、強く反対した。A. Boyens, Kirchenkampf und Ökumene, 1939–1945, 172 f und Anm. 112では、こう述べられている。フィッセルト・ホーフトの『倫理的現実と教会の機能』（英語版は一九三九年六月と一九四〇年六月、ドイツ語版は一九四一年四月）のテーマについての覚書と、ボンヘッファーの「この世に向けた教会の言葉の可能性について」とを比較すれば、「興味深いさまざまの類似点が認められ、それは〔二人が〕共に話し合ったということからのみ説明される」。**＊3**　これに続く〔次の《2》と番号が付された〕パラグラフは、『倫理-断片ノート』Nr. 121の《1.》の段落に対応している。この『倫理-断片ノート』は、鮮やかな青インクで書かれており、「神学的問題」という表題の下に、正確な準備的な文言をともなう、番号を付した配列を含んでいる。この『倫理-断片ノート』の表側、右上の角に、削除された《2.》〔の番号〕がある。この『倫理-断片ノート』は、おそらくこの草稿用紙にクリップで留められていて、この草稿と同じサイズ（10・5×14・8センチ）であり、この草稿の一番上の頁は、残りの頁よりも黄ばんでいない。

この世的な諸問題にたいして、そもそもキリスト教的な解答というものがあるのだろうか。ここで問題となるのは、いったい、何が考えられているのかということである。もしも次のように考えられているのであれば、それは明白に誤りである。〈キリスト教は、この世のすべての社会的・政治的な問題にたいして一つの答えをもっているので、この世に秩序をもたらすためには、このキリスト教の答えだけに耳を傾けるべきである〉、と。キリスト教〔の立場〕から、この世の事柄にたいして言うべき何か特定のことが存在すると考えられているのであれば、それは正しい。とりわけアングロサクソン的に考える人たちのあいだで広く見うけられるのは、〈教会は、原則としては、この世のすべての問題にたいする解答をもっているのだが、それを実際に果たそうとする努力がまだ十分に果たされてこなかっただけだ〉、という考えである。これにたいしては、以下のことが言われねばならない。

（a）イエスは、この世の諸問題にたいして解答をあたえることには、まったくと言ってよいほど関心を示されなかった。そうすることを求められる場合には、イエスは、奇妙なまでに〔解答を〕回避したもう（マタ二二・一五、ルカ一二・一三）[*4]。そもそも、人びとの問いかけにたいして、直接的にはほとんど何も答えられないで、まったく別の次元から答えていたもう。イエスの言葉は、人間の問いかけと問題にたいする答えではなく、〈人間にたいする神の問いかけ〉にたいする〈神の答え〉なのである。イエスの言葉は、本質的に、下からではなく上から規定され[*5]、解決（Lösung）ではなく、救済（*Erlösung*）なのである。イエスの言葉は、善と悪とに分裂している人間の問題性から出てくるのではなく、父〔なる神〕の意思と御子との完全な一体性から出てくるのである。イエスは、あらゆる人間の問題性を超えていたもう。このことが、まずもって第一に理解されていなければならない。[*6] イエスは、問題の解決の代わりに、人間の救済をもたらしたまい、それゆえに、しかしまた実際に、人間のあらゆる問題の解決を、もたらしたもうのである。ただまったく異なった見地から——「これらのものはみな添えてあたえられるであろう」[*7]。

（b）〈この世のすべての問題には、解答があたえられるべきであり、またあたえられることができる〉などと、いったい、誰がわれわれに言っているのだろうか。おそらく神にとっては、これらの問題の未解決性ということの方が、問題の解決よりも、いっそう重要であろう——すなわち、人間の堕罪と神の救済とを指し示すものとして。おそらく、人間の諸問題は、あまりにからみ合い、あまりに誤って設定されているので、それは、まさに実際には解きほぐしえないものであろう。〈貧しい者と富める者との問題は、未解決のままに残されるより外には、まさしく決して解決されないのであろう〉[*8]。

＊4　S.312 f（「マタイによる福音書二二章における……」）とS.314（ルカ一二・一四）を参照。＊5　《上から》〔という思考〕は、ボンヘッファーの委任（Mandate）概念を特徴づけるものである。S.383 und S.394を参照。＊6　「神の愛とこの世の崩壊」のS.312-315における詳論を参照。＊7　マタ六・三三からの引用。——この〈短い草稿〉を準備した『倫理-断片ノート』Nr.100には、《委任》というキーワードが登場する。「特定の神の委任というものがある。結婚、家族、労働、政治的権威、教会……」。また、〔その後方には〕削除された文章「委任が〔「人間的な苦境の」を付加〕《解決》であるのか、それともキリストの御言葉とそれを広めていくことであるのか、ということは、別問題である」。この削除された文章——その内容は、ここで終わっている《a)》の段落に取り入れられている——に続いて、『倫理-断片ノート』Nr.100には、〔草稿の〕《b)》とヨブ記からの引用までを含む《c)》の段落の準備的な文章が記されている。この準備的な文章は、この『倫理-断片ノート』では削除されている。＊8　G. W. F.

（c）この世の何らかの害悪にたいする教会の組織的な闘い、《キャンペーン》、《撲滅運動《クルセード》》[*9]――それは、ルター主義においてはほぼ完全に克服されている中世の十字軍思想を継承するものである――は、アングロサクソン諸国においては、教会生活の特徴的な標識《メルクマール》となっている。たとえば奴隷制〔の廃止〕、禁酒法、国際連盟〔の創設〕など。しかし、まさにこれらの例は、同時に、そうした《十字軍》〔的な運動〕の危機を示している。〔すなわち〕奴隷制の廃止は、イギリスにおける産業プロレタリアートの発生と期を同じくして起こっている（この世は、当然あたえられるべき権利を奪いとられたままにさせない、という言い方もできよう）。主としてメソジストたちによって強行された禁酒法は、それ以前の時代よりもいっそうひどい事態を生むことになったので、メソジストたち自身も、その撤廃に同意せざるをえなかった（これはアメリカの教会にとって決定的な体験となった）[*10]。国際連盟はナショナリズムの克服を目標としていたが、結果としては〔逆に〕それを極度に激化させることになった[*11]。このような経験は、どこまで教会がこの世の問題解決に乗り出すべきかという問いを、真剣に考えるように促している。「拳のなかの〔＝人間が掌中に握る〕神（God in der Faust）」（〔ルター訳〕ヨブ一二・六[*12]）

（［d］[*13]）人間の諸問題から出発し、そこから解答を求めるという考え方は、克服されねばならない。この考えは非聖書的である。〈この世から神へ〉ではなく、〈神からこの世へ〉がイエス・キリストの

Hegel, Religionsphilosophie nach Lasson 12, 151〔ヘーゲル『宗教哲学』〕（この周辺〔の箇所〕は、ボンヘッファーによって精読されている。IBF 8, 98 f を参照）には、次のような議論が見出される。「持ち物を売り、貧しい人々にあたえなさい」（マタ一九・二一、金持ちの青年への助言）」というイエスの助言のような戒めは、「それ自体、無効

なものである。なぜなら、一般に、貧しい人々が財産を手に入れれば、この者たちは金持ちになるであろうし、そうすればふたたび同じ状況が繰り返されるであろうから」。＊9　《キャンペーン》（《Campain》は英語、ドイツ語では《Kampagne》、フランス語に由来）とは、時間的に限定された、集中的な公的活動を意味する。《撲滅運動《クルセード》》（《crusade》は英語、ラテン語の十字（crux）に由来、ドイツ語では《Kreuzzug》）とは――もともとの意味では――キリスト教の側から呼びかけられた長期にわたる〔聖地奪還の〕活動である。＊10　『倫理-断片ノート』Nr.15「アメリカ合衆国における〈節制〉という福音を抜きにした律法の説教は破局に通じている」を参照。『倫理-断片ノート』Nr.15の「節制」という言葉は、（飲酒の節制という意味において）《禁酒法》（*Prohibition*）、〔すなわち〕アルコール飲料の製造と販売とを国家が禁じたことを指す。合衆国における禁酒法について、ボンヘッファーは、〔旅行報告〕「宗教改革なきプロテスタンティズム」（一九三九年八月）DBW 15,452において、次のように伝えている。「その立法〔一九二〇年〕が実現されたのは、基本的には、主にメソディストたちによって担われた女性キリスト者禁酒同盟の、粘り強い仕事によるもの」であった。「禁酒法は、大都市における犯罪〔の増加〕に、かつてまったくなかったような刺激をあたえることになった。《キリスト教的》法律は、国家を堕落させ――教会の同意によって――〔一九三三年に〕廃止せざるをえなかった」。《メソディスト》教会は、〔ボンヘッファーが訪米した当時〕合衆国において、教会員数が最大のプロテスタント教派であった。＊11　一九一九年のヴェルサイユ講和会議にもとづいて設立された《国際連盟》は、世界平和と国際法のための初めての大規模な国際機関であった。国際連盟は、一九二〇年から一九四六年まで存続した。〔しかし〕多くの国が、〔たとえば〕日本とドイツは一九三三年に、イタリアは一九三七年に、連盟から脱退した。＊12　〔ボンヘッファーの所持していた〕ルター訳聖書において、六節b〔「……神を怒らせる者、彼らの神を〔自分の〕手中で弄《もてあそ》ぶ者たちは、悩みを覚えることがない」〕には、鉛筆で〔欄外に〕傍線が付けられ、「彼らの掌中の神」（ihren Gott in der Faust）には下線が引かれている〔このヨブ記から引かれた元来のヨブ発言のもつ意味と置かれた文脈については、並木浩一『ヨブ記注解』の的確な解釈を参照〕。＊13　草稿のここには《c.）》と書かれているが、前の段落も同じく《c.）》とされているので、《d.）》の誤りである。この段落に対応する『倫理-断片ノート』Nr.121には、分離する印が何もない。

道であり、したがって、すべてのキリスト教的な考え方の道である。これは、次のことを意味している。すなわち、福音は、この世の諸問題を解決することに[*14]その本質があるのではなく、それはまた教会の本質的な課題でもありえない、ということである。むろん、このことから、〈教会は、この点に関してまったく何の課題ももっていない〉という結論は出てこない。しかし、われわれは、教会の正当な課題とはどのようなものなのかということを、われわれが正しい出発点を見出したときにのみ初めて認識するのである。

3．この世に向けて語る教会の言葉は、この世に向けて語る神の言葉以外のものではありえない。これは、イエス・キリストとその御名による救いである。この世にたいする神の関係はイエス・キリストにおいて定められており、イエス・キリストによる以外に、われわれは、この世にたいする神の関係を知らない。したがって、教会にとってもまた、イエス・キリストによる以外に、この世との関係は存在しない。すなわち、自然法・理性法・普遍的人権からではなく、ただイエス・キリストの福音からのみ、この世にたいする教会の正しい関係は生まれるのである。

（a）この世に向けて語る教会の言葉とは、神が受肉にしたもうたことについて、〔また〕御子を遣わしたもうというこの世にたいする神の愛について、〔さらに〕信じない者にたいする神の裁きについての言葉である。〔つまり〕教会の言葉とは、悔い改めへ、〔また〕キリストにおける神の愛を信じることへ、〔さらに〕キリストの再臨と神の国の到来とに備えることへの招きの言葉である。それゆえ、教会の言葉とは、すべての人間にたいする救済の言葉である。

（b）この世にたいする神の愛についての言葉は、教会《ゲマインデ》[*15]をこの世にたいして責任を担う関係のなかに置く。言葉と行動とにおいて、教会《ゲマインデ》は、この世にたいしてキリストへの信仰を証《あかし》し、すべての躓きを防ぎ、福音にたいしてこの世のなかで場所《ラウム》をつくり出さねばならない。この責任が拒否されるところでは、キリストが拒否されるのである。なぜなら、この世にたいする神の愛に対応することこそ、〔この世にたいする教会《ゲマインデ》の〕責任なのだから。

（c）イエス・キリストにおけるこの世にたいする神の愛を、教会《ゲマインデ》は、律法と福音として認識し、証言する。この二つのものは決して分離しえないが、しかしまた、決して同一視されてはならない。福音を抜きにした律法の説教も、律法を抜きにした福音の説教も存在しない。*16 それゆえ、律法はこの世にたいして、福音は教会《ゲマインデ》にたいして向けられている、というようなことは決してない。むしろ、律法と福音とは、同じようにこの世と教会《ゲマインデ》に向けられているのである。この世に向けて語る教会の言葉が何であれ、それは、ただ律法と福音のみでありうる。

（1）それゆえ、この世にたいして教会が、この世と共通した何らかの理性法的あるいは自然法的な認識にもとづいて——つまり、時には福音を度外視して——語りうるというようなことは否定される。カトリック教会とは異なり、宗教改革の〔＝プロテスタンティズムの〕教会は、そのようなことをなしえない。

（2）このことから、次のような教会の二重道徳は否定される。すなわち、この世のための道徳と

*14 《解決》については、一九四四年の四月三〇日と五月二九日の書簡 DBW 8, 408 und 455〔『獄中書簡集』〕を参照。*15 差替え「信徒たちを」。*16「律法の第一用法（primus usus legis）についての教説」のテキストにおける、「律法は、しかし、福音を抜きにしては説教されえない」（DBW 16, 612）を参照。

教会《ゲマインデ》のための道徳、非キリスト者のための道徳とキリスト者のための道徳、世俗的職業に従事するキリスト者のための道徳と宗教人（homo religious）〔＝聖職者〕のための道徳〔を区別すること〕である。*17

　神による律法の全体と福音の全体とは、すべての人びとに同様に向けられている。〔このことにたいして〕次のような異論がある。すなわち、教会は、この世においては法秩序・財産・結婚を保持することを求めるが、しかし、キリスト者からはこれらすべてを断念することを求めている、と。〔また〕この世においては報復と暴力が行使されざるをえないが、しかし、キリスト者のあいだでは赦しが行なわれ不正をも耐え忍ばねばならないのだ、と。――キリスト教の二重道徳*18に働きかけようとして広く行き渡っている、このような異論は、神の言葉を誤って理解することに由来する。

たとえ十戒が神の御名において生命・結婚・財産・人間の名誉という権利の保障を認めているとしても、そのことは、これらの法秩序が〈それ自体として〉(an und für sich) 絶対的な神的価値をもっているというのではない。それが意味するのは、ただ、これらの法秩序において、またこれらを超えて、神のみが崇拝されることを求めている、ということである。したがって、十戒の第二の板は、決して第一の板*19から、切り離されてはならない。それゆえ、これらの〔法〕秩序は、イエス・キリストの神と並ぶ第二の神的な権威《インスタンツ》ではなく、イエス・キリストの神がそこにおいて服従することを命じたもう場所なのである。すなわち、神の御言葉において重要なのは、〔法〕秩序それ自体ではなく、〔法〕秩序内における信仰の服従こそが重要なのである。

繰り返して言えば、イエスの招き、すなわち、イエスとの交わりのために*20、自分自身の権利を放棄し、生命・結婚・名誉・財産を放棄してイエスに従うようにという招きは、新しい絶対的な価値の標識板（Wertetafel）――たとえば、自己主張にたいして自己否定*21というような――を設定することではない。なぜなら、十戒のどこにおいても、決して自己主張が問題なのではなく、ただ神の権利と栄誉のみが問題とされているのであるから。すなわち、イエスにとっても、十戒にとってと同様に、神にたいする具体的な服従だけが問題なのである。その際、神のために自分自身の権利・財産・結婚をまさに放棄することにおいて、これらの賜物の真の根源である神御自身が、自分自身の権利――これは、ともすれば神の権利を曖昧なものにしがちである――を保持することにおいてよりも、いっそう高く

*17 《2.)》の段落は、ここまでである。この段落とその前の段落《1.)》との行間を、ボンヘッファーは、それ以外〔の段落の間隔〕よりも狭い間隔で書いている。 *18 エルンスト・トレルチの《二重道徳》のテーゼとゲールハルト・リッターのそれにたいする反論については、S.243 Anm.95を参照。 *19 「私は主、あなたの神……」で始まる〔十戒の〕第一の板は、ルター派の数え方では第三戒までを、改革派の数え方では第四戒までを含む。第二の板は、〔ルター派では〕第四戒から第十戒まで、〔改革派では〕第五戒から第十戒までである。出二〇・二―一七を見よ。ボンヘッファーは、彼のルター訳聖書に、改革派の数え方を書き入れており、それによれば八節「安息日を覚えて……」は第三戒ではなく、第四戒である。 *20 山上の説教における〈祝福〉〔マタ五・三―一〇〕については、DBW 4(N),100-110〔『キリストに従う』〕を参照。S.241で、この注解（「……の放棄」）に言及している。 *21 Wilhelm Kamlah, Christentum und Selbstbehauptungの書名（〔また〕イエスと教会《ゲマインデ》による「自己主張の放棄」、a. a. O.,36）を、さらにまた、これについては、「歴史と善（第一草稿）」S.238とS.242 Anm.88とを参照。『倫理―断片ノート』Nr.108（草稿「教会と〈この世〉I」におけるS.345-347の差し挟まれた用紙と同じく、リンネル〔のような手触りの〕紙）では、次のように論じている。「ほんとうに（精神的に！）無私の人びとのあいだで、自分自身の願望を表明する美しい自由というものがある」。

崇められうるのである。イエスは、あの富める青年にたいして、自分の権利の一つ〔＝財産〕を捨てるよう要求したもうのだが、この要求は、まさに次のことを明らかにしている。すなわち、この青年が「少年の頃から十戒を守ってきた」〔マコ一〇・二〇〕ことは、何ら神にたいする服従ではなく、いわゆる〈神の規定〉[22]を守りながら、そのただなかで生ける神を見失っていた、ということである。十戒と山上の説教とは、それゆえ、二つの区別された倫理的理想ではなく、神でありイエス・キリストの父でありたもう方にたいする具体的な服従への一つの招き[23]なのである。神への信仰において財産の秩序が責任をもって肯定されている場合には、神への信仰において財産の放棄が行なわれる場合と別のことが起きているのではない。《権利のための闘争》[24]も《権利の放棄》も、それ自体としては何ものでもなく、それゆえ、たとえば教会による宣教の固有の対象ではない。しかし、信仰においては、前者も後者も、神の唯一の法の下に服しているのである。

それゆえ、この世のためとキリスト者のためという二重の価値の標識板があるのではなく、すべての人びとに妥当する、信仰と服従とを要求する一つの神の言葉が存在するのである。その際、この世にたいする宣教においては、〈権利のための闘争〉をいっそう強く、教会《ゲマインデ》にたいする宣教においては〈権利の放棄〉をいっそう強く、訴えるということもまた誤りであろう。両方のことが、この世にも教会《ゲマインデ》にも妥当するのである。〈山上の説教によって〔この世を〕治めることはできない〉という主張[25]は、山上の説教の誤解にもとづいている。国家の統治もまた、闘ったり、また断念したりして、神に栄光を帰することができるのであり、そのことだけが教会の宣教にとっては重要なのである。国家にたいして自然のままに自己保存の衝動を促すことを説教するのは、教会の課題では決してない。そうではなく、ただ神の法《レヒト》〔＝正義〕にたいする服従を説教することだけが教会の課題なのである。この二つのものは、まったく別のことである。この世に向かって語る教会の宣教は、つねにただ律法と福音とにおけるイエス・キリストのみでありうる。〔十戒の〕第二の板は、第一の板から切り離されてはならない。

［4］*26 教会は、一人ひとりの人間と諸国民とを、イエス・キリストにおける神の啓示にたいする信仰と服従とへ招くことによって、同時に、この信仰とこの服従とが少なくとも不可能にはならない

＊22 マタ一九・一六―二二。DBW 4(N),63–65〔『キリストに従う』〕を参照。**＊23** この草稿において、「一つの」に二重の下線が引かれている。**＊24** S.345を参照。Rudolf von Jhering, Der Kampf ums Recht〔イェーリング『権利のための闘争』〕は、一八七二年に出版され、広く読まれた。エルンスト・トレルチは、この〈権利のための闘争〉という表現を「倫理の根本問題」という論文(Gesammelte Schriften 2, 661)で用いた。告白教会は、ナチ政権の横暴な措置に反対する権利〔のための〕闘争を指導した。法律家のフリードリヒ・ユストゥス・ペーレルスは、その指導的人物の一人であった(彼の名前は、一九四二年一一月一七日の日付のある断片DBW 16,362で、言及されている)。〔ペーレルスについては、雨宮栄一著『フリードリヒ・ユストゥス・ペーレルス――告白教会の顧問弁護士』を参照。〕**＊25** ビスマルク、マックス・ウェーバー、また他の者たちによって、そう主張された。S.229とS.239を参照。〔この点については、宮田光雄『山上の説教から憲法九条へ――平和構築のキリスト教倫理』を参照。〕**＊26** 草稿では誤って《3》と書かれているが、すでに前の箇所S.358で《3》は使われている。『倫理-断片ノート』Nr.121の《3》(この草稿の番号付けは、『倫理-断片ノート』Nr.121の番号より、一つ遅れである)が、この《[4]》と《[5]》の段落に対応している。以下では、ボンヘッファーの誤った番号付けは、角括弧で囲み、修正されている。

場所《ラウム》を指し示す。そして、この場所《ラウム》は、十戒を通じて標示されている。[*27] 十戒にたいする違反が何ら認められないところでは、少なくとも信仰を妨げる〈躓きの石〉となるものはまったく存在しない。教会は、たしかに、イエス・キリストにたいする信仰から必然的に出てくる具体的な地上的秩序というようなものを宣教することはできない。しかし、教会は、イエス・キリストにたいする信仰にとって〈躓きの石〉となるいかなる具体的な秩序にも反対しうるし、また反対しなければならない。[*28] そうすることによって、教会は、そのなかでイエス・キリストが信じられ、〔イエス・キリストへの〕服従がなされうる秩序のために、少なくとも消極的に限界線を引くのである。この限界線は、最も一般的な形としては十戒においてあたえられているが、具体的には（in concreto）[*29]、それは、いつでも新しく言い表わされねばならない。

教会がこの世の秩序にたいして語らねばならないすべてのことにおいて、教会は、イエス・キリストの到来のために、ただ道を備える働き[*30]をなしうるだけである。その際、イエス・キリストの実際の到来そのものは、イエス・キリスト御自身の自由と恵みのなかで生じる出来事である。イエス・キリストは、かつて到来したまい、ふたたび来たりたもうのであるから、この世のいたる所でその道が整えられねばならない。そのためにのみ、教会は、この世の秩序とも関わるのである。それゆえ、キリストを宣べ伝える説教からのみ地上的秩序についての教会の言葉は出てくるのである。しかし、キリストへの信仰とは無関係に承認を求めうるような、永遠の秩序と自然の権利や人間の権利に関する、教会独自の、それ自体として妥当する教説のようなものは存在しない。人間の権利および自然権は、ただキリストにもとづいて、すなわち、信仰にもとづいてのみ存在する。[*31]

［5］ここでもちあがってくるのは、この世と人間とがイエス・キリストへの信仰のゆえにのみ存在しているというのは、〈ほんとうなのか〉という問いである。この問いは、次のような意味において、肯定されねばならない。すなわち、イエス・キリストは、この世と人間のために存在したもうたということ、すなわち、マタイによる福音書六章三三節[*32]によれば、すべてのものがイエス・キリストに向けて立てられている場合に、はじめてこの世は現実にこの世となり、人間は現実に人間になるということである。まさに、すべての創造されたものはキリストのために存在し、キリストにおいて存立する（コロ一・一六以下）という認識によって、はじめてこの世と人間とはまったく真剣に取り上げられるのである。

［6］このような前提の下で、いまや教会は、信仰の数学的な点（punctum mathematicum）[*33]（＝こ

＊27 フィンケンヴァルデ〔牧師研修所〕の新約聖書講義（一九三五／三六年）の断片〔DBW 14, 461〕を参照。〔また〕DBW 4(N), 248 Anm. 26〔『キリストに従う』〕「人間になりたもうたキリストの現臨に基礎づけられているこの場所《ラウム》は、十戒を通して画定され、限定されている」を見よ。**＊28** 《教会が立ち向かわねばならない《躓きの石》についてのこの発言は、それを真剣に受けとめるならば、不可避的に、ナチ政権との、しかしまた他の政権との、多くの対立に導く。**＊29** 「抽象的に」（in abstracto）の反対。**＊30** 『倫理-断片ノート』Nr. 118 に、この草稿 S. 354-364 のために、《道を備えること》という表現が記されている（一九四〇年一一月二七日の書簡 DBW 16, 79 および S. 153-158 を参照）。**＊31** 新しい次の段落を削除。「ここから、いまや、回心だけではなく、特定の志向の形成や特定の地上的状況にたいする、教会の特定の関心が存在する。たとえば、地上における特定の社会的・経済的な秩序〔にたいする関心〕である」。［6］の段落を参照。**＊32** 草稿では、マタ六・三二と誤記されていたのを訂正。S. 356 に、三三節が引用されている。**＊33** 「数学的な点」とは、空間的な広がりのないものである。ボンヘッファ

の世的な広がりをもたない原点〉にだけ特定された関心をもっているのではない。そうではなく、この世的な問題において一定の志向〔＝心情〕を育てるような経験的な事柄（Größe）や、特定の地上的な状況にたいしても関心をもつのである。たとえば、キリストにたいする信仰を妨げるような、つまり、人間の存在《ヴェーゼン》とこの世の存在《ヴェーゼン》を破壊するような、特定の社会的あるいは経済的な志向や状況が存在する。たとえば、資本主義あるいは社会主義、あるいは集産主義*34は、そうした信仰を妨げる経済形態であるのかどうか、ということが問われる。この場合に、教会には、二通りの行動の仕方が存在する。すなわち、一方では、教会は、〈消極的に〉神の言葉の権威において*35一線を画しつつ、イエス・キリストへの信仰を公然と妨げる経済的志向や形態を、非難すべきものとして宣言せねばならないろう」。他方では、教会は、*36〈積極的に〉――神の言葉の権威においてではなく――キリスト者の専門家としての責任ある助言という権威において、新しい秩序に貢献することができるであろう。この二つの課題は、厳密に区別されねばならない。第一の課題は〔教会の〕〈職務〉（Amt）の課題であり、第二の課題は〔教会の〕〈奉仕〉（Diakonie）*37の課題である。第一は神に関わり、第二はこの世と関わる。第一は神の言葉の課題であり、第二はキリスト教的な生の課題である。ここでは、まったく「教義は天的であり、生は地上的である（doctorina est coelum, vita est terra）」（ルター）という言葉が妥当する。*38

［7］ここから、しばしば論じられてきたこの世的秩序の固有法則性（*Eigengesetzlichkeit*）の問題が解決される。たとえば国家の固有法則性を強調することは、教会の神権政治（Theokratie）による〔国家の〕他律性《ヘテロノミー》*39に対峙するという点では意味がある。しかし、神の御前では、いかなる固有法則

性も存在せず、イエス・キリストにおいて啓示された神の律法は、地上のすべての秩序の法則《おきて》である。あらゆる固有法則性の限界は、神の言葉*40の教会的宣教によって明らかとなる。経済や国家などにおける神の法則《おきて》の具体的な形態は、経済や国家において責任を担って働く人びとによって認識され、見出されねばならない。〔固有法則性という〕この用語が誤解されることがなければ、ここで〈相対的な固有法則性〉*訳注について語ることができるだろう。

［8］理性——創造されたものの法則《おきて》——存在するもの*41

ーは、教会の関心がこの世において場所を占める物事に向けられることを望んだのである。*34 S.172の「〈集団的なもの〉が神である」を参照。*35「神の言葉の権威において」は、「教会の宣教において」を差替え*36『倫理-断片ノート』Nr.10（この紙の種類は、S.334-344と同じ）「1．具体的な神の御心を個人的に認識すること／2．具体的な神の御心を宣教すること……／3．助言すること-助言」を参照。*37 差替え「一般信徒」。『倫理-断片ノート』Nr.121に、「《職務》と《奉仕》」〔という記述がある〕。*38 M. Luther, Galaterbrief-Vorlesung 1531/1535 (WA 57, 13)〔ルター『ガラテヤ書講解』〕。この引用が、教会における誤った教えに関連して用いられていることについて、DBW 4(N), 291〔『キリストに従う』〕を参照。*39「他律性」は、複写用鉛筆で付け加えられている。欄外には、「(ローマ、しかしまたUSA、たとえば禁酒法)」〔と書かれている〕。*40「〔神の〕言葉の」は、「〔神の〕権威における」を、複写用鉛筆で差替え。*訳注〈相対的固有法則〉については、宮田光雄『十字架とハーケンクロイツ』一七六頁注2を参照。*41「理性」のあとに続く言葉は、複写用鉛筆で書かれている。「自然的なものを認識するための機関」としての「理性」について詳説しているS.167を参照。

主題としての《倫理的なこと》と《キリスト教的なこと》[*1]

〔倫理的な発言にたいする権能〕

キリスト教倫理〔についての考察〕は、次の問いによって始められねばならないであろう。すなわち、《倫理的なこと》と《キリスト教的なこと》とは、そもそも主題として取り上げられるものなのだろうか、また、どの程度までなら〔それが〕可能だろうか、という問いである。すなわち、このことは、これまで繰り返し問われてきたし、〔今も〕問われている、と確信をもって言えるほど自明なことでは決してないのである。じっさい、われわれは、《倫理的なこと》と《キリスト教的なこと》とを〔それぞれ〕独自の考察や議論の主題、それどころか学問的な論述の主題にすることが、いかに問題をはらんでいるかということを認識するときに、そもそもキリスト教倫理の領域へ初めて足を踏み入れたことになるであろう。[*2]

《倫理的なこと》を主題とする際に、当初からキリスト教倫理については問題としないという扱い方がある。フリードリヒ・テオドール・フィッシャーは、〔彼の小説の題名となっている主人公〕《また、ある人も》（Auch Einer）に、「道徳的なことは、いつでも自明のものだ」と言わせている。〈倫理的なこと〉を論述の独立の主題にしようとするいずれの試みにたいしても、やや皮肉を交えたこのような拒絶のジェスチャーは、もしかしたら――一定の限界内でのことだが――《倫理的なこと》の本質について、多くのキリスト教倫理の教科書よりも、いっそう深い洞察を示しているかもしれない。*3 その際、この拒絶は――語られたものであれ、書かれたものであれ――あまりに声高な押しつけがましい言葉に向けられているだけではなく、そうした言葉が出てくる心の動きにも、はっきりとぶつけられていることが重要である。

*1 〈削除された前の草稿〉の冒頭の表題は、疑問符で終わっている（"... als Thema ?"）。二頁と一語からなる前の草稿も、この草稿も、《アイヒベルガー》の透かし模様をもつ二つ折り用紙に書かれている。用紙番号（《2.》から始まる）は、〔用紙〕中央の上部に打たれている。*2 K. Barth, KD II/2, 602〔バルト『教会教義学』第二巻「神論」第二分冊〕（この分冊のゲラ刷を、ボンヘッファーは、「主題としての《倫理的なこと》と《キリスト教的なこと》」の草稿を執筆する前に読んでいた）において、バルトは、「神学的な倫理」から、「――われわれが単にあいまいに〈キリスト教的〉と呼ぶ――倫理」を区別している。しかし、〔バルトによれば〕この〔キリスト教的な〕倫理に、「学問的な形において出会うことは、ほとんど期待できない」であろう。「そうした倫理が、イェレミーアス・ゴットヘルフ……、ドストエフスキー、……テオドール・フォンターネらの小説において提示されている、という見方」もありうる、と述べている。バルトは、さらに何人かの名前を挙げている。まさにそこで引かれた作家たちの本を、ボンヘッファーは、テーゲル〔軍用刑務所〕拘留中に読んだ。（フォンターネを読んだことに関して）一九四三年八月三日の書簡、「われわれは、こうしたものから、しばしば、『倫理学』のためには教科書からよりもずっと多くのことを学ぶのです」（DBW 8, 127）〔『獄中書簡集』〕を参照。*3 W. Lütgert, Religion des deutschen

「いっそう高度なものは、じっさい、いつでも自明なものなのだ！　その根底に、その前提条件に、注意せねばならない」と、《また、ある人》は語っている。*4 重要な決断、重大な状況、《上層の階《フロア》》（フィッシャー）――それらはみな、多言を費やさなくとも明らかであり、自明であり、単純である。しかし、困難で、問題をはらみ、細心の注意を要するのは、「さまざまの不調和な妨害物」や、無秩序*6と偶発事件をもった「下層の階《フロア》」である。*5「私は、それらを計画したり、秩序づけたりすることができない。それらは、四方八方へと動き回り、まったく確定しえない。（中略）じっさい、無計画なもののためのいかなる計画も存在しないし、体系のないもののためのいかなる体系も存在しない」と、《また、ある人》は嘆いている。*7 言い換えれば、本質的な困難をもたらしているものこそ、〈日常的なもの〉の領域なのである。また、一般的な道徳上の原則をそれにたいして訴えることが、不十分であり・場違いであり・ふさわしくないということを感じとるために、まずもって人が経験せざるをえないものこそ、この〈日常的なもの〉の領域なのである。

私が困難に陥っている人を助けるかどうか、動物を虐待する人を止めさせるかどうか、それは《また、ある人》にとって何ら問題ではない――*8「それは、自明ことである」――。しかし、日常的な些細なことをうまく片づけることは、別の事柄なのである。*9 たとえば、《鼻をすすること》、《悪だくみ》、《相手を偏見の目で見ること》、つまり、まさに副次的なこと・些細《ささい》なこと・嫌なこと・腹の立つことによって、〈偉大なこと〉や〈原則的なこと〉を、ありとあらゆる仕方で《妨害するもの》をうまく片づける、というのは別の事柄である。

主題としての《倫理的なこと》は、一定の時と一定の場所とをもっている。それは、人間が、有限の滅び行く世界において生きまた死ぬ被造物であり、本質的に、また紛れもなく、倫理学の学徒ではないからである。この事実を故意に見過ごし、また次のようなフィクションから出発していることは、

Idealismus III, 83「ヘーゲルの最後の重要な弟子［フリードリヒ・テオドール］フィッシャーによって、繰り返し語られた《道徳的なことはいつでも自明のものだ》という言葉は、いまでも耳にすることがある」。このフィッシャー〔の言葉〕の引用は、たとえばF. Gogarten, Politische Ethik, 10においても見出されるし、『倫理-断片ノート』Nr.73, Nr.63とNr.36に出ている。S.365-373の《共に-生きること》（《Mit-leben》）〔の部分〕にたいする予備的考察を含む『倫理-断片ノート』Nr.112に、フィッシャーの名前が登場する。この言葉は、フィッシャーの著作『またある人も』（Fischer, Auch Einer）において、しばしば繰り返されている（Teil I: 25, 28, 45, 50, 78 ; Teil II: 15, 101 [1987: 25, 27, 39, 42, 61, 291, 349]）。**＊4**　Fr. Th. Vischer, Auch Einer II, 92 [1987: 343]（そこでは、「前提条件」（Vorbedingung）と表記されている〔草稿原文では、Vorbedingungenと誤記〕。）**＊5**　《上層の階》については、Fr. Th. Vischer, Auch Einer I, 25 und 39を、「生の下層の階において同時に広がるひどい苦境」については〔Auch Einer I,〕25を参照。**＊6**　差替え「小さな悪魔〔的な行為〕」。**＊7**　Fr. Th. Vischert, Auch Einer II, 76 [1987: 333]. 引用された箇所の前では、こう述べられている。「またある人は、世界秩序にたいして、それがどんなに悪い秩序であったかを――まるでそうであったかのように――一目瞭然に目の前につきつけるといういたずらを、仕掛けようとした。――ただし、世界秩序の下層の階にたいしてだけである。なぜなら、上層の階、〔すなわち〕道徳の領域《ライヒ》の良さに、じっさい、彼は、絶望してはいなかったのだ。――それゆえ、秩序のないものについてあるイメージが築かれ、すべての不調和な妨害物について調和的な見直しが作り出されるはずであった」。〔しかし〕これをグラフ的に描くという試みは、失敗した。**＊8**　フリードリヒ・テオドール・フィッシャーの《またある人》＝アルベルト・アインハルト（Albert Einhart）〔と同一人物〕（〔Auch Einer〕II, 22）は、馬を虐待した人によって負傷させられて死亡する。「それは、私が戦死してしまったかのようなものである」（II, 23）[1987: 269 f]。**＊9**　「別

倫理学者のまことに愚直な、いっそう正確に言えば、愚劣なことである。すなわち、〈人間は、その生涯のあらゆる瞬間に究極的な無限の選択をせねばならない。人生のあらゆる瞬間は、善と悪とのあいだでの自覚的な決断たらざるをえない。人間のすべての行動の前には、神的警察の明確な文字で《許可》あるいは《禁止》という立札が立っている。人間は、たえず何か決定的なことを行ない、いっそう高尚な目的を実現し、究極的な義務を果たさねばならない〉、というフィクションである。

人間が歴史的存在であり、そこでは、すべてのことがその時をもつということ（コヘレトの言葉三章）こそ、〔倫理学者が〕誤解していることなのである〔――〕すなわち、食べること・飲むこと・眠ることに時があるように、自覚的に自己決定し・行動することにも時があり、働くのに時があるように休むのにも時があり、目的を遂行するのに時があるように目的なしにあることにも時があり、義務を果たすことに時があるように好きなことをすることにも時があり、努力することに時があるように遊ぶことにも時があり、断念することに時があるように喜ぶことにも時がある、*10 ということである――。人間が被造物的な存在であるということを不遜にも誤解することこそ、〔倫理学者を〕不誠実極まる偽善か、あるいは狂気へ追いやるにちがいない。じっさい、それは、倫理学者を人を苦しめる危険な存在、専制的な支配者、愚か者、あるいは悲喜劇的な人物にさせてしまうのである。

《倫理的な現象》と言われていること――それゆえ、《当為《ゾレン》の経験》*11、つまり、原則的な善と原則的な悪とのあいだにあって自覚的に基本的な決断を下すこと、最高の規範に照らして生活を秩序づけること、倫理的な軋轢とその解決――、そういうものは、たしかに、人間の現存《ダーザイン》において、必然的な場所と時とをもっている。それでは、なぜ、この《倫理的な現象》は、このように〔場所と時という〕

限定された中で、主題となることを許されないとか、また必要もされないとかいうことがあるのだろうか。

しかし、〈倫理的なもの〉のあの病的な蔓延、あの異常な熱狂主義化、生活のあの全面的な道徳主義

の事柄」は、「課題」を差替え（人生のこの側面は、フィッシャーの《またある人》を不断に苦しめるものであった）。Fr. Th. Vischer, Auch Einer I, 31 [1987: 29]（ある物理学者との誠実さを装った会話のなかで〔の言葉〕）、「それは、客体、〔つまり〕いわゆる肉体にたいする全般的な偏見であり、それどころか敵意であり、これまでの物理学が無思慮に重力の法則、静力学、その他それと似たような名前で呼んできたものだ。だがそれは、むしろ、悪しき心に巣くうものから導きだされるものである」を参照。また II, 62 [1987: 323]「……あわれな死すべき者の生と行為とを、かの何ものかの悪だくみに服させる妨害物、われわれは、それを簡単に小さな偶然と呼ぶ」を参照。あまり使われない《偏見〔偏向性〕》(Tendenziosität) という言葉で、フィッシャーは、悪意ある頑なな気持ちのことを言い表わしている。《鼻をかむこと》(Schnupfen) という言葉は、この著書の至るところ〔に出てくる〕。**＊10** コヘ三・一－八を参照（「すべてに時機があり……」）。〔ボンヘッファーの〕ルター訳聖書において、〔この箇所と〕一三節（「……〔すべての人は〕食べ、飲み／あらゆる労苦の内に幸せを見いだす」）にもまた、印が付けられている。**＊11** F. Gogarten, Politische Ethik, 8 は、「倫理的現象の本来の核心を、《汝は……すべきである》という要求」と言い表わしている。（《汝は……すべきである》ということと《ひとは、これとこれとをする》ということの二つの意味が、倫理的要求として区別されるという、ゴーガルテンのこれに続く文章に、ボンヘッファーの所有本では、強い印が付けられている）。K. Nohl, Die sittlichen Grunderfahrungen, 31「近年におけるそうした主知主義的アプローチ「ノールによれば、それは、《統一的な合理的連関性にたいする》誤った《要求》である」の典型的な代表者は、あらゆる道徳の体系の内容的な違いに直面して、いっそう確実な事実として、義務意識の絶対性ということから出発しようとする。すなわち、何がなされるべきかをまったく考慮しないで、《当為《ゾレン》》こそが最高の目標だとする」を参照。

化――こうした事態は、〔もともと〕基本的な原則にはもとづくことのない具体的な生活過程のなかへ、絶えず裁いたり、警告したりしながら、助言・干渉・矯正を求めることから起ることである――を避けるべきだとするなら、まさにこの場所と時とを正しく限定することは、決定的に重要である。もしも、〈当為の経験〉の無制約性ということが排他的に全面的な要求という意味で理解されるなら、《倫理的な現象》は――そのように特徴づけられた意味では――、本質的に誤解されているのである。それによって、〔人間の〕生全体の被造物的な性格は、傷つけられ、破壊されるであろう。倫理的な現象をその〔必然的な〕場所と時とに限定することは、それを廃棄することではなく、まさに逆に、それを有効なものにすることを意味している。雀を撃つのに、大砲を用いることはない。

〈倫理的な現象〉は、その内容的な面からも、また経験に即する面からみても、限界〔状況〕的な事態である。[12]《当為》は、その内容によってもまたその経験によっても、何物かが存在しないと[13]いう状況――それが存在しえないからか、存在することを望まれないか、いずれにしても――から出てくる。私が家族や結婚の交わりのなかで、〔また〕労働と財産の秩序の下で生活していることは、まず何よりも自由に肯定された結びつきであるということである。そこでは、《倫理的な現象》、〔つまり〕〈当為〉は――その客観的な面でも、主観的な面でも――現われてこないし、影を潜めている。その交わりが破られたり、その秩序が脅かされたりする場合に初めて、〈当為〉は、発言を求めて登場する。しかし、秩序が再建されたのちにはふたたび退場し、沈黙する。むろん、その場合には、具体的な要求と告発を内に含む、先鋭な形でのみ沈黙するのである。すなわち、すべての交わりは、本来の意味では、いつも破られているのだという経験――それは、ある交わりが具体的に破れることから生じてくるのだが――にもとづいて、いまや〈当為〉は、自分の限界を意識するものとして、人間の生に随伴するのである。それゆえ、慎み深さとして、諦念として、あるいは――世俗的な言葉を用いるなら――《謙虚さ》として随伴する。これは、すなわち、〈原罪の教説〉(Erbsündenlehre)についての世俗的な類比《アナロギー》である。

しかし、その先鋭な形においても、またその恒常的な形においても、〈当為〉は、内容と経験からして、限界状況をのみ示すものであり、それが限界概念から教育的な方法にされてしまうなら、それは当為が内部から解体されることを意味する。当為は、つねに《究極の》言葉である。当為が〔論議の〕主題とされるところでは、質的に《究極的なもの》[*14]という当為のこの性格は、つねに保持されていなければならない。そして、まさにこの質的に《究極的なもの》は、ある場合には、「それはおのずから明らかなものであるゆえに」、そもそも議論の主題としないことによって、いっそうよく保持されうるのである。おのずから明らかであるものとしての〈当為〉が、論議の主題とされる場合には、〈究極的なもの〉としてのその性格は、余りにも容易に失われてしまい、〈究極以前のもの〉、〔つまり〕

*12 S.273を参照。正常な状態に対立する《極限的ケース》〔について〕。*13 「たんなる道徳的立場、たとえばカントやフィヒテの立場」については、G. W. F. Hegel, Religionsphilosophie nach Lasson XII, 258 f〔ヘーゲル『宗教哲学講義』〕を参照。「こうした立場にとっては、善とは、すでに《それ自体としては》そこに存在していないかのように、この〈当為〉であり続けるという規定とともに、つねにはじめて実現されるべきものである」(この文章は、ボンヘッファーの所有本では印が付けられている)。この箇所は、「ヘーゲル・ゼミナール」(一九三三年)において討議された。IBF, 8, 20 und 93を参照。*14 S.140 fを参照。

一つの方法になってしまうであろう。[*15]

さて、〈道徳的なこと〉がおのずから明らかではない状況と時代とが、疑いもなく、存在する。[*16]それは、〈道徳的なこと〉が行なわれなくなったためか、その内容が疑わしくなったためか、どちらにしてもである。[*17]そのような時代に、〈倫理的なこと〉が〔議論の〕主題となるのである。それは、一方では、生の問題の新鮮な単純化をもたらし、重要な基本線へ立ち返らせ、明確な内的決断と態度を決定するように促す。〔他方では〕そうした状況の下で、議論は、いつもよりもいっそう強く、心情・価値判断・確信・断言によって、また自然な憤激や留保のない感嘆の念の爆発によって規定される。[*18]すなわち、あらゆることが〈根本的なこと〉へ、それとともに〈単純なこと〉へひろく還元され、多層性と多義性とをもつ現実の生活過程にたいする関心は、〈原則的なもの〉にたいする関心に席を譲ってしまう。社会学的には、そのことは、主として知的・相対主義的・個人主義的な態度をとる上流階層と、彼らによって押し付けられた主題設定とが、お払い箱になることを意味する。公共的な議論の主題は、誰にでも理解できるものとなり、その結果、すべての人がその議論に参加できるようになる。

知的・物質的な退廃に立ち向かい共同体を形づくるためには、〈品位のある志向〉をもつことで足りる。[*19]しかし、〈倫理的なこと〉が主題となるこうした時代は、人間の共同体をどれほど浄化し、更新するものであるとしても、またこの共同社会にとってどれほど必要なものであるとしても、やはり、そうした時代は――まさにこの主題の本質からして――いつでも、ただ必要な例外状態としてのみ評価されうるのである。この時代が必要とする期間を越えて延長されると、それは、多くの点で、致命的な結果を招くであろう。すなわち、〈倫理的なこと〉は、《究極の》言葉としては理解されなくなり、その代わりに、生全体の平板な道徳主義化とありふれた教育学化が登場する。生のすべての問題において、味気のない単調さと画一化とが生じ、すべての文化的な活動は、つまらない粗野なものとなり、精神的・社会的な平準化が強いられていく。それによって、生の豊かさだけではなく、まさに〈倫理的なこと〉もまた、その本質において決定的に損なわれるのである。

〈倫理的なこと〉が議論の主題となった時代、またならざるをえない時代の後には、〈道徳的なこと〉がふたたび自明なこととして理解される時代が続かざるをえない。そのような時代には、人びとは、日常的な生の限界においてだけではなく、日常的な生の中心と豊かさにおいても活動することになる。このことは、人間の共同体にとってだけでなく、個々の人間の生にとっても、等しく妥当する。社会

＊15 《方法》については、S.140 f und 159 を参照。S 140–144 で述べられた、《究極的なもの》と《究極以前のもの》との区別がここでは前提されている。**＊16** 削除「歴史において」。**＊17** S.62「具体的な倫理的問題の満ち溢れる現実に直面した苦境」（〔それは〕あらゆる従来の諸関係を転覆させようとする、ナチの試みのために引き起こされたものである）を参照。**＊18** 余白の補足によって延長された、いっそう以前の表現では、「……価値判断〔によって〕……規定されている」に続く次の文言が削除。「しかし、ふたたび、内面的な感情と志向の枠組みとが明確化され・確定されることが生まれるなら」。**＊19** ボンヘッファーは、ここで、嘆くことなく、ナチの社会変革によって伝統的支配層や権力エリートたちが影響力を失ったことを語っている。そして、〔ナチの〕圧力、暴力、腐敗にたいする抵抗の力として、根本的な《品位ある志向》（Anständigkeit der Gesinnung）を基本的なものと見ている。品位ある振舞いとは、すなわち、他の誰をも傷つけたり、裏切ったりしないということ、ナチズムによって惑わされない人びとにとって自明な、当然の道徳的な振舞い方を日常的に言い表わした表現であった。

学的に見れば、〈倫理的なこと〉が主題となるのにふさわしい時代を超えて、その主題にあくまでしがみつこうとする頑なな努力は、上述した〔まっとうな〕信念をもち続けながら、〔日常的な〕生には有効に生かし切れない者たちの欲求不満に発している。その場合、彼らは、歴史が彼らに提供したふさわしい時機に——すなわち、倫理的な主題の影響下に社会が変革されていった時代に——信念だけではなく、生活上の実績を通して、その能力を証明することに失敗してしまったのである。いまや、「道徳的なことがふたたび自明のものとなり」、もはや論ずべき主題ではなくなったので、彼らは、自分の生きる機会が失われていくのを見て、倫理的な主題にしがみつく。それによって生活過程から最終的に閉め出されてしまうのである。[*20]

ここで人間社会に関して述べたことは、個人の生活においても正確に当てはまる。生の道徳主義化という形で倫理的な主題に懸命にしがみつくことは、日常生活を充実することを恐れ、〔そこで〕有能に生きえないのを意識することから生まれてくる結果である。それは、現実の生の傍らで、[*21]ただ尊大さと同時に羨望の目で生そのものを眺めうる立場へ逃避することである。それとともに〈倫理的なこと〉が誤った仕方で主題化されるため、ここでは、生とともに〈倫理的なこと〉の本質もまた失われてしまうということが明らかになるであろう。

結局のところ、その概念規定に従って〈倫理的なこと〉を主題とする《倫理学》とは、いったい何であり、また《倫理学者》とは何者なのであろうか。われわれは、まず、倫理学と倫理学者とがとにかく何でありえないかということなら、いっそう容易に述べることができる。[*22]すなわち、倫理学は、この世においてすべてのことが本来どうあるべきであり、しかし、残念ながら実際にはそうなってはいない、ということを書いてある書物ではありえない。また、倫理学者は、何を、またいかに、なすべきかということを、いつでも他の人よりいっそうよく知っている人間ではありえない。倫理学は、異論をさしはさむ余地のない保証された道徳的な行動のための便覧ではありえない。また倫理学者は、人間のすべての行動を判断する正当な資格のある判定者や裁判官ではありえない。倫理学は、倫理的な、それともキリスト教的な人間を製造するための蒸溜装置（Retorte）のようなものではありえないし、倫理学者は、基本的に道徳的な生〔と言えるようなもの〕の体現者やまた理念型（Idealtyp）などではありえない。

〔それではどのように理解すれば良いのだろうか〕――倫理学と倫理学者とは、たえず生のなかに口うるさく介入するのではない。そうではなく、あらゆる生が〈当為〉による自分の限界づけから経験させられる、攪乱と中断[*23]とに目を向けさせるのである。倫理学と倫理学者は、〈善とは何か〉ということを、それ自体として、つまり、自己目的として示そうとするのではない。まさに厳密に《倫理的な

＊20　H. Nnohl, Die sittlichen Grunderfahrungen, 150「道徳的な生活スタイルが、生から切り離される」を参照。　＊21「現実の生の傍らで」は、「生の限界において」を差替え。　＊22　一九五一年に、K. Barth, KD III/4, 9〔バルト『教会教義学』第三巻「創造論」第四分冊〕は、この段落のなかで続く文章を、一九四九年に出版されたボンヘッファーの Ethik〔『倫理』〕第一版から引用している。　＊23　DBW 5 (GL), 84〔『共に生きる生活』〕「われわれは、神によってわれわれが中断させられる用意がなければならない」を参照。また、Karl Barth, Römerbrief, 410〔『ローマ書講解』〕（ロマ一二・一について）、ここで「力説されている倫理学の問題とは、神御自身のことを考慮に入れるなら、すべての人間の行為にとって大きな攪乱以外」の何を意味するのだろうか。〔Römerbrief〕412「諸君は中断せよ」を参照。

こと》、〔つまり〕〈当為〉という限界的な出来事としての事態について語ることによって、《共に-生きることを学ぶ》(*mit-leben zu lernen*) ための余地をつくり出す手助けをしようとするのである。

それは、〈当為〉という限界内で〈共に-生きることを学ぶ〉ことであり、傍観者・判定者・裁判官として生の出来事の外に立つことではない。〈共に-生きる〉ということは、〈当為〉という動機から出てくるではなく、生の動機の豊かさから、自然的なもの・成長してきたものから、自由に肯定され意欲されたものから出てくる。〔それは〕すべての生きていくための技術(Lebenskunst)にたいして、すべての弱さと無秩序にたいして、ユーモアを欠いた敵意を抱くものではない。すべての存在するものを、不審の目で観察しながら、〈当為〉によって測ることでもない。すべての自然的なものを義務的なものに、すべての自由なものを必然的なものに、すべての具体的なことを一般的なものに、すべての無目的なものを目的の下に、ビクビク従わせることでもない――そのようなものであれば、ついには、《倫理的なこと》の限界をグロテスクに越えてしまって、キリスト教倫理の最終章は、《道徳的に許された気晴らし》(ヴィルヘルム・ヘルマン)*24と呼ばねばならないだろう!――〈共に-生きる〉ということは、〈当為〉の限界内で――しかし、まさに〔当為という〕動機からではなく――、無限に多様な動機をともないながら、充ち溢れる具体的な生の課題と生の過程のなかで実現されるのである。

われわれは、さしあたり、なお――これまでにもち出してきた多くの問題をしばらくおいて――この章でわれわれを導いてきた、〈倫理的なこと〉の時と場所とを確定するという問題*25に立ち止まり、すでに述べられてきたことに、さらに関連する若干の事柄を付け加えてみよう。

時間と場所とを特定されていない倫理的な発言は、いずれの正真正銘の倫理的な発言も必要としている具体的な権能（*Ermächtigung*）*26を欠いている。その熱弁を振るう際の主観的な真剣さにもかかわらず、正真正銘の倫理的な発言の本質に——それは、おそらく定義することは難しいけれども、明らかに感じとられるように——矛盾するものこそ、若者による・思い上がった・横柄な《ウズルパトーリッシュ》仕方で*27開陳される倫理的原則の熱弁である。たしかに、〔その熱弁における〕抽象化、一般化、さらに理論の正しさにたいしては、しばしば何の異論の挟みようもない。にもかかわらず、それらには倫理的な発言に固有な重みが欠けている。言葉としては正しい。しかし、重みがないのである。その熱弁は、結局、助けにはならないで、混乱をもたらすものと受けとられざるをえない。

青年が経験豊かな者や老成した者たちの仲間を前にして——何かはっきりとはしないが、避けようのない切迫した事情から——倫理的な一般論について熱弁を振るおうとしても*28、それほど簡単にはできないし、秩序だった、事柄に即した議論にもならない。そのため、青年にとっては、とても苛立たしく、びっくりするような、理解しえない状況が繰り返し出てくるであろう。すなわち、青年の言葉は虚ろに響くだけなのに、これにたいして、老人の言葉は、たとえ内容的には何も違っていなくとも、耳を傾けられ、重みがあるという事態である。こうした経験から、〔人が〕次のことを認識できるかどうかは、〔その人の〕成熟か未成熟かを示す徴《しるし》となるであろう。すなわち、ここで

＊24 W. Herrmann, Ethik, § 31 (1901: 199). **＊25** S. 367 を参照。 **＊26** 「権能を……欠いている」は、「無力である」を差替え。W. Lütgert, Ethik der Liebe, 269 f　自由とは、「人がこれまでなしえなかった何ごとかを、積極的になしうる権能」にある、を参照。 **＊27** 《*usurpatorisch*》（ラテン語由来）は、不当に権力を獲得した（《権能をあたえられて》いるのではなく）。 **＊28** 差替え「理論を展開しようとしても」。

は、老人の頑固な自己満足が問題なのではない。そうではなく、また青年の不安に満ちた未完成さ（Nichtaufkommenlassen）が問題なのでもなく、倫理的なものの〈存在法則〉（Wesensgesetz）を守るのか、それとも、それを侵すのかということこそが問題だ、ということである。倫理的な発言には〔それに重みをもたせる〕権能が必要である。それは、青年が、まことに純粋な情熱をこめて倫理的な確信について語ったとしても、簡単には、自分にあたえることのできないものである。倫理的な発言にとっては、内容の正しさだけではなく、この発言にたいする具体的な権能が重要である。〔つまり〕何が語られているかということだけではなく、誰が語っているかということが重要なのである。[29]

それでは、この権能とはいかなる点で成り立つのであろうか。そのような権能は誰にあたえられ、誰がそれをあたえるのであろうか。

倫理的な発言がそれなしには不可能となる、この権能の本質には、倫理的な発言の具体的な限定ということが含まれている。[30] 倫理的に語ることができるのは、真空のなかで、すなわち、抽象的〔空間〕に（in abstracto）おいてではなく、ただ具体的な拘束のなかにおいてだけである。それゆえ、倫理的な発言は、誰かが、いつでも、またどこでも、自由に用いうる正しい命題の体系では決してない。それは、決定的に〔特定の〕人格と時と場所とに結びついている。このような規定性〔＝結びつき〕のゆえに、〈倫理的なこと〉は、その意義を失うのではなく、まさにこの点にこそ、〈倫理的なこと〉の権能と重みとがあるのである。これに反して、〈倫理的なこと〉は、無規定のままの、一般的に適用可能なものになることによって、弱められ無力化してしまうのである。

倫理的な発言にたいする権能を、誰も自分自身にあたえることはできない。むしろ、それは、人間にあたえられ、許容されるものである。しかも、まず第一に主観的な業績や長所にもとづくのではなく、この世における客観的な立ち位置にもとづいている。それゆえ、倫理的な発言の権能をあたえられているのは、老人であって青年ではなく、父であって子ではなく、主人であって下僕ではなく、教師であって生徒ではなく、裁判官であって被告ではなく、上司であって下司ではなく、説教者であって教会員ではない。ここに表現された方向は、近代的な感覚にとっては、きわめて抵抗を覚えることかもしれない。しかし、〈倫理的なこと〉には、本質的に内在する上位から下位へという方向性がある。*31 この上位と下位という客観的な秩序がなければ、また——近代人にはまったく見失われてしまっ

*29 ボンヘッファーが自分自身の状況について（二七歳の時）、教会闘争の初期にバルトに宛てた一九三三年一〇月二四日の書簡（DBW 13, 13）「私は、事態についての私の見解とともに、ますます孤立してしまっています。（中略）私は、独りよがりから間違った方向に考えを進めていくのではないか、と恐れていました——そして、その際、私が理屈抜きで仰ぎ見る、多くのとても有能で、良き牧師たちよりも、私が、そのとき、まさにこのことをいっそう正しく、またいっそうよく判断していただろうなどとは、決して思っていませんでした」を参照。テーゲル〔軍用刑務所〕において、ボンヘッファーは、次のように書き留めている（NL A 86, 15）。「人が何をなすかは、人がいかに何かをなすかということよりも、重要ではない。あるいは、結局、何かをなすのはだれかということだけが重要なのである」。*30 《具体的に》（in concreto）の反対。S.362 を参照。*31 《上位と下位》については、覚書が『倫理-断片ノート』に数多く見出される（Nr. 111, 104, 109, 110, 87, 114, 115, 113）。それらは、「主題としての《倫理的なこと》と《キリスト教的なこと》」の草稿と《委任》論〔「具体的な戒めと神の委任」〕とを準備するものであった。ボンヘッファーは、この《抵抗を覚えること》という彼の見解を、テーゲルで戯曲の断片を説明する際に、強調している（DBW 7, 32 f「私はまた、人びとのあいだに上位と下位とが存在せねばならない、そしてそれを理解し

たことだが——上位であることの気概なしには、倫理的な発言は、一般的なもののなかに解消し、具象性のない空言となり、そのもつべき本領を失うのである。

それゆえ、〈倫理的なもの〉は、すべての人間的な秩序を平準化し、動きを止めて破壊する原理ではなく、すでにそれ自身のなかに人間社会の一定の秩序をもち、一定の社会学的な権威関係[*32]を含んでいる。ただこのような関係のなかでだけ、〈倫理的なこと〉は現われてくるし、それにとって本質的な・具体的な権能をあたえられるのである。

このような主張は、〈倫理的なこと〉を、普遍的に妥当する理性の原理とみなす理解とは鋭く対立している。〔これまで〕理性の原理は、すべての具体的な、時間的・場所的に規定された、秩序関係と権威関係とを廃棄し、生まれながらにあたえられた普遍的な人間理性にもとづく、すべての人間の平等[*33]を宣言するものと理解されてきた。〔しかし〕われわれは、以下の事実を、はっきり認めねばならないし、また最近の一五〇年の歴史は、それを十分なまでに証明してきた。すなわち、この〈倫理的なこと〉についての新しい〔近代的〕見解の本来の目標——つまり、普遍的な人間の友愛(Menschenverbrüderung)のために、特権層と非特権層との敵対的な対立という特徴をもつ時代遅れの社会形態を克服するという目標——は、たんに達成されなかっただけではなく、まさに意図したことの正反対のものに変えられてしまった。

形式的-普遍妥当的-理性的な〈倫理的なこと〉は、——具体化するためのいずれの要素をも欠くことによって——必然的に人間社会と個人の生活との完全な原子《アトム》[*34]化を生み、つまり、果てしない主観主義と個人主義とに行き着いてしまった。〈倫理的なこと〉が、時間的・場所的に規定されていることをまったく度外視して、権能の問題を度外視して、〔また〕あらゆる具体的なことを度外視して登場する場合には、生は、無数のバラバラのアトム化した時間に分断されてしまい、同様に人間社会は、バラバラのアトム化された個別の理性に解消してしまう。〈倫理的なこと〉を、純粋に形式的で普遍妥当なこととして理解するか、あるいはそれを、《瞬間》ごとに、いつもまったく新たに下される個々の人間の《実存的な》決断として理解するかは、基本的に（im Ansatz）同一のことである。*35 その根底にあるのは、〔共に〕〈倫理的なこと〉が具体的な規定から

ない者が人びとをカオスに導く、と言ってきた。〔中略〕彼らは、そのために、私の喉首をほとんど締めつけようとするのだ」を参照）。同様に、小説の断片（DBW 7,186「クリストフがほんとうに考えていたことは、やはり容易に誤解されるのではないのか……?」を参照）。ボンヘッファーが《上位から下位への方向性》を強調したのは、ヒエラルキー的な社会的階層性をとくに好んだためではなく、決定的に神学的観点からである。S.383 を見よ。「神の戒めは……上から下に来る」。下からの方向性の危険については、S.395–397 を見よ。しかし――おそらく一九四二年の終わりに書かれた――《下からの視点》と題する小さな断片 DBW 8,38 f〔『獄中書簡集』〕をも参照。**＊32** S.287 f を参照。「服従関係や従属関係」および「自由な責任」。**＊33** 〔本文の〕《Egalität》（フランス語由来）は、平等（Gleichheit）。フランス革命のスローガンの一つ。S.108 を参照。**＊34** A. F. C. Vilmer, Dogmatik II,280「人びとが自分たち自身の参加した立法以外の何も承認しないとしたら、これは、アトム化した大衆〔の出現〕を準備するものとなるだろう」を参照。**＊35** 『倫理-断片ノート』Nr. 104「実存的-原則的な倫理＝同一の理想」を参照。そこでは、いずれの個々人も、いつも予見しえない・まさにいま生じた瞬間に、実存的な決断を下すような倫理は、〔一九〕二〇年代以来、〔ドイツにおいては〕〈決断主義的〉（dezisionistisch）と呼ばれていた。〔倫理における〕《瞬間》については、DBW 1 (SC),28〔『聖徒の交わり』〕を参照。

切り離されることによって破壊されるということである。〈倫理的なこと〉は、まさに本質的に形式的な理性原理ではなく、具体的な命令関係なのであり、[36]同様にまた、形式的な理性は、人間の交わり《ゲマインシャフト》を形づくる原理ではなく、〔人びとを〕アトム化する原理なのである。そして、人間の交わりは、具体的で無限に多様な、人間相互の責任関係においてのみ成立するのである。

他方において、〈倫理的なこと〉の理解にたいして啓蒙主義において達成されたものは、やはり、簡単に捨て去られるべきではない。〔この〕〈論争的〉〔＝抗議的〕[37]な側面から見れば、啓蒙主義が特権層と非特権層とに分かれていた社会体制に反対したという点は正しかったと言わねばならない。じっさい、〈倫理的なこと〉は、普遍的・人間的に理性的なことと関係しているし、じっさい、さらに、〈倫理的なこと〉に内在する上位から下位へという方向性は、もろもろの特権を承認することとはまったく別のことを意味している。啓蒙主義は、次の点を指摘したことにおいて、無条件に正しい。すなわち、〈倫理的なこと〉は、抽象的な社会秩序や特定の社会階層の代表者、また《上位》と《下位》それ自体と関わっているのではなく、人間と関わっているということである。〔また〕そこから、啓蒙主義は、人間の平等な尊厳を倫理的な事柄として情熱的に擁護したという点において正しいのである。啓蒙主義がこの〈論争的《ポレーミッシュ》〉な命題を越えて、人間それ自身をふたたび抽象化し、この抽象化によって――人間の平等と人間の尊厳の名の下に――すべての人間的な秩序に反対して闘うにいたって、はじめて啓蒙主義は誤りを犯すのである。啓蒙主義が人間の理性――その本質は、現実を自由に知覚し肯定することにあり、すなわち、そこに具体的で倫理的な命題が成り立っているのである――から形式的で抽象的な原理をつくり出し、それによってあらゆる内容を解消し解体するならば、啓蒙主義は誤っている。もろもろの特権を承認するために〈倫理的なこと〉を誤用するいずれの試みも否定されねばならないが、それにもかかわらず、啓蒙主義のもつ正しさを心にとめておくことは、あくまでも重要である。

もちろん、われわれは、〈倫理的なこと〉を誤用するのを恐れるあまり、〈倫理的なこと〉に含まれる上から下へという方向性を、単純に無視してしまうべきではない。われわれは、〈倫理的なこと〉が、上なるものと下なるものとにたいする明確な関係を要求しているという事実を、避けて通ることはできない。その場合、上位と下位とは、個人的な業績や気質によって変わりやすい評価に応じて、簡単に入れ替えることのできるものではない。上位であることは、上位である者のもつ個人的な価値によって成立しているのではなく、その正当性は具体的で客観的な〈委託〉(Auftrag)にもとづいている。手工業の親方は、自分よりもすぐれた才能をもつ職人*38にたいしても、やはり親方であり続けるし、父親は、自分よりも貴重な、もしくは有能な息子にたいしても、やはり父親であり続ける。*39倫理的な発言の権能は、親方の場合にも、父親の場合にも、事柄の個人的な側面には関係がない。権能は、

*36 S.381を参照。神の戒めは、《命令関係》の意味における《倫理的なこと》とは別のものである。神の戒めは、「命ずるだけではなく、また許す」。*37 ボンヘッファーの《論争的》(polemisch)〔という語〕の理解については、S.45, Anm.45を参照。*38 「手工業の親方……職人」は、「教師……生徒」を差替え。*39 A. Harleß, Christliche Ethik, 231「〈個人的な上下関係によって〔成り立つ〕家族の状態〉という制約が求めようとする祝福は、〔メンバーの〕利己心によって二通りの仕方で破壊されうる。すなわち、家族のメンバー同士の間違った愛情において、あるいはメンバー同士の間違った反感において、制約が取り払われることによって、である」を参照。

その人（Person）にあるのではなく、その職務（Amt）に付属しているのである。

それによって、同時に、倫理的な発言は、権威関係が一定のあいだ継続し、安定していることを前提としている。正真正銘の倫理的な発言は、一回限りの宣言によって終わるものではなく、それは、くり返されることと継続することを求めている。〔つまり〕それは時間を求めるのである。まさにこの点にこそ、倫理的な発言の重みと、しかしまた威厳と信頼性とがある。一回限りの宣言（Pronunziamento）[*40]は、無に等しい。倫理的な発言をすることの権能は、信実・確証・継続・反復において証明されるのである。

しかし、これらすべてのことは、上位であること、また下位であることを内面的に肯定し、踏みとどまる決意をもってこそ、できることである。この二つのことは、互いに支え合うことにおいてのみ可能である。上位であることを肯定し踏みとどまることを通じてのみ、下位であることを肯定し踏みとどまることもできるし、その逆もまた可能である。[*41]次のような場合には、正真正銘の倫理的な発言は、もはや成り立たないし、すでに倫理的なカオスが始まっている。すなわち、もはやあえて上位であろうとする者がいなくなり、そしてもはや下位である者がそれを《必要と思わなくなった》場合、〔また〕上位であることが、その根拠を下位からのみ求めようとするような場合――それゆえ、父が自分の権威を子の信頼に求めたり、あるいは上司が自分の権威を民衆的な人気に求めたりする場合である――そして、これに対応して、下位であることに、つねに上位である期待権のみが、つまり、上位にあるすべてのことの起爆剤となる可能性のみが、見て取れるような場合である。したがって、上位‐下位の存在を内面的に肯定し、それに踏みとどまるという要求によって、倫理的な発言を行なう権能の根拠が何であるのかという決定的な問いが投げかけられる。そして、この問いによって、〈倫理的なこと〉は、自分自身〔の限界〕を決定的に乗り越えていくことになるのである。

これまで述べたことは——われわれの見解によれば、当然のことながら——〈倫理的なこと〉の一般現象学*42として理解されるものだが、いまや、われわれは、倫理的・現象学的なものの彼方にある究

*40 〈公示、宣言を意味する〉このイタリア語に由来する言葉は、K. Jaspers, Die geistige Situation der Zeit, 13〔ヤスパース『現代の精神的状況』〕において引用されている。〔この言葉の引用自体が〕ランケからの引用。S.121, Anm. 116を参照。〔原文ではPronunziamentosと誤記。なお、この語は、イタリア語ではなく、スペイン語に由来。〕

*41 削除された前段階の文章では、次のように続いている。「その際、今日のわれわれにとって、真に〈上位であること〉は、〈下位であること〉よりも甚だ困難なことである。〔われわれの〕思考がキリストから〔差替え「キリスト教から」〕離れて以来、われわれにとって場合によっては起こりうる〈上位であること〉を、われわれは、もはや下位〔から〕しか根拠づけることができない。〔つまり〕われわれは、真に〈上位であること〉を、もはやあえて〈上から〉根拠付けようとはしない。〈上位であること〉の権能は、〈下から〉獲得され、そして基本的に、われわれは、〈下位であること〉のなかに〈上位であること〉にたいする本来の推進力を感じとっている。われわれは、〈上位であること〉の委託（Auftrag）、〔つまり〕職務についてもはや何事も知らないので、〈上位であること〉を恥じる。ここから、個人的利益のために〈上位であること〉を〈カオス〉へ駆り立てる〔削除「恐るべき」〕乱用が生じる。主観主義は、委託としての、職務としての〈上位であること〉を肯定し・担い・貫徹するわれわれの気力を萎えさせる。ここでは、〈倫理的なこと〉がその究極の根拠を問われているということは、明白である」。このあとに続く文章は削除されていないが、〔「しかし、これらすべてのことは……」で始まる〕この段落の最後の文は、「倫理的な発言のための権能の根拠についての問いは、しかし、すでに、〈倫理的なこと〉を越えている」を差替え。

*42 いわゆる「倫理的な現象」（「当為《ゾレン》の経験」）については、S.368を参照。《現象学》（Phänomenologie）は、当時、哲

極的な決定の問題に突き当たる。〔すなわち〕倫理的な発言にたいする具体的な権能の根拠とはいったい何か〔という問題である〕。さしあたり、次の二つの答えが考えられる。第一に、倫理的な発言の権能は、これ以上立ち入って解明することを試みなくとも、実定的にあたえられた現実のなかに見出されるという答え。第二に、その体系の内部で、〔たとえば〕父親や親方や上司に権能が認められているような、秩序と価値の体系が構成されているという答え。

〔第一の〕実定的な基礎づけが、不安定な基盤に立っていることは明らかである。なぜなら、それは、その時々にあたえられた——そしておそらくまた繰り返し転換しつつある——現実を越えた基準を決してもってはいないのだから。それに加えて、実定的な基礎づけは、倫理的な発言のための権能を自分のために要求するさまざまな権威——たとえば上司、父親、教師、教会〔など〕——は、互いに対抗しながら（gegeneinander）境界を画定することに成功しえない。むしろ、そこでは、事実上の権力（*Macht*）が権能にたいする唯一の基準として妥当するであろう。こうして実証主義は、〈倫理的なこと〉を根拠づけることができないのである。

さしあたって、いっそう役立ちそうに見えるのは、繰り返し、キリスト教の哲学者たちによって企てられた権威と秩序とを体系化しようとする試みである。前世紀においては、とりわけ保守主義的なロマン主義者たち、なかでもユリウス・シュタール[*43]、二〇世紀においては、カトリックのマックス・シェーラー[*44]〔のような人びと〕によるものである。〔この試みが〕実証主義にたいしてもっている利点は、明らかである。すなわち、ここでは、権威とその権能とを秩序づける基準が実定的にあたえられているものを越えたところに存在しているのである。この基準は、宗教的な性格、いっそう正確に言えば、キリスト教的な性格をもつ。具体的な権威について問題となるのは、神による制定（Einsetzung）、〔つまり〕服従を要求する神の直接的な告知である。たしかに、これによって、その都度、実定的・経験的にあたえられたものという不安定な基盤から独立することが、一定程度においてはできるだろう。〔しかし〕他方において、経験的な実証主義に代わって、形而上学的・宗教的な実証主義が登場するわけである。そして、すでにこの理由から、ここでもまた、恣意に陥ることなしに、さまざまな権威と権能の境界を互いに対抗し合いながら画定することはできない。国家の理念か、父性の理念か、あるいは教会の理念か、いずれかが支配的な原理となる。これらさまざまの権威が直接に神によって制定されているということから生じる抗争は、多かれ少なかれ恣意的な決定にもとづいて、

学において、所与の現象の本質を把握するために好まれた方法であった。ボンヘッファーは、一九三〇年の教授資格請求論文に添えた履歴書において記したように、「現象学に継続的に取り組んできた」（DWB 10, 190）。彼の〔思考を〕具体化（Konkretion）してゆく道筋には、現象学的な認識が含まれている。**＊43**　ボンヘッファーは、フリードリヒ・ユリウス・シュタールの Rechts- und Staatslehre auf der Grundlage christlicher Weltanschauung を持っていた。**＊44**　ボンヘッファーによって検証され、最終的に拒絶されたこの方法については、M. Scheler, Der Formalismus in der Ethik, 609［GW II, 586］〔シェーラー『倫理学における形式主義と実質的価値倫理学』〕（要約的に）「至高の価値としての価値人格（Wertperson）の理念〔シェーラーの注、「人格的な諸価値（美徳）、事柄の諸価値、〔感情的な〕状態の諸価値にたいして」を諸価値の態様の序列と結びつけることによって〕、「この一連の序列における聖者・天才・英雄・指導的精神、享楽の芸術家といった諸類型」が生じる、を参照。『倫理-断片ノート』Nr. 64とNr. 66において、ボンヘッファーは、一連の人物〔類型〕（「騎士／単純な人……」）を書き留めているが、そのなかの三番目に「（聖者）-修道士」をおいている。

これらの権威のなかのどれか一つの要求に絶対性をあたえるように判定される。〔権威と秩序とを〕体系的に構成すること、あるいは形而上学的に演繹することは、現実の生を硬直化することに通じている。[*45]

倫理的なことを説く〈具体的な権能の根拠とは何か〉という問いは、それゆえ、なお答えられないままに残されている。それとともに、なぜ〈倫理的なこと〉が、無時間的な原理としてではなく、時間的・場所的に特定されたものとして、理解されねばならないのかという問いもまた、未解決のままである。最後に、《倫理的なこと》がどの程度まで、またどの限界内において、主題になりうるのかという問いも、未解決のままである。

〔神の戒め〕

こうして、われわれは、《倫理的なこと》の彼方にある、《キリスト教倫理》の唯一可能な対象へと――すなわち、《神の戒め》へと――導かれる。[*46]

おそらくそれとは知らずに、われわれは、《倫理的なこと》について述べたことにおいて、原成的岩盤〔＝基底的事実〕（Urgestein）に、すなわち、神の戒めそれ自身の断片にぶつかっていたのである。

神の戒めは、われわれがこれまで《倫理的なこと》として呼んできたこととは、別のものである。[*47]

神の戒めは、生の全体を包み、無条件的なだけではなく、全面的でもある。それは、禁じ、命ずるだけではなく、また許す。それは、束縛するだけではなく、また自由にする――しかも、束縛することによって。それにもかかわらず、《倫理的なこと》――なお解明されるべき意味においてであるが――は、神の戒めの一部である。神の戒めは、倫理的な発言にたいして権能を付与する唯一のものなのである。

神の戒めは、イエス・キリストにおける恵み深い聖なる神による、人間にたいする全面的かつ具体的な要求である。ここでは、すぐさま神の戒めについて一般的な教説を展開することはできないが、われわれの考察との関連で照準を合わせるための最も重要な論点を示そう。

神の戒めは、〈倫理的なこと〉とは区別される、すべての倫理的な命題を統合する〈最も一般的なもの〉ではない。〔また〕歴史的・時間的なこととは区別される、〈普遍妥当的で無時間的なもの〉ではなく、〔また〕それを適用することとは区別される〈原理〉ではない。〔さらに〕具体的なこととは異なる〈抽象的なもの〉ではなく、また、規定されたこととは異なる〈無規定的なもの〉ではない。もしも神の戒めが何かそのようなものであるなら、それは神の戒めであることを止めるだろう。なぜなら、その場合には、無規定的なものから規定されたものを、原理から適用を、無時間的なものから時間的なものを作り出すことが、その都度、われわれに委ねられるであろうから。それによって、神の戒めは、まさに決定的な箇所において、もはや神の戒めではなくなり、われわれの理解、われわれ

＊45　差替え「頑迷な保守主義に」。＊46　「イエスの戒め」DBW 4(N),216–218〔『キリストに従う』〕を参照。のちに、テーゲル〔軍用刑務所〕で書いた戯曲の断片において、〈死の代理人〉は、次のように言っている。「[昔の時代の人びとは、《生そのものを〈嘆きの谷〉〔詩八四・七〕と呼んでいた》]にもかかわらず、生を愛し、〔それを〕〈すべて〉(das Ganze) と呼んでいた――神の戒め」(DBW 7, 61)。＊47　当為《ソレン》については、S. 368 f を参照。

の解釈、われわれの適用が決定的なものとなるであろう。すなわち、神の戒めから、ふたたびわれわれ自身の選択が生じるであろう。[*48]

神の戒めは、人間にたいする神の語りかけであり、しかもその内容においても、その形（Gestalt）においても、具体的な人間にたいする具体的な語りかけである。神の戒めは、人間に適用したり解釈したりする余地をいっさいあたえない。神の戒めにたいしては、ただ服従か、それとも服従しないか、があるだけである。神の戒めは、無時間的に、また場所との関わりなしに、見出されたり、知られたりできるものではない。それは、ただ〔特定の〕場所と時とに結びついてのみ聞かれうるものである。神の戒めは、最後まで、明確で明白な、具体的なものであるか、もしそうでなければ神の戒めではないか、いずれかである。[*49]

〔神の戒めは〕神がアブラハムとヤコブとモーセとに語りかけたもうたように、明確なものであり、神がイエス・キリストにおいて弟子たちに語りかけたもうたように、また使徒たちを通じて〔各地の〕信徒の交わり《ゲマインデ》に語りかけたもうたように明確なものであり、そのように明確に神は、われわれに語りかけたもうのであり、さもなければ、神は、まったく何も語りたまわないのである。[*50]このことは、生のあらゆる瞬間に、何か特別な直接的な神的霊感によって、われわれが神の戒めを知らされうるということを意味しているのだろうか。〔また、このことは〕あらゆる瞬間に、見紛いようもなく、明白な仕方で、ある特定の、神がよしとしたもう行為の上に、神が《永遠の強い調子《アクツェント》》[*51]を置きたもうということを意味しているのだろうか。否、そうしたことを意味しているのではない。なぜなら、神の戒めの具体性は、その歴史性にあるのだから。すなわち、神の戒めは、歴史的な形（Gestalt）においてわれわれに出会う。*52 さて、このことは、われわれが、まったく確信をもつことなく、歴史的な諸力*53のさまざまな要求に委ねられることを、それゆえ、神の戒めに関しては、われわれが暗闇のなかで手探りしながら歩むということを意味しているのだろうか。否、そうではない。なぜなら、神は、その戒

*48 「世界連盟の運動の神学的基礎づけについて」（一九三二年）、DBW 11, 331-333 参照。*49 《もしそうでなければ……ではない》（《oder ... ist nicht》）という表現方法については、K. Barth, KD II/2, 598〔バルト『教会教義学』第二巻「神論」第二分冊〕「もしそうでなければ、それは、神学的な倫理ではない」を参照。「具体的な戒め」という表題が付けられた『倫理-断片ノート』Nr. 10（S. 334-341 と同じタイプの紙に書かれている）を参照。「神の御心は、いつも具体的なものであり、もしそうでなければ、それは、神の御心ではない」。バルトは、この『倫理-断片ノート』からの抜粋（E^{1} 221, = E^{6} 362 f）――一九四九年版の『倫理』〔『現代キリスト教倫理』〕において〔編者注としてはじめて〕活字化された――に、一九五一年に出版した KD III/4, 14 f〔バルト『教会教義学』第三巻「創造論」〕において言及している。*50 バルト『教会教義学』第二巻〔「神論」〕第二分冊の「神的決断の明確性」と題する章（KD II/2, 737-791）における、旧約および新約聖書から採られたもろもろの例（a. a. O., 751-753）を参照。L. L. Rasmussen, A Question of Method, 122 を見よ。*51 ボンヘッファーが一九三二年（DBW 12, 230）に、カール・ハイムの著作 Glaube und Denken を書評した際に用いた表現。なお、S. 323 を参照。また、S. 323 Anm. 63（K. Barth, Römerbrief, 282〔バルト『ローマ書講解』〕「霊感や直感は、必要ではない」）を参照。*52 「その歴史性にある〔のだから〕。すなわち、〔……〕われわれに出会う」は、「それ〔神の戒め〕が歴史のなかに入りこんでいることを意味している」を差替え。*53 差替え「諸形象《ゲシュタルテン》」。バルメン宣言の第一テーゼにおける《拒絶》命題を参照。「教会がその宣教の源として、神のこの唯一の御言葉〔イエス・キリスト〕のほかに、またそれと並んで、さらに他の出来事や力、形象〔人物〕や真理を、神の啓示として承認しうるとか、承認せねばならないとかいう誤った教えを、われわれは退ける」。〔宮田光雄『バルメン宣言の政治学』を参照。〕

めを、特定の歴史的な形において〔われわれに〕聞かせたもうのであるから。[*54]

いまや、いったい、どこで、またどのような歴史的な形で、神は、その戒めをあたえたもうのか、という問いが不可避的なものとなる。単純・明快に答えるために――重大な誤解を招く危険を冒すとしても――、さしあたり、この問いにたいしては次のように定言的（thetisch）[*55]に答えよう。すなわち、イエス・キリストにおいて啓示された神の戒めは、教会において、家族において、労働において、そして政治的権威（*Obrigkeit*）において、われわれに示される、と。

〔この命題において〕さしあたり、まだ十分には理解されてはいないが、しかし、いつも心にとめておくべき重要な前提は、神の戒めとは、つねにイエス・キリストにおいて啓示された神の戒めであり、またそうであり続ける、ということである。神によって啓示され、そしてまさに神の御心にかなって、イエス・キリストにおいて啓示された神の戒め以外に、神の戒めは、いっさい存在しないのである。

このことは、神の戒めが、創造されたこの世から出てくるのではなく、上から下へ来るということを意味する。すなわち、神の戒めは、この世的な力や法則――自己保存の衝動、飢餓、性的行動、政治的な権力[*56]――による人間の実際的な要求から出てくるのではない。そうではなく、要求し、裁くものとして、そうしたものの彼方に存在する。神の戒めは、事実上の力関係によって左右されることなく、地の上に廃棄しえない上位と下位とを設定する。神の戒めは、この設定によって、上述した倫理的な発言の権能、あるいは、いっそう包括的に言えば、神の戒めを宣べ伝える権能をあたえるのである。

神の戒めは、イエス・キリストにおいて啓示された戒めであるゆえに、神の戒めを宣べ伝える権能をあたえられたもろもろの権威のうち、個々のどれかが自分を絶対とみなすことはできない。教会、家族、労働、政治的権威は、互いに対抗的に他の領域を侵すことなく、互いに相並び、互いに協力して、それぞれにふさわしく、神の戒めを有効なものとすることによってのみ、それらが発言する権能を上からあたえられるのである。これらの権威のいずれか一つが、自分だけ神の戒めであると同一視することはできない。神の戒めの卓越性は、まさしく次の事実において明らかになる。すなわち、これらのもろもろの権威が、あい互いに（zu einander）、あい並び（nebeneinander）、あい共に（miteinander）、対抗し合う（gegeneinanderr）という関係のなかに秩序づけられていること、さらに、こうした具体的な関わりと限界づけとの多様性においてのみ、神の戒めがイエス・キリストにおいて啓示された戒めとして有効なものとなる、ということである。＊57

　イエス・キリストにおいて啓示されたものとしての神の戒めは、つねに、だれかにたいする具体的な語りかけであり、けっして何かについて、あるいはだれかについての抽象的な発言ではない。それ

＊54 差替え「特定の歴史的な形と結びついている」。＊55 《定言的》（thetisch）――ギリシャ語由来――は、〔命題〕設定的、〔命題〕主張的。＊56 「この世的な力や法則……から出てくるのではなく」は、「この世的な力――自己保存の衝動、政治的な権力――による人間の実際的な要求とは何の関係もないし、それゆえそうした要求とは決して同じではなく」を差替え。〔また、ここで〕「や法則」を付加し、「神の戒めは、いつでも、すべての人間的な法則の彼方にある」を削除。＊57 ナチ政権の全体主義的な要求は、教会、家族、労働、政治的権威が相互に限界づけたり、支え合ったりするという可能性を破壊した。それで、すべてのものが国家権力に服従させられ、もはやいかなる独立性も保てなくなってしまったのだから。

は、つねに、呼びかけであり、要求である。しかも、それは、まことに包括的であると同時に決定的であるゆえ、戒めを聞く人にたいして、もはや解釈の自由や適用の自由をあたえないで、なお服従するか、あるいは服従しないかの自由をあたえるだけである。

イエス・キリストにおいて啓示された神の戒めは、生の全体を包む。それは、ただ〈倫理的なこと〉のように、踏み越えることのできない生の限界を監視するだけではない。同時に、生の中心と豊かさとでもある。神の戒めは、〈当為〉(Sollen) であるだけではなく、また〈許可〉(Erlaubnis) であり、ただ禁ずるだけではなく、真に生きることへと解放し、あれこれ思案するのではなく〔単純に〕行動するように解放する。*58 神の戒めは、踏み誤った生の歩みを中断させるだけではなく、その歩みに同伴し、その歩みを導いてくれるのである――そのことは、いつでも自覚されていなければならない、というわけでは必ずしもない。神の戒めは、われわれの生にたいする日々の神の導きとなる。一つの例を挙げて、〔このことを〕はっきりさせよう。両親にたいする子どもの関係では、神の戒めは、その両親に反抗する子どもにたいする脅かし、裁く警告であるだけではない。それは、日々の生活のなかで、子どもがその両親を敬い、愛する無数の状況において、子どもに出会い、子どもに付き添い、子どもを導くのである。神の戒めは、たとえば第四戒*59のような厳粛な形式として存在するだけではなく、家族の交わりのなかにおける何らかの具体的な振舞いや行為にたいする、日常的な言葉や勧め、要請という形でも存在する。このことは、決して神の戒めが分裂していることを意味するのではなく、まさに逆に、神の戒めの包括的な一体性と同時にその完全な具体性とを意味している。それは、〔われわれの〕生が、神の戒めによって、無数の新しい発端〔＝何事かをし始めねばならない責任〕へと分裂するのではなく、明確な方向性、内面的な持続性、確固とした安定感をあたえられることを意味している。

神の戒めは、それを繰り返し意識することなしに、その《中において》生きている〔われわれの生の〕基本要素となっている。生の基本要素としての神の戒めは、活動と行動との自由、〔つまり〕決断や行為を前にした不安から解放することを意味する。〔また〕それは、確信（Gewißheit）、安らぎ（Ruhe）、信頼（Zuversicht）、心の平静さ（Gleichmaß）、喜び（Freude）を意味している。*60 私の生の境界に脅迫的な《なんじ……すべからず》という立て札が立っているからではなく、私が、生の中心と豊かさのなかにおいて私が出会うもろもろの所与のもの、すなわち、両親、結婚、生命、財産などを、神の聖なる定めそのものとして肯定するゆえに、〔つまり〕それらのなかで生き、また生きようと願うからこそ、私は、両親を敬い、結婚〔生活〕を続け、他人の生命と財産とを尊重するのである。*61 神の戒めは、限界を踏み越える者として私を脅かすときだけではなく、それが実質的な内容によって

＊58 「あれこれ思案した行為」（actus reflexus）と対照的な「あれこれ思案しない行為」（actus directus）については、DBW 2 (AS), 159 また至るところ〔『行為と存在』〕を参照。〔また〕E. Feil, ThDB, 83 ff, 111〔ファイル『ボンヘッファーの神学』〕を見よ。**＊59** 出二〇・一二。「あなたがたの父と母を敬いなさい。そうすればあなたは、あなたの神、主があたえてくださった土地で長く生きることができる」。《厳粛な》（*solenn*）は、ラテン語由来。**＊60** バルトの『教会教義学』〔第二巻「神論」第二分冊の〕「神の決断の善〔慈愛〕」の章（KD II/2, 791-818）を参照（〔これを〕指摘しているのは、L. L. Rasmussen, A Question of Method, 123）。**＊61** 第五戒から第七戒。出二〇・一三－一五。ボンヘッファーの一九四四年四月三〇日の書簡、DBW 8, 407〔『獄中書簡集』〕「限界においてではなく、まっただなかにおいて」を参照。

私をつくり変え、克服するときに、初めて、私は、決断の不安と不確かさとから解放される。私が自分の妻を愛し、結婚を神の定めとして肯定するとき、結婚には生活し・行動する内的な自由と確かさとが生まれてくる。そして、この内的な自由と確かさとは、もはや自分の歩みの一つ一つを疑わしい目で眺めたり、自分の行為の一つ一つに疑問を投げかけたりはしない。すなわち、神による姦淫の禁止は、もはや結婚〔生活〕における私の考えと行ないのすべてがその回りをめぐる中心点ではない——まるで結婚の意味と目標とが姦淫を避けることにあるかのように！——。そうではなく、持続され、自由に肯定された結婚、それゆえ姦淫の禁止を乗り越えていること（Hintersichlassen）は、むしろ、結婚という神の委託を遂行するための前提なのである。神の戒めは、ここでは、結婚〔生活〕を自由に、自信をもって、生きてよいという〈許可〉（Erlaubnis）となっているのである。

神の戒めは、神の御前で、人間として生きることの許しなのである。

神の戒めは、許しである。神の戒めは、〈自由を-命じる〉[*62]という点において、すべての人間の律法《おきて》からは区別される。神の戒めがこの矛盾を廃棄すること、不可能なことが可能になること、すべての命じうることの彼方にあるところのもの、〔すなわち〕自由が、その本来の対象であることにおいて、神の戒めは、神の戒めであることを証明する。神の戒めは、こんなにも高いところまで手を伸ばすものであり、それよりいっそう安易なものではない。〈許し〉とか自由ということは、もちろん、神が人間にたいして自分自身の選択によって——神の戒めから自由に——活動するための領域をなお残したもうという意味ではない。そうではなく、この許し、この自由は、じっさい、まさに神の戒めにおいてのみ生まれるものであり、神の戒めを通して、神の戒めにおいてのみ可能なことであり、決して戒めから解き放たれることではない。それは、神の許しであり続け、そうしたものとして、またそうしたものとしてのみ、その時々の〔人間の〕決断や行為を前にしたとき心を悩ます不安から解放し、神の戒めによって個人的に先導され、指導されていることを確信できるのである。

カントとフィヒテは、倫理学[*63]において《許されているもの》という概念を用いるのを認めなかったが、

*62 K. Barth, KD II/2, 650〔バルト、上掲書〕「神の戒めが他のすべての戒めからそれによって区別されるところの形（Form）、その特別な形とは、それが許しであるということ、すなわち、まったく断乎とした自由の認可だということである」を参照。ラリー・L・ラスムッセンは、一九六八年に、ボンヘッファーの《神の戒め》についての論述が、バルトの『教会教義学』〔上掲書〕と直接に関係があるにちがいないと推定していた（A Question of Method, とりわけ 121-124 参照）。それは、一九八一年に発見されたバルトとの往復書簡が、一九八二年に『スイス往復書簡（一九四一年－一九四二年）』として公刊されるより以前のことである。この『往復書簡』は、ボンヘッファーが一九四二年五月一三日頃に、この『教会教義学』第二巻第二分冊のゲラ刷を読むことができたということを、裏付けている（DBW 16, 266 f）。《自由を命じる》（Freiheit gebieten）というボンヘッファーの修正（バルトの「〔まったく断乎として自由な〕認可」〔という表現〕にたいして）を、バルトは、その後一九五一年に、KD III/4, 14〔上掲書「創造論」〕において引用した。 *63 I. Kant, Methaphysik der Sitten (Werke IV, 14)〔カント『人倫の形而上学』〕を参照。「命じられても、禁じられてもいない行動は、たんに許されている。（中略）そうした行動は、倫理的にはどうでもよいことである（indifferens, adiaphoron, res merae facultatis［どうでもよい、意味のない、ただたんに自由に委ねられた事柄］）。「そうしたどうでもよい行動（adiaphoron）について、倫理的法則に従って考察するなら、何ら特別の律法、〔すなわち〕許可の律法を要求されることはない」。フィヒテにとっては、道徳的なものの本質は、義務意識にある。引用は、G. W. F. Hegel, Religionsphilosophie nach Lasson XII, 258 f〔前掲書〕から。S. 369 Anm. 13（カントとフィヒテの《当為》〔について〕）を参照。

それは、〈許されているもの〉ということで、神の戒めにたいして中立的なもの・独立的なもの・無関係なものが理解されている限りは、正しい。しかし、それによって、彼らが〈神の許し〉という概念を、〔つまり〕神の戒めに由来する許しを排除し、それに代えて、純粋な〈義務〉の概念——それは、人間の生全体を包含し・担って行くためには、つねにあまりにも狭すぎることを実証せざるをえないものだ[*64]——をもってくるのは、正しくない。

神の戒めは、人間にたいして神の御前で人間として生きることを許す。人間としてであって、たんなる倫理的な決断の主体として、倫理学の学徒としてというのではない。これが意味していることは、マティアス・クラウディウスの「人間」と題する詩によって、最もよく表現されている。

身ごもられ、育てられる　——不思議にも、女によって
彼は、来て、見て、聞く　——迷妄に気づくことなく
切に望み、切に欲して　——ちいさな涙を捧げる
蔑《さげす》み、敬《うやま》って　——喜びを知り、危うさを覚える
信じ、疑い、思いつき、教えて　——何事も真実とはせず、またすべてを真実と思う
建て、また壊して　——いつまでも思い悩む
眠り、目覚め、成長し、命をつなぐ　——褐色と灰色の髪をして
そして、これらすべてが続いていく　——八十の年齢《よわい》になっても
それから、彼は、父祖たちのもとに横たわり、
そして、彼は、ふたたび帰ってくることはない[*65]

人間の生涯の時間性、豊かさと脆弱《ぜいじゃく》さとが、この詩のなかには、比類のない卓越さで表現されている。われわれが神の戒めについて語るときには、このような〔人間の〕生が問題なのである。そして、まさにこのような〔人間の〕生について、《倫理的なこと》は、何も知るところがない。《倫理的なこと》は、いつでもこの生をただ妨げようとすることができるだけであり、この生を、いかなるときにも、新しく、もろもろの義務のあいだの葛藤の前に立たせうるだけである。《倫理的なこと》は、いつでも、この生をただ自分自身にたいして疑わしいものにしうるだけであり、この生をただ無数の個々ばらばらの決断のなかに解消しうるだけである。*66 誕生から墓場にいたるまでの生の流れは、〈倫理的なこと〉にとって、把握しがたい《倫理以前の》ことである。すなわち、〔人間の〕行動の動機は不透明であり、いかなる行為にも、意識的なことと無意識的なこと、自然なことと超自然なこと、嗜好《しこう》と義務、利己主義的なことと利他主義的なこと、意図されたものと必然的なもの、能動的なものと受働的なもの〔など〕が、混じり合っている。それゆえ、その結果、いずれの〔能動的な〕行為も同時に〔他者から苦痛を〕受けることであり、自分の上にされるがままに任せることであり、その逆もまた同様である*67——これらすべては、《倫理的なこと》には反するものであり、《倫理的なこ

*64 草稿の欄外に、鉛筆で「クラウディウス／またある人も」〔と書いてある〕〔前者は、この頁のマティアス・クラウディウスを、後者は、フリードリヒ・テオドール・フィッシャーの著書のタイトル。S. 365 f を参照〕。*65 M. Claudius, Wandsbecker Bote, Vierter Teil, 470. クラウディウスの『全集』〔第四部〕では、「……灰色の髪」、「その他」のあとに所載。*66 「アトム化される」への変更を取り消した。*67 「能動的なものと受動的なもの」についてはS. 225を、《行為》と《〔他者から苦しみを〕受けること》についてはDBW 4(N), 148 f〔『キリストに従う』〕

と》にとって嫌悪されることである。つまり、〈倫理的なこと〉は、いかなる事情のもとでも、人間の動機と行為とが明確で・直線的で・純粋で・意識的であることを求め、〔人間の〕生の成長からごつごつとしたところを切除するのである。*68
神の戒めは、人間が神の御前で人間として生きることを許し、生の流れが自由に流れ行くことを許す。それは、人間に、食べ、飲み、眠り、働き、祝い、遊ぶことを許し、それを妨げることはない。*69〔また〕人間が眠ったり、食べたり、働いたり、遊んだりしてもいいのかどうか、人間にはいっそう急を要する義務がないのかどうか、という問いの前にたえず人間を立たせることはない。すなわち、神の戒めは、人間を自分自身と自分の行為の判定者や審判者にするのではなく、神の戒めによって導かれているという確信と信頼において、人間が生き、行動することを許すのである。〔自分の〕動機の純粋性にたいする自虐的な・見込みのない問い、疑い深い自己観察、持続的意識のギラギラした・人を疲れさせる光――それらすべては、生きることと行動することへの自由をあたえる神の戒めとは何の関わりもない。人間の生き・行動する根底が曖昧であること、〔能動的な〕行為と〔他者からの〕苦痛を受けること、意識的なことと無意識的なこととが解きがたく絡み合っていること――これらは、神の戒めによって生きることの許しのなかに、共に含まれているのである。光がこのような生に射し込んでくるのは、ただこの神の許しを受け入れることによってのみ、〔すなわち〕上からである。

神の戒めの前で、人間は、永遠の岐路に立つヘラクレス*70ではないし、正しい決断のために永遠に闘う者でもなく、もろもろの義務のあいだでの軋轢に引き裂かれる者でもなく、繰り返し挫折し・新たに始める者でもない。*71そして、神の戒めそのものは、極度に張りつめた意識で体験する・生の波乱に富む大いなる危機の瞬間においてのみ現われるものではない。むしろ、人間は、神の戒めの前で、（いつもまず岐路に立たされているというのではなく）ともかくも実際に自分の道を歩むことがすでに許されている。人間は、正しい決断を下すことを、（必ずしも目前にしているというだけではなく）ともかく実際に背後にすることを許されている。人間は、まったく内面的な軋轢なしに一つのことを行ない、（理論的・倫理的には、おそらく同じように急を要する）他のことをしないままに残しておくことを許されている。人間は、すでに歩みを始めること、その途上では、まるで善き天使[*72]によるかのように、神の戒めによって、導かれ、伴われ、守られることを許されている。そして、神の戒めそのものは、いまや日常的な・一見したところ小さな・ほとんど大した意味のないもろもろの言葉（Worte）、短文（Sätze）、目配せ（Winke）、助力（Hilfe）という形をとって、〔人間の〕生に統一的な方向と個人的な導きとをあたえることができる。[*73]

およびS.339-341を参照。**＊68** 差替え「樹木の」。**＊69** S.372（あらゆる生が〔経験する〕「自分の限界づけからの」、「中断」）、S.384（神の戒めは、「〔踏み誤った生の歩みを〕中断させるだけではなく、〔その歩みに〕同伴し〔、その歩みを導いてくれる〕」）を参照。K. Barth, KD II/2.573〔バルト、上掲書「神論」〕において、神の恵みは、「否と言うだけではない〔……然りとも言う〕」〔と述べられている〕。**＊70** K. Barth, II/2.573〔バルト、上掲書〕において、ソクラテスの同時代人であったソフィストのプロディコスが語った、悪徳に抗し美徳を選んだ分岐点におけるヘラクレスの決断の物語が、言及されている。**＊71** 一九四三年に書かれた戯曲の断片、DBW 7, 68を参照（「ひとは、人生を、毎日、新たに始めることはできない」）。**＊72** 『倫理-断片ノート』Nr.107に「眠りの天使」という表現がある。賛美歌の詩句については、DBW 5 (GL), 63 f〔『共に生きる生活』〕を参照。「どんなに私たちの目がとろんとしていても、私たちの心は、あなたを目覚めさせる」(EG. BP 481, 3 ; EG 469, 3 参照)。**＊73** 「……という神の戒めがあたえられているのは、罪過に陥るのを避けることや、倫理的な軋轢と決断との苦悩に追いつめるためでもなく、教会・結婚・家族・労働・国家において自由に肯定された・当然の生活へ導くためである。《倫理的なこと》は、ただもろもろの限界や形式的なこと、否定的なことのみを規定するのであり、それゆえに、主題としては、それは、いつでも、ただ限界において形式的・否定的な形でのみ可能なのである。これにたいして、神の戒めにおいて重要なのは、肯定的〔＝積極的〕な内容であり、この内容を肯定する人間の自由なのである。それゆえに、神の戒めは、この肯定的な内容と人間の自由とが、同時に注意を払われることによってのみ、キリスト教的な倫理の主題となりうる。決疑論、すなわち、人間の自由を犠牲にして具体的なケースのために予め決定する倫理教説も、肯定的な内容[*74]を犠牲にする形式的な自由の教説も、キリスト教的な倫理の主題としての神の戒めにとっては、ふさわしいものではない。《倫理的なこと》において重要だったのは、結局のところ、生の全体が充実する中で〈共に生きる〉ための場所を画定し[*75]・創出することだった。それにたいして、神の戒めにおいては、その具体的な内容において、さらにその〔＝具体的な内容の〕なかで、またそれによって可能となった人間の自由において、この《共に生きること》[*76]それ自体が重要なのである。したがって、神の戒めは、《倫理的なこと》をも共に包含していることが明らかになる。その際、決定的に重要なのは、それとは反対に、〈倫理的なこと〉が神の戒めをも包含しているとは言えない、ということである。すなわち、この場合には、〈二次的なもの〉としての神の戒めは、〈倫理的なこと〉の特殊な事例、〈倫理的なこと〉の具体的な《適用》以外の何ものでもなくなるであろう。むしろ、神の戒めは、その具体的な内容において、また、その具体的な内容によって可能となった人間の自由において、〈根源的なもの〉なのである。そして、神の戒めは、その具体的な内容から、その限界を確定し、またその内部で神の戒めが聞かれ、また実現されうる空間をつくり出す。神の戒めとともにある生の中心と豊かさとから、限界が生まれるのであって、その逆ではない。――さて、われわれが、最後に、《倫理的なこと》という哲学的な概念を、《律法》という聖書の概念によって置き換えるならば、結論としてこう言えるであろう。すなわち、神の戒めと律法とは、互いに分離しがたくつながっているが、やはり十分に区別されるべきものである。そして、律法は、神の戒めのなかに共に含まれており、神の戒めから生じ、神の戒めから理解されるべきものである。*77

こうして、以下に続く考察は、おのずから、二つの部分によって構成される。すなわち、第一は、

形をとって……あたえる〔ことができる〕」の箇所は、S.388のあとに続いていた削除された文言――それは、S.386のあとに続いていた削除された前の文言をいくぶん修正したもの――を採用したものである。それゆえ、この文言とその場所は、ともに、〔ボンヘッファーによって〕徹底的に考えぬかれている。**＊74** S.87の「形式主義と決疑論」を参照。また、『倫理-断片ノート』Nr.10「〈具体的なもの〉についての決議論的な誤解……形式主義的な誤解」を参照。**＊75** S.362「十戒を通じて標示されている場所」を参照。**＊76** S.372 fを見よ。**＊77** 具体的な《戒め》(Gebote)の具体的な帰結としての《律法《おきて》》(Gesetz)については、〔ボンヘッファーの〕一九三九-四〇年の詩篇一一九・一-二一(《律法》、《諸規定》(Satzungen)、《戒め》)についての黙想DBW 15,499-535、また『倫理-断片ノート』Nr.109「戒めのなかにおける生の祝福についての詩篇一一九章」〔ボンヘッファー『聖書研究　旧約編』所収〕を参照。ボンヘッファーは、《律法》を《倫理的なこと》という哲学的概念の代わりとし、また《戒め》といういっそう包括的で上位の概念から区別した。このことは、ボンヘッファーにおける概念的な革新であったが、それをさらに展開することは〔なしえ〕なかった。

神の具体的な戒めについて、第二は、律法についてである。*78

*78 差替え「1.具体的な戒め　2.神の律法」。ボンヘッファーは、S.282で《律法》に注釈をくわえている。「律法とは、十戒において、山上の説教において、そして使徒的勧告の言葉において示されているように、神を愛し隣人を愛するということである」。十戒についての評釈は、「律法の第一用法」（primus usus legis）のテキストDBW 16,605-607に――「第一用法」（usus primus）は、『倫理-断片ノート』Nr.38の「教会とこの世（の形成）」のあとに記されている――そして「この世に向けた教会の言葉の可能性について」という草稿S.360-362に、見出される。「歴史と善（第一草稿）」における山上の説教にたいする詳説（S.228-230およびS.234-244）は、「歴史と善（第二草稿）」において除かれている（おそらく、のちに扱うことを意図して）。使徒的勧告については、DBW 4(N),215 f〔『キリストに従う』第二部〕を見よ。ボンヘッファーは、〔テーゲル軍用刑務所に〕拘留されていた最初の頃に、使徒的勧告というテーマについての仕事を継続しようとしていたのかもしれない。彼は、一九四三年四月二五日に「パウロの倫理の二、三の章を解釈した」（DBW 8,50 f〔『獄中書簡集』〕）と書いている。テーゲル刑務所での断片NL A 86,5には、パウロ書簡、とりわけ一コリ七・六の「譲歩（許し）」について記されている。

具体的な戒めと神の委任*1

イエス・キリストにおいて啓示された神の戒め（Gebot）は、その統一性において人間の生を包括する。〔つまり〕、神の愛による和解を通じて、人間とこの世とにたいして全面的に妥当する要求である。この要求は、具体的には、四つの異なった形態、すなわち、教会、結婚と家族、文化、そして政治的権威において、われわれと出会う。〔しかし〕これら四つの形態は、ただ神の戒めそれ自身によって結び合わされた統一的な戒めなのである。

神の戒めは、どこかで、また至るところで、見出されるというものではない。〔たとえば〕理論的な思弁のなかで、あるいは私的な霊感のなかで、歴史的な諸権力のなかで、さらに、抵抗しがたい理想〔など〕のなかで。そうではなく、神の戒めは、戒め自身が存在するところでのみ見出されることができる。それは、ただ神御自身がその権能をあたえたもうところでのみ語られることができる。そ

＊1　この草稿は、《9》という数字をつけられた新しい頁——《アイヒベルガー》の透かし模様が入った二つ折り用紙の第二頁——を用いて、書き始められている（第一頁は、上掲のS.389から始まっている）。この草稿は、すべてが《アイヒベルガー》の透かし模様の入った二つ折り用紙に書かれている。つねに中央上部につけた番号は、（《10》から《15》までの）数字が続いている。

して、ただ神御自身がその権能をあたえたもう限りにおいてのみ、神の戒めは正当に打ち立てられる。歴史的な諸権力や、力強い理想、説得力ある認識などがあるところではなく、キリストの啓示にもとづく神の委任（göttliche Mandate）があるところで、神の戒めは見出される。〔すなわち〕このような神の委任が問題となるのは、教会、結婚と家族、文化、[*2] さらに政治的権威においてなのである。

〔委任という概念〕

《委任》（Mandat）という言葉でわれわれが理解するのは、キリストの啓示によって根拠づけられ、聖書において証しされている神からの具体的な委託（Auftrag）である。すなわち、ある定められた神の戒め（göttliches Gebot）を達成するための権能付与であり、正当化であり、また、地上的な〔制度としての〕権威《インスタンツ》に神的な権威《アウトリテート》を付与することである。委任という概念には、神の戒めによって、同時に、ある特定の地上の領域を要求し、接収し、形成するという意味が含まれている。委任を受けたものは、委任をあたえたもう方に代わって、一時的な代理として行動するのである。

正しく理解すれば、《秩序》（Ordnung）[*3] という概念をここで用いることもできるだろう。ただし、その概念には固有の危険がまつわりついている。すなわち、〔秩序という概念によって〕その秩序の現状を維持することに、いっそう強く目が向けられてしまうということである。神だけが――権能付与と正当化と権威づけによって――その秩序を根拠づけたもうということに、目が向けられなくなる恐れが生じる。そこからは、いとも簡単に、既存の秩序全般が神的なものとして認可され、それとともに、四つの神的委任についてのキリスト教の教説とは何の関係もないロマン主義的な保守主義[*4]が結果として生まれてくる。もし〈秩序〉という概念を、そのような誤解から免れさせることができるなら、この概念は、われわれが今ここで考えていることを、いっそう明確かつ適切に表現することもできるかもしれない。

＊2　以前は《労働》と名づけられていた委任が、これ以後は（草稿執筆が突然中断されるまで）、《文化》と称されるようになった。『倫理-断片ノート』Nr. 86には、《文化》についてのメモが書きとめられている。その一例が、「諸身分：官吏、兵士、聖職者、知識人。代理原理：ある人が他の人の代わりに、戦い、労働し、管理し、研究し〔この語には、「教育を受けた」という補足がついている〕、祈る……」〔である〕。このメモには、《創四以下》と〔指示が〕ある。《創四・一七以下》は、〔論文〕「国家と教会」において（DBW 16, 526）、さらに草稿「キリスト・現実・善」への挿入文において（S.57）、〈労働〉という委任と結びつけられている。ボンヘッファーは、テーゲル〔軍用刑務所〕での拘留中に、《文化》についてさらに思索を重ね、そこでは、この委任のための名称として、《労働》に戻っている。一九四四年一月二三日付の手紙（DBW 8, 290 f）〔『獄中書簡集』〕を参照。**＊3**　「秩序」については、O. Dittrich, Geschichte der Ethik IV, 65（《三つの社会組織》）が指示しているルターの „ordo“（秩序＝社会組織）論を参照。ルターは、同じ概念（社会組織、身分、階層制度など）をいつも同じように使用していたわけではない。しかし、ルターは、アリストテレス以後、用いられてきた伝統的な専門用語——意味はしばしば変化した——を引き継いでいた。すなわち、経済身分、政治身分、教会身分（status oeconomicus, politicus, ecclesiasticus）〔などの用語〕である。W. Maurer, Luthers Lehre von drei Hierarchien を参照。**＊4**　《ロマン主義的保守主義》は、従来の秩序を美化する。それゆえ、何であれ、新規のものよりも従来の秩序を優先する。これについては、上述の、S.380を参照。ボンヘッファーは、たしかに《秩序》の概念を敬遠していた。エルランゲンのルター主義者、パウル・アルトハウスとヴェルナー・エーレルトがその概念を使用していたからである。

また、宗教改革の時代以来、定評のある《身分》(Stand)[*5]という概念を、ここで提案することもできよう。しかし、この概念は、歴史の経過とともにあまりに肥大しすぎてしまった。それゆえに、その最初期の純粋な意味で受けとられることが簡単にはできなくなった。今では、この言葉は、人間的な優先権や特権を意味する響きを強く伴うようになり、そのため、その言葉が最初にもっていた謙遜な品位をもはや聞き分けることができなくなっている。最後に、《職務》(Amt)という概念は、あまりに世俗化され、制度的・官僚的な思考と緊密に結びつきすぎてしまったので、この言葉からは、もはや神的決定のもつ崇高さは聞きとることができない。このように、適当な言葉を見出しえないので、われわれとしては、さし当たり、《委任》という概念を使ってみようと思う。しかし、むろん、事柄《ザッヘ》そのものを明確化することによって、秩序・身分・職務という古い概念を更新し再生するために、寄与したいと思っているのである。

神の委任は、キリストにおいて啓示された一つの戒めにのみ依存している。神の委任は、〈キリストの現実〉すなわち、イエス・キリストにおいて啓示されたこの世と人間とにたいする神の愛の現実の、もろもろの肢体(Gliederungen)[*6]として——《もろもろの秩序》〔とも言える〕——上からこの世のなかに入れられているのである。それゆえ、神のもろもろの委任(Mandate)は決して歴史のなかから成長してきたものではなく、地上的な諸力ではなく、神からの委託なのである。〔それゆえ〕教会、結婚と家族、文化、政治的権威が何であるかについては、上から[*7]、神から、という以外に、語ることも理解することもできない。委任の担い手は、下から[*8]委託を受けたものではなく、人間の意志を実現し、代弁するものでもない。委任の担い手は、厳密な意味で、割引なしに、神からの委託を受けた者、神の代理者、代弁者なのである。このことは、ある教会や、ある家族、ある政治的権威などの歴史的な形成の仕方や在《あ》りようとはまったく無関係に言うことができる。このように、委任の領域において

＊5 『倫理-断片ノート』Nr.1——これは一九四〇年に書かれた——では、概念について、以下のように検討されている。すなわち、「諸身分の建設　[〔この言葉はいったん〕削除されたが、文字の下に点を打って、この削除が取り消されている]。官職〔の建設〕？　職務〔の建設〕？」。＊6 この文章とその前の〔段落の初めからの〕文章を準備する文章表現が、『倫理-断片ノート』Nr.114にある。同じ『倫理-断片ノート』には、「一体性：戒めと私〔との関係〕として」とある。（「私は……である」というイエスの言葉——ヨハネによる福音書における言葉、たとえば、ヨハ一四・六——を想起させる。S.235を参照。また、「のなかに入れられる」という言葉についても。一九三二年の講演『御国を来たらせたまえ』にある。「上から、呪われた土地のなかへ入れられる」（DBW 12,268を参照）。＊7 ボンヘッファーが〔論文〕「国家と教会」において、ヨハ一九・一一をふたたび引用していることを参照（DBW 16,515）。そこでは、政治的権威のもつ権力は、「上からあたえられたもの」である、と〔引用されている〕。＊8 もろもろの委任の担い手が、その委託を「下から」委《ゆだ》ねられるのではないという命題は、〔ボンヘッファーが〕民主主義的な手続きにたいして、ある種の留保を示しているように見える。〈第三帝国〉においては〔人びとは〕指導者にたいする絶対的服従に慣らされていた。それゆえ、ボンヘッファーの理解によれば、〔ヒトラー政権〕転覆直後の政府は、「さしあたり、アングロサクソン的な意味での民主的外観をもちえない」かもしれなかったのである。ウィリアム・ペイトンの著書『教会と新秩序』（William Paton, The Church and the New Order）にたいする見解を見よ（DBW 16,541）。しかし、「さしあたり」という言葉で暗示されるように、民主的な政治的統制の導入が必要だと考えられてはいたのである。その点については、機密に属する「戦後秩序を樹立するための検討」（"Some Considerations concerning the Post-War Settlement"）を参照。これは、一九四一年三月一二日にボンヘッファーの第一回スイス旅行の際に行なわれたボンヘッファーとの対話の後で、フィッセルト-ホーフトが、書きとめていたものである。A. Boyens, Kirchenkampf und Ökumene 1939-45, 431 f を参照。なお、DBW 16,161を参照。

は、廃することのできない上位・下位の関係が神の権能付与によって定められている。それゆえ、神の戒めは、一つの地上的な権威関係においては、はっきりと上位・下位を規定する秩序のなかで、つねに人間と出会うのである。しかし、この上位・下位については、ただちに、いっそう詳細な規定が必要となる。すなわち、

（1）その上位・下位は、地上的な力関係と同じではない。力の強い者が、弱い者にたいして、そのまま神の委任を引き合いに出すことは決してできない。むしろ、地上的な力関係をそれにふさわしい仕方で訂正し、秩序づけるところに、神の委任の本質がある。

（2）さらに、神の委任は、上位のみならず、下位をも創造したもうということが強調されねばならない。上位と下位とは、切り離しがたく結びつき、互いに制限しあう関係に置かれている。これについては後にさらに詳細に規定するはずである。[*9]

（3）たしかに、上位と下位〔の関係〕は、概念もしくは事物の関係ではなく、人格相互の関係である。しかし、まさにその人格は――上位にあるにせよ［あるいは］下位にあるにせよ――神の委託に、ただその委託だけに服従するものである。主人〔たち〕も一人の主なる方をもっている。そして、ただこの事実〔＝一人の主の存在〕だけが、そもそも彼らが主人であることを根拠づけ、僕《しもべ》にたいする権能をあたえ、主人であることを正当化するのである。主人と僕とは、それぞれが神の委任に関与していることからくる、あの栄誉を共に担っているのである。下位にある者を傷つけるために、上位の地位が乱用され、他方、同じように、〔上位にある者を傷つけるために〕下位の地位もしばしば乱用される。上位と下位は、共に神の委任によって根拠づけられている。このことが認識されていない場合に

[*10] [*11] [*12] [*13]

は――個人的に関わる逸脱は別として――上位も下位も乱用されるのは避けられない。その場合には、上位にあることが偶然の幸運とみなされ、とらえられて、ためらいなしに利用し尽くされる。他方では、それに応じて、下位にあることが、不当なハンディキャップとして怒りと反抗へ通じることにならざるをえない。

しかし、いったん下位の者が自分のなかにある力に目覚めるや否や、*14 危機的瞬間が到来する。その瞬間には、彼らは、突然に目が開かれ、自己解放の行動に出ることによって、破壊・否定・懐疑・反逆などの暗い力が、彼らのなかに流れ込み、この混沌とした力にとらわれて、現存のもの、上位のものを凌駕する力が〔自分に〕あるかのように錯覚する。まさにこの瞬間には、上位と下位の関係は逆転するのである。そこには、もはや真の上位と下位は存在しない。上位にある者は、その権能と正当性とをただ下位のものから引き出すほかなくなる。〔他方〕下位のものは――下から見て――上位にある者のなかに、彼自身の上位にあるものにたいする要求を具現化することしか見ない。だからここで

*9 S.398を見よ。*10 草稿では、「そして」(und)となっている。*11 エフェ六・九:「主人たち、……あなた方が知っているとおり、あなた方の主は天におられるのです」。*12 G. W. F. Hegel, Phänomenologie, 146–150〔ヘーゲル『精神現象学』〕を参照。編集者ラッソンによって、《主人と奴隷》という見出しがつけられている。ボンヘッファー所有の同書では、この部分は、頁が切り開かれていない。*13 〔「物質的あるいは精神的」が削除されて〕「傷つけるために」となっている。「私的な利益を享受するという意味で」の差替え。*14 DBW 3 (SF), 35〔『創造と堕落』〕を参照。〔そこでは〕創一・二について〔以下のように叙述されている。〕「真っ暗な深淵は……まさに深淵であることにおいて、権力、暴力をみずからのうちに含んでいる」。それは、根源から「切り離されており、暴動と反逆である」と。S.109の「……脅かすような暗い存在として、大衆が台頭する」も参照。

は、下位のものは、上位のものにとって、絶えず避けえない脅威となる。この脅威を前にして、上位のものは、一方では、下位のものをさらに煽動することによって、他方では、下位のものの反逆しようとする力を恐怖《テロ》で抑圧することによってしか、《上位》の地位を保つことができないのである。*15 上位と下位の関係は、この転倒と解体の段階においては、互いにきわめて深い敵意・不信・虚偽・嫉妬の関係にある。しかし、こうした雰囲気のなかでは、上位にあることと下位にあることとの個人的な乱用も、かつてないほどに蔓延する。反逆する力にたいする恐れが支配するところでは、そもそも上から根拠づけられた〈真の秩序〉のようなものが存在可能であったという事実は、〔神の〕現実のなかに存在するものとしては、一つの奇跡のようなものに見えるに違いない。*16 上位・下位の正真正銘の秩序は、《上》からの委託を、もろもろの《主たち》の上に立つ《唯一の主》を信じることによって、はじめて生きるのである。この信仰だけが、下から出現する悪魔的な力を追放する。*17 この信仰が破れるなら、上から根拠づけられたこの世の構造全体が崩壊し、無に帰してしまう。ある人は、それは民衆にたいする欺瞞のようなものだったと言い、他の人は、それは一つの奇跡だったと言うかもしれない。〔しかし〕両者は、共に信仰のもつ力に驚嘆するに違いない。

教会、結婚と家族、文化、政治的権威。この四つの神の委任は、互いに、共存し、依存し、対抗しあっていなければならない。そのときにのみ、イエス・キリストにおいて啓示された神の戒めとして力をもつ。これらの委任は、いずれも自分だけでは存立しえないし、他のものに取って代わろうと要求することもできない。*18 これらの委任は共存的（miteinander）であり、さもなければ神の委任ではない。しかし、それらの委任は、共存しながら、互いに孤立し分離されているのではなく、互いに向

かい合っているのである。これらの委任は、相互依存的（füreinander）であり、さもなければ神の

＊15　大衆の《煽動》と《恐怖》（テロ）、〔人びとに〕不安を抱かせる恣意的な権力行使、これらは、〈第三帝国〉において、しばしば、そして効果的に利用された闘争手段であった。下からの支配要求のもつ危険性の著しい事例である。＊16　一九三二年一一月一九日の講演『御国を来たらせたまえ』では、別な表現になっている。「奇跡と秩序、それは、神の国が地上においてとる二つの形態」、すなわち、教会と国家である（DBW 12,273）。一九三三年以後は、ドイツにおいては、国家秩序も待ち焦がれた《奇跡》に近いもののように思われていたのである。κατέχων《抑えているもの》《カテコーン》については、S.122-124で詳論されていることを参照。Charles C. West, Ground under our Feet, 263は、ここで、ボンヘッファーがカルヴァン（J. Calvin, Institutio IV, 20,2〔カルヴァン『キリスト教綱要』〕）の主張に近く立っていることに注意を促している。すなわち、「それら〔市民的正義や一般的な平和を打ち立てる〕〔市民的統治という補助手段を〕人間から奪い取るものは、人間から人間性を奪い取るということである」と。＊17　抵抗グループのなかでは、ヒトラーの、あるいは〈第三帝国〉の《魔力》《デモニー》という言葉が使われていた。G. Ritter, Machtstaat und Utopie, 33では、マキャヴェリの政治観を詳細に論ずることによって、ひそかにヒトラーを風刺していた。すなわち「権力をもつ者が、完全に権力にとり憑《つ》かれたようになっていることは、本質的には、権力の《魔力》の一部をなしているのではないか」と。＊18　A. Harleß, Christliche Ethik, 212を参照。〔ハーレスによれば〕「この共同体の三つの基本形式〔すなわち、結婚と家族、国家、教会〕は、地上に存続する間は、互いに制約しあい浸透しあう相互関係の下にある。キリスト者の意識が、この相互関係を認識しているのであれば、まさにその限りで、この相互関係を大切にして、一つの共同体の本質的特徴を他の共同体に押し付けようとはしないのである」（S.55, Anm. 70）参照）。ナチ体制は、全体国家に向けて均制化しようと努力した。ローター・ヘルビングは、《第三帝国の神話》が「国家的なものと宗教的なものとの最終的一体化という壮大な野望」をもっていることを指摘している（L. Helbing, Der Dritte Humanismus, 18）参照。ボンヘッファーの所有本には、この文章の横に薄い波線が引かれている)。

委任ではない。しかし、この、共存・依存の関係において、一つの委任は他の委任によって限定を受けている。[*19] そして、この限定は、相互依存のなかで、必然的に対抗関係として経験される。この対抗関係（Gegeneinander）が存在しないところでは、もはや神の委任はない。

それゆえ、上位にあるものは、それぞれ別々の働きをする三重の制限を受けている。すなわち、〔第一に〕委託をあたえたもう神御自身によって、〔第二に〕他の委任によって、〔第三に〕下位にあるものによって、制限されているのである。これらの制限は、しかし同時に、上位にあるものが保護されることをも意味している。この保護は、神の委任を自覚するように励ますことに役立つ〔のだから〕。それは、あの制限が、上位にあるものに、その越権行為にたいする警告であるのと同様である。保護と制限とは、同じ事柄の二つの側面である。神は、制限することによって保護したまい、警告することによって励ましたもうのである。

さて、〔以下においては〕まず、四つの委任のそれぞれにおける神の戒めについて、次いで、それらの共存、依存、対抗の関係について論じることにしよう。[*20]

教会における神の戒め

神の戒めは、教会において、二通りの仕方でわれわれに出会う。すなわち、説教と罪の告白〔＝告解〕もしくは教会規律[*21]（Kirchenzucht）という形において。換言すれば、公共的な形と隠れた形で。説教を共に聞く会衆に向けたものと一人びとりの人間に向けたものとである。この神の戒めの二つの

形は、当然、密接に結びついている。罪の告白あるいは教会規律[*22]がともなわれないところでは、説

＊19　O・ディトリヒが、ルターの議論についてまとめている（O. Dittrich, Geschichte der Ethik IV, 46）。„Jesaja (E el [Erlanger Ausgabe, Exegetica opera latina] 23, 386)" Ennaratio capitis noni Esaiae [1543/44] 1546, WA 40 III, 648, 27-31〔などを参照。〕（イザ九・四については［ルター訳聖書の節数では、《四節》だけでなく、三節も］）。〔ディトリヒによれば〕重要なのは、「このように《神的なもの、神によって定められたもの》であるこの《三つの階層制組織》が、それぞれ「自分の限界内にとどめられているということである。……〔この三者の〕混同はここでは何の役にも立たない（……mixtura hic non valet）」。「三つの階層制組織」とは――WA 40 III, 32 f を見よ――「政治」「経済」「教会」（politia, oeconomia, Ecclesia）である。『倫理-断片ノート』Nr. 89 を参照。〔そこには〕「上位にたいする抑制――内部の統制機関（「内部の」というのは追加）あるいは、教会、国家、家族の相互的統制」とある。＊20　この文章――これ以降の執筆計画――の脇には、草稿の欄外にインクで二本の線が引かれ、„Schilling: Moral Bd. II" という本の差し入れ要請〔が記してある〕。――この本は、〔論文〕「国家と教会」（DBW 16, 509）において引用されており、一九四三年四月二五日付の手紙（DBW 8, 51〔『獄中書簡集』〕）のなかで差し入れを求められている。〔ボンヘッファーが〕教会と政治的権威という二つの委任に取り組んでいたことを示唆する。結婚という委任についての考察は、「結婚を祝う独房からの説教」（一九四三年五月、DBW 8, 76 (73-80)〔『獄中書簡集』〕）において確認できる（「神は、一つの秩序の基礎をおき、そのなかであなた方が結婚生活をしながら共に生きることができるようにしたまいました」）。一九四四年一月二三日付の手紙（DBW 8, 290 f〔『獄中書簡集』〕）には、「結婚、労働、国家、そして教会は、神の具体的な委任をもっている」〔と述べられている〕。ここで、ボンヘッファーは、労働概念にたいする文化と教養（そして友情）の関係について熟考した。掲げられている四つの委任だけが、聖書によって根拠づけられる委任なのか、そして、その四つの委任によって、近代社会の制度的な構造を十分に把握できるのか。この問題は、一九四三年までに成立した《倫理》草稿では、詳しく論じられてはいない。＊21　「説教を共に聞く会衆」という言葉は、「〔個別〕《教会》」（Gemeinde）の差替え。＊22　「告解」〔罪の告白〕そして「教会規律」に

教において語られる神の戒めは、一般的な道徳的原則を宣べ伝えるだけのものと理解され、それには、具体的な要求がいっさい欠けている。しかしまた、公共の〔礼拝〕説教が背後にまったく退いてしまい、聴罪席が優先される場合には、なるほど具体的な要求ということでは欠けることはないが、そこには、律法主義的な決疑論（gesetzliche Kasuistik）の危険が生まれ、信仰の自由が破壊されることになる。その結果、必然的に、〔教会が〕絶えずひそかに、他の神的委任、すなわち家族、文化、政治的権威の領域を侵害して発言し、教会の委任が絶対化され、もろもろの委任の自由な共存関係が破壊されることになるのである。

この二つの可能性が、福音主義教会とカトリック教会のそれぞれの弱点に触れているということは疑いない。福音主義教会からは、牧師が、長らく告解の問題とそれにたいする責任とをおろそかにし続けていたあいだに、具体的な倫理が見失われてしまった。[*23] キリスト者の自由を誤った形で引き合いに出すことによって、〔福音主義教会の〕牧師は、神の戒めを具体的に宣教することから遠ざかってしまったのである。それゆえ、告解という神的な職務を再発見することによって、福音主義教会は、はじめて宗教改革時代にもっていた具体的な倫理に回帰するであろう。〔他方〕カトリックの教職者は、その聖職への修学中に、自分が決定を下さねばならなくなる無数の《ケース》（Casus）[*24] についての取り決めを通して、聴罪司祭としての職務の準備をする。それによって、神の戒めは律法化され、〔信徒のための〕教育方法となってしまう危険が非常に大きいことは疑いない。このような危険は、キリスト教的説教の職務を再発見することによってのみ克服されうるであろう。

教会において神の戒めがとるこの二つの形は、それらがいずれも神の啓示の宣教であるという点では、共通している。教会にあたえられている委任は、宣教（Verkiündigung）という委任である。神は、その御言葉が世界の果てに至るまで繰り返し口にされ、語られ、伝えられ、解き明かされ、広められる一つの場所を求めたもう。イエス・キリストにおいて天からもたらされた御言葉は、人間の言葉という形をとって、再現されることを求めている。教会にあたえられた委任は、神の御言葉〔の宣教〕である。この御言葉において、神御自身が現臨することを求めたもう。教会においては、神御自身が発言することを求めたもう。

教会が宣べ伝える言葉は、イエス・キリストにおける神の啓示の言葉である。それゆえ、人間自身の心や悟性や本質から出てくる言葉ではなく、天から、神の御心と憐れみから、人間にもたらされる言葉であり、イエス・キリストの命令と定めから出てくる言葉である。したがって、その言葉は、人間のもとにくることによって、同時に、上位のものと下位のものとの明確な対向関係（Gegenüber）を設定する。上位にあるのは宣教の職務であり、下位にあるのは、それを聴く教会《ゲマインデ》〔の会衆〕である。*25

ついては、DBW 4 (N)〔『キリストに従う』〕を参照。〔同書の〕事項索引を見よ。この二つのキーワードが、『キリストに従う』のためにボンヘッファー自身が作った索引のなかにある。フィンケンヴァルデの牧師研修所において、受講生たちは、告解の意義について手ほどきを受け、個人的な告解を聞く訓練を受けるよう勧められた。教会規律は、フィンケンヴァルデにおける最後の研修コース（一九三七年）のテーマであった。DBW 14, 820, 829-843 を見よ。**＊23** DBW 5, (GL), 98〔『共に生きる生活』〕を参照。「告解においては、具体的な罪の告白が」重要である。「人間は、一般的な罪の告白をしながら、〔じつは〕自分を正当化しがちである〔から〕」。**＊24** „*Casus*“（ラテン語、ここは複数形）とは、単数形では「事例」「倫理的問題」のことである。これについては、S.87 Anm.94 を参照。**＊25** リュ

神とイエス・キリストに代わって、教会の会衆の前には、宣教を託された説教の務めを担う者が立つ。説教者は、教会〔会衆〕の代弁者（Exponent）ではなく——もしもこのような表現が許されるならば——教会〔の会衆〕にたいする神の代弁者である。彼は、教え、戒め、慰め、罪を赦し、しかしまた罪を保持する権能をあたえられている。[*26] 説教者は、同時に、教会の羊飼いであり、牧者である。この職務は、直接にイエス・キリストが定めたもうたものであり、[*27] その正当性は、教会〔の会衆〕の意志によるのではなく、イエス・キリストの意志によるのである。その職務は、教会において（*in*）定められたのであり、教会によって（*durch*）定められたのではない。[*28] それは、教会とともに同時に定められたのである。

この〔説教の〕職務が、教会において十分に果たされているときには、神の御言葉の職務にのみ奉仕する教会のその他の職務も、すべてが生き生きとしたものになる。なぜなら、ただ神の御言葉のみが支配するところで、はじめて信仰と奉仕とが成り立つのだから。神の御言葉の宣教のもとで目覚めた教会〔の会衆〕は、説教という職務を独自の光栄ある働きとして尊重し、また、その職務に全力をあげて仕えることによって、その信仰の真実性を示すことになるであろう。しかし、教会〔の会衆〕が、自分の信仰を頼りとして全信徒祭司性（das allgemeine Priestertum aller Gläubigen）[*29] を引き合いに出して、説教という職務を軽視し、妨げ、さらには、それを自分に従属させようとさえするようなら、信仰の真実性は現われてこない。[*30] 説教の職務が上にあることは、まさに教会〔の会衆〕が本当に下にあることによって、すなわち、信仰と祈りと奉仕とによって、その乱用の危険から守られるのである。しかし、神の定めたもうた秩序を掘り崩し・ぶち壊すことによって、さらに、教会〔の会衆〕が上に立とうとするような転倒した企てによっては、そのような乱用の危険から守られることは決してない。イエス・キリストを証言する宣教の職務は、聖書に拘束されている。ここでは、あえて言わねばな

トゲルトが、宗教改革者の信仰告白に従った教会概念について要約している（W. Lütgert, Ethik der Liebe, 72）。すなわち、「福音を宣教し、聖礼典を執行することが……聖職者の職務に特別に許された権限であり、義務である」と理解するなら、教会《ゲマインデ》は、（聖礼典の執行を除けば）「神の御言葉を信仰深く聞くということの外に何らの課題ももっていない」と。メランヒトンの「教皇権力論」（Tractatus de potestate papae）を参照。BSLK 479 f〔『一致信条書』〕には、以下のように書かれている。すなわち、「そして、御言葉を説教し教えよとキリストから命じられた、その御言葉と職務とにたいして、その人物が何もなさないのであれば、〔いったい〕だれがその場にいたいと思うだろうか。その職務を信じ、頼りにする気持ちが、その言葉を聞き信じる者のどこに生じるであろうか」と。この文章は、E. Schlink, Theologie der lutherischen Bekenntnisschriften, 327 に引用されている。このシュリンクの著作については、DB 515〔ベートゲ『ボンヘッファー伝』〕「ボンヘッファーは〔その刊行を〕歓迎し、あらゆる機会にそれを推薦していた」を見よ。**＊26**「罪を赦し、しかしまた罪を保持する」は、「そして告解の規律のために」の差替え。**＊27**「イエス・キリスト」は、「神」の差替え。ヨハ二一・一五－一七（「私の小羊を飼いなさい」）およびDBW 4(N), 195〔『キリストに従う』〕を参照。**＊28** DBW 4(N), 246〔『キリストに従う』〕でも、このようになっている。この《倫理》草稿では、《in》に二重の下線が引かれている。A. F. C. Vilmar, Dogmatik II, 278-280 は、「聖職者の職務が、教会から生まれてくるという理論」を断固として退けている。**＊29**「ルター派の全信徒祭司性の教理」については、DBW 1(SC), 139〔『聖徒の交わり』〕を参照。**＊30** 個別教会《ゲマインデ》が、たとえば、市民的な教会なのか、それとも、ドイツ的キリスト者によって——すなわちナチ主義的に支配されている教会なのか。実際には、それによって説教職〔のあり方〕が左右されていた。ボンヘッファーは、こうした事態にますます深く関わらざるをえなくなった。断固として告白教会に所属し、ナチ体制に批判的に対決する牧師たちにたいして、多くの教会《ゲマインデ》が、抗議を止めるよう強要したり、あるいは、彼らが抗議の結果として迫害されるのを見殺しにしたりしていたからであった。

らない。〈聖書はその本質からして説教の職務に帰属するものであるが、説教は教会〔の会衆〕に帰属する〉と。聖書は、解き明かされ、宣べ伝えられることを欲している。聖書は、その本質によれば、教会員《ゲマインデ》の〔敬虔を養うための〕建徳書ではない。[*31] 解き明かされた説教のテキストは、教会のものであり、そこから、説教で宣べ伝えられたことが「そのとおりかどうか聖書を調べる」（使一七［・一一］）ことになる。それゆえ極限的なケースとしては、聖書に書いてあることにもとづいて、説教に対立せざるをえないという事態が起こりうるのである。[(1)]

（1）通常の場合には、説教を吟味することは、各個教会《ゲマインデ》の教会員ではなく、教会管理機関による査察（kirchenregimentliche Visitation）の仕事である。教会員《ゲマインデ》がつねに説教を批判的に吟味しながら聞くことを余儀なくされるというのは、健全なことではない。[*32]

しかし、そのような場合にも、聖書は、その本質からして、教会の教える務めに帰属するということが前提とされている。個々のキリスト者、あるいはキリスト者のグループが、すべてのキリスト者の平等の権利や信仰における成人性（Mündigkeit）、また聖書の言葉の自明性などを引き合いに出して、聖書〔解釈〕に手を伸ばそうとすることは、神の啓示の本質を特別に重んじ、また、特別に霊的に認識していることの徴《しるし》では決してない。〔むしろ〕多くの傲慢、無秩序、混乱、信仰的混迷は、このような聖書理解から生まれてくるのである。聖書の聖性にふさわしいのは、次のような認識である。すなわち、〈〔説教者が〕聖書を解き明かし宣教することへと召されているのは、〔神の〕恵みによるものであり、また、〔教会員が〕こうした解き明かしと宣教の聴き手にとどまることを許されていることも、

〔神の〕恵みによるものである〉。[*33] 説教書と祈祷書は、教会〔の会衆〕のための大切な書物であり、聖書は説教者のための書物である。この事実は、教会員《ゲマインデ》と説教職の担い手とのあいだには神が定められた対向関係（Gegenüber）があるということを適切に表現しているのかもしれない。〔しかし〕その際に、はっきりしていなければならないのは、こうした考え方が、民衆を教化してやろうという坊主根性から出てくるのではなく、[*34] 神の啓示そのものに由来しているということである。[(2)]

（2）ここでは、たとえば〔インドにおける〕第四カーストにとって、ヴェーダ〔＝バラモン教の聖典〕を学習することがヒンドゥー教で禁止されているのと同様な意味で、[*35] 聖書を読むことが禁じられて

＊31　「その本質によれば……ない」という文章は、「第一に……というわけではない」の差替え。**＊32**　ボンヘッファーは、一九四三年にテーゲル拘留中に書いた小説の断片の冒頭で、こうした「健全でない」状況を描いた。「所長さんの奥さま、貴女はこれでも未だ、あの牧師が神の御言葉を説教なさったのではなくて、会衆の皆さんのお好みに調子をあわせただけだったってことに、お気づきになりません？」（DBW 7, 81〔『日曜日　獄中からの小説草稿』〕）を参照。**＊33**　DB 506〔ベートゲ『ボンヘッファー伝』〕を参照。一九三五年から一九三七年にかけて、フィンケンヴァルデにおける牧師研修所では、「〔ボンヘッファーの〕説教論は、もっとも困難なこと――すなわち、自分の説教を聞くこと――を教育することから始まった」。**＊34**　「いなければならないのは……民衆を教化」は、「重要なのは、坊主根性の民衆教育のことではない」の差替え。《坊主》（Pfaffe）は、宗教改革以来、日常的な言葉としては、偏狭なほど熱心で、不当な要求を掲げる聖職者の特徴を示す言葉として一般に用いられてきた。草稿の上部の欄外では、「教育学的だけではなく、神学的にも！」を削除。**＊35**　《ヴェーダ》は、インド＝アーリア族の最古の宗教文献である。《第四カースト》とは、三つの上位カーストとは異なり、ヴェーダを読むことが許されない下位のカーストの総称である。

いるのではないことは自明である。ここで取り上げているのは、聖書がその本質にふさわしく、どのような場所に帰属しているかという認識の問題である。*36

聖書にもとづいて説教の務めを担う者は、この世の主であり救い主でありたもうイエス・キリストを宣べ伝える。キリストを宣べ伝えることのないような宣教は、正しい教会的宣教ではありえない。教会《キルヒェ》は、一般的・理性的・自然法的な言葉とキリスト教的な言葉、つまり、不信仰者のための言葉と信仰者のための言葉という二種類の言葉をもっているのではない。*37 ファリサイ派的な高慢に陥っているのでなければ、教会が、ある人にはキリストを宣教し、別の人には留保するというようなことはできない。教会の言葉は、その唯一の権利、唯一の権威づけをイエス・キリストの委託（Auftrag）のなかにもっている。それゆえに、この権威づけを無視する言葉は、すべて空虚なたわごととならざるをえない。

たとえば、教会と政治的権威とが遭遇する場合を考えてみよう。たしかに、政治的権威にあたえられた委任（Mandat）は、キリストを告白することではない。政治的権威は、むしろ、まったく具体的な現状の弊害について関与することを求められているのであり、その状態を取り除くことこそ政治的権威にあたえられた神の委任である。しかし、〔その際〕教会は、簡単に教会であることを止めることはできないのであり、自分にあたえられた独自の委任（Mandat）を実行することを通してのみ、政治的権威にたいして正当に、その委任を果たすように呼びかけうるのである。教会は、この世のための戒めとキリスト教会《ゲマインデ》のための戒めという二種類の戒めをもっていて、それらを自由に使い分けるのではない。教会の戒めは、イエス・キリストにおいて啓示された神の一つの戒めであり、それを全世界に向かって宣べ伝えるのである。

教会は、イエス・キリストこそが教会と全世界の主であり救い主でありたもうことを証《あかし》し、キリストとの交わりに入るように呼びかけることによって、この戒めを宣べ伝える。

イエス・キリスト、永遠に御父のもとにいます永遠の御子——この言葉が意味するのは、〈このキリスト、この創造の仲保者を抜きにしては、すべて創造されたものについて考えることはできず、その本質を理解することもできない〉ということである。すべてのものは、御子によって、御子のために創造されている。すべてのものは、その存在の根拠を御子のうちにもっている（コロ一・一五以下）。*38 創られたものに関わる神の御心を、イエス・キリストとの関わりなしに認識しようとするのは、空しいことである。*39

*36 ボンヘッファーによる補足がある。「（カトリック理論か？……　［「……」はボンヘッファーによるもの。その下に］伝統による根拠づけはありえない！）」と。カトリック教会は、聖書の誤った使い方を憂慮して、各国の言語で聖書を読むことに反対してきた。たとえば、一二二九年のトゥールーズの教会会議で。〔しかし〕パウロ四世が一五五九年に、そしてピウス四世が一五六四年に、各国語訳の聖書を読むことを司教が許可するように命じた。プロテスタント系の〔各国語訳〕聖書は、結局、一八六四年には禁止されることになった。レオ一三世（在位一八九七年から一九〇二年）の就任以降、事態が急変した。ピウス一〇世は、一九〇七年に、福音書を所有し読むことを奨励したのである。 *37 「この世に向けた教会の言葉の可能性について」における「教会の二重道徳の否定」S.359を参照。 *38 草稿の欄外には、「最初に生まれた方」（πρωτοτοκος）という言葉がある（コロ一・一五）。 *39 次の文章は、新しい二つ折り用紙（用紙番号《13》）を用いて書き始められている。この用紙は、その

イエス・キリスト、人となりたもうた神——この言葉が意味しているのは、〈神が、すべての人間的な存在と同じ肉体を取りたもうた〉ということである。神の本質は、このときから、人間の形を外《ほか》にしては見出しえないということ、またイエス・キリストにおいて、人間は、神の御前における、現実の人間として自由に生きるようにされたということである。いまや、《キリスト教的なこと》は、〈人間的なこと〉の彼方にある別のものではなく、むしろ、〈人間的なこと〉のただなかにあることを求めるのである。[40]《キリスト教的なこと》は、自己目的ではない。それは、〈人間が人間として神の御前で生きることを許され、また生きるべきである〉ということのなかにある。神は、人となりたもうたことによって、御自身のためにではなく、《われわれ人間のために》在《いま》すことを望みたもう方であることが表明されているのである。神が人となりたもうたという事実を直視して、人間として神の御前で生きるということは、それゆえ、自分自身のためではなく、神と他の人びとのために存在するということを意味する外にありえないのである。

イエス・キリスト、十字架につけられたもうた和解者——この言葉が意味するのは、第一に、〈この世全体がイエス・キリストを拒絶したことによって神なき世界になった〉ということ、さらに〈人間のいかなる努力によってもこの呪いを人間から取り除くことができない〉ということである。この世がこの世であるということは、キリストの十字架を通して、一回限り決定的に刻印をつけられたのである。しかし、キリストの十字架は、この世と神との和解の十字架であるゆえに、まさにそれゆえに、この神なき世界は、同時に神の自由な定めとして和解の刻印の下に立っている。和解の十字架は、この神なき世界のただなかで、[41]神の御前で生きることへの解放である。正真正銘の〈この世性〉を生きることへの解放なのである。和解の十字架の宣教が解放である。なぜなら、それによって、この世を神格化しようとする空しい試みが背後に退けられ、《キリスト教的なこと》と《この世的なこと》とのあいだの分裂・緊張・軋轢は克服され、また、神とこの世との和解が成就されたことを信じつつ、単純に行動し、生きることへと招かれているからである。

ただ十字架のキリストを宣教することによってのみ、正真正銘の〈この世性〉を生きることが可能となる。それゆえ、正真正銘のこの世的な生は、この宣教に矛盾するものではなく、また、この宣教と並行して、何かこの世的なものの〈固有法則性〉を主張することでもない。まさにキリストを宣教すること《において、それとともに、その下で》*42、はじめて真にこの世的に生きることが可能となり、現実的なものとなるのである。このキリストの十字架を宣べ伝えることを抜きにしたり、あるいはそ

ほかの草稿や『倫理-断片ノート』と同じように、ボンヘッファーが逮捕されたとき、机の上に置かれていたものである。DB 809〔ベートゲ『ボンヘッファー伝』〕を参照。*40 この点は、拘留中の手紙でさらに詳細に論じられている。ThDB 198,212〔ファイル『ボンヘッファーの神学』〕を見よ。同書 167-176 も参照。*41 一九三三年のDBW 3(SF),132〔『創造と堕落』〕における表現の仕方を参照。すなわち、神から離反した人間は、「神から受けたいのちをもたないまま、神の御前で生きなければならない」。拘留中、一九四四年七月一六日〔付の手紙では〕、「われわれは、神の御前で、神とともに、神なしで、生きる」と〔表現している〕。〔なお〕S.113を参照。*42 〔パンとぶどう酒の〕「中に、それとともに、そのもとで」という語句は、ルター派の聖餐式での用語である（ThDB 309〔ファイル『ボンヘッファーの神学』〕）。M. Luther, Der Große Katechismus. 1529/1538, BSLK 709,22-26〔ルター『大教理問答書』〕を参照。「主キリストの真正の体と血が、パンとぶどう酒のなかに、そして、それのもとに〔1538では、「それとともに」〕ある。キリストの御言葉によって、それを食べ飲むことがわれわれキリスト者に命じられている」。

れに反対したりすることによっては、神を失い、神を見捨てているこの世の姿を認識することはできない。むしろ、この世的なものは、抑えることのできない自己神格化の欲望を満足させようとするであろう。

しかし、この世的なものが、キリストの宣教と肩を並べて、自分自身の法則《おきて》を打ち立てようとするところでは、この世的なものは、自己陶酔に陥り、ついには自分自身を神の座につけることにならざるをえない。いずれの場合にも、この世的なものは、この世的であることを止める。自分自身に固執して、この世的なものは、たんにこの世的であることだけにとどまろうとはせず、またとどまることもできない。そうではなく、この世的なものを神格化しようと絶望的・発作的に試みるが、その結果、この世性をひたすら強調したこの生は、まさしく、偽りの、生半可な〈この世性〉に落ち込んでしまう。そこには、正真正銘の、まったき〈この世性〉を求める自由と勇気が欠けている。*43 すなわち、この世を、神の御前で現実性をもつこの世として、つまり、その無神性のなかで神によって和解させられたこの世として受け入れる自由と勇気とが欠けているのである。

《正真正銘のこの世性》の内容的な規定については、後ほど述べねばならないだろう。ここでは、次のことだけが決定的に重要である。〔すなわち〕正真正銘の〈この世性〉は、まさしく、ただイエス・キリストの十字架の宣教にもとづいてのみ存在する、という事実である。

イエス・キリスト、復活し、高くあげられたもうた主——この言葉が意味するのは、〈イエス・キリストが、罪と死とに打ち勝たれ、天においても地においても、いっさいの権力をあたえられた生ける主でありたもう〉、ということである。*44 この世のすべての権力は、彼に従わされて、それぞれの仕方で彼に仕えねばならない。いまや、キリストの宣教は、イエス・キリストの支配に服するように呼びかける解放の呼びかけとして、すべての被造物に妥当する。この宣教には地上的な限界がなく、それはエキュメニカル（ökumenisch）、すなわち、全世界を包括する。*45

イエス・キリストの支配は、未知《フレムト》な方の支配ではなく、創造者・和解者・救済者の支配である。*46〔すなわち〕その方を通して、その方に向けて、すべての被造物が存在する方の支配であり、まさに、その方においてのみ、すべての被造物がその根源・目標・本質を見出す方の支配である。*47 イエス・キリ

＊43 〔ここでは〕いくつかの言い表わし方の試みが退けられ、「自分自身に固執して……まったきこの世性を求める自由と勇気が欠けている」という文章に差替えられた。そのなかに、「神の御前で、真のこの世性へと解放された生ではなく」という語句がある。〔『神なきこの世において神の御前で生きる自由に代えて』の差替え〕 **＊44** マタ 二八・一八を参照。 **＊45** 草稿においては、「……それぞれの仕方で」という前文末尾と、すぐ続く文章の冒頭（「イエス・キリストの支配は……」）とが一本の線で結びつけられている。その結合線で結ばれた二つの文章のあいだに挟まれている文章（「キリストの宣教は……全世界を包括する」）のあとは、草稿では一行が空白のままになっている。――S. 403-406 におけるイエス・キリストについての表現を、次のような以前の言い方――すなわち、DBW 4(N), 301-302〔『キリストに従う』〕（人間の姿、死の姿、復活したもうた方の姿、変容したもうた方の姿）および、S. 80-83〕（人間となりたもうた方、十字架にかかりたもうた方、甦りたもうた方の姿）――と、比較参照せよ。この新しい言い表わし方を、ボンヘッファーは、明らかにバルトに同意しつつ作り出しているのである。K. Barth, KD II／2「神による裁きの前提」という節（819-829), 824-827〔バルト『教会教義学』第二巻「神論」第二分冊〕を見よ（これは L. L. Rasmussen, A Question of Method, 124 の指摘による）。 **＊46** S. 32 を参照。 **＊47** コロ一・一六b「万物は御子によって、御子のために造られたのです」。『倫理-断片ノート』Nr. 30 に書き留められていた成句「根源と本質と目標」は、「歴史と善」第二草稿において、しばしば利用されている。

ストは、被造物にたいして未知の律法を押しつけたもうことはなく、また、彼の戒めから切り離された被造物の《固有法則性》を容認なさることもない。生ける主、イエス・キリストの戒めは、被造物にたいして彼らのものである律法――しかしそれは、被造物の根源・目標・本質を、イエス・キリストのなかにもつ律法である――を実現させるために、被造物を解放するのである。*48〔それゆえ〕イエス〔・キリスト〕の戒めは、政治的権威にたいする教会の支配を根拠づけるものではない。あるいはまた、家族にたいする政治的権威の支配や、政治的権威と教会にたいする文化*49の支配、その他、ここで考えられる限りのいかなる支配関係も根拠づけるものではない。たしかに、イエス・キリストの戒めは、教会、家族、文化、政治的権威の上に及ぶものである。しかし、それは、同時に、これらそれぞれの委任にふさわしい機能を引き受けることができるように、それらを解放するのである。教会によって宣教されたイエス・キリストの支配の要求は、同時に、家族、文化、政治的権威がそれぞれ固有の――キリストにおいて根拠づけられた――本質を発揮できるように解放することを意味しているのである。(3) キリスト支配の宣教から生まれる解放にもとづいて、はじめて、神の委任相互の、あの共存・依存・対抗（Miteinander, Füreinander und Gegeneinander）の正しい関係が存在するのである。このことについては、後に詳細に述べねばならないであろう。

（3）他律（Heteronomie）と自律（Autonomie）とのあいだの対立は、ここで、キリスト律（Christonomie）と呼びうる、いっそう高次の一体性に達することによって克服される。

われわれは、まさに今、〈キリストの戒めの支配がすべての被造物に及ぶということは、決して教会の支配と同じ意味ではない〉と述べた。それによって、われわれは、教会の委任について、もはや避けることが許されない決定的な問題に触れたのである。

教会の委任は、イエス・キリストにおける神の啓示を宣べ伝えることである。*50 しかし、イエス・キリストという名前は、ただ一人の個別の人間を示すだけでなく、同時に、そのなかに人間性のすべて*51を包含している。それがこの御名のもつ秘義なのである。イエス・キリストは、神が人間の肉体を取りたもうた方としてのみ、つねに証しされ宣べ伝えられる。イエス・キリストのなかには、新しい人類が、神の教会《ゲマインデ》が存在する。イエス・キリストにおいて、神の御言葉と神の教会とが互いに離れがたく結び合わされている。神の御言葉と神の教会は、イエス・キリストを通して分かちがたく一つになっている。それゆえ、イエス・キリストが神の委任にふさわしく、宣教されているところには、つねに教会もまた存在する。このことが意味するのは、さし当たり次のことだけである。すなわち、そこ

＊48　『倫理-断片ノート』Nr.19に書かれていた《キリスト、歴史における生の法則《おきて》》を参照。**＊49**　「経済」の差替え。**＊50**　ここから以下の文章、S.409までは、二つ折り用紙（《14a》）に書かれた挿入文である。この挿入文は、当初は以下の文章で始まっていたが、削除されている。すなわち、「しかし、イエス・キリストという名前が発せられていることによって、すでに実現された事実について〔語られている〕」という文章である。この冒頭の文章を削除したのち、ボンヘッファーは、二つ折り用紙全体を逆に折り返し、新たに書き始めた。それゆえ、削除された行がこの二つ折り用紙の最後に移動したのである。**＊51**　「人間性」は、「人類」の差替え。DBW 4(N), 228 f, 231〔『キリストに従う』〕を参照。

には、キリストの御言葉を受けとらず、拒否する人びとから区別されて、キリストの御言葉を受けとり、信じ、喜んで承認する人びとが存在するということ。それゆえ、本来、神からすれば、すべての人間に起こるはずのことを、他ならぬ自分の上に起こったこととして受け入れる人びとが存在するということ。それゆえ、他の人びとに代わって、全世界に代わって神の御前に立っている人びと〔＝キリスト者〕がいるということである。

たしかに〔これらの〕人びとは、同時に家族と文化と政治的権威のなかで、この世の生を営んでいる人びとである。しかも、キリストの御言葉*52によってこの世における生へと解放された者として存在しているのである。しかし、いまや彼らは、神の御言葉の周りに共に集うものとして、この御言葉において選ばれて生きる人びととして、それゆえ、この世的な秩序とは区別された、一つの共同体――独自の〈からだ〉(Körper)――をも形成するのである。いまや、しかもさしあたりは、宣教という神の委任から必然的に区別された、この独自の《共同体》(Gemeinwesen)が問題となるのである。神の委任によって宣教される神の御言葉は、この世の全体を支配し、統治する。〔しかし〕この御言葉の周りに成立する《共同体》は、この世を支配するのではなく、ひたすら神の委任を実現することに仕えるのである。この《共同体》の律法は、決してこの世の秩序の律法になることができず、また、なることを許されない。〔もしもそのようなことになれば〕御言葉とは関わりのない別の支配を立てることになる〔からである〕。逆に、この世の秩序の律法は、決してこの共同体の律法になることができず、また、なることを許されない*53。それゆえ、教会という神の委任がもつ唯一の独自性は、次の点にある。すなわち、全世界に及ぶキリストの支配を宣べ伝えることと、共同体としての教会の《律法》

とは、あくまでも区別されていなければならないということ。しかし、他方では、共同体としての教会は、宣教の職務から切り離されたものであってはならないということである。

独自の共同体としての教会は、宣教という神の委任を果たすために奉仕する。しかも、それは、二つの仕方で行なわれる。第一に、この共同体におけるすべてのことが、全世界に向けられたキリストの宣教を有効に行ないうるように、教会自身はこの目的のための単なる道具、単なる手段になることによってである。第二に、まさにこのように、教会がこの世のために働くことで、すでに宣教という神の委任の目標が定まり、それが実現され始めていることによって[*54]。それゆえ、まさに教会自身は、目的のための単なる道具と手段になろうとすることを通じて、〔同時に〕教会は全世界に関わりたもう神のすべての行為の[*55]目標点および中心点となっているのである。〈代理〉という概念が、この二重の関係をもっとも明瞭に表わしている。キリスト教会は、この世の全体が立つべき場所に立っているのである。その限りにおいて、教会は、この世に代わって、この世に仕えているのであり、この世のために存在しているのである。他方では、この世は、教会が立っているその場所で、自分独自の〔目差すべき〕ものを実現するにいたる。教会は、《新たな創造》《新しい被造物》[*56]、地上における神の道

＊52 「神の御言葉」の差替え。＊53 バルメン神学宣言の第三テーゼにおける拒絶命題を参照。すなわち「教会が、その使信やその秩序の形を、教会自身の好むところに任せてよいとか、その時々に支配的な世界観的確信や政治的確信の変化に任せてよいとかいうような誤った教えを、われわれは退ける」(K. D. Schmidt, Bekenntnisse 1934, 94)。＊54 「そして現存している」の削除。＊55 「すべての行為の」は「意志の」の差替え。「神の」という言葉が、草稿においては誤って繰り返されている。＊56 二コリ五・一七：καινὴ κτίσις〔被造物〕。DBW 4(N), 232〔『キリスト

の目標なのである。この二重の代理関係において、教会《ゲマインデ》は、その主とのまったき交わりのなかにあり、 [409] その主に、まったく服従していくのである。主は、御自身のためにではなく、ただこの世のために生きたもうたという、まさにそのことによってキリストでありたもうた方なのだ〔から〕。

それゆえ、独自の共同体としての教会《キルヘ》は、二重の神的使命の下に立っており、その使命にふさわしいものでなければならない。すなわち、教会は、この世に仕えるために整えられているとともに、まさにそのことによって、自分自身としてもイエス・キリストの現臨したもう場として整えられていなければならないのである。〔教会は〕、その固有の精神的また物質的な領域を限定されていることで、キリストの使信には限界が無いことを表現する。そして、まさにキリストの使信に限界がないことが、ふたたび、教会〔の存在〕が限定されたものであることを教える。ここに、独自の共同体としての教会の独自のあり方が示されている。*57

カトリシズムの危険性は、御言葉の宣教という神の委任を犠牲にして、教会を本質的に自己目的と [410] して理解しているということにある。逆に、宗教改革〔＝プロテスタント〕の危険性は、教会の独自の領域を犠牲にして、御言葉の宣教という委任にのみ注目しているということである。それによって、まさにこの世のために存在しているという事実によって存立する教会の自己目的性がほとんど完全に [411] 見落されているのである。

・今日のわが国の福音主義教会における、礼拝の典礼的な貧困さと不確かさ。
・教会秩序と教会法の弱さ。
・真の教会規律のほぼ完全な欠如。

に従う』〕を参照。そこでは、教会は《新しい人間》である、とされている。＊57　S. 407–409の「しかし、イエス・キリストという名前は、……独自の共同体としての教会の独自のあり方が示されている」という文章は、以下の〔長い〕文章の差替えである。「しかし、教会《キルヒェ》がこれを行なうことによって、教会の言葉を聞く人びとのあいだに、ある分裂が入り込む。すなわち、その言葉を受け入れ、信じ、同意する人びとと、その言葉を受け入れず、拒否する人びととの間の分裂である。御言葉は、ひとつの教会《ゲマインデ》を作り出す〔「御言葉の周りに成立する」の差替え〕。たしかに、この教会を構成する人びとは、同時に、家族や文化、政治的権威などにおいて、この世での生活を営んでいる人間である。しかも、イエス・キリストの御言葉によって解放され、神の御言葉〔「の宣教」は削除〕の周りに集まるものとして、教会は、今や、一つの共同体、自分自身のためのからだ（Körper）でもあるのである。たしかに、この集まった人々（Versammlung）〔の存在〕が意味するのは、以下のことに他ならない。すなわち、本来はすべての人間に生じるはずのことが自分の身に生じている、そうした人間がここにいる、ということである。それゆえ、彼らは、全世界にたいして代理して、《新たな創造》《新たな被造物》として、彼らの主――自分のためには何も欲したまわず、すべてをこの世のためにと欲したもう主――に服従して、そこに立っているのである。その限りで、教会《ゲマインデ》は〔「も」の削除〕、自分のために存在してはいない。〔教会は〕自己目的ではない。しかし、まさにそのようにして、まさに自分のために何も欲しないことにおいて、教会は、宣教という神の委任の目標であり、そこで神の委任が実現され始めているのである。教会は、自分自身のために戦うことはない。教会は自分のために弁じることはない。いずれにせよ、教会はそうしたことをするはずがないのである。もしそんなことをするなら、しかも、くり返しするというなら、その場合には、教会は神の委託を損ねていることになる。そうではなく、教会は、まさしく、他者のために、この世のために、敵のために、戦い・語り・苦しみ・行動するのである。――〔「教会は、ただ一つの目標を、すなわち、自分自身とこの世全体をキリストが支配するという目標をもっている」という文章を削除〕――そして〔教会は〕、彼らの主イエス・キリストの共同体のなかでそれを行なう。イエス・キリストは、自分のためではなく、神と人間のためにだけ行動し苦しみたもうからである。しかし、教会は、人びとの代理として、この世のために行動することにこそ、教会特有の本質があると考える。まさしくこのことによって、教会は、神からの委託

・プロテスタントのあいだで、広範囲にわたる教会的規律――たとえば、教職者の霊的修練[*58]・禁欲・黙想・観想など[*59]――の重要性について一般的理解がないこと。

・《教職の身分》とその特別の課題についての不明確さ。[*60]

・さらに最後に、じつに数多くのプロテスタントが、キリスト者として国家にたいする宣誓拒否や兵役拒否[*61]の問題に直面したとき、驚くべきことに、〔教会から〕何の助言もあたえられず、ある

を果たし、人間についての神の御心の目標点となり中心点となるのである。その委託に――〔「しかしこの目標に」の削除〕――仕えることができるためには、教会は、自分のための形態・生の形式・組織を必要とする。それゆえ、教会《キルヒェ》という神の委任は、この世全体を包摂し、その限りで、あらゆる土地との結びつきを超越している。――〔「その限りで……ている」という文章は、下から、草稿のこの場所に移動させるよう指示がある〕――しかし、この委託の遂行とともに、教会の独自の領域が、つまり精神的・物質的に限定された《空間》が設定される。この教会という領域の特別な性質は、この領域が、まさにその限定性において、宣教という神の委託の無限性を表現するように〔神によって〕定められていることにある。〔ここから新しい頁〕イエス・キリストにおける啓示の宣教という神の委任は、精神的・物質的に限定された空間を要求する。われわれがこの空間を教会《キルヘ》と呼ぶならば――それによって、危険な、しかし避けることのできない両義性がこの概念に生じるのであるが――独自の空間としての教会と、教会にあたえられた御言葉の宣教という委任とを、混同することは許されない。神の、イエス・キリストの御言葉は、この世全体を支配し統治する。教会の活動空間という意味での教会がこの世を支配することはない（それについては、ただちにより詳しく規定する）。そうではなく、教会は、〔「他の委任と同様に」の削除〕ある独自の法《ゲゼッツ》、すなわち、神の委任を実行するという目的のためにのみ定められた法のもとで生きている。その限りでは、教会法は、けっしてこの世の律法になることができず、なることが許されない。〈異質な支配〉を打ち立てることになってしまうからである。それは、政治的権威の法が、決して教会の法を支配することはできず、また支配すること

を許されないことと同様である。しかし、この世のすべて——教会、家族、文化、政治的権威——を支配するというイエス・キリストの要求［「御言葉」の削除］が、支配しつつ、統治しつつ、両者の上に立っている。しかし、イエス・キリストのこの要求は、その実現のために奉仕する教会の法と、決して取り違えられてはならず、また、混同されてはならない。教会という委任の無比の特質は、この違いをいかなる状況においても守り通さねばならないという点にある。この違いを見逃してしまうなら、突然、混沌《カオス》が現われることになる。たとえ、さしあたりは、神権政治、ないし皇帝教皇主義——［「教会的あるいは政治的絶対主義」の削除］——という形で隠されているとしても。〔O・ディトリヒによれば〕「とりわけ、皇帝教皇主義——国家的支配権と宗教的支配権とが領邦君主の手に握られ統合されていること——は、彼［ルター］にとって、たしかに、宗教的支配とこの世的支配が教皇の手において統一されることの、まさに災いに満ちた、単なる裏返しに他ならなかったのである」（O. Dittrich, Geschichte der Ethik IV, 65を参照）。《皇帝教皇主義》については、ハンス・フォン・ゾーデン宛てのカール・バルトの手紙（一九三四年一二月五日付）も参照（H. Prolingheuer, Karl Barth, 271）。「ナチズムの目的や意図は、われわれが、アードルフ・ヒトラーにおいて、皇帝であり教皇でもある一人の人物と——神学的に正確に言うなら、疑いもなく、〈受肉した神〉と言わねばならない人物と——関わっているということにある」と。——長い削除箇所に引き続いて、いくつかの断念されていた段落の冒頭部分がある。そのなかの一つが、「神の委任相互間の正しい関係にとって、間違いなく決定的なのは、《その関係がどうなっているか（wie das）》である」という文章である。草稿では、次の段落冒頭の文章の脇には傍線が引かれている。**＊58** 《霊的修練》（*geistliche Exerzitien*）については、特に、イグナティウス・フォン・ロヨラが、修練についての小冊子〔『霊操』〕で扱っている。DBW 4(N)〔『キリストに従う』〕においては、《Exerzitien》の代わりに、それに対応するドイツ語である《Übungen》（修練）が使われている。同書の索引を見よ。**＊59** 「黙想」（Meditation）とは「神の御言葉を（毎日）沈思黙考すること」という意味である（DBW 4(N), 165）〔『キリストに従う』〕。**＊60** ボンヘッファーの熟読していたA. F. C. Vilmar, „Dogmatik"にある「聖職者の職務について」という章（271-282）も参照。**＊61** 《宣誓拒否者》について。一九三八年、ドイツ福音主義教会宗務局（Kirchenkanzlei）の指導者フリードリヒ・ヴェルナー博士の計らいで、牧師たちは、ヒトラーにたい

いは厄介視されること、などなど。

以上のようなことを考慮し想起しさえすれば、ただちに福音主義教会の欠点がどこにあるか、感じとることができる[*62]。

宣教という神の委任（Mandat）にもっぱら関心をもち、それにともなって〔ようやく〕この世のための委託（Auftrag）にも関心を向けるという〔教会の〕あり方から、この世のための委託と教会固有の領域とのあいだの内的関連[*63]が見失われることになった。この欠陥の下で、宣教それ自身のもつ力と充実・豊かさが損なわれざるをえなかった。なぜなら、宣教にたいして実り豊かな土壌が欠けていたわけだから。たとえて言えば、〔神からあたえられた〕宣教の委託は、畑に穀物の種がまかれるように、教会のなかへ深く植え込まれているのである。もしも土壌が、そのために準備されていなければ、種はいじけてしまい、種のなかに宿されている実りの可能性が失われてしまうのである[*64]。


する宣誓を求められた。最終的に、この宣誓——その是非が激しく争われた——を拒絶したのは、ほんのわずかな人びとにすぎなかった（DB677-679〔ベートゲ『ボンヘッファー伝』〕を参照）。《兵役拒否者》について。ボンヘッファー自身は、一九三二、三三年ごろから、兵役拒否の正当性を確信し、その決意を固めていた。こうした立場は、当時、まったく異例なことであり、エリーザベト・ボルンカムが伝えているように、彼についての不安を引き起こすものであった（DBW 4 (N), 310 Anm. 15〔『キリストに従う』〕を参照せよ）。兵役拒否にたいしては、死刑が科された。ボンヘッファーは、一九四〇年秋以後、国防軍最高司令部の諜報部門で活動していた抵抗グループからの委託を引き受けていた。この諜報活動のためという理由で、ボンヘッファーは《uk》(unabkömmlich の略号。第二次世界大戦時には、戦争にとって重要な部署で活動しているために、その部署から〈外すことができない〉という意味）であった。つまり、兵役を免除されていたのである。マリーア・フォン・ヴェーデマイアーは、一九四二年一〇月一五日の日記に、「ボンヘッファー牧師との非常に興味深い対話」について書きとめていた。「……彼は次のように語った。すなわち、われわれの伝統では、若者が自発的に兵士となり、場合によっては、自分が決して肯定しない事柄のために、その命すら捧げることがある。しかし、確信がなければ戦うことができない人間もいるに違いない。彼らが、戦争の理由を肯定しているのであればよい。しかし、そうでないのなら、彼らが祖国のためにできる最善の奉仕は、国内の政治戦線で活動するか――もしかしたら、体制転覆のために役立つことかもしれない。それゆえ、できるだけ長期にわたって、兵役に服することから遠ざかっていることが彼らの課題になるだろう。そして、事情によって、自分の良心が許さない場合には、兵役拒否者であることすらあるだろう」と。＊62「……驚くべき欠陥を……感じとる」という文章の差替え。＊63「そして逆に、委託を遂行するために、教会の独自領域がもつ意義」という文章の削除。＊64 ルカ八・一四を参照。この節は、DBW 4(N).168〔『キリストに従う』〕において、次のように引用されている。「御言葉は、茨《いばら》のなかに落ちた種のように実を結ぶことがない」と。――ボンヘッファーは、一九四三年四月五日（月曜日）に逮捕され、ここで草稿執筆の仕事が中断された（DB 882 f〔ベートゲ『ボンヘッファー伝』〕を見よ）。中断箇所に続くべき執筆計画は、S.398 und 390 に見いだされる。ボンヘッファーは、拘留中、思想的には倫理の問題と関わり続けた。倫理についての考察を、文学的な断片（戯曲と小説）という形でも表現した。DBW 7 (FT) を見よ。一九四四年八月二三日付の、エーバーハルト・ベートゲ宛ての残された最後の手紙（DBW 8.577）〔『獄中書簡集』〕では、なお「大きな仕事」について言及しているが、それが完成されることはなかった。

編集者あとがき

イエス・キリストにおいて啓示された神の現実は、どうすれば、この世における人間の生において具体化することができるのか。この神学的な問いが、ディートリヒ・ボンヘッファーの具体的倫理の出発点となる問題であった。ボンヘッファーの倫理思想は、神の意志とこの世の現実を、今日、ここで、どちらも欠けることなく——一方なくして他方もなし——把握しようとした。この世の現実は、どうでもよいものとして無視されるのではなく——むしろ、この世の現実はまったく新しく解明される——過大に評価されるのでもない。そうではなく、この世の現実にたいしては、〈神の現臨〉を意味する〈否《ナイン》〉と〈然り《ヤー》〉とが〔共に〕差し出されている。信仰をもち、認識し、行動する人間において、〈神の現実〉と〈この世の現実〉とが相共に働くという事実を示していることが、ディートリヒ・ボンヘッファーの『倫理』という著作の、とりわけ優れた特徴である。

　この〈あとがき〉においては、まず、ボンヘッファーが、『倫理』草稿の仕事を始める以前には、どのように倫理的テーマと取り組んでいたのかをスケッチする（Ⅰ）。次いで、神学史的な関連（Ⅱ）について叙述し、ボンヘッファーの草稿と同時代史との関係（Ⅲ）のいくつかについて叙述する。その後に、この『倫理』の特徴（Ⅳ）について、さらに、その受容において生じている分裂について取り上げる（V）。最後に、ボンヘッファーが計画していたかもしれない、本書の構成について考察して締めくくりとしたい。

I 〈倫理学的テーマとの取り組み〉

ボンヘッファーの育った家庭は、文化的プロテスタントの雰囲気が濃厚で、倫理学に強い関心をもっていた。その家族の期待とは裏腹に、神学生ディートリヒ・ボンヘッファーは、倫理学よりもむしろ教義学に熱心に取り組んでいた。〔だから〕彼の著作においては、倫理学的な言説は、〔ただ〕釈義的・歴史的テーマとの関連のなかで、さらには宗教哲学的な対決――たとえば、フリードリヒ・ニーチェとの対決――のなかで出てくるにすぎなかった。倫理学的なテーマが、彼の問題提起を規定するということはなかったし、また、独立したテーマになることもなかった。学位論文「聖徒の交わり」をみても、この印象は変わらない。ボンヘッファーが教授資格論文のテーマを探していたとき、彼の学位取得の指導教授であったラインホルト・ゼーベルクが、手紙で助言してくれた。《倫理的教義史》という観点から、〈山上の説教〉の倫理と道徳の歴史を現在に至るまで研究したらどうか、と。[*1] だが、それは無駄に終わった。ボンヘッファーは、《行為と存在》というテーマを選択したのである。倫理の問題に立ち向かう切っ掛けをボンヘッファーにあたえたのは、学問的な関心ではなく、バル

＊1　DBW 10, 105. 一九二八年一〇月一九日付。

セロナのドイツ人福音主義教会における牧会活動であった。この教会の牧師補として、彼は、一九二九年二月に「キリスト教倫理の根本問題」という——たしかに、あまりにも重すぎる——テーマで長時間にわたる講演を行なった。*2 ボンヘッファーは、キリスト者が、まさしく悲劇的な状況に置かれていると考えていた。すなわち、〈歴史の秩序〉と〈愛の秩序〉という互いに矛盾する二つの秩序——それぞれ異なった神の戒めをもっている——から一つを選択せねばならない状況に、いつも繰り返し、キリスト者が立たされているというのである。第一次世界大戦の印象がまだ残っている時期に、彼は、このことを兵士を例にとって説明した。すなわち、兵士は、〈歴史の秩序〉においては、敵を殺す義務が課されている。しかし、〈愛の秩序〉においては、その敵を隣人として愛さねばならないのだ、と。また、経済生活や社会生活における競争でも、同じことが課されている、と。こうした問題の立て方とその解決策を通じて、ボンヘッファーは、かなり新ルター主義的な〈民族性の神学〉に接近していた。そこでは、〈民族〉が、神の歴史的秩序とみなされ、服従を要求し、必要な場合には命を犠牲にすることをも要求していたのである。パウル・アルトハウスとエルランゲン〔大学〕の彼の仲間たちが、〈秩序〉を志向した倫理学を〈弁証法神学〉に対置して大きな反響を呼んでいた。〔この講演から〕わずか数年後には、さらにまた一九四〇年から一九四三年にかけての『倫理』草稿においては、ボンヘッファーは、まさにこの立場と戦っていたのである。

しかしそれでも、バルセロナでの〈倫理〉講演には、その後ボンヘッファーが生涯にわたって追求した志向もかなり含まれていた。たとえば、キリスト教倫理は、現実との関わりをもった具体的なものでなければならないこと。それは、時代と状況に関わりのない、普遍的に妥当する規範や原則、戒めであってはならないこと。〈この世のこと〉に誠実に向き合い、良心の呵責に耐えられる人びとにのみ、永遠〔の生命〕への展望が正しく開かれること、などである。ボンヘッファーは、ギリシャの巨人アンタイオス伝説を使って、この世との結びつきを説明していた。アンタイオスは、〔投げとばされて〕大地に接触することから巨大な力を得ていたのだ〔から〕。*3

ニューヨークのユニオン神学校では、ボンヘッファーは、一九三〇年から三一年にかけての学期に、倫理をテーマとする授業、とりわけラインホルト・ニーバーのゼミナールに優先的に出席した。ボンヘッファーは、アメリカのプラグマティズムおよび〈社会的福音〉(social gospel)の運動と正面から徹底的に対決した。そして黒人たちの宗教生活とその社会問題に集中的に取り組んだ。*4 彼の奨学生仲間の一人が、フランス人のキリスト教平和主義者ジャン・ラセールであった。一九二九年のバルセロナ講演においては、ボンヘッファーは、なお〈民族〉という《神的な》歴史秩序が、義務を課す最高の権威《インスタンツ》であるとみなしていた。しかし、一九三〇年一一月九日の、ニューヨークにおける説教は、根本的に異なった思想を含んでいた。すなわち、全世界におけるイエス・キリストに属する人びとは、一つのエキュメニカルな、兄弟〔姉妹〕的な共同体として生きることが許されており、平和のために

*2 DBW 10, 323-345. 一九二九年二月八日。*3 DBW 10, 344 f. ボンヘッファーは、その後一九四三年にふたたび、テーゲル〔軍用刑務所〕で書いた戯曲の断片において、アンタイオス伝説を参照するよう指示した。DBW 7, 69 f. *4 一九三〇年から三一年にかけての留学については、報告がある。DBW 10, 268-271(ウィリアム・ジェイムス〔について〕)および 274 f を参照。また、一九三二年の《社会的福音》についての覚書(DBW 12, 203-212)を見よ。

無条件で働くことを義務づけられている、という考えである。[*5] 山上の説教をよりどころとするディートリヒ・ボンヘッファーのエキュメニカルな平和倫理の源泉の一つが、ここにある。[*6]

ボンヘッファーは、一九三一年七月、ボンで初めてカール・バルトと個人的に接触した。その際、二人は、その他のすべての点で一致したにもかかわらず、神学的倫理学について、初めて対立することになった。〔ボンヘッファーが〕倫理を教会の具体的な宣教に集中させたのにたいして、バルトは次のように批判した。すなわち、ボンヘッファーは、「恩寵から一つの原則を作り出し、その原則によってそれ以外のすべてのものを殴り殺してしまった」と。[*7] すなわち、ボンヘッファーは、倫理基準の相対性を承認しないのであり、そうした基準の相対性を彼の倫理的判断の仕方では考慮に入れることができないのだ、と。

ボンヘッファーは、一九三一年九月はじめ、教会の平和活動のために、世界連盟のヨーロッパ〔担当の〕青年部書記の一人に選ばれた。そのとき、彼は、エキュメニカルな仕事を――ドイツでは民族主義的なサークルからは非難された活動分野であったけれども――刺激的な課題として受け止めた。ボンヘッファーは、これまで世界連盟の仕事には欠けていた神学的根拠づけのために努力した。「基本的には、すべてが倫理の問題に、すなわち、本来、教会を通じて具体的な〔神の〕戒めを宣教するという可能性の問題にかかっているのです」。[*8]

ボンヘッファーは、大学教育の枠内でも、一九三二年夏学期中の彼のゼミナールにおいて、「キリスト教倫理というものは存在するのか」[*9] というテーマで、根本問題について議論した。パウル・アルトハウスやフリードリヒ・ゴーガルテン、エーミール・ブルンナーなどの倫理的構想は、彼を満足させなかった。ボンヘッファーのエルヴィン・ズッツ宛の手紙からは、宣教における倫理の具体化という問題がどのように彼を駆り立てていたかを知ることができる。〔手紙では〕「私には、問題がますます先鋭化し、ますます耐え難いものになっています。最近、私は歴代誌下の二〇章一二節について説教しました。その際、私は、一度、私の疑念をすべてぶちまけたことがあります*10」と述べていた。こうした倫理をめぐる問題設定が先鋭化する中で、カール・バルトも彼の側に立っていなかったということが、ボンヘッファーをひどく困惑させた。教会が神の戒めとして宣べ伝えること、それゆえ、その都度、現在の瞬間に倫理の内容となるべきものは、確信をもって語られることができねばならない

＊5　とりわけ、DBW 10, 580 f を参照。**＊6**　ボンヘッファーの平和倫理については、IBF5を参照。**＊7**　DBW 11, 20. 一九三二年七月二四日付のエルヴィン・ズッツ宛の手紙。そこには、ボンヘッファーの反論も記されている。「もちろん、私は、バルトのこの発言に強く異議を唱えた。そして、なぜ他のすべてが無効にされるべきでないのかを知りたがった」と。A. a. O., 89を参照。ボンヘッファーは、バルトと会うために、一九三一年七月一〇日、アメリカ留学から帰国した直後に、ボンに旅行していた。バルトとの接触を仲介してくれたスイス人エルヴィン・ズッツに、ボンヘッファーは、以下のようにバルト訪問について報告した。すなわち、「われわれの話し合いは、ただちに倫理学の問題になり、長時間討論した」と。また、その後、「さらに、バルトの倫理学第Ⅱ部の最後の二頁を、ある講義ノートから読んで確認した」と（DBW 11, 20 und 18. 一九三一年七月二四日付）。**＊8**　DBW 11, 100. 一九三二年八月付のズッツ宛の手紙。一九三二年七月二六日の〔チェルノホルスケ青年協議会〕講演「世界連盟の仕事を神学的に根拠づけるために」を参照。DBW 11, 331-335. **＊9**　一九三二年〔のゼミナール〕、DBW 11, 303-307を参照。ヴォルフ－ディーター・ツィンマーマンの聴講ノートにもとづいている。ボンヘッファーは、一九三一年から三二年にかけての冬学期から、ベルリン大学で私講師として教えていた。**＊10**　DBW 11, 89. 一九三二年五月一七日付。

〔と、彼は考えていた〕。しかし、ボンヘッファーは「われわれの教会が、今日、〔神の〕戒めを具体的に語ることができないこと」に気づいていた。そして、教会の宣教に信仰を覚醒させる力がないことに直面して、「見えていないことがわれわれを駄目にしているのです」[*11]という絶望的な言葉で表現した。

〔ここから踏み出す〕次の一歩は、ボンヘッファーが一九三二年から三三年にかけての冬学期に行なった――創世記第一章から第三章について――『創造と堕落』というタイトルで公刊された講義のなかにはっきり示されている。[*12]この講義の前には〔ボンヘッファーに〕一つの転機が訪れていた。それは、一九三六年一月に、回顧的に〈聖書による解放〉だったと記されたものである。[*13]一九四二年に『倫理』草稿「神の愛とこの世の崩壊」〔を執筆する〕際、人間の〔神的〕根源からの分裂を神学的・人間学的に説明するための基礎として、この創世記解釈の認識が役立ったのである。

聖書への転換ということは、内容的には、とりわけ山上の説教と向き合うことであった。山上の説教は、キリスト教界の歴史において、もっとも迫力をもって――愛敵の戒めと非暴力の義務づけと結びついて――〈主に従う〉ことを呼びかけたテキストであった。ボンヘッファーは、この〈主に従う〉という現実に深くとらえられ、《一九三三年の危機》[*14]において、彼の教会が、何の備えもなく教会闘争のなかへふらふらと入り込み、深い混乱に陥っていたそのただなかでも、次の事実を、はっきり見定める日を失わなかった。すなわち、ナチズムは、その人種主義と反ユダヤ主義とにおいて、キリスト者から一義的に拒絶されねばならないものだ、ということを。むろん、こうした反対は、不可避的に、キリスト教にたいする〔ナチズムの〕敵意を結果として引き起こすことになった。そうした敵意は、はじめはカモフラージュされていたが、やがてますます公然と教会を弾圧し、教会のもっとも重要なメンバーを迫害することに通じていた。

ボンヘッファーの平和倫理は、一九三四年八月にファーネーで開かれた《国際友好を促進するための世界教会連盟》と《実践的キリスト教のための世界教会協議会（生活と実践）》の会議にたいして、とくに重要なものとなった。ボンヘッファーは、彼のスピーチのなかで意識的に集中して、平和の福音にもとづいて、軍縮や戦争阻止、国際的な平和秩序のために、教会のなすべき貢献について語った。そのスピーチの中心的テーゼはこうであった。すなわち、キリスト者は、「武器を手にして対抗しあうことはできない、それによって武器をキリスト御自身に向けることになると知っているからである」。「全世界から集まった聖なるキリスト教会の、エキュメニカルな一大公会議」は、平和の福音を、つまり、戦争拒否のメッセージをキリストの御名において告知すべきである。戦争開始のファンファーレが、もうまもなく鳴り響くかもしれない。そうなれば、沈黙していることは、〔戦争の〕共犯者

代下二〇・一二b「何を行うべきか分からず、ただあなたに目を向けるのみです」。〔ボンヘッファー所有の〕ルター訳聖書においては、この聖句に鉛筆で下線が引かれ、左右両側に、二重の傍線が引かれている。ページの上部には、ボンヘッファーによる手書きのメモがある。すなわち「不動・不抜の神の戒めのなかで、この世は安らいでいる。これが神の信実である」と。ボンヘッファーは、一九三二年五月八日に、この言葉でこの章句についての説教を始めた。DBW 11, 416-423. **＊11** ヘルムート・レースラー宛の〔二通の〕手紙。DBW 12, 39. 一九三二年一二月二五日付。DBW 11, 33. 一九三一年一〇月一八日付。**＊12** DBW 3〔『創造と堕落』〕を見よ。**＊13** DBW 14, 112-114. 一九三六年一月二七日付のエリーザベト・ツィン宛の手紙。**＊14** DBW 14, 113. 一九三六年一月二七日付。

となることを意味するであろう、と。[15]

ボンヘッファーの、感動的で鮮明な呼びかけは、直ちに強い反響を引き起こしたが、[16]それ以外には、何の実践的な成果ももたらさなかった。このアピールの直後には、ナチの軍拡・戦争準備政策がフル回転で推進し始めた。そのときには、キリスト教平和主義には、また他のあらゆる平和主義にも、もはや迫害された者と亡命者の窮境を援助すること以外には、何のチャンスも残されていなかったのである。ボンヘッファーの平和倫理は、状況や時代と関わりのない原則ではなかった。だから、後になって、彼が、兵役を回避するとともに、ナチ政権に反対する陰謀にも加わったことは、彼にとっては、決して〔平和倫理の〕中断を意味するものではなかったのである。

〈主に従う〉ことは、ボンヘッファーの信仰と行動における、さらには牧師としてまた神学教師として、彼が教会闘争において果たした役割を一貫して導く中心テーマであった。著書『キリストに従う』は、一九三五年から一九三七年にかけて、フィンケンヴァルデの牧師研修所の時代とそれ以前の仕事を発展させたものであった。[17]それはまた、告白教会の若い神学者たちに、弾圧のなかで、また外的には悲惨な生活のなかでも、確固ともちこたえるための霊的な前提をあたえるものでもあった。[18]〔だからこそ〕『キリストに従う』のなかの多くの洞察が、『倫理』草稿で繰り返されているのである。倫理学としての専門用語という点では、著書『キリストに従う』におけるほどには、聖書と宣教の言葉に密着してはいないかもしれない。しかし、肝心な〈事柄《ザッヘ》〉という点では、どちらの場合でも同じである。

ボンヘッファーが、一九四〇年の春に、どれほど深くキリスト教倫理の根本問題に関わっていたかということは、イギリスに亡命したライプホルツ一家に宛てた手紙が教えてくれる。〔その手紙では〕ボンヘッファーは、創造思想と結合された自然法論にたいして――そこでは神の啓示が相対化されていることを根拠に――福音主義的な思考による批判的な異議を提出している。すなわち、〈啓示の相対化〉を回避すべきことが、〈歴史的・被造的なもの〉の相対化と同様に、「現在、提起されている問題」なのであり、カール・バルトの試みが進むべき方向を示している、と。「バルトは（十分に聖書的に）、創造されたこの世のあらゆる秩序を、厳格にキリストに関連づけています。そして、この世の秩序は、ただキリストからのみ正しく理解できるのであり、それは、キリストを目差して方向づけられねばならないものだ、と述べているのです」[*19]。ボンヘッファーが厳密にこの意味で歩んだということは、最初に執筆された『倫理』草稿「キリスト・現実・善――キリスト・教会・この世」という表題に表現されている。

倫理問題にたいするボンヘッファーの関心に影響をあたえたのは、一九四一年から四二年にかけて行なわれた、三回にわたるスイス旅行であった。ジュネーヴにおける暫定的な世界教会協議会において、ボンヘッファーは、ウィレム・フィッセルト・ホーフトやニルス・エーレンシュトレーム、その他の人びとと、とりわけ戦後秩序における平和の目標と教会の任務について、対話を交わした。そ

＊15　DBW 13, 299 f. 301. 一九三四年八月二八日付。＊16　DB 450〔ベートゲ『ボンヘッファー伝』〕を参照。＊17　DBW 4〔『キリストに従う』〕と DBW 14 を見よ。＊18　本書の事項索引における《服従》(Nachfolge) の項、および、DBW 4〔『キリストに従う』〕の編集者〈あとがき〉における一節（323-325）を参照。＊19　DBW 15, 298. 一九四〇年三月七日付。

の内容は、むろん、直接的に文章化することはできなかった。〔それが公になれば〕ボンヘッファーは、ゲシュタポによって国家反逆罪〔を犯した〕とみなされたであろう。しかし、「この世に向けた教会の言葉の可能性について」のようなテキストは、ジュネーヴで議論されたテーマを扱っている。ボンヘッファーは、バーゼルでカール・バルトと対話して、『教会教義学』第二巻第二分冊のゲラ刷りを見せてもらった。ボンヘッファーの一九四二年の『倫理』草稿から感じられる〈何か新しく始まっている〉という新鮮さは、そこに由来するのである。*20

Ⅱ〔神学史的な関連におけるボンヘッファー倫理学〕

ボンヘッファーが、どのような神学史的な連関のなかで、また、それ〔＝神学史的伝統〕に反対して『倫理』草稿に取り組んだのか、を辿ることは簡単にはできない。彼の〔仕事の〕やり方、つまり、特定の説明をする際に扱った著作家の名前を挙げることなく、またその人物を取り上げて反論することもしない、という仕方は、さし当たり、そうした関連を覆い隠している。しかし、詳細に跡づけていくと、ボンヘッファーが親しみ、対話相手であろうとしていた豊かな精神世界が姿を現わしてくる。

一九二四年から一九三〇年にかけて、すなわち、ディートリヒ・ボンヘッファーの学生時代および学究的な修業時代には、すでに神学と倫理学における重大な危機とラディカルな方向転換とが影響を及ぼしていた。〔第一次〕世界大戦とその終結を前にして、それ以前に支配的であったプロテスタント的な文化の楽観主義は崩壊させられていた。《人間の魂の無限の価値》（アードルフ・フォン・ハルナック〉を強調するリベラルな神学。また、キリスト者ないし人類の社会的・道徳的発展によって、神の国の理念が徐々に実現することを期待するエートス（アルブレヒト・リッチュル）。この二つ〔の潮流〕は、偉大な老大家によって代表されて、たしかに、まだ生き残っていた。しかし、彼らの前提の多くは、すでに使えなくなっていた。プロテスタントの戦前の環境においては、宗教、文化そして国家――後者は王朝によって代表されていた――が、基本的な協調関係のなかで発展してきた。世界大戦の終結の際に生じた革命以来、《王冠と祭壇》の伝統的な結びつきは消滅していた。〔ヴァイマル〕共和国は、教会と国家の分離を成し遂げた。こうした状況にふさわしい、公共的・政治的責任を担うプロテスタント倫理は、〔まだ〕存在しなかったのである。

〔当時〕もっとも影響力があり、リベラリズムと文化プロテスタンティズムとをもっともラディカルに批判していた革新運動は、弁証法神学であった。この神学は、永遠と時とのあいだ、神と人間とのあいだの《無限の質的な差異》[*21]にすべての関心を向け、認識と実存における裂け目を橋渡しする〈神の言葉としてのイエス・キリストにおける聖書の啓示〉にのみ信頼した。〔それゆえ〕倫理学にとっては、この神学は、ただ貧弱な後ろ楯にとどまるように見えた。

ルター主義のなかでこれに対応する革新運動が、カール・ホルや他の人びとによって始められた〈ルター・ルネサンス〉である。それは、弁証法神学と同様に、神の言葉と啓示の神学を信奉してい

＊20 〔草稿〕「神の愛とこの世の崩壊」および〔草稿〕「主題としての《倫理的なこと》と《キリスト教的なこと》」における冒頭の章句を参照。＊21 カール・バルトは、『ローマ書講解』第二版のための〈まえがき〉――一九二一年に執筆された――において、キルケゴールを参照するよう指示しながら、このように定式化した。

た。しかし彼らは、社会的次元については〈民族性の神学〉によって、これを補完していた。とりわけ〔一九〕二〇年代半ば以後、パウル・アルトハウス、ヴェルナー・エーレルト、エマヌエル・ヒルシュその他の人びとによって、《民族》は、自然的秩序あるいは神の〈創造の秩序〉として、そこからキリスト者が政治的・社会的行動の倫理的基準を引き出さねばならない、とされてきた。[*22] こうした〈民族〉のきわめて高い評価は、当時の民族主義的な思潮と密接に結びついていた。

この種の《自然神学》に反対して、カール・バルトは──一九二七年以来、もはや《弁証法的》ではない──啓示神学的な倫理学を展開した。彼は、それを、一九二八年から二九年にかけてミュンスターで、一九三〇年から三一年にかけてボンで講義したが、なお未解決の問題があったために出版してはいなかった。それゆえ、ボンヘッファーは、〔その内容を〕公刊された書物を通じてではなく、一九三一年七月のバルト訪問の際に、断片的に知ることができただけであった。この最初の個人的な接触以後、ボンヘッファーは、バルトの倫理学がどのように発展するのか、注意深く見守ってきた。バルトは、倫理学を教義学に統合した。

エーミール・ブルンナーは、バルトとは逆のコースをとって、神学的人間学を経由して、個人的倫理としても社会的倫理としても重要な倫理学を展開しようと試みた。彼は、一九三二年に、ボンヘッファーが大いに注目し、むろん、同時に批判もした著作『戒めと秩序』を公刊した。そこでは、自然法によって根拠づけられたキリスト教倫理を復権することが告げられていた。フリードリヒ・ゴーガルテンとルードルフ・ブルトマンは、かつては共に弁証法神学のなかの指導的人物であったが、二〇年代後半には、そもそも特別にキリスト教的な倫理学というものの可能性を否定した。ゴーガルテンは、一九三二年に、『政治的倫理学』を執筆したが、それには、国家にたいする従属性という致命的な傾向をともなっていた。ナチ政権が登場し、教会闘争が始まったときには、福音主義的倫理は、あまりにも分裂していたために、教会の求める問いかけにたいして、一致した意見ではなく内部抗争を先鋭化させたままで、応答するしかなかったのである。

新ルター主義的倫理学は、広く〈民族性の神学〉によって規定され、それゆえに、ナチ主義者たちや彼らに指導された〈ドイツ的キリスト者〉の民族主義的な思考との接点を見出すことができた。この新ルター主義的倫理は、いわゆる〈二王国論〉を公言したのだが、それは、一九三三年までは、ルター主義的信仰告白の際立った特徴というわけでは決してなかったものである。しかし、新たな政治状況のなかで、時代錯誤的に短絡して、〈神の国とこの世の国〉、あるいは〈神による霊的統治と世俗的統治〉についてのルターの発言を引き合いに出してきた。じっさい、これは、一九世紀末の二分法的思考様式に復帰するものであった。そこでは、新カント派の影響もあって、福音と律法、信仰と理性、教会と国家ないしは社会との厳しい分離が要求されていた。もっとも影響を及ぼしたのはフリードリヒ・ナウマン〔の思想〕であった。

この分離は、一九三三年には、意外な機能を果たすことになった。すなわち、神の意志に従って、教会と国家とが、それぞれ独自の〔神の〕委託をもって、互いに独立して存在しているのであれば、教

＊22　パウル・アルトハウスは、一九二七年のケーニヒスベルクにおける教会大会の席上で、反《弁証法〔神学〕》的な新ルター主義的神学を宣言した。〔宮田光雄『十字架とハーケンクロイツ』二八頁以下参照〕

会は、自分の存立を脅かすような課題、つまり、違法な国家行為にたいして神の戒めと福音を説いて抗議するという責任を免れ、それによってナチ政権の破壊意志を身に招く危険から解放されることになったのだ〔から〕。このような責任解除に終わってしまう姿勢は、ボンヘッファーにとって、疑似ルター主義的・疑似宗教改革的なものでしかなかった。ボンヘッファーに敵対する新ルター主義者たちは、律法と福音とを対立させることから出発して、次のように主張した。神の律法は、キリスト者にとって、自然的秩序、つまり、家族、民族そして人種の倫理的要求のなかで具体化され、これらにたいして福音は何の影響も及ぼさないのだ、と。この秩序神学は、〔すでに〕恩寵による義認という福音を教えるルター主義的教義学にたいして自立していたのである。これによって、眼の前にある秩序、とりわけ〈第三帝国〉の秩序にたいするイデオロギー的順応が促進されることになった。〈ドイツ的キリスト者〉は、福音主義教会のなかにナチズムの影響を浸透させる手先となった人たちだが——そして残念ながら彼らだけではなかった——、〈第三帝国〉の人種イデオロギーにさえ、ためらうことなく積極的に同調した。

当時の疑似ルター主義的迷走にもかかわらず、ボンヘッファーは、ルター主義的倫理から助言を引き出すことをやめなかった。エルランゲンの神学者、フランツ・ヘルマン・ラインホルト・フォン・フランク——ボンヘッファーの学位論文指導教授であったラインホルト・ゼーベルクの先生——の著作には、ボンヘッファーは学生時代から親しんでいた。*23 おそらく、彼の曾祖父、カール・アウグスト・フォン・ハーゼの蔵書——それはボンヘッファーの所有になっていた——のなかにあった著書を通して刺激を受けていたのであろう。*24 ボンヘッファーは、一九世紀の神学文献について豊富な知識を入手していた。「二〇世紀初頭の神学」というのが、私講師としての最初の講義のテーマであった。そこでは、彼は、ナウマンとトレルチに注目していた。[*25]ボンヘッファーは、遅くとも彼の学位論文〔を書き上げる〕までには、マックス・ウェーバーを綿密に検討していた。ボンヘッファー一家は、ウェーバーとはずっと以前から知り合いだった。〔父〕カール・ボンヘッファーは、マックス・ウェーバーの弟アルフレートと長く交友関係を結んでいた。フリードリヒ・ニーチェ、さらにマックス・シェーラーが——彼の第一次世界大戦中の著作『倫理学における形式主義と実質的価値の倫理学』によって——福音主義的倫理学に影響を及ぼしていた。これらの哲学的倫理学の代表者たちは、ディートリヒ・ボンヘッファーの学校時代あるいは大学時代から、彼の倫理学理解に影響をあたえてきた。ボンヘッファーが『倫理』草稿を執筆する際に刺激を受けたこれらの哲学者の一人であるカール・ヤスパースからは、そのニーチェ解釈、とりわけゲッシェン文庫版の『現代の精神的状況』を通して刺激された。

同時代の著作家のうちで、ボンヘッファーがとりわけ参照したのは、ナチズムの政治に明確に反対する立場に立ち、そのために、大学の教授職を失うことを甘受せざるを得なかった——たとえば、アルフレート・フォン・マルティンやヘルマン・ノールのような——人びとであった。ボンヘッファーは、

＊23　DB 118 f〔ベートゲ『ボンヘッファー伝』〕また、S.80 f Anm.64を参照。　**＊24**　エーバーハルト・ベートゲの報告 „Über die Restbibliothek Dietrich Bonhoeffers“ NL 172を参照。　**＊25**　ヨアヒム・カーニッツの聴講ノートにもとづいて復元された一九三一年から三二年にかけての講義 „Die Geschichte der systematischen Theologie des 20. Jahrhunderts“（DBW 11, 188–190）を参照。

一九三八年に遺作として公刊されたヴィルヘルム・リュトゲルトの倫理学——ボンヘッファーは、一九二九年から三〇年にかけて、ボランティアとしてその助手を務めていた——を綿密に検討した。ボンヘッファーが、当時の、いわゆる《社会倫理学》[26]をそっけなく拒絶したことから推測すると、彼は、ラインホルト・ゼーベルクの倫理学については知っていたと思われる。この本は、著者没後、息子エーリヒ・ゼーベルクによって——ナチズムに同調させて——編集された一九三六年版であった。ボンヘッファーは、ジャック・マリタンのようなドイツ人ではない著作家——彼は戦後、バチカン駐在のフランス大使になった——も読んでいた。ロマーノ・グァルディーニのドストエフスキー解釈や、ヨーゼフ・ピーパーによるトマス・アクィナス神学の受容が、ボンヘッファーに、「勇敢に力強く、新旧のカトリックの英知に手を伸ばす[27]」ことを促したのかもしれない。プロテスタント神学では、当時、そういう通例はなかったのである。ボンヘッファーは、カトリックの倫理学を批判的に評価しつつ、〈自然的なもの〉という概念を〔宗教改革的な〕〈福音〉から取り返そうとした。[28]それは、一九四〇年当時、福音主義的倫理にまったく欠けていた状態のただなかでは大胆なプログラムであった。しかし、まさにそれゆえに、神学史的にもきわめて意義深いものだったのみでなく——たとえば《安楽死》の問題を見れば——切迫したアクチュアルな課題でもあった。

　ボンヘッファーの立場が、何よりもまずカール・バルトの神学と倫理学に近いことは明白である。しかし、彼は、この巨大な教師であり友人でもあるバルトにたいしても批判的な姿勢を失わなかった。ボンヘッファー自身のさまざまな前提や意図からは、しばしば、違った形の問題設定と回答を出すことが必要だったのだから。

Ⅲ 〔『倫理』草稿と同時代史との関係〕

生活秩序が安定し、一般的に承認されている時代には、〈倫理的なもの〉は、すぐれて理論的な問題として扱われるかもしれない。しかし、ボンヘッファーには、きわめて具体的で危険な問題が差し迫っていた。『倫理』草稿を執筆していたとき、彼は、まさにその問題を論じようとしていたのである。それゆえ、この草稿を分析し解釈しようとするなら、その同時代史的な関連を必ず視野に入れておかねばならないであろう。それを難しくしているのは、ボンヘッファーが、抵抗グループの陰謀〔＝クーデタ計画〕に関与していたために、秘密を保持し、彼の姿勢を偽装することを余儀なくされていたからである。彼が『倫理』のために執筆し始めたとき、すでにナチ政権の諸機関との多くの衝突が生じていた。

一九三六年には、大学での教授資格を剥奪され、一九三八年には、ベルリン滞在禁止命令が出された。一九三七年には、フィンケンヴァルデにおいて彼が指導していた牧師研修所を解散させられた。そして、一九四〇年三月には、ポンメルン〔州〕において偽装して継続しようとしていた、いわゆる〈牧師補の集い〉が解散させられた。次いで、一九四〇年九月には、講演禁止処分を受け、ポンメルンのシュラーヴェにおいて、定期的に警察に申告する義務を課された。一九四一年三月には、いっさいの

＊26 S.36. ＊27 『倫理-断片ノート』Nr.76（日めくりカレンダーの一葉）に書かれたメモ。＊28 S.165.

著述活動を禁止されていたのである。

ボンヘッファーは、容疑者として家宅捜索をうけ、草稿がゲシュタポの手に渡るかもしれないということを予期しなければならなかった。たしかに、ほとんど読みとれない彼の筆跡が、ある種の防御にはなった。しかし、それでもなお判読されるに至ったときに、《民衆扇動》《国家反逆》あるいは似たような罪状で、告訴の根拠をあたえるような発言が見つかることは許されなかった。あるいは、陰謀グループの存在やその活動の証拠書類を引き渡すことになるのは許されなかった。それゆえ、ボンヘッファーの〈第三帝国〉批判は、その本来の意味が、〈ナチ主義者には隠されるように、抵抗派の人びとには認識できるように〉暗号化されねばならなかった。『倫理』草稿のこの特質が、戦後における受容の際には、ほとんど見抜けなかったのである。

『倫理』のための仕事をしていた三年足らずのあいだに、ドイツの状況は、すさまじいスピードで変化した。最初の草稿は、一九四〇年、西部戦線における予想外の輝かしい勝利の後に執筆された。ヒトラーの支配は、見通しえない未来まで確固と続くように見えた。しかしながら、一九四二年の初め、モスクワ攻撃に失敗した後、その上さらに一九四三年初め、スターリングラードの前面でドイツ第六軍が壊滅した後になると、ヒトラーの《最終的勝利》は、いよいよもってありえないと思われるようになった。戦争の局面や同時代の出来事とボンヘッファーの『倫理』[*29]草稿の執筆期間とのあいだには、期間の区切りが重なりはしないとしても、密接な関係がある。以下においては、草稿の内容と同時代の出来事との相互関係を、いくつかの事例について検討してみよう。その際、ボンヘッファーの二つの活動領域、すなわち、告白教会と政治的抵抗に集中して検討することにする。

第I期と第II期においては、ナチ政権にたいする反対闘争は、福音主義教会にとって、教会がそれを指導していた限りでは最終的に敗北した。ポーランドとフランスでヒトラーが収めた大きな成功は、ヒトラー信奉者ではない人びとにも、〈ナチズムを拒否することがなお歴史的現実にふさわしいことなのか〉という問いを押しつけてきたのである。教会にたいして、ナチ政権は、ほとんど考慮を払う必要がなかった。すでに、かつてのポーランド領から帝国《ライヒ》に併合された《ヴァルテ大管区》において、将来の教会政策のための実験が行なわれていた。〔そこでは〕福音主義教会は、公法上の団体としての地位を失い、教会相互のつながりも外部との結びつきも根本的に切断されていた。教会は、将来的には、教会員個人の加入する団体、つまり、文化団体になるはずであった。一九四一年秋、国防軍に提出した請願書の草案にあるように、教会への所属ということは、《文化団体の範囲》に限定されることではなく、《この世にたいする証言》を意味するものだ、とボンヘッファーは論じていた。[*30]

　将来の見通しがきわめて暗いこうした状況のなかで、最初の草稿「キリスト・現実・善――キリスト・教会・この世」が成立した。〔草稿のなかで〕ボンヘッファーは、最悪と見える状況にたいして、「神の現実が究極的な現実として、あらゆるところで示される」[*31]という信仰的決断を対置して、そこから、あらゆる現実がイエス・キリストにおいて根拠づけられていることを証しするという〔神からの〕委託を引き出したのである。それにたいして、ナチ政権は、むろん、強力に対抗した。ナチ政権

*29　編集者〈まえがき〉で述べられている〈『倫理』草稿の成立順序の復元〉を見よ。S.16 f.　*30　DBW 16, 228–233. 一九四一年一二月。S.49 f.　*31　S.32.

は、狙いを定めて牧師たちを軍隊に召集することによって、とりわけ告白教会に打撃をあたえようとした。親衛隊保安部の監視報告によれば、告白教会のなかの断固たる一翼が、いまだになお、しぶとく抵抗し続けていたのである。ボンヘッファーの教え子たちは大部分が召集され、二、三年後には前線で戦死した。

「形成としての倫理学」は、現実の出来事と取り組み、二番目に書き上げられた草稿である。〔当時〕声望の高い倫理的伝統の代表者たちも、ナチ支配の現実のなかで、誘惑と脅し、欺瞞と歪曲にたいして、その立場をもちこたえることができなかった。たとえば大学教授たちが、確固たる姿勢を欠き、誘惑されやすく、機会主義的なことを、ボンヘッファーは衝撃をあたえるほどに洞察していた。知的エリート*32の無能について彼が行なった分析は、抵抗運動が後世に残したもっとも感銘深い記録《ドキュメント》の一つである。軍事的エリートは、ヒトラーを打倒する手段を手にする唯一の集団だったが、決定的な瞬間に、行動を決断することができなかった。彼らも、伝統的な義務倫理を誤解することによって、無力なことをさらけ出した。

「遺産と退廃」は、一九四〇年秋に三番目の草稿として書き始められた。この草稿は、西洋の戦争の伝統を叙述するという偽装の下に、全体戦争〔＝総力戦〕、つまり、皆殺し・絶滅の戦争*33に有罪宣告を下した。この戦争は、すでにこの一九四〇年の秋に、敗北したポーランド国民の取り扱いのなかに、そのおぞましい姿を見せていた。

第II期——一九四〇年一一月から一九四一年二月まで——においては、ボンヘッファーは、ナチの人種イデオロギーの核心から生じた二つの出来事に踏み込んでいった。すなわち、〈強制的断種〉

と《安楽死》である。安楽死は、ヒトラー自身によって命令され、いっさいの法律的保護がないまま、いわゆる〈生きるに値しない〉生命を殺害する行為であった。それが、当時、まさに実行され始め、いよいよもって切迫したアクチュアリティをもつようになっていた。[*34] この《安楽死》を拒否する詳しい論述を、ボンヘッファーは、モーセの第二の書〔出エジプト記〕からの引用「罪なき者を……殺してはならない」という言葉で締めくくっていた。

父カール・ボンヘッファーと義兄ハンス・フォン・ドナーニーは、フリードリヒ・フォン・ボーデルシュヴィングとパウル・ブラウネに助言して、この殺害行為を止めさせようとする彼らの努力を支持していた。ブラウネは、建白書を書いたことで、強制収容所における長期拘禁という処罰を受けねばならなかった。教会にとっては、《生きるに値しない》生命の抹殺は、殺害が予想される患者たちの多くが教会の施設で暮らしていたことから、重大な意味をもつ問題であった。ここでは、不可解な、当初は組織的な必要として偽られた患者の《移送》を、しばしば拒否せず、後になってようやく拒否しようとしたが、多くの場合に部分的な成功をおさめたに過ぎなかった。

第Ⅱ期のあとの数ヶ月、一九四一年の夏と秋に、ボンヘッファーは、第Ⅰ期からの草稿を改訂し、補筆した。その間に、ソビエト連邦にたいする殲滅戦争が始まり、最初の大勝利の後に、いまやユダヤ人の絶滅が準備された。一九四一年九月一九日以降、ユダヤ人は、差別のための黄色い星形を見え

＊32　S.64–67 そして一九四二年末には、「一〇年後に」のなかで〔論じている〕DBW 8,20–23.〔『獄中書簡集』〕
＊33　S.99 f. ＊34　S.209–211 および S.184–191.

るように衣服に付けねばならなくなった。一〇月半ばには、ベルリンから東方へ向けて、ユダヤ市民の最初の移送が行なわれた。ボンヘッファーとフリードリヒ・ユストゥス・ペーレルスは、この出来事とその影響について事実を収集した。ドナーニーは、指導的な反対派軍人に宛てて、〔ナチ体制〕転覆の意志を強めることを望みつつ、引き続き報告を送っていた。*35

草稿「遺産と退廃」の第二ページの欄外に、ボンヘッファーは、いまやこう記していた。「ユダヤ人は、キリストの問題を未決定のままにしている。ユダヤ人は、神の恵みによる自由な選びと棄却する神の怒りとを示す徴《しるし》である。『神の慈しみと厳しさとを考えなさい』(ロマ一一・二二)。西洋からユダヤ人を追放することは、キリストの追放を引き起こすにちがいない。なぜなら、イエス・キリストはユダヤ人でありたもうたのだから」*36と。おそらく強制移送の直接的印象のもとで、ボンヘッファーは、ここで、ユダヤ人との連帯が神学的に命じられていること、教会と彼らとが運命共同体であることを言明したのである。

〔国防軍〕諜報部――正確には、そのなかの抵抗グループ――の委託によって、ボンヘッファーは、一九四一年の三月と九月にスイスを旅行した。アングロサクソン諸国では、諸教会が講和の目標について議論し始めていた。ドイツ内部で〔体制〕転覆を計画している人びとにとっては、この目標について知り、自分たちの陰謀の努力が継続していることを外国の信頼するに足る人びとに伝えること、さらに彼らから、ヒトラー打倒後、ドイツ人がどのような条件を予想せねばならないかを探り出すことが、きわめて重要であった。ドイツがなお軍事力の高みにあり、自ら戦争終結の条件を出すことのできる立場にあるように思われていたのである。教会は、戦後秩序について考えねばならなかった。

ボンヘッファーの父の友人であるベル主教は、一九四〇年ポケット版の『キリスト教と世界秩序』を公刊した。それに続いて一九四一年七月には、ウィリアム・ペイトンの著書『教会と新秩序』が出版された。彼は、フィッセルト・ホーフトのジュネーヴ〔時代〕およびロンドン〔時代〕の同僚であった。一九四一年九月はじめには、ボンヘッファーは、ジュネーヴで、ドイツ人の視点から、ペイトンの著書について〈覚書〉を書くことができた。その後、フィッセルト・ホーフトが英語版を作成しロンドンで普及させた。むろん、ドイツ側の情報提供者の名前は挙げられていなかった。ロンドンでは、ウィンストン・チャーチルの政府が、平和についての議論を厳しく押さえつけようとしていた。ボンヘッファーにとっては、『倫理』にかかわる仕事の上で、情報によく通じていたジュネーブのエキュメニズムの運動家たちと親密に対話することは重要な意義をもっていた。その際、神学の問題も徹底的に話し合われた。*37

第Ⅲ期におけるボンヘッファーの仕事は、新しい兆しが見える中で行なわれた。ドイツの攻勢は、一九四一年末、モスクワの面前で大きな損害を出し挫折した。一九四一年から四二年にかけての冬には、一時は、ドイツ軍前線の崩壊が不可避であるかに見えたこともあった。一九四一年九月の二回目のスイス旅行の最中に、ボンヘッファーは、〔当時流されていた〕勝利報道にもかかわらず、フィッセルト・ホーフトに「私の考えでは、われわれは〈終わりの始まり〉に立っている。そこ〔ソビエト連

*35 DBW 16, 212–217. 一九四一年一〇月一八日および二〇日付。 *36 S.95. *37 ニルス・エーレンシュトレームによる一九四一年九月四日のカレンダー・メモ（DBW 16, 202）を参照。

邦」からヒトラーは、もはや脱け出すことができないからだ」と断言していた。[38]
ボンヘッファーは、この旅行で、カール・バルトに、《キリスト教的責任》という焦眉のテーマについて取り扱ってくれないものか、と提案していた。いまや、ボンヘッファー自身が、そのテーマに向き合い、そして、「歴史と善」について二つの草稿を執筆したのである。〈責任を負う生の構造〉のなかで自由の契機がどのように位置づけられるのかを論じた部分には、はっきりと陰謀〔＝クーデタ計画〕に責任を負っている人びとの状況が反映されている。[39] 何らかの法則《おきて》あるいは正義《レヒト》による正当化を断念しなければ、ヒトラーの殺害と〔体制〕転覆は実行されえないのではなかろうか。陰謀〔グループ〕のなかでも論議されていたこの問題の深刻な重大性は、ボンヘッファーをラディカルな省察へ駆り立てていった。すなわち、特定の状況において避けることのできない〈罪責を自覚的に自分で引き受ける〉という、あの責任についてである。[40]

　ドイツの教会のあいだでは、教会の内部統合を目差す方向で、新しいイニシアティヴをとる動きが現われてきた。しかし、教会にたいする抑圧的措置は軽減されなかった。ベル主教は、一九五七年に次のように回想している。一九四二年五月末、スウェーデンのシグトゥーナでボンヘッファーと会ったとき、ボンヘッファーは、ベルに、《倫理》の問題に集中的に取り組んでいること、そして告白教会の全国評議員会（Bruderrat der Bekennenden Kirche）のために、専門家としての意見書を準備中であることを知らせてくれた、と。おそらく、草稿「〈人格〉エートスと〈事柄〉エートス」と「律法の第一用法についての教説」[41] は、学術的な仕事を委託されていた古プロイセン合同教会の評議員会（Altpreußischer Bruderrat）のために書かれたものであろう。ボンヘッファーは、どんなときにも告白教会で協力して働くことを放棄することがなかった。

一九四二年後半の第Ⅳ期においては、ボンヘッファーは、実際に容疑をかけられていたために、外国旅行は許可されず、おもにベルリンで仕事をした。[*42] いまや、ボンヘッファーは、〔草稿の〕断章「教会とこの世Ⅰ」のなかで、教会の悲惨な状況といっさいの〈キリスト教的なもの〉の苦境のただなかで、驚くべき事態が展開されていることを記していた。〔彼によれば〕ナチ主義者によって口汚くののしられている人間的な諸価値の擁護者たちは、かつては理性や権利、教育、人間性、寛容などを貫徹するために、教会からの解放を求めて辛苦を重ねてきたのだが、その彼らが、〔いまや〕教会との同盟関係を求めているというのである。[*43] この事実を、ボンヘッファーは、とりわけヒトラー以後の時代のための希望に満ちた出来事とみなした。同様にこの時期に、ボンヘッファーは、次のような問いについても論じていた。世界の全キリスト教界のなかに高まっている、〈この世にたいして教会は解決する言葉を語って欲しい〉という要求に、神学的に正しく応答するにはどうすればよいのか、と。[*44] それゆえ、彼は、前年一九四一年に、ジュネーヴのエキュメニズムの運動家たちと議論したテーマを取り上げた。

〔さらに〕ボンヘッファーは、「一〇年後に――一九四二年に向かう年末に書いた総括報告」というエッセーにおいて、家族や陰謀に関わっている友人たちのために、「この時代の共通の経験と認識とし

＊38 DB 824.〔ベートゲ『ボンヘッファー伝』〕 ＊39 S. 283–285 を参照。 ＊40 S. 275 f. ＊41 DBW 16, 550–562, 600–619 を見よ。 ＊42 一九四四年夏の高等軍法会議法務官マンフレート・レーダー宛ての手紙の草案（DBW 16, 415）を参照。 ＊43 S. 342–344. ＊44 S. 354.

て、われわれに押しつけられてきたもの」[*45]について、徹底的に考え抜いている。〔そこでは〕ボンヘッファーは、一九四〇年秋に執筆した草稿「形成としての倫理学」の冒頭の部分を、底稿として利用して、〔部分的に〕変更し、また新たに補足した。「現代におけるわれわれほど、足下に拠るべき大地を僅かしかもたない人間が、歴史上かつて存在したことがあるだろうか」と。《市民的勇気》というキーワードのなかで、ボンヘッファーは記録していた。「ドイツ人には、ある決定的な基本的認識がなお欠けている。すなわち、たとえ召命《ベルーフ》〔＝天職〕と委託とに逆らっても、自由で責任ある行為が必要だという認識である」と。

〔このなかで〕新たに執筆されたのは、〈愚かさ〉とその広がりについての部分である。政治的あるいは宗教的な権力の展開によって、人間から自立性が奪われ、その結果、人間が愚かになり、愚かさが広がっていくのである、と。ボンヘッファーが《歴史に内在する正義》について語ったことの内容には、同時に、〈第三帝国〉の将来についての判断も含まれていた。「この世においては、事態はかくも単純である。すなわち、究極的な法則《おきて》と生の諸権利とを基本的に尊重することが、同時に自己保存にもっとも役立つのである。また、これらの諸法則は、まったく短く、一回限り、特別の場合に、やむをえず違反する場合にのみ耐えられるようになっている」[*46]と。それゆえ、ボンヘッファーは、長期的にはナチ政権の自己崩壊を想定していたのである。このテキストは、スターリングラードを眼前にして、ドイツ軍の破局が始まろうとしていたときに執筆された。このときから、〔政権〕転覆計画が実際の目標を意識しながら押し進められるようになった。一九四三年三月一三日と二一日の暗殺の企ては、言うまでもなく、不運な事情で失敗した。

最後に、第V期においては、ボンヘッファーは、カール・バルトの『教会教義学』第二巻〔創造論〕第二分冊――そのゲラ刷りを、彼は、一九四二年五月、第三回目のスイス旅行の際に読んでいた――から受けた刺激に応答しようとした。それは、とりわけ「《キリスト教倫理》の唯一可能な対象」*47としての〈神の戒め〉に関わるものであった。それは、ボンヘッファーがこれまで書き進めてきたものを放棄することではなく、バルトの観点と自分の考察とを結びつけようとする試みであった。

彼は、一九四〇年に書き始めていた『倫理』草稿に、一九四一年になって、四つの委任について論じる文章を挿入した。*48 第V期においては、ボンヘッファーは、二つの《部分》についてさらに加筆しようとした。その最初のものが、四つの委任に関連して具体的な戒めを扱うはずであった。*49 神の戒めを聞き分けることには、一方では、従順に聞き、決断し、直ちに行動すること、つまり、何らの決疑論《カズイスティク》や原則論によってあらかじめ決めることができない実存的な自由の行為が入っている。他方では、神的な命令には、ある〈恒常的なもの〉、ある方向、ある連続性がある。「それゆえに、神の戒めは、この肯定的な内容と人間の自由とが、同時に注意を払われることによってのみ、キリスト教的な倫理の主題となりうる」。肯定的な内容という言葉で意味されているものは、〈委任理論〉において詳細に論じられている。「委任という概念には、神の戒めによって、同時に、ある特定の地上の領域を要求し、接収し、形成するという意味が含まれている」。ボンヘッファーは、ナチ政権が、結婚、労働ないし

*45 DBW 8, 19.〔『獄中書簡集』〕 *46 DBW 8, 20, 24, 26–28, 30〔『獄中書簡集』〕。necessitá（《必然性《ネチエシタ》》）についての考察（S. 272-274）も参照。 *47 S. 381. *48 S. 54-60. *49 S. 390.

文化、政治的権威による権能、そして教会にたいして、独断専横に関わっていると見ていた。こうした専横に終止符が打たれたあとで、新しい時代のためには、公共的生活の構造について抜本的な考察が必要であった。ボンヘッファーは、「ロマン主義的な保守主義」、つまり、「既存の秩序全般が神的なものとして認可される」可能性を排除しようと望んでいたのである。*50 彼は、いっそう適切な概念がなかったので、とりあえず〈委任〉という概念を利用したにすぎなかった。

ボンヘッファーが力を込めて強調したのは、〈強いもの〉が〈弱いもの〉に向かって神の委任を引き合いに出すことができないということ、むしろ、神の委任は、地上の力関係を修正し、《下位のもの》にたいしても〈身分〉(Stand)と権利とがあたえられるということであった。*51 通俗的な民主主義観によれば、民衆は《下位のもの》であり、《上位のもの》はすべて〔この〕下から正当化されるのだが、また自分の地位を脅かされてもいる、と考えている。ボンヘッファーは、その最悪のヴァリエーション、すなわち、うわべだけ人民投票的な《指導者》民主主義〔=ヒトラー支配〕を眼前にしていたのである。

ボンヘッファーが〈上位〉と〈下位〉との区別を承認することを強調したのも、そこから説明できる。彼の場合、この区別は、主として神学的なものであり、政治的・社会的な意味をもってはいなかった。〔だから〕ボンヘッファーが、民主的な憲法秩序への道筋についてどう理解していたのかについては、この区別から直接に出てくるわけではない。しかし、《上位》《下位》という用語法は、カール・バルトが、一九三八年の論文「義認と法」で用いた〈官憲国家《オープリヒカイト》〉と〈臣民の立場《ウンターターン》〉という概念を想起させる。バルトは、「『ローマ書』一三章の正しい延長線上で」民主主義的な国家体制について語ることができるか、と問いかけ、それを断固として肯定した。[*52] ボンヘッファーは、一九四一年の論文「国家と教会」――それは、委任理論のもっとも早い時期における定式を含んでいた――において、ほぼ確実にこのバルトの論文に結びついていたのであった。

戒めの具体的な形である四つの委任――労働／文化、結婚、政治的権威、教会――は、この世にたいする、神の愛に満ちた関わりの表現である。神は、これらの委任を通して生を可能にし、豊かにしたもう。この委任の働きの仕方や、その積極的内容は、人間次第であり、これらの委任を人間が受けとり、肯定し、自由に形成するようにされているのである。戒めにおいては、「生の全体が充実するなかで」自由に営まれる「共に生きること」が問われている。[*53] 結婚する者、労働する者、あるいは文化を創造する者、政治秩序を形成する者、教会生活を築きあげる者は、次のことを思い起こしていなければならない。すなわち、他のすべての委託のただなかで、《上からの》一つの委託を受けていること、神の御前で責任を負っていること、それゆえ、自分の行動によって、神の命じたもうことに応答するのだということ、を。この未完成に終わった理論につきまといがちな誤解にからめ取られまいと思うなら、われわれは、ボンヘッファーの委任理論のもつ〈責任応答的な〉性格を把握しておかねばならない。

全体国家は、生のあらゆる領域を屈服させ、同化させようとした。ボンヘッファーの委任理論は、

＊50 S. 389 および 393. ＊51 S. 395 を参照。 ＊52 K. Barth, Rechtfertigung und Recht, 42-44〔カール・バルト「義認と法」〕を参照。 ＊53 S. 390.

こうした生を本末転倒させることに直接に反応したものである。「〔四つの〕神の委任は、互いに、共存し、依存し、対抗しあって……いるときにのみ、イエス・キリストにおいて啓示された神の戒めとしての力をもつ。これらの委任は、いずれも自分だけでは存立しえないし、他のものに取って代わろうと要求することもできない」。もろもろの委任は、共存し、相互に依存し、対抗しあって、存在している。ボンヘッファーは、これらの委任の、協力的で、補完的で、対抗的な性格を明らかにしている。「この対抗関係（*Gegeneinander*）が存在しないところでは、もはや神の委任はない」[*54]と。――この命題は、教会と国家の関係について根本的な帰結をもたらすものであり、またボンヘッファーのおかれていた状況においては、教会の支配権を強奪する国家にたいして教会が反対の立場をとることを根拠づけるものであった。

『倫理』のための仕事をしていた時期における上述の事例を通して、以下のことが裏づけられた。すなわち、この構想では、これまでの他のプロテスタント倫理学ではおそらく類を見ないほど、集中的かつ自覚的に、同時代史の出来事について、また、それにたいして教会や神学や倫理が失敗したことについても、論述されていたということである。同時代史の出来事は、ボンヘッファーが特定のテーマを取り上げるための前提であり、ゲシュタポにつかまることなしに発言するための大枠の条件、その限界をあたえるものであった。それらの出来事は、多くの発言にあたって、偽装や暗号化、書き換えの誘因となった。そして、ボンヘッファーは、思考しつつ、執筆しつつ、教示しつつ、とりわけ、ヒトラー後の時代を展望しながら、それらの出来事に介入しようとしたのである。

キリスト論的な啓示神学を代表する人間がこのように具体的な出来事に取り組んだことは、驚嘆の念を引き起こすかもしれない。じっさい、そのことは、啓示神学を抽象的だとみなす一般にもたれている先入観に照らせば当然であろう。〔しかし〕ボンヘッファーは、それとは正反対の認識をもっていた。すなわち、「キリストにおいて、われわれは、神の現実とこの世の現実とに同時に参与するように招かれていることを知る。一方なくして他方もない」[*55]と。

Ⅳ〈ボンヘッファーの倫理学の特徴〉

ボンヘッファーが、もし未完の草稿を計画通り執筆し終える機会に恵まれていたとしたら、彼の『倫理』がどのような形で仕上がっていただろうか。それは、われわれには分からない。しかし、すでに、残されている草稿と『倫理-断片ノート』だけでも、多くの特徴がはっきりあらわれている。たしかに、彼は、当時の倫理観に沿った道をさらに進もうとはしなかっただろう。そのことを、批判的なコメントは、はっきりと理解させてくれる。[*56]『倫理-断片ノート』Nr. 1に、彼は、「キリスト教倫理学の試み」というサブタイトルを記していた。それゆえ、これまで十分には取り上げられてこなかった次元にまで、〈実験的〉に突き進もうと考えていたのである。〔草稿では〕もろもろの倫理学の伝統にたいする対比[*57]〔的相違〕が強調され、じっさい際立たされている。〔ボンヘッファーの〕三つの草稿の冒頭の文章は、それぞれが、計画された著書の始まりのよう

*54 S. 397. *55 S. 40. *56 たとえば、S. 41, 163-165を参照。 *57 S. 31, 301, 365.

な響きをもっている。そこで一致して語られているのは、他のすべての倫理思想にとって、《キリスト教倫理》が「他に例のない一つの〔過大な〕要求」として見えるに違いない、ということである。従来のやり方で手に入れようとする善と悪についての知識——自分が善くなろうとしたり、自分によってこの世を善くしたいと願っている、その知識——は、「私とこの世の現実自体が、まったく別の究極的な現実、すなわち、創造者・和解者・救済者である神の現実のうちに、なお包みこまれている」[*58]という事実を見誤っているのである。キリスト教倫理は、この神学的前提から、この信仰的決断から、出発せねばならない。キリスト教倫理にとって問題となるのは、「キリストにおける神の啓示という現実性が、神の被造物のなかで〈現実化すること〉である」[*59]。根底にあるのは、抽象的な現実概念ではなく、受肉論的・キリスト論的に（inkarnatorisch-christologisch）規定された現実概念なのである。

すべてを包摂する〈神の現実〉とは、神が人となりたもうことによって、〔つまり〕イエス・キリストの御言葉と運命という形をとって、この世の現実のなかへ身を向けられ、さらにまったく〈具体的なもの〉のなかで、〔すなわち〕人間存在の喜びと苦難のなかで決定的であろうとしたもう、ということである。このようにして、この世は神と和解させられた。この和解のなかに根拠をもつ倫理は、分裂と解消しえない軋轢の世界を克服し、新約聖書的な意味で、こう約束する。すなわち、「人間の生と行動とは、何ら問題に満ちたもの・苦しめ悩ますもの・暗いものではなく、何か自明なもの・喜ばしいもの・確かなもの・明るいもの以外ではないのである」[*60]と。このトーンは、またボンヘッファーの『倫理』草稿に特有のものである——この草稿は、大きな危険とひどい重圧にさらされた時代のただなかで書かれたものだったのだけれども。

したがって、〈善とは何か〉という伝統的な倫理問題について、〔ボンヘッファーの場合には〕宗教改革の伝統のなかで見られるような具合には片づけられなかった。〔すなわち〕宗教改革においては、義認論の結果として、罪人や見捨てられた者、打ちひしがれた者に向けられたイエス・キリストの慈しみが説教されてきた。彼らは、ただ恩寵によってのみ、罪を赦されるのである。驚くべきことに、ボンヘッファーは、この見解を補完して述べている。すなわち「この堕落した世界にもなお〈人間的なもの〉や〈善いもの〉が見出されるとすれば、それは、イエス・キリストの側に味方するものである」[*61]と。

たしかに、この世のなかで、正義と真理、そして人間性のために闘い苦難を受けているこれらの《善いものたち》もまた、罪の赦しを必要とする罪人ではある。しかし、キリストは、御自分のために、彼らをまさにその〈強さ〉においても求めたもう。そして、彼らは、自分たちの免れえない罪のゆえに、キリストにおける赦し——決して《安価な恩寵》ではない——を乞い求めることを許されている。この〈キリストが求めたもう善きもの〉というテーマは、とりわけ抵抗運動におけるボンヘッファーの経験を通じて誘発されたものであり、『倫理』に関わる彼の仕事全体を貫いているのである。

＊58 S. 32. **＊59** S. 34. **＊60** S. 311. **＊61** S. 161.〔この文章は〕『倫理-断片ノート』Nr. 21において準備されていた。〔そこでは〕善は「イエス・キリストの側に属するものである」〔と記されている〕。S. 350を参照。加えて、『倫理-断片ノート』Nr. 20も参照。〔そこでは〕「善は、その根源としてのキリストに属するものである」〔と記されている〕。

神の啓示、〔つまり〕キリストにおける受肉とこの世との和解という聖書の重大な証言によって倫理学を始めようとする者は、この聖書の証言が、形而上学的な抽象性を帯びることなく、その〔＝証言の〕なかに、具体化――これが倫理を際立たせるはずである――されるまで踏み込む可能性を内包していることを見定めねばならなかった。この関連は、教義学と倫理学との結合として理解することもできたが、[*62] ボンヘッファーは、それをさまざまなヴァリエーションの下に考察した。「神は、人となりたもうたことによって、御自身のためにではなく、《われわれ人間のために》在《いま》すことを望みたもう方であるということが表明されているのである」[*63]。それに応じて、われわれもまた、自分自身のためではなく、神にたいして応答しつつ、他の人びとのために責任をもって生きねばならない。

すでに『倫理』草稿のなかに、ボンヘッファーの獄中神学の定式が置かれているのである。すなわち、〈イエス――他者のためにある人間〉。〈イエスの存在に参与することにおいて《他者のための存在》としての新しい生〉。「教会は、他の人びとのために存在するのでなければ、教会ではない」。「イエスの《他者のために存在すること》が、超越経験なのだ！」[*64]。ボンヘッファーが、キリスト教倫理の具体化にまで辿りついたのは、時代精神に順応することによってではなく、基本的な信仰的命題を現実の人間存在に当てはめて解釈することを通してであった。

こうした努力における特色ある作業の一つが、〈究極的なもの〉と〈究極以前のもの〉との区別と関係づけであり、それを〈道備え〉（Wegbereitung）という観念によって明確にしたのである。〈究極以前のもの〉においては、〈人間であること〉、〈善いこと〉、〈自然的なもの〉、他の人びとのための〈代理〉が問題となる。この〈究極以前のもの〉は、〈究極的なもの〉――信仰〔のみ〕による義認、恩寵のみによる〔救済〕――に関係づけられることによって、廃棄されてしまうのではない。〔むしろ〕〈究極以前のもの〉は、〈究極的なもの〉によって確固たるものとされ、また限界をもあたえられ、そのことを通じて倫理的な認識と行動を基礎づけるのである。もし〈究極的なもの〉が、ただ〈究極以前のもの〉を片づけてしまい、無効なものにするだけであれば、ここ〔＝究極以前のもの〕では何らの区別も存在しないことになるであろう。また〈究極以前のもの〉にある〈善いもの〉が、イエスのために求められるということもなくなるであろう。ボンヘッファーによる、〈自然的なもの〉と歴史についての詳細な説明も、このような〈究極以前のもの〉の重要性についての認識によって規定されているのである。

ボンヘッファーは、福音主義的な倫理から〈自然的なもの〉という概念が失われていたことを痛みをもって感じとっていた。彼は、この概念を〈福音〉から――それゆえ〈律法〉からではなく――ふたたびとり戻そうとした。〔当時は〕律法から出発して、民族から人種にまでいたる偽りの《秩序》が倫理的に規範的なものとされ、じっさい、《創造の秩序》とさえ公言されていた。そこでは〔神によって〕創造されたものは、堕罪後の人間の目にはとどかず、隠されている、ということが考慮されないままであった。〔それにたいして〕ボンヘッファーは反論した。「〈自然的なもの〉は、堕罪後〔の世界において〕、イエス・キリストの到来に向かって開かれている」と。[*65] したがって、〈不自然なもの〉とは、〔イエス・キリストの到来にたいして〕自らを閉ざしているものである。

＊62 S.34. ＊63 S.404. ＊64 DBW 8,558–560.〔『獄中書簡集』〕 ＊65 S.165.

こうした〈自然的なもの〉の教義学的定義から出発して、ボンヘッファーは、ドイツ語圏の神学者としては初めて、《自然的生の諸権利》について詳細な理論を展開した。その理論は、〔人権論の〕独特のヴァリエーションとして、個人から出発する西欧の人権理解に並び立つものであった。《身体的生の権利》では、《安楽死》、強制的断種、拷問、妊娠中絶など、当時、部分的には今日と同様に焦眉の時事的現実性をもったテーマが問題になっていた。注目を引くのは、〈義務よりも権利が優先する〉としていたことである。「神は求める前にあたえたもう」[*66]。《精神的生の自然権》については、ボンヘッファーがもはや仕事を続けられなかったために、草稿には、わずかな文章しか残されていない。

〈自然的なもの〉についての、こうした神学的・倫理学的なとらえ方が、人間のもろもろの権利の教説に通じていたとすれば、それに対応する歴史の理解の仕方は、〈責任倫理〉に導いた。マックス・ウェーバーが提出したこの〈責任倫理〉という概念は、そのときまで、福音主義的倫理のなかに受け入れられることはほとんどなかった。ボンヘッファーは、この概念の神学的次元を発見し、〈責任を負う生〉の《構造》と《場所》とを論じたのである[*67]。ボンヘッファーにとって〈責任〉(Verantwortung)とは、行動によって実現される自分の生の全体をもって、イエス・キリストの生に〈応答する〉(Antwort geben)ことである。しかし、イエスの生が、他者のために代理し罪責を引き受けるという点で、どこまでも〈他の人びとのための生〉であったとするなら、キリスト教的な責任理解もまた、神によってすべての人に課されている《歴史の行程にたいする共同責任》を含むものでなければならない。

ここでも問われているのは、伝統的な倫理の問題《いかにすれば善をなしうるか》ではない。むしろ、重要なのは、「最終的に責任を負う問いは、〈私がどのようにして英雄的に闘いから身を退くか〉ということではなく、〈来たるべき世代がどのように生き続けるべきか〉ということである」[*68]。これを書いたとき、ボンヘッファーは、陰謀〔＝クーデタ計画〕のなかで、どのような法則《おきて》にも、合法的権威からのどのような委託にも、どのような確かな未来予測にも保証されることなしに、政権転覆の際には不可避的に自分の身にふりかかる〈罪責〉を自分で引き受ける決意をしていた。ここでは、真の責任に固有な〈自由の冒険〉が問われているのである。〔むろん〕その自由は、あまりにも容易に、気まぐれな恣意に陥る危険にさらされうるものではあるが。しかし、ボンヘッファーの『倫理』においては、このラディカルな自由にたいして、神によるもろもろの《委任》に従おうとする姿勢が向かい合っていた。その委任は、つねに自由に対抗するパートナーとしてのみ解釈されるべきものであり、静的・固定的な〈秩序〉概念として解釈されてはならなかった。

あらゆる倫理学は――まさに神学的倫理学も含めて――その倫理学が、どのように現実を経験し、認識し、対処するのかということを吟味せねばならない。ボンヘッファーは、彼の同時代人たちの《愚かさ》に深く驚愕した。彼らの知的弱さではなく、彼らが、権力の圧力のもとで、認識能力と現実感覚とを喪失していることについてである。それにたいしては、教化することは助けにならず、ただ内面的・外面的な解放のみが助けうるのだ、と[*69]。「解放された眼差しを、神と現実――ただ神のうちにのみ存立している現実――に向けることが、単純さと賢さとを一つに結びつける」。「存在してい

＊66 S.173. ＊67 S.253 f, 256, 289. ＊68 DBW 8, 25.〔『獄中書簡集』〕 ＊69 DBW 8, 27 f.〔『獄中書簡集』〕

る事実のなかで〈特徴的なもの〉を認識することが賢さである」[*70]。

学問的な倫理学であれば、どれも多少とも明示的に一連の方法を用いるものである。ボンヘッファーの立論においては、一つの手続きがとくに注目を引く。すなわち、問題を把握するために、ボンヘッファーは、まず、その問題について、極端なものの見方あるいは極端な姿勢を二つ、互いに対立させる。たとえば、ラディカルな見解と妥協的な見解、プロレタリア的な見解とブルジョア的な見解、革命的な見解と保守的な見解というように。こうしたものの見方のどちらも、またそれに対応する概念のどちらも、現実を適切には把握できていない。両者を吟味することで、誤りを改め、正しい点を確定し、いっそう高いレベルで思考を働かせ、〈現実に即応したもの〉を認識せねばならない。このようにしてのみ、責任をもって生き、行動している者が「この世の本質を、その都度、つねに新しく開明していく[*71]」ことができる。まさにそれゆえに、ボンヘッファーは、具体的に考えるということを強く主張した。ボンヘッファーの倫理学は、驚くべき仕方で、深い信仰の命題と現実に即応したこの世的責任の引き受け方とのつながりを示すことができたのである。

V〈ボンヘッファー受容の分裂〉

『倫理』草稿は、エーバーハルト・ベートゲによって、一九四九年に出版された。その結果は、ひどい幻滅だった。力強い、とりわけ専門的な反響は見られなかった。「われわれが目にしたのは、いつでも、ただ内容の紹介だけであった。だれもあえて評価の立場を表明することはなかった」[*72]。『倫理』にたいする書評は、公刊から最初三年間には、〔それぞれ〕一四本、一一本、一本であった。それにたいして、一九五一年に出版された彼の『抵抗と信従』〔＝『獄中書簡集』〕には、〔最初の三年間で〕二〇本、五九本、二四本、の書評がでた。『倫理』草稿は、まもなく、『抵抗と信従』の陰に隠れてしまった。『抵抗と信従』は、ボンヘッファーの拘留中に書かれた手記であり、大部分が個人的な手紙という形式で書かれていた。こちらの方が近づきやすいように思われたのである。

カール・バルトは、むろん直ちに、一九五一年に刊行された『教会教義学』の「創造論」のなかで倫理を扱う際に、集中的にボンヘッファーの『倫理』に取り組んだ。彼は、鋭い眼差しで、ボンヘッファーが、自分の意図するところと極めて近いのを認めた。「ディートリヒ・ボンヘッファーの才気にあふれた『倫理』にも、同じ、教義学的な関連を求める方向があることが……賞讃されねばならない」*73と。

＊70 S.68. **＊71** S.267. **＊72** 一九五〇年五月一五日付の、エーバーハルト・ベートゲからエルヴィン・ズッツ宛ての手紙。〈あとがき〉のこの節〔第五節〕は、イェルク・ディンガーの研究――ベートゲが、ボンヘッファーの全著作のために行なった文献収集についての研究――を利用している。**＊73** KD III/4. 2.〔バルト『教会教義学』第三巻「創造論」第四分冊〕〔なお、バルトがこの本のなかでボンヘッファーに言及している〕以下の箇所を参照。9（S.372からの引用文、14（S.381 f〈神の戒め〉、S.386〈自由を命じる〉）、14 f〔『倫理-断片ノート』Nr.10にたいして〕、21 f（《委任》についての評価）、22（「ところで、なぜ、まさにあの四つの……委任なのか、他にはないのか」）、23（《上位と下位》《家父長制》）、460（自殺については、ディートリヒ・ボンヘッファーは「きわめて慎重に」書いた）、463（S.194 f からの引用文）、513（暴君殺害に関しては――ボンヘッファーは「本来は平和主義者」であった）、687（《召命》について）、751（《名誉》は考慮されていない）。

バルトは、自らの思考過程のなかに、『倫理』草稿の考え方と引用とを組み込んだ。もしかしたら、バルトは、ボンヘッファーが既刊の『教会教義学』〔第三巻「創造論」第二分冊〕における倫理の論述にどれほど熱心に取り組んでいたか、ということに気づいていなかったのかもしれない。こうして、〔両者には〕広範な意見の一致のあることが明らかになった——とりわけ、キリスト論的な神の戒めの理解について、さらにその帰結として、決疑論《カズイスティク》と〔状況を考慮しない〕原則的倫理とを拒否する点において。一連の具体的な倫理問題を扱うボンヘッファーの扱い方にも、バルトは同意することをほのめかしていた。委任理論については、バルトは、おそらくボンヘッファーの意図するところに従っていくことができたであろう。すなわち、キリスト教倫理は、〔神の〕戒めのもつ《恒常的内容》(Konstanten) に従いつつも、具体的状況のなかで、その都度あたえられる神の命令についての指示を問うものだということを。

しかし、四つの委任の聖書による根拠づけやその選択、さらにそれを権威的な関係として特徴づけることについては、バルトは納得しなかった。むしろ、彼にとっては、これは「やや北ドイツの家父長制的な愛好」が付着しているように思われたのである。この判断は、今日に至るまで、しばしば繰り返されている。バルトは、一九五二年に、ボンヘッファーの委任理論と「熱心に取り組んだ」[*74]と発言している。これにたいして、エルンスト・ヴォルフは、〔社会倫理の〕講義において、ボンヘッファーの委任理論をさまざまのヴァリエーションでとり上げ、神学的な〈制度理論〉(Institutionenlehre)にまで構成した。[*75]

戦後最初の一〇年間には、ドイツの福音主義神学は、社会と教会との新しい方向づけという倫理的・理論的・実践的な問題に、ほとんど学問的に携わらなかった。むしろ、彼らが刺激されたのは、ルードルフ・ブルトマンによる新約聖書の非神話化というプログラムをめぐる論争であった。多くの人が、マルティン・ハイデガーの哲学から――この人物が一九三三年に政治的‐世界観的に失敗したことは気にもかけずに――実存論的解釈、〔つまり〕解釈学や言語哲学ないし言語神学などのための決定的な刺激を受け、カール・バルトやその仲間たちの神学構想にたいして厳しい対決の姿勢を示した。〈ブルトマンかバルトか〉という選択がボンヘッファー受容にたいしても押しつけられた。ボンヘッファーが、一九四四年に獄中で書いた断片的な神学構想からは、たとえば《聖書的概念の非宗教的解釈》のような、ブルトマンのものとよく似ているように見えたテーマやテーゼが取り上げられ、議論は解釈学的な局面に集中した。こうした議論の状況は、ボンヘッファーの『倫理』を受容する上で妨げになった。この本〔＝『倫理』〕を引用するときには、主として手段として、すなわち、ボンヘッファーの後期の神学を特定の組織神学的解釈のための支柱として利用した。

ボンヘッファーの弟子や友人の大部分にとっては、彼の神学的な遺産がこのように取り扱われるのは不本意なことであった。彼らは、一九五〇年代の多くの〔研究〕会議で、ボンヘッファー神学の独自の姿を浮き彫りにしようと試み、その成果は『成人した世界』シリーズとして出版された。しかし、ボンヘッファーの弟子たちのなかで、唯一の大学教師であったゲールハルト・エーベリングは、主と

＊74　バルトの発言は、MW I,121 を見よ。＊75　一九七五年に、テーオドール・シュトロームによって編集され公刊された書物、E. Wolf, Sozialethik, とくに 169–171 を参照。

してハイデガー-ブルトマン論争からの解釈学的なパースペクティヴをさらに展開すること、だが同時にまた、ルター解釈の方向において展開することにも関心をもっていた。彼の講演「聖書的概念の非宗教的解釈」は、論文としては一九五五年に初めて公刊されたが、[*76] 非常に注目されて、その後一〇年間、ドイツ語圏でボンヘッファーの獄中神学を扱ったほとんどすべての論文や著書が、この論文を参照していた――もっとも、圧倒的に批判的ではあったが。

エーベリングは、たしかに『倫理』を知ってはいたが、核心的な点では解釈を変えていた。決定的なのは、彼が、ボンヘッファーのテキストを中心からはずれた問題設定――すなわち《律法と福音》の関係という――問題設定から解釈したことであった。エーベリングによれば、人間の現実全体には〈律法の下に立つもの〉というラベルが貼られている――この律法は満たされたことがなく、また満たしえない要求を突き付けるものなのであるが。人間は、この現実の前につまずかされ、こうして律法が福音を説く前提となるわけである。そうなると、この否定的な現実からの圧力をもちこたえ、堪え忍ぶということに、倫理学における力点が置かれねばならなくなる。[*77]

しかし、こうした考え方は、ボンヘッファーが、〈究極的なもの〉と〈究極以前のもの〉との関係を通して確立していたキリスト教倫理――それは、イエス・キリストにおける〔神とこの世との〕和解の出来事によって方向づけられていた――と矛盾していた。キリスト教倫理は、分裂と軋轢のなかにある人間として信仰者に呼びかけるのではない。そうではなく、地上の世俗生活のただなかで、人間を解放し、歩むべき道を指示する力をもつ神の戒めに、信仰者が服従することを求めるのである。こうして、エーベリングの博識にたいする称賛にもかかわらず、彼の歪んだボンヘッファー解釈にたいしては、的確な反論が山と積まれることになった。[*78] ボンヘッファー研究は、大多数が、《成人した世界》をめぐる研究集会で討論された後に学位論文という形で提出された。一連の研究の口火を切ったのは、今日に至るまで活発に議論されてきているハンフリート・ミュラーの論文であった。[*79] 彼は、ボンヘッファーの《進歩的な》後期神学とそれ以前の構想とを鋭く峻別した。〔たとえば〕「形成としての倫理学」「遺産と退廃」などの『倫理』における所説は――ヒトラー体制にたいする市民的な抵抗のなかで広くもたれていたキリスト教的・西欧的イメージのゆえに――進歩的で将来志向的な『抵抗と信従』〔＝『獄中書簡集』〕〔とは対照的に〕〈否定的な〉引き立て役として位置づけられたのである。ミュラーによれば、『抵抗と信従』において初めて、ボンヘッファーは、社会主義の未来を先駆的に示し、代表的マルクス主義者たちにとっても何がしかの意義をもちうる神学構想を提示したのだ、とされた。〔しかし〕『倫理』から、こうした解釈を導き出すのは困難である。〔じっさい〕ＤＤＲ（＝旧東ドイツ）における多くのボンヘッファーに通じる有識者たちは、このようにボンヘッファーを〔東ドイツ公定の〕《現存社会主義》に適応させることに反対してきた。

＊76 „Zeitschrift für Theologie und Kirche“に〔掲載され〕、一九五六年には、MW II に〔所収〕。＊77 MW II, 65, 67, 72. ＊78 K. Wilkens, Die Frage Dietrich Bonhoeffers und unsere Antwort を参照。＊79 H. Müller, Von der Kirche zur Welt, masch. Dissertation 1956.〔これは〕一九六一年に書物として公刊され、一九六六年に第二版〔が出版された〕。〔ミュラー論文をふくめ、東ドイツのボンヘッファー研究について詳論した宮田光雄「無神論社会で〈非宗教的〉に生きる」（『ボンヘッファーとその時代』所収）を参照。〕

ボンヘッファーの後期神学と『倫理』を対立させることに反対して、ハインリヒ・オットは、両者のあいだの連続性を引き出そうと努めた。オットは、『倫理』草稿によって、獄中書簡〔＝『抵抗と信従』〕――あまりにも短すぎるその多くの発言――を解釈するための、いっそう広い視点に立った根拠を手に入れたのである。

《成人した世界》と《聖書的概念の非宗教的解釈》というキーワードを巡る論争がようやく収まりつつあったとき、それとは別に、『倫理』から重要なテーマを引き継いだ研究があらわれた。たとえば、ユルゲン・モルトマンとエルンスト・ヴォルフの研究である。*80 いまや、ボンヘッファーの『倫理』の存在が広く知られ、ここかしこで引用され、個別の論点で意見が交わされた。こうして、ベートゲは、一九六二年七月に、新たに編集した『倫理』第六版の〈まえがき〉を書くことができた。戦後に出版されたドイツ語の福音主義的倫理の本のなかで、これほど多くの版数を重ねたものは他にはなかった。この本は、若い神学者のあいだに、またアカデミックな世界の外でも広く普及したのである。

ベートゲが一九六七年にボンヘッファーの伝記を世に問うたとき、ディートリヒ・ボンヘッファーの業績と人物の影響史は、新しいレベルに達した。それまでは、つねに特定のテキスト群だけが注目され議論されてきたとすれば、いまや、ボンヘッファーの歩んだ道程を全体として概観できるようになったのである。〔ベートゲによる〕『ボンヘッファー選集』の出版が継続され、その最終第六巻が一九七四年に出版されたことも視野の拡大を促進した。ベートゲと活発に意見を交換しつつ、エルンスト・ファイルは、こうした認識の拡大にもとづいて、一九七一年に、はじめてボンヘッファー神学の全体像を叙述し公刊した。《解釈学・キリスト論・この世理解》というテーマをめぐる三つの観点が手がかりとして示されてはいるが、この本では、『倫理』草稿の中心的内容がボンヘッファーの他の著作と結びつけて議論されていた。ファイルの結論はこう記している。「ボンヘッファーの最後の神学も、それ以前の彼の神学的努力を連続的に積み重ねた結果だったと言わねばならない」*81と。これは、獄中神学の新しい認識によって《時代遅れになった》と論じ立てて、『倫理』の重要性を貶《おとし》めようとするあらゆる試みを、周到な根拠にもとづいて拒絶しているのである。

ベートゲによる新編集の『倫理』と彼の『ボンヘッファー伝』とによって、ボンヘッファー受容の新たな局面が始まった。それは、いまや、非ドイツ語圏においても、とりわけアメリカにおいて大規模に生じたことであった。英語圏において『倫理』第一版の翻訳が現われたのは一九五五年であった。第一段階では、ボンヘッファーのテキストとその解釈は〔翻訳によって〕、しばしば、かなり軽率で不正確に知られるようになっていたが、まもなく、いっそう正確な改訂版が普及することになった。ジェイムス・グスタフソンは、一九六八年に、彼の著書『キリストと道徳生活』の第二章において、ボンヘッファーの『倫理』を取り扱った。『倫理』という本にたいする関心は、六〇年代には、しばしば、獄中の書簡や手記〔である『抵抗と信従』〕にたいする関心の陰に隠れていた。『抵抗と信従』は、アメリカの世俗主義の文脈において理解されていたのである。*82 他の人びと、たとえば、ジョン・D・

*80 J. Moltmann, Die Wirklichkeit der Welt und Gottes konkretes Gebot nach Dietrich Bonhoeffer; Ders., Herrschaft Christi und soziale Wirklichkeit nach Dietrich Bonhoeffer; E. Wolf, Das Letzte und das Vorletzte. *81 E. Feil, Die Theologie Dietrich Bonhoeffers, 323.〔ファイル『ボンヘッファーの神学』〕 *82 たとえば、ウィリアム・

ゴッドシー（John D. Godsey）とクリフォード・グリーンは、ボンヘッファー神学の発展全体を分析しようとした。

〔やがて〕獄中書簡における新しい認識と定式化に突破口が開かれたとはいえ、〈ボンヘッファーの仕事は強い連続性に規定されている〉という理解は、――エーバーハルト・ベートゲやエルンスト・ファイルと一致して――徐々に浸透していった。その結果、獄中書簡と対比して『倫理』を低評価するようなことは問題にはならなくなった。

『倫理』は、今日に至るまで、ドイツ語圏よりアメリカにおいて、研究上、いっそう大きな注目を浴びている。英語圏では、一九七〇年には、すでに『倫理』に関する学位論文が、獄中の文書に関する学位論文より数において勝っていた。ラリー・L・ラスムッセンは、すでに一九七二年に、ボンヘッファーの『倫理』と反ヒトラー抵抗運動への参加との関係を研究していた。*83 ジョン・デ・グラッチー（John de Gruchy）は、南アフリカの状況を視野に入れつつ、この研究を継承した。*84 ジェイムズ・H・バートネスは、一九八五年に、とくにボンヘッファーの『倫理』について、『未来の形成』を著わした。一九八七年に、ウィリアム・ジェイ・ペックが編集した『ボンヘッファーの倫理学に関する新研究』において、一群の著作家たちが『倫理』の諸問題に取り組んだなかで、寄稿したクリフォード・グリーンは、〔草稿成立の〕新たな時間的順序と新たな事項配列〔＝テーマの配列〕について貢献した。一九八八年、アムステルダムにおける国際ボンヘッファー研究会議は、『倫理』を重点的テーマとした。会議に寄せられた論文を収めた一巻『ボンヘッファーの倫理――古いヨーロッパと新しいフロンティア』を編集したのは、ガイ・クリストファー・カーターとルネ・ヴァン・イーデン、ハンス・ディルク・ヴァン・ホークストラーテンであった。ジェイムズ・パトリック・ケリーは、一九八〇年の彼の学位論文「ディートリヒ・ボンヘッファーの神学における啓示とこの世的なもの」に手を加えて著書にまとめた。その際、彼は、これまでほとんど注目されてこなかった『倫理』の章「キリスト・現実・善——キリスト・教会・この世」の重要性を考察した。この章は、DBW第6巻〔本書〕では、成立順序に従って、最初の章へと移動させられている。

ボンヘッファーの著作には、強固な継続性があるという理解が浸透していくにつれて、研究面でも、まずは一度、ボンヘッファーの初期の著作に目を向けようという流れが優勢になった。このやり方が実り多いものだということは、一九八九年に出版された、クリストフ・シュトロームの著書『反ナチ抵抗闘争における神学的倫理』から知ることができる。ベートゲの伝記以後、ここで初めて、今日の現代史研究の方法論的水準に立って、教会闘争研究、抵抗運動研究、そして神学史の各領域が、ボンヘッファー解釈のために統合されることになった。『倫理』草稿の時代にたいしても、それは、なお、まず実行されねばならないことである。

ハミルトンやポール・ヴァン・ビューレン、ハーヴェイ・コックス、ジョン・フィリップスなどの仕事を参照。文献情報については、E. Feil, Die Theologie Dietrich Bonhoeffers, 402-422〔ファイル『ボンヘッファーの神学』〕の文献目録Ⅱを見よ。 **＊83** L. L. Rasmussen, Dietrich Bonhoeffer: Reality and Resistance.〔また〕ラスムッセンが最近刊行した書物は、ボンヘッファーが、北米の人びとにとってどのような意味をもっているかを論じている（Dietrich Bonhoeffer: His Significance for North Americans)。 **＊84** J. W. de Gruchy, Bonhoeffer and South Africa. Theology in Dialogue.〔この本は〕アメリカ合衆国で公刊された）

国際ボンヘッファー委員会のドイツ連邦共和国支部（Sektion Bundesrepublik Deutschland des Internationalen Bonhoeffer Komitees）が開催した一連の研究会議は、一九七〇年代半ば以降、ボンヘッファー研究のテーマについて議論を重ねてきた。重要な寄稿論文は一連の『国際ボンヘッファーフォーラム』〔ＩＢＦ〕シリーズのなかで公刊されている。ボンヘッファーの《倫理》構想の発展は、とくに、一九八二年に出版された諸巻、ＩＢＦ第三巻『緊急事態における倫理』とＩＢＦ第五巻『平和――避けえない冒険』で取り扱われた。ＤＤＲ（＝旧東ドイツ）の時代に、その域内の教会では、ボンヘッファーが、神学者として、また人物としても、大きな重要性をもっていた。ボンヘッファーの『倫理』に関する特殊研究を、ヨーアヒム・ヴィーベリングが一九八五年に公刊した。それが『二つの空間――二つの王国か』である。

連邦共和国においては、一九八一年に、代表的な場所、〔つまり〕『神学的百科事典』（Theologische Realenzyklopädie）に、ゲールハルト・クラウゼ執筆による項目〈ボンヘッファー〉が収載された。クラウゼはこう述べている。すなわち、〔ボンヘッファーの〕『倫理』草稿には、「倫理のライトモティーフとなる概念」が欠けている。そこでは、これまでなじまれてきた多くの倫理的な考え方が、自己解明のための一連の「バランスを欠いた新しい試み」のなかで、お説教風・エッセイ風に、「消息通たちとの対話」という形をとって提示されている、と。[*85] それにたいしては、ここでは立場表明の必要はない。この論説が、どのようにして、あの場所〔＝『神学的百科事典』〕に行き着くことになったのか、不可解なことではある。マルティン・ホーネカーによる一九八七年の寄稿「キリスト論と倫理」は、ボンヘッファーのキリスト論的概念にたいして批判的な問いかけを含んでいる。

一九八九年に出版されたゲオルグ・フンテマンの著書『もう一人のボンヘッファー』は、福音派のために書かれたものである。それは、騒々しいティンパニーの響きで始まる。すなわち、ボンヘッファーは、福音派にとって「〈未来の教父〉となるであろう、さもなければ、福音派に未来はないであろう」と。[*86] フンテマンは、ボンヘッファーに、〈自然的なもの〉を尊重し、あらゆる侵害には反対する聖書的エートスを見出すという。〔しかし〕そこでは、ボンヘッファーの『倫理』は、反近代的な秩序倫理にとって有利になるように一面的に解釈されている。フンテマンは、ボンヘッファーが秩序を重視するあらゆる保守主義を批判していたことを忘れさせたいのである。

日本におけるボンヘッファー研究は、独自の道を歩んでいる。ここでは、ただ選択的にスケッチしてきただけのボンヘッファーの『倫理』の受容史のなかで、日本において——さらには、それ以外の注目すべき実例として、たとえば、オランダ、イギリス、フランス、イタリア、スペイン、スカンジナヴィア、韓国、南アフリカ、あるいはラテンアメリカなどにおいて——『倫理』がどのように扱われているのかを詳論することは断念した。もしかしたらいまや初めて、この草稿を学問的に研究する広範な国際的な関心が向けられる、その時代がきているのかもしれない。

*85 G. Krause, Art. Bonhoeffer, in: TRE VII, 61. *86 G. Huntemann, Der andere Bonhoeffer, 11.

Ⅵ 〔まとめ〕

本書においては、〔『倫理』〕草稿が、のちに補足されたものを別として、推定された執筆順序に従って印刷されている。ボンヘッファーは、はじめに〔全体を〕構想し、確定された構成に沿って執筆するという方法はとらなかった。計画した著書の構成については、仕事が進むにつれて、まぎれもなく、彼の考えはたびたび変わったのである。それに応じて、たとえば、後になって執筆した草稿のおかれるべき場所が、はるか以前に執筆した草稿と草稿とのあいだに予定されていたという可能性はある。それゆえ、〔草稿の〕執筆ないし成立順序とボンヘッファーが折にふれて計画した事項配列(Sachreihenfolge)とは区別せねばならない。本書における草稿の配列は、編集者〈まえがき〉にあるように、執筆順になっている。ここでは、〈あとがき〉のなかで、彼の仕事の後期の段階で意図されていた事項配列を跡づけてみたい。その事項配列を復元するには、ただ状況証拠に依拠することができるだけである。ボンヘッファー自身は、『倫理』草稿の仕事に携わった最後の時期には、〔著書の〕構成については、書きとめていなかったのだから。

まず(1)は、とりわけ、ボンヘッファーの『倫理-断片ノート』に書かれていた、〔著書の〕構成についての部分的な構想を含む〈覚書〉について紹介する。つづいて〔(2)では〕形式的な記号、とりわけ、草稿用紙にボンヘッファーが付けたさまざまな種類の番号づけに注意させる。最後に〔(3)〕、取りあげられた状況証拠から、事項配列の復元を試みる。それは、一九四二年から四三年にかけて、ボンヘッファーが、手元にあった草稿や、すでに準備され予定されていた草稿のために、思い描いていたかもしれないものである。

（1）

もっとも早い時期の編成構想は、たぶん、『倫理-断片ノート』Nr. 21である。それには、「自然的生」という表題が付けられている。多くのメモのなかほどに、一連のテーマがあらわれる。すなわち

「キリストと自然的生」

「キリストと善」

「キリストと悪」

「キリストと歴史」である。


この一連のテーマは、ほぼ確実に、ボンヘッファーが『倫理』草稿の執筆に取りかかる前に書きとめられたものであろう。用紙の判型とロイヤルブルーのインクという形式的な状況証拠が、一九四〇年夏〔の執筆〕を示唆している。どの行も「キリストと……」で始まっているように、最初に執筆された草稿の二つの表題も、「キリストと……」で始まっている。「キリスト・現実・善――キリスト・教会・この世」がそれである。

ボンヘッファーは、一九四〇年秋すぐに、この一連のテーマに沿って初期の草稿群を執筆したのではない。しかし、一九四〇年から四一年にかけての冬〔を過ごした〕エタールでは、彼はそれに従っていた。草稿「究極的なものと究極以前のもの」においては、彼は、「究極以前のものとみなされる

ものの三つの側面」とは「人間であること、善くあること、悪くあること」である、[*87]と書いていた。『倫理-断片ノート』Nr. 21に依拠していることは明らかである。《人間であること》というキーワードに、『倫理-断片ノート』Nr. 21で対応しているのは、「自然的生」である。エタールで引き続き執筆された章「自然的生」がそのことを示している。すなわち、人間の自然的生は、〈究極以前のもの〉として扱われる最初のテーマなのである。〔執筆過程で〕〈人間的-自然的なもの〉〈善〉〈悪〉、この三つのテーマを扱うというボンヘッファーの予定は変更され、草稿においては《悪くあること》を削除し、《三つの側面》を《二つの側面》に変更したのである。「自然的生」という章には《善についての章》が続くはずであった。[*88]それが、一九四〇年から四一年にかけての冬におけるその後の計画だった。《善》というテーマについては、《悪》というテーマとも関連して、すでにそれを準備する一連の『倫理-断片ノート』があった。それを、ボンヘッファーは、一九四〇年秋、エタールにいく前にまとめ上げていた。

たぶん一九四〇年九月、草稿「形成としての倫理学」の執筆中に、ボンヘッファーは『倫理-断片ノート』Nr. 38に、《基礎》という表題で以下のタイトルをつけていた。すなわち、

「形成としての倫理学」
「遺産と退廃」
「罪責と義認」
「教会とこの世（の形成）」
「究極以前のものと究極的なもの」

「新しい人間」

あげられている一連のタイトルには、内容をあらわすキーワードも書き込まれている。とくに多かったのは、「遺産と退廃」にたいするキーワードである。しかし、一九四〇年秋に仕事をしていた折りには、ボンヘッファーは、この草稿「遺産と退廃」にたいして、『倫理-断片ノート』Nr. 38に書き留められていた観点にいたりつくほど、進んではいなかった。彼は、その翌年、「遺産と退廃」について仕事を継続していたときに、それらの観点を思いつき〔『倫理-断片ノート』Nr. 38に〕追加したのである。*89

『倫理-断片ノート』Nr. 38と密接な関係に立っているのが『倫理-断片ノート』Nr. 1である。これは、本のタイトルとして読むことができる表題で始まっている。すなわち、

「未来の世界の基礎とその建設」というタイトルは、変更され、

「神と和解したこの世（統一された西洋）の基礎と建設　キリスト教倫理学の試み」

となった。その表題の下に続くのは、

「基礎……」と

「建設：」である。

この『倫理-断片ノート』には「……」の他には、「基礎……」という表題に追加されているものは何もない。『倫理-断片ノート』Nr. 38に書かれたメモが、おそらく前提されていたのだろう。「建設」

*87 S. 151を参照。　*88 S. 176 Anm. 41を参照。　*89 S. 119 Anm. 108を参照。

という言葉には、〔それを〕さらに区分する五つの項目があげられている。

「1 個人的な生の建設」

「2 身分、職務？ 職業？ の建設」

「3 共同体の建設」

「4 教会の建設」

「5 この世におけるキリスト教的な生の建設」


はじめから三つの編成項目は、キーワードで、いっそう正確に規定されている。それゆえ、この『倫理-断片ノート』Nr. 1によれば、一九四〇年秋には、『倫理』は、二つの部分――「基礎」と「建設」――に分けられていたはずである。エタール滞在中の冬に、ボンヘッファーは、「〈道備えと到来〉――著書を二分すること〈究極以前のものと究極的なもの〉に対応して」という表題について思案していたのである。*90

方眼入りの用紙に書かれた、クライン-クレッシンからエーバーハルト・ベートゲに宛てた手紙に、ボンヘッファーは、一九四〇年一〇月九日水曜日に記している。自分は「全体の構想」を書いた。「たぶんそれについて、なお今週いっぱいかかるだろう」と。*91 このコメントで言われているのは、『倫理-断片ノート』Nr. 38と『倫理-断片ノート』Nr. 1のことではないかもしれない。この二つの『倫理-断片ノート』は、罫線入りの用紙に書かれている〔からである〕。ボンヘッファーは、おそらくすでに九月には、草稿「形成としての倫理学」の三分の一を書き終えており、それ以後、方眼入りの用紙に変えていたのである。*92 しかし、なによりもまず、彼が、この二つの『倫理-断片ノート』のために四日あるいはもっとかかったということはおそらくなかっただろう。一〇月九日の手紙で言及されていた「全体の構想」は、おそらく、一〇枚ほどの方眼入りの用紙に、それゆえ手紙にも用いられた種類の用紙にまとめあげられたのであろう。キーワードの際立った一致がこの仮定を裏書きしている。『倫理‐断片ノート』Nr. 50と同様に、方眼入りの用紙に書かれた手紙では、ヨーゼフ・ピーパーからそっくりとった言い回し《非利己的な自己愛》[*93]（Selbstlose Selbstliebe）が、二度も引用符号をつけて用いられている。『倫理‐断片ノート』Nr. 50には、「自然的生」という表題が付けられている。「教養」というテーマの扱い方については、方眼入りの『倫理‐断片ノート』Nr. 62で準備されている。このテーマは、ボンヘッファーにとって、〈精神生活の自然権〉に属するものである。方眼入りの『倫理‐断片ノート』の大部分、つまりNr. 63からNr. 67までは、「善」について扱っている。Nr. 68は、「善」と「悪」について、そしてNr. 69は、もっぱら「悪」について扱っている。『倫理‐断片ノート』Nr. 21にある「自然的生」「善」「悪」というテーマの順序は、一九四〇年夏に書かれたが、それが、一九四〇年一〇月に書かれた「全体の構想」のなかに、再確認される。方眼入りの『倫理‐断片ノート』Nr. 61は、「究極以前のもの」という表題のもとに、一一月にエタールで執筆される草稿「究極的なものと究極以前のもの」を準備する文言を含んでいる。その草稿のなかに、すでに言及した計画、すなわち、「究極以前のものとして、二つのもの」［〈三つのもの〉という言葉は削除されている］

＊90　DBW 16, 79. 一九四〇年一一月二七日付。S.153（《道備え》）参照。＊91　DBW 16, 66. 一九四〇年一〇月九日付。＊92　この用紙の変更は、S.72, 3/4に生じている。＊93　J. Pieper, Zucht und Maß, 17.

を扱うこと、すなわち、〈人間であること〉と〈善くあること〉〈それに〈悪くあること〉〉と。[*94]
『倫理-断片ノート』Nr. 21の、一連の短い表題のうちの四番目、すなわち「キリストと歴史」は、エタールにおけるこの計画にはまだ現われていない。ボンヘッファーが一九四二年に、新しい『倫理』草稿を、第一草稿、第二草稿という形にまとめ上げたとき、彼は、それに「歴史と善」というタイトルをつけた。ここでは、「善」という表題をつけられた方眼入りの『倫理-断片ノート』(Nr. 63からNr. 67まで)にある覚書——そこでは、美徳という意味での人間的な善について扱われている——とは別の意味で、善について述べられている。しかし、〈キリストと善い人びと——悪に染まった人間とは区別された——〉というのは、一九四二年末においてもなおボンヘッファーの『倫理』にとっての一つのテーマだったのである。[*95]
一九四〇年一〇月九日から、一九四二年から四三年にかけての冬まで、ボンヘッファーは、彼の『倫理』という本の構成については、もはや『倫理-断片ノート』には書きとめなかったようだ。もっとも、逮捕されたときに机上にあった後期の『倫理-断片ノート』Nr. 108には、一本の線で限定された、以下の行が見出される。すなわち、

「歴史における善
神の善
個々人の義認
必要な行為をすること、　善くありたいと意志するのではなく、
〈生きる〉ということ」

ここで、ボンヘッファーは、「歴史における善」という総合テーマのもとに、彼の『倫理』という本における一連のテーマを思い浮かべていたのだろうか。一九四三年四月の逮捕直前の最後の時期には、中心的なテーマは《共に生きることを学ぶ》ということであった。*96

（2）

これまで、『倫理』という著作計画について何が語られるかという観点から、『倫理-断片ノート』の内容を眺めてきた。さらに、形式的な特徴を見れば、計画された著書における事項配列は、草稿の成立順序とは異なっているだろうということを示唆している。

ひとつの標識となるのは、ボンヘッファーが草稿用紙に番号をつけたその仕方である。彼は、すべてのページに番号をつけるのではなく、あのＤＩＮのＡ４用紙（二ページ）あるいはその二つ折り用紙（四ページ）だけに番号を振っている。最初の数字は、ふつうは用紙の二ページ目につけられている。それゆえ、新しい番号づけは、ふつうは《2》という数字で始まり、たいていは、ピリオドつきで、たまにはピリオドなしで、中央上部におかれている。例外なしに、最初の用紙の最初のページには、中央上部に、アンダーラインを引いた草稿タイトルだけが置かれている。

一九四二年、第Ⅲ期に成立した草稿「歴史と善」は、この方式から外れている。「歴史と善」の第一草稿も第二草稿も、番号は《15.》から始まっている。アンダーラインを引いた草稿タイトルが第

*94 S.151. *95 S.350–353を参照。 *96 S.372 fを参照。

一ページの中心におかれ、その左側上部に番号がつけられている。ところで、「歴史と善」第一草稿の冒頭の準備をしている『倫理-断片ノート』Nr. 31は、同様に、左側上部に大きな文字でアンダーラインを引かれて、《15.》と書かれている。古い草稿――その最後の用紙に《14》という数字が書かれている――に、新しい草稿を追加するという意図が、はっきりと認識できる。「形成としての倫理学」という草稿の最後の用紙には、《14.》という番号が振られている。その後にすぐ、ボンヘッファーは、一九四〇年に草稿「遺産と退廃」〔の執筆〕を開始し、その最初の用紙の左側上部に、《15.》という数字をつけた。『倫理-断片ノート』Nr. 31と、「歴史と善」の第一草稿、第二草稿が、共に、この番号のつけ方をそのまま正確に繰り返している。このことから、ボンヘッファーが一九四二年の草稿を、直接「形成としての倫理学」に接続しようとしたこと、また「遺産と退廃」を移動させようとしたことが、推測できるのである。歴史における善の出来事と責任についての神学的な考察を、「遺産と退廃」についてのキリスト教的・歴史哲学的考察の前に置き替えるということは、まったくなるほどと思わせられる。

草稿「神の愛とこの世の崩壊」は、一九四二年、第Ⅳ期に書かれたものだが、『倫理』草稿としては唯一、ローマ数字で番号がつけられている。この草稿には、特別な位置が割り当てられていることを推測させる。冒頭の一節は、文章上・形式上も内容的にも、計画された著書を書き始めるのにふさわしいものである。〔そこでは〕まったく原則的な方法で、キリスト教倫理とそれ以外のすべての倫理学とが、対比させられている。この草稿は、ボンヘッファーが、一九三二年から一九三三年にかけて、聖書テキストを手がかりにした倫理的考察――公刊された講義『創造と堕落』における創世記冒頭の三章の解釈、さらに著書『キリストに従う』における新約聖書の釈義――に接続している。ボンヘッファーは、聖書の啓示の言葉から出発することを優先した。ベートゲは、『倫理』第六版を出版する際に、この草稿を冒頭におく決定をしていたのだが、上述したことすべては、その決定が〈事柄《テーマ》〉としては適切だったことを証明している。

第Ⅳ期には、ボンヘッファーは、「神の愛とこの世の崩壊」にすぐ続けて、「教会とこの世Ⅰ」を執筆した。しかし、あの用紙への番号づけは継続していない。むしろ、番号づけは、ふたたび独特なものになっている。すなわち、用紙の上部左側のへりに、ピリオドと括弧つきの小さなアラビア数字があり、《1.)》で始まっている。〔それまで〕ボンヘッファーは、さまざまな時期に執筆されたテキストを時間的に順序よく配列しようとしていたが、いまや、そのテキストを慎重にいっしょに結びつけるようになっていたのである。このやり方は著書『キリストに従う』でははっきり分かる。〔『キリストに従う』のための〕個別のテキストは、明瞭に日付を確認できるからである。たぶん、ボンヘッファーは、「教会とこの世Ⅰ」を執筆したとき、キーワードを括りづけたのであろう。この草稿の初めの数ページには、目立つほどにしばしば、「遺産と退廃」の最後にもあらわれたキーワードが、繰り返されている。すなわち、《同盟関係》および《正義》や《教養》などの一つながりに並ぶ概念である。*97『倫理-断片ノート』Nr. 38には、一九四〇年に、「罪責と義認」というタイトルの後に、次のタイトルとして、「教会とこの世（の形成）第一用法」と書きとめられていた。一九四二年には、ボンヘッ

*97 S. 342–344 および S. 124 を参照。

ファーは、「教会とこの世」というタイトルの草稿を、「遺産と退廃」のすぐ後におこうとしていたらしい。

《I》という数字は、続きを期待させる。『倫理-断片ノート』Nr. 38の《第一用法》というメモについても、「教会とこの世I」のなかではまだ考察されていない。しかし、ボンヘッファーの、福音宣教にたいする「律法の第一用法」の関係についてのテーゼは、[98]〔草稿〕「この世に向けた教会の言葉の可能性について」において、本質的な役割を果たしている。すなわち、「この世に向けて語る教会の言葉が何であれ、それは、ただ律法と福音のみでありうる」[99]。「この世に向けた教会の言葉の可能性について」というスケッチは、「教会とこの世」というタイトルのもとで、後で書かれる部分の準備作業であったのかもしれない。一九四二年以降、ボンヘッファーには、もはやそれを論述する時間がとれなかったのである。

もし、ボンヘッファーが、『倫理』という著作の《章》ないしは独立した部分を、計画の進行状況に従って、次々と、同じ期間に書き記していたとすれば、そのときには、執筆用紙の番号づけを継続していただろう。[100] 第I期における「形成としての倫理学」と「遺産と退廃」の場合でも、そしてエタールで成立した二つの草稿の場合でも、第V期の二つの草稿の場合でも、このことがはっきりとわかる。すなわち、〔それぞれの時期の〕二つ目の草稿が、二つ折り用紙の内側で開始されているということである。番号づけは継続されているのである。[101]

（3）

これまで『倫理-断片ノート』の内容を検討し、草稿〔の外見〕を観察してきたが、それは、第一期、第二期、第五期に成立した草稿の執筆順序が事項配列でもあるはずだ、という推測を支えるものとなっている。第三期、第四期に成立した草稿は、一九四三年春の計画によれば、執筆順序からはずれた位置を占めるのではなかろうか。これまで、論述してきた状況証拠にもとづいて、〔『倫理』草稿の〕配列計画を〔以下のように〕復元してみたが、それは仮説的なものでしかない。とりわけ一九四三年四月五日以降は、ボンヘッファーが拘留され、それまでとは別の方法で『倫理』を書き続け〔なければならなかった〕のだから。

『倫理』草稿について、ボンヘッファーの一九四三年の配列計画を復元する試み

「神の愛とこの世の崩壊」
「キリスト・現実・善――キリスト・教会・この世」

＊98 DBW 16,612を参照。これは、「律法の第一用法は、福音の宣教から切り離されてはならない」というテーゼであり、「ルターの告白文書に従った律法の第一用法の教説およびその批判」というボンヘッファーの専門意見書のなかにある。**＊99** S.359. **＊100** 第一期にあいついで成立した初期の草稿――それらは書き換えられて〔草稿〕「キリスト・現実・善――キリスト・教会・この世」となった――および〔草稿〕「形成としての倫理学」には、通し番号がつけられていない。最初の『倫理』草稿が成立したときには、本にする計画はまだなかったのである。最初に完成した《章》のタイトルは、「形成としての倫理学」であった。『倫理-断片ノート』Nr.38を見よ。**＊101** S.392を参照。

「形成としての倫理学」
「歴史と善」
　「責任を負う生の構造」
　　「責任の場所」
「遺産と退廃」
「教会とこの世」（未完）
「罪責・義認・新生」
「究極的なものと究極以前のもの」
「自然的生」
　（その二つの事項領域）
　「身体的生の権利」
　「精神的生の自然権」（テキストはほとんどなし）
《善》についての章（『倫理-断片ノート』のみ、テキストなし）
「主題としての《倫理的なもの》と《キリスト教的なもの》」
「具体的な戒めと神の委任」
「教会における神の戒め」（未完）
　（以下のテキストなし、ただし一九四三年の計画）
「結婚と家庭における神の戒め」

「労働における神の戒め」*102
「政治的権威における神の戒め」
「委任*103――その共存的・相互依存的・そして対抗的関係」
「律法」

「個人的には、僕は、倫理学を完結しておかなかったことで自分を責めています」。ボンヘッファーは、そうベートゲに宛てて書いた。刑務所の親切な看守が、友人に手紙を届けられるよう配慮してくれることになった直後のことである。「……本質的なことは君に話しておいたから、そのことがいくらかは慰めになるけれどね。たとえ君がもう忘れてしまっているとしても、それは、きっと何らかの仕方で間接的にふたたびよみがえってくることだろう。それに、僕の思想も、まだできあがってはい

*102 一九四一年から一九四三年にかけては、《労働》という言葉が用いられていた。一九四三年の草稿「具体的な戒めと神の委任」においては、〔《労働》の代わりに〕《文化》という言葉〔が用いられている〕。一九四四年に再度《労働》になった。

*103 S.282「〔その〕律法とは、十戒において、山上の説教において、そして使徒たちの勧告の言葉において示されているように、神を愛し、隣人を愛することである」を参照。――〔ボンヘッファーの叙述は〕まず聖書的な基礎づけ、次いで、神学的・方法論的な基礎づけ、さらに、具体的な《倫理》、責任、歴史、教会とこの世、終末論と倫理、というように、次々と続いてゆくはずだったのだろう。〔さらに〕人間であることの権利（さしあたり、関連して予想されていたのは、対応する義務）、人間的な善（従来の美徳倫理の修正、詳述されてはいない）、哲学的倫理とキリスト教的倫理、具体的な戒め（従来の義務倫理を深めること）そして律法〔へと書き進めるつもりだったのだろう〕。

なかったからね」[*104]。

『倫理』草稿のこの版――ディートリヒ・ボンヘッファー全集第六巻――が、明らかにしているのは、ボンヘッファーの倫理思想は、ともかくその大筋においては――一九四三年一一月の彼の言葉が示唆するほどに――《できあがっていなかった》わけでは決してないということである。前著『キリストに従う』において獲得された土台の上に[*105]、彼が具体的倫理について書いた〔この〕断片には、むしろ、一九四四年はじめに、彼が「自分たちの生の不完全で断片的であること」について書いたことが当てはまる。すなわち、「たとえ、外的出来事の暴力が、ちょうど爆弾が僕たちの家を粉砕するように、僕たちの生をこなごなに打ち砕くとしても、それでもなお、その生の全体がどのように計画され、考えられていたのかということが、できるだけ目に見える形で残されるべきでしょう。また少なくとも、どのような材料でここに建てられていたのか、あるいは建てられるはずであったのかということが、やはり認識されるべきでしょう[*106]」。

*104 DBW 8,188〔『獄中書簡集』〕一九四三年一一月一八日付。*105 上述の、編集者〈まえがき〉冒頭を参照。S.7 f. *106 DBW 8,331〔『獄中書簡集』〕、一九四四年二月二〇日付の両親宛て〔の手紙〕。

訳者解説――「あとがき」に代えて

宮田光雄

1

キリスト教倫理を書くことは、ボンヘッファーにとって、つとにライフワーク、いな、それ以上に生涯の課題として意識されていたものです。彼は、多忙だった抵抗運動の歳月のあいだ、居住の場所も転々としながら、熱心にこの仕事に携わってきました。しかし、一九四三年四月初めにゲシュタポによって逮捕されるまでに、部分毎に出来上がっていた草稿を、いま一度、補正し自分の手で完成することはできませんでした。

彼は、ベルリンのテーゲル軍用刑務所に拘禁されて後、一九四五年四月九日にフロッセンビュルク強制収容所で殉教の死を遂げました。その没後、発見された断片ノートの構想や、さらに部分的には完成していた草稿などをもとに、エーバーハルト・ベートゲの手によって編集され『倫理』（初版）が出版されたのは一九四九年のことでした（その邦語訳は『現代キリスト教倫理』森野善右衛門訳、一九六二年）。この初版は、各草稿の成立年代についてのベートゲの推定に従って、時間的な順序で編集されました。さらに一九六三年の第六版からは、ボンヘッファーの構想する体系の論理的な順序に従って変更する試みもされてきました。しかし、そこには、当然、主観的な〈解釈〉の入る余地があり、問題を残しています。そのため、本書が底本とした全集版『倫理』（一九九二年）は、できるかぎり客観的な整理方法に従って、成立年代順に編集する方針がとられています。

たとえば草稿の書かれた紙の種類や紙質――戦時中の用紙は年代が後になるほど劣悪化する――、さらに字体、インクの色、万年筆のペン先の大きさ――未使用のペンは古いものより先が尖っている――、さらに草稿に用いられている引用文献の出版時期などを決め手として、五つの異なった時期毎に分けて草稿グループが特定されたのです。当時、この編集に携っていたテート教授夫妻から頂いた手紙（一九八七年四月一四日付）には、草稿年代の確定のために刑事犯罪者の足跡を追及する「〈探偵まがい〉の大きな努力を重ねています」と書かれていて、感銘を受けたことを覚えています。

この〈探偵まがい〉ということには、いま一つの理由もあります。抵抗運動の機密を保持するため、ボンヘッファーが執筆に当たって〈暗号化〉された文章表現を用いたということです。逮捕される直前、彼はベルリンの両親の住まいの一室で、書きかけていた最後の原稿（本訳書六一九頁、注39参照）に急ぎ目を通し、それを机上に残したままにしました。抵抗運動への関わりをキャッチされないように、多義的な解釈の余地をもつ文章であることを確かめ、〈行動者〉ではなく〈書斎人〉であることを〈偽装〉するためでした。ゲシュタポは、その草稿を押収しましたが、ジュターリン書体（一九四五年まで用いられていたドイツ式筆記体）による手稿は判読困難のため返却されてきたのです。

*

五名の編集者により、数年がかりで手稿〈判読〉の作業が試みられます。そこから生まれた全集版『倫理』の成果は、これまで〈誤読〉されてきた本文の正確な読み方への訂正（たとえば、本訳書三九七頁、注49、四〇四頁、注66、四六二頁、注10など）を始め、とくに重要だったのは、手稿〈成立年代〉の確定によって、ボンヘッファーの『服従』（森平太訳『キリストに従う』）との連続性、さらには、彼の初期の著作や『獄中書簡集』（村上伸訳）の思想への神学的な関連性などが明らかにされたことです（たとえば本訳書六七七頁以下）。

とくに「編集者あとがき」には、『倫理』成立のための神学的・同時代史的な背景について詳細な解説があり、最後には、さまざまな角度からみて一致した状況証拠にもとづいて、ボンヘッファーが一九四三年に計画していたと推定される〈事項配列〉を再現する試みまで示され、まことに刺激的です。編集者が記しているように、「ボンヘッファーの倫理思想は、ともかくその大筋においては、《できあがっていなかった》〔『獄中書簡集』一九四三年一月一八日付の書簡でベートゲに伝えた嘆声〕わけでは、決してない」のです。

2

原文の一語一語を注意深く読み、正確に訳出しようと努めていると、原著者ボンヘッファー自身が立たされていた当時の緊迫感が伝わってきて強い感動を与えられます。たとえば一九四〇年夏、ヒトラーのヨーロッパ支配が絶頂に達していた時期の文章。

「悪人と聖者とがふたたび存在し、しかも公の場に現われている。雨の日の重苦しい灰一色の光景は、黒雲に覆われ稲妻の光る雷雨へと変わった。……シェークスピアの〔創作劇に登場する〕人物たちが歩き回っている」など（本訳書九四頁以下）。ナチズムという「悪」が「歴史的必然、社会的正義という衣を身につけて現われる」時代には、「父祖から受け継いだ」理性・良心・義務などのような伝来的な倫理的武器をもってしては戦えないのだ、と断定を下しています。当時のヴァイマル知識人のナチズムに対する妥協と挫折とに加えられたボンヘッファーの厳しい判断と辛辣な文章は、ドイツ抵抗運動の中から生まれた、まことに希有な〈歴史的ドキュメント〉と言うことができます。

それに続けて、今や「錆び付いた武器はキラキラ光る抜き身の刃《やいば》に取り替えねばならない」（本訳書一〇一頁）と明言しているのです。「単純さ」と「賢さ」、すなわち、単純な信仰的服従と的確な状況認識とを互いに結びつける者だけが持ちこたえうるのだ、と。こうして具体的な現実の状況を眼前にして、『倫理』草稿では、基本的に、固定的・原則的・無時間的な〈規範倫理〉を越えて神の戒めに応答する〈状況倫理〉が展開されていくのです。

＊

興味深い多くの論点がありますが、その中から、まず反ナチ抵抗の〈暗号〉解読の問題を取り上げてみましょう。

十字架のキリストと対比して「この人を見よ！」と〈偶像化〉された独裁者の姿には、まさに「専制的な人間蔑視者」ヒトラーの〈ポートレート〉といった趣があります（本訳書一一〇頁以下）。さらにそれを越えて、日本の天皇制神話の批判に仮託しながら『二〇世紀の神話』（A・ローゼンベルク）に代表されるナチズムの体制神話における〈神話的思考〉を批判し、歴史的現実と対決する主体的責任を問いかけています（本訳書一三九頁以下）。

なかでも彼が一九四〇年に書き始めた「遺産と退廃」の草稿に翌年半ば頃に〈加筆〉した補足の文章は、とくに注目に値します。彼は、現に破滅に直面している「退廃《デカダン》」の深淵を最終的に「抑えて《カテ》いるもの《コーン》」として二つのもの、すなわち、「信仰の覚醒という奇跡」に並べて「国家的秩序を守る権力」をあげ、それを限定して「あの残りの者」〔jener Rest = Remnant〕という用語をつけ加えているのです（本訳書一八四頁以下）。この「残りの者」という表現は、『倫理』の中で数カ所に出ているだけに〈暗号〉的な響きをもっています。

むろん、ここでは、ドイツ国防軍の全軍ではなく、その一部、すなわち、国防軍上層部の諜報部門における抵抗グループが暗示されているのです。同じ趣旨が一九四二年秋の文章では、いっそう詳細に言及されています（本訳書五三六頁以下）。ただし、この箇所では、「残りの者」には、ルター訳聖書（一五二三年版）ローマ書（九・二七）に引用されたイザヤ書（一〇・二七）の訳語（＝Übrigrgebliebenen）が用いられていることにも注目されます。たんに国防軍の〈一部の者〉にとどまらない終末論的な展望さえ連想させるものです。

彼ら「理性や教養」の持ち主、「正義や真理、自由や人間性」のために闘う人びとは、――今や強められるナチ弾圧下にますます少数者となっていった——告白教会〔バルメン‐ダーレム路線に忠実な左派〕との「同盟関係」（本訳書一八六、五二四頁）に立つにいたったのです。ボンヘッファーは、彼らの在り方を「意識されていないキリスト教」（本訳書一二九頁、注77、二四八頁、注95、五二七頁、注12）と呼び、いわば尊敬すべき〈精神的同盟者〉と見なしています。自分では「意識されていない残りの者」（本訳書二四七頁）という表現もあるのです。「それまで教会生活や信仰告白に関わることのなかった彼らとの出会いこそ、ボンヘッファーに「正真正銘のこの世性」（本訳書六二一頁以下）に眼を開かせた契機であり、その後の『獄中書簡集』における「成人した」世界や「聖書的概念の非宗教的解釈」など〈新しい神学〉（E・ベートゲ）の発想に通じるものだったのではないでしょうか。

＊

〈究極的なもの〉というキーワードを含む章では、ボンヘッファーは、その倫理的考察を歴史的状況と直接的に関わらせて展開するよりも、いっそう体系的に取り組もうとしています。すなわち、終末論的な視点は倫理的な行動にたいしてどんな関わり方をするのか、という根本的な問題意識からです。

この章は、「すべてのキリスト教的生の根源と本質」の根拠として、恵みのみ、信仰のみによる《義認》から出発し（本訳書二〇六頁以下）、生における「〈究極的なもの〉と〈究極以前のもの〉との関係」（本訳書二二五頁）に説き進み、さらに〈究極以前のもの〉の内容である〈自然的生〉の権利まで詳論していきます。その際、カント的な〈義務を優先する倫理〉を否定し、〈権利が義務に優先する〉ことを〈福音と律法〉の関係に即して、神の〈賜物《ガーベ》〉から〈課題《アウフガーベ》〉が出てくること（本訳書二六六頁）から基礎づけています。人権をめぐる個別的な諸問題の中では、当時のドイツで極めて切迫したテーマだった〈安楽死〉（本訳書二八六頁以下）や〈強制断種〉（本訳書三一八頁以下）についてまで具体的に論じているのも注目に価するところでしょう。

この〈究極的なもの〉という独特のキーワードは、彼が初期バルトの講演（＝「社会の中のキリスト者」）からヒントをえたようにも思われますが、ボンヘッファーの規定は、いっそう的確な響きをもっています。すなわち、〈究極以前のもの〉は、「究極的なものを覆い隠すような〈究極以前のもの〉としては真剣に受けとめられてはならない」（本訳書二二七頁）と。（晩年のバルトは『教会教義学』の中で、この《究極以前的な真剣さで真剣に》＝《最後から一歩手前の真剣さ》という表現を彼流の仕方で愛用しています）。にもかかわらず、ボンヘッファーが「〈究極以前のもの〉は〈究極的なもの〉のゆえに保持し続けられていなければならない」（本訳書二三二頁）ということを強調しているのも、いっそう重要な指摘です。

この〈究極的なもの〉と〈究極以前のもの〉とを正しく結びつける行動を、彼は、神の御言葉が到来するための〈道備え〉（本訳書二三二頁以下）と呼んでいます。しかもこの〈道備え〉は、こころの中での〈内面的な出来事〉にとどまるものではなく、「目に見える最大規模の拡がりをもつ形成的な行為」でもあるとされているのです。もとの草稿の表現では、「くつがえし、新しく秩序をつくる」と記されていました（本訳書二三三頁、注57）。このあまりにも明白に〈クーデタ計画〉を連想させる表現を差し替えているのも、いわば〈暗号化〉したものと推定できそうです

〈究極以前のもの〉に続けて、さらに「自然的生」という表題のもとに、その内容を具体的に論じていきます。その冒頭で、これまでプロテスタント倫理の中で正当に評価されてこなかった《恩寵と自然》の関係を、ボンヘッファーが正しく位置づけ直していることには瞠目させられます（本訳書二四九頁以下）。この〈自然的なもの〉をめぐる彼の論理は、かならずしも分かりやすいものではありませんが、まとめてみれば、次のように言えるでしょう。

〈自然的なもの〉は、時間的には人間の堕罪後の現実ではあるが、神による〈被造性〉という事実に変わりない以上、〈罪のもとにあるもの〉として一括的に否定し去られるわけではないのです。むしろ〈自然的なもの〉は、――それに対立する〈不自然なもの〉とは異なり――神によって保持されている〈生命のかたち〉として、キリストの到来、すなわち、義認と救いと新生とに向かって開かれているのです。ボンヘッファーは、〈自然的なもの〉のもつ〈相対的な自立性と自由〉（E・ヴォルフ）とを承認し、あたえられた秩序の中で〈人間として〉〈善く〉生きることを〈自然的なもの〉の内容をなすものと言明しています（本訳書二三八頁以下）。

さらにこの〈自然的なもの〉の内容が、人間の〈理性〉によって認識しうるものと規定されているのも重要です。もっとも、この理性は、自己を絶対化して〈自然的なもの〉に優越するものではなく、あくまでもその一部でもあります。その限りでは〈堕罪後の理性〉ではあるが、この世における所与のものの中にある「普遍的なもの」を理解する能力をもつ、とされるのです（本訳書二五六頁）。先に見た「真理と正義・人間性と自由」を共有する〈精神的同盟者〉たちとの連帯性に通じるものでしょう。

＊

抵抗運動との関わりの中で、〈責任倫理〉の政治的行動の在り方について正面から論じているのは、「歴史と善」の二つの草稿です。これが執筆されたのは、諜報部要員としてボンヘッファーがしばしば海外に出かけた最も多忙な時期と重なります。とくにスイスではバルトを訪ね、その際、ゲラ刷りを通して『教会教義学』（第二巻「神論」第二分冊）の新しい倫理構想に触れえたことは決定的に重要です。そこでは、「責任（感）」とは「人間の状況をもっとも正確に認識することにもとづいて、われわれに戒めとして語られた神の御言葉にたいして不断に応答することである」と記されているのです。「第一草稿」においては〈山上の説教〉と人間の歴史的行動におけるその妥当性の問題、すなわち、「〈山上の説教〉によってこの世を統治することはできない」という通説についても批判的に論じられています（本訳書三四八、三五六頁）。しかし、この政治的行動の問題をいっそう詳細に分析しているのは「第二草稿」です。この中で「責任を負う生の構造」（本訳書三八九頁以下）は、本訳書の中でも、もっとも興味深く、かつ傑出した部分であると言っても過言ではないでしょう。

これまでの研究では、ボンヘッファーの考え方には社会科学的な視点からする〈欠陥〉ないし〈不十分さ〉がある、という指摘もされてきました（たとえばE・ベートゲ「D・ボンヘッファーとその政治的抵抗の神学的根拠」など）。しかし、これとはまったく逆に、ウェーバー社会学の基礎的カテゴリーと対決したボンヘッファーの分析と叙述は、まことに適切です。たとえばウェーバーの〈即事性《ザッハリヒカイト》〉概念に注目すべきことを、彼は、すでに一九三〇年代初期の講義（「二〇世紀の組織神学の歴史」）の中で言及していました。これは、神学者としては、きわめて稀な事柄です。

この「第二草稿」でも、ウェーバーの説く〈責任倫理〉との対論は、共感とともに醒めた批判を交えて、まことに明快です（本訳書三八六頁以下、四三九頁以下）。また政治的〈必然性《ネチェシタ》〉についての周到な分析は、――彼は「赤裸々な生の必然性」という実存的な表現を用いていますが――政治学的にみても卓越しています（本訳書四一三頁以下）。マキァヴェリの立場やイギリスの政治家ボールドウィンの見解についての評価は、――『倫理‐断片ノート』にも、あちこちで言及されていますが――まことに説得的です。こうした論点について社会科学的に正確に理解しているのでなければ、「キリストに即応する行動こそは現実即応的である」（本訳書三三八頁）というボンヘッファーの意表をつく主張は、それを繰り返してみても、空しく響く〈決まり文句〉でしかないでしょう。

ボンヘッファーは、たとえばマイネッケの『近代史における国家理性の理念』のマキァヴェリの章を精読し、欄外に鉛筆で「シニシズムと責任」というコメントを書き込んでいます（本訳書四五二頁、注169）。そこには、もっとも厳しい〈極限状態〉において最終的決断に打って出ることを余儀なくされながら、その責任を引き受ける政治主体としての倫理的な緊張感がみなぎっています。自分の政治行動について、いっさいの自己正当化をもつことなしに〈罪責の引き受け〉と〈自由な冒険〉を敢行しながら、それを〈神の摂理〉の御手に委ねるというのです（本訳書四三二頁を参照）。政治的主体のみならず、世界史全体をも、その御手に保ちたもう大いなる方に対する信頼と希望――そこから生まれる心のゆとりと落ち着きからこそ、〈謙虚な決断主義〉（H・R・ロイター『法と平和――政治的倫理論集』二〇一三年）にとどまらない、真の〈責任倫理〉も可能となるのです。

＊

ボンヘッファーは、一九四二年秋以後、——東部戦線ではドイツ軍の敗退のきざしが見え始めた頃、——「キリスト教倫理の唯一つ可能な対象」としての「神の戒め」について論じ始めています（本訳書五八四頁以下）。そこには、すでに来たるべき平和への展望の下に記されているといった趣きが感じとられます。

「イエス・キリストにおいて啓示された神の戒めは、生の全体を包む。それは、ただ〈倫理的なこと〉のように、踏み越えることのできない生の限界を監視するだけではない。同時に、生の中心と豊かさとでもある。神の戒めは、〈当為〉（Sollen）であるだけではなく、また〈許可〉（Erlaubnis）であり、ただ禁ずるだけではなく、真に生きることへと解放し、あれこれ思案するのではなく〔単純に〕行動するように解放する」。「神の戒めは、われわれの生にたいする神の導きとなる。……それは、明確な方向性、内面的な持続性、確固とした安定感をあたえられることを意味している」（本訳書五九〇頁）。

「神の戒めは、人間が神の御前で人間として生きることを許し、生の流れが自由に流れて行くことを許す」。「それは、人間に、食べ、飲み、眠り、働き、祝い、遊ぶことを許し、それを妨げることはない」（本訳書五九六頁）。

こうしたコヘレトの悠々と生きる〈神の時〉の規定を思わせる言葉と並んで、「〔自分の〕動機の純粋性にたいする自虐的な・見込みのない問い、疑い深い自己観察、持続的意識のギラギラした・人を疲れさせる光——それらすべては、生きることと行動することへの自由をあたえる神の戒めとは何の関わりもない」（本訳書五九六頁）と断言されているのです。

「人間は、すでに歩みを始めること、その途上では、まるで善き天使によるかのように、神の戒めによって、導かれ、伴われ、守られることを許されている。そして、神の戒めそのものは、いまや日常的な・一見したところ小さな・ほとんど大した意味のないもろもろの言葉（Worte）、短文（Sätze）、目配せ（Winke）、助力（Hilfe）という形をとって、〔人間の〕生に統一的な方向と個人的な導きとをあたえることができる」（本訳書五九七頁）。

ここには、バルトが後に「創造論」の中で展開した「生への自由」の倫理に通じる響きがあります（E・ヴォルフ「究極的なものと究極以前のもの」参照）。それは、ある意味では当然すぎることです。〈許されている〉という大前提は、——上述したように——ボンヘッファーがゲラ刷りの『教会教義学』（第二巻「神論」第二分冊）から学び取っていたものだったのですから。バルト自身は、後の「創造論」（第三巻第四分冊、一九五一年）で倫理を論じた中で、ボンヘッファーの『倫理』が自分の意図するところに「極めて近い」ことに感嘆しています。「神の戒めは、バルト自身は、〈自由を命じる〉」（本訳書五九二頁）という断定など！　本訳書の「編集者あとがき」では、その二人の関係に「気づいていなかったのかもしれない」（本訳書六七四頁）とユーモラスに記されています。

＊

ボンヘッファーの〈責任倫理〉は、あきらかに疑似ルター主義的な〈二王国論〉の主張と対決するものでした。彼は、国家や政治など世俗的領域を〈固有法則性〉の名のもとにキリスト教的責任の外に放任する、当時のドイツにおける多数派教会の在り方を克服しようとしたのです。にもかかわらず、とても印象的なのは、彼がルター自身の信仰や思想については批判した箇所がどこにも出ていないということです。むしろ、ルターの〈二王国＝統治論〉的な考え方のもつ〈論争的な《ポレーミッシュ》〉一体性を追求するという積極的な意義について評価する言葉さえ記しています（本訳書六六頁を参照）。

〈究極以前のもの〉と関わる場合、教会は二つの仕方で貢献します。すなわち、「神の御言葉の権威」にもとづく〈福音の宣教〉と並んで、「キリスト者の専門家としての責任ある助言という権威」にもとづく〈奉仕《ディアコニー》〉の課題です。後者においては、経済や国家などにおける「神の法則《おきて》の具体的な形態」は、当初から明白なのではなく、その分野で「責任を担って働く人びとによって見出されねばならない」と明言されているのです。その場合、誤解される恐れがなければ、「ここで〈相対的な固有法則性〉について語ることができるだろう」（本訳書五五九頁以下）とさえ断言されています！　すなわち、ウェーバー的意味での状況の〈分析的カテゴリー〉として用いうる、というわけです（W・フーバー『キリスト教的自由から引き出されるもの』一九八三年を参照）。

こうして、倫理的主体としての個人から出発する従来の倫理学とは異なり、神の御前での責任という観点から、主体と歴史的状況とに相即した画期的な〈社会倫理〉が展開されていくのです。バルトに近く立ちながら、なおユニークな立場から、近代的主観主義を克服しようとする福音主義的倫理の〈最初の試み〉（H・E・テート『D・ボンヘッファーによる神学的展望』一九九三年）と評される所以でしょう。

＊

最後に、「罪責・義認・新生」の章にも一瞥しておきましょう。ここには、ナチ支配にたいするドイツの教会の〈妥協〉とともに公共的責任を果たしえなかった〈挫折〉の事実が、次々に列挙されています。しかし、それらの事実に対してボンヘッファーは、自分もまたその罪責を担う者として、「私の罪、私の罪、私の最大の罪」を厳しく訴え、彼自身の真実な信仰告白が示されているのです（本訳書一九〇頁）。それは、戦後まもなく公表された「シュトゥットガルト罪責告白」（一九四六年一〇月）と比較するとき、初めて、その深さがまことに真実な信仰告白として明らかにされます。

たしかに、この「シュトゥットガルト罪責告白」では、「われわれは、われわれ自身を告発する。われわれは、もっと勇敢に告白しようとはしなかったこと、もっと誠実に祈ろうとはしなかったこと、もっと喜ばしく信じようとしなかったこと、もっと熱烈に愛しようとはしなかったことを」と語られてはいます。しかし、〈罪責〉の具体的な内実が曖昧な〈不徹底さ〉がありました。そこには、「大きな痛みをもって、われわれは告白する。われわれによって、限りない苦難が多くの諸国民や諸国の上にもたらされたことを」と記されていただけだったからです（宮田光雄『十字架とハーケンクロイツ』参照）。

この草案作成に参加していたマルティン・ニーメラーは、そのことをはっきり自覚していました。それゆえ、彼は、「罪責告白」の公表後、よく知られているようにドイツ各地の教会を訪ねて、ボンヘッファーと同じく「私の罪、私の罪、私の最大の罪」を語りつづけながら講演して回ったのです。

同じ戦争責任の問題をかかえた日本の教会は、ようやく戦後二〇年余を経て公表した「日本キリスト教団戦責告白」（一九六七年）を教団議長の名において公表しました。それには、ボンヘッファー『現代キリスト教倫理』（初版）の刊行（一九六二年）から何らかの刺激を受けた面があったのかも知れません。いっそう直接的には、おそらく一九六六年秋に初来日したニーメラーの講演が影響していたことは確実です。

この日本講演の中で、ニーメラーは、とても印象的な〈悪夢〉の話を加えてシュトゥットガルト罪責告白について語っていたからです。それは、戦後まもない頃、彼が夜な夜な魘《うな》されながら見た〈悪夢〉でした。ニーメラーは、ナチ時代を通して、ヒトラーに直接に面と向かいあい、その教会政策を批判した、おそらくただ一人の人物でした。その報復として、彼は、ヒトラー個人の〈特別囚人〉として捕らえられ、敗戦の日まで、強制収容所の中で過ごさねばなりませんでした。その彼自身が、この悪夢の中では、ヒトラーと共に神の裁きの座に立たされていた、と言うのです（宮田光雄『ナチ・ドイツと言語』岩波新書、参照）。

本訳書の「編集者あとがき」では、「日本におけるボンヘッファー研究は独自の道を歩んでいる」と記されています。それは、当然のこととも言うべきでしょう。日本では、ボンヘッファー研究が、この「教団戦責告白」に通じる戦前・戦中・戦後の責任をめぐる論争から始まり、ヤスクニ国営化反対や天皇制批判の運動との関わりなしにはありえなかった、と考えられるからです。

それ以後、とくに冷戦終結後三〇年を経た現在、ロシアのウクライナ侵略戦争にとどまらず、中東では——〈ホロコースト〉を体験した——イスラエルによる〈ジェノサイド〉を思わせる激しさを伴うパレスチナ紛争が止みません。この間にグローバル・サウスと北‐西欧の世界とのあいだには、環境問題その他をめぐって鮮明な対立が拡がり、国際秩序の多極化が公然化し始めています。そのただなかで、東アジアにおいても過去の侵略戦争の罪責を忘れることなく、それを繰り返し心に刻みながら、新しい平和構築を志向すべき日本の立ち位置、――教会も国民ひとりびとりもふくめて――その責任を問われています。

これらの問題を考える上でも、ボンヘッファーの「罪責告白」の章末には、ヨーロッパの「正義と秩序と平和」の再建について、まことに印象的な言葉が記されているのです。それは、「傷痕の残る癒し」という独特の表現で、「歴史における〈神の恵み深い統治〉」によって「歴史内的な癒し」の過程――それは、ボンヘッファーによれば「罪の赦しの〈弱い影のようなもの〉」にすぎない――が徐々に進むことを意味するものです（本訳書二〇三頁以下）。

昨今、私たちの周辺でも〈政治と宗教〉の関わりについて、いわば〈ポスト世俗化時代〉の〈公共圏における宗教〉の発言と行動の正しい在り方が厳しく問われるようになっています。上述したボンヘッファーの〈理性〉の規定や〈精神的同盟者〉との連帯から生まれる〈真のこの世性〉や〈成人化した市民〉に担われた政治的責任などの捉え方は、このような論点に通じていることを示唆しているのではないでしょうか（ハーバーマス他『公共圏に挑戦する宗教』岩波書店、参照）。

3

この度の新訳に用いた原書テキストは、Dietrich Bnhoeffer Werke, Bd. 6 (2. Auflage 1998) です。この第二版は、ドイツ語による全集版全巻の刊行が終わった段階で、初版（一九九二年）における参照箇所を改訂することが必要になったものです。

この原書は、「本文」を支える膨大な編集者の「脚註」を含み、「索引」を入れれば六〇〇頁に達するほどの大著なので、単独訳には長い時間がかかることが予想されました。それゆえ、この度の新訳に当たっては、新教出版社から相談を受けたとき、これまでドイツ書の翻訳を一緒にしたことのある四名の方々にご協力をお願いし、私自身も共訳者として加わり、さらに重要な訳語や訳文の統一をはかる監訳者の役目も引き受けました。その分担表は以下の通りです。しかし、全体を通して翻訳の文体や解釈、文章表現や言葉遣いについては、監訳者としての私に責任があることを明記しておきます。

村松惠二（「編集者まえがき」「具体的な戒めと神の委任」「編集者あとがき」「年表」）

本田逸夫（「キリスト・現実・善」「形成としての倫理学」「遺産と退廃」）

小嶋大造（「〈究極的なもの〉と〈究極以前のもの〉」「〈自然的生〉」「文献表」）

星野　修（「神の愛とこの世の崩壊」「教会と〈この世〉Ⅰ」「この世に向けた教会の言葉の可能性について」「主題としての〈倫理的なこと〉と〈キリスト教的なこと〉」「人名索引」「事項索引」）

宮田光雄（「罪責・義認・新生」「歴史と善（第一草稿）」、「歴史と善（第二草稿）」）

共訳者各人が、それぞれDBW Bd, 6（Ethik, 2. Aufl. Taschenbuchausgabe）を手許におき、英訳のEthics（Fortress Press）、さらに森野訳をも参照しながら訳文原稿を作成、それを監訳者の私の許にパソコンで添附送信して決定稿を仕上げるという作業をつづけました。共訳者からの疑義や異論にたいする応答を三年越しに繰り返す中で、私の所有するTaschenbuchausgabe（1. Aufl. 1998）は、ほとんどばらばらの解体寸前の状態になり、新しい縮刷版テキストを再購入せざるをえなくなりました。その巻頭の版数（6. Aufl. 2020）を確かめると、現在でも、この本がかなりよく読まれていることを示しているようです。ちなみに、邦訳の『現代キリスト教倫理』も、その後、新教出版社の〈選集版〉から増補改訂された〈新教セミナーブック版〉にいたるまで総計一三版を重ね、ボンヘッファーの『共に生きる生活』や『獄中書簡集』とともに、日本の読者にも広く親しまれてきました。

共訳者からの問い合わせの中には、ドイツ文の原書自体にたいする疑義もあり、何度か編集者のイルゼ・テート夫人（Frau Dr. Ilse Tödt）とEメールによる質疑応答を繰り返し、「いつも喜んで」詳細に即答してくださり大いに励まされてきました。一例として「編集者注」における重要な文献の欠落について、私自身が指摘した異論にたいする応答を紹介しましょう。夫人は、私の異論の正しさを認めたばかりでなく、私の文章をそのままドイツのボンヘッファー研究協会の機関誌*Bonhoeffer-Rundbrief*（Nr.124）の誌上で以下のように公表してくれたのです。

私の『ボンヘッファー』〔岩波現代文庫〕では、ボンヘッファーにおける状況倫理における〈必然性《ネチェシタ》〉とか〈最後の手段《ウルティマラーティオ》〉との関連についてカール・シュミットの『政治神学』（一九三四年）の論述と比較させながら分析しました。小著では、シュミットが「例外状態」「極限的ケース」などの観念を強調し、それを〈政治的なもの〉の本質を理解する基本的なルールとして一般化していることを批判しています。しかし、『倫理』に付けられた膨大な「編集者注」の中には、シュミットの著作『政治的なものの概念』（一九三三年）のタイトルしか引かれてはおらず、いっそう重要な、この文献については取り上げられていないことを遺憾に存じます。私の理解によれば、ボンヘッファーの『倫理』（DBW6, 272 ff.〔本訳書四一二頁以下〕）では、この箇所でシュミットの『政治神学』の論理とパラレルに対応する形で論旨が展開されています――たとえ現在残されているボンヘッファーの蔵書リストには、シュミットの名前やその著作タイトルが入っていないとしても。シュミットは、一九一九年にミュンヘンで行なわれたウェーバーの講演『職業としての政治』を聴講したゼミナリストの一人でした。この著作では、彼は〈例外状態〉の議論における〈政治的なもの〉の本質規定を、まさにウェーバーの〈理念型〉のヴァリエーションとして展開し、政治における〈例外的な状況〉〔=〈極限的ケース〉〕を〈正常な状況《ノーマル》〉よりも、いっそう決定的なものとして強調していたのです。これに対してボンヘッファーは、そうした政治のとらえ方に明確に反対し、ボールドウィンのテーゼを引いています。

この引用文の後半の部分〔カール・シュミットへの関連箇所〕を機関誌の編集長クリスチャン・レー

ル（Dr. Chr. Löhr）博士自身、わざわざ太いゴシック文字で印刷して読者の注意を喚起していたばかりか、さらに『倫理』編集者のテート夫人から「DBW 6のこの箇所におけるシュミットとの関連性を、日本の専門家のほか、われわれ五人の編集者の誰一人も気づいてはいませんでした」という「明確な指摘」があったことも付記されていたのです。

*

私のボンヘッファーとの出会いは、一九五〇年代の半ばから、ナチ研究の一環として携わっていたドイツ教会闘争の研究について本格的に取り組むようになって以来のことです。これまで半世紀以上にわたる研究成果の中から、最近、上掲書『ボンヘッファー――反ナチ抵抗者の生涯と思想』（二〇一九年）をまとめました。こうした〈伝記〉的研究とともに、今回さらに――四名の共訳者に助けられて――彼のライフワークとも言うべき〈未完の大著〉の新訳を生涯の最後の仕事として刊行できたことには感慨の念を禁じえません。これら年来の友人たちのご協力にたいして、また延引した仕事を忍耐深く待ち、折りにふれて貴重な助言を惜しまなかった新教出版社の小林望社長のご好意にたいしても、改めて心よりお礼申し上げる次第です。

二〇二四年秋　　仙台にて

年表

1940年

2月

27日（水） ジーグルツホーフから両親宛ての手紙（DBW 15, 293）。「ポンメルンの精神病院の廃止〔《安楽死》措置〕について、教皇は、いや間違いなく詳細な報告を受けていたでしょう」。

3月

7日（木） ジーグルツホーフからゲールハルト・ライプホルツ宛ての手紙（DBW 15, 297f）。「数日前から……以前からのわれわれの討論テーマ〔自然法〕について、じっくり考え、多くの本を読みました」。「カトリシズムの基礎となっている自然法論は、なるほど、いくつかの独特な法的形成物（家族、経済、など）を前提にしていますが、それらのすべてに、一つの根源、この世の創造者が在《いま》したまうのです」。カール・バルトは「創造されたこの世のすべての秩序を、厳密にキリストに」結びつけました。

18日（月） ゲシュタポが、ケスリーンとジーグルツホーフにおける——ナチ体制から見れば非合法の——神学者養成所を閉鎖する。

ボンヘッファーはベルリンに滞在。

4月

9日〔原文は曜日なし〕 ドイツがデンマークとノルウェーを侵略。

5月
7日（火） ブラウネおよびフォン・ボーデルシュヴィングが、《安楽死》措置にたいして反対するための助言と援助を求めて、カール・ボンヘッファーのもとを訪ねる。

9日（木） ブラウネがハンス・フォン・ドナーニーのもとを訪ねる。

10日（金） 〔ドイツ軍が〕オランダ、ベルギー、ルクセンブルク、そしてフランスを攻撃。

6月
5日（水） 東プロイセンへの最初の問安旅行。

10日〔(月)〕 イタリア参戦。

14日〔(金)〕 パリ無血占領。

21日（金） ケーニヒスベルクから両親に宛てたカード（DBW 16, 46）。「……目に見えているものすべてに隠れて、今や別の出来事が生じています。それらの出来事と絶え間なく、夢の中にまで持ち込んで対決しています」。

21日（金） コンピエーニュの森、すなわち1918年11月11日に休戦協定が締結された場所で、フランスから懇請された休戦のための、ドイツ側の条件が手渡される。

22日〔(土)〕 独仏休戦協定締結。

25日（火） ベルリンに戻る。

7月
7日（日） 東プロイセンへの第二回問安旅行。

14日（日） ブレスタウにおいて、ボンヘッファーと告白教会の学生メンバーによる研修会が、ゲシュタポに指揮された警察のスパイ報告を根拠に解散させられる。

17日（水） ボンヘッファーがもっていたニコライ・ハルトマンの『倫理』――たぶんケーニヒスベルクで購入された――につけられた日付（そこから出された7月16日付の手紙、DBW 16, 47f）。

26日（金）　ポンメルンの告白教会評議員会によって複製された〔講演記録〕「キリスト者の感謝について」につけられた日付（NL A 62, 7. DBW 16, 490を参照せよ）。

29日（月）　ベルリンに戻る。

8月

1日（木）　クライン-クレッシンに滞在する計画だったが（7月16日付の手紙、DBW 16, 47）、ベルリンに滞在。そこで国防軍諜報部との仮のアポイントメントをとっていた（DB 783〔ベートゲ『ボンヘッファー伝』〕）。

7日（水）　クライン-クレッシン（ルート・フォン・クライスト-レッツォのもとに）滞在。

13日（火）　ベルリンに戻る。

17日（土）　ハンス・ヴェルナー・イェンゼン宛ての手紙（DBW 16, 56）。「私は、ようやく、〔結婚というテーマについての〕あなたの著書をざっと読ませてもらいました。でも近いうちに、自分の仕事との関わりでもっと正確に読むことができることでしょう」。

18日（日）　フリーデナウにおけるギュンター・デーンの礼拝に参列。

22日（木）　帝国保安本部（Reichssicherheitshauptamt）は、ディートリヒ・ボンヘッファーにたいして、民族解体行為のかどで講演禁止処分を下した（DB 784〔ベートゲ『ボンヘッファー伝』〕）。

25日（日）　東プロイセンへの第三回問安旅行。

26日（月）　ケーニヒスベルクからベートゲ宛ての手紙（NL A 59, 2 (1)）。ロイヤル・ブルーのインクで書かれている（DBW 16, 60）。「ベルリンでの滞在は、繰り返し繰り返し、私からいわば霊的な生気を奪いとっています」。

9月

4日（水）　公的な居所としてポンメルン州シュラーヴェ〔の警察〕への届け出義務を〔課される〕。

15日（日）　ベルリンから帝国保安本部宛ての手紙（DBW 16, 62）。「わが家系の精神的相続人であり、その内省的姿勢を自覚的に肯定しつつ、私は、《民族解体行為》という非難を甘受するわけにはいきません」。これは、カーボン・コピーに、ロイヤル・ブルーのインクで署名したもの（NL A 61, 2 (3)）。クライン-クレッシンへ向けて出発。

『倫理』草稿執筆の第I期

27日〔(金)〕ドイツ・イタリア・日本の三国同盟。

10月

8日（火）クライン-クレッシンから、両親宛てのカード（NL A 59, 1 (4)）。「ここはとても静かに仕事ができます」。「先日、本の入った荷物をいくつか〔フィンケンヴァルデ蔵書のこと。これは、シュテッティン-アルトダムで集められ、目を通されていた（10月9日付の手紙。DBW 16, 66）〕貨物便で」ベルリン宛てに「送りました」。

9日（水）方眼入りの用紙に書かれたエーバーハルト・ベートゲ宛ての手紙（NL A 59, 2 (2), DBW 16, 65f）。「仕事ははかどっています。全体の構想を書いているところです。……そのために、なお今週いっぱいかかるでしょう」。キーワード《非利己的な自己愛》。

20日（日）ふたたびベルリンに戻る。

22日〔(火)〕ドイツ西南地域から南フランスのギュルス〔収容所〕へ、ユダヤ人の強制移送が始まる（DB 818参照）。

28日〔(月)〕イタリアによるギリシャ進駐の試みが失敗する。

30日（水）ミュンヘンへ向かう（DBW 16, 67）。〔国防軍〕諜報部〔ミュンヘン支所〕に配属される。

11月

4日（月）ミュンヘンからの手紙（DBW 16, 67f）。ベルリンに戻る予定であることが記されている。

13日（水）ベルリンからの手紙（DBW 16, 69）。

14日（木）ベルリンからイエナへ向かう。

15日（金）イエナで（DB 786〔ベートゲ『ボンヘッファー伝』〕）、ヴォルフガング・シュテムラー（古プロイセン合同教会評議員）が「今は私が学術的な仕事に従事することに価値があると伝えてくれました」（11月16日付の手紙。DBW 16, 72. シュテムラーは、11月16日に逮捕された）。

16日（土）イエナからミュンヘンへ向かう。

『倫理』草稿執筆の第Ⅱ期

17日（日）1941年2月まで、エタールのベネディクト会修道院にゲストとして滞在。図書館を利用できた（DBW 16, 72）。

27日（水）エタールからベートゲ宛ての手紙（DBW 16, 79）。「今日、私の著書のタイトルを思いつきました。《道備えと到来》です。——これは、著書を二分すること（究極以前のことと究極的なこと）に対応しています」。

28日（木）エタールからの手紙（DBW 16, 80）。「仕事はある程度はかどりました」。夕刻、ミュンヘンへ向かう。

29日（金）ミュンヘンからの手紙（DBW 16, 83）。「〔山を〕乗り越えられないことが、ときどき重荷のように、執筆にものしかかっています」。エタールに戻る。

12月

10日（月）〔（火）が正しい曜日〕エタールからの手紙（DBW 16, 92）。「私は、いま、《自然的生》について、その一部から始めています。……危険な素材ですが、まさにそれゆえにとても魅力的です」。

13日（金）エタールからの手紙（DBW 16, 99）。ボンヘッファーの甥であるクリストフ・フォン・ドナーニーが、エタールで、インフルエンザにかかり、ボンヘッファーはその世話を引き受けなければならなかった。「もちろん、そのために私の仕事は進みませんでした」。

21日（土）法務大臣フランツ・ギュルトナーが、エタールでボンヘッファーを訪ねる。

26日（木）エタールからイェンゼン宛ての手紙（DBW 16, 101f）。「私は、10月以降、学術的な仕事をしている最中です」。

1941年

1月

15日（水）エタールからベートゲ宛ての手紙（DBW 16, 106f）。「私はふたたび仕事にとりかかっています」。「一度、〈出二三・七〉を読んでみてください」。［差し迫った《安楽死》措置に直面して］

19日（日）ミュンヘンからの手紙（DBW 16, 110）。「最後の清教徒［ジョージ・サンタヤナの小説］は気に入ったかい。ラインホルト・シュナイダー［『権力と恩寵』という本］は、とても良いものです」。

20日（月）エタールからの手紙（DBW 16, 114）。「仕事では、いままさに、安楽死の問題にかかっています。……カトリックの倫理規範は、多くの点で非常に有益で、われわれの倫理規範より実践的だと思います。これまでは、それをいつも《決疑論（カズイスティク）》として非難してきましたが、今日では、多くの点で感謝しています。まさに、私の目下のテーマでもあります」。

25日（土）エタールからの手紙（DBW 16, 117）。「私は、ときどきあのオリヴァー［サンタヤナの小説の中の人物］を通じて出会っているように感じていました」。

31日（金）ミュンヘンからの手紙（DBW 16, 121f）。「私は、深い喜びを感じながらR・シュナイダーを読んでいます」。「何週間もほとんど聖書を読まないことが、ときどきあります。……そしてある日、ふたたび聖書を手にして、突然、以前よりはるかに強く……。そのとき良心のやましさはありました。……しかし、それから私は自問しています。ひょっとしたらこの人間性も、神の御言葉によって支えられてきたし、［これからも］支えられるのではないか、と」。

2月

10日（月）エタールからの手紙（DBW 16, 138f）。「今は結婚の問題に取りかかっています」。配偶者の選択、断種、避妊。この領域では、「ほとんど耐えられないことですが、カトリックの道徳が、事実上、法律によって定められています」。

14日（金）エタールからの手紙（DBW 16, 144）。「やっと最近になって、また支障なく書くことができるようになりました」。

15日（土）エタールからの手紙（DBW 16, 147）。「それ以外は、最近、本当にうまくはかどっています。断種や避妊などの難問については、今では克服しています。現在は、労働・自由・思考のための自然権〔という問題に〕進んでいます。ときおり驚き不安になります。精霊と並んで、σαρξ（サルクス）〔《肉》〕も強力に作用しているのではないか、と」。

23日（日）ミュンヘン滞在。

24日（月）最初のスイス旅行。

3月

4日（火）ボンヘッファーは、夕刻バルトを訪問。3月6日と7日の午前中、バルトを訪問。

8日（土）ボンヘッファーはジュネーヴ滞在（DBW 16, 159）。滞在中に、世界教会会議の事務所で、エキュメニカルな出版物を読む（DB 818〔ベートゲ『ボンヘッファー伝』〕）。

12日（水）ジュネーヴにおけるボンヘッファーとの話し合いについて、ニルス・エーレンシュトレームのカレンダーに書き込まれたメモ（DBW 16, 160）。午前中は、ウィレム・A・フィッセルト-ホーフトも参加して、notes for a memo on Christian peace aims: his critique of our outline for the volume in Ecclesia Militans on „Verkündigung der Kirche im Krieg“（「キリスト教的な平和目的に関する小論（Memorandum）のためのメモ。すなわち、Ecclesia Militans［1941年から続く、エキュメニカルな出版シリーズ］の中の、〈戦時における教会の宣教〉についての一冊に関して、われわれの構想にたいする彼［ボンヘッファー］の批判）」〔について話し合う〕。午後は、„studies on the social function of the Church, and on the changing RC – Protestant relations in Germany"（「教会の社会的機能、およびドイツにおけるローマ・カトリックとプロテスタントとの関係が変化しつつあることに関する研究」」について〔話し合う〕。

13日（木）エーレンシュトレームのカレンダーに書き込まれたメモ（DBW 16, 160）。"debate on 'Church and world' in relation to V. H.'s memo"（「フィッセルト-ホーフトの小論（Memorandum）――すなわち、1939年6月に執筆され、1940年6月に改訂された„The Ethical Reality and Function of the Church"〔ドイツ語版は1941年4月の「倫理的な現実と教会の機能」〕――に関連して、〈教会とこの世〉についての討論」）

15日（土）エーレンシュトレームのカレンダーに書き込まれたメモ（DBW 16, 161）。„A theol. Colloquim on the ethical proclamation and action of the Church, internally and vis a vis the world, its legitimacy and its form"（「教会の倫理的な宣教活動についての神学的なコロキウム。〔教会〕内部に向けて、そしてまた世界に向かって。その正当性およびその形式」。）ボンヘッファーも参加。

19日（水）印刷出版禁止処分（DBW 16, 171）。ボンヘッファーは、帝国著述院（Reichsschrifttumskammer）によって、「いっさいの著作家としての活動を禁止される」。

24日（月）スイスからミュンヘンに戻る。

26日（水）ハレでエルンスト・ヴォルフを訪ね、出版禁止に関して相談（DB 820〔ベートゲ『ボンヘッファー伝』〕ベートゲは、ボンヘッファーを迎えに行った）。

27日（木）「五カ月ぶりに」ベルリンに滞在（3月31日付の手紙。DBW 16, 174）。

中間期

4月

1日（火）　ふたたびエタールに滞在。

6日〔(日)〕　ギリシャおよびユーゴスラヴィアへのドイツ軍の進軍。

8日（火）　フリードリヒスブルンで、両親とともに復活祭休暇を過ごす（DB 821〔ベートゲ『ボンヘッファー伝』〕）。

13日（日）　復活祭。

22日（火）　フリードリヒスブルンで、出版禁止にたいする抗議の書簡そして両親宛ての手紙（DBW 16, 177 und 176）。「最近は、よく仕事ができています」。二つの文書とも——NL A 61, 4 (6) und 59, 1 (14)——罫線入りの用紙に〈書かれている〉。〔NL A 74, 43 und 45 の〈覚え書き断片〉と同様に、「国家と教会」というテキストのためのものである〕

25日（金）　ベルリンに滞在（手紙　DBW 16, 177）。

28日（月）　「二、三日」の予定で「ポンメルンへ向かう」。クライン－クレッシン滞在（手紙　DBW 16, 177）。

5月

14日（水）　ミュンヘンから、イェンゼン宛ての手紙（DBW 16, 180f）。

18日（日）　ベルリンに滞在（「初めての温かい春の日和」）。

30日（金）　カール・バルト宛ての手紙（DBW 16, 182）。「このところ、〔スイス〕旅行のおかげもあって、私の仕事は本当にうまくはかどっています」。〔ボンヘッファーは〕カール・バルトの KD II /1〔『教会教義学』第二巻第一分冊〕を手に入れている。

6月

1日（日） 聖霊降臨祭。

4日（水） リヒャルト・グルーノーへの手紙（DBW 16, 183）。「君の著書 „Wir fragen [die Bibel] . . .“ が、私のところに届くまでに三ヵ月以上かかりました。私の旅行のあいだに何回も放置され、誤った宛先に転送されていたのです」。

22日〔(日)〕 ドイツ軍がソ連に侵攻。

22日（日） ポツダムにおけるエーバーハルト・ベートゲの説教に参列。

29日ごろ クライン-クレッシンから両親宛てのカード（DBW 16, 186）。「二、三日前から、ふたたび田舎生活の静けさを楽しんでいます。順調に仕事をしています」。

7月

5日（土） クライン-クレッシンからの手紙（DBW 16, 186f）。

12日（土） ベルリンに向かう（DBW 16, 186）。

15日（火） ミュンヘンへ向かう（DBW 16, 186）。

8月

3日（日） キーコーで、東部戦線で戦死したクライスト-レッツォ家の親族——その中にボンヘッファーのかつての受堅者がいた——の葬儀に参列。

5日（火） クライン-クレッシンに滞在。

15日（金） たぶんベルリンから、フィンケンヴァルデ〔牧師研修所〕の関係者へ個人的な回章（DBW 16, 191–195）。

24日（日） ルート・フォン・クライスト〔ボンヘッファーの婚約者マリーアの祖母〕のベートゲ宛ての手紙（DBW 16, 196）。「［戦死者についての報告によって］自分も恐ろしい出来事の渦中にいるという新しい感覚が私の中で目覚めてきています。……どういうわけか、人は、自身に生じる冷酷な運命や罪から免れたいとは思わないものなのです。そして、事実そのとおりに、……そのことが、この時代の只中であなたとディートリヒが歩む進路について、いま初めて私を不安にしているのです」。

25日（月）　ミュンヘン（そしてエタール）へ向かう。

28日（木）　ミュンヘンからベートゲ宛ての手紙（DBW 16, 200）。「その職務もキリストと同じ姿になること（Gleichgestalt mit Christus）を前提にしています」。

29日（金）　第二回スイス旅行。

31日（日）　ボンヘッファーは、バーゼルでバルトを訪問。

9月

1日〔（月）〕　黄色のダビデの星形を携行し、ユダヤ風の呼び名をつけなければならないという命令が布告される。9月19日より施行。

4日（木）　ジュネーヴにいるエーレンシュトレームのカレンダーに書き込まれたメモ（DBW 16, 202）。ボンヘッファーとフィッセルト-ホーフトは、„discussing the theological problems of ‚Das Wort der Kirche an der Welt'"（「この世に向けた教会の言葉」に関する神学的な問題について討論）。ボンヘッファーは、9月初めにウィリアム・ペイトンの著書 „The Church and the New Order" について覚え書きを執筆する（DB 829〔ベートゲ『ボンヘッファー伝』〕）。

19日（金）　ボンヘッファーは、バーゼルのバルトを訪問。チューリヒからライプホルツ一家に宛てた手紙（DBW 16, 204）。„I hope to find sufficient time to finish a book on which I have been working for about a year now."（「ほぼ一年にわたって取り組んでいる一冊の本を完成させるに十分な時間を見つけたいと思っています」）。

22日（月）　バーゼルのシャルロッテ・フォン・キルシュバウムから牧師パウル・フォークト宛ての手紙（DBW 16, 207f）。それは、「ボンヘッファーが、現在もっとも切迫している、と記述した――［そして取り扱うべき人物を提案した〕――」三つのテーマについて報告している。すなわち、〈歴史と終末待望〉（W〔ヴィルヘルム〕・フィッシャー）、〈キリスト教的な責任〉（K・バルト）、〈罪の赦し〉（〔牧師アルフレート〕・ドゥ・ケルヴェン）である。

25日（木）　チューリヒからジョージ・ベル主教宛ての手紙。ボンヘッファーは彼の著書„Christianity and World Order"を読んでいた（DBW 16, 210f）。

26日（金）　スイスから、たぶんベルリンに戻る。

10月

16日〔(木)〕　夜、ベルリンの家々からユダヤ人の最初の大量強制移送。

18日〔(土)〕／20日〔(月)〕　ベルリンからのユダヤ人の強制移送について、将軍たちに知らせる二つの報告が（たぶん、ペレルスによって、ディートリヒ・ボンヘッファーも一緒になって）起草された（DBW 16, 212-217）。

11月

17日（月）　１９２６年ごろの時代を回顧しつつクリストフ・ベートゲ（１９２０年生）に宛てられた手紙（DBW 16, 222f）。「諸民族が互いにもつ古くからの偏見は、平和的な思想傾向の中で、実り豊かでより良い共存への希望が生気を取り戻したことによって、西洋諸民族においては後退していました」。ここ二〇年間は、「事態は完全に過去によって支配されています」。「未来にたいして責任をもたないということはニヒリズムであり、現在にたいして責任をもたないということはファナティシズムです」。

22日（土）　フィンケンヴァルデ〔牧師研修所〕の関係者への回章（DBW 16, 227）。「この手紙は、私が何週間か肺炎に苦しめられていたことから、放置されていたのです」。

12月

7日〔(日)〕　日本軍の真珠湾攻撃。

8日〔(月)〕　日本にたいするアメリカ合衆国とイギリス連合王国の宣戦布告。

11日〔(木)〕　ドイツとイタリアがアメリカ合衆国に宣戦布告。

12日（金）　ルート・フォン・クライストから、キーコーにいたボンヘッファーに宛てた手紙（DBW 16, 234）。「私は、さらになお、五〇〇枚のタイプライター用紙と二〇〇枚の官庁用紙をもっています。……荷造りしてベルリンに送りましょうか」。

14日（日）　キーコーからの手紙（DBW 16, 235）。

16日〔(火)〕　ドイツ軍の攻撃は、モスクワの面前で行き詰まっている。ヒトラーは、死にもの狂いで抵抗するよう命令する。

21日（日）　ベルリンに戻る。

『倫理』草稿執筆の第Ⅲ期

1942年

1月

20日〔原文に曜日なし〕《ヴァンゼー会議》（ベルリン）。《ユダヤ人問題の最終的解決》のための措置を調整。

3月

ドイツの諸都市に激しい空爆が始まった。

1日（日）　ベルリンから、フィンケンヴァルデ〔牧師研修所〕の関係者への回章（DBW 16, 240-242）。

24日（火）　エルンスト・ヴォルフ宛ての手紙。ブルトマンの非神話化論文「新約聖書と神話」について喜んでいる。ブルトマンの『ヨハネ書注解』を参照するよう指示がある（DBW 16, 248）。

31日（火）　クライン-クレッシンへ向かう。

4月

5日（日） キーコーで復活祭。

8日（水） ハンス・フォン・ドナーニーを通じて、ベルリンに呼び戻される（DB 846）。

9日（木） エーバーハルト・ベートゲのための、第一回目の遺言書簡（DBW 16, 255）。

10日（金） ヘルムート・ジェームス・フォン・モルトケとともに、スカンジナヴィア（ノルウェーとストックホルム）へ旅行。

18日（土） スカンジナヴィアから戻る。

5月

11日ごろ 第三回スイス旅行。

13日（水） チューリヒからカール・バルト宛ての手紙（DBW 16, 266f）。『教会教義学』第二巻第二分冊の「ゲラ刷りをもって」、「少なくとも第二部を」徹底的に読み込むために、およそ八日間の予定でジュネーヴ湖畔へ。

21日（木） チューリヒからライプホルツ一家へ（DBW 16, 274）。„I am travelling a good deal and my work at home is going on"（「私は頻繁に旅行しており、家での仕事は順調に進んでいます」）。

24日（日） 聖霊降臨祭。

25日（月） バーゼルでカール・バルトを訪問。夕刻、チューリヒで、ジークムント・シュルツェ宛ての手紙を書く（DBW 16, 279）。ボンヘッファーは「おそらく次の招集期には、召集令がくるにちがいない」と述べている。

26日（火） スイスからベルリンに戻る。

30日（土） 飛行機でストックホルムに向かう。

31日（日） シグトゥーナで、チチェスターの主教ジョージ・K・A・ベルと対話。ベルは次のように書きとめていた（DBW 16, 298）。„In 1941-2 he [Bonhoeffer] had worked on a book on Ethics, and memos for

Brethren's Council, and in evening political activity"（「1941年から42年にかけて、彼〔ボンヘッファー〕は、倫理についての本を書くために、また、〔古プロイセン合同教会の〕評議員会に提出する専門家としての意見書を書くために仕事をしていた。そして夜には政治活動をしていた」と）。ボンヘッファーは兵役に召集される恐れがあった。

6月

2日（火）　飛行機でベルリンに戻る。二、三日の予定でクライン－クレッシンに滞在。6月2日から5日までそこにきていたマリーア・フォン・ヴェーデマイアーと会う（7月には、マリーアの日記に《結婚》というキーワード）。

7日（日）　フリーデナウにおけるエーバーハルト・ベートゲの説教に参列。

16日（火）　たぶん、フライブルク・サークルを訪問（ゲールハルト・リッター、DB 871f〔ベートゲ『ボンヘッファー伝』〕参照）。

18日（木）　6月18日に誕生日を迎えたクリストフ・ベートゲ宛てに、ミュンヘン行きの車中から出された手紙（DBW 16, 312）。「美しく、真実に満ち、そして敬虔なドイツのために働き生きてきた……この長く連なる世代の中の一つの環なのです。……たとえいま現在は、君がどう行動するかより、君が存在することが重要であるとしても」。

20日（土）　ミュンヘンからの手紙（DBW 16, 321）。

21日（日）　ハンス・フォン・ドナーニーと相談するために、三日間の予定でベルリン滞在。

25日（木）　ミュンヘン行きの車中で書いた、エーバーハルト・ベートゲ宛ての手紙（DBW 16, 325）。「しかし、最近、きわめて世俗的な領域で活動している中で、私は何度も何度も考えさせられています。……私が《霊的には》はるかに豊かな時間をもってきたことは、わかっています。しかし、私の中で、《宗教的なこと》すべてにたいする抵抗感が大きくなっていることを感じているのです。……今ここでようやく一種の突破が訪れようとしている、と思っていますので、事態の流れに任せて抵抗しないでおきます」。〔このことについては〕マリーア・フォン・ヴェーデマイアーが言及している。

26日（金）　ハンス・フォン・ドナーニーとともに飛行機でヴェネツィアへ。

7月
9日（木）　ローマからライプホルツ一家に宛てた手紙（DBW 16, 338f）。

10日（金）　イタリアからベルリンに戻る。

20日（月）　クライン-クレッシンで〔居所の〕届け出（DBW 16, 324）。しかし、ベルリン滞在。

8月
3日（月）　ボンヘッファーの両親からエーバーハルト・ベートゲ宛て。「仕事上の問題についてディートリヒと話してください」。

10日（月）　古プロイセン合同教会信仰告白会議の《律法の第一用法》研究委員会が最初の集まりをマグデブルクで〔開催〕（DB 796〔ベートゲ『ボンヘッファー伝』〕）。

『倫理』草稿執筆の第Ⅳ期

18日（火）　一週間の予定でクライン-クレッシンに滞在（25日まで。その後ベルリン滞在）。

22日（土）　マリーアの父が、スターリングラードの近くで戦死。

9月
1日ごろ　クライン-クレッシンで、マリーア・フォン・ヴェーデマイアーと会う。

3日（木）　ベルリン滞在。

18日（金）　ベルリンからの手紙（DBW 16, 358f）。

22日（火）　クライン-クレッシンで一日半、クライスト家を訪問。

24日（木）『倫理-断片ノート』Nr.123と同じような用紙に書かれたベルリンからの手紙（DBW 16, 359f）。ここで、〔草稿〕「教会と〈この世〉Ⅰ」の冒頭部分がまえもって文章化されている。

10月

2日（金）　目の手術のためベルリンの病院にいたルート・フォン・クライストのところで、マリーア・フォン・ヴェーデマイアー（マリーアは祖母クライストを世話するためにベルリンにいた）と会う。マリーアの日記では、「6月の時とは全く異なった再会」。

3日（土）　ミュンヘンに向かう（DB 878〔ベートゲ『ボンヘッファー伝』〕）。10月10日まで滞在。

9日（金）　たぶんフライブルクで、ゲールハルト・リッターとともにエーリク・ヴォルフを訪問。

10日（土）　ミュンヘンからの手紙（DBW 16, 363-365）。

13日（火）〔マリーアの〕祖母クライストの手術。

14日（水）〔国防軍〕諜報部のためのバルカン半島とスイスへの旅行は取りやめ、ベルリンに戻る（DB 878）。

15日（木）　マリーア・フォン・ヴェーデマイアーとともに、シュライヒャー家に招待される。兵役拒否について対話する。

18日（日）　病院内の祖母クライストとマリーアのところで朝の祈祷。〈エフェ五・一五－二一〉について。

25日（日）　ふたたび病院内で朝の祈祷（「……慰められはしなかった……」〔マリーアの日記〕）。

26日（月）　ベルリン滞在。――マリーアの兄マクシミリアンが東部戦線で戦死。

11月

5日（木）　ミュンヘンからの手紙（DBW 16, 366f）。

7日（土）　クライン-クレッシンからの手紙（DBW 16, 368）。

8日〔（日）〕　連合国軍の北アフリカ上陸。

13日（金）マリーア宛ての手紙。「ここ数週間、ここ［ベルリン］はひどい状態でした。……平穏な時間は三〇分もありませんでした。……でも、来週はまだここにいます」。

15日（日）ベルリンからの手紙（DBW 16, 368f）。

17日（火）フライブルク・サークルのための〈覚え書き断片〉に記された日付（DBW 16, 360-362）。――ルート・フォン・ヴェーデマイアー（マリーアの母）がクライン-クレッシンへ向かう。そこで、マリーアおよび祖母クライストとともに一晩を過ごす。

19日（木）ルート・フォン・ヴェーデマイアーが、ベルリンにいるディートリヒ・ボンヘッファーに、マリーアには手紙を送らないようにと電話で伝える。

23日〔(月)〕ドイツ第六軍が、スターリングラード地域でソ連軍に包囲される。

24日（火）ペーツィッヒで、ルート・フォン・ヴェーデマイアーを訪問（火曜日から水曜日昼まで）。〔娘〕マリーアとの結婚を許してくれるよう頼む。一年間待つように言われる。深い悲しみの中での反応。「一年はひどく長い！」。

27日（金）ベルリンからベートゲ宛ての手紙（DBW 16, 369-371）。マリーア〔との結婚〕をめぐる母ルート・フォン・ヴェーデマイアーとの話し合いについて。

29日（日）フィンケンヴァルデ関係者への回章（DBW 16, 373）。「古来、キリスト教会においては、怠惰（acedia）――心の萎縮、《あきらめ》――は、永遠の死に値する罪の一つでした」。夜中の一二時に〔書いた〕エーバーハルト・ベートゲ宛ての手紙（DBW 16, 371f）。「明日には、ようやくまた、執筆に取りかかることができるよう願っています」。

12月

12日（土）ハレで、バッハのロ短調ミサ曲の演奏を聴く。

24日（木）クリスマスにあたり、エッセイ「十年後に」を、家族や友人に手渡す。

『倫理』草稿執筆の第V期

1943年

1月

13日（水）マリーアが、手紙で〔結婚を〕承諾する。

14日〔（木）〕カサブランカ会談（1月25日まで）で、無条件降伏が要求される。

17日（日）ディートリヒは、13日付のマリーアからの手紙を受け取る。引き続き一年の待機期間。マリーア宛ての手紙（旅行の見込み、日時は不明、四週間の予定）。

18日（月）ベルリンに滞在。

21日（木）マリーアからの手紙。手紙を書かないでほしいという願い。

23日（土）マリーアからの手紙があると知らずに書いたマリーア宛ての手紙。この世でこんな事件が起きているのに「人びとは息を殺している」。

2月

2日〔（火）〕スターリングラードにおける戦闘の終結。

4日（木）ベルリン滞在。

8日（月）ミュンヘンへ向かう。エーバーハルトからレナーテ・ベートゲ宛て〔の手紙〕（DBW 16, 383）。ディートリヒが、「ちょうど書き終えた［あの《仕事》］の一部を私に読んで聞かせてくれた」。

12日（金）課報部のためのスイス旅行を取りやめ、ベルリンに戻る。

18日〔（木）〕ゲッベルスは、ベルリン・スポーツパレスで行なわれたプロパガンダじみた大掛かりな演説の中で、《全体戦争》を宣言する。

3月
9日（火）マリーアが電話でディートリヒと話す。

13日〔（土）〕ヒトラー暗殺の試み。しかし時限爆弾の点火に失敗した。

15日（月）マグデブルクにおける、《律法の第一用法》研究委員会の第二回会議で発表。

21日〔（日）〕《英雄記念日》。暗殺の手筈は整えられたが、ヒトラーが予定を変更したために、実行することができなかった。

24日（水）ディートリヒは、シュテッティンの病院にいる〔マリーアの祖母〕ルート・フォン・クライストを訪ねる。

26日（金）マリーアはハノーファーに滞在（「……二、三日後には、実際に病人看護につきます」）。

28日（日）マリーアが電話でディートリヒと話す。

30日（火）マリーア宛ての手紙。「……戦地だけでなく、ここにも危険が……数週間の予定でローマにいきます。

31日（水）ベルリンで、〔父〕カール・ボンヘッファーの七五歳の誕生日。

4月
5日（月）ゲシュタポも加わって、軍事裁判権にもとづいて逮捕され、テーゲル軍用刑務所に収容された。

『倫理』各版の草稿配列対照表（一九四九年以降）

初版（一九四九年）	新訂第六版（一九六三年）	全集第6巻（DBW6、一九九二年）
形成としての倫理学	神の愛とこの世の崩壊	キリスト・現実・善 ——キリスト・教会・この世
遺産と退廃	教会とこの世	形成としての倫理学
罪責・義認・新生	形成としての倫理学	遺産と退廃
キリスト・現実・善 ——キリスト・教会・この世	遺産と退廃	罪責・義認・新生
〈究極的なもの〉と〈究極以前のもの〉	罪責・義認・新生	〈究極的なもの〉と〈究極以前のもの〉
〈自然的生〉	〈究極的なもの〉と〈究極以前のもの〉	〈自然的生〉
神の愛とこの世の崩壊	〈自然的生〉	歴史と善（第一草稿）
教会とこの世	キリスト・現実・善 ——キリスト・教会・この世	歴史と善（第二草稿）
歴史と善（第二草稿）	歴史と善（第二草稿）	神の愛とこの世の崩壊
主題としての《倫理的なもの》と《キリスト教的なもの》	主題としての《倫理的なもの》と《キリスト教的なもの》	教会とこの世Ⅰ
具体的な戒めと神の委任	具体的な戒めと神の委任	この世に向けた教会の言葉の可能性について
		主題としての《倫理的なもの》と《キリスト教的なもの》
		具体的な戒めと神の委任

付録	律法の第一用法についての理論 《人格》エートスと《事柄》エートス 国家と教会 この世に向けた教会の言葉の可能性について 真実を語るとは何を意味するか
付録	律法の第一用法についての理論 《人格》エートスと《事柄》エートス 国家と教会 この世に向けた教会の言葉の可能性について 真実を語るとは何を意味するか
全集第16巻（DBW16）	国家と教会 《人格》エートスと《事柄》エートス 律法の第一用法についての理論 真実を語るとは何を意味するか

倫理

DBW 版新訳

2025 年 1 月 31 日　第 1 版第 1 刷発行

著　者……ディートリヒ・ボンヘッファー
訳　者……宮田光雄（監訳）、村松惠二、本田逸夫、
　　　　　小嶋大造、星野　修

発行者……小林　望
発行所……株式会社新教出版社
　〒 112-0014　東京都文京区関口 1-44-4
　電話（代表）03 (3260) 6148
　振替 00180-1-9991
印刷・製本……モリモト印刷株式会社

ISBN 978-4-400-40305-0　C1016

訳者紹介

宮田光雄（みやた・みつお）

1928年生まれ。東京大学法学部卒業。東北大学名誉教授。政治学・政治思想史。著書『宮田光雄思想史論集』（8巻、創文社）、『聖書の信仰』（7巻、岩波書店）、『政治と宗教倫理』『国家と宗教』『カール・バルト』『ボンヘッファー』（以上岩波書店）、『十字架とハーケンクロイツ』（新教出版社）ほか多数。

村松惠二（むらまつ・けいじ）

1948年生まれ。弘前大学名誉教授。博士（法学）。政治学・政治思想史。著書『カトリック政治思想とファシズム』（創文社）。訳書、クーピッシュ『カール・バルト』（共訳、新教出版社）。

本田逸夫（ほんだ・いつお）

1956年生まれ。東北大学大学院修了。九州工業大学名誉教授。日本政治思想史。著書『国民・自由・憲政――陸羯南の政治思想』（木鐸社）。翻訳、D. ゼンクハース『諸文明の内なる衝突』（共訳、岩波書店）。

小嶋大造（こじま・だいぞう）

1974年生まれ。東北大学大学院農学研究科博士課程前期修了。現在、東京大学大学院農学生命科学研究科教授。この間ベルリン自由大学客員教授など。公共政策・日独比較政策。訳書フーバー『正義と法――キリスト教法倫理の基本線』（共訳、新教出版社）。

星野　修（ほしの・おさむ）

1953年生まれ。東北大学大学院法学研究科修士課程修了。山形大学名誉教授。政治学・政治思想史。論文「近代化とカトリシズムとの相克をめぐって――M・ウェーバーのカトリシズム論とC・シュミットの応答――」、「カール・シュミットと第三帝国」ほか。翻訳、D. ゼンクハース『諸文明の内なる衝突』（共訳、岩波書店）。

略記表

A. C.	Augsburgische Konfession, Confessio Augustana　アウクスブルク信仰告白
ApU	Kirche der Altpreußischen Union　古プロイセン合同教会
AS	D. Bonhoeffer, Akt und Sein（文献表 b を見よ）
BK	Bekennende Kirche　告白教会
BSLK	Die Bekenntnisschriften der evangelisch-lutherischen Kirche（文献表 a を見よ）
CA	Confessio Augustana, Augsburgische Konfession　アウクスブルク信仰告白
CIC	Codex Iuris Canonici　教会法典
DB	E. Bethge, Dietrich Bonfoeffer（文献表 b を見よ）
DBW	D. Bonhoeffer, Werke, 16Bde., hg. von E. Bethge u.a., 1986ff（文献表 b を見よ）
DDR	Deutsche Demokratische Republik (1949–1990)　ドイツ民主共和国（1949 年樹立、1990 年消滅）
DIN	Deutsche Industrie-Normen (z.B. für Papiermaße)　ドイツ工業規格
EG	Evangelische Gesangbuch（文献表 b を見よ）
EG.BP	Evangelische Gesangbuch für Brandenburg und Pommern（文献表 a を見よ）
FT	D. Bonhoeffer, Fragmente aus Tegel（文献表 b を見よ）
Gestapo	Geheime Staatspolizei (im Dritten Reich)　第三帝国における国家秘密警察（ゲシュタポ）
GB	D. Bonhoeffer, Das Gebetbuch der Bibel（文献表 b を見よ。 DBW 5)
GG	Grundgesetz der Bundesrepublik Deutschland vom 23. 5. 1949.　1949 年 5 月 23 日制定、ドイツ連邦共和国基本法
GL	D. Bonhoeffer, Gemeinsames Leben（文献表 b を見よ）
GS	D. Bonhoeffer, Gesammelte Schriften（文献表 b を見よ）
GW	M. Scheler, Gesammelte Werke. Neuausgabe（文献表 b を見よ）

IBF	Internationales Bonhoeffer Forum. Forschung und Praxis 1ff, München 1976ff（文献表 b を見よ）
KD	K. Barth, Die Kirchliche Dogmatik（文献表 a と b を見よ）
KGW	F. Nietzsche, Sämtliche Weke. Kritische Gesamtausgabe, hg. von G. Colli und M. Montinari（文献表 b を見よ）
KZ	Konzentrationslager　強制収容所
LB	Die Bibel nach der Übersetzung Martin Luthers（文献表 a を見よ）
Ms	Manuskript　草稿
MW	Die Mündige Welt I-V, München 1955–1969.
N	D. Bonhoeffer, Nachfolge（文献表 a と b を見よ。: DBW 4）
„Nestle“	Das Neue Testament griechisch und deutsch（文献表 a を見よ）
NL	Nachlaß Dietrich Bonhoeffer　ボンヘッファーの遺稿（文献表 b を見よ）
NL A	(im Nachlaß befindliches) von Bonhoeffer selbst gefertigtes Schriftstück　（遺稿のうちの）ボンヘッファー自身が完成させた原稿
NL-Bibl.	Verzeichnis der Restbibliothek Bonhoeffers, in: Nachlaß Dietrich Bonhoeffer　残されたボンヘッファー所有本の目録。ボンヘッファーの遺稿の中にある（文献表 b を見よ）
NS	Nationalsozialismus, nationalsozialistisch　ナチズム、ナチズム的な
NSDAP	Nationalsozialistische Deutsche Arbeiterpartei　国民社会主義ドイツ労働者党
N. T.	Neues Testament　新約聖書
PG	Patrologia Graeca（ミーニュ版。文献表 b を見よ）
PL	Patrologia Latina（ミーニュ版。文献表 b を見よ）
S	Seite (Dietrich Bonhoeffers Abkürzung)　ページ（ボンヘッファー自身が用いている短縮形）
S.	Seite (bei Querverweisen im vorliegenden Band)　ページ（本書全体におけるページ指示）
s.	siehe　……を見よ
SA	Sturmabteilung (Organisation in der NSDAP)　突撃隊（ナチ党内の組織）
SC	D. Bonhoeffer, Sanctorum Communio（文献表 b を見よ）
SD	Sicherheitsdienst　保安部（ナチ党内の組織）
SF	D. Bonhoeffer, Schöpfung und Fall（文献表 b を見よ）

S.J.	Societas Jesu, Jesuitenorden　イエズス会
SS	Schutz-Staffel (Organisation in der NSDAP)　親衛隊（ナチ党内の組織）
STh	Thomas von Aquin, Summa Theologia（『神学大全』）
ThDB	E. Feil, Die Theologie Dietrich Bonhoeffers（文献表 b を見よ）
TRE	Theologische Realenzyklopädie, Berlin/New York 1977ff.
WA	M. Luther, Werke, Weimarer Ausgabe（文献表 a を見よ）
ZE	Zettelnotizen（文献表 b を見よ。DBW 6 Ergänzungsband）

文献表

ボンヘッファーの〔遺品として〕残された蔵書は、„NL-Bibl.“ と表示している（Nachlaß Dietrich Bonhoeffer. Ein Verzeichnis. Archiv – Sammlung – Bibliothek, erstellt von D. Meyer in Zusammenarbeit mit E. Bethge, München 1987, 171–239 を見よ）。

a) ボンヘッファーが使用した文献

Althaus, Paul, Religiöser Sozialismus. Grundfragen der christlichen Sozialethik, Gütersloh 1921 (NL-Bibl. 4. 2)

—, Der Geist der lutherischen Ethik im Augsburgischen Bekenntnis, München 1930 (NL-Bibl. 4. 1)

Barth, Karl, Der Römerbrief, 2. Abdruck der neuen Bearbeitung von 1922, München ^{3}1923〔『ローマ書（1922 年版）』吉村善夫訳、新教出版社〕

—, Das Wort Gottes und die Theologie. Gesammelte Vorträge, München 1924 (NL-Bibl. 3 B 11)

—, Rechtfertigung und Recht (Theologische Studien, Heft 1), Zürich 1938 (vgl. Literaturverzeichnis b)〔「義認と法」天野有訳、『教会と国家 II』新教出版社、収録〕

—, Die Kirchliche Dogmatik. Zweiter Band: Die Lehre von Gott. Zweiter Halbband, Zürich 1942 (zitiert: KD II/2)〔『教会教義学』第 2 巻（神論）、吉永正義訳、新教出版社〕

Baumgarten, Otto, Politik und Moral, Tübingen 1916 (NL-Bibl. 4. 4: „Rüdiger s[einem]. l[ieben]. Dietrich 1942“, nicht ganz aufgeschnitten, etliche Bleistiftstriche, „?“ und „!“)

Die *Bekenntnisschriften* der evangelisch-lutherischen Kirche, hg. im Gedenkjahr der Augsburgischen Konfession 1930, 2 Bde., Göttingen 1930 (Bd. II: NL-Bibl. 2 C 3, viele Striche und Notizen; Bd. I verschollen) (zitiert: BSLK)〔『一致信条書―ルーテル教会信条集』信条集専門委員会訳、教文館〕

Bell, George K. A., Christianity and World Order (Penguin Books), London 1940

Die *Bibel* oder die ganze Heilige Schrift des Alten und Neuen Testaments nach

der deutschen Übersetzung D. Martin Luthers. Durchgesehen im Auftrag der Deutschen Evangelischen Kirchenkonferenz. Mitteloktav-Ausgabe, Stuttgart 1911 (NL-Bibl. 1 A 6) (zitiert: LB)

Bismarck, Otto von, Gedanken und Erinnerungen, Stuttgart (1898) 1920 (NL-Bibl. 10. 5: nur Bd. 2, Bd. 1 ging verloren; Konfirmationsgeschenk für Dietrich Bonhoeffer 1921) [Ungekürzte Ausgabe, Neuauflage, München 1989]

Bonhoeffer, Dietrich, Nachfolge (1937), München ^{2}1940〔『キリストに従う』森平太訳、新教出版社〕

Brown, William Adams, Church and State in Contemporary America: A study of the problems they present and the principles which should determine their relationship, New York 1936

Brunner, Emil, Das Gebot und die Ordnungen. Entwurf einer protestantisch-theologischen Ethik, Tübingen 1932 (NL-Bibl. 4. 6: Striche und Zeichen)

—, Die Kirchen, die Gruppenbewegung und die Kirche Jesu Christi, Berlin 1936 (NL-Bibl. 2 C 4. 4: wenige Striche)〔『クリストの教会とグループ運動』小黒薫訳、基督教思想叢書刊行会〕

Brunstäd, Friedrich, Die Idee der Religion. Prinzipien der Religionsphilosophie, Halle an der Saale 1922

Bultmann, Rudolf, Das Evangelium des Johannes (Kritisch-exegetischer Kommentar über das Neue Testament. Zweite Abteilung), Göttingen ^{10}1941 [Bultmann verfaßte die 10. Auflage dieses Kommentars in der von Heinrich August Wilhelm Meyer begründeten Kommentarreihe]〔『ヨハネの福音書』杉原助訳、日本キリスト教団出版局〕

Catechismus ex Decreto Consilii Tridentini ad Parochos Pii Quinti Pont., Lipsiae 1840 (NL-Bibl. 6 B 7) [= Catechismus Romanus; in deutscher Fassung: Katechismus nach dem Beschlusse des Konzils von Trient für die Pfarrer. Auf Befehl der Päpste Pius V. und Klemens XIII. herausgegeben. Übersetzt nach der zu Rom 1955 veröffentlichten Ausgabe mit Sachregister, Kirchen/Sieg 1970]〔『ローマ公教要理』岩村清太訳編、精道教育促進協会〕

Cervantes Saavedra, Miguel de, Obras Completas, Madrid [ohne Jahr] (NL-Bibl. 8 C 9)〔『セルバンテス全集』水声社〕

Claudius, Matthias, ASMUS omnia sua Secum portans oder Sämtliche Werke des Wandsbecker Boten (Pantheon-Ausgabe [im Besitz von Renate Bethge]), Berlin 1941 [Neudruck der Erstausgabe (1775–1812): München 1976]

Dilschneider, Otto, Die evangelische Tat. Grundlagen und Grundzüge der evangelischen Ethik, Gütersloh 1940 (NL-Bibl. 4. 9: wenige Striche und Zeichen)

Dittrich, Ottmar, Geschichte der Ethik. Die Systeme der Moral vom Altertum bis zur Gegenwart (4 Bde.; I und II: 1923, III: 1926), IV: Von der Kirchenreformation bis zum Ausgang des Mittelalters. Erste [einzige] Abteilung: Die Reformatoren und der lutherisch-kirchliche Protestantismus, Leipzig 1932 (NL-Bibl. 4. 10: etliche Seiten aufgeschnitten, nur wenige Striche)

Dostojewski, Fjodor Michailowitsch, Die Brüder Karamasoff. Roman in zwei Bänden, München 1908 (NL-Bibl. 8 C 11)〔『カラマーゾフの兄弟』米川正夫訳、岩波文庫〕

Drews, Paul, s. M. Luther, Disputationen

Elert, Werner, Der christliche Glaube. Grundlinien der lutherischen Dogmatik, Berlin 1940 (NL-Bibl. 3 B 22)

Evangelisches Gesangbuch für Brandenburg und Pommern, hg. von den Provinzialkirchenräten von Brandenburg und Pommern, Berlin/Frankfurt an der Oder 1931 (zitiert: EG. BP)

Frank, Franz Hermann Reinhold von, System der christlichen Sittlichkeit, Erste Hälfte, Erlangen 1884 (NL-Bibl. 4. 12: Striche)

Gogarten, Friedrich, Politische Ethik. Versuch einer Grundlegung, Jena 1932 (NL-Bibl. 4. 14: Striche, Zeichen, Anmerkungen)

Guardini, Romano, Religiöse Gestalten in Dostojewskijs Werk, Leipzig ²1939 (NL-Bibl. 8 B 2: etliche Bleistiftstriche) (¹1933: Der Mensch und der Glaube. Versuche über die religiöse Existenz in Dostojewskijs großen Romanen; ³1947]〔『ドストエーフスキイ』永野藤夫訳、創文社〕

Harleß, G. C. Adolf, Christliche Ethik, Stuttgart 1842

Harnack, Adolf, Das Wesen des Christentums. Sechzehn Vorlesungen vor Studierenden aller Facultäten im Wintersemester 1899/1900 an der Universität Berlin gehalten von Adolf Harnack, 70. Tausend, Leipzig 1926 (NL-Bibl. 3 B 30: „Herrn stud. theol. Bonhöffer mit bestem Weihnachtsgruß. 24. 12. 25. Berlin, v. Harnack")〔『基督教の本質』山谷省吾訳、岩波文庫〕

—, Die Mission und Ausbreitung des Christentums in den ersten drei Jahrhunderten, Leipzig 1902, ⁴1924 (letztere Auflage: NL-Bibl. 2 C 1. 11 [wirkt kaum benutzt])

Hartmann, Nicolai, Ethik, Berlin/Leipzig ²1932 (NL-Bibl. 4. 17: „17. 7. 40" [offenbar in Königsberg gekauft], Striche)〔『倫理学』高橋敬視訳、山口書店〕

Hegel, Georg Wilhelm Friedrich, Phänomenologie des Geistes. Nach dem Texte der Originalausgabe herausgegeben von Georg Lasson, Sämtliche Werke II, Leipzig ³1928 (NL-Bibl. 7 A 26: etliche Striche, großenteils nicht aufgeschnit-

ten)〔『精神の現象学』金子武蔵訳、岩波書店〕

—, Vorlesungen über die Philosophie der Religion. Nach den vorhandenen Manuskripten vollständig neu herausgegeben von G. Lasson. Erster Teil: Begriff der Religion, Sämtliche Werke XII, Leipzig 1925; Dritter Teil: Die absolute Religion, Sämtliche Werke XIV, Leipzig 1929 (NL-Bibl. 7 A 26: viele Striche) (zitiert: Hegel, Religionsphilosophie nach Lasson XII bzw. XIV)〔『宗教哲学』木場深定訳、岩波書店〕

Heidegger, *Martin*, Sein und Zeit, Halle an der Saale 1927〔『存在と時間』熊野純彦訳、岩波文庫〕

Heim, *Karl*, Glaube und Denken. Philosophische Grundlegung einer christlichen Lebensanschauung, Berlin [2]1931 (Exemplar Eberhard Bethges), [3]1934 (Dietrich Bonhoeffer vom Verfasser überreicht) (NL-Bibl. 3 B 34: Striche)〔『理性と信仰』谷口美智雄訳、創元社〕

Helbing, *Lothar*, Der Dritte Humanismus, Berlin 1932 (NL-Bibl. 7 A 28: gelegentliche, teils kräftige, teils dünne Bleistiftstriche [ein 1928 zum erstenmal niedergeschriebenes, für humanistische Erziehung plädierendes, im Frühjahr 1932 veröffentlichtes Buch, im Dritten Reich 3. veränderte Auflage 1935])

Hello, *Ernest*, Welt ohne Gott (Original: Philosophie et athéisme, [postum] Paris 1888; [4]1923), Leipzig 1938

Herrmann, *Wilhelm*, Ethik, Leipzig/Tübingen 1901 (letzter Hand: Tübingen [5]1913)

Heuß, *Theodor*, Friedrich Naumann. Der Mann, das Werk, die Zeit, Stuttgart/Berlin 1937 (NL-Bibl. 10. 46)

Holbein, *Hans* (*der Jüngere*), Bilder zum Alten Testament - Historiarum Veteris, München 1923 (NL-Bibl. 9. 16)

Holl, *Karl*, Gesammelte Aufsätze zur Kirchengeschichte, Bd. I: Luther (darin 155–287: Der Neubau der Sittlichkeit), Tübingen [2+3]1923 (zitiert: Luther)

Huxley, *Aldous*, Point Counter Point, London und New York [mehrere Verlage] 1928 [dt.: Kontrapunkt des Lebens, Leipzig 1930]〔『恋愛対位法』朱牟田夏雄訳、岩波文庫〕

Ibsen, *Henrik*, Brand. Ein dramatisches Gedicht, Leipzig [ohne Jahr] (NL-Bibl. 8 C 25: Striche)〔「ブランド」角田俊訳、岩波文庫〕

Jaspers, *Karl*, Die geistige Situation der Zeit (Sammlung Göschen 1000), Berlin [4]1932 (NL-Bibl. 7 A 32: Etikett „Ernst Muschket Buchhandlung Bunzlau“, manche Seiten am Falz noch verklebt, wahrscheinlich Eberhard Bethges Exemplar), [5]1932 [Abdrucke der im Sommer 1932 bearbeiteten 5. Auflage nach Ende

des Dritten Reiches: Sammlung Göschen 3000; 8. Abdruck 1979] (zitiert wird nach der Paginierung als Göschen-Bändchen 3000)〔『現代の精神的状況』飯島宗享訳、理想社〕

—, Nietzsche. Einführung in das Verständnis seines Philosophierens, Berlin/Leipzig 1936 (NL-Bibl. 7 A 34: Striche)〔『ニーチェ』草薙正夫訳、理想社〕

Jensen, *Hans-Werner*, Christliche und nichtchristliche Eheauffassung dargestellt am Konfuzianismus. Eine missionswissenschaftliche Untersuchung (Allgemeine Missions-Studien, Heft 24), Gütersloh 1940 (NL-Bibl. 7 B 10: „Vom Verfasser überreicht z. Zt. im Felde“; wenige Striche)

Kamlah, *Wilhelm*, Christentum und Selbstbehauptung. Historische und philosophische Untersuchung [zu Augustin], Frankfurt am Main 1940 (NL-Bibl. 2 C 1. 13: ganz wenige Striche)

Katholischer Katechismus für das Bistum Berlin, Berlin 1934 (NL-Bibl. 6 B 22)

Kierkegaard, *Søren*, Der Begriff der Angst, Jena 1923 (NL-Bibl. 7 A 39: Striche und Anmerkungen)〔『不安の概念』斎藤信治訳、岩波文庫〕

—, Der Einzelne und die Kirche. Über Luther und den Protestantismus. Übersetzung und Vorwort von Wilhelm Kütemeyer, Berlin 1934 (NL-Bibl. 7 A 40: Striche)

Künkel, *Fritz*, Krisenbriefe. Die Beziehungen zwischen Wirtschaftskrise und Charakterkrise, Schwerin in Mecklenburg 1932 (NL-Bibl. 7 C 9)

—, Die Arbeit am Charakter. Die neuere Psychotherapie in ihrer Anwendung auf Erziehung, Selbsterziehung und seelische Hilfestellung, Schwerin in Mecklenburg ^{21}1935 (NL-Bibl. 7 C 8)

Loyola, *Ignatius von*, Geistliche Übungen. Nach dem spanischen Urtext übertragen von A. Feder S. J., Regensburg ^{5}1932 (NL-Bibl. 6 B 26)〔『霊操』門脇佳吉訳、岩波文庫〕

Lütgert, *Wilhelm*, Die Religion des deutschen Idealismus und ihr Ende, Bd. III: Höhe und Niedergang des Idealismus (Beiträge zur Förderung christlicher Theologie, Reihe 2 Bd. 10), Gütersloh 1925

—, Ethik der Liebe (Beiträge zur Förderung christlicher Theologie, Reihe 2 Bd. 39), Gütersloh 1938 (NL-Bibl. 4. 24: recht zahlreiche Bleistiftstriche, auch „!“ und „?“, besonders dicht im Kapitel über den Staat 213–231)

Luthardt, *Christoph Ernst*, Kompendium der theologischen Ethik, Leipzig 1896

Luther, *Martin*, Werke. Kritische Gesamtausgabe (Weimarer Ausgabe), Weimar 1883 ff (zitiert: WA)〔『ルター著作集』聖文舎・リトン〕

—, Disputationen Dr. Martin Luthers in den Jahren 1535–1545 an der Universität

Wittenberg gehalten, hg. von Paul Drews, Göttingen 1895 (NL-Bibl. 2 C 3. 19)

Machiavellis Buch vom Fürsten. Nach A. W. Rehbergs Übersetzung mit Einleitung und Erläuterung neu herausgegeben von Dr. Max Oberbreyer, Leipzig [ohne Jahr] (NL-Bibl. 4. 26)〔『君主論』河島英昭訳、岩波文庫〕

Maritain, Jacques, Die Zukunft der Christenheit, Köln 1938 (NL-Bibl. 6 B 27: hin und wieder Striche)

Martin, Alfred von, Nietzsche und Burckhardt, München 1941 (²1942; das Buch wurde von der nationalsozialistischen Presse als gegen „die nationalsozialistische Weltanschauung" gerichtet charakterisiert; Basel ³1945 mit Untertitel: Zwei geistige Welten im Dialog; München ⁴1947]

—, Die Religion in Jacob Burckhardts Leben und Denken. Eine Studie zum Thema Humanismus und Christentum, München 1942 [das Buch wurde von der Gestapo im März 1943 beschlagnahmt; ²1947]

Meinecke, Friedrich, Die Idee der Staatsräson in der neueren Geschichte (1924), 3. durchgesehene Auflage München/Berlin/Oldenburg 1929 (NL-Bibl. 2 A 15: Striche) [Neuausgabe: Friedrich Meinecke Werke, Bd. 1, München (1957) ²1960]〔『近代史における国家理性の理念』菊盛英夫・生松敬三訳、みすず書房〕

Müller, Alfred Dedo, Ethik. Der evangelische Weg der Verwirklichung des Guten, Berlin 1937 (NL-Bibl. 4. 32: wenige Striche)

Naumann, Friedrich, Briefe über Religion. Mit Nachwort „Nach 13 Jahren", Berlin ⁷1917 (NL-Bibl. 7 B 14: Markierungen wohl nicht von Bonhoeffer)

Niebuhr, Reinhold, Moral Man and Immoral Society: A Study in Ethics and Politics, New York/London 1932 (NL-Bibl. 4. 33, erhalten von Paul Lehmann am 4. 4. 1933)〔『道徳的人間と非道徳的社会』大木英夫訳、白水社〕

Nietzsche, Friedrich, Werke [in 16 Bänden] Erste Abteilung, I-VIII [diese ersten acht Bände enthalten die von Friedrich Nietzsche selbst zum Druck gebrachten Werke], Leipzig 1899 (NL-Bibl. 7 A 61) (zitiert: Werke) [vgl. Literaturverzeichnis b: Sämtliche Werke. Kritische Gesamtausgabe (zitiert: KGW)]〔『ニーチェ全集』白水社〕

Nohl, Herman, Die sittlichen Grunderfahrungen. Eine Einführung in die Ethik, Frankfurt am Main 1939 (NL-Bibl. 4. 34: Bleistiftstriche, auch „!" und „?") [²1947]

Novum Testamentum Graece et Germanice. Das Neue Testament griechisch und [luther-]deutsch, hg. von Eberhard Nestle und neu bearbeitet von Erwin Nestle, Stuttgart ¹³1929 (NL-Bibl. 1 A 4) (zitiert: „Nestle")

Oertzen, Friedrich Wilhelm von, Junker. Preußischer Adel im Jahrhundert des

Liberalismus, Oldenburg in Oldenburg/Berlin 1939

Oettingen, Alexander von, Die Moralstatistik und die christliche Sittenlehre. Versuch einer Socialethik, Erlangen 1868–1873

Paton, William, The Church and the New Order, London [Juli] 1941

Pieper, Josef, Die Wirklichkeit und das Gute, Leipzig 1935 (NL-Bibl. 4. 36: Bleistiftstriche, „!“ und „?“)

—, Über die Hoffnung, Leipzig ²1938 (NL-Bibl. 3 B 55: Bleistiftstriche, auch „!“; zu Seite 43 [Stichwort „Jugendlichkeit“] Notiz „Ps 103“ [Vers 5 b])

—, Zucht und Maß. Über die vierte Kardinaltugend, München 1939 (NL-Bibl. 4. 37: „Bonhoeffer 1940“, Kopierstift- und Bleistiftstriche, auch „!“)〔「節制」松尾雄二訳、『四枢要徳について』知泉書館、収録〕

—, [Neuausgabe (einmalige Sonderausgabe): Das Viergespann. Klugheit, Gerechtigkeit, Tapferkeit, Maß, München 1964]〔『四枢要徳について』松尾雄二訳、知泉書館〕

Piper, Otto, Die Grundlagen der evangelischen Ethik, Bd. I, Gütersloh 1928

Ritter, Gerhard, Machtstaat und Utopie. Vom Streit um die Dämonie der Macht seit Machiavelli und Maros, Berlin/München 1940 [erste Anzeige im Börsenblatt (Börsenverein des deutschen Buchhandels) Montag, 14. 10. 1940 (Seite 4771); Deutsche Bücherei Leipzig Eingangsstempel: 19. 10. 1940; allgemeine Auslieferung normalerweise drei Wochen später] [5., umgearbeitete Neuauflage: Die Dämonie der Macht. Betrachtungen über Geschichte und Wesen des Machtproblems im politischen Denken der Neuzeit, Stuttgart 1947]〔『権力思想史』西村貞二訳、みすず書房〕

Rothe, Richard, Theologische Ethik, 5 Bde., Wittenberg ²1867–1871 völlig neu ausgearbeitet (NL-Bibl. 4. 41: in Bd. I etliche Striche)

Rüdiger, Horst, Wesen und Wandlung des Humanismus (Europa-Bibliothek), Hamburg 1937 (NL-Bibl. 7 A 65: „Bonhoeffer, München 1941“, Bleistiftstriche)

Ruland, Ludwig, Handbuch der praktischen Seelsorge, 5 Bde., Münster 1930–1940

Scheler, Max, Der Formalismus in der Ethik und die materiale Wertethik. Neuer Versuch der Grundlegung eines ethischen Personalismus (1913–1916), Halle ²1921 (NL-Bibl. 4. 42: Unterstreichungen und Anmerkungen) [Neuausgabe: Gesammelte Werke, hg. von Maria Scheler, Bd. 2, Bern 1954 (zitiert: GW II)]〔『倫理学における形式主義と実質的価値倫理学』吉沢伝三郎訳、白水社〕

Schilling, Otto, Lehrbuch der Moraltheologie (2 Bde.), Bd. II: Spezielle Moraltheologie, München 1928 (NL-Bibl. 6. 41: „Bonhoeffer 1940“, Markierungen)

Schlatter, Adolf, Die christliche Ethik, Stuttgart ^{2}1924 mit Nachtrag (NL-Bibl. 4. 45: etliche Striche)

Schmidt, Kurt Dietrich (Hg.), Die Bekenntnisse und grundsätzlichen Äußerungen zur Kirchenfrage, Bd. II: Das Jahr 1934, Göttingen 1935 (NL-Bibl. 2 C 4. 2 b) (zitiert: Bekenntnisse 1934)

Schneider, Reinhold, Macht und Gnade. Gestalten, Bilder und Werte in der Geschichte, Leipzig 1940 [11.-15. Tausend Wiesbaden 1946]

Schütz, Paul, Zwischen Nil und Kaukasus. Ein Reisebericht zur religionspolitischen Lage im Orient, München 1930 (NL-Bibl. 9. 31)

—, Säkulare Religion (Beiträge zur systematischen Theologie 2), Tübingen 1932

Solowjeff (*Solowjow*), *Wladimir Sergejewitsch,* Drei Gespräche über Krieg, Fortschritt und das Ende der Weltgeschichte mit Einschluß einer kurzen Erzählung vom Antichrist (1899/1900), in: Ausgewählte Werke, 5 Bde., Stuttgart 1914 ff [Neuausgabe: Deutsche Gesamtausgabe der Werke von Wladimir Solowjew in 8 Bden., hg. von W. Szylkarski/L. Müller/W. Lettenbauer, Bd. VIII, München 1980]〔「三つの会話」御子柴道夫訳、『ソロヴィヨフ著作集第 5 巻』刀水書房、収録〕

Spengler, Oswald, Der Untergang des Abendlandes. Umrisse einer Morphologie der Weltgeschichte [Neubearbeitung], 2 Bde., München 1923 (NL-Bibl. 7 A 83: ein Strich)〔『西洋の没落』村松正俊訳、中央公論新社〕

—, Der Mensch und die Technik. Beitrag zu einer Philosophie des Lebens, München 1931 (NL-Bibl. 7 A 82: Strich)〔『人間と技術』駒井義昭・尾崎恭一訳、富士書店〕

—, Jahre der Entscheidung. Erster Teil: Deutschland und die weltgeschichtliche Entwicklung, München 1933 (NL-Bibl. 2 A 22: etliche Striche)

Spranger, Eduard, Lebensformen. Geisteswissenschaftliche Psychologie und Ethik der Persönlichkeit, Halle ^{7}1930 (NL-Bibl. 7 A 84)〔『文化と性格の諸類型』伊勢田耀子訳、明治図書出版〕

Stahl, Friedrich Julius, Rechts- und Staatslehre auf der Grundlage christlicher Weltanschauung, Heidelberg 1846 (NL-Bibl. 7 C 16)

Troeltsch, Ernst, Die Soziallehren der christlichen Kirchen und Gruppen (Gesammelte Schriften, Bd. I/1), Tübingen 1912 [Nachdruck: Aalen 1965 = 2. Nachdruck der Ausgabe Tübingen 1922]〔『古代キリスト教の社会教説』高野晃兆・帆苅猛訳、教文館および『中世キリスト教の社会教説』高野晃兆訳、教文館〕

—, Grundprobleme der Ethik. Erörtert aus Anlaß von Herrmanns Ethik (1902), in: Ders., Zur religiösen Lage, Religionsphilosophie und Ethik (Gesammelte

Schriften, Bd. II), Tübingen 1913, 551–672 (Gesammelte Schriften Bd. II-IV: NL-Bibl. 7 A 87; in Bd. II wenige Striche)〔「倫理学の根本問題」佐々木勝彦訳、『トレルチ著作集 3』ヨルダン社、収録〕

Vilmar, August Friedrich Christian, Dogmatik. Akademische Vorlesungen, Bd. (I und) II, Gütersloh 1874 (NL-Bibl. 3 B 71: handschriftlicher Namenszug, Striche im Teil über die Kirche)

Vischer, Friedrich Theodor, Auch Einer. Eine Reisebekanntschaft (1879), Stuttgart/Leipzig [2]1879 [Zweite, durchgesehene Auflage im Jahr der Erstauflage] [Neuausgabe: Frankfurt am Main 1987]

Weber, Max, Gesammelte Aufsätze zur Religionssoziologie, Bd. I, Tübingen 1920 (darin 17–206: Die protestantische Ethik und der Geist des Kapitalismus) (Bde. II und III: NL-Bibl. 7 C 19)〔『プロテスタンティズムの倫理と資本主義の精神』大塚久雄訳、岩波文庫〕

b) 編集者が使用した文献

Abegg, Lily, Yamato. Der Sendungsglaube des japanischen Volkes, Frankfurt am Main 1936〔『世界征服を目ざすもの』鈴木東民訳、時局評論社〕

Althaus, Paul, Die letzten Dinge. Entwurf einer Eschatologie, Gütersloh 1926 (NL-Bibl. 3 B 3: „Bonhoeffer 1927“)

Baldwin, Stanley, Service of Our Lives. Last Speeches as Prime Minister [Reden 1935–1937], London 1937

Balz, Horst/Schneider, Gerhard, Exegetisches Wörterbuch zum Neuen Testament, Bd. II, Stuttgart/Berlin/Köln/Mainz 1981〔『ギリシア語新約聖書釈義事典』教文館〕

Barth, Karl, Theologische Existenz heute! [Schriftenreihe, Heft 1], München 1933〔「今日の神学的実存！」天野有訳、『教会と国家 I』新教出版社、収録〕

—, Evangelium und Gesetz (Theologische Existenz heute 32), München 1935 [= (Neue Folge) 50, München 1956]〔「福音と律法」天野有訳、『教会と国家 II』新教出版社、収録〕

—, Die Kirchliche Dogmatik, 4 Bde., München/Zürich 1932–1967 (zitiert: KD)〔『教会教義学』新教出版社〕

—, Rechtfertigung und Recht (Vortrag, gehalten in verschiedenen Pfarrvereinen im Juni 1938), in: Eine Schweizer Stimme 1938–1945 (zuerst erschienen 1945), Zollikon-Zürich [3]1989, 13–57 (vgl. Literaturverzeichnis a)〔「義認と法」天野有訳、『教会と国家 II』新教出版社、収録〕

Beckmann, Joachim (Hg.), Kirchliches Jahrbuch für die Evangelische Kirche in Deutschland 1933–1944. 60.-71. Jahrgang, Gütersloh ²1976

Bernanos, Georges, Tagebuch eines Landpfarrers, Wien 1936 (NLBibl. 8 C 5)〔『田舎司祭の日記』渡辺一民訳、春秋社〕

Bethge, Eberhard, Dietrich Bonhoeffer. Theologe - Christ - Zeitgenosse. Eine Biographie (1967), Gütersloh ⁹2005 (zitiert: DB)〔『ボンヘッファー伝』全4巻、村上伸・雨宮栄一・森野善右衛門訳、新教出版社〕

—, Dietrich Bonhoeffer und die Juden, in: E. Feil/I. Tödt (Hg.), Konsequenzen (IBF 3), München 1980, 171–214

—, Vorwort vom 9. April 1948 (11–13), Vorwort zur neugeordneten 6. Auflage [vom Juli 1962] (14–17), Nachwort (397–399), in: D. Bonhoeffer, Ethik, München 1981 (zitiert nach: E^6)〔「序」「新訂6版にあたって」森野善右衛門訳、ボンヘッファー『キリスト教倫理』新教出版社、収録〕

—, In Zitz gab es keine Juden. Erinnerungen aus meinen ersten vierzig Jahren, München 1989

—, Otto Dibelius. Autobiographisches, in: W. Huber (Hg.), Protestanten in der Demokratie. Positionen und Profile im Nachkriegsdeutschland, München 1990

„*Biblische Beurteilung*" (Gutachten über die Ausmerzung lebensunwerten Lebens) s. W. Niesel (Hg.), Um Verkündigung und Ordnung der Kirche

Blasquez, Niceto, Die traditionelle kirchliche Morallehre über den Suizid, in: Concilium 21 (1985), 205–212

Boberach, Heinz (Hg.), Berichte des SD und der Gestapo über Kirchen und Kirchenvolk in Deutschland 1934–1944 (Veröffentlichungen der Kommission für Zeitgeschichte bei der Katholischen Akademie in Bayern, Reihe A: Quellen, Bd.12), Mainz 1971

Bonhoeffer, Dietrich, Werke, 16 Bde. und Registerband, hg. von E. Bethge, E. Feil, Chr. Gremmels, H. Huber, H. Pfeifer, A. Schönherr, H. E. Tödt, I. Tödt, München 1986–1991, Gütersloh 1992 ff (zitiert: DBW):

〔以下のボンヘッファーの訳書は、底本がGesammelte Schriftenのものも含む。〕

1: Sanctorum Communio. Eine dogmatische Untersuchung zur Soziologie der Kirche (1930), hg. von J. von Soosten (1986) ²2005 (auch zitiert: SC)〔『聖徒の交わり』大宮溥訳、新教出版社〕

2: Akt und Sein. Transzendentalphilosophie und Ontologie in der systematischen Theologie (1931), hg. von H.-R. Reuter (1988) ²2002 (auch zitiert: AS)〔『行為と存在』池永倫明訳、新教出版社〕

3: Schöpfung und Fall. Theologische Auslegung von Genesis 1–3 (1933), hg. von M. Rüter und I. Tödt (1989) ³2007 (auch zitiert: SF)〔「創造と堕罪」生原優訳、『ボンヘッファー聖書研究：旧約編』新教出版社、収録〕

4: Nachfolge (1937), hg. von M. Kuske und I. Tödt (1989) ³2002 (auch zitiert: N)〔『キリストに従う』森平太訳、新教出版社〕

5: Gemeinsames Leben (1938). Das Gebetbuch der Bibel (1940), hg. von G. L. Müller und A. Schönherr (1987) ³2008 (auch zitiert: GL)〔『共に生きる生活』森野善右衛門訳、新教出版社〕

6 Ergänzungsband: Zettelnotizen für eine „Ethik", hg. von I. Tödt, 1993 (zitiert: ZE)

7: Fragmente aus Tegel, hg. von R. Bethge und I. Tödt, 1994 (auch zitiert: FT)

8: Widerstand und Ergebung. Briefe und Aufzeichnungen aus der Haft, hg. von Chr. Gremmels, E. Bethge und R. Bethge in Zusammenarbeit mit I. Tödt, 1998 (auch zitiert: WE)〔『獄中書簡集』村上伸訳、新教出版社〕

9: Jugend und Studium 1918–1927, hg. von H. Pfeifer in Zusammenarbeit mit C. Green und C.-J. Kaltenborn (1986) ²2005

10: Barcelona, Berlin, Amerika 1928–1931, hg. von R. Staats und H. Chr. von Hase in Zusammenarbeit mit H. Roggelin und M. Wünsche (1991) ²2005

11: Ökumene, Universität, Pfarramt 1931–1932, hg. v. E. Amelung und Chr. Strohm, 1994

12: Berlin 1932–1933, hg.von C. Nicolaisen und E.-A. Scharffenorth,1997

13: London 1933–1935, hg. von H. Goedeking, M. Heimbucher und H.-W. Schleicher, 1994

14: Illegale Theologenausbildung: Finkenwalde 1935–1937, hg. von O. Dudzus und J. Henkys in Zusammenarbeit mit S. Bobert-Stützel, D. Schulz und I. Tödt, 1996

15: Illegale Theologenausbildung: Sammelvikariate 1937–1940, hg. von D. Schulz, Gütersloh 1998

16: Konspiration und Haft 1940–1945, hg. von J. Glenthøj, U. Kabitz und W. Krötke, 1996

17: Register und Ergänzungen, hg. von H. Anzinger und H. Pfeifer unter Mitarbeit von W. Anzinger und I. Tödt, 1999

Zettelnotizen für eine „Ethik" (Ergänzungsband zu DBW 6), hg. von I. Tödt, Gütersloh 1993

〔上記のDBWのうち、DBW3, 5, 9, 14, 16の一部は『ボンヘッファー聖書

研究：旧約編』に、DBW9, 14, 15, 16 の一部は『ボンヘッファー聖書研究：新約編』に、DBW9, 10 の一部は『ボンヘッファー説教全集 1』に、DBW11, 12, 13 の一部は『ボンヘッファー説教全集 2』に、DBW14, 15, 16 の一部は『ボンヘッファー説教全集 3』に収録されている。〕

—, Ethik, zusammengestellt und hg. von E. Bethge (1949, neugeordnet [6]1963), München [11]1985 (zitiert: E[1] bzw. E[6])〔『現代キリスト教倫理』森野善右衛門訳、新教出版社〕

—, Gesammelte Schriften, 6 Bde., hg. von E. Bethge, München 1958–1974 (zitiert: GS)〔『ボンヘッファー選集』全 9 巻、『教会の本質』森野善右衛門訳、『説教と牧会』森野善右衛門訳、いずれも新教出版社〕

—, Widerstand und Ergebung. Briefe und Aufzeichnungen aus der Haft, hg. von E. Bethge (1951), Neuausgabe 1970, München [3]1985 (zitiert: WEN; vgl. DBW 8)〔『獄中書簡集』村上伸訳、新教出版社〕

Bonhoeffer, *Karl*, Ansprache [als Vorsitzender des deutschen Vereins für Psychiatrie], in: Allgemeine Zeitschrift für Psychiatrie 76 (1920/1921), 32

—, Das manisch-depressive Irresein, in: Die psychiatrischen Aufgaben bei der Ausführung des Gesetzes zur Verhütung erbkranken Nachwuchses mit einem Anhang: Die Technik der Unfruchtbarmachung. Klinische Vorträge im erbbiologischen Kurs Berlin März 1934, herausgegeben in Gemeinschaft mit K. Albrecht, J. Hallervorden, K. Pohlisch, H. Schulte, H. Seelert, R. Thiele, G. A. Wagner von K. Bonhoeffer, Berlin 1934, 54–62

—, Ein Rückblick auf die Auswirkung und die Handhabung des nationalsozialistischen Sterilisationsgesetzes, in: Der Nervenarzt 20 (1949), 1–5

Boasset, *Wilhelm*, Kyrios Christos. Geschichte des Christusglaubens von den Anfängen des Christentums bis Irenaeus (1913), Göttingen [2]1921

Boyens, *Armin*, Kirchenkampf und Ökumene 1939–45. Darstellung und Dokumentation unter besonderer Berücksichtigung der Quellen des Ökumenischen Rates der Kirchen, München 1973

Brunner, *Emil*, Die Bedeutung des Alten Testaments für unseren Glauben, in: Zwischen den Zeiten 8 (1930), 30–48

Bryce, *James*, The American Commonwealth (1888), Chicago 1891〔『平民政治』人見一太郎訳、信山社〕

Bultmann, *Rudolf*, Neues Testament und Mythologie, in: Ders., Offenbarung und Heilsgeschehen (Beiträge zur Evangelischen Theologie, Bd. 7 [herausgegeben von E. Wolf]), München 1941, 27–69〔『新約聖書と神話論』山岡喜久男訳、新教出版社〕

Calvin, Johannes, Unterricht in der christlichen Religion (Institutio Christianae Religionis). Nach der letzten Ausgabe übersetzt und bearbeitet von Otto Weber, Neukirchen 1955 (zitiert: Institutio)〔『キリスト教綱要』渡辺信夫訳、新教出版社〕

Carter, Dan T, Scottsboro: A Tragedy of the American South, Baton Rouge/Oxford 1971

Denzinger, Heinrich (Hg.), Enchiridion Symbolorum et Definitionum (1854)

Denzinger, Henricus/Schönmetzer, Adolfus (Hg.), Enchiridion Symbolorum definitionum et declarationum de Rebus fidei et morum, Freiburg im Breisgau u.a. ^{36}1976〔『カトリック教会文書資料集（改訂版）』浜寛五郎訳、エンデルレ書店〕

Diekamp, Franz/Jüssen, Klaudius, Katholische Dogmatik nach den Grundsätzen des heiligen Thomas, Bd. II, Münster ^{10}1952

Dierks, Margarete, Jakob Wilhelm Hauer 1881–1962. Leben - Werk - Wirkung, Heidelberg 1986

Dinger, Jörg, Auslegung, Aktualisierung und Vereinnahmung. Das Spektrum der deutschsprachigen Bonhoeffer- Interpretation in den [19]50er Jahren (Neukirchener Beiträge zur Systematischen Theologie 21), Neukirchen-Vluyn 1998

Donkan, Rupert [Anton Zischka], Die Auferstehung Arabiens. Ibn Sauds Weg und Ziel, Leipzig u.a. 1935

Dörner, Klaus, Was unterscheidet die heutigen Überlegungen zur Sterilisation von Menschen mit geistiger Behinderung von den Zwangssterilisationen der NS-Zeit?, in: Th. Strohm/J. Thierfelder (Hg.), Diakonie im „Dritten Reich". Neuere Ergebnisse zeitgeschichtlicher Forschung (Veröffentlichungen des Diakoniewissenschaftlichen Instituts an der Universität Heidelberg 3), Heidelberg 1990, 323–337

Duchrow, Ulrich, Christenheit und Weltverantwortung. Traditionsgeschichte und systematische Struktur der Zweireichelehre (Forschungen und Berichte der Evangelischen Studiengemeinschaft 25; 1970), Stuttgart ^{2}1983〔『神の支配とこの世の権力の思想史』佐竹明他訳、新地書房〕

Durkheim, Émile, Le Suicide. Étude de sociologie (1897), Paris 1960〔『自殺論』宮島喬訳、中央公論新社〕

Ebeling, Gerhard, Die „nicht-religiöse Interpretation biblischer Begriffe", in: Zeitschrift für Theologie und Kirche 52 (1955), 296–360; auch in: MW II (1956), 12–73; jetzt in: Ders., Wort und Glaube, Tübingen ^{2}1962, 90–160 (= engl. Ders., Word and Faith, Philadelphia 1963)

Evangelisches Gesangbuch in den Gliedkirchen der Evangelischen Kirche in

Deutschland, seit 1994 (zitiert: EG)

Exegetisches Wörterbuch zum Neuen Testament s. Balz〔『ギリシア語新約聖書釈義事典』教文館〕

Feil, *Ernst*, Die Theologie Dietrich Bonhoeffers. Hermeneutik - Christologie - Weltverständnis (1971), Münster [6]2014〔『ボンヘッファーの神学』日本ボンヘッファー研究会訳、新教出版社〕

Fortlage, *Karl* (*Carl*), System der Psychologie als empirischer Wissenschaft (2 Bde.), Bd. I, Leipzig 1855

Frey, *Christopher*, Theologische Ethik (Neukirchener Arbeitsbücher), Neukirchen-Vluyn 1990

Godsey, *John D.*, Bonhoeffer's Doctrine of Love, in: W. J. Peck, New Studies (s. Literaturverzeichnis c), 189–234

Gogarten, *Friedrich*, Verhängnis und Hoffnung der Neuzeit. Die Säkularisierung als theologisches Problem, Stuttgart 1953〔「近代の宿命と希望」熊沢義宣・雨貝行麿訳、『現代キリスト教思想叢書 10』白水社、収録〕

Graf, *Friedrich Wilhelm*, Kulturprotestantismus. Zur Begriffsgeschichte einer theologiepolitischen Chiffre, in: Archiv für Begriffsgeschichte 28 (1984), 214–268〔「文化プロテスタンティズム」佐藤真一訳、『トレルチとドイツ文化プロテスタンティズム』聖学院大学出版会、収録〕

—, Kulturluthertum und Eigengesetzlichkeit. Bemerkungen zum Verhältnis von Theologiegeschichtsforschung und Kirchlicher Zeitgeschichte, in: Evangelische Arbeitsgemeinschaft für kirchliche Zeitgeschichte, Mitteilungen, Folge 7, 1987, 14–63

Green, *Clifford J.*, The Text of Bonhoeffer's *Ethics*, in: W. J. Peck, New Studies (s. Literaturverzeichnis c), 3–66

Gremmels, *Christian*, Mündigkeit - Geschichte und Entfaltung eines Begriffs, in: Die Mitarbeit. Zeitschrift zur Gesellschafts- und Kulturpolitik 18 (1969), 360–372

Greschat, *Martin* (Hg.), Die Schuld der Kirche. Dokumente und Reflexionen zur Stuttgarter Schulderklärung vom 18./19. Oktober 1945, München 1982

Gütt, *Arthur*/*Rüdin*, *Ernst*/*Ruttke*, *Falk* (Hg.), Zur Verhütung erbkranken Nachwuchses. Gesetz und Erläuterungen, München 1934

Harnack, *Adolf*, Lehrbuch der Dogmengeschichte, Bd. I: Die Entstehung des kirchlichen Dogmas, Freiburg im Breisgau 1886

Hegel, *Georg Wilhelm Friedrich*, Grundlinien der Philosophie des Rechts oder Naturrecht und Staatswissenschaft im Grundrisse (Bd. VII der Jubiläumsausgabe

in zwanzig Bänden, hg. von H. Glockner), Stuttgart-Bad Cannstatt [4]1964〔『法の哲学』上妻精・佐藤康邦・山田忠彰訳、岩波文庫〕

Heidelmeyer, Wolfgang (Hg.), Die Menschenrechte. Erklärungen, Verfassungsartikel, Internationale Abkommen, Paderborn 1972

Herrmann, Wilhelm, Die sittlichen Weisungen Jesu (1904), Göttingen [2]1907 [jetzt in: Ders., Schriften zur Grundlegung der Theologie, Bd. I, hg. von P. Fischer-Appelt (Theologische Bücherei 36/I), München 1966, 200–241]〔「イエスの倫理的な教え」森田雄三郎訳、『現代キリスト教思想叢書 2』白水社、収録〕

Hirsch, Emanuel, Nietzsche und Luther, in: Ders., Lutherstudien, Bd. II, Gütersloh 1954, 168–206 [aus: Luther-Jahrbuch 2/3 (1920/21), 61–106]

Holl, Karl, Die Geschichte des Worts Beruf, in: Ders., Gesammelte Aufsätze zur Kirchengeschichte, Bd. III: Der Westen, Tübingen 1928, 189–219

Howe, Günter, Gott und die Technik. Die Verantwortung der Christenheit für die wissenschaftlich-technische Welt. Eine Vorlesung für Hörer aus allen Fachbereichen. Hg. von Hermann Timm. Mit einer Einführung von Heinz Eduard Tödt, Hamburg/Zürich 1971

Huber, Wolfgang, „Eigengesetzlichkeit“ und „Lehre von den zwei Reichen“, in: Ders., Folgen christlicher Freiheit. Ethik und Theorie der Kirche im Horizont der Barmer Theologischen Erklärung (Neukirchener Beiträge zur Systematischen Theologie, Bd. 4), Neukirchen-Vluyn 1983, 53–70

Huber, Wolfgang/Reuter, Hans-Richard, Friedensethik, Stuttgart/ Berlin/Köln 1990

Huntemann, Georg, Der andere Bonhoeffer. Die Herausforderung des Modernismus, Wuppertal 1989

Immer, Karl (Hg.), Bekenntnissynode der Deutschen Evangelischen Kirche Barmen 1934. Vorträge und Entschließungen. Im Auftrage des Bruderrates der Bekenntnissynode herausgegeben, Wuppertal-Barmen 1934

Internationales Bonhoeffer Forum 3, hg. von E. Feil/I. Tödt: Konsequenzen. Dietrich Bonhoeffers Kirchenverständnis heute, München 1980 (zitiert: IBF 3)

Internationales Bonhoeffer Forum 4, hg. von W. Huber/I. Tödt: Ethik im Ernstfall. Dietrich Bonhoeffers Stellung zu den Juden und ihre Aktualität, München 1982 (zitiert: IBF 4)

Internationales Bonhoeffer Forum 5, hg. von H. Pfeifer: Frieden - das unumgängliche Wagnis. Die Gegenwartsbedeutung der Friedensethik Dietrich Bonhoeffers, München 1982 (zitiert: IBF 5)

Internationales Bonhoeffer Forum 8, hg. von I. Tödt: Dietrich Bonhoeffers Hegel-

Seminar 1933. Nach den Aufzeichnungen von Ferenc Lehel, München 1988 (zitiert: IBF 8)

Jone, Heribert, Katholische Moraltheologie. Unter besonderer Berücksichtigung des Codex Iuris Canonici sowie des deutschen, österreichischen und schweizerischen Rechtes, Paderborn (1930) [18]1961

Kant, Immanuel, Werke in sechs Bänden, hg. von W. Weischedel, Wiesbaden bzw. Darmstadt 1956–1964 (zitiert: Werke) [= 10 Bde., Darmstadt 1968; = 12 Bde., Frankfurt am Main 1968]〔『カント全集』岩波書店〕

Klemperer, Victor, LTI. Notizbuch eines Philologen (1947), Leipzig [4]1987〔『第三帝国の言語〈LTI〉』羽田洋他訳、法政大学出版局〕

Koch, Anton, Lehrbuch der Moraltheologie, Freiburg 1910

Koellreutter, Otto, Der verfassungsrechtliche Aufbau des gegenwärtigen Japan, in: Reichsverwaltungsblatt, Berlin 1940, Heft 6, 54 f

Köster, Peter, Nietzsche als verborgener Antipode in Bonhoeffers „Ethik", in: Nietzsche-Studien. Internationales Jahrbuch für die Nietzsche-Forschung 19 (1990), 367–418

Krause, Gerhard, Art. Bonhoeffer, Dietrich (1906–1945), in: Theologische Realenzyklopädie, Bd. VII, 55–66 (zitiert: TRE VII)

Kroner, Richard, Von Kant bis Hegel (2 Bde.), Tübingen 1921/1924〔『ドイツ観念論の発展』上妻精監訳／福田俊章・松崎俊之・宮島光志訳、理想社〕

Kuske, Martin, Das Alte Testament als Buch von Christus. Dietrich Bonhoeffers Wertung und Auslegung des Alten Testaments, Berlin 1970 und Göttingen 1971; engl. Philadelphia 1976

Lamettrie, Julien Offray de, L 'homme machine, Leiden 1748 (dt. Leipzig 1909)〔『人間機械論』杉捷夫訳、岩波文庫〕

Lovin, Robin, Biographical Context, in: W. J. Peck, New Studies (s. Literaturverzeichnis c), 67–101

Luther, Martin, Enarratio capitis noni Esaiae, collecta per M. Joh. Frederum. 1546. 17. Dezember 1543 bis Mitte Januar 1544, in: D. Martini Lutheri exegetica opera latina, Bd. 23, Erlangen 1861, 303–438〔「イザヤ書第9章講解」中野隆正訳／徳善義和監修、『ルター著作集第2集第4巻』リトン、収録〕

Maron, Gottfried, „Niemand soll sein eigener Richter sein". Eine Bemerkung zu Luthers Haltung im Bauernkrieg, in: Luther. Zeitschrift der Luther-Gesellschaft 46 (1975), 60–75

Maurer, Wilhelm, Luthers Lehre von den drei Hierarchien und ihr mittelalterlicher Hintergrund (Bayerische Akademie der Wissenschaften. Philosophisch-

historische Klasse. Sitzungsberichte Jahrgang 1970, Heft 4), München 1970

Mausbach, Joseph, Die Ethik des Heiligen Augustinus, Bd. II, Freiburg im Breisgau 1909

—, Katholische Moraltheologie (3 Bde.), Bd. III: Spezielle Moral. Der irdische Pflichtenkreis (1918), Münster 1938

Mayer, Rainer, Christuswirklichkeit. Grundlagen, Entwicklung und Konsequenzen der Theologie Dietrich Bonhoeffers (Arbeiten zur Theologie, Reihe II, Bd.15) (1969), Stuttgart ²1980

Mejcher, Helmut, Saudi-Arabiens Beziehungen zu Deutschland in der Regierungszeit von König 'Abd al-'Aziz Ibn Sa'ud, in: L. Schatkowski Schilcher/C. Scharf (Hg.), Der Nahe Osten in der Zwischenkriegszeit 1919–1939. Die Interdependenz von Politik, Wirtschaft und Ideologie, Stuttgart 1989, 109–127

Migne, Jacques Paul (Hg.), Patrologia Graeca, Paris 1857–1860

—, Patrologia Latina, Paris 1878–1890

Mikusch, Dagobert von, König Ibn Sa'ud. Das Werden eines Staates, Leipzig 1942

Miyata, Mitsuo, [in japanischer Sprache] Die Friedenstaube und der Leviathan, Tokyo 1988〔宮田光雄『平和のハトとリヴァイアサン』岩波書店〕

—, Bonhoeffer und Japan. Der kaiserliche Faschismus als politische Religion [deutsche Fassung eines Textes aus: Ders., Die Friedenstaube], in: Ökumenische Rundschau 39 (1990), 162–181〔宮田光雄「ボンヘッファーと日本」、『ボンヘッファー』岩波書店、収録〕

—, Bonhoeffer und die politische Religion in Deutschland und in Japan, in: Communio Viatorum 32 (1989), 111–132

Möser, Peter, Gewissenspraxis und Gewissenstheorie bei Dietrich Bonhoeffer, masch. Dissertation Heidelberg 1985

Die *Mündige* Welt (5 Bde.), München 1955–1969 (I: 1955; II: 1956; III: 1960; IV: 1963; V: 1969) (zitiert: MW)

Nachlaß Dietrich Bonhoeffer. Ein Verzeichnis. Archiv - Sammlung - Bibliothek, erstellt von D. Meyer in Zusammenarbeit mit E. Bethge, München 1987 (zitiert: NL)

Niebuhr, H. Richard, Der Gedanke des Gottesreichs im amerikanischen Christentum (Original: The Kingdom of God in America, 1937), dt. Ausgabe von R. M. Honig, New York 1948〔『アメリカにおける神の国』柴田史子訳、聖学院大学出版会〕

Niesel, Wilhelm (Hg.), Um Verkündigung und Ordnung der Kirche. Die Bekenntnissynoden der Evangelischen Kirche der altpreußischen Union 1934–1943,

Bielefeld 1949; darin 117–121: Biblische Beurteilung (Gutachten über die Ausmerzung lebensunwerten Lebens, in Auftrag gegeben von der neunten Bekenntnissynode der ApU in Leipzig 12./13. 10. 1940) (zitiert: „Biblische Beurteilung“)

Nietzsche, Friedrich, Sämtliche Werke. Kritische Gesamtausgabe, hg. von Giorgio Colli und Mazzino Montinari, Berlin/New York 1967–1977 (zitiert: KGW)〔『ニーチェ全集』白水社〕

Ortega y Gasset, Jose, Der Aufstand der Massen (spanisches Original Madrid 1930), Stuttgart 1931 (u.ö.)〔『大衆の反逆』佐々木孝訳、岩波文庫〕

Pangritz, Andreas, Karl Barth in der Theologie Dietrich Bonhoeffers - eine notwendige Klarstellung (Dahlemer Heft Nr. 9), Berlin 1989

Peck, William Jay, The Euthanasia Text-Segment, in: W. J. Peck (Hg.), New Studies (s. Literaturverzeichnis c), 141–165

Pelikan, Herbert Rainer, Die Frömmigkeit Dietrich Bonhoeffers. Dokumentation, Grundlinien, Entwicklung, Wien/Freiburg/Basel 1982

Prolingheuer, Hans, Der Fall Karl Barth 1934–1935. Chronographie einer Vertreibung, Neukirchen-Vluyn 1977

Rasmussen, Larry L., A Question of Method, in: W. J. Peck, New Studies (s. Literaturverzeichnis c), 103–138

Rathenau, Walther, Zur Kritik der Zeit, Berlin (1912) $^{10}+^{11}$1917

Rauschning, Hermann, Die Revolution des Nihilismus. Kulisse und Wirklichkeit im Dritten Reich, Zürich 1938〔『ニヒリズムの革命』菊盛英夫・三島憲一訳、筑摩書房〕

—, Gespräche mit Hitler, Zürich 1940 [Neuausgabe: Wien 1973]〔『ヒトラーとの対話』船戸満之訳、学芸書林〕

Rosenberg, Alfred, Der Mythus des 20. Jahrhunderts, München 1930〔『二十世紀の神話』吹田順助・上村清延訳、中央公論社〕

Rothuizen, Gerard Th., Who am I? Bonhoeffer and Suicide, in: W. J. Peck, New Studies (s. Literaturverzeichnis c), 167–185

Scharffenorth, Gerta, Den Glauben ins Leben ziehen. ...Studien zu Luthers Theologie, München 1982

Schlink, Edmund, Theologie der lutherischen Bekenntnisschriften (Einführung in die evangelische Theologie, Bd. VIII; 1940), München ^{3}1947

Schmitt, Carl, Der Begriff des Politischen, München 1932, Hamburg ^{3}1933[Neuausgabe des Textes von 1932: Berlin 1963]〔『政治的なものの概念』田中浩・原田武雄訳、未来社〕

Schwarz, Reinhard, Luthers Lehre von den drei Ständen und die drei Dimensionen der Ethik, in: Lutherjahrbuch 45 (1978), 15–34

Schweitzer, Albert, Kultur und Ethik, München 1923〔『文化と倫理』氷上英廣訳、白水社〕

Seeberg, Reinhold, Christliche Ethik (dritte Auflage von: System der Ethik, 1911, ^{2}1920; postum hg. von Erich Seeberg), Stuttgart 1936

Strohm, Christoph, Theologische Ethik im Kampf gegen den Nationalsozialismus. Der Weg Dietrich Bonhoeffers mit den Juristen Hans von Dohnanyi und Gerhard Leibholz in den Widerstand (Heidelberger Untersuchungen zu Widerstand, Judenverfolgung und Kirchenkampf 1), München 1989

Tillmann, Fritz, Die katholische Sittenlehre. Die Verwirklichung der Nachfolge Christi. Die Pflichten gegen sich selbst und gegen den Nächsten (Handbuch der katholischen Sittenlehre IV/2), Düsseldorf 1936

Tödt, Heinz Eduard (Hg.), Wie eine Flaschenpost. Ökumenische Briefe und Beiträge für Eberhard Bethge, München 1979

—, Dietrich Bonhoeffers ökumenische Friedensethik, in: IBF 5 (1982), 85–117〔「ボンヘッファーによる世界教会の平和倫理」森野善右衛門訳、『平和の神学』新教出版社、収録〕

Toller, Ernst, Masse Mensch. Ein Stück aus der sozialen Revolution des 20. Jahrhunderts, Potsdam 1920 [Gesammelte Werke, Bd. 2: Dramen und Gedichte aus dem Gefängnis (1918–1924), München 1978, 63–112]〔『群衆＝人間』伊藤武雄訳、金星堂〕

Vogel, Traugott, „Christusgemäßes Handeln ist wirklichkeitsgemäßes Handeln". Ein Grundsatz theologischer Ethik ausgelegt von Dietrich Bonhoeffer, in: R. Schröder u.a. (Hg.), Wahrzeichen (Freundesgabe zum 50. Geburtstag von Wolf Krötke), Berlin 1988, 438–461

Walter, Franz, Die Euthanasie und die Heiligkeit des Lebens. Die Lebensvernichtung im Dienste der Medizin und Eugenik nach christlicher und monistischer Lehre, München 1935

Weber, Max, Politik als Beruf (Vortrag vom Oktober 1919), in: Ders., Gesammelte politische Schriften (Berlin 1921: 396–450), neu hg. von Johannes Winckelmann, Tübingen ^{2}1958, 493–548〔『職業としての政治』脇圭平訳、岩波文庫〕

—, Gesamtausgabe, hg. von Horst Baier, M. Rainer Lepsius, Wolfgang J. Mommsen, Wolfgang Schluchter, Johannes Winckelmann (†), Bd. I/ 19, Tübingen 1989〔『儒教と道教』木全徳雄訳、創文社〕

West, Charles C., Ground under our Feet. A Reflection on the Worldliness of Diet-

rich Bonhoeffer's Life and Thought, in: W. J. Peck, New Studies (s. Literaturverzeichnis c), 235–273

Winnig, August, Heimkehr, Hamburg 1935

Wolf, Ernst, Königsherrschaft Christi und lutherische Zwei-Reiche-Lehre (Referat vor der 14. Deutschen Pfarrerkonferenz in London November 1963), in: H. G. Ulrich (Hg.), Evangelische Ethik. Diskussionsbeiträge zu ihrer Grundlegung und ihren Aufgaben (Theologische Bücherei. Neudrucke und Berichte aus dem 20. Jahrhundert. Studienbücher, Bd.83), München 1990, 75–97

—, [postum:] Sozialethik. Theologische Grundfragen, hg. von Theodor Strohm, Göttingen 1975

Wolgast, Eike, Die Wittenberger Theologie und die Politik der evangelischen Stände. Studien zu Luthers Gutachten in politischen Fragen (Quellen und Forschungen zur Reformationsgeschichte, Bd. XLVII), Gütersloh 1977

c)『倫理』関連文献

Bartl, Klaus, Theologie und Säkularität. Die theologischen Ansätze Friedrich Gogartens und Dietrich Bonhoeffers zur Analyse und Reflexion der säkularisierten Welt, Frankfurt am Main/Bern/New York/Paris 1990

Bayer, Oswald, Christus als Mitte. Bonhoeffers Ethik im Banne der Religionsphilosophie Hegels, in: Berliner Theologische Zeitschrift 2 (1985), 259–276

Beckmann, Klaus-Martin, Die Mandatenlehre und die nichtreligiöse Interpretation biblischer Begriffe bei Dietrich Bonhoeffer, in: Evangelische Theologie 28 (1968), 202–219

Bethge, Eberhard, Bonhoeffer's Pacifism: Some Comments, in: Newsletter, International Bonhoeffer Society, English Language Section, Nr.12, April 1978, 6 f

Burtness, James H., Shaping the Future. The Ethics of Dietrich Bonhoeffer, Philadelphia 1985

Butler, William Warren, A Comparison of the Ethics of Emil Brunner and Dietrich Bonhoeffer with special attention to the Orders of Creation and the Mandates, PhD dissertation Emory University 1970

Carter, Guy Christopher/Eyden, Reni van/Hoogstraten, Hans Dirk van (Hg.), Bonhoeffer's Ethics: Old Europe and New Frontiers, Kampen, The Netherlands 1991

Coles, Norman, Ethics and politics: a dispute about interpreting Bonhoeffer's „Ethics", in: Friends Quarterly 1970 (Oktober), 608–616

Connor, William Fulton, The Natural Life of Man and its Laws: Conscience and Reason in the Theology of Dietrich Bonhoeffer, PhD dissertation Vanderbilt University 1973

—, The Laws of Life: A Bonhoeffer Theme with Variations, in: Andover Newton Quarterly 1977 (November), 101–110

Feil, Ernst, Dietrich Bonhoeffers ökumenische Ethik. Ein Gesprächsbeitrag angesichts restaurativer und revolutionärer Tendenzen, in: Stirnmen der Zeit 207 (1989), 760–770

Forell George, Realized Faith, the Ethics of Dietrich Bonhoeffer, in: Martin E. Marty (Hg.), The Place of Bonhoeffer, New York 1962, 199–224

Friesen, Leroy Gene, A Comparative Analysis of the Ethical Methodologies Employed by Dietrich Bonhoeffer in his Ethics Fragments, PhD dissertation University of Iowa 1972

Funamoto, Hiroki, Penultimate and Ultimate in Dietrich Bonhoeffer's Ethics, in: Alastair Kee/Eugene T. Long (Hg.), Being and Truth, London 1986, 376–392

—, A Survey of the Fundamental Motifs of Dietrich Bonhoeffer's Ethics and their Limitations, with Special Reference to his Importance to the Church in Japan, PhD dissertation St. Andrews 1982

Gruchy, John W. de, Bonhoeffer and South Africa. Theology in Dialogue, Grand Rapids 1984

—, Dietrich Bonhoeffer. Witness to Jesus Christ, London 1988

Gualtieri, Antonio R., Law, Freedom and Casuistry in the Ethics of Dietrich Bonhoeffer, PhD dissertation McGill University Montreal 1963

Gustafson, James, Christ and the Moral Life, New York 1968 (bes. Kapitel 2 des Buches)

Honecker, Martin, Christologie und Ethik. Zu Dietrich Bonhoeffers Ethik, in: Altes Testament und christliche Verkündigung (Festschrift Antonius H. J. Gunneweg), hg. von Manfred Oeming und Axel Graupner, Stuttgart/Berlin/Köln/Mainz 1987, 148–164

Jonsen, Albert R., S.J., Dietrich Bonhoeffer, in: Ders., Responsibility in Modern Religious Ethics, Washington 1968, 107–132

Koch, Robert, The Theological Responses of Karl Barth and Dietrich Bonhoeffer to Church-State-Relations in Germany, PhD dissertation Northwestern University 1988

Kohler, R. F., The Christocentric Ethics of Dietrich Bonhoeffer, in: Scottish Journal of Theology 23.1 (Februar 1970), 27–40

Krötke, Wolf, Die Barmer Theologische Erklärung und die Theologie Dietrich Bonhoeffers, in: Ders., Die Universalität des offenbaren Gottes. Gesammelte Aufsätze (Beiträge zur evangelischen Theologie 94), München 1985, 95–108

Laney, James Thomas, An Examination of Bonhoeffer's Ethical Contextualism, in: Abram John Klassen (Hg.), A Bonhoeffer Legacy: Essays in Understanding, Grand Rapids 1981, 294–313

Lovin, Robin W, Christian Faith and Public Choices: The Social Ethics of Barth, Brunner and Bonhoeffer, Philadelphia 1984

McClendon, James William Jr., Dietrich Bonhoeffer, in: Ders., Systematic Theology: Ethics, Nashville 1986, 187–208 (Kapitel 7 des Buches)

Meyers, Leonard Lee, Reactions to Relativism: an investigation into the ethical thought of Reinhold Niebuhr and Dietrich Bonhoeffer, PhD dissertation University of Iowa 1967

Moltmann, Jürgen, Herrschaft Christi und soziale Wirklichkeit nach Dietrich Bonhoeffer (Theologische Existenz heute 71), München 1959

—, Die Wirklichkeit der Welt und Gottes konkretes Gebot nach Dietrich Bonhoeffer, in: MW III (1960), 42–67

Müller, Hanfried, Von der Kirche zur Welt. Ein Beitrag zu der Beziehung des Wortes Gottes auf die societas in Dietrich Bonhoeffers theologischer Entwicklung (1961), Leipzig und Hamburg-Bergstedt [2]1966

Niebuhr, Reinhold, Review of D. Bonhoeffer, „Ethics", in: Union Seminary Quarterly Review 11 (Mai 1956), 57 f

Ott, Heinrich, Wirklichkeit und Glaube. Erster Band: Zum theologischen Erbe Dietrich Bonhoeffers, Zürich 1966

Peck, William Jay (Hg.), New Studies in Bonhoeffer's Ethics (Toronto Studies in Theology, Volume 30, Bonhoeffer Series Number 3), Lewiston, New York/ Queenstown, Ontario 1987

Rasmussen, Larry L., Dietrich Bonhoeffer: His Significance for North Americans, Minneapolis 1989

—, Dietrich Bonhoeffer: Reality and Resistance, Nashville 1972 (ursprünglich: Dietrich Bonhoeffer: Reality and Resistance, Christology and Conspiracy, ThD dissertation Union Theological Seminary New York 1970)

Rhoades, Yolande Jaqueline Muris, Faith and Responsibility in H. Richard Niebuhr and Dietrich Bonhoeffer: a comparison of their concepts of God and their understandings of Christian ethics, PhD dissertation Emory University 1969

Schmidt, Karl Theodore, Rediscovering the Natural in Protestant Theology, Min-

neapolis 1962 (bes. Kapitel VI: Bonhoeffer: Full- Length Illustration)

Schoelles, Patricia, Discipleship and Social Ethics: A Christian View of Social Ethics in the Light of the Work of Dietrich Bonhoeffer, Juergen Moltmann and Johannes B. Metz, PhD dissertation University of Notre Dame 1982

Sherman, Franklin, The Problem of a ‚Trinitarian' social ethics; a study in the theological foundations of Christian social ethics, with special reference to Werner Elert and Dietrich Bonhoeffer, PhD dissertation University of Chicago 1961

Smith, William Oliver, Christ and Ethics in Dietrich Bonhoeffer, ThD dissertation Pacific School of Religion 1968

Tödt, Heinz Eduard, Conscientious Resistance: Ethical Responsibility of the Individual, the Group and the Church, in: J. D. Godsey/G. B. Kelly (Hg.), Ethical Responsibility: Bonhoeffer's Legacy to the Churches, New York/Toronto 1981, 17–41

West, Peggy Joy, Camus and Bonhoeffer. A Comparison of their Relational Ethic for a Secular World, PhD dissertation University of Arkansas 1974

Wiebering, Joachim, Zwei Räume - zwei Reiche? Bonhoeffers „Ethik" in ihrem Verhältnis zur Tradition der lutherischen Sozialethik, in: Bonhoeffer-Studien. Beiträge zur Theologie und Wirkungsgeschichte Dietrich Bonhoeffers. Im Auftrage des Bonhoeffer-Komitees beim Bund der Evangelischen Kirchen in der Deutschen Demokratischen Republik hg. von Albrecht Schönherr und Wolf Krötke, Berlin und München 1985, 73–85

Wilcken, John, The Ecclesiology of *Ethics* and the Prison Writings, in: A. J. Klassen (Hg.), A Bonhoeffer Legacy: Essays in Understanding, Grand Rapids 1981, 195–203

Wilkens, Klaus, Die Frage Dietrich Bonhoeffers und unsere Antwort. Einblicke in das Gespräch über die Theologie Bonhoeffers, in: Verkündigung und Forschung. Theologischer Jahresbericht 1958/59, München 1960–1962, 157–172

Willis, Robert E., Bonhoeffer and Barth on Jewish Suffering: Reflections on the Relationship between Theology and Moral Sensibility, in: Journal of Ecumenical Studies 24 (Herbst 1987), 598–615

Wolf, Ernst, Das Letzte und das Vorletzte. Zum theologischen Denken von Dietrich Bonhoeffer, in: MW IV (1963), 17–32

聖書個所索引

斜体数字は本文の傍注、編集者まえがき、編集者あとがきの頁を示す。〔頁数はすべて原書の頁である。〕

人名索引

この索引は、〔本書に〕登場する全ての人名を、とりわけ引用文献の著者も記載している。引用された諸著作の編集者と翻訳者、また書名に出てくる固有名詞は取りあげていない。エーバーハルト・ベートゲの『ボンヘッファー伝』を示す略記号 DB や、エルンスト・ファイルの著書『ディートリヒ・ボンヘッファーの神学』を示す略記号 ThDB の箇所も、挙げられてはいない。〔聖書中の人名や一般に周知の人名については、原則としてその生没年等の年代を表記していない。〕

斜体数字は本文の傍注、編集者まえがき、編集者あとがきの頁を示す。〔頁数はすべて原書の頁である。〕

ア行

アイスキュロス　Aischylos: 古代ギリシャの悲劇作家。　*264*, 265, 284

アウグスティヌス　Augustin(us), Aurelius　*41*, *100*, *166*, 197, *198*, *351*

アウグストゥス　Augustus: 初代ローマ皇帝。 227

アガメムノン　Agamemnon：ギリシャ神話の登場人物。 264

アスムッセン　Asumussen, Hans (1898–1968)：ドイツの神学者。告白教会の指導的メンバー。　*161*

アダム　Adam　57, *117*, 128, 278, 304, 313, 324

アヒトフェル　Ahitopel 195 f

アブラハム　Abraham *94*, 382

アベック　Abegg, Lily (1901–1974)：1936 年から 1943 年に、『フランクフルター・ツァイトゥンク』の極東特派員として日本に滞在したスイスのジャーナリスト。 *93 f*

アリストテレス　Aristoteles 195, *393*

アルトハウス　Althaus, Paul (1888–1966)：ドイツの神学者。とりわけカール・ホルの影響を受けた。1925 年から 1956 年まで、エアランゲン大学の組織神学および新約聖書学の教授。1934 年にルター派協議会メンバー。 *41*, *140*,

163, 168, 393, 414, 416, 421

アルブレヒト　Albrecht, Johannes (1901–1973)：ドイツのエタール修道院のベネディクト派神父。 207

アンタイオス　Antäus: ギリシャ神話の登場人物。　*415*

アンツィンガー　Anzinger, Herbert：神学者、牧師。Chr. Kaiser Verlag の編集者。　*12*

アンティゴネ　Antigone: ギリシャ神話の登場人物。 264

アンブロシウス　Ambrosius: ミラノ司教。アウグスティヌスをキリスト教に導く。　*197*

イアソン　Jason（ギリシャ神話の登場人物）　*264*

イェーガー　Jaeger, Werner (1888–1961)：ドイツの古典文献学者。1921 年、ベルリン大学教授。1936 年に、アメリカへ亡命。　*108*

イェリネック　Jellinek, Georg (1851–1911)：ドイツの国法学者。　*116*

イェーリング　Jelling, Rudolf von (1818–1892)：ドイツの法学者。　*361*

イブン＝サウド　Ibn Sa'ud, 'Abdal-'Asis (1880–1953)：1926 年からサウジアラビア国王。　*107*

イピゲネイア　Iphigenia（ギリシャ神話の登場人物）　*281*

イプセン　Ibsen, Henrik (1828–1906)　*145*

イマー　Immer, Karl (1888–1944)：ドイツの神学者。バルメン - ゲマルケの牧師。告白教会の指導的メンバー。　*161*

ヴァイス　Weiß, Johannes(1863–1914)：ドイツの神学者。1890 年からマールブルク大学、 1908 年からハイデルベルク大学の新約学教授。　*163*

ヴァルター　Walter, Franz （文献表 b を見よ）*187*

ヴィートマン　Widmann, Richard (1900–1979)：ドイツの牧師。1930 年、ヴュルテンベルクの〔社会批判的な〕教会団体の共同設立者。　*140*

ヴィニヒ　Winnig, August (1876–1956)：ドイツの政治家、著作家。1913 年、ドイツ建設労働者団体の議長。自伝的な諸著作により、マルクス主義からキリスト教への自分の転向を描いた。　*344*

ヴィーベリング　Wiebering, Joachim：組織神学者、ライプツィヒ大学教授。（文献表 c を見よ）*446*

ヴィルケンス　Wilkens, Klaus：ドイツの神学者（エキュメニズム）。（文献表 c を見よ）　*442*

ヴィンケルマン　Winckelmann, Johan Joachim：ドイツの考古学者。1754 年、カトリック〔に改宗〕、1755 年からイタリアに住む。　*97*

ウェスト　West, Charles C.：プリンストン大学教授。（文献表 b を見よ）　*396*

ウェストコット　Westcott, Brooke Foss (1825–1901)：イギリスの聖公会神学者。 *298*

ヴェッセル　Wessel, Horst (1907–1930)：ドイツの学生。1926 年以来、ナチ党員。ベルリンでの襲撃によって死亡。彼によって作詞された歌《揭げよ旗を高く》は、ナチ政権によって、〈ドイッチュラント・リート〉と並んで、国歌にまで高められた。　*79*

ヴェデマイヤー - ヴェラー　Wedemeyer-Weller, Maria von (1924–1977)：ハンス・フォン・ヴェデマイヤーとルート・フォン・ヴェデマイヤー（旧姓クライスト－レッツォウ）の娘、ルート・フォン・クライスト－レッツォウの孫娘。1942 年、ハイデルベルク - ヴィープリンゲンでアビトゥーア。1943 年 1 月、ディートリヒ・ボンヘッファーと婚約。1946 年から、ゲッティンゲン大学で数学を、そしてアメリカのブリンマー大学で学ぶ。最終的には、ボストンのコンピュータ企業の主任。没後、遺言によりボンヘッファーとの『往復書簡集』刊行。　*327, 347, 411*

ウェーバー　Weber, Alfred (1868–1958)：ドイツの社会学者。マックス・ウェーバーの弟。　*423*

ウェーバー　Weber, Max (1864–1920)　*37, 47, 105, 116, 219, 229, 254, 290, 293, 361, 423, 438*

ヴェルナー　Werner, Friedrich (1897–1955)：ドイツの法律家。1930 年以来、ナチ党員としてベルリンの都市および地区の議会議員。《ドイツ的キリスト者》の信仰運動に、その開始以来、積極的に関与。1937 年、帝国教会担当省大臣の命令によって、古プロイセン合同福音主義教会とドイツ福音主義教会との単独指導者となる。　*411*

ヴォルガスト　Wolgast, Eike：ハイデルベルク大学教授（ドイツ近代史）。 *103*

ヴォルフ　Wolf, Ernst (1902–1971)：ドイツの神学者。告白教会の指導的メンバー。カール・バルトの盟友。1945 年以来、ゲッティンゲン大学教授（教会史、組織神学）。1954 年にディートリッヒ・ボンヘッファーの博士論文を、1956 年に教授資格論文を、Chr. Kaiser Verlag から新たに刊行した。　*225, 440 f, 443*

ヴィンデルバント　Windelband, Wilhelm (1848–1915)：ドイツの哲学者。ハインリッヒ・リッカートと共に、新カント主義の西南学派とその価値哲学の創始者。　*188*

ウルピアヌス　Ulpian (us), Domitius：古代ローマの法律家。　*174*

エイレナイオス　Irenäus　ギリシャ教父、リヨンの司教。　*214*

エウセビオス　Eusebius（339 年没）：カエサレアの司教。　*197 f*

エウリピデス　Euripides：古代ギリシャの悲劇作家。　*264, 265*

エッティンゲン　Oettingen, Alexander von (1827–1906)：ドイツの神学者、道徳統計学者。　*36, 55*

エバ　Eva　*117, 314*

エーベリング　Ebeling, Gerhard (1912–2001)：ドイツの神学者。1936/37 年にボンヘッファーが指導したフィンケンヴァルデの牧師研修所の第 4 期生。1946 年からテュービンゲン大学の教会史、1954 年から組織神学の教授。1956 年からチューリッヒ大学の組織神学および聖書解釈学教授。　*441 f*

エラスムス　Erasmus von Rotterdam, Desideris　*96, 128*

エルツェン　Oertzen, Friedrich Wilhelm von (1898–1944)：メクレンブルクの貴族家の一員。　*99, 109, 111, 213*

エルンスト　Ernst, Paul (1866–1933)：ドイツの作家。　*264*

エーレルト　Elert, Werner (1885–1954)：ドイツの神学者。1923 年から 1954 年、エアランゲン大学教授。1934 年にルター派協議会メンバー。　*41, 265, 393, 421*

エーレンシュトレーム　Ehrenström, Nils (1902–1984)：スエーデンの神学者。1930 年から 1950 年まで、ジュネーブにある世界教会協議会（当初は設立段階の協議会）に協力。1940 年から 1942 年までは同時に、シグトゥーナ〔スエーデン、ストックホルム県〕にある北欧エキュメニズム研究所の所長。1955 年から 1969 年、ボストン大学のエキュメニズムの教授。　*354, 419, 429*

エロ　Hello, Ernest：フランスの作家、神秘主義者。（文献表 a を見よ）　*131*

エンデ　Ende, Werner (1885–1954)：ドイツのイスラム学者、フライブルク大学教授。　*108*

オト　Ott, Heinrich：スイスの改革派神学者、バーゼル大学教授。（文献表 c を見よ）*443*

オナン　Onan（創 38:4–10 参照）　*208*

オルテガ・イ・ガセット　Ortega y Gasset, Joé (1833–1955)：スペインの文化哲学者。　*105*

カ行

カイン　Kain　*57 f*

カーター　Carter, Guy Christopher　（文献表 c を見よ）　*445*

カーター　Carter, Dan T.：アメリカの歴史家。（文献表 b を見よ）　*296*

カーニッツ　Kanitz, Joachim (1910–1996)：ドイツの神学者。1931 年から 1933 年、

ボンヘッファーを囲む学生サークルの一員。1935年、ボンヘッファーが指導するツィンクスト-フィンケンヴァルデの牧師研修所の第一期生。1936年から牧師。 *423*

カービッツ　Kabiz, Urrich (1920–2019)：歴史家。Chr. Kaisr Verlagの編集者（とくにボンヘッファーとマリーアの『往復書簡』編集）。 *354*

カムラー　Kamlah, Wilhelm (1905–1976)：ドイツの哲学者。1951年からハノーファー大学教授、1954年からエアランゲン大学教授。 *198, 238, 345, 360*

ガラス　Gallas, Alberto (1951–2003)：イタリアの哲学者、神学者。ミラノ大学。 *12, 45*

カラマーゾフ　Karamasow, Iwan（ドストエフスキーの小説の登場人物） *147*

カルヴァン　Carvin, Johannes (1509–1564)：宗教改革者。 *396*

カルネアデス　Karneades (214–129 v.Chr.)：ギリシャの哲学者。 *198*

カント　Kant, Immanuel　*34, 86 f, 168, 171, 173, 206, 280, 281, 289, 306, 369, 386*

ギュット　Gütt, Arthur (1891–1949)：ドイツの医師。ナチ人口〔政策〕の専門家、新興の学問的装いを纏った《優生学》の主唱者の一人。 *172*

キュンケル　Künkel, Fritz (1889–1956)：ドイツの医師（精神療法家）、性格学者。 *169*

キリニウス　Cyrenius（新約聖書におけるギリシャ語名）（西暦27年没）：紀元前12年に、ローマの執政官。ルカ2・2によれば、〔イエス・キリストの誕生時に〕ローマのシリア州総督。 227

キルケゴール　Kierkegaad, Søren (1813—1844)　*69, 118, 146, 160, 353, 420*

グァルディーニ　Guardini, Romano (1885–1968)：ドイツの宗教哲学者。1923年から1939年、ブレスラウ大学教授、ベルリン大学でも教える。1939年、強制的に退職させられる。1945年にテュービンゲン大学教授。 *141, 147, 352, 424*

クスケ　Kuske, Martin (1940–1995)：東ドイツのボンヘッファー研究者。（文献表bを見よ） *174*

グスタフソン　Gustafson, James：アメリカの倫理学者。（文献表cを見よ） *444*

クライスト-レッツォウ　Kleist-Retzow, Hans-Hugo von (1814–1892)：ドイツのプロイセン保守党の極めて保守的で、極めて教会寄りの立場の政治家。 *99, 111*

クライスト-レッツォウ　Kleist-Retzow, Ruth von（旧姓 Gräfin von Zedlitz-

Trütschler) (1867–1945)：キーコウの、のちにクライン-クレッシンの大農地所有者。1935年から、フィンケンヴァルデ牧師研修所の告白教会の礼拝に出席し続け、それ以来、ディートリヒ・ボンヘッファーの支援者。 *327*

クラウゼ　Krause, Gerhard (1912–1982)：ドイツの神学者。1936/37年に、ディートリヒ・ボンヘッファーによって指導されたフィンケンヴァルデ牧師研修所の第4期生。1955年まで、ロシアの戦争捕虜。1962年以来、ボン大学の実践神学および宗教改革史教授。Realenzyklopädie の責任編集者任務。 *55, 258, 275, 446*

クラウディウス　Claudius, Matthias (1740–1815)：ドイツの詩人。 387

グラッチー　Gruchy, John W. de：南アフリカの神学者。（文献表cを見よ） *445*

グラッドストーン　Gladstone, William, Ewart (1808–1898)：イギリスの政治家。 *272, 274*

グラーフ　Graf, Friedrich Wilhelm: 神学者、歴史家、ミュンヘン大学教授。（文献表bを見よ） *42*

クリュタイメストラ　Klytämnestra（ギリシャ神話の登場人物） *264*

グリーン　Green, Clifford J.（本書、編集者） *12, 444 f*

クレオン　Kreon（ギリシャ神話の登場人物） *264*

グレゴリウス七世　Gregor Ⅶ：1073年からローマ教皇。 *101*

グレシャート　Greschat, Martin：教会史家、ミュンスター大学教授。 *129*

クレッパー　Krepper, Jochen (1903–1942)：ドイツの詩人、作家、キリスト教歴史小説の代表者、賛美歌作者。自分のユダヤ人の妻とその娘と共に自殺。 *79*

グレメルス　Gremmels, Christian：組織神学者（社会倫理）、マールブルク、のちカッセル大学教授。 *8*

クレンペラー　Klemperer, Victor (1881–1960)：ドイツのロマンス語学者。1920年からドレスデン大学教授、1933年に免職。第三帝国崩壊後、復職。1951年から、ベルリンのフンボルト大学教授。 *67*

クローナー　Kroner, Richard (1884–1974)：ドイツの哲学者。1938年にイギリスへ亡命。 1941年、ニューヨークで大学教授。 *168*

クロムウェル　Cromwell, Oliver (1599–1658)：イギリスの政治家。若い時から、厳格なピューリタンになった。1653年以来、イギリス共和国 (Commonwealth of England) の護国卿。 *134*

ケスター　Köster, Peter：ニーチェ研究者。（文献表bを見よ） *97, 342*

ゲッシェン　Göschen, Georg Joachim (1752–1828)：ドイツの出版業者。1889

年から、（あらゆる学問領域を平易に叙述した）《ゲッシェン全書〔文庫〕》の刊行を開始。　*93, 104, 423*

ゲッベルス　Gebbels, Josef (1897–1945［自殺］)：哲学博士。ナチ党の政治家、ジャーナリスト。1933 年から 1945 年、国民啓蒙宣伝大臣。　*99, 122*

ゲーテ　Goethe, Johann Wolfgang von　*51, 67, 258, 281*

ケリー　Kelley, James Patrick：アメリカの神学者（ボンヘッファー研究）。*445*

ゲーリング　Göring, Hermann (1893–1946)：ナチ党の政治家。第一次世界大戦の飛行操縦士。1932 年に共和国議会議長となり、1933 年 1 月 30 日のヒトラー政権成立に決定的に関与し、その後多くの大臣職に就く。1935 年に、新設された空軍最高司令官。1945 年 4 月 23 日に、ヒトラーによってすべての官職を剥奪され、党から除名。戦後、ニュルンベルク裁判において死刑を宣告されるが、処刑の前に自殺。　*72, 120, 131, 278*

ケルロイター　Koellreutter, Otto (1883–1972)：ドイツの法律家。1938 年から 1939 年に、ドイツと日本の文化交流プログラムによって、ナチ・ドイツの代表的学者として日本に滞在。1940 年、ミュンヘン大学の公法学教授。　*94*

ゴーガルテン　Gogarten, Friedrich (1887–1967)：『時の間』誌同人、のちに《ドイツ的キリスト者》と近づき、バルトと絶交。1935 年から 1967 年まで、ゲッティンゲン大学の組織神学教授。　*94, 104, 366, 368, 416, 421*

ゴッドシー　Godsey, John, D.：アメリカの組織神学者。（文献表 b を見よ）*299, 444*

ゴットヘルフ　Gotthelf, Jeremias (1797–1854)：スイスの神学者、作家。　*365*

コッホ　Koch, Anton：カトリック神学者。（文献表 b を見よ）　*206, 208*

サ行

ザロモン　Salomon, Otto (1889–1971)：ドイツの出版業者。1922 年から 1938 年、ミュンヘンの Chr. Kaiser Verlag の編集者。1935 年、執筆禁止。1938 年、チューリッヒ近郊のツォリコーンに移住。1939 年から 1948 年、戦争捕虜支援のために世界教会協議会に協力。1948 年以後、スイスの出版社の編集者。*354 f*

サン＝シモン　Saint-Simon, Claude Graf von：フランスの社会批判家。　*169*

シェイクスピア　Shakespeara, William　*62, 134, 160*

ジェイムズ　James, William (1842–1910)：アメリカの哲学者、心理学者。唯物論の困難な発展の危機を克服し，プラグマティズムを貫徹した。1876 年から 1907 年、ハーバード大学教授　*38, 415*

シェーラー　Scheler, Max (1874–1928)　*37, 87, 264, 307, 380, 423*

シャミッソー　Chamisso, Adelbert von (1781–1838)：フランス系のドイツの作家。　*304*

シャルフェンオルト　Scharffenorth, Gerta：ルター研究者。（文献表 b を見よ）　*179*

シュヴァイツァー　Schweizer, Albert (1875–1965)：ドイツの神学者、哲学者、音楽家、ランバレネの医師。　*177*

シュヴェンクフェルト・フォン・オシッヒ　Schweckfeld von Ossig, Kaspar (1489–1561)：シュレージエンの貴族。ルターの宗教改革に加わったが、よりスピリチュアリズムに傾く。山上の説教に従い、キリストに倣って生きようとした彼の信奉者たちは、17 世紀に迫害されたが、教団の生き残った者たちは、1734 年にペンシルヴァニアに移住した。　*229*

シュタール　Stahl, Friedrich Julius (1802–1861)：ドイツの法哲学者、政治家。ユダヤ人家族の出身、1819 年にルター主義〔に改宗〕。　*380*

シュッツ　Schütz, Paul (1891–1985)：ドイツの神学者。1928 年、ヨハン・レプジウス東方宣教団指導者。1930 年から 1937 年、ギーセン大学の教義学教授。1940 年から 1952 年、ハンブルクの主任牧師。　*110*

シュティフター　Stifter, Adalbert (1805–1868)：ドイツの作家、画家。　*67*

シュテッカー　Stoecker, Adolf (1835–1909)：ドイツの牧師、政治家。1874 年から 1889 年、ベルリンの宮廷牧師、大聖堂牧師。1881 年から 1893 年、帝国議会議員。　*109*

シュトックハウゼン　Stockhausen, Jonas von：1521 年から 1532 年、ノルトハウゼンの市長。　*199*

シュトライヒャー　Streicher, Jurius (1895–1946)：ナチ党政治家。1925 年から 1940 年、フランケンのナチ党大管区指導者。1946 年、処刑。　*131*

シュトローム　Strohm, Christoph：ハイデルベルクの大学教授。（文献表 b を見よ）　*445*

シュトローム　Strohm, Theodor：ハイデルベルクの大学教授。（文献表 b を見よ）　*441*

シュナイダー　Schneider, Reinhold (1903–1958)：ドイツの作家、歴史小説家。　*134, 264*

シュプランガー　Splanger, Eduard (1882–1963)：ドイツの文化哲学者、教育学者。　*311*

シュペングラー　Spengler, Oswald (1880–1936)：ドイツの文化・歴史哲学者。　*89, 93, 107, 109, 112, 118, 169 f, 172, 205, 258, 271, 342*

シュミット　Schmitt, Carl (1888–1985)：ドイツの国法学者。1933年から1945年、ベルリン大学教授。第三帝国の意向に沿った、広範な影響力を持っていた。　*100*

シュミット　Schmidt, Kurt Dietrich (1896–1964)：ドイツの神学者。1925年、キール大学の教会史教授。1935年、告白教会への積極的な協力のために免職。1936年、ヘルメンスブルクの伝道者養成所の神学教師。1953年、ハンブルク大学教授。　*41, 102, 383, 408*

シュライヒャー　Scheicher, Rüdiger (1895–1945)：ドイツの法律家。1922年、ベルリンの帝国運輸省に任用。1923年、ウルズラ（旧姓ボンヘッファー）と結婚。1924年、帝国航空省、法務部部長。1939年、ベルリン大学の航空法研究所の名誉教授および所長。1944年10月4日、逮捕され、ベルリンのレールター街三番地の監獄に収監。1945年2月2日、民族裁判所で死刑判決。1945年4月23日、銃殺される。　*184, 215*

シュラッター　Schlatter, Adolf (1852–1938)：スイスの神学者、新約学者。1822年以後、テュービンゲン大学教授。　*163, 351*

シュリンク　Schlink, Edmund (1903–1984)：ドイツの神学者。1935年、ベーテルの神学校講師。告白教会の著名な神学教師であり、牧師。1945年、ハイデルベルク大学に組織神学およびエキュメニズム神学の教授として招聘。　*400*

シュルツ　Schulz, Dirk：ドイツの福音主義神学者、ボンヘッファー研究者。　*351*

シュレミール　Schlemihl, Peter（シャミッソーの小説の主人公）　*304*

シラー　Schiller, Friedrich　*104, 195*, 259

シリング　Schilling, Otto (1874–1956)：ドイツのカトリック神学者。　*163 f, 204, 206, 208, 211, 398*

スターリン　Stalin, Josef (1879–1953)：ソヴィエト革命の政治家、独裁者。　*215*

ズッツ　Sutz, Erwin (1906–1987)：スイスの神学者。1925年から1930年、チューリッヒ大学で神学を学ぶ。1928/29年、カール・バルトが教えていたミュンスター大学で学ぶ。1930/31年、ニューヨークのユニオン神学校の奨学生。そこで、ディートリッヒ・ボンヘッファーと親好を結ぶ。1933年以来、スイスで牧師。　*415 f*、*439*

セネカ　Seneca, Lucius Annaeus：古代ローマの哲学者、著作家、詩人。自殺を強いられた。　*193*

ゼーベルク　Seeberg, Erich (1888–1945)：ラインホルト・ゼーベルクの息子。ドイツの神学者。1927年、ベルリン大学のカール・ホルの後継者。　*36,*

423
ゼーベルク　Seeberg, Reinhold (1859–1935)：ドイツの神学者。1898 年、ベルリン大学教授。　*36, 47, 414, 423*
洗礼者ヨハネ　Johannes der Täufer　*157*
ソクラテス　Sokrates　*388*
ゾーデン　Soden, Hans von (1881–1945)：ドイツの神学者。1918 年からブレスラウ大学教授、1924 年からマールブルク大学教授。　*410*
ソフォクレス：古代ギリシャの悲劇作家。　*264, 265*
ゾラ　Zola, Émile (1840–1902)　*353*
ソロヴィヨフ　Solowjow, Wladimir (1853–1900)：ロシアの宗教哲学者。　*344*

タ行

チェンバレン　Chamberlain, Neville (1869–1940)：イギリスの政治家。内政上の成功を収めた。1937 年、ボールドウィンの退陣後に、首相。不慣れな外交政策においては、戦争回避のために、ヒトラーおよびムッソリーニとの交渉に着手。1938 年に、ミュンヘン協定を締結。1939 年春から、ヒトラーにたいして断固とした抵抗政策を採る。　*74, 273*
チャーチル　Churchill, Winston (1874–1965)：イギリスの政治家。1940 年、ドイツの西方攻撃の開始後に首相。1945 年 7 月、総選挙の敗北後に退陣。　*429*
ツィマーマン　Zimmermann, Wolf-Dieter (1911–2007)：ドイツの牧師。1932 年、ベルリンの神学部学生としてボンヘッファー・サークルに属す。1936 年、フィンケンヴァルデ牧師研修所の夏季コースに参加。1939 年、ベルリン近郊のヴェルダーで非合法の牧師。1945 年以後、ベルリン - テーゲルで牧師。《ウンターヴェークス》サークルの共同創始者、定期刊行誌《ウンターヴェークス》の編集者。　*344, 416*
ディーカンプ　Diekamp, Franz：ドイツのカトリック神学者。（文献表 b を見よ）　*114*
ディトリヒ　Dittrich, Ottmar (1865–1951)：ドイツの倫理学者。1912 年から、ライプツィヒ大学の哲学教授。1933 年 4 月 1 日に退職。　*51, 55, 393, 397, 410*
ティベリウス　Tiberius：ローマ皇帝（14 年 –37 年）。　228
ディベーリウス　Dibelius, Otto (1880–1967)：ドイツの神学者、教会指導者。1925 年に、クールマルクの古プロイセン教会管区、総教区長。1933 年に、解任され、告白教会のメンバーとなり、暫定的な教会指導の委託を受けて、《フ

ライブルク覚書》に関与。1945 年から 1966 年、ベルリン－ブランデンブルクの教会監督。 *9, 296*

ディーム　Diem, Hermann (1900–1975)：ドイツの神学者。1934 年から 1950 年、ヴュルテンベルクの〔社会批判的な〕教会団体の指導者。1955 年以来、テュービンゲン大学の組織神学教授。 *183*

ティルマン　Thilmann, Fritz (1874–1953)：道徳神学の聖書的基礎づけを推進。1913 年からボン大学教授。 *206, 211*

ディールクス　Dierks, Margarete：ナチ時代のジャーナリスト、伝記作者。（文献表 b を見よ） *99*

ディルシュナイダー　Dilschneider, Otto (1904–1991)：ドイツの神学者、牧師。1951 年から、ベルリン神学大学の組織神学教授。 *109, 293, 336*

ディルタイ　Dilthei, Wilhelm (1833–1911)：ドイツの哲学者。1866 年からバーゼル大学、キール大学、ブレスラウ大学の、1882 年からベルリン大学の教授。ドイツにおいて学問的に影響を与えた〈生の哲学、体験の哲学〉の創始者。 *8*

ティーロ　Thilo, Valentin (1607–1662)：ドイツの賛美歌作者。 *159*

ディンガー　Dinger, Jörg：ドイツの神学者、牧師。 *439*

デカルト　Descartes, René *172*

テート　Tödt, Ilse （本書の編集者） *12, 14, 22*

テート　Tödt, Heinz Eduard （本書の編集者） *11*

デューイ　Dewey, John (1859–1952)：アメリカの哲学者、教育学者。ウィリアム・ジェイムズと知り合い、プラグマティズムへと導かれ、その影響力のある主唱者となった。 *38*

デュマ　Dumas, André (1918–1996)：フランスのプロテスタント神学者。 *11*

デュルケーム　Durkheim, Émile (1858–1917)：フランスの社会学者。 *192*

テルトゥリアヌス　Tertullian：ラテン語の教会著作家。 *214*

デルナー　Dörner, Klaus：ドイツの精神医学者、歴史家。 *172, 191*

テニエス　Tönnies, Ferdinand (1855–1936)：ドイツの社会学者。 *177*

ドゥーデン　Duden, Konrad (1829–1911)：ドイツのギムナジウムの教師、校長。彼の『ドイツ語正書法辞典』は、1880 年に初版を刊行。 *23*

ドゥフロウ　Duchrow, Ulrich：ハイデルベルク大学の組織神学教授。 *41, 51*

ドゥリーシュ　Driesch, Hans (1867–1941)：ドイツの生物学者、哲学者。 *114*

ドゥレーフス　Drews, Paul (1858–1912)：ドイツの神学者。 *288*

ドストエフスキー　Dostjewski, Fedor Michailowitsch (1821–1881)：ロシアの作家。　*141, 145, 352, 365, 424*

ドナーニー　Dohnanyi, Christine von（旧姓 Bonhoeffer）(1903–1965)：1925年に、ハンス・フォン・ドナーニーと結婚。ナチ政権への抵抗運動に参加。　*7*

ドナーニー　Dohnanyi, Hans von (1902–1945)：ドイツの法律家。1929年から帝国法務省、最後には大臣官房長。1939年8月25日に、国防軍総司令部諜報部の中央部局に招かれ、ハンス・オスター将軍の部署で政策専門部のトップとなり、オスター将軍と共に、反ヒトラー抵抗運動の陰謀を主導。1943年4月5日に逮捕され、1945年4月9日にザクセンハウゼン強制収容所で殺害された。　*7, 215, 427 f*

トマス・アクィナス　Thomas von Aquin (um 1225–1274)　*35, 47, 114, 157, 163, 167, 199, 213, 214, 216, 424*

トラー　Toller, Ernst (1893–1939)：ユダヤ系のドイツの作家。1918年、労働者と連帯し、ミュンヘンのレーテ革命に参加。1919年から1924年、禁固刑。1933年、ナチ政権によって市民権剥奪。1939年、ニューヨークのホテルで自殺。　*353*

トレルチ　Troeltsch, Ernst (1865–1923)　*36, 116, 228, 235, 243, 252, 360 f, 423*

ドンカン　Donkan, Rupert(Anton Zischka のペンネーム）(1904–1997)：オーストリアのジャーナリスト。広く読まれた経済政策や国際政治の著書を出版。*107 f*

ドン・キホーテ　Don Quichote（セルヴァンテスの小説の主人公）　35, 66 f

ナ行

ナウマン　Naumann, Friedrich (1860–1919)：ドイツの牧師、社会政策〔を推進した〕政治家。1890年、福音社会協会〔の設立〕に協力。1918年、ドイツ民主党の共同創設者、1919年7月から党首。　*43, 88, 228, 229, 236 f, 242, 293, 422 f*

ニーゼル　Niesel, Wilhelm (1903–1988)：ドイツの神学者。古プロイセン合同教会の告白教会の指導的メンバー。1945年から1972年、ドイツの福音主義教会常議員会メンバー。1964年から1970年、改革派教会世界同盟の会長。*183, 190*

ニーチェ　Nietzsche, Friedrich　*32, 69, 77, 81, 97, 114, 118, 221, 232*, 261, 295 f, 306, *315*, 317, *342, 353, 413, 423*

ニーバー　Niebuhr, Helmut Richard (1894–1962)：アメリカの神学者。ラインホールド・ニーバーの弟。　*117*

ニーバー　Niebuhr, Reinhold (1892–1971)　36, *415*

ノール　Nohl, Hermann (1879–1960)：ドイツの哲学者、教育理論家、社会教育家。1919 年、イェーナとチューリンゲンの市民大学を設立。イェーナ大学教授。1937 年に退職し、カールスハーフェンで著作活動。ディートリヒ・ボンヘッファーとエーバーハルト・ベートゲは、1937 年に、おそらくゲールハルト・ライプホルツの示唆により、カールスハーフェンのノールを訪問。1945 年、大学での教職に復帰。　*195, 207, 254, 256, 258 f, 280 f, 289, 294, 301, 305, 311, 368, 371, 423*

ノルデ　Nolde, Emil (1867–1956)：ドイツの画家、版画家。第三帝国の期間、画業を禁じられた。　*217*

ハ行

ハイデ　Heyde, Werner (1902–1964)：ドイツの医師、SS の医師。1939 年、ヴュルツブルク大学の神経医学および精神医学教授。1939 年から 1942 年、《安楽死》計画の指揮者。1946 年に、尋問のためニュルンベルクに移送中、逃亡。偽名（《Dr. Fritz Sawade》）で、フレンスブルクで医師として診療行為をしていた。1959 年 11 月に、フランクフルトの法廷に召喚される。戦後最大の《安楽死》裁判における最重要被告人として予定されていたが、1964 年 2 月審理開始の 5 日前に独房で自ら縊死。　*184*

ハイデガー　Heidegger, Martin (1889–1976)：1933 年、最初のナチの学長（フライブルク大学）。1945 年、解職。　*119, 192, 219, 277, 301, 441*

ハイデルマイヤー　Heidelmeyer, Wolfgang：ドイツの法学者（人権思想）。（文献表 b を見よ）　*109 f, 175, 180*

ハイム　Heim, Karl (1874–1958)：ドイツの神学者。1914 年、ミュンスター大学の組織神学教授。1920 年から 1939 年まで、テュービンゲン大学教授。*323, 382*

ハインリヒ四世　Heinrich Ⅳ (1050–1106)：1054 年、ドイツ国王。　*101*

ハウアー　Hauer, Jakob Wilhelm (1881–1962)：ドイツの宗教学者。1906 年から 1911 年、バーゼル宣教師団に勤務し、インドに滞在。1925 年、マールブルク大学教授。1922 年から 1949 年、テュービンゲン大学教授。1933 年、《ドイツ的信仰運動》の共同創始者、指導者（1936 年まで）。　*99*

バウムガルテン　Baumgarten, Otto (1858–1934)：ドイツの神学者。1894 年以来、キール大学教授。1912 年から 1921 年、福音社会協会の議長。1919 年、ドイツ講和派遣代表団のメンバー。　*229, 238 f, 242, 258, 264*

パウロ　Paulus　*47*, 96, 140–142, 208, 249, 260, 325, 327, 335 f, *391*

パウロ四世　Paul Ⅳ :1555 年からローマ教皇。　*402*

ハクスリー　Huxley, Aldous (1894–1963)：イギリス（後年、アメリカに移住）の作家。　*305*

ハーゼ　Hase, Carl(Karl) August von (1800–1890)：ドイツの神学者。1830年、イェーナ大学の教会史教授。　*423*

ハッチソン　Hutcheson, Francis (1694–1746)：イギリスの哲学者。　*176*

バートネス　Burtness, James H.：アメリカのルター派神学者。（文献表bを見よ）445

パットン　Paton, William (1886–1943)：スコットランド出身の神学者。1917年、軍隊付き牧師としてインドに行き、そこでガンジーおよびネールと接触。1927年から1943年、ロンドンの国際宣教協議会。1938年、設立段階の世界教会協議会の事務次長としてフィッセルト・ホーフトを補佐。1940年に、平和のためのイギリス活動グループを組織。　*63, 73, 119, 136, 217, 394, 428 f*

ハミルトン　Hamilton, William：アメリカの神学者、《神の死の神学》の提唱者。*444* バルザック　Balzac, Honore de　*162*

バルト　Barth, Karl (1886–1968)：スイスの改革派神学者。　*31 f, 90, 113, 152 f, 174, 225, 267, 301–303, 374, 410, 415 f, 419–421, 424, 440 f*；『ローマ書』　*301, 323, 420*；『神の言葉と神学』*140, 146, 181, 270*；『福音と律法』*141*；『義認と法』*131, 152 f, 174, 433*；『教会教義学』*32, 254, 302 f, 328, 339 f, 365, 372, 385 f, 388, 406, 431, 440*

ハルトマン　Hartmann, Eduard von (1842–1906)：ドイツの哲学者、新興の生気論 (Vaitlismus) の創始者。　*114*

ハルトマン　Hartmann, Karl Friedrich (1743–1815)：ドイツの賛美歌作者、神学者。シラーの先生。　*82*

ハルトマン　Hartmann, Nicolai (1882–1950)：ドイツの哲学者。1931年からベルリン大学教授。（文献表aを見よ）　*295*

ハルナック　Harnack, Adolf von (1851–1930)：ドイツの神学者。1888年以来、ベルリン大学の教会史教授。　*96, 100, 213, 347 f, 420*

ハルレス　Harleß, Adolf von (1806–1879)：ドイツのルター主義神学者。（文献表aを見よ）　*55, 110, 378, 397*

パングリッツ　Pangritz, Andreas：組織神学者、ボン大学教授。（文献表bを見よ）*153*

ピウス四世　Pius Ⅳ：1559年からローマ教皇。　*402*

ピウス九世　Pius Ⅸ：1846年からローマ教皇。　*402*

ピウス十世　Pius Ⅹ：1903年からローマ教皇。　*402*

ピウス十一世　Pius Ⅺ：1922年からローマ教皇。　*211*

ビスマルク　Bismarck , Otto von: プロイセンおよびドイツの政治家。　*111, 229, 238, 254, 272, 274, 361*

ビッシンガー　Bissinger, Fritz : Ckr. Kaiser Verlag の編集者。　*9*

ヒトラー　Hitler, Adorf（1889–1945［自殺］）*7, 9, 40, 63, 72–74, 76, 79, 128, 135, 184 f, 189, 197, 239, 244, 278, 396 f, 410 f, 425–430, 434, 445*

ピパー　Piper, Otto (1891–1982)：ドイツの神学者。『キリスト教世界』（リベラルな福音主義の雑誌）の後援者団体に所属。　*55,* 345

ピーパー　Pieper, Josef (1891–1982)：ドイツの哲学者。トマス主義倫理の近代化によって強い影響力を持った。1946 年からミュンスター大学教授。　*25, 34, 53, 116, 167 f, 199, 216, 221, 270, 424, 450*

ビューヒナー　Büchner, Ludwig (1824–1899)：ドイツの医師。劇作家ゲオルク・ビューヒナーの弟。通俗的で無制限の唯物論を唱え、ダーウィニズムを普及させた。　*114*

ヒューム　Hume, David (1771–1776)：イギリスの哲学者。　*34*

ピュラデス　Pylades（ギリシャ神話の登場人物）　281

ピラト　Pilatus, Pontius（39 年没）：26 年から 36 年、ローマのユダヤ総督。228

ビューレン　Buren, Paul van：聖公会司祭。《神の死の神学》の提唱者。　*444*

ヒルシュ　Hirsch, Emanuel (1888–1972)：ドイツの神学者。幅広い神学的・哲学的関心を持っていたが、とくにルターとキルケゴールに関心を抱く。ゲッティンゲン大学の教会史、1936 年からはまた組織神学の教授。1933 年から SS の支援メンバー。〈ドイツ的キリスト者〉と密接な関係にあった。1937 年にナチ党に入党。　*41, 97, 421*

ヒルデブラント　Hildebrandt, Franz (1909–1985)：ドイツの神学者（第三帝国においては〈非アーリア人〉とみなされた）。1927 年以来、ディートリヒ・ボンヘッファーと親好を結ぶ。1934 年 1 月までディートリヒ・ボンヘッファーと共にロンドンの牧師館で過ごす。1934 年、ベルリンでマルティン・ニーメラーの助手。1935 年から 1937 年までベルリン神学大学講師。1937 年、イギリスへ亡命。1939 年から 1946 年までケンブリッジでドイツからのプロテスタント避難民の牧師。1946 年以来、メソジストの聖職者として、また神学教授として、イングランド、アメリカ、スコットランドで過ごす。　*116*

ビンディング　Binding, Karl (1841–1920)：ドイツの刑法学者。　*184*

ファイル　Feil, Ernst：ドイツのカトリック神学者、ミュンヘン大学教授。　*8, 12, 23, 25, 164, 262, 444*

フィッシャー　Vischer, Friedrich Theodor von (1800–1887)：ドイツの作家、哲学者。　365 f, *367, 387*

フィッセルト・ホーフト　Visser't Hooft, Willem Adorf (1900–1985)：オランダの神学者。1938 年、世界教会協議会の（設立段階の）事務総長。1948 年から 1966 年、世界教会協議会の事務総長。1968 年、同協議会の名誉会長。 *131, 136, 354 f, 394, 419, 428 f*

フィヒテ　Fichte, Johan Gotlieb　*369, 387*

フィルマー　Vilmar, August Friedrich Christian(1800–1868)：ドイツの神学者、文学史家、領邦議会議員。　*55, 376, 400, 411*

フォーゲル　Vogel, Heinrich (1902–1989)：ドイツの神学者。1934 年から 1936 年、告白教会教会会議の参加者。1944 年まで、（当時、非合法の）ベルリンの神学大学学長。1946 年から、組織神学教授。　*11, 183*

フォルトラーゲ　Fortlage, Karl（1806–1881）：ドイツの哲学者。　*168*

フォンターネ　Fontane, Theodor (1891–1898)：ユグノーの家系のドイツの作家。　*365*

ブッセルト　Bousset, Wilhelm (1865–1920)：ドイツの神学者。宗教史学派の共同創始者。　*347*

フーバー　Huber, Wolfgang : 組織神学者、ハイデルベルク大学教授。のちベルリン - ブランデンブルク教会監督。ドイツ福音主義教会常議員会議長。　*27, 42, 100*

フライ　Frey, Christopher；ドイツの福音主義神学者、ボーフム大学教授（社会倫理学）。　*34*

ブライス　Bryce, James (1832–1922)：イギリスの政治家、法律家。　*117*

ブラウネ　Braune, Paul Gerhard (1887–1954)：ドイツの牧師。〔ベルリン近郊の〕ローベタールにあったボーデルシュヴィンクの施設の施設長。国家による〈安楽死措置〉にたいする断固とした反対者。1940 年に、一時的に逮捕された。 *184, 427*

ブラウン　Brown, William Adams (1865–1943)：アメリカの長老派神学者。1898 年から 1936 年まで、ニューヨークの〔ユニオン神学校〕教授。　*117*

ブラスケス　Blasquez, Niceto：（文献表 b を見よ）　*198*

プラトン　Platon　*180*

フランク　Frank, Franz Hermann Reinhold von：ドイツの神学者。　*80 f, 422 f*

ブラント　Brand：イプセンの戯曲の題名となった主人公の名前。　*145*

フリードリヒ二世　Friedrich Ⅱ (1712–1786)：1740 年からプロイセン国王（《大王》）。　*111*

ブルクハルト　Burckhard, Jacob (1818–1897)：スイスの文化・芸術史家。 *353*

ブルトマン　Bultmann, Rudolf (1884–1976)：ドイツの神学者。1921 年から 1961 年、マールブルク大学の新約聖書学教授。1933 年に、牧師緊急同盟のメンバー。　*249 f, 314 f, 347, 421, 441*

ブルンシュテット　Brunstäd, Friedrich（1883–1944）：ドイツの神学者、哲学者（ヘーゲル的観念論の批判的解明）。1917 年からエアランゲン大学の哲学教授。1925 年からロストック大学の組織神学教授。1934 年から、ルター派協議会メンバー。　*173*

ブルンナー　Brunner, Emil（1889–1966）：スイスの改革派神学者。1924 年から 1953 年、チューリヒ大学の組織神学教授。アメリカと日本でも客員教授として教えた。　*113, 173 f, 341, 416, 421*

プロディコス　Prodikos：古代ギリシャのソフィスト。　*388*

フンテマン　Huntemann, Georg：エヴァンゲリカル・グループのため活躍したドイツの神学者。（文献表 b を見よ）*446*

フンボルト　Humboldt, Wilhelm von (1767–1835)：ドイツの学者、政治家。*270*

ヘーゲル　Hegel, Georg Wilhelm Friedrich　*34 f, 38, 44, 218, 314, 331, 357, 365, 369, 387, 395*

ペック　Peck, William Jay：アメリカの神学者。*185, 445*

ベックマン　Beckmann, Joachim (1901–1986)：ドイツの神学者。告白教会の指導的メンバー。　*129*

ペテロ　Petrus　141, *279*

ベートゲ　Bethge, Eberhard (1909–2000)：ドイツの神学者。1935 年から、ディートリヒ・ボンヘッファーによって指導された告白教会 - 牧師研修所で学ぶ。1937 年から 1940 年にかけて、ボンヘッファーによって指導された二つのポンメルンの〈牧師補の集い〉の、一つの〔集いの〕研修監督者。1943 年から、兵役。1944 年 7 月 20 日〔ヒトラー暗殺クーデタ計画の失敗〕後に、イタリアで逮捕され、ベルリンへ移送される。戦後、オット・ディベーリウス監督の専門調査員。1953 年から 1961 年まで、ロンドンのドイツ人教会牧師。1961 年から 1975 年、ラインラント州レンクスドルフの牧師補研修所長。*8–12, 14, 17–22, 25, 27 f, 81, 95, 130, 233, 296, 354, 412, 423, 439, 443–445, 450, 453, 456*

ヘラクレス　Herakles：ギリシャ神話の登場人物。　388

ペーリカン　Pelikan, Herbert Rainer（文献表 b を見よ）*152*

ベル　Bell, George (1883–1958)：イギリスの神学者。1929 年から 1957 年まで、チチェスターの主教。　*9, 130, 428, 430*

ベルナノス　Bernanos, Georges (1888–1948)：フランスの作家。　*353*

ヘルビング　Helbing, Loathar (W. Frommel のペンネーム)：ナチの焚書の対象者。（文献表 a を見よ）　*97, 109, 397*

ヘルマン　Herrmann, Wilhelm (1846–1922)：ドイツの神学者、カール・バルトとルドルフ・ブルトマンの師。*252, 301*, 373

ペーレルス　Perels, Friedrich Justus (1910–1945)：ドイツの法律家。1933 年、ナチの〈アーリア人条項〉に該当。1936 年から 1940 年、古プロイセン合同教会の告白教会兄弟評議会と牧師緊急同盟の法律顧問。1940 年から 1944 年、ベルリンの弁護士ホルスト・ホルシュタイン博士の事務所で共に働く。1944 年 10 月 5 日に、レールター街三番地の監獄に収監。1945 年 2 月 2 日、民族裁判所で死刑判決。1945 年 4 月 23 日に銃殺される。　*361, 428*

ベンサム　Bentham, Jeremy: イギリスの法学者・哲学者。*176, 254*

ヘンリー八世　Heinrich Ⅷ：1509 年、イングランド国王。1534 年に、自らをイングランド教会の首長に定めることによって、イングランドをローマ・カトリック教会から分離。1538 年の教皇の破門状は、ヘンリー八世をドイツ・プロテスタンティズムに結びつかせることになる。　*98*

ボイエンス　Boyens, Armin：ドイツ福音主義教会牧師、教会史家。（文献表 b を見よ）*355, 394*

ホイス　Heuß, Theodor (1884–1963)：ドイツの政治家。若い時からフリードリヒ・ナウマンのサークルに加わった。1946 年、自由民主党の共同設立者。1949 年、連邦大統領。　*237*

ホーヴェ　Howe, Günter：ハイデルベルク大学教授、神学と自然科学の対話に導く。（文献表 b を見よ）　*172*

ボダン　Bodin, Jean (1530–1596)：16 世紀の最も重要な国家理論家、マキァヴェリの反対者であり、主権概念を発展させた。　*110*

ホッホストラーテン　Hoogstraten, Hans Dirk van：オランダの神学者（社会倫理）。　445

ボーデルシュヴィング　Bodelschwingh, Friedrich von（1877–1946）：ドイツの牧師。1904 年からボーデルシュヴィング〔養護〕施設ベーテルの管理者。*184, 427*

ホート　Hort, J.A. (1828–1892)：イギリス聖公会の神学者。　*298*

ボニファティウス八世　Bonifatius Ⅷ：1294 年に教皇。世俗権力にたいする聖界権力〔＝教皇権〕の優位の主張を復活させた。彼の死は、その後長く教皇の権力的地位の低下を招いた。*100*

ホネカー　Honecker, Martin：組織神学者、ボン大学教授。（文献表 c を見よ）*446*

ホヒェ　Hoche, Alfred Erich (1865–1943)：ドイツの精神医学者、フロイトの精

神分析の反対者。フライブルク大学教授。一般に関心を持たれた諸著作（とくに、《生きるに値しない生命の抹殺》について）の著者。　*184*

ボーベラッハ　Boberach, Heinz: コブレンツ連邦文書館館長。　*64*

ホル　Holl, Karl (1866–1926)：ドイツの神学者、ルター研究者。1906 年からベルリン大学教授。　*97, 252, 288, 290, 297, 420*

ボールドウィン　Boldwin, Stanley (1867–1947)：イギリスの政治家。1935 年以降、ボールドウィンの保守党政権は、防衛綱領を要求。1937 年のボールドウィンの退任後は、ネヴィル・チェンバレンによって、ドイツおよびイタリアとの和解・妥協政策（《宥和政策》）が採られる。　273

ホルバイン　Holbein, Hans（子）：ドイツ〔出身〕の画家。　261

ボルンカム　Bornkamm, Elisabeth（旧姓 Zinn）(1905–1989)：ディートリヒ・ボンヘッファーの従姉妹。ドイツの神学者。1933 年に、副牧師となり、告白教会のメンバー。1938 年に、新約聖書学者のギュンター・ボルンカム (1905–1989) と結婚。 *411, 417*

ボンヘッファー　Bonhoeffer, Dietrich〔著作・論文・講演〕研究報告「教会と終末論」(1926) *169*;「キリスト教倫理の根本問題」(1929) *414*;『聖徒の交わり』(1930) *413 f*,「恩寵の宗教的な経験と倫理的生活」(1930/31) *46*;『行為と存在』(1931) *414*;「二〇世紀の組織神学」(1932/32) *348*;「社会的福音」(1932) *47, 114, 156, 170, 415*;「教会の本質」(1932) *84*;「国際連盟の活動の神学的基礎づけについて」(1932) *41, 382, 416*;「御国を来たらせたまえ」(1932) *42, 123, 235, 394, 396*;「キリスト論講義」(1933) *36, 44 f, 227, 249*;『創造と堕落』(1933) *417, 453*;「教会共同体の問題について」(1936) *345 f*,『キリストに従う』(1937) *7 f, 10 f, 24, 36*, 48, *86, 138, 160*, 241, *290 f, 340, 391, 398, 418, 453, 456*;「宗教改革なきプロテスタンティズム」(1939) *114, 117 f, 357*;「国家と教会」(1941) *16, 19, 54, 57–59, 134, 211, 232 f, 392, 394, 398, 433*;「律法の第一用法に関する教説」*17, 85, 240, 311, 324, 326, 391, 430, 454* ;「十年後」(1942) *16 f, 63, 65, 73, 430*;「結婚式のための説教――獄中からの――」(1943) *398*;『テーゲルでの断片』〔=DBW 7（FT）〕(1943),「戯曲断片」*269, 353, 375, 381, 389, 412, 415*,「小説断片」*129, 353, 375, 401, 412*;「真実を語るとは何を意味するか」（論考断片）(1943) 13, 17, *280*;『獄中書簡集』(1943–45) 11, *17*, 440

ボンヘッファー　Bonhoeffer, Karl (1868–1948)：ディートリヒ・ボンヘッファーの父。精神科医、神経科医。1912 年からベルリン大学教授。ベルリン大学付属シャリテー〔慈善病院〕の精神科科長。1936 年に定年だったが、1939 年までその職にとどまる。　*8 f, 84, 189, 209, 211, 294, 423, 427, 456*

ボンヘッファー　Bonhoeffer, Klaus (1901–1945)：ディートリヒ・ボンヘッファーの兄。法律家。1930 年にエミ（旧姓デルブリュッケ）と結婚。ルフトハンザの法律顧問。ナチ政権への抵抗の共謀に加わった。死刑判決（1945

年2月2日)の後に、SSによって1945年4月23日にベルリンで銃殺された。 *215*

ボンヘッファー　Bonhoeffer, Pauline（通称 Paula、旧姓 von Hase）：ディートリヒ・ボンヘッファーの母。 *9, 456*

ボンヘッファー　Bonhoeffer, Julie（旧姓 Tafel）(1842–1936)：ディートリヒ・ボンヘッファーの祖母。 *189, 197*

マ行

マイネッケ　Meinecke, Friedrich (1862–1954)：ドイツの歴史家。1914年から1928年、ベルリン大学教授。1947年、ベルリン - ダーレムの〔ベルリン〕自由大学の初代学長。　*258, 272 f, 298*

マイヒャー　Mejcher, Helmut：ドイツの中東研究者。（文献表bを見よ） *108*

マイヤー　Mayer, Rainer：組織神学者。（文献表bを見よ）〔本訳書399頁の脚注49における訳注を見よ〕　*262*

マウスバッハ　Mausbach, Joseph (1861–1931)：ドイツのカトリック神学者。1892年以来、ミュンスター大学の道徳哲学および護教学教授。　*204, 206, 208, 211, 351*

マウラー　Maurer, Wilhelm：教会史家、エアランゲン大学教授。（文献表bを見よ） *393*

マキァヴェリ　Machiavelli, Niccolo (1469–1527)　*19, 76, 121, 238, 239, 272, 298,* 397

マグダラのマリア　Maria Mgdalena　141

マクベス　Macbeth（シェイクスピア戯曲の登場人物） *160*

マリア　Maria（聖書の登場人物、マルタの妹）　333

マリタン　Maritain, Jacqes (1882–1973)：フランスの哲学者。1945年から1948年、駐ヴァチカン・フランス大使。1948年から、アメリカのプリンストン大学教授。　*75, 134, 424*

マルタ　Martha（聖書の登場人物、マリアの姉）　333

マルティーン　Martin, Alfred von (1882–1979)：ドイツの精神史家、社会学者。1933年、ナチの権力掌握に際して、すぐさま大学での教授職を辞任し、著作活動に入る。ブルクハルト研究者。　*353, 423*

マーロン　Maron, Gottfried　*268*

ミクシュ　Mikuschu, Dagobert von（文献表bを見よ） *108*

宮田光雄　Miyata, Mitsuo　（文献表bを見よ） *94*

ミュラー　Müller, Alfred Dedo (1890–1972)：ドイツの神学者。ライプツィヒ

大学の実践神学の教授。　*39, 109, 129, 184, 186 f, 211, 344*
ミュラー　Müller, Hanfried：組織神学者（論争の的となった最初のボンヘッファーの総括研究の著者)。東ドイツ国家保安省の〈非公式協力者〉。（文献表 c を見よ） *11, 442 f*
ミュラー　Müller, Ludwig (1883–1945［自殺］)：ドイツの神学者。1914 年から従軍牧師。1931 年、ナチ党に入党。1933 年、アドルフ・ヒトラーによって、福音主義教会の問題の顧問に任命。1934 年、帝国教会監督の職務に据えられる。1935 年、権限を剥奪。　*130*
ミュンツァー　Mün(t)zer, Thomas : ドイツの神学者 , 革命家。1525 年に農民戦争を組織。　*152*
メーザー　Möser, Peter : ドイツの神学者。（文献表 b を見よ）*12, 278*
メデイア　Medea（ギリシャ神話の登場人物）　264
メランヒトン　Melanchthon, Philipp (1497–1560)　*400*
モア　Morus(More), Sir Thomas (1478–1535)　*19, 96, 239*
モーゼ　Mose　*288, 382*
モルトマン　Moltmann, Jürgen：組織神学者、テュービンゲン大学教授。*443*
モレスコット（モレショット） Moleschott, Jacob (1822–1893)：オランダの生理学者。学問的、世界観的な唯物論の最も重要な提唱者の一人。　*114*
モンテーニュ　Montaigne, Michel : フランス後期人文主義の最も重要な作品である『随想録』(1580 年 /1588 年）によって、大きな影響を及ぼした。　*96*

ヤ行

ヤコブ　Jakob　*382*
ヤコブ　Jakobus（新約聖書ヤコブの手紙の著者）　*332 f*
ヤスパース　Jaspers, Karl (1883–1969)：ドイツの哲学者、実存哲学の主唱者の一人。ハイデルベルク大学で、最初、精神科医、1921 年から哲学教授。1937 年に、1945 年に復職するまで、免職。1948 年から 1961 年、バーゼル大学教授。*93, 96 f, 104, 107 f, 112, 116*, 118, *120–122, 161, 170, 221, 286, 301, 306, 378, 423*
ユスティニアヌス　Justinian：ビザンティン帝国皇帝（在位 525 年 –565 年)。*201*
ユスティヌス（殉教者）Justin(us) der Märtyrer：聖者、教父、最も重要な護教家。*347 f*
ユダ（イスカリオテの） Judas Ischarioth　*196, 226*

ヨーアンネス クリュソストモス　Johannes Crysostomos：ギリシャ語の教父、コンスタンティノープル大司教。　*197*

ヨーネ　Jone, Heribert (1885–1967)：ドイツの神学者。（文献表 b を見よ）　*201*

ヨブ　Hiob　255

ラ行

ライプホルツ　Leipholz, Gerhard (1901–1982)：ドイツの法学者。ディートリヒ・ボンヘッファーの双子の妹ザビーネと結婚。1938 年にイギリスへ亡命するまで、グライフスヴァルト大学、次いでゲッティンゲン大学の国法学教授。1947 年にゲッティンゲン大学に復帰、〔1951 年から 1971 年〕連邦憲法裁判所判事。　*42, 153, 419*

ラウシュニング　Rauschning, Hermann (1887–1982)：ドイツの政治家。1933 年、ダンツヒの選挙でナチ党が勝利した後、自由都市参事会議長。当初、ヒトラーの腹心の部下と見なされていたが、1934 年 11 月に辞職し、1936 年にドイツから逃亡。　*113, 278*

ラザロ　Lazarus der Arme（聖書の登場人物）　141, 188

ラスムッセン　Ramussen, Larry L.：アメリカのルター派神学者。ユニオン神学校教授。（文献表 b を見よ）　*382, 385 f, 406, 445*

ラセール　Lasserre, Jean (1908–1983)：フランスの神学者。1926 年から 1930 年、パリのプロテスタントの神学校の学生。1930/31 年、ディートリヒ・ボンヘッファーやエルヴィン・ズッツと共に、ニューヨークのユニオン神学校の奨学生。その後、フランスの改革派教会の牧師。1961 年から 1969 年に、和解のための国際運動の（フランス、ベルギー、スイスを代表する）フランス支部事務長。　*415*

ラッソン　Lasson, Georg (1862–1932)：ドイツの神学者。1907 年から、ヘーゲル全集の編集者。　*395*

ラーテナウ　Rathenau, Walter (1867–1922)：ドイツの産業家、政治家。1922 年 2 月、外務大臣。1922 年 4 月、ジェノヴァの世界経済会議の開催中に独ソ修好条約（ラパロ条約）を締結。1922 年 6 月 24 日、ベルリンで民族主義的・反ユダヤ主義的集団によって暗殺される。　*118, 172*

ラフマノワ　Rachmanowa, Alja (Alexandra)（Galina Djuriagina のペンネーム）(1898–1991)：ロシアの作家。1926 年からオーストリア。1945 年、ロシア軍の侵攻に際して、スイスに移住。　*113*

ラ・メトリー　La Metrrie, Julien Offray de (1709–1751)：フランスの哲学者。　*158*

ランケ　Ranke, Leopold von (1795–1886)　*121, 378*

リッケルト　Rickert, Heinrich (1863–1936)：ドイツの哲学者。ヴィルヘルム・ヴィンデルバントと共に、新カント主義の西南ドイツ学派とその価値哲学の創始者。　*188*

リッター　Ritter, Gerhard (1888–1967)：ドイツの歴史家。1924 年、ハンブルク大学歴史学教授。1925 年から 1944 年、また終戦後から 1956 年まで、フライブルク大学教授。1934 年、バルメンとダーレムでのドイツ福音主義教会の告白教会教会会議の参加者。1943 年にナチ政権終焉後の政治的共同体秩序の覚書きを起草した、フライブルク（教授）サークルのメンバー。　*19, 76, 121, 239, 243, 254, 272 f, 275, 348, 351, 354, 360, 396*

リッチュル　Ritschl, Albrecht (1822–1889)：ドイツの神学者。1852 年、ボン大学教授、 1864 年からゲッティンゲン大学教授。　*420*

リヒテンベルク　Lichtenberg, Georg Christph (1742–1799)：ドイツの物理学者、（アフォリズムの）作家。　*106*

リューディガー　Rüdiger, Horst：古代文学研究者。（文献表 b を見よ）　*109*

リューディン　Rüdin, Ernst (1874–1952)：ドイツの医師。1930 年、ミュンヘン大学の精神医学教授。ナチ的な人種衛生学〔＝優生学〕の先駆者。　*172*

リュトゲルト　Lütgert, Wilhelm (1867–1938)：ドイツの神学者。1929 年、ラインホルト・ゼーベルクの後継者として、ベルリン大学の組織神学教授。リュトゲルトの下で、ディートリヒ・ボンヘッファーは、1929 年夏学期から名目上 1930 年 9 月まで、ベルリン大学の組織神学ゼミナールで《自発的な助手》を務め、リュトゲルトは、ボンヘッファーの教授資格論文『行為と存在』をベルテルスマン出版社に仲介した。1935 年に退職。　*97, 125, 168, 173 f, 182, 189, 200, 220, 239 f, 258, 270, 332, 365, 373, 400, 423*

ルイ十四世　Ludwig XⅣ (1638–1715)：1643 年、フランス国王（Roi Soleil,《太陽王》)。　*110, 111*

ルクレツィア　Lucretia（古代ローマの伝説上の人物）　*198*

ルソー　Rousseau, Jean-Jacqes　*109*

ルター　Luther, Martin (1483–1546)：ドイツの宗教改革者。　*41 f, 45, 47, 50 f, 55, 57, 97, 102 f, 104, 114 f, 140–142, 156, 163 f, 174, 179, 199, 225, 243, 252, 265, 268, 277, 288, 290–292, 297, 336, 340, 353, 393, 397, 410, 422*；『大教理問答』*50, 138, 404*；『小教理問答』*82, 182*；『ガラテヤ書講解』*364*

ルーデンドルフ　Ludendorff, Erich (1865–1937)：プロイセンの将軍。〔第一次大戦末期に〕ドイツの戦争遂行全体の指導者。戦後は、ドイツ民族至上主義的な解放運動に参加、1923 年 11 月のヒトラーの〔ミュンヘン〕一揆にも参加。1926 年に、《超国家的な勢力》（フリーメーソン、ユダヤ人、イエズス会、

マルクス主義者）に対抗するタンネンベルク同盟を創設（1933 年に解散させられる）。彼の妻マティルデ (1887–1966) と共に、《〔アーリア〕人種に適ったドイツ的な神の認識》を主張した。 *99*

ルトケ Ruttke, Falk : 人種法学者。 *172*

ルートハルト Luthardt, Christoph Ernst (1823–1902)：ドイツの神学者。 *55, 193, 195 f, 198 f*

ルーラント Ruland, Ludwig (1873–1951)：ドイツの道徳神学者。牧会医療を道徳神学に取り入れる。 *211*

レオ十三世 Leo XIII (1810–1903)：1878 年からローマ教皇。 *402*

レスラー Rößler, Helmut (1903–1982)：ドイツの神学者。1929 年、牧師。1933 年から 1939 年、オランダの牧師。1939 年から 1941 年、デュッセルドルフの牧師研修所所長。1944 年、告白教会の暫定指導部のメンバー。

レッシング Lessing, Gotthold Ephraim (1729–1781) *106*

レーダー Roeder, Gerhard (1900–1971)：ドイツの法律家、第三帝国において最終的には高等軍法会議法務官。1942 年、ルドルフ・フォン・シェリハと抵抗運動グループ《赤い楽団》の審理を担当。1943 年 4 月から 8 月まで、ハンス・フォン・ドナーニー、ディートリヒ・ボンヘッファーと他の逮捕者の尋問を指揮。1943 年 9 月、ディートリヒ・ボンヘッファーにたいする起訴状を作成。1949 年、アメリカの拘留から釈放。 *7, 430*

ロイター Reuter, Hans-Richard : ドイツの組織神学者（社会倫理）。ミュンスター大学教授。 *100*

ローゼンベルク Rosenberg, Alfred (1893–1946)：ナチ党のイデオロギー宣伝家、政治家。1946 年に処刑される。 *94*

ローテ Rothe, Richard (1799–1867)：ドイツの神学者。教会が文化国家に吸収されることを目指した。 *198*

ロートヘイゼン Rothuizen, Gerard Th. : オランダの神学者。（文献表 b を見よ） *192*

ロヨラ Loyola, Ignatius von (1491–1556)：《イエズス会》修道会の創設者。 *411*

ワ行

ワーグナー Wagner, Richard *32*

事項索引

斜体数字は本文の傍注、編集者まえがき、編集者あとがきの頁を示す。〔頁数はすべて原書の頁である。〕

か行

さ行

た行

な行

は行

ま行

ら行

や行

わ行